Teologia do Corpo

SÃO JOÃO PAULO II

Teologia do Corpo

O amor humano no plano divino

ECCLESIAE

Teologia do corpo: o amor humano no plano divino
São João Paulo II
2ª edição — janeiro de 2019 — CEDET

Imagem da capa: o Papa João Paulo II em Lourdes, França, em agosto de 1983 – foto de Michel Baret.

Os direitos desta edição pertencem ao
CEDET – Centro de Desenvolvimento Profissional e Tecnológico
Rua Armando Strazzacappa, 490
CEP: 13087–605 — Campinas – SP
Telefone: 19 3249–0580
e-mail: livros@cedet.com.br

Editor:
Diogo Chiuso

Editores-assistentes:
Felipe Denardi
Thomaz Perroni

Organizador:
Silvio Grimaldo

Equipe de Revisão:
Silvia Elisabeth, Rafael Salvi, Lucas Cardoso *&* Tomaz Lemos

Tradução:
Libreria Editrice Vaticana *&* José Eduardo Câmara de Barros Carneiro

Diagramação:
Maurício Amaral

Capa:
J. Ontivero *&* Gabriela Haeitmann

Conselho editorial:
Adelice Godoy
César Kyn d'Ávila
Diogo Chiuso
Rodrigo Gurgel
Silvio Grimaldo de Camargo

Reservados todos os direitos desta obra.
Proibida toda e qualquer reprodução desta edição por qualquer meio ou forma, seja ela eletrônica ou mecânica, fotocópia, gravação ou qualquer outro meio de reprodução, sem permissão expressa do editor.

SUMÁRIO

Introdução 13

Primeiro Ciclo
O PRINCÍPIO: A UNIDADE ORIGINÁRIA DO HOMEM E DA MULHER

1. Em colóquio com Cristo sobre os fundamentos da família 19
2. A primeira narrativa da criação e a definição objetiva do homem 23
3. A segunda narrativa da criação e a definição subjetiva do homem..... 27
4. Relação entre a inocência original e a redenção operada por Cristo ... 31
5. O significado da solidão original do homem.. 35
6. A solidão original do homem e a sua consciência de ser pessoa 39
7. Na própria definição do homem está a alternativa entre morte e imortalidade.. 43
8. A unidade original do homem e da mulher na humanidade 47
9. Através da comunhão das pessoas, o homem torna-se imagem de Deus... 53
10. Valor do matrimônio uno e indissolúvel à luz dos primeiros capítulos do Gênesis... 57
11. Os significados das experiências primordiais do homem................... 61
12. Plenitude personalista da inocência original 65
13. A criação como dom fundamental e original 69
14. A revelação e a descoberta do significado esponsal do corpo........... 73
15. O homem-pessoa torna-se dom na liberdade do amor...................... 77
16. Consciência do significado do corpo e inocência original 81
17. O intercâmbio do dom do corpo cria autêntica comunhão............... 85
18. A inocência original e o estado histórico do homem 89
19. Com o "sacramento do corpo" o homem sente-se sujeito de santidade... 93
20. O significado bíblico do "conhecer" na convivência matrimonial 97
21. O mistério da mulher revela-se na maternidade................................101

22. O ciclo do conhecimento-geração e a perspectiva da morte..............107

23. As interrogações sobre o matrimônio na visão integral do homem ...113

Segundo Ciclo
O CORAÇÃO QUE SE RENDE

24. Cristo apela para o "coração" do homem...121

25. O conteúdo ético e antropológico do mandamento "Não cometerás adultério"..125

26. A concupiscência é o fruto da ruptura da aliança com Deus.............129

27. Mudança radical do significado da nudez original............................133

28. O corpo não submetido ao espírito ameaça a unidade do homem-pessoa..137

29. O significado da vergonha original nas relações interpessoais homem-mulher...141

30. O "domínio do outro" na relação interpessoal 145

31. A tríplice concupiscência limita o significado esponsal do corpo......149

32. A concupiscência do corpo deforma as relações homem-mulher.......153

33. A doação recíproca do homem e da mulher no matrimônio 157

34. O Sermão da Montanha aos homens do nosso tempo 161

35. O conteúdo do mandamento "Não cometerás adultério" 165

36. O adultério segundo a lei e a linguagem dos profetas 169

37. O adultério, segundo Cristo, é falsificação do sinal e ruptura da aliança pessoal 173

38. O significado do adultério transferido do corpo para o coração........177

39. A concupiscência como afastamento do significado esponsal do corpo..181

40. O desejo, redução internacional do horizonte da mente e do coração 185

41. A concupiscência afasta o homem e a mulher das perspectivas pessoais e "de comunhão"..189

42. Construir o novo sentido ético através da descoberta dos valores.....193

43. Interpretação psicológica e teológica do conceito de concupiscência 197
44. Valores evangélicos e deveres do coração humano 201
45. Realização do valor do corpo segundo o desígnio do Criador 205
46. A força original da criação torna-se para o homem força de redenção 209
47. *Eros* e *Ethos* encontram-se e frutificam no coração humano 213
48. A espontaneidade é verdadeiramente humana quando é fruto amadurecido da consciência 217
49. Cristo nos chama a reencontrar as formas vivas do homem novo 221
50. Tradição vétero-testamentária e novo significado de "pureza" 225
51. Vida segundo a carne e justificação em Cristo 229
52. A contraposição entre carne e espírito e a "justificação" na fé 235
53. A vida segundo o espírito é fundada na verdadeira liberdade 239
54. Santidade e respeito do corpo na doutrina de São Paulo 243
55. Descrição paulina do corpo e doutrina sobre a pureza 247
56. A virtude da pureza: realização da vida segundo o Espírito 251
57. Doutrina paulina da pureza como "vida segundo o Espírito" 255
58. A função positiva da pureza de coração 259
59. Pedagogia do corpo, ordem moral e manifestações afetivas 265
60. O corpo humano: "tema" das obras de arte 271
61. A obra de arte deve sempre observar a regularidade do dom e do recíproco doar-se 275
62. Os limites éticos nas obras de arte e na produção audiovisual 279
63. Responsabilidade ética do artista ao tratar o tema do corpo humano ... 283

Terceiro Ciclo
A RESSURREIÇÃO DA CARNE

64. As palavras do "colóquio com os saduceus", essenciais para a teologia do corpo 289
65. A aliança de Deus com os homens renova a realidade da vida 293

66. A doutrina da ressurreição e a formação da antropologia teológica 299

67. A ressurreição realizará perfeitamente a pessoa 303

68. As palavras de Cristo sobre a ressurreição completam a revelação do corpo.. 307

69. As palavras de Cristo sobre o matrimônio: novo limiar da verdade integral do homem 311

70. A interpretação paulina da doutrina da ressurreição 315

71. A concepção paulina da humanidade na interpretação da ressurreição 319

72. A espiritualização do corpo: fonte de sua incorruptibilidade 323

Quarto Ciclo
A VIRGINDADE CRISTÃ

73. A idéia da virgindade ou celibato como antecipação e sinal escatológico.. 329

74. A vocação à castidade na realidade da vida terrena 333

75. Relação entre continência "pelo Reino dos Céus" e fecundidade sobrenatural do espírito humano... 337

76. A recíproca iluminação entre matrimônio e castidade 341

77. A "superioridade" da continência não significa uma diminuição do valor do matrimônio 345

78. Complementaridade para o Reino dos Céus do matrimônio e da continência 349

79. O celibato é renúncia feita por amor 353

80. A continência pelo Reino de Deus e significado esponsal do corpo ... 357

81. A continência "pelo Reino dos Céus" e o *Ethos* da vida conjugal e familiar 361

82. A interpretação paulina da virgindade e do matrimônio 365

83. A exaltação da virgindade e a preocupação pelas coisas do Senhor 369

84. A ação da graça de Deus em cada homem na escolha entre virgindade ou matrimônio 373

85. A "concessão" paulina de abstinência entre os cônjuges na dinâmica espiritual da teologia do corpo 377

86. No mistério da redenção do corpo, a esperança da vitória sobre o pecado 381

Quinto Ciclo
O MATRIMÔNIO CRISTÃO

87. O matrimônio como sacramento segundo a Carta de Paulo aos Efésios 387

88. O mistério de Cristo na Igreja e o chamado a sermos imitadores de Deus 391

89. Cristo, fonte e modelo das relações entre os cônjuges 395

90. Da Carta aos Efésios nasce uma compreensão mais profunda da Igreja e do matrimônio 399

91. A essencial bi-subjetividade nas relações Cristo-Igreja e marido-mulher 403

92. O amor condiciona e constitui a unidade moral dos cônjuges 407

93. A relação entre a sacramentalidade da Igreja e o sacramento mais antigo: o matrimônio 411

94. Os aspectos morais da vocação dos cristãos 417

95(a). Amor esponsal e aliança na tradição dos profetas 421

95(b). A analogia do amor esponsal indica o caráter "radical" da graça ...425

96. O matrimônio é parte integrante do sacramento da Criação 429

97. A perda do sacramento original reintegrada com a redenção no matrimônio-sacramento 433

98. O matrimônio é parte integrante da nova economia sacramental 437

99. A indissolubilidade do sacramento do matrimônio no mistério da "redenção do corpo" 441

100. No matrimônio é dado ao homem da concupiscência o *Ethos* da redenção do corpo" 445

101. O matrimônio-sacramento realiza-se na perspectiva da esperança escatológica 449

102. O matrimônio como sacramento esclarece o significado esponsal e redentor do amor 455

103. A "linguagem do corpo" é substrato e conteúdo do sinal
sacramental da comunhão dos esposos...459

104. O significado esponsal do corpo humano corresponde ao
significado esponsal da aliança..463

105. Nas palavras do consentimento matrimonial, o sinal do
"profetismo do corpo"..467

106. O correto "uso da linguagem" do corpo é testemunho digno de
verdadeiros profetas..471

107. A concupiscência não impede de reler dentro da verdade a
"linguagem do corpo"...475

108. A "linguagem do corpo" segundo o Cântico dos Cânticos 479

109. Masculinidade e feminilidade como linguagem objetiva do corpo.......483

110. O dom recíproco e desinteressado no matrimônio não pode
prescindir do descobrir-se como imagem de Deus Criador 487

111. A verdade do amor impõe a releitura da "linguagem
do corpo" dentro da verdade 491

112. No Cântico dos Cânticos o *Eros* humano revela o rosto do amor
que o homem busca sem nunca atingir uma satisfação plena..................495

113. Até mesmo a paixão confirma a irreversibilidade e a profunda
subjetividade da escolha esponsal, segundo um amor "mais forte que a
morte" 499

114. Segundo o Livro de Tobias, a índole fraterna parece ser radicada
no amor esponsal 503

115. No Livro de Tobias, *Eros* e *Ethos* confirmam reciprocamente a
verdade do amor esponsal que une "na boa e na má sorte"...................507

116. A oração do Livro de Tobias coloca a "linguagem do corpo" sobre
o terreno dos temas essenciais da teologia do corpo 511

117. O sinal do matrimônio como sacramento se constrói à base da
"linguagem do corpo" relida na verdade do amor..................................515

Apêndices ao Quinto Ciclo

a. O Cântico dos Cânticos...521

b. O sinal sacramental do matrimônio...525

c. A verdade do amor segundo o Cântico dos Cânticos 529

d. O amor é confiante na vitória do bem 533

e. O "grande mistério" do amor esponsal (à luz da Carta aos Efésios) 537

Sexto Ciclo
AMOR E FECUNDIDADE

118. No ato conjugal, as finalidades unitiva e procriativa são inseparáveis 543

119. A norma da *Humanae Vitae* deriva da lei natural 547

120. Na *Humanae Vitae* a resposta aos questionamentos do homem atual 551

121. Paternidade e maternidade responsáveis à luz da *Humanae Vitae* .. 555

122. A ilicitude do aborto, dos anticoncepcionais e da esterilização direta 559

123. A essência da doutrina da Igreja sobre a transmissão da vida 561

124. A regulação da natalidade, fruto da pureza dos esposos 565

125. O "método natural" é inseparável da esfera ética 569

126. Paternidade e maternidade responsável: componente de toda a espiritualidade conjugal e familiar 573

127. O amor é ligado à castidade que se manifesta como continência 577

128. A continência protege a dignidade do ato conjugal 581

129. A virtude da continência é ligada a toda a espiritualidade conjugal 585

130. A continência desenvolve a comunhão pessoal entre os cônjuges 589

131. A justa regulação da fertilidade faz parte da espiritualidade cristã dos cônjuges e das famílias 591

132. O respeito pelas obras de Deus: fonte da espiritualidade conjugal .. 595

133. No âmbito bíblico-teológico, as respostas aos questionamentos sobre o matrimônio e a procriação: síntese conclusiva 599

INTRODUÇÃO

Padre José Rafael Solano Durán

Durante cinco anos, o pontificado do Papa João Paulo II trouxe uma daquelas novidades que só o Espírito pode suscitar no coração de um pontífice preocupado e interessado na formação do seu rebanho. Desde o dia 5 de setembro de 1979 até 28 de novembro de 1984, nas suas catequeses de quarta-feira, o Papa foi paulatinamente apresentando e presenteando a todos nós com um verdadeiro tratado de antropologia e teologia moral-sexual, que com o passar do tempo adquiriu o nome de catequeses da *teologia do corpo*.

Para poder compreender este rico e frutuoso legado antropológico e teológico é essencial compreender também a filosofia que motivou a vida e o pensamento do então jovem presbítero Karol Wojtyla, que durante todo o seu ministério pastoral interessou-se com a formação de casais jovens na dimensão da sexualidade e corporeidade.

A primeira das catequeses teve um sabor inesquecível; de fato, olhando o vídeo registrado pela TV Vaticana, percebe-se a sensibilidade com a qual o Papa se dirige a cada casal, numa espécie de "colóquio com Cristo sobre os fundamentos da família".

A intenção do Papa não é aquela de fazer com que cada catequese se torne uma mera reflexão sobre a vida sexual do casal, ou mesmo do cristão; muito pelo contrário, desde as primeiras cinco catequeses o Papa explicita e argumenta a intrínseca relação entre o elemento central do qual o livro do Gênesis vai partir para falar abertamente da relação estabelecida entre Deus e o homem:

> Do ponto de vista da crítica bíblica, urge recordar que a primeira narrativa da criação do homem é cronologicamente posterior à segunda. A origem desta última é muito mais remota. Este texto mais antigo define-se como *javista*, porque para nomear a Deus serve-se do termo "Javé". É difícil não ficar impressionado pelo fato de que a imagem de Deus nele apresentada encerre traços antropomórficos bastante marcados (entre outros, lemos nele que "o Senhor Deus formou o homem do pó da terra e insuflou-lhe pelas narinas o sopro da vida").[1] Em confronto com esta descrição, a primeira narrativa, isto é, precisamente a considerada cronologicamente como mais recente, é muito mais amadurecida, tanto no

---

[1] Gn 2, 7.

que diz respeito à imagem de Deus, quanto na formulação das verdades essenciais sobre o homem. Provém da tradição sacerdotal e ao mesmo tempo *eloísta*: de "Eloim", termo por ela usado para denominar Deus.

Depois de estabelecidos estes critérios, as catequeses tomaram um novo rumo: o tema da solidão originária como experiência excepcional, a partir da qual o homem e a mulher irão viver aquela realidade comum e transcendental de ser uma carne.

O problema da solidão manifesta-se unicamente no contexto da segunda narrativa da criação do homem.

A primeira não conhece este problema. Nesta aparece o homem criado num só ato como "homem e mulher" ("Deus criou o homem à sua imagem, [...] Ele os criou homem e mulher).[2] A segunda narrativa que, segundo já mencionamos, fala primeiro da criação do homem e, só depois, da criação da mulher da "costela" do homem, concentra a nossa atenção no fato de o homem "estar sozinho". Isto se apresenta como um problema antropológico fundamental, anterior, em certo sentido, ao problema apresentado pelo fato de tal homem ser masculino e feminino. Este problema é anterior não tanto no sentido cronológico quanto no sentido existencial: é anterior "por sua natureza". Tal se revelará também o problema da solidão do homem do ponto de vista da teologia do corpo, se conseguirmos fazer uma análise profunda da segunda narrativa da criação, em Gênesis 2.

Esta solidão não é vista mais desde o ângulo existencial; muito pelo contrário, a solidão do homem parte da sua intrínseca relação com Deus. A narrativa de cada uma das catequeses desenvolve o elemento constitutivo da criação, tendo de modo especial o critério teológico que numa certa forma vai dar a tonalidade do que o próprio Papa chamará de combinação complementar "corpo e vida".

Ao entrar no tema do matrimônio, podemos perceber que o estilo do Papa mudou imediatamente. A vida conjugal é uma experiência de solidão dupla, mas ao mesmo tempo uma experiência de encontro recíproco. É neste quesito que o Papa fortalece a idéia central do que significa a corporeidade na vida do casal. De fato, em catequeses conseqüentes, será abordado o tema do conhecimento e da procriação, desde já fazendo um eco sustentável à Encíclica *Humanae Vitae*.

Um ponto alto das catequeses vai ser, sem dúvida, o ano de 1980, onde o Papa abordará três temas essenciais e básicos, que numa certa altura darão pé para a formação da futura encíclica *Evangelium Vitae*. Primeiro o tema da nudez original, depois as ameaças sofridas pelo corpo e, em, último lugar, o corpo visto à luz da Palavra de Deus.

---

2   Gn 1, 27.

Falando do nascimento da concupiscência no homem, com base no Livro do Gênesis, analisamos o significado original da vergonha, que aparece com o primeiro pecado. A análise da vergonha, à luz da narrativa bíblica, permite-nos compreender, ainda mais a fundo, o significado que ela tem para o conjunto das relações interpessoais homem-mulher. O capítulo terceiro do Gênesis demonstra, sem qualquer dúvida, ter aquela vergonha aparecido na relação recíproca do homem com a mulher, e que tal relação, por causa da vergonha mesma, sofreu uma transformação radical. E como ela nasceu nos corações de ambos ao mesmo tempo em que a concupiscência do corpo, a análise da vergonha original permite-nos igualmente examinar em que relação fica tal concupiscência a respeito da comunhão das pessoas, que desde o princípio foi concedida e assinalada como missão ao homem e à mulher, por isso mesmo criados "à imagem de Deus".

Por isso, a nova etapa do estudo sobre a concupiscência, que "no princípio" se tinha manifestado por meio da vergonha do homem e da mulher é a análise da insaciabilidade da união, isto é, da comunhão das pessoas, que devia ser expressa também pelos seus corpos, segundo a masculinidade e feminilidade.

O tema de cada catequese foi sendo aos poucos desvendado até chegar ao que poderíamos afirmar o centro das mesmas: o domínio "sobre" o outro na relação interpessoal. Aqui se percebe rapidamente a tendência filosófica do pensador e professor Karol Wojtyla. É impressionante perceber como o trabalho acadêmico, teológico e filosófico se sustenta, e, por que não dizê-lo, se condensa nesta nova visão da corporeidade vista como um espaço de desenvolvimento transcendental e não simplesmente figurativo. O fato de o homem e a mulher tomarem consciência do seu corpo faz com que o sentimento de vergonha seja superado e inicie uma nova antropologia e cosmovisão.

Entre os anos de 1981 e 1982, as catequeses foram ainda mais explícitas no sentido estrito do termo. A corporeidade não pode ser nem limitada nem muito menos restringida a uma dimensão biológica. A Ressurreição de Cristo é a resposta inevitável à morte do corpo e ali está a centralidade de todo o ser humano corpóreo. O Papa elaborará uma belíssima introdução a partir da Carta de Paulo aos Coríntios, mesmo que o próprio Papa reconheça a exigente e difícil argumentação:

> É difícil aqui resumir e comentar adequadamente a estupenda e vasta argumentação do 15° capítulo da Primeira Carta aos Coríntios em todos os seus particulares. É significativo que, assim como Cristo responde — com as palavras referidas pelos Evangelhos sinóticos — aos saduceus que

"negam haver ressurreição",[3] Paulo, por sua vez, responde, ou melhor, polemiza ("em conformidade com o seu temperamento") com aqueles que o atacam. Cristo, na sua resposta (pré-pascal), não fazia referência à própria ressurreição, mas apelava para a realidade fundamental da aliança vetero-testamentária, para a realidade do Deus vivo, que está na base da convicção acerca da possibilidade da ressurreição: o Deus vivo "não é um Deus dos mortos, mas dos vivos".[4] Paulo, na sua argumentação pós-pascal sobre a futura ressurreição, apela sobretudo para a realidade e para a verdade da ressurreição de Cristo. Mais ainda, defende tal verdade como fundamento da fé na sua integridade: "Se Cristo não ressuscitou, é vã a nossa pregação e vã também a vossa fé [...]. Mas não! Cristo ressuscitou dos mortos".[5] Durante as catequeses dos anos de 1983 e 1984, teremos a oportunidade de observar claramente o que o Papa chamará de moralidade da vida conjugal, que parte da comunhão dos cônjuges da mesma forma como é expressado pela Carta aos Efésios. Elementos de vital importância iluminarão estas catequeses: o específico da paternidade e da maternidade responsável à luz da *Gaudium et Spes*, a formação da virtude da castidade e especialmente da continência conjugal conforme a proposta da *Humanae Vitae*. Assim, algo inovador das catequeses será a espiritualidade da vida conjugal como sentido cristão da santificação dos cônjuges. A última das catequeses, a meu ver, será um verdadeiro excurso sobre o valor transcendental da corporeidade conjugal que possui, em si mesma, o significado redentor do sacramento e da corporeidade.

Assim sendo, desejo a você, leitor desta peça de arte, desta sinfonia clássica, uma leitura muito mais do que agradável. Um aprofundamento neste tema é amplamente necessário na nossa caminhada de fé e de crescimento.

A poucos dias da celebração gozosa da canonização do Papa João Paulo II, pedimos para que ele, desde o Céu, interceda por todos os casais que no seu dia-a-dia vivem um caminho de santidade e traçam desde o início do seu relacionamento um roteiro vivo e eficaz à luz da Palavra de Deus e do Magistério.

Padre José Rafael Solano Durán
Ph.D. em Teologia Moral
Pontifício Instituto João Paulo II – Roma
Pontifícia Universidade Lateranense

---

3 Lc 20, 27.

4 Mc 12, 27.

5 1Cor 15, 14–20.

PRIMEIRO CICLO
O PRINCÍPIO: A UNIDADE ORIGINÁRIA DO HOMEM E DA MULHER

1. EM COLÓQUIO COM CRISTO SOBRE OS FUNDAMENTOS DA FAMÍLIA

Audiência Geral de quarta-feira, 5 de setembro de 1979

1. Há tempos que estão em curso os preparativos para a próxima Assembléia Ordinária do Sínodo dos Bispos, que se realizará em Roma no outono do ano que vem. O tema do Sínodo *De muneribus familiæ christianæ* (Deveres da família cristã) concentra a nossa atenção nessa comunidade de vida humana e cristã, que *desde o princípio* é fundamental. Precisamente esta expressão "desde o princípio" o Senhor Jesus empregou no diálogo sobre o matrimônio referido pelo Evangelho de São Mateus e pelo de São Marcos. Queremos nos perguntar o que significa esta palavra "princípio". Queremos, além disso, esclarecer por que Cristo apela para o "princípio" exatamente nesta circunstância e, portanto, propomo-nos a uma análise mais precisa do referido texto da Sagrada Escritura.

2. Durante a conversa com os fariseus, que o interrogavam sobre a indissolubilidade do matrimônio, duas vezes se referiu Jesus Cristo ao "princípio". O diálogo decorreu da maneira seguinte:

> Alguns fariseus, para o experimentarem, aproximaram-se d'Ele e disseram-lhe: "É permitido a um homem repudiar sua mulher por qualquer motivo?". Ele respondeu: "Não lestes que o Criador, desde o princípio, os fez homem e mulher, e disse: 'Por isso, o homem deixará seu pai e sua mãe, e se unirá à sua mulher, e os dois serão uma só carne'? Portanto, já não são dois, mas uma só carne. Pois bem, o que Deus uniu, não o separe o homem". "Por que foi então, perguntaram eles, que Moisés preceituou dar-lhe carta de divórcio ao repudiá-la?". "Por causa da dureza do vosso coração, Moisés permitiu que repudiásseis as vossas mulheres; mas no princípio não foi assim".[1]

Cristo não aceita a discussão ao nível que os seus interlocutores lhe procuram dar; em certo sentido, não aprova a dimensão que eles tentam conferir ao problema. Evita embrenhar-se nas controvérsias jurídico-casuísticas; e, em vez disso, apela duas vezes para o "princípio". Procedendo assim, faz clara referência às palavras sobre a matéria no Livro do Gênesis, que também os seus interlocutores sabem de

---

1 Mt 19, 3ss; cf. também Mc 10, 2ss.

cor. Dessas palavras de antiqüíssima revelação, Cristo tira a conclusão, e o diálogo termina.

3. *O "princípio", pois, significa aquilo de que fala o Livro do Gênesis*. É, portanto, o Gênesis 1, 27 que Cristo cita, de forma resumida: "O Criador, desde o princípio, os fez homem e mulher"; mas o trecho originário completo soa textualmente assim: "Deus criou o homem à sua imagem, à imagem de Deus o criou; homem e mulher Ele os criou". Em seguida, o Mestre refere-se ao Gênesis 2, 24: "Por isso, o homem deixará seu pai e sua mãe, e se unirá à sua mulher, e os dois serão uma só carne". Citando estas palavras quase que literalmente, por inteiro, Cristo dá-lhes ainda mais explícito significado normativo (dado que era admissível a hipótese de no Livro do Gênesis figurarem como afirmações unicamente de fatos: "deixará [...], se unirá [...], serão uma só carne"). O significado normativo é forçoso, uma vez que Cristo não se limita somente à citação em si, mas acrescenta: "Portanto, já não são dois, mas uma só carne. Pois bem, o que Deus uniu, não o separe o homem". Este "não o separe" é determinante. À luz desta palavra de Cristo, Gênesis 2, 24 enuncia o princípio da unidade e indissolubilidade do matrimônio como sendo o próprio conteúdo da palavra de Deus, expressa na mais antiga revelação.

4. Poder-se-ia, nesta altura, defender que o problema está terminado, que as palavras de Jesus Cristo confirmam a lei eterna, formulada e instituída por Deus "desde o princípio", desde a criação do homem. Poderia também parecer que o Mestre, ao confirmar esta lei primordial do Criador, não faz senão estabelecer exclusivamente o próprio sentido normativo dela, apelando para a autoridade mesma do primeiro Legislador. Todavia, aquela expressão significativa "desde o princípio", repetida duas vezes por Cristo, leva claramente os interlocutores a refletirem sobre o modo como no mistério da criação foi moldado o homem, precisamente como "homem e mulher", para se compreender corretamente o sentido normativo das palavras do Gênesis. Ora, isso não tem menor valor para os interlocutores de hoje do que teve para os de então. Portanto, no presente estudo, considerando tudo isso, devemos nos colocar precisamente na posição dos atuais interlocutores de Cristo.

5. Durante as sucessivas reflexões das quartas-feiras, nas audiências gerais, procuraremos, como atuais interlocutores de Cristo, deter-nos mais demoradamente nas palavras de São Mateus (19, 3ss). Para responder à indicação que Cristo com elas transmitiu, procuraremos penetrar naquele "princípio", a que Ele se referiu de modo tão significativo; e assim seguiremos de longe o grande trabalho que sobre este tema, agora mesmo, empreendem os participantes do próximo Sínodo dos Bispos. Ao lado destes, tomam parte nele numerosos grupos de

pastores e de leigos, que sentem especial responsabilidade acerca das obrigações impostas por Cristo ao matrimônio e à família cristã: as obrigações que Ele impôs sempre, e ainda impõe na nossa época, no mundo contemporâneo.

O ciclo de reflexões que iniciamos hoje, com a intenção de continuá-lo durante os seguintes encontros das quartas-feiras, tem ainda, além do mais, como finalidade, por assim dizer, acompanhar de longe os trabalhos preparatórios do Sínodo, não entrando, porém, diretamente no seu tema, embora dirigindo a atenção para as raízes profundas de onde ele brota.

2. A PRIMEIRA NARRATIVA DA CRIAÇÃO E A DEFINIÇÃO OBJETIVA DO HOMEM

Audiência Geral de quarta-feira, 12 de setembro de 1979

1. Na quarta-feira passada iniciamos o ciclo de reflexões sobre a resposta dada por Cristo Senhor aos seus interlocutores acerca da pergunta sobre a unidade e indissolubilidade do matrimônio. Os interlocutores fariseus, como recordamos, apelaram para a lei de Moisés; Cristo, pelo contrário, referiu-se ao "princípio", citando as palavras do Gênesis.

O "princípio", neste caso, diz respeito àquilo de que trata uma das primeiras páginas do Livro do Gênesis. Se quisermos fazer uma análise desta realidade, devemos sem dúvida nos referir primeiramente ao texto. De fato, as palavras pronunciadas por Cristo na conversa com os fariseus, que nos remetem ao capítulo 19 de Mateus e o capítulo 10 de Marcos, constituem uma passagem que por sua vez se enquadra num contexto bem definido, sem o qual não podem ser nem entendidas nem interpretadas com precisão. Este contexto é dado pelas palavras: "Não lestes que o Criador, desde o princípio, os fez homem e mulher [...]?", e faz referência à chamada primeira narrativa da criação do homem, inserida no ciclo dos sete dias da criação do mundo. Pelo contrário, o contexto mais próximo das outras palavras de Cristo, tiradas de Gênesis 2, 24, é a chamada segunda narrativa da criação do homem, mas indiretamente é todo o terceiro capítulo do Gênesis. A segunda narrativa da criação do homem forma uma unidade conceitual e estilística com a descrição da inocência original, da felicidade do homem e também da sua primeira queda. Dada a especificidade do conteúdo expresso nas palavras de Cristo, tomadas de Gênesis 2, 24, poder-se-ia também incluir no contexto pelo menos a primeira frase do capítulo quarto do Gênesis, que trata da concepção e do nascimento do homem por parte dos pais terrestres. Assim pretendemos fazer na presente análise.

2. Do ponto de vista da crítica bíblica, urge recordar que a primeira narrativa da criação do homem é cronologicamente posterior à segunda. A origem desta última é muito mais remota. Este texto mais antigo define-se como *javista*, porque para nomear a Deus serve-se do termo "Javé". É difícil não ficar impressionado pelo fato de que a imagem de Deus nele apresentada encerra traços antropomórficos

bastante marcados (entre outros, lemos nele que "o Senhor Deus formou o homem do pó da terra e insuflou-lhe pelas narinas o sopro da vida").[1] Em confronto com esta descrição, a primeira narrativa, isto é, precisamente a considerada cronologicamente como mais recente, é muito mais amadurecida, tanto no que diz respeito à imagem de Deus, quanto na formulação das verdades essenciais sobre o homem. Provém da tradição sacerdotal e ao mesmo tempo *eloísta*: de "Eloim", termo por ela usado para denominar Deus.

3. Dado que nesta narrativa a criação do ser humano como homem e mulher, a que se refere Jesus na sua resposta segundo Mateus 19, 4, está inserida no ritmo dos sete dias da criação do mundo, poder-se-ia atribuir-lhe sobretudo um caráter cosmológico; o homem é criado na terra juntamente com o mundo visível. Ao mesmo tempo, porém, o Criador ordena-lhe que subjugue e domine a terra: ele é, portanto, colocado acima do mundo. Embora o homem esteja tão intimamente ligado ao mundo visível, a narrativa bíblica não fala da sua semelhança com o resto das criaturas, mas somente com Deus ("Deus criou o homem à sua imagem, criou-o à imagem de Deus").[2] No ciclo dos sete dias da criação, manifesta-se evidentemente uma gradualidade nítida;[3] o homem, pelo contrário, não é criado segundo uma sucessão natural, mas o Criador parece deter-se antes de o chamar à existência, como se tornasse a se recolher em si mesmo, para tomar decisão: "Façamos o homem à nossa imagem, à nossa semelhança".[4]

4. O nível daquela primeira narrativa da criação do homem, embora cronologicamente posterior, é sobretudo de caráter teológico. Indica-o principalmente a definição do homem baseada na sua relação com Deus ("criou-o à imagem de Deus"), o que contém ao mesmo

---

1 Gn 2, 7.

2 Gn 1, 27.

3 Falando da matéria não vivificada, o autor bíblico usa diferentes predicados, como "separou", "chamou", "fez" e "pôs". Pelo contrário, falando dos seres dotados de vida, usa os termos "criou" e "abençoou". Deus ordena-lhes: "Sede fecundos e multiplicai-vos". Esta ordem refere-se tanto aos animais como ao homem, indicando que a corporalidade lhes é comum (cf. Gn 1, 22–28).

Todavia a criação do homem distingue-se essencialmente, na descrição bíblica, das obras precedentes de Deus. Não só é precedida por uma introdução solene, como se tratasse de uma deliberação de Deus antes deste ato importante, mas sobretudo é posta em relevo a excepcional dignidade do homem pela "semelhança" com Deus, de quem é a imagem.

Criando a matéria não vivificada, Deus "separava"; aos animais ordena que sejam fecundos e se multipliquem, mas a diferença de sexo é sublinhada apenas a respeito do homem ("Ele os criou homem e mulher"), abençoando ao mesmo tempo a fecundidade deles, isto é, o vínculo das pessoas (Gn 1, 27–28).

8 Gn 1, 26.

tempo a afirmação da impossibilidade absoluta de reduzir o homem ao "mundo". Já à luz das primeiras frases da Bíblia, não pode o homem ser compreendido nem explicado na sua profundidade, com as categorias deduzidas do "mundo", isto é, do conjunto visível dos corpos. Apesar disto, o homem também é corpo. Verifica-se em Gênesis 1, 27 que esta verdade essencial acerca do homem se refere tanto ao homem como à mulher: "Deus criou o homem à sua imagem [...], Ele os criou homem e mulher".[5] É preciso reconhecer que a primeira narrativa é concisa, livre de qualquer vestígio de subjetivismo: contém só o fato objetivo e define a realidade objetiva, seja ao falar da criação humana, homem e mulher, à imagem de Deus, seja ao acrescentar pouco depois as palavras da primeira bênção: "Abençoando-os, Deus disse-lhes: 'Crescei e multiplicai-vos, enchei e dominai a terra'".[6]

5. A primeira narrativa da criação do homem, que, segundo verificamos, é de índole teológica, oferece um abundante conteúdo metafísico. Não nos esqueçamos que precisamente este texto do Livro do Gênesis se tornou a fonte das inspirações mais profundas para os pensadores que têm procurado compreender o "ser" e o "existir". (Talvez somente o capítulo terceiro do Livro do Êxodo se possa comparar ao presente texto.)[7] Não obstante algumas expressões particularizadas e plásticas do trecho, o homem é nele definido primeiramente nas dimensões do ser e do existir (*esse*). É definido de modo mais metafísico que físico. Ao mistério da sua criação ("à imagem de Deus o criou") corresponde a perspectiva da procriação ("Crescei e multiplicai-vos, enchei e dominai a terra"), aquele suceder-se no mundo e no tempo, aquele *fieri* que está necessariamente ligado à situação metafísica da criação: do ser contingente (*contingens*). Precisamente nesse contexto metafísico da descrição de Gênesis 1, é necessário entender a entidade do bem, isto é, o aspecto do valor. De fato, este aspecto repete-se no ritmo de quase todos os dias da criação e atinge o seu auge depois da

---

5 O texto original diz: "Deus criou o homem (*ha-adam* — substantivo coletivo: a "humanidade"); à sua semelhança; à imagem de Deus o criou; macho (*zakar* — masculino) e fêmea (*unegebah* — feminino) os criou" (Gn 1, 27).

6 Gn 1, 28.

7 "*Haec sublimis veritas*": "Eu sou Aquele que sou" (Êx 3, 14) constitui objeto de reflexão para muitos filósofos, a começar por Santo Agostinho, que julgava ter Platão conhecido este texto, tão próximo ele lhe parecia das concepções do filósofo grego. A doutrina agostiniana da divina *essentialitas* exerceu, por meio de Santo Anselmo, influxo profundo na teologia de Ricardo de São Vítor, Alexandre de Hales e São Boaventura. "Para passar dessa interpretação filosófica do texto do Êxodo para aquela proposta por Santo Tomás, foi necessário encurtar a distância que separa 'o ser de essência do ser da existência'. E as provas tomistas da existência de Deus o fizeram". Diversa é a posição do Mestre Eckart, que, baseado neste texto, atribui a Deus a *puritas essendi*: "*est aliquid altius ente* [...]"; (cf. E. Gilson, *Le Thomisme*, Paris, 1944, Vrin, pp. 122-127; E. Gilson, *History of Christian Philosophy in the Middle Ages*, Londres, 1955, Sheed and Ward, p. 810).

criação do homem: "Deus, contemplando toda a sua obra, viu que tudo era muito bom".[8] Por este motivo, é lícito dizer com certeza que o primeiro capítulo do Gênesis formou um ponto inexpugnável de referência e a base sólida para uma metafísica e também para uma antropologia e uma ética, segundo a qual *ens et bonum convertuntur* ("o ser e o bem são equivalentes"). Sem dúvida, tudo isto tem significado próprio, também para a teologia e, sobretudo, para a teologia do corpo.

6. Nesta altura interrompemos as nossas considerações. Daqui a uma semana nos ocuparemos da segunda narrativa da criação, isto é, daquilo que, segundo os biblistas, é cronologicamente mais antigo. A expressão "teologia do corpo", usada recentemente, merece explicação mais exata, mas deixemo-la para outro encontro. Devemos primeiro procurar aprofundar aquela passagem do Livro do Gênesis à qual Cristo se referiu.

---

8   Gn 1, 31.

3. A SEGUNDA NARRATIVA DA CRIAÇÃO E A DEFINIÇÃO SUBJETIVA DO HOMEM

Audiência Geral de quarta-feira, 19 de setembro de 1979

1. Referindo-nos às palavras de Cristo sobre o tema do matrimônio, em que Ele apela para o "princípio", dirigimos a nossa atenção, há uma semana, para a primeira narrativa da criação do homem no primeiro capítulo do Livro do Gênesis. Hoje passaremos à segunda que, sendo Deus nela chamado "Javé", é muitas vezes denominada *javista*.

A segunda narrativa da criação do homem (ligada à apresentação tanto da inocência e felicidade original como da primeira queda) tem, por sua natureza, caráter diverso. Embora não querendo antecipar as particularidades desta narrativa — porque nos convirá apelar para elas nas outras análises —, devemos reconhecer que todo o texto, ao formular a verdade sobre o homem, nos maravilha com a sua profundidade típica, diversa daquela do primeiro capítulo do Gênesis. Pode-se dizer que é uma profundidade de natureza sobretudo subjetiva e, portanto, em certo sentido, psicológica. O capítulo 2 do Gênesis constitui, em certo modo, a mais antiga descrição e registo da auto-compreensão do homem e, juntamente com o capítulo 3, é o primeiro testemunho da consciência humana. Com aprofundada reflexão sobre este texto — por meio de toda a forma arcaica da narrativa, que manifesta o seu primitivo caráter mítico[1] — encontramos

---

[1] Se na linguagem do racionalismo do século XIX, o termo "mito" indicava aquilo que não se encontra na realidade, o produto da imaginação (Wundt) ou o que é irracional (Lévy-Bruhl), o século XX modificou o conceito de mito.

L. Walk vê no mito a filosofia natural, primitiva e irracional; R. Otto considera-o um instrumento de conhecimento religioso; enquanto que, para C. G. Jung, o mito é a manifestação dos arquétipos e a expressão do "inconsciente coletivo", símbolo dos processos interiores.

M. Eliade descobre no mito a estrutura da realidade que é inacessível à investigação racional e empírica: o mito transforma de fato o acontecimento em categoria e torna uma pessoa capaz de atingir a realidade transcendente; não é apenas símbolo dos processos interiores (como afirma Jung), mas ato autônomo e criativo do espírito humano, mediante o qual se realiza a revelação (cf. *Traité d'histoire des religions*, Paris, 1949, p. 363; *Images et symboles*, Paris, 1952, pp. 199–235).

Segundo P. Tillich, o mito é um símbolo, constituído por elementos da realidade, para apresentar o absoluto e a transcendência do ser, aos quais tende o ato religioso.

H. Schlier insiste em que o mito não conhece os fatos históricos e não precisa deles, pois descreve o que é o destino cósmico do homem, que é sempre o mesmo.

Por fim, o mito tende a conhecer o que é incognoscível.

Segundo P. Ricœur: "O mito não é outra coisa senão uma explicação do mundo,

nele *in nucleo* quase todos os elementos da análise do homem, aos quais é sensível a antropologia filosófica moderna e, acima de tudo, contemporânea. Poder-se-ia dizer que Gênesis 2 apresenta a criação do homem especialmente no aspecto da sua subjetividade. Confrontando entre si ambas as narrativas, chegamos à convicção de que esta subjetividade corresponde à realidade objetiva do homem, criado "à imagem de Deus". E também este fato é, de outro modo, importante para a teologia do corpo, como veremos nas análises seguintes.

2. É significativo que Cristo, na sua resposta aos fariseus em que apela para o "princípio", indica primeiramente a criação do homem com referência a Gênesis 1, 27: "O Criador, desde o princípio, os fez homem e mulher"; só em seguida cita o texto de Gênesis 2, 24. As palavras que diretamente descrevem a unidade e indissolubilidade do matrimônio encontram-se no contexto imediato da segunda narrativa da criação, cuja passagem característica é a criação separada da mulher,[2] ao passo que a narrativa da criação do primeiro homem (do sexo masculino) se encontra em Gênesis 2, 5–7. A este primeiro ser humano a Bíblia chama de *homem* (*'adam*), ao passo que, desde o

---

da história e do destino; ele exprime, em termos de mundo, ver um outro mundo ou um segundo mundo, a compreensão que o homem tem de si mesmo através da relação do fundamento e do limite da sua existência. [...] Ele expressa numa linguagem objetiva o sentido que o homem toma de sua dependência daquilo que está no limite e na origem de seu mundo" (P. Ricœur, *Le conflit des interprétations*, Paris, Seuil, 1969, p. 383).

"O *mito adâmico* é o mito antropológico por excelência; Adão quer dizer Homem; mas todo mito do 'homem primordial' não é um 'mito adâmico', que é o único propriamente antropológico; assim, é possível perceber três traços distintos:

– Primeiro: o mito etiológico relaciona a origem do mal a um *ancestral* da humanidade atual, cuja condição é semelhante à nossa [...].

– Segundo: o mito etiológico é a mais extrema tentativa para *separar* a origem do mal e a do bem. A intenção desse mito é dar consistência a uma origem radical do mal, distinto da origem mais original da bondade das coisas [...]. Tal distinção da origem radical e da original é essencial ao caráter antropológico do mito adâmico. É ela que faz do homem um *início* do mal no limiar da criação que já tem o seu *início* no ato criador de Deus.

– Terceiro: o mito adâmico subordina a figura central do homem primordial às outras figuras que tendem a descentralizar a narrativa, sem, no entanto, suprimir o primado da figura adâmica [...].

O mito, ao nomear Adão, o homem, explicita a universalidade concreta do mal humano; o símbolo dessa universalidade no mito adâmico é dado no espírito da penitência. Assim, encontramos a função universalizante do mito, mas ao mesmo tempo encontramos duas outras funções igualmente suscitadas pela experiência penitencial [...]. O mito proto-histórico não serve apenas para generalizar a experiência de Israel para a humanidade de todos os tempos e de todos os lugares, mas também para *entender* a grande tensão entre *a condenação e a misericórdia* a qual os profetas haviam ensinado a discernir no próprio destino de Israel.

Por fim, a última função do mito, motivada na fé de Israel: *o mito prepara a especulação* explorando o ponto de ruptura ontológico e histórico". (Paul Ricœur, *Finitude et culpabilité*: II. *Symbolique du mal*, Paris, 1960, Aubier, págs. 218-227).

2 Cf. Gn 2, 18–23.

momento da criação da primeira mulher, começa a chamar-lhe "varão", *'iš*, em relação com *'iššâ* ("mulher", porque foi tirada do homem, *'iš*).³ E é também significativo que, referindo-se a Gênesis 2, 24, Cristo não apenas relaciona o "princípio" com o mistério da criação, mas também nos conduz, por assim dizer, ao limiar entre a primitiva inocência do homem e o pecado original. A segunda narrativa da criação do homem foi fixada no Livro do Gênesis precisamente em tal contexto. Nela lemos, antes de tudo: "Da costela que retirara do homem, o Senhor Deus fez a mulher e conduziu-a até o homem. Ao vê-la, o homem exclamou: 'Esta é, realmente, osso dos meus ossos e carne da minha carne. Ela se chamará mulher, visto ter sido tirada do homem'. Por isso, o homem deixará seu pai e sua mãe, e se unirá à sua mulher, e os dois serão uma só carne. Estavam ambos nus, tanto o homem como a mulher, mas não sentiam vergonha."⁴

3. Em seguida, imediatamente depois destes versículos, começa em Gênesis 3, a narrativa da primeira queda do homem e da mulher, narrativa ligada com a árvore misteriosa, que já antes fora chamada "árvore do conhecimento do bem e do mal".⁵ Cria-se com isto uma situação completamente nova, essencialmente diversa da precedente. A árvore do conhecimento do bem e do mal é uma linha de demarcação entre as duas situações originais de que fala o Livro do Gênesis. A primeira situação é a da inocência original, em que o homem (varão e mulher) se encontra como que fora do conhecimento do bem e do mal, até ao momento antes de transgredir a proibição do Criador e comer o fruto da árvore do conhecimento. A segunda situação, pelo contrário, é aquela em que o homem, depois de transgredir o mandamento do Criador por sugestão do espírito maligno simbolizado pela serpente, se encontra, de certo modo, dentro do conhecimento do bem e do mal. Esta segunda situação determina o estado de pecaminosidade humana, contraposto ao estado de inocência primitiva.

Embora o texto javista seja no conjunto muito conciso, é suficiente para diferenciar e contrapor com clareza aquelas duas situações originais. Falamos aqui de situações, tendo diante dos olhos a narrativa, que é uma descrição de acontecimentos. Apesar de tudo, através desta descrição e de todas as suas particularidades, surge a diferença essencial entre o estado de pecaminosidade do homem e o da sua inocência

---

3 Quanto à etimologia, não se exclui que o termo hebraico *'iš* deriva de uma raiz que significa "força" (*'iš* ou *'wš*); e *'iššâ* está ligada a uma série de termos semitas, cujo significado oscila entre "fêmea" e "esposa". A etimologia proposta pelo texto bíblico é de caráter popular e serve para insistir na unidade da proveniência do homem e da mulher; isto parece confirmado pela assonância de ambas as palavras.

4 Gn 2, 23–25.

5 Gn 2, 17.

original.⁶ A teologia sistemática descobrirá nestas duas situações antagônicas dois estados diversos da natureza humana: *status naturae integrae* (estado de natureza íntegra) e *status naturae lapsae* (estado de natureza decaída). Tudo isto deriva daquele texto javista de Gênesis 2 e 3, que contém em si a mais antiga palavra da revelação, e tem evidentemente um significado fundamental tanto para a teologia do homem como para a teologia do corpo.

4. Quando Cristo, referindo-se ao "princípio", remete os seus interlocutores às palavras escritas em Gênesis 2, 24, ordena-lhes, em certo sentido, que ultrapassem o limiar que, no texto javista do Gênesis, se interpõe entre a primeira e a segunda situação do homem. Não aprova o que "por dureza do coração" Moisés permitiu, e refere-se às palavras da primeira ordem divina, que neste texto está expressamente ligada ao estado de inocência original do homem. Isto significa que tal ordem não perdeu a sua validade, ainda que o homem tenha perdido a inocência primitiva. A resposta de Cristo é decisiva e sem equívocos. Por isso, devemos tirar dela as conclusões normativas, que têm significado essencial não só para a ética, mas sobretudo para a teologia do homem e para a teologia corpo, a qual, como um momento particular da antropologia teológica, se constitui sobre o fundamento da palavra de Deus que se revela. Procuraremos tirar essas conclusões durante o próximo encontro.

---

6   "A própria linguagem religiosa exige a transposição de 'imagens' ou melhor, 'modalidades simbólicas', para 'modalidades conceituais' de expressão.
   À primeira vista, esta transposição pode parecer uma mudança puramente *extrínseca* [...]. A linguagem simbólica parece inadequada para tomar o caminho do conceito por um motivo que é peculiar da cultura ocidental. Nesta cultura, a linguagem religiosa foi sempre condicionada por outra linguagem, a filosófica, que é a linguagem conceitual *por excelência* [...]. Se é verdade que um vocabulário religioso é compreendido só numa comunidade que o interpreta e segundo uma tradição de interpretação, é também verdade que não existe tradição de interpretação que não tome como intermediário alguma concepção filosófica.
   A palavra 'Deus', que nos textos bíblicos recebe o próprio significado da *convergência* de diversos modos do falar (narrativas e profecias, textos de legislação e literatura sapiencial, provérbios e hinos) — vista, esta convergência, seja como ponto de intersecção, seja como horizonte a fugir de toda e qualquer forma — teve de ser absorvida no espaço conceitual, para ser reinterpretada nos termos do Absoluto filosófico, como primeiro motor, causa primeira, *Atus Essendi*, ser perfeito etc. O nosso conceito de Deus pertence, por conseguinte, a uma onto-teologia, na qual se organiza toda a constelação das palavras-chave da semântica teológica, mas numa moldura de significações ditadas pela metafísica" (Paul Ricœur, *Ermeneutica biblica*, Bréscia, 1978, Morcelliana, pág. 140–141; título original: *Biblical Hermeneutics*, Montana, 1975).
   A questão sobre se a redução metafísica exprime realmente o conteúdo que a linguagem simbólica e metafórica esconde em si é assunto à parte.

4. RELAÇÃO ENTRE A INOCÊNCIA ORIGINAL E A REDENÇÃO OPERADA POR CRISTO

Audiência Geral de quarta-feira, 26 de setembro de 1979

1. Cristo, respondendo à pergunta sobre a unidade e indissolubilidade do matrimônio, apelou para aquilo que sobre o tema do matrimônio foi escrito no Livro do Gênesis. Nas nossas duas precedentes reflexões, sujeitamos a uma análise tanto o chamado texto eloísta (capítulo 1) como o javista (capítulo 2). Desejamos hoje tirar dessas duas análises algumas conclusões.

Quando Cristo se refere ao "princípio", pede aos seus interlocutores que transponham, em certo sentido, o limiar que, no Livro do Gênesis, separa o estado de inocência original e o de pecaminosidade, iniciado pela queda original.

Simbolicamente pode-se ligar este limiar com a árvore do conhecimento do bem e do mal, que no texto javista delimita duas situações diametralmente opostas: a situação de inocência original e a do pecado original. Estas situações têm dimensão própria no homem, no seu íntimo, no seu conhecimento, na sua consciência, escolha e decisão, tudo isto em relação com Deus Criador que no texto javista (capítulos 2 e 3) é, ao mesmo tempo, o Deus da aliança, da mais antiga aliança do Criador com a sua criatura, isto é, com o homem. A árvore do conhecimento do bem e do mal, como expressão e símbolo da aliança com Deus quebrada no coração do homem, delimita e contrapõe duas situações e dois estados diametralmente opostos: o da inocência original e o do pecado original, e ao mesmo tempo o da pecaminosidade hereditária do homem, que do último deriva. Todavia as palavras de Cristo, que se referem ao "princípio", permitem-nos encontrar no homem certa continuidade essencial e um laço entre estes dois estados diversos ou duas dimensões do ser humano. O estado de pecado faz parte do "homem histórico", tanto daquele a que se refere Mateus 19, isto é, do interlocutor de Cristo nessa altura, como também de qualquer outro interlocutor, potencial ou atual, de todos os tempos da história e, portanto, naturalmente, também do homem de hoje. Tal estado, porém — precisamente o estado "histórico" —, em qualquer homem, sem nenhuma exceção, mergulha as raízes na sua própria "pré-história" teológica, que é o estado da inocência original.

2. Não se trata aqui somente de dialética. As leis do conhecer correspondem às do ser. É impossível compreender o estado de pecaminosidade "histórica" sem referência ou alusão (e Cristo de fato alude) ao estado de original (em certo sentido, "pré-histórica") e fundamental inocência. O surgimento, portanto, da pecaminosidade como estado, como dimensão da existência humana, está desde os princípios em relação com esta real inocência do homem como estado original e fundamental, como dimensão do ser criado "à imagem de Deus". E assim acontece não só com o primeiro homem, varão e mulher, como *dramatis personæ* e protagonistas dos acontecimentos descritos no texto javista dos capítulos 2 e 3 do Gênesis, mas também assim acontece com o inteiro percurso histórico da existência humana. O homem histórico está, portanto, por assim dizer, radicado na sua pré-história teológica revelada; e por isso cada ponto da sua pecaminosidade histórica se explica (tanto para a alma como para o corpo) com a referência à inocência original. Pode-se dizer que esta referência é "co-herança" do pecado, e precisamente do pecado original. Se este pecado significa, em todos os homens históricos, um estado de graça perdida, então ele comporta também uma referência àquela graça, que era precisamente a graça da inocência original.

3. Quando Cristo, segundo o capítulo 19 de Mateus, apela para o "princípio," não indica com esta expressão somente o estado de inocência original como horizonte perdido da existência humana na história. Às palavras que Ele pronuncia com seus próprios lábios temos o direito de atribuir ao mesmo tempo toda a eloqüência do mistério da redenção. De fato, já no mesmo texto javista de Gênesis 2 e 3, somos testemunhas de que o homem, varão e mulher, depois de ter quebrado a aliança original que tinha com o seu Criador, recebe a primeira promessa de redenção nas palavras do chamado Proto-evangelho em Gênesis 3, 15,[1] e começa a viver na perspectiva teológica da redenção.

---

1   Já a tradução grega do Antigo Testamento, a dos Setenta, que remonta a cerca do século II a.C., interpreta Gn 3, 15 no sentido messiânico, aplicando o pronome masculino *autós* referido ao substantivo neutro grego *sperma* (*semen* na Vulgata). A tradição judaica continua esta interpretação.

   A exegese cristã, a começar de Santo Ireneu (*Adv. Hær*. III, 23, 7), vê este texto como "proto-evangelho", que prenuncia a vitória sobre Satanás obtida por Jesus Cristo. Embora nos últimos séculos os especialistas em Sagrada Escritura tenham interpretado diversamente esta perícope, e alguns tenham contestado a interpretação messiânica, nos últimos tempos se está a voltar a esta perspectiva sob um aspecto um pouco diverso. O autor javista une, de fato, a pré-história com a história de Israel, que atinge o seu vértice na dinastia messiânica de Davi, a qual levará ao cumprimento das promessas de Gn 3, 15 (cf. 2Sm 7, 12).

   O Novo Testamento explicou o cumprimento da promessa na mesma perspectiva

Assim, portanto, o homem "histórico" — seja o interlocutor de Cristo naquele tempo de que fala Mateus 19, seja o homem de hoje — participa desta perspectiva. Participa não só da história da pecaminosidade humana, como sujeito hereditário e ao mesmo tempo pessoal e irrepetível desta história, mas participa igualmente da história da salvação, também agora como seu sujeito e co-criador. Ele está não só fechado, pela sua pecaminosidade, à inocência original, mas ao mesmo tempo aberto para o mistério da redenção, que se realizou em Cristo e por meio de Cristo. Paulo, autor da Carta aos Romanos, exprime esta perspectiva da redenção em que vive o homem "histórico", quando escreve: "[...] também nós próprios, que possuímos as primícias do Espírito, gememos interiormente, aguardando [...] a redenção do nosso corpo."[2] Não podemos perder de vista esta perspectiva quando seguimos as palavras de Cristo que, na sua conversa sobre a indissolubilidade do matrimônio, recorre ao "princípio". Se aquele princípio indicasse apenas a criação do homem como "varão e mulher", se — como já insinuamos — conduzisse os interlocutores só a atravessar o limiar do estado de pecado do homem até à inocência original, e não abrisse ao mesmo tempo a perspectiva de uma "redenção do corpo", a resposta de Cristo não seria de fato entendida de modo exato. Precisamente esta perspectiva da redenção do corpo assegura a continuidade e a unidade entre o estado hereditário do pecado do homem e a sua inocência original, se bem que esta inocência tenha sido historicamente perdida por ele, de modo irremediável. É também evidente que Cristo tem o máximo direito de responder à pergunta que lhe foi feita pelos doutores da Lei e da aliança (como lemos em Mateus 19 e em Marcos 10), na perspectiva da redenção sobre a qual se baseia a mesma aliança.

4. Se, no contexto substancialmente assim descrito pela teologia do homem-corpo, pensamos no *método* das análises seguintes a respeito da revelação do "princípio", em que é essencial a referência aos primeiros capítulos do Livro do Gênesis, devemos logo dirigir a nossa atenção para um fator que é especialmente importante para a interpretação teológica: importante porque consiste na relação entre revelação e experiência. Ao interpretarmos a revelação a respeito do homem, e sobretudo a respeito do corpo, temos por motivos com-

---

messiânica: Jesus é o Messias, descendente de Davi (Rm 1, 3; 2Tm 2, 8), nascido de mulher (Gl 4, 4), novo Adão-Davi (1Cor 15) que deve reinar "até que ponha todos os inimigos debaixo dos pés" (1Cor 15, 25). E por fim, em Ap 12, 1–10, apresenta o cumprimento final da profecia de Gn 3, 15, que embora não sendo um anúncio claro e imediato de Jesus como Messias de Israel, leva todavia a Ele por meio da tradição real e messiânica que une o Antigo e o Novo Testamento.

2   Rm 8, 23.

preensíveis de referir-nos à experiência, porque é sobretudo nela que o homem-corpo é percebido por nós. À luz das mencionadas considerações fundamentais, temos pleno direito de alimentar a convicção de que esta nossa experiência "histórica" deve, de certo modo, deter-se no limiar da inocência original do homem, porque relativamente a ele mantém-se inadequada. Todavia, à luz das mesmas considerações introdutórias, devemos chegar à convicção de que a nossa experiência humana é, neste caso, um meio de algum modo legítimo para a interpretação teológica, e é, em certo sentido, um indispensável ponto de referência, ao qual devamos apelar na interpretação do "princípio". A análise mais particularizada do texto nos permitirá chegar a uma visão mais clara.

5. Parece que as palavras de Romanos 8, 23 que citamos, indicam do melhor modo a orientação das nossas investigações centradas na revelação daquele "princípio", a que Cristo se referiu na sua conversa sobre a indissolubilidade do matrimônio. Todas as análises seguintes, que a este propósito serão feitas com base nos primeiros capítulos do Gênesis, refletirão quase necessariamente a verdade das palavras paulinas: "[...] também nós próprios, que possuímos as primícias do Espírito, gememos interiormente, aguardando [...] a redenção do nosso corpo". Se nos colocamos nesta posição — tão profundamente concorde com a experiência[3] —, o "princípio" deve falar-nos com a grande riqueza de luz que provém da revelação, à qual deseja responder sobretudo a teologia. O prosseguimento das análises nos explicará por que e em que sentido deve esta teologia ser teologia do corpo.

---

3   Falando aqui da relação entre a "experiência" e a "revelação", ou melhor, de uma surpreendente convergência entre elas, queremos só fazer notar que o homem, no seu atual estado do existir no corpo, experimenta múltiplos limites — sofrimentos, paixões, fraquezas e por fim até a morte —, os quais, ao mesmo tempo, referem este seu existir no corpo a outro estado diverso ou outra dimensão. Quando São Paulo escreve sobre a "redenção do corpo", fala com a linguagem da revelação; a experiência, na verdade, não é capaz de atingir este conteúdo, ou antes, esta realidade. Ao mesmo tempo, no total deste conteúdo, o autor de Rm 8, 23 retoma tudo quanto não só a ele, mas de certo modo também a cada homem (independentemente da sua relação com a revelação) é oferecido através da experiência da existência humana, que é a existência no corpo.

Temos, portanto, o direito de falar da relação entre a experiência e a revelação; mais, temos o direito de apresentar o problema da relação recíproca entre as duas, ainda que para muitos passe entre ambas uma linha de demarcação que é a linha de antítese total e de antinomia radical. Esta linha, segundo julgam, deve sem mais ser traçada entre a fé e a ciência, entre a teologia e a filosofia. Ao formular este ponto de vista, são sobretudo tomados em consideração conceitos abstratos e não o homem como sujeito vivo.

5. O SIGNIFICADO DA SOLIDÃO ORIGINAL DO HOMEM

Audiência Geral de quarta-feira, 10 de outubro de 1979

1. Na última reflexão do presente ciclo, chegamos a uma conclusão introdutória, tirada das palavras do Livro do Gênesis, sobre a criação do homem como varão e mulher. A estas palavras, ou seja, ao "princípio", referiu-se o Senhor Jesus na sua conversa sobre a indissolubilidade do matrimônio. Mas a conclusão a que chegamos não termina ainda a série das nossas análises. Devemos, de fato, reler a narrativa do primeiro e do segundo capítulos do Livro do Gênesis num contexto mais largo, que nos permitirá estabelecer uma série de significados do texto antigo a que Cristo se referiu. Hoje refletiremos, portanto, sobre o significado da *solidão original do homem*.

2. O ponto de partida para esta reflexão nos vem diretamente das seguintes palavras do Livro do Gênesis: "Não é bom que o homem [varão] esteja sozinho; vou dar-lhe uma auxiliar semelhante a ele".[1] É Deus-Javé que pronuncia estas palavras. Fazem parte da segunda narrativa da criação do homem e provêm, portanto, da tradição javista. Como já recordamos anteriormente, é significativo que no texto javista a narrativa da criação do homem (varão) seja um trecho completo,[2] que precede a narrativa da criação da primeira mulher.[3] É, além disso, significativo que o primeiro homem (*'adam*), criado do "pó da terra", só depois da criação da primeira mulher seja definido como "varão" (*'iš*). Assim, quando Deus-Javé pronuncia as palavras a respeito da solidão, refere-as à solidão do "homem" enquanto tal, e não só à do varão.[4]

É difícil, porém, só com base neste fato, chegar muito longe tirando conclusões. Apesar disso, o contexto completo daquela solidão de que

---

1 Gn 2, 18.

2 Gn 2, 7.

3 Gn 2, 21–22.

4 O texto hebraico chama constantemente ao primeiro homem *ha-'adam*, ao passo que o termo *'is* ("varão") só é usado quando aparece o confronto com a *'iššâ* ("mulher"). Solitário estava, pois, "o homem" sem referência ao sexo. Na tradução para algumas línguas européias, é difícil porém exprimir este conceito do Gênesis, porque "homem" e "humano" são definidos ordinariamente com um vocábulo único: "*homo*", "*uomo*", "*homme*", "*hombre*", "*man*".

fala o Gênesis 2, 18 pode convencer-nos de que se trata aqui da solidão do "homem" (varão e mulher) e não apenas da solidão do homem-varão, causada pela falta da mulher. Parece, por conseguinte, com base no contexto inteiro, que esta solidão tem dois significados: um que deriva da própria criatura do homem, isto é, da sua humanidade (o que é evidente na narrativa de Gênesis 2), e o outro que deriva da relação homem-mulher, o que é evidente, de certo modo, com base no primeiro significado. A análise particularizada da descrição parece confirmá-lo.

3. O problema da solidão manifesta-se unicamente no contexto da segunda narrativa da criação do homem. A primeira não conhece este problema. Nesta aparece o homem criado num só ato como "homem e mulher" ("Deus criou o homem à sua imagem, [...] Ele os criou homem e mulher"). A segunda narrativa que, segundo já mencionamos, fala primeiro da criação do homem e, só depois, da criação da mulher da "costela" do homem, concentra a nossa atenção no fato de o homem "estar sozinho". Isto se apresenta como um problema antropológico fundamental, anterior, em certo sentido, ao problema apresentado pelo fato de tal homem ser masculino e feminino. Este problema é anterior não tanto no sentido cronológico quanto no sentido existencial: é anterior "por sua natureza". Tal se revelará também o problema da solidão do homem do ponto de vista da teologia do corpo, se conseguirmos fazer uma análise aprofundada da segunda narrativa da criação em Gênesis 2.

4. A afirmação de Deus-Javé, "não é bom que o homem esteja sozinho", aparece, não só no contexto imediato da decisão de criar a mulher ("vou dar-lhe uma auxiliar semelhante a ele"), mas também no contexto mais amplo de motivos e circunstâncias, que explicam mais profundamente o sentido da solidão original do homem. O texto javista liga primeiramente a criação do homem à necessidade de cultivar a terra,[5] o que, na primeira narrativa, corresponde à vocação de "encher e dominar a terra".[6] Além disso, a segunda narrativa da criação fala sobre o homem ser colocado no "Jardim do Éden" e, deste modo, nos introduz no estado da sua felicidade original. Até este momento, o homem é objeto da ação criadora de Deus-Javé, que ao mesmo tempo, como legislador, estabelece as condições da primeira aliança com o homem. Já com este recurso é sublinhada a subjetividade do homem. Esta encontra nova expressão quando "o Senhor Deus, após ter formado da terra todos os animais dos campos e todas as aves dos céus, conduziu-os até junto do homem [varão], para que fossem conhecidos pelos

---

5   Cf. Gn 2, 5.

6   Cf. Gn 1, 28.

nomes que ele lhes desse."⁷ Logo, o primitivo significado da solidão original do homem é definido em função de um "teste" específico, ou um exame a que o homem é sujeito diante de Deus (e em certo modo também diante de si mesmo). Graças a esse "teste", o homem toma consciência da própria superioridade, isto é, de não poder colocar-se em igualdade com nenhuma outra espécie de seres vivos sobre a terra.

Na verdade, como diz o texto, o homem impôs os nomes para que todos os seres vivos "fossem conhecidos pelos nomes que ele lhes desse [...]. O homem designou com nomes todos os animais domésticos, todas as aves dos céus e todos os animais ferozes; contudo — termina o autor — o homem [varão] não encontrou para si uma auxiliar adequada."

5. Toda esta parte do texto é, sem dúvida, uma preparação para a narrativa da criação da mulher. Todavia, possui um significado próprio e profundo, independentemente desta criação. Tal significado é o seguinte: o homem criado encontra-se, desde o primeiro momento da sua existência, diante de Deus como que à busca da própria "entidade"; poder-se-ia dizer: em busca da definição de si mesmo. Um contemporâneo diria: em busca da própria "identidade". A verificação de estar o homem "sozinho" no meio do mundo visível e, em especial, entre os seres vivos, tem nesta busca significado negativo, na medida em que exprime o que ele "não é". Apesar disso, a verificação de não se poder essencialmente identificar com o mundo visível dos outros seres vivos (*"animalia"*) tem, ao mesmo tempo, aspecto positivo para esta busca primária: embora esta verificação não seja ainda uma definição completa, constitui, todavia, um dos seus elementos. Se aceitamos a tradição aristotélica na lógica e na antropologia, seria necessário definir este elemento como "gênero próximo" (*genus proximum*).⁸

---

7   Gn 2, 19.

8   "Uma definição *essencial* (*quidditas*) é a expressão pela qual se explica *a essência ou a natureza* das coisas. Será essencial quando é possível definir uma coisa pelo seu *gênero próximo* e sua *diferença específica*. Incluem-se nessa compreensão de *gênero próximo* todos os elementos essenciais compartilhados por entes, do mesmo gênero, e também se incluem todos os seres que guardam semelhanças na natureza com a coisa que se está a definir; já a *diferença específica*, por outro lado, traz um elemento distintivo que separa essa coisa de todas as outras de natureza semelhante, mostrando desta maneira aquilo que a diferença de todas as outras, e com as quais pode ser erroneamente identificada.

'Homem' é definido como 'animal racional'; 'animal' é seu *gênero próximo* e 'racional', sua *diferença específica*. O gênero próximo de 'animal' traz em si a compreensão de todos os elementos essenciais dos entes desse mesmo gênero (animais), ou seja: senciente, vivo, substância material [...]. A diferença específica 'racional' é elemento que distingue essencialmente 'homem' de qualquer outro 'animal'. Também por essa razão, faz do ente (homem) uma espécie própria, e a separa de qualquer outro gênero diferente de animal, como as plantas e as substâncias inanimadas.

Além disso, desde que a diferença específica seja um elemento distintivo da essência do homem, ela inclui todas as 'propriedades' características que se podem encontrar na natureza do homem *como homem*, ou seja, o poder da expressão, a moralidade, as formas de

6. O texto javista nos permite descobrir ainda novos elementos naquele admirável trecho, em que o homem se encontra sozinho, diante de Deus, sobretudo para exprimir, através de uma auto-definição, a própria autoconsciência, como primitiva e fundamental manifestação de humanidade. O autoconhecimento acompanha o conhecimento do mundo, de todas as criaturas visíveis, de todos os seres vivos a que o homem deu nomes para afirmar, em confronto com eles, a própria diversidade. Assim, a consciência revela o homem como o ser que possui a faculdade cognitiva a respeito do mundo visível. Com este conhecimento, que de certo modo o faz sair de dentro do seu próprio ser, ao mesmo tempo o homem revela-se a si mesmo em toda a peculiaridade do seu ser. Está não apenas essencialmente, mas subjetivamente só. Solidão, de fato, significa também subjetividade do homem, a qual se forma através do autoconhecimento. O homem está só porque é "diferente" do mundo visível, do mundo dos seres vivos. Analisando o texto do Livro do Gênesis, tornamo-nos, em certo sentido, testemunhas do modo como o homem "se distingue", diante de Deus-Javé, de todo o conjunto dos seres vivos ("*animalia*") como o primeiro ato de autoconhecimento, e de como, por conseguinte, se revela a si mesmo e ao mesmo tempo se afirma no mundo visível como "pessoa". Aquele processo delineado de modo tão enérgico em Gênesis 2, 19–20, processo de busca de uma definição de si mesmo, não leva somente a indicar — retornando à tradição aristotélica — o *genus proximum*, que no segundo capítulo do Gênesis é expresso com as a palavras "designou com nomes", a que corresponde a "diferença" específica que é, segundo a definição de Aristóteles, *noûs, zoón noetikon*; tal processo leva também à primeira delineação do ser humano como pessoa humana, com a sua própria subjetividade característica.

Interrompamos aqui a análise do significado da solidão original do homem. Nós a retomaremos daqui a uma semana.

---

governo, religião, a imortalidade etc. — realidades que estão ausentes em todos os outros seres do mundo físico". (C. N. Bittle, *The Science of Corret Thinking*, Logic, Milwaukee, 1947, pp. 73–74).

6. A SOLIDÃO ORIGINAL DO HOMEM E A SUA CONSCIÊNCIA DE SER PESSOA

Audiência Geral de quarta-feira, 24 de outubro de 1979

1. Na reflexão precedente, começamos a analisar o significado da solidão original do homem. A sugestão foi-nos dada pelo texto javista, e em particular pelas seguintes palavras: "Não é bom que o homem esteja sozinho; vou dar-lhe uma auxiliar semelhante a ele". A análise das relativas passagens do Livro do Gênesis (capítulo 2) levou-nos já a conclusões surpreendentes que dizem respeito à antropologia, isto é, à ciência fundamental acerca do homem, contida neste Livro. De fato, relativamente em poucas frases, o antigo texto delineia o homem como pessoa com a subjetividade que a caracteriza.

Quando Deus-Javé dá a este primeiro homem, assim formado, o domínio sobre todas as árvores que crescem no "Jardim do Éden", sobretudo a do conhecimento do bem e do mal, aos delineamentos do homem acima descritos junta-se o momento da opção e da autodeterminação, isto é, do livre-arbítrio. Deste modo, a imagem do homem, como pessoa dotada de uma subjetividade própria, aparece diante de nós como acabada no seu primeiro esboço.

No conceito de solidão original está incluída tanto a autoconsciência como a autodeterminação. O fato de o homem "estar sozinho" contém em si tal estrutura ontológica e, ao mesmo tempo, é um índice de autêntica compreensão. Sem isso, não podemos compreender corretamente as palavras seguintes, que constituem o prelúdio da criação da primeira mulher: "vou dar-lhe uma auxiliar". Mas, sobretudo, sem aquele significado tão profundo da solidão original do homem, não pode ser compreendida nem corretamente interpretada a situação completa do homem criado "à imagem de Deus", que é a situação da primeira aliança, da aliança primitiva com Deus.

2. Este homem, de quem a narrativa do capítulo primeiro diz que foi criado "à imagem de Deus", manifesta-se, na segunda narrativa, como sujeito da aliança, isto é, sujeito constituído como pessoa, constituído à altura de "companheiro do Absoluto", dado ao dever de discernir e escolher conscientemente entre o bem e o mal, entre a vida

e a morte. As palavras da primeira ordem preceituada por Deus-Javé,[1] que se referem diretamente à dependência e à submissão do homem-criatura ao seu Criador, revelam, de modo indireto, precisamente tal nível de humanidade, como sujeito da aliança e "companheiro do Absoluto". O homem está "sozinho"; isso quer dizer que ele, através da própria humanidade, através daquilo que ele é, é ao mesmo tempo constituído numa única, exclusiva e irrepetível relação com o próprio Deus. A definição antropológica contida no texto javista aproxima-se, por seu lado, daquilo que exprime a definição teológica do homem, que encontramos na primeira narrativa da criação ("Façamos o homem à nossa imagem, à nossa semelhança").

3. O homem, assim formado, pertence ao mundo visível, é corpo entre os corpos. Retomando e, de certo modo, reconstruindo o significado da solidão original, aplicamo-lo ao homem na sua totalidade. O corpo, mediante o qual o homem participa no mundo criado visível, torna-o ao mesmo tempo consciente de "estar sozinho". De outro modo, não teria sido capaz de chegar àquela convicção, a que, efetivamente, como lemos, chegou[2] se o seu corpo não o tivesse ajudado a compreendê-lo, tornando o fato evidente. A consciência da solidão poderia ter enfraquecido precisamente por causa do seu próprio corpo. O homem, *'adam*, teria podido, baseando-se na experiência do próprio corpo, chegar à conclusão de ser substancialmente semelhante aos outros seres vivos (*"animalia"*). E afinal, como lemos, não chegou a esta conclusão; pelo contrário, chegou à persuasão de "estar sozinho". O texto javista não fala nunca diretamente do corpo; até mesmo quando diz que "o Senhor Deus formou o homem do pó da terra", fala do homem e não do corpo. Apesar disso, a narrativa tomada no seu conjunto oferece-nos bases suficientes para perceber esse homem, criado no mundo visível, precisamente como corpo entre os corpos.

A análise do texto javista permite-nos também relacionar a solidão original do homem com a consciência do corpo, mediante o qual o homem se distingue de todos os *"animalia"* e "se separa" deles, e também mediante o qual ele é pessoa. Pode-se afirmar com certeza que aquele homem assim formado tem simultaneamente o conhecimento e a consciência do sentido do próprio corpo. E isso baseado na experiência da solidão original.

---

1 Gn 2, 16–17: "Deu-lhe então este preceito: 'Podes comer do fruto de todas as árvores do jardim, mas não comas o da árvore do conhecimento do bem e do mal, porque no dia em que o comeres, certamente morrerás'."

2 Cf. Gn 2, 20: "[...] contudo o homem não encontrou para si uma auxiliar adequada".

4. Tudo isso pode ser considerado como implicação da segunda narrativa da criação do homem, e a análise do texto permite-nos um amplo desenvolvimento.

Quando no início do texto javista, ainda antes de se falar da criação do homem do "pó da terra", lemos que "não havia homem para cultivar a terra [...]; entretanto, um manancial subia da terra e regava toda a superfície do solo",[3] associamos justamente este trecho ao da primeira narrativa, em que está expressa a ordem divina: "enchei e dominai a terra." A segunda narrativa alude de modo explícito ao trabalho que o homem realiza para cultivar a terra. O primeiro meio fundamental para dominar a terra encontra-se no próprio homem. O homem pode dominar a terra porque só ele — e nenhum outro ser vivo — é capaz de "cultivá-la" e transformá-la segundo as próprias necessidades ("um manancial subia da terra e regava toda a superfície do solo"). E então, este primeiro esboço de uma atividade especificamente humana parece fazer parte da definição do homem, tal como emerge da análise do texto javista. Por conseguinte, pode-se afirmar que tal esboço é intrínseco ao significado da solidão original e pertence àquela dimensão de solidão através da qual o homem, que desde o início, está no mundo visível como corpo entre os corpos, descobre o sentido da própria corporalidade.

Sobre este assunto, voltaremos na próxima reflexão.

---

[3] Gn 2, 5–6.

7. NA PRÓPRIA DEFINIÇÃO DO HOMEM ESTÁ A ALTERNATIVA ENTRE MORTE E IMORTALIDADE

Audiência Geral de quarta-feira, 31 de outubro de 1979

1. Hoje convém que voltemos ao significado da solidão original do homem, que emerge sobretudo da análise do chamado texto javista de Gênesis 2. O texto bíblico nos permite, como já verificamos nas precedentes reflexões, pôr em relevo não só a consciência do corpo humano (o homem é criado no mundo visível como "corpo entre os corpos"), mas também a do seu significado próprio.

Tendo em conta a grande concisão do texto bíblico, não se pode, certamente, ampliar muito este encadeamento. É certo, porém, que tocamos aqui o problema central da antropologia. A consciência do corpo parece identificar-se nesse caso com o descobrimento da complexidade da própria estrutura que, baseada numa antropologia filosófica, consiste afinal na relação entre a alma e o corpo. A narrativa javista o exprime com sua própria linguagem (isto é, com a sua própria terminologia), dizendo: "O Senhor Deus formou o homem do pó da terra e insuflou-lhe pelas narinas o sopro da vida, e o homem tornou-se um ser vivo."[1] E precisamente este homem, "ser vivo", distingue-se em seguida de todos os outros seres vivos do mundo visível. O que leva a concluir a existência deste "distinguir-se" do homem é precisamente o fato de só ele ser capaz de "cultivar a terra" e de "a dominar". Pode-se dizer que a consciência da "superioridade", inscrita na definição de humanidade, nasce desde o princípio baseada num agir ou comportar-se tipicamente humano. Esta consciência traz consigo especial percepção do significado do corpo em si, percepção que vem precisamente do fato de que cabe ao homem "cultivar a terra" e "dominá-la". Tudo isso seria impossível sem uma intuição tipicamente humana do significado do corpo em si.

2. Parece necessário, pois, falar antes de tudo deste aspecto, deixando para depois o problema da complexidade antropológica em sentido metafísico. Se a descrição original da consciência humana, indicada pelo texto javista, compreende no conjunto da narrativa

---

[1] A antropologia bíblica distingue no homem não tanto o "corpo" e a "alma" quanto "corpo" e "vida". O autor bíblico apresenta aqui a entrega do dom da vida mediante o "sopro", que não deixa de ser propriedade de Deus: quando Deus o tira, o homem volta ao pó, do qual foi feito (cf. Jó 34, 14–15; Sl 104, 29ss).

também o corpo, se ela contém como que o primeiro testemunho do descobrimento da própria corporeidade (e mesmo, como foi dito, a percepção do significado do próprio corpo), tudo isso se revela não com base numa análise metafísica primordial qualquer, mas numa concreta subjetividade do homem que seja bastante clara. O homem é um sujeito não só pela sua autoconsciência e autodeterminação, mas também com base no próprio corpo. A estrutura deste corpo é tal que lhe permite ser o autor de uma atividade verdadeiramente humana. Nesta atividade, o corpo exprime a pessoa. Ele é, portanto, em toda a sua materialidade ("formou o homem do pó da terra"), quase penetrável e transparente, de maneira que evidencia quem é o homem (e quem ele deveria ser) graças à estrutura da sua consciência e da sua autodeterminação. Nisso se apóia a percepção fundamental do significado do corpo em si, que não se pode deixar de descobrir ao analisar a solidão original do homem.

3. Ora, com tal compreensão fundamental do significado do próprio corpo, o homem, como sujeito da antiga aliança com o Criador, é colocado diante do mistério da árvore do conhecimento. "Podes comer do fruto de todas as árvores do jardim, mas não comas o da árvore do conhecimento do bem e do mal, porque no dia em que o comeres, certamente morrerás".[2] O significado original da solidão do homem baseia-se em experimentar a existência que ele obteve do Criador. Tal existência humana caracteriza-se precisamente pela subjetividade, que também inclui o significado do corpo. Mas o homem, que na sua consciência original conhece apenas a experiência do existir e, portanto, da vida, teria ele podido compreender o que significou a palavra "morrerás"? Teria sido capaz de chegar a compreender o sentido desta palavra através da estrutura complexa da vida, que lhe foi dada quando "o Senhor Deus [...] insuflou-lhe pelas narinas o sopro da vida [...]"? É necessário admitir que esta palavra, completamente nova, apareceu no horizonte da consciência do homem sem que ele nunca lhe tivesse experimentado a realidade, e que ao mesmo tempo esta palavra apareceu diante dele como radical antítese de tudo aquilo de que o homem fora dotado.

O homem ouviu pela primeira vez a palavra "morrerás", sem ter com ela qualquer familiaridade na experiência feita até então; mas, por outro lado, não podia deixar de associar o significado da morte àquela dimensão de vida de que ele tinha gozado até esse momento. As palavras de Deus-Javé dirigidas ao homem confirmavam uma dependência no existir, de maneira que fez do homem um ser limitado e, por sua natureza, suscetível de não-existência. Estas palavras sugeriram o problema da morte de maneira condicional: "no dia em que o comeres, [...] morrerás". O homem, que ouvira tais palavras, devia

---
2 Gn 2, 16–17.

nelas encontrar a verdade na mesma estrutura interior da própria solidão. E, afinal, dependia dele, da sua decisão e livre escolha, se entraria também com a sua solidão no círculo da antítese que lhe revelara o Criador, juntamente com a árvore do conhecimento do bem e do mal, e assim tornaria própria a experiência do morrer e da morte. Ouvindo as palavras de Deus-Javé, o homem deveria compreender que a árvore do conhecimento lançara raízes não só no "Jardim do Éden", mas também na sua humanidade.[3] Ele, além disso, deveria compreender que aquela árvore misteriosa escondia em si uma dimensão de solidão, até essa altura desconhecida, da qual o Criador o tinha dotado no âmbito do mundo dos seres vivos, aos quais ele, o homem — diante do Criador mesmo —, tinha "designado com nomes", para chegar a compreender que nenhum deles lhe era semelhante.

4. Quando, pois, o significado fundamental do seu corpo já se encontrava estabelecido graças à distinção que o separava do resto das criaturas, quando por isso mesmo se tornara evidente que o "invisível" determina o homem mais que o "visível", então apresentou-se diante dele a alternativa íntima e diretamente ligada por Deus-Javé à árvore do conhecimento do bem e do mal. A alternativa entre a morte e a imortalidade, que deriva de Gênesis 2, 17, ultrapassa o significado essencial do corpo do homem, pois inclui o significado escatológico não só do corpo, mas da humanidade mesma, distinta de todos os seres vivos, dos "corpos". Essa alternativa refere-se, contudo, de modo particularíssimo ao corpo criado do "pó da terra".

Para não prolongar mais esta análise, limitamo-nos a verificar que a alternativa entre a morte e a imortalidade entra, desde o princípio, na definição do homem e que pertence, "desde o princípio", ao significado da sua solidão diante do próprio Deus. Esse significado originário de solidão, impregnado pela alternativa entre morte e imortalidade, tem ainda um significado fundamental para toda a teologia do corpo.

Com esta verificação, concluímos por ora as nossas reflexões sobre o significado da solidão original do homem. Tal verificação, que deriva de modo claro e incisivo dos textos do Livro do Gênesis, leva também a refletir tanto sobre os textos como sobre o homem, que tem provavelmente consciência demasiado débil da verdade que lhe diz respeito e se encontra já expressa nos primeiros capítulos da Bíblia.

---

3   O imperativo de Javé (*Iahweh*) está, portanto, de algum modo já escrito na natureza constitutiva do primeiro homem. Desta passagem decorre que a forma de Adão sair da solidão original depende também de uma livre opção sua. Ele podia redundar num abandono "virginal", consciente, à dependência constitutiva por parte de Deus e, ao contrário, acabou no pecado, na antítese do morrer. As raízes da árvore do conhecimento do bem e do mal, presentes também na humanidade do homem, são uma belíssima imagem para indicar a sua liberdade presente desde o estado original, misteriosamente capaz de colocá-lo contra a lei de Deus.

8. A UNIDADE ORIGINAL DO HOMEM E DA MULHER NA HUMANIDADE

Audiência Geral de quarta-feira, 7 de novembro de 1979

1. As palavras do Livro do Gênesis "Não é bom que o homem esteja sozinho" são como que um prelúdio da narrativa da criação da mulher. Com esta narrativa, o sentimento da solidão original entra a fazer parte do significado da unidade original, cujo ponto-chave parece ser precisamente as palavras de Gênesis 2, 24, a que Cristo se refere no seu diálogo com os fariseus: "[...] o homem deixará seu pai e sua mãe, e se unirá à sua mulher, e os dois serão uma só carne".[1] Se Cristo, referindo-se ao "princípio", cita estas palavras, convém-nos precisar o significado dessa unidade original, que mergulha as raízes no fato da criação do homem como masculino e feminino.

A narrativa do primeiro capítulo do Gênesis não conhece o problema da solidão original do homem; o homem, de fato, desde o princípio é "homem e mulher". O texto javista do capítulo segundo, pelo contrário, autoriza-nos de certo modo a pensar primeiro somente no homem enquanto, mediante o corpo, pertence ao mundo visível, mas ultrapassando-o; depois, faz-nos pensar no mesmo homem, mas através da duplicidade do sexo. Corporeidade e sexualidade não se identificam completamente. Embora o corpo humano, na sua constituição normal, traga em si os sinais do sexo e seja, por sua natureza, masculino ou feminino, todavia o fato de o homem ser "corpo" pertence à estrutura do sujeito pessoal mais profundamente que o fato de ele ser na sua constituição somática também masculino ou feminino. Por isso, o significado da solidão original, que pode referir-se simplesmente ao "homem", é substancialmente anterior ao significado da unidade original; esta última, de fato, baseia-se na masculinidade e na feminilidade, como que sobre duas diferentes "encarnações", isto é, sobre dois modos de "ser corpo" do mesmo ser humano, criado "à imagem de Deus".

2. Segundo o texto javista, no qual a criação da mulher foi descrita separadamente,[2] devemos ter diante dos olhos, ao mesmo tempo, aquela "imagem de Deus" da primeira narrativa da criação. A segunda

---

1 Mt 19, 5.

2 Gn 2, 21–22.

narrativa conserva, na linguagem e no estilo, todas as características do texto javista. O modo de narrar concorda com o modo de pensar e de falar da época a que o texto pertence. Pode-se dizer, segundo a filosofia contemporânea da religião e da linguagem, que se trata de uma linguagem mítica. Neste caso, na verdade, o termo "mito" não designa um conteúdo fabuloso, mas simplesmente um modo arcaico de exprimir um conteúdo mais profundo. Sem qualquer dificuldade, sobre o estrato da antiga narrativa, desvelamos aquele conteúdo, verdadeiramente admirável no que diz respeito às qualidades e à condensação das verdades que nele estão contidas. Acrescentemos que a segunda narrativa da criação do homem conserva, até certo ponto, uma forma de diálogo entre o homem e Deus-Criador, o que se manifesta sobretudo naquele período em que o homem (*'adam*) é definitivamente criado como varão e mulher (*'iš–'iššâ*).[3] A criação efetua-se como que paralelamente em duas dimensões; a ação de Deus-Javé ao criar desenvolve-se em correlação com o processo da consciência humana.

3. Assim, pois, Deus-Javé diz: "Não é bom que o homem esteja sozinho; vou dar-lhe uma auxiliar semelhante a ele". E ao mesmo tempo o homem confirma a própria solidão. A seguir, lemos: "Então o Senhor Deus enviou ao homem um profundo torpor; e, enquanto ele dormia, tirou-lhe uma das costelas, cujo lugar preencheu de carne. Da costela dele tirada, o Senhor Deus fez a mulher e conduziu-a até ao homem".[4] Tomando em consideração o caráter próprio da linguagem, é preciso antes de tudo reconhecer que é muito significativo aquele torpor do Gênesis, no qual, por obra de Deus-Javé, o homem cai em preparação para o novo ato criador. Segundo a mentalidade contemporânea, habituada — graças à análise do subconsciente — a ligar ao mundo do sono conteúdos sexuais, aquele torpor pode suscitar uma associação particular. Todavia, a narrativa bíblica parece ir além do subconsciente humano. E se admitimos uma significativa diversidade de vocabulário, podemos concluir que o homem (*'adam*) cai naquele "torpor" para acordar "varão" e "mulher".[5] De fato, pela

---

[3] O termo hebraico *'adam* exprime o conceito coletivo da espécie humana, isto é, o *homem* que representa a humanidade (a Bíblia define o indivíduo usando a expressão "filho do homem", *ben-'adam*). A contraposição *'iš–'iššâ* sublinha a diversidade sexual (como em grego *anér–gyné*).
   Depois da criação da mulher, o texto bíblico continua a chamar ao primeiro homem de *'adam* (com o artigo definido), exprimindo assim a sua "personalidade corporal"), pois se tornou "pai da humanidade", seu progenitor e representante, como depois Abraão foi reconhecido como "pai dos crentes" e Jacó foi identificado com Israel–Povo Eleito.

[4] Gn 2, 21–22.

[5] O torpor de Adão (em hebraico, *tardemah*) é um sono profundo (latim *sopor*, inglês *sleep*), em que cai o homem, inconsciente e sem penetrar nos sonhos (a Bíblia tem outro termo

primeira vez encontramos em Gênesis 2, 23 a distinção *'iš–'iššâ*. Talvez, portanto, a analogia do sono indique aqui não tanto um passar da consciência à subconsciência, quanto um específico regresso ao não-ser (o sono tem em si um elemento de aniquilamento da existência consciente do homem), ou seja, ao momento que antecede a criação, para que dele, por iniciativa criadora de Deus, o "homem" solitário possa ressurgir na sua dupla unidade de homem e mulher.[6]

Seja como for, à luz do contexto de Gênesis 2, 18–20 nenhuma dúvida há de que o homem caiu naquele "torpor" com o desejo de encontrar um ser semelhante a si. Se podemos, por analogia com o sono, falar aqui também de sonho, devemos dizer que este arquétipo bíblico nos permite admitir, como conteúdo daquele sonho, um "segundo eu", também ele pessoal e igualmente relacionado com o estado de solidão original, isto é, com todo aquele processo de estabilização da identidade humana relativamente ao conjunto dos seres vivos ("*animalia*"), enquanto é processo de "diferenciação" entre o homem e tal ambiente. Deste modo, o círculo da solidão do homem-pessoa quebra-se, porque o primeiro "homem" desperta do sono como "homem e mulher".

---

para definir o sonho: *halóm*); cf. Gn 15, 12; 1Sm 26, 12).

Freud examina o conteúdo dos sonhos (latim *somnium*, inglês *dream*), que formando-se com elementos psíquicos "recalcados no subconsciente" permitem, segundo a sua teoria, fazer surgir deles os conteúdos incônscios, que seriam, em última análise, sempre sexuais. Esta idéia é naturalmente de todo alheia ao autor bíblico.

Na teologia do autor javista, o torpor em que Deus fez cair o primeiro homem sublinha a exclusividade da ação de Deus na obra da criação da mulher; o homem não teve nela nenhuma participação consciente. Deus serve-se da sua "costela" unicamente para acentuar a natureza comum do homem e da mulher.

6   "Torpor" (*tardemah*) é o termo que aparece na Sagrada Escritura, quando durante o sono ou diretamente depois dele hão de dar-se acontecimentos extraordinários (cf. Gn 15, 12; 1Sm 26, 12; Is 29, 10; Jo 4, 13; 33, 15). Os Setenta traduzem *tardemah* por *ekstasis* (êxtase).

No Pentateuco, *tardemah* aparece ainda uma vez num contexto misterioso: Abraão, por ordem de Deus, preparou um sacrifício de animais, excluindo as aves de rapina. "Ao pôr do sol, apoderou-se dele um *profundo sono* (torpor); ao mesmo tempo sentiu-se apavorado e foi *envolvido por densas trevas*" (Gn 15, 12). Precisamente então começa Deus a falar e conclui com ele uma aliança, que é o ponto mais alto da revelação comunicada a Abraão.

Esta cena assemelha-se um tanto à do jardim de Getsêmani: Jesus "começou a sentir pavor e a angustiar-se" (Mc 14, 33) e encontrou os Apóstolos "dormindo, devido à tristeza" (Lc 22, 45).

O autor bíblico admite no primeiro homem certo sentimento de carência e solidão ("Não é bom que o homem esteja sozinho"; "não encontrou para si uma auxiliar adequada"), de carência e solidão, mas não de medo. Talvez esse estado provoque "um sono causado pela tristeza", ou talvez, como em Abraão, "por um pavor de não ser"; como no limiar da obra da criação, "a terra era informe e vazia, e as trevas cobriam o abismo" (Gn 1, 2).

Seja como for, segundo ambos os textos, em que o Pentateuco, ou melhor, o Livro do Gênesis, fala do sono profundo (*tardemah*), realiza-se uma especial ação divina, isto é, uma "aliança" cheia de conseqüências para toda a história da salvação: Adão dá início ao gênero humano; Abraão, ao Povo Eleito.

4. A mulher é feita "da costela" que Deus-Javé tirara do homem. Considerando o modo arcaico, metafórico e imaginoso, de exprimir o pensamento, podemos determinar que se trata aqui de homogeneidade de todo o ser de ambos; tal homogeneidade diz respeito sobretudo ao corpo, à estrutura somática, e é confirmada também pelas primeiras palavras do homem à mulher recém-criada: "Esta é, realmente, osso dos meus ossos e carne da minha carne".[7] Apesar disso, as palavras citadas referem-se também à humanidade do homem-varão. Estas devem ser lidas no contexto das afirmações feitas antes da criação da mulher, nas quais, embora não existindo ainda a "encarnação" do homem, ela é definida como "auxiliar semelhante a ele".[8] Assim, pois, a mulher foi criada, em certo sentido, sobre a base da mesma humanidade. A homogeneidade somática, não obstante a diversidade da constituição ligada à diferença sexual, é tão evidente que o homem (varão), despertando do sono genético, a exprime imediatamente, ao dizer: "Esta é, realmente, osso dos meus ossos e carne da minha carne. Ela se chamará mulher, visto ter sido tirada do homem".[9] Deste modo, o homem (varão) manifesta pela primeira vez alegria e até exaltação,

---

[7] É interessante notar que para os antigos sumérios o sinal *aunei forme* para indicar o substantivo "costela" era o mesmo que indicava a palavra "vida". Quanto, portanto, à narrativa javista, segundo certa interpretação de Gn 2, 21, Deus cobre a costela de carne (em vez de cicatrizar a carne no seu lugar) e, deste modo, "forma" a mulher, que tem origem da "carne e dos ossos" do primeiro homem (macho).

Na linguagem bíblica esta é uma definição de consagüinidade ou incorporação na mesma descendência (por exemplo, cf. Gn 29, 14): a mulher pertence à mesma espécie do homem, distinguindo-se dos outros seres vivos anteriormente criados (cf. Gn 2, 23).

Na antropologia bíblica os "ossos" exprimem um elemento importantíssimo do corpo; dado que para os hebreus não havia distinção clara entre "corpo" e "alma" (o corpo era considerado como uma manifestação exterior da personalidade), os "ossos" significavam simplesmente, por sinédoque, o "ser" humano (cf., por exemplo, Sl 139, 15: "não te estavam escondidos os meus ossos").

Pode-se, portanto, entender o "osso dos ossos", em sentido relacionado, como o "ser vindo do ser"; a "carne da carne" significa que, havendo embora características físicas diversas, a mulher apresenta a mesma personalidade que o homem possui.

No "canto nupcial" do primeiro homem, a expressão "osso dos ossos, carne da carne" é uma forma de superlativo, reforçado pela tríplice repetição: "esta", "ela", "a".

[8] É difícil traduzir exatamente a expressão hebraica *cezes kenedô*, que é traduzida de maneiras diversas nas línguas européias, por exemplo:
 – latim: "*adiutorium ei conveniens sicut oportebat iuxta eum*";
 – alemão: "*eine Hilfe [...], die ihm entspricht*";
 – francês: "*égal vis-à-vis de lui*";
 – italiano: "*un aiuto che gli sia simile*";
 – espanhol: "*como él que le ayude*";
 – inglês: "*a helper fit for him*";
 – polaco: "*odopowicdnia alia niego pomoc*".

Como o termo "auxiliar" parece sugerir o conceito de "complementaridade", ou melhor, de "correspondência exata", o termo "semelhante" relaciona-se sobretudo com o de "semelhança", mas em sentido diverso da semelhança do homem com Deus (cf. Gn 2, 18 e 2, 20).

[9] Gn 2, 23.

de que anteriormente não tinha motivo, por causa da falta de um ser semelhante a si. A alegria para o outro ser humano, para o segundo "eu", domina nas palavras do homem (masculino) pronunciadas à vista da mulher (feminino). Tudo isso ajuda a estabelecer o significado pleno da unidade original. Poucas são aqui as palavras, mas cada uma tem grande peso. Devemos, portanto, ter em conta — e assim o faremos, em seguida — o fato de aquela primeira mulher, criada "da costela tirada do homem" (masculino), ser imediatamente aceita como auxiliar semelhante a ele.

A este mesmo tema, isto é, ao significado da unidade original do homem e da mulher na humanidade, voltaremos ainda na próxima meditação.

9. ATRAVÉS DA COMUNHÃO DAS PESSOAS, O HOMEM TORNA-SE IMAGEM DE DEUS

Audiência Geral de quarta-feira, 14 de novembro de 1979

1. Seguindo a narrativa do Livro do Gênesis, verificamos que a "definitiva" criação do homem consiste na criação da unidade de dois seres. A sua unidade denota sobretudo a identidade da natureza humana; a dualidade, porém, manifesta o que, com base em tal identidade, constitui a masculinidade e a feminilidade do homem criado. Esta dimensão ontológica da unidade e da dualidade tem, ao mesmo tempo, um significado axiológico. Do texto de Gênesis 2, 23 e de todo o seu contexto se deduz claramente que o homem foi criado como um especial dom diante de Deus ("Deus, contemplando toda a sua obra, viu que tudo era muito bom", mas também como um especial dom para o próprio homem: primeiro, porque é "homem"; segundo, porque a "mulher" é para o homem, e, vice-versa, o "homem" é para a mulher. Enquanto o capítulo primeiro do Gênesis exprime este valor em forma puramente teológica (e indiretamente metafísica), o capítulo segundo, pelo contrário, revela, por assim dizer, o primeiro círculo da experiência vivida pelo homem como dom. Esta experiência está inscrita já no significado da solidão original, e depois em toda a narrativa da criação do homem como varão e mulher. O texto conciso de Gênesis 2, 23, que contém as palavras do primeiro homem à vista da mulher criada, "tirada do homem", pode ser considerado o protótipo bíblico do Cântico dos Cânticos. E se é possível ler impressões e emoções em palavras tão remotas, poder-se-ia também correr o risco de dizer que a profundidade e a força desta primeira e "original" emoção do homem-varão diante da humanidade da mulher, e ao mesmo tempo diante da feminilidade do outro ser humano, parece algo único e irrepetível.

2. Deste modo, o significado da unidade original do homem, através da masculinidade e da feminilidade, exprime-se como ultrapassagem do limiar da solidão, e ao mesmo tempo como afirmação — quanto a ambos os seres humanos — de tudo o que na solidão é constitutivo do "homem". Na narrativa bíblica, a solidão é o caminho que leva àquela unidade que, seguindo o Vaticano II, podemos definir como *communio personarum*.[1] Como já constatamos anteriormente,

---

[1] "Deus, porém, não criou o homem sozinho: desde o princípio criou-os 'varão e mulher' (Gn 1, 27); e a sua união constitui a primeira forma de comunhão entre pessoas" (*Gaudium et Spes*, 12).

o homem, na sua original solidão, adquire uma consciência pessoal no processo de "distinção" de todos os seres vivos ("*animalia*") e ao mesmo tempo, nesta solidão, abre-se para um ser afim a ele, que o Gênesis define como "auxiliar semelhante a ele". Esta abertura do homem-pessoa não é menos decisiva, antes talvez ainda mais, que a mesma "distinção". A solidão do homem, na narrativa javista, se apresenta a nós não apenas como a primeira descoberta da particular transcendência que é própria da pessoa, mas também como descoberta de uma adequada relação "à" pessoa, e, portanto, como abertura e expectativa de uma "comunhão das pessoas".

Poder-se-ia também aqui usar o termo "comunidade", se não fosse genérico e não tivesse tão numerosos significados. "*Communio*" diz mais e com maior precisão, porque indica precisamente aquela "auxiliar" que deriva, em certo sentido, do próprio fato de existir como pessoa "do lado" de outra pessoa. Na narrativa bíblica, este fato torna-se *eo ipso* — em si mesmo — existência da pessoa "para" a pessoa, uma vez que o homem, na sua solidão original, estava, de certo modo, já nesta relação. Isto é confirmado, em sentido negativo, precisamente pela sua solidão. Além disso, a comunhão das pessoas podia formar-se só em virtude de uma "dupla solidão" do homem e da mulher, ou seja, como seu encontro na sua "distinção" entre eles e o mundo dos seres vivos ("*animalia*"), que dava a ambos a possibilidade de serem e existirem numa reciprocidade especial. O conceito de "auxiliar" exprime também esta reciprocidade na existência, que nenhum outro ser vivo poderia assegurar. Indispensável para esta reciprocidade era tudo o que de constitutivo fundava a solidão de cada um deles, e, portanto, também o autoconhecimento e a autodeterminação, ou seja, a subjetividade e a consciência do significado do próprio corpo.

3. A narrativa da criação do homem, no capítulo primeiro, afirma, desde o princípio e diretamente, que o homem foi criado à imagem de Deus enquanto varão e mulher. A narrativa do capítulo segundo, pelo contrário, não fala da "imagem de Deus"; mas revela, do modo que lhe é próprio, que a completa e definitiva criação do "homem" (submetido primeiramente à experiência da solidão original) se exprime em dar vida àquela *communio personarum* que o homem e a mulher formam. Deste modo, a narrativa javista adapta-se ao conteúdo da primeira narrativa. Se, vice-versa, queremos extrair também da narrativa do texto javista o conceito de "imagem de Deus", podemos então deduzir que o homem se tornou "imagem e semelhança" de Deus não só mediante a própria humanidade, mas ainda mediante a comunhão das pessoas, que o homem e a mulher formam desde o princípio. A função da imagem está em espelhar aquele que é o mo-

delo, reproduzir o seu protótipo. O homem torna-se imagem de Deus não tanto no momento da solidão quanto no momento da comunhão. Ele, de fato, é "desde o princípio" não só imagem em que se espelha a solidão de uma Pessoa que governa o mundo, mas também, e essencialmente, imagem de uma imperscrutável comunhão divina de Pessoas.

Deste modo, a segunda narrativa poderia ser também uma preparação para se compreender o conceito trinitário da "imagem de Deus", embora esta apareça apenas na primeira narrativa. Isto, obviamente, não é sem significado também para a teologia do corpo; antes, talvez constitua mesmo o aspecto teológico mais profundo de tudo o que se pode dizer acerca do homem. No mistério da criação — com base na original e constitutiva "solidão" do seu ser — o homem foi dotado de profunda unidade entre aquilo que nele, humana e corporeamente, é masculino, e o que nele, não menos humana e corporeamente, é feminino. Sobre tudo isso, desde o princípio, desceu a bênção da fecundidade, unida à procriação humana.

4. Encontramo-nos, portanto, como que na medula da realidade antropológica que tem por nome "corpo". As palavras de Gênesis 2, 23 falam disso, diretamente e pela primeira vez, nos seguintes termos: "osso dos meus ossos e carne da minha carne". O homem-varão pronuncia estas palavras como se apenas à vista da mulher pudesse identificar e chamar pelo nome aquilo que de modo visível os torna semelhantes um ao outro, e ao mesmo tempo aquilo em que se manifesta a humanidade. À luz da precedente análise de todos os "corpos" com que o homem entrou em contato e definiu conceitualmente ao lhes dar um nome ("*animalia*"), a expressão "carne da minha carne" adquire exatamente este significado: o corpo revela o homem. Esta fórmula concisa já contém tudo o que a ciência humana poderia algum dia dizer sobre a estrutura do corpo como organismo, sobre a sua vitalidade, sobre a sua particular fisiologia sexual etc. Nesta primeira expressão do homem-varão, "carne da minha carne", está também incluída uma referência àquilo em virtude do qual esse corpo é autenticamente humano, e, portanto, àquilo que determina o homem como pessoa, isto é, como ser que mesmo em toda a sua corporeidade é "semelhante" a Deus.[2]

5. Como é fácil observar, esta realidade não é apenas antropológica, mas também essencialmente teológica. A teologia do corpo,

---

[2] Na concepção dos mais antigos livros bíblicos, não aparece a contraposição dualista "alma-corpo". Como já foi sublinhado, pode-se falar antes de uma combinação complementar "corpo-vida". O corpo é expressão da personalidade do homem, e se ele não esgota plenamente este conceito, é preciso entendê-lo na linguagem bíblica como "parte pelo todo"; cf. por exemplo: "não foram a carne nem o sangue quem te revelou isso, mas o meu Pai [...]." (Mt 15, 17), isto é, não foi o *homem* quem revelou.

que desde o princípio está ligada à criação do homem à imagem de Deus, torna-se, de certo modo, também teologia do sexo, ou, antes, teologia da masculinidade e da feminilidade, que aqui, no Livro do Gênesis, encontra o seu ponto de partida. O significado original da unidade, testemunhada pelas palavras de Gênesis 2, 24, terá na revelação de Deus uma ampla e longínqua perspectiva. Esta unidade através do corpo ("e os dois serão uma só carne") possui uma dimensão múltipla: dimensão ética, como é confirmado pela resposta de Cristo aos fariseus em Mateus 19 (e Marcos 10), e também uma dimensão sacramental, estritamente teológica, como é comprovado pelas palavras de São Paulo aos Efésios,[3] que se referem também à tradição dos profetas (Oséias, Isaías e Ezequiel). E é assim porque aquela unidade que se realiza através do corpo indica, desde o princípio, não só o "corpo", mas também a comunhão "encarnada" das pessoas — *communio personarum* — conforme essa comunhão desde o princípio requer. A masculinidade e a feminilidade exprimem o duplo aspecto da constituição somática do homem ("esta é [...] osso dos meus ossos e carne da minha carne"), e indicam, além disso, por meio das mesmas palavras de Gênesis 2, 23, a nova consciência do sentido do próprio corpo: sentido que, podemos dizer, consiste num enriquecimento recíproco. Precisamente esta consciência, através da qual a humanidade se forma de novo como comunhão de pessoas, parece constituir o estrato que na narrativa da criação do homem (e na revelação do corpo nela incluída) é mais profundo que a sua própria estrutura somática como masculino e feminino. Em ambos os casos, esta estrutura é apresentada desde o princípio com profunda consciência da corporeidade e sexualidade humana, e isto estabelece uma norma inalienável para a compreensão do homem no plano teológico.

---

3 "Ninguém jamais aborreceu a sua própria carne; pelo contrário, nutre-a e cuida dela como também Cristo o faz à sua Igreja, pois somos membros do seu corpo. Por isso, o homem deixará seu pai e sua mãe, e se unirá à sua mulher, e os dois serão uma só carne. É grande este mistério; digo-o, porém, em relação a Cristo e à Igreja" (Ef 5, 29–32). Isto será tema das nossas reflexões na parte intitulada "O matrimônio cristão".

10. VALOR DO MATRIMÔNIO UNO E INDISSOLÚVEL À LUZ DOS PRIMEIROS CAPÍTULOS DO GÊNESIS

Audiência Geral de quarta-feira, 21 de novembro de 1979

1. Recordemo-nos de Cristo ter apelado para o que era "no princípio", quando foi interrogado sobre a unidade e a indissolubilidade do matrimônio. Citou as palavras escritas nos primeiros capítulos do Gênesis. Procuramos por isso, no decurso das presentes reflexões, penetrar no sentido próprio destas palavras e destes capítulos.

O significado da unidade original do homem, que Deus criou "varão e mulher", obtém-se (particularmente à luz de Gênesis 2, 23) conhecendo o homem na totalidade do seu ser, isto é, em toda a riqueza daquele mistério da criação, que está na base da antropologia teológica. Este conhecimento, isto é, a busca da identidade humana daquele que no princípio está "sozinho", deve passar sempre através da dualidade, da "comunhão".

Recordemo-nos da passagem de Gênesis 2, 23: "Ao vê-la, o homem exclamou: 'Esta é, realmente, osso dos meus ossos e carne da minha carne. Ela se chamará mulher, visto ter sido tirada do homem'". À luz deste texto, compreendemos que o conhecimento do homem passa através da masculinidade e da feminilidade, que são como duas "encarnações" da mesma solidão metafísica, diante de Deus e do mundo — como dois modos de "ser corpo" e ao mesmo tempo "ser homem", que se completam reciprocamente — como duas dimensões complementares da autoconsciência e da autodeterminação e, ao mesmo tempo, como duas consciências complementares do significado do corpo. Como já mostra Gênesis 2, 23, a feminilidade, em certo sentido, encontra-se a si mesma, diante da masculinidade, ao passo que a masculinidade se confirma através da feminilidade. Precisamente a função do sexo, que é, em certo sentido, "constitutivo da pessoa" (não apenas "atributo da pessoa"), mostra quão profundamente o ser humano, com toda a sua solidão espiritual, com a unicidade e irrepetibilidade próprias da pessoa, é constituído pelo corpo como "ele" e como "ela". A presença do elemento feminino, ao lado do masculino e juntamente com ele, tem o significado de um enriquecimento para o homem em toda a perspectiva da sua história, incluindo a história da salvação. Todo esse ensinamento sobre a unidade já foi expresso originalmente em Gênesis 2, 23.

2. A unidade de que fala Gênesis 2, 24 ("os dois serão uma só carne"), é sem dúvida aquela que se exprime e realiza no ato conjugal. A formulação bíblica, extremamente concisa e simples, indica o sexo, feminilidade e masculinidade, como a característica do homem — varão e mulher — que permite aos dois, quando se tornam "uma só carne", submeter ao mesmo tempo toda a sua humanidade à bênção da fecundidade. Todavia, o contexto completo da formulação lapidar não permite nos determos na superfície da sexualidade humana; não nos permite tratarmos do corpo e do sexo fora da plena dimensão do homem e da "comunhão das pessoas", mas obriga-nos a descobrir "desde o princípio" a plenitude e a profundidade próprias desta unidade, que o homem e a mulher devem constituir à luz da revelação do corpo.

Portanto, antes de tudo, a expressão profética que anuncia que "o homem [...] se unirá à sua mulher" tão intimamente que "os dois serão uma só carne" leva-nos sempre a dirigirmo-nos ao que o texto bíblico exprime anteriormente a respeito da união na humanidade, que liga a mulher e o homem no próprio mistério da criação. As palavras de Gênesis 2, 23, que acabamos de analisar, explicam este conceito de modo especial. O homem e a mulher, unindo-se entre si (no ato conjugal) tão intimamente que se tornam "uma só carne", redescobrem, por assim dizer, cada vez e de modo especial, o mistério da criação; voltam assim àquela união na humanidade ("osso dos meus ossos e carne da minha carne"), que lhes permite reconhecerem-se reciprocamente e, como da primeira vez, chamarem-se pelo nome. Isto significa reviver, em certo sentido, o original valor virginal do homem, que deriva do mistério da sua solidão diante de Deus e no meio do mundo. O fato de se tornarem "uma só carne" é um forte laço estabelecido pelo Criador, por meio do qual eles descobrem a própria humanidade, seja na sua unidade original, seja na dualidade de um misterioso atrativo recíproco. O sexo, porém, é algo mais que a força misteriosa da corporeidade humana, que age como que em virtude do instinto. Em relação ao homem e na relação recíproca das pessoas, o sexo exprime uma superação sempre nova do limite da solidão do homem, ingênita na constituição do seu corpo, e determina-lhe o significado original. Esta superação sempre contém em si certa assimilação da solidão do corpo do "segundo eu" como própria.

3. Isto, pois, está ligado a uma escolha. A formulação mesma de Gênesis 2, 24 indica não apenas que os seres humanos, criados

como homem e mulher, foram criados para a unidade, mas também que precisamente esta unidade, através da qual se tornam "uma só carne", tem desde o início caráter de união que deriva de uma escolha. Lemos de fato: "o homem deixará seu pai e sua mãe, e se unirá à sua mulher". Se o ser humano pertence "por natureza" ao pai e à mãe em virtude da geração, "une-se", pelo contrário, à mulher (ou ao marido) por escolha. O texto de Gênesis 2, 24 define esse caráter do laço conjugal em referência ao primeiro homem e à primeira mulher, mas o faz, simultaneamente, na perspectiva de todo o futuro do homem na terra. Por isso, no devido tempo, Cristo virá a apelar para este texto, igualmente atual na sua época. Criados à imagem de Deus, ainda quando formam uma autêntica comunhão de pessoas, o primeiro homem e a primeira mulher devem constituir o início e o modelo dessa comunhão para todos os homens e mulheres, que em qualquer tempo sucessivo virão a se unir entre si tão intimamente que sejam "uma só carne". O corpo, que através da própria masculinidade ou feminilidade desde o princípio auxilia a ambos ("uma auxiliar semelhante a ele") a encontrarem-se em comunhão de pessoas, torna-se, de modo particular, o elemento constitutivo da união deles, quando se tornam marido e mulher. Isto se realiza, porém, através de uma escolha recíproca. É a escolha que estabelece o pacto conjugal entre as pessoas,[1] que somente baseadas nele se tornam "uma só carne".

4. Isto corresponde à estrutura da solidão do homem e, concretamente, à "dupla solidão". A escolha, como expressão de autodeterminação, apóia-se no fundamento daquela estrutura, isto é, no fundamento da sua autoconsciência. Somente com base na estrutura própria do homem ele é "corpo" e, através do corpo, é também homem e mulher. Quando ambos se unem entre si tão intimamente que se tornam "uma só carne", essa união conjugal pressupõe uma madura consciência do corpo. Mais ainda: ela traz consigo uma particular consciência do significado daquele corpo na entrega recíproca das pessoas. Também neste sentido, Gênesis 2, 24 é um texto revelador. Mostra, de fato, que em cada união conjugal do homem e da mulher é de novo descoberta a mesma consciência original do significado unitivo do corpo na sua masculinidade e feminilidade; com isso o texto bíblico indica, ao mesmo tempo, que em cada uma de tais uniões se renova, de certo modo, o mistério da criação em toda a sua profundidade original e força vital. "Tirada do homem" como "carne da sua carne", a mulher torna-se em seguida,

---

[1] "A íntima comunidade da vida e do amor conjugal, fundada pelo Criador e dotada de leis próprias, é instituída por meio da aliança matrimonial, ou seja, pelo irrevogável consentimento pessoal" (*Gaudium et Spes*, 48).

como "mulher" e através da sua maternidade, "mãe de todos os vivos",[2] tendo também no homem a própria origem da sua maternidade. A procriação está radicada na criação e cada vez, em certo sentido, reproduz o mistério da criação.

5. A este assunto será dedicada uma reflexão especial: "O conhecimento e a procriação". Nela será necessário apelar ainda para outros elementos do texto bíblico. A análise feita até agora, do significado da unidade original, mostra de que modo "desde o princípio" aquela unidade do homem e da mulher, inerente ao mistério da criação, é também dada como exigência na perspectiva de todos os tempos sucessivos.

---

2 Cf. Gn 3, 20.

11. OS SIGNIFICADOS DAS EXPERIÊNCIAS PRIMORDIAIS DO HOMEM

Audiência Geral de quarta-feira, 12 de dezembro de 1979

1. Pode-se dizer que a análise dos primeiros capítulos do Gênesis nos obriga, em certo sentido, a reconstruir os elementos constitutivos da experiência original do homem. Nesse sentido, o texto javista é, pelo seu caráter, uma fonte especial. Falando das experiências originais humanas, pensamos não tanto no seu afastamento no tempo, quanto (e mais ainda) no seu significado fundamental. O importante não é, por conseguinte, que estas experiências pertençam à pré-história do homem (à sua "pré-história teológica"), mas que elas se encontrem na raiz de toda a experiência humana. Isso é verdade, ainda que a estas experiências essenciais, na evolução da existência humana ordinária, não se preste muita atenção. Elas, de fato, encontram-se tão ligadas às coisas ordinárias da vida, que em geral não damos conta de serem extraordinárias.

Baseados nas análises feitas até agora, pudemos nos dar conta de que aquilo que chamamos no início "revelação do corpo" nos ajuda de algum modo a descobrir o extraordinário do que é ordinário. Isso é possível porque a revelação (a original, que encontrou expressão primeiro no relato javista dos capítulos 2 e 3 do Gênesis, e depois aquela contida no texto do primeiro capítulo) considera precisamente essas experiências primordiais em que aparece, de maneira quase completa, a absoluta originalidade daquilo que é o ser humano, varão e mulher: enquanto homem, isto é, também através do seu corpo. A experiência humana do corpo, tal como a descobrimos nos textos bíblicos citados, encontra-se sem dúvida no limiar de toda a experiência "histórica" sucessiva. Parece, todavia, basear-se em tal profundidade ontológica, que o homem não a capta na própria vida cotidiana, embora, de certo modo, a pressuponha ao mesmo tempo como parte do processo de formação da sua imagem.

2. Sem tal reflexão introdutória, seria impossível precisar o significado da nudez original e realizar a análise de Gênesis 2, 25, que diz assim: "Estavam ambos nus, tanto o homem como a mulher, mas não sentiam vergonha". À primeira vista, a introdução deste detalhe, aparentemente secundário na narrativa javista da criação do homem,

pode parecer coisa sem valor e mesmo fora de propósito. Poder-se-ia pensar que a passagem citada não tem comparação com aquilo de que tratam os versículos precedentes e que, em certo sentido, não se harmoniza com o contexto. Todavia, este pensamento não resiste a uma análise aprofundada. Com efeito, Gênesis 2, 25 apresenta um dos elementos-chave da revelação original, tão determinante como os outros textos do Gênesis,[1] que já nos permitiram precisar o significado da solidão original e da unidade original do homem. A estes vem juntar-se, como terceiro elemento, o significado da nudez original, posto em evidência no contexto; e ele, no primeiro esboço bíblico da antropologia, não é coisa acidental. Pelo contrário, forma precisamente a chave para a sua plena e completa compreensão.

3. É óbvio que precisamente este elemento do antigo texto bíblico oferece à teologia do corpo uma contribuição especial, da qual não se pode de nenhum modo prescindir. É o que nos confirmam as análises seguintes. Mas, antes de a elas nos lançarmos, permito-me observar que o próprio texto de Gênesis 2, 25 exige expressamente que se relacionem as reflexões sobre a teologia do corpo com a dimensão da subjetividade pessoal do homem; é neste âmbito, de fato, que se desenvolve a consciência do significado do corpo. Gênesis 2, 25 fala deste significado de modo muito mais direto do que o fazem as outras partes do texto javista, que já definimos como primeiro registro da consciência humana. A frase segundo a qual os primeiros seres humanos, homem e mulher, "estavam nus", mas "não sentiam vergonha", descreve indubitavelmente o estado de consciência de ambos, e, mais ainda, a sua recíproca experiência do corpo, isto é, a experiência por parte do homem da feminilidade que se revela na nudez do corpo e, reciprocamente, a análoga experiência da masculinidade por parte da mulher. Afirmando que "não sentiam vergonha", o autor procura descrever esta experiência recíproca do corpo com a máxima precisão que lhe é possível. Pode-se dizer que este tipo de precisão reflete uma experiência fundamental do homem em sentido "comum" e pré-científico, mas corresponde também às exigências da antropologia e em particular da antropologia contemporânea, pronta a apelar para as chamadas experiências primordiais, como a experiência do pudor.[2]

4. Aludindo aqui ao esmero da narrativa, até onde era possível ao autor do texto javista, somos levados a considerar os graus de expe-

---

1 Gn 2, 20 e 2, 23.

2 Cf. por exemplo: Max Scheler, "Über Scham und Schamgefühl" ["Sobre a vergonha e o pudor"], Halle, 1914; Fr. Sawicki, *Fenomenologia wstydliwości* ["Fenomenologia do pudor"], Cracóvia, 1949; e também K. Wojtyla, *Miłość i odpowiedzialność* ["Amor e responsabilidade"], Cracóvia, 1962, pp. 165–185 (em italiano: *Amore e responsabilità*, Roma, 1978, II ed., pp. 161–178).

riência do homem "histórico" carregado com a herança do pecado; graus, porém, que metodologicamente partem do estado de inocência original. Já verificamos antes que, ao referir-se ao "princípio" (por nós aqui sujeito a sucessivas análises contextuais), Cristo estabelece de modo indireto a idéia de continuidade e de relação entre aqueles dois estados, como se nos permitisse retroceder do limiar da pecaminosidade "histórica" do homem até à sua inocência original. Precisamente Gênesis 2, 25 exige de modo particular que se ultrapasse aquele limiar. É fácil de observar como este passo, juntamente com o significado a ele inerente da nudez original, se insere no conjunto contextual da narrativa javista. De fato, alguns versículos depois, o mesmo autor escreve: "Então, abriram-se os olhos aos dois e, reconhecendo que estavam nus, prenderam folhas de figueira umas às outras e colocaram-nas como se fossem cinturões".[3] O advérbio "então" indica um novo momento e uma nova situação, conseqüentes à ruptura da primeira aliança; é uma situação que vem depois do fracasso na prova ligada à árvore do conhecimento do bem e do mal, que ao mesmo tempo constituía a primeira prova de "obediência", isto é, de escuta à Palavra em toda a sua verdade e da aceitação do Amor, segundo a plenitude das exigências da Vontade criadora. Este novo momento ou nova situação comporta também um novo conteúdo e uma nova qualidade da experiência do corpo, de maneira que já não se pode dizer: "estavam [...] nus, mas não sentiam vergonha". A vergonha é, portanto, aqui uma experiência não apenas original, mas "de limiar".

5. É significativa, portanto, a diferença de formulações que divide Gênesis 2, 25 de Gênesis 3, 7. No primeiro caso, "estavam [...] nus, mas não sentiam vergonha"; no segundo caso, "reconheceram que estavam nus". Acaso se quer dizer então que, num primeiro momento, não reconheceram que estavam nus, que não sabiam e não viam reciprocamente a nudez dos seus corpos? A significativa transformação que nos é testemunhada pelo texto bíblico acerca da experiência da vergonha (de que fala ainda o Gênesis, sobretudo em 3, 10–12), dá-se a um nível mais profundo do que o puro e simples uso do sentido da vista. A análise comparativa entre Gênesis 2, 25 e Gênesis 3 leva necessariamente à conclusão de não se tratar aqui da passagem do "não reconhecer" ao "reconhecer", mas de uma mudança radical do significado da nudez original, da mulher diante do homem e do homem diante da mulher. Este emerge da consciência de ambos, como fruto da árvore do conhecimento do bem e do mal: "Quem te deu a conhecer que estás nu? Comeste, porventura, algum dos frutos da ár-

---

3 Gn 3, 7.

vore de que te proibi comer?".⁴ Tal mudança diz respeito diretamente à experiência do significado do próprio corpo diante do Criador e das criaturas. Isto é confirmado pelas palavras do homem: "Ouvi o ruído dos teus passos no jardim; enchi-me de medo, porque estou nu, e me escondi". Mas essa mudança em particular, que o texto javista delineia de modo tão conciso e dramático, diz respeito diretamente — talvez do modo mais direto possível — à relação entre o homem e a mulher, entre a feminilidade e a masculinidade.

6. Teremos de voltar ainda à análise desta transformação, em outras partes das nossas reflexões seguintes. Agora, uma vez atravessado o marco que delimita a esfera do "princípio" ao qual Cristo se referiu, devemos nos perguntar se é possível reconstruir, de algum modo, o significado original da nudez, que no Livro do Gênesis forma o contexto próximo da doutrina acerca da unidade do ser humano enquanto homem e mulher. Isto parece possível se tomarmos como ponto referencial a experiência da vergonha do mesmo modo que ela, no antigo texto bíblico, foi claramente apresentada: como experiência "de fronteira". Procuraremos fazer uma tentativa dessa reconstrução, ao continuarmos as nossas meditações.

---

4   Gn 3, 11.

12. PLENITUDE PERSONALISTA DA INOCÊNCIA ORIGINAL

Audiência Geral de quarta-feira, 19 de dezembro de 1979

1. O que é a vergonha, e como explicar a sua ausência no estado de inocência original, na profundidade mesma do mistério da criação do homem como varão e mulher? Das análises que agora se fazem da vergonha — e em especial do pudor sexual — deduz-se a complexidade desta experiência fundamental, em que o homem se exprime como pessoa, segundo a estrutura que lhe é própria. Na experiência do pudor, o ser humano tem a sensação de temor diante do "segundo eu" (assim, por exemplo, a mulher diante do homem), sendo isso substancialmente temor pelo próprio "eu". Com o pudor, manifesta o ser humano como que "instintivamente" a necessidade da afirmação e da aceitação deste "eu", segundo o seu justo valor. Ele o experimenta ao mesmo tempo não só dentro de si mesmo, mas também externamente, diante do "outro". Pode-se dizer, portanto, que o pudor é uma experiência complexa, também no sentido de que, de algum modo afastando um ser humano do outro (a mulher do homem), ele procura ao mesmo tempo a aproximação pessoal de ambos, criando-lhe uma base e um nível convenientes.

Pela mesma razão, o pudor tem significado fundamental quanto à formação do *ethos* na convivência humana, e em particular na relação homem-mulher. A análise do pudor mostra com clareza a profundidade com que ele está enraizado precisamente nas relações mútuas, quão exatamente exprime as regras essenciais à "comunhão das pessoas", e ao mesmo tempo quão profundamente toca as dimensões da "solidão" original do homem. O surgimento da "vergonha" na narrativa bíblica seguinte, no capítulo 3 do Gênesis, tem significado pluridimensional, e a seu tempo nos será conveniente retomar-lhe a análise.

Que significa, por outro lado, a original ausência da mesma em Gênesis 2, 25: "Estavam ambos nus [...], mas não sentiam vergonha"?

2. É necessário começarmos por estabelecer que se trata de uma verdadeira *não-existência* da vergonha, e não de uma carência ou subdesenvolvimento dela. Não podemos, aqui, defender de modo algum uma "primitivização" do seu significado. Portanto, o texto de Gênesis 2, 25 não só exclui, decididamente, a possibilidade de pensar numa "falta de vergonha", ou seja, na impudicícia, mas, ainda mais,

exclui que ela se explique mediante a analogia com algumas experiências humanas positivas, como por exemplo as da idade infantil ou da vida das chamadas populações primitivas. Tais analogias não apenas são insuficientes, mas podem mesmo ser enganosas. As palavras de Gênesis 2, 25, "não sentiam vergonha", não exprimem carência, mas, pelo contrário, servem para indicar uma especial plenitude de consciência e de experiência, sobretudo a plenitude de compreensão do significado do corpo, ligada ao fato de "estarem nus".

Que assim se deva compreender e interpretar o texto citado, testemunha-o a continuação do texto javista, na qual o aparecimento da vergonha e, em particular, do pudor sexual está relacionado com a perda daquela plenitude original. Pressupondo, pois, a experiência do pudor como experiência "de limiar", devemo-nos perguntar a que plenitude de consciência e de experiência, e, em particular, a que plenitude de compreensão do significado do corpo corresponde o significado da nudez original, de que fala Gênesis 2, 25.

3. Para responder a esta pergunta, é necessário ter presente o processo analítico até agora seguido, que se baseia no conjunto da passagem javista. Em tal contexto, a solidão original do homem manifesta-se como "não-identificação" da própria humanidade com o mundo dos seres vivos (*animalia*) que o circundam.

Essa "não-identificação", em seguida à criação do homem como varão e mulher, cede lugar à feliz descoberta da própria humanidade com o "auxílio" do outro ser humano; assim o homem reconhece e reencontra a própria humanidade com o "auxílio" da mulher.[1] Este ato de ambos realiza, ao mesmo tempo, uma percepção do mundo que se realiza diretamente através do corpo ("carne da minha carne"). Tal ato é a fonte direta e visível da experiência que chega a estabelecer a unidade dos dois na humanidade. Por isso, não é difícil compreender que a nudez corresponde àquela plenitude de consciência do significado do corpo, que deriva da percepção típica dos sentidos. É lícito pensar nesta plenitude usando categorias de verdade do ser ou da realidade, e pode-se dizer que o homem e a mulher eram originalmente dados um ao outro precisamente segundo tal verdade, enquanto "estavam nus". Na análise do significado da nudez original, não se pode de maneira nenhuma prescindir desta dimensão. Participar da percepção do mundo — do seu aspecto "exterior" — é fato direto e quase espontâneo, anterior a qualquer complicação "crítica" do conhecimento e da experiência humana; este parece estreitamente unido com

---

1   Cf. Gn 2, 23.

a experiência do significado do corpo humano. Já assim se poderia perceber a inocência original do "conhecimento".

4. Todavia, não se pode descobrir o significado da nudez original considerando somente a participação do homem na percepção exterior do mundo; não se pode estabelecer esse significado sem descer ao íntimo do homem. Gênesis 2, 25 nos introduz precisamente neste nível e quer que nós procuremos nele a inocência original do conhecimento. De fato, é com a dimensão da interioridade humana que se tem de explicar e medir aquela especial plenitude da comunicação interpessoal, que levava o homem e a mulher a "estarem nus, mas não sentirem vergonha".

O conceito de "comunicação", na nossa linguagem convencional, quase desapareceu devido à sua mais profunda e original matriz semântica. Este aparece ligado sobretudo à esfera dos meios, isto é, na maior parte aos produtos que servem para o entendimento, para a troca e a aproximação. Por outro lado, é lícito supor que, no seu significado original e mais profundo, a "comunicação" estava e está diretamente relacionada a sujeitos que se "comunicam", precisamente com base na "comum união" existente entre eles, quer para atingirem, quer para exprimirem uma realidade que é própria e pertinente somente à esfera dos sujeitos-pessoas. Desse modo, o corpo humano adquire significado completamente novo, que não se pode colocar no plano da subsistente percepção "externa" do mundo. De fato, o corpo exprime a pessoa na sua consistência ontológica e existencial, que é algo mais que o "indivíduo" e, por conseguinte, exprime o "eu" humano pessoal, que funda, a partir de dentro, a sua percepção "exterior".

5. Toda a narrativa bíblica, e em particular o texto javista, mostra que o corpo, através da própria visibilidade, *apresenta* o homem e, manifestando-o, o faz de intermediário, isto é, faz com que o homem e a mulher, desde o princípio, "se comuniquem" entre si segundo aquela *communio personarum* desejada pelo Criador precisamente para eles. Somente esta dimensão, ao que parece, nos permite compreender de modo apropriado a significação da nudez original. A este propósito, qualquer critério "naturalista" está destinado a falir, ao passo que o critério "personalista" pode ser de grande auxílio. Gênesis 2, 25 fala certamente de algo extraordinário, que está fora dos limites do pudor conhecido pelo trâmite da experiência humana e, ao mesmo tempo, decorre da especial plenitude da comunhão interpessoal, enraizada no coração mesmo daquela *communio*, que é assim revelada e desenvolvida. Em tal relação, as palavras "não sentiam vergonha" podem significar (*in sensu obliquo*) somente uma original profundidade em

afirmar o que é inerente à pessoa, o que é "visivelmente" feminino e masculino, através da qual se constitui a "intimidade pessoal" da comunhão recíproca, em toda a sua radical simplicidade e pureza. A esta plenitude de percepção "exterior", expressa mediante a nudez física, corresponde a plenitude "interior" da visão do homem em Deus, isto é, segundo a medida da "imagem de Deus". Segundo esta medida, o homem "está" verdadeiramente nu ("estavam nus"),[2] antes ainda de o reconhecerem.

Temos ainda de, nas próximas meditações, completar a análise deste texto tão importante.

---

2 Deus, segundo as palavras da Sagrada Escritura, penetra na criatura, que diante dele está totalmente "nua". "Não há nenhuma criatura invisível na sua presença, pois tudo está a nu (*panta gymná*) e desvelado aos olhos d'Aquele a quem devemos prestar contas" (Hb 4, 13). Esta característica pertence em particular à Sabedoria Divina: "A sabedoria [...] atravessa e penetra tudo, graças à sua pureza" (Sb 7, 24).

13. A CRIAÇÃO COMO DOM FUNDAMENTAL E ORIGINAL

Audiência Geral de quarta-feira, 2 de janeiro de 1980

1. Voltemos à análise do texto de Gênesis 2, 25, iniciada há várias semanas. Segundo essa passagem, o homem e a mulher vêem-se a si mesmos como que através do mistério da criação; vêem-se a si mesmos deste modo antes de saberem "que estavam nus". Este recíproco ver-se não é apenas uma participação na percepção "exterior" do mundo, mas tem, além disso, uma dimensão interior de participação na visão do Criador — daquela visão de que fala várias vezes o capítulo primeiro: "Deus, contemplando toda a sua obra, viu que tudo era muito bom". Dava-se à "nudez" o significado de bem original da visão divina. Ela representa toda a simplicidade e plenitude da visão através da qual se manifesta o valor "puro" do homem como varão e mulher, o valor puro do corpo e do sexo. A situação que é indicada, de modo tão conciso e ao mesmo tempo sugestivo, pela revelação original do corpo como se lê em Gênesis 2, 25, não conhece ruptura interior nem contraposição entre o que é espiritual e o que é sensível, assim como não conhece ruptura nem contraposição entre o que humanamente constitui a pessoa e o que no homem é determinado pelo sexo: o que é masculino e o que é feminino.

Vendo-se reciprocamente, como que através do próprio mistério da criação, o homem e a mulher vêem-se a si mesmos mais plena e mais distintamente do que através do próprio sentido da visão, isto é, através dos olhos do corpo. Vêem-se, de fato, e conhecem-se a si mesmos com toda a paz do olhar interior, que cria precisamente a plenitude da intimidade das pessoas. Se a "vergonha" traz consigo uma específica limitação do olhar através dos olhos do corpo, isto acontece sobretudo porque a intimidade pessoal é como que perturbada e "ameaçada" por tal visão. Segundo Gênesis 2, 25, o homem e a mulher "não sentiam vergonha": vendo-se e conhecendo-se a si mesmos com toda a paz e tranquilidade do olhar interior, "comunicam-se" na plenitude da humanidade, que se manifesta neles como uma recíproca complementaridade, precisamente porque é "masculina" e "feminina". Ao mesmo tempo, "comunicam-se" com base naquela comunhão de pessoas, na qual, através da feminilidade e da masculinidade, eles se tornam dom recíproco um para o outro. Deste modo, atingem, na reciprocidade, uma particular compreensão do significado do próprio corpo. O significado original da nudez corresponde àquela simplicidade e plenitude de visão, em que a compreensão do significado do corpo nasce como que no próprio coração da sua comunidade-comunhão. Nós a chamaremos "esponsal". O homem e a mulher em Gênesis 2, 23–25 surgem, precisamente no "princípio", com esta consciência do significado do próprio corpo. Isto merece uma análise aprofundada.

2. Se as narrativas da criação do homem nas duas versões, a do capítulo 1 e a do texto javista do capítulo 2, nos permitem estabelecer o significado original da solidão, da unidade e da nudez, por isso mesmo nos permitem também encontrarmo-nos no terreno de uma antropologia adequada, que busca compreender e interpretar o homem naquilo que é essencialmente humano.[1] Os textos bíblicos contêm os elementos essenciais dessa antropologia, que se manifestam no contexto teológico da "imagem de Deus". Este conceito traz em si a própria raiz da verdade sobre o homem, revelada através daquele "princípio" a que Cristo se refere na conversa com os fariseus,[2] ao falar da criação do homem como varão e mulher. É preciso lembrar que precisamente todas as análises que fazemos aqui se relacionam, ao menos de maneira indireta, a estas suas palavras. O homem, que Deus criou "homem e mulher", traz em si a imagem divina impressa no corpo "desde o princípio"; o homem e a mulher constituem como que dois modos diversos de o humano "ser corpo" na unidade daquela imagem.

Ora, convém retomarmos novamente aquelas palavras fundamentais que Cristo utilizou, isto é, a palavra "criou" e o sujeito "Criador", introduzindo nas considerações feitas até agora uma nova dimensão, um novo critério de compreensão e interpretação, a que chamaremos "hermenêutica do dom". A dimensão do dom vem da verdade essencial e da profundidade de significado da solidão-unidade-nudez original. Esta se encontra também no íntimo do mistério da criação, que nos permite construir a teologia do corpo "desde o princípio", mas exige, ao mesmo tempo, que nós a construamos precisamente de tal modo.

---

[1] O conceito de "antropologia adequada" foi explicado no próprio texto como "compreensão e interpretação do homem naquilo que é essencialmente humano". Este conceito determina o princípio mesmo de redução, próprio da filosofia do homem; indica o limite deste princípio, e indiretamente exclui que se possa transpor este limite. A antropologia "adequada" apóia-se na experiência essencialmente "humana", opondo-se à redução de tipo "naturalista", que acompanha muitas vezes *pari passu* a teoria evolucionista quanto aos inícios do homem.

[2] Cf. Mt 19, 3–9.

3. A palavra "criou", na boca de Cristo, contém a mesma verdade que encontramos no Livro do Gênesis. A primeira narrativa da criação repete várias vezes esta palavra, desde Gênesis 1, 1 ("No princípio, Deus criou os céus e a terra") até Gênesis 1, 27 ("Deus criou o homem à sua imagem").[3] Deus revela-se a si mesmo sobretudo como Criador. Cristo recorda essa revelação fundamental contida no Livro do Gênesis. O conceito de criação tem aí toda a sua profundidade não só metafísica, mas também plenamente teológica. Criador é aquele que "do nada chama à existência" e estabelece na existência o mundo e o homem no mundo, porque Ele é amor.[4] Para dizer a verdade, não encontramos esta palavra "amor" ("Deus é amor") na narrativa da criação; todavia esta narrativa repete-se muitas vezes: "Deus, contemplando toda a sua obra, viu que tudo era muito bom". Através destas palavras, estamos a caminho de entrever, no amor, o motivo divino da criação, como que a fonte da qual ela brota: *só o amor, de fato, dá início ao bem e se compraz no bem*.[5] A criação, por isso, como ação de Deus, significa não só chamar do nada à existência e estabelecer a existência do mundo e do homem no mundo, mas significa também, segundo a primeira narrativa, *bereschit bara* ("no princípio, criou"): doação; doação fundamental e "radical", isto é, doação em que o dom surge precisamente do nada.

4. A leitura dos primeiros capítulos do Livro do Gênesis introduz-nos no mistério da criação, isto é, do início do mundo por vontade de Deus, que é onipotência e amor. Por conseguinte, toda a criatura traz em si o sinal do dom original e fundamental.

Todavia, ao mesmo tempo, o conceito de "doação" não pode referir-se a um nada. Indica aquele que dá e aquele que recebe o dom, e também a relação que se estabelece entre ambos. Ora, tal relação surge na narrativa da criação, no preciso momento da criação do homem. Esta relação é manifestada sobretudo pela frase: "Deus criou o homem à sua imagem, à imagem de Deus o criou".[6] Na narrativa da criação do mundo visível, o doar tem sentido unicamente para o homem. Em toda a obra da criação, só dele se pode dizer que foi beneficiado com um dom: o mundo visível foi criado "para ele". A

---

3   O termo hebraico *bara* ("criou"), usado exclusivamente para determinar a ação de Deus, aparece na narrativa do capítulo 1 apenas nos versículos 1 (criação do céu e da terra), 21 (criação dos animais) e 27 (criação do homem); aqui, porém, surge nada menos do que *três vezes*; o que significa a plenitude e a perfeição deste ato, que é a criação do homem, varão e mulher. Tal repetição indica que a obra da criação atingiu nisto o seu ponto culminante.

4   Cf. 1Jo 4, 8.

5   Cf. 1Cor 13.

6   Gn 1, 27.

narrativa bíblica da criação oferece-nos motivos suficientes para tal compreeensão e interpretação: a criação é um dom, porque nela aparece o homem que, como "imagem de Deus", é capaz de compreender o sentido do dom no chamado à existência a partir do nada. Ele é capaz de responder ao Criador com a linguagem desta compreensão. Interpretando precisamente com tal linguagem a narrativa da criação, pode-se deduzir que ela constitui dom fundamental e original: o homem aparece na criação como aquele que recebeu como dom o mundo, e, vice-versa, pode-se dizer também que o mundo recebeu como dom o homem.

Devemos, neste ponto, interromper a nossa análise. O que dissemos até agora está em relação íntima com toda a problemática antropológica do "princípio". O homem aparece nela como "criado", isto é, como aquele que, no meio do "mundo", recebeu em dom o outro ser humano. Devemos em seguida submeter precisamente esta dimensão do dom a uma análise profunda, para compreender também o significado do corpo humano na sua justa medida. Será este o objeto das nossas próximas meditações.

14. A REVELAÇÃO E A DESCOBERTA DO SIGNIFICADO ESPONSAL DO CORPO

Audiência Geral de quarta-feira, 9 de janeiro de 1980

1. Relendo e analisando a segunda narrativa da criação, isto é, o texto javista, devemos nos perguntar se o primeiro homem (*'adam*), na sua solidão original, "vivia" o mundo verdadeiramente como dom, com atitude conforme à condição efetiva de quem recebeu um dom, tal como se conclui da narrativa do capítulo primeiro. A segunda narrativa nos mostra, de fato, o homem no Jardim do Éden; mas devemos observar que, durante esta situação de felicidade original, o mesmo Criador (Deus-Javé) e depois também o "homem", em vez de sublinharem o aspecto do mundo como dom subjetivamente beatificante, criado para o homem,[1] fazem notar que o homem está "sozinho". Já analisamos o significado da solidão original; agora é, porém, necessário notar que pela primeira vez aparece claramente certa carência de bem: "Não é bom que o homem [varão] esteja sozinho — diz Deus-Javé —; vou dar-lhe uma auxiliar [...]".[2] A mesma coisa afirma o primeiro "homem"; também ele, depois de tomar profunda consciência da própria solidão entre todos os seres vivos sobre a terra, espera "uma auxiliar adequada".[3] De fato, nenhum destes seres (*animalia*) oferece ao homem as condições que tornem possível a existência numa relação de dom recíproco.

2. Assim, pois, estas duas expressões, isto é, o adjetivo "sozinho" e o substantivo "auxiliar", parecem ser verdadeiramente a chave para compreender a essência mesma do dom ao nível do homem, como conteúdo existencial inscrito na verdade da "imagem de Deus". Com efeito, o dom revela, por assim dizer, uma característica particular da existência pessoal, ou melhor, da própria essência da pessoa. Quando Deus-Javé diz que "não é bom que o homem esteja sozinho", afirma que, "sozinho", o homem não realiza totalmente esta essência. Ele apenas a realiza existindo "com alguém" — e ainda mais completa e profundamente "para alguém". Esta norma do existir como pessoa aparece no Livro do Gênesis como característica da criação, precisamente

---

1   Cf. a primeira narrativa e em particular Gn 1, 26–29.

2   Gn 2, 18.

3   Cf. Gn 2, 20.

mediante o significado destas duas palavras: "sozinho" e "auxiliar". São precisamente elas que indicam o quanto a relação e a comunhão das pessoas é constitutiva e fundamental. Comunhão das pessoas significa existir num recíproco "para", numa relação de recíproco dom. E esta relação é precisamente a satisfação da solidão original do "homem".

3. Tal satisfação é, na sua origem, beatificante. Sem dúvida, está implícita na felicidade original do homem, e constitui justamente aquela felicidade que pertence ao mistério da criação feita por amor, isto é, pertence à própria essência do "doar" criador. Quando o homem "varão", desperto do sono do Gênesis, vê a mulher dele tirada, diz: "Esta é, realmente, osso dos meus ossos e carne da minha carne".[4] Estas palavras exprimem, em certo sentido, o início subjetivamente beatificante da existência do homem no mundo. Como fato verificado "no princípio", isto confirma o processo de reconhecimento do homem no mundo, e nasce, por assim dizer, da profundidade da sua solidão humana, que ele vive como pessoa diante de todas as outras criaturas e de todos os seres vivos (*animalia*). Também este "princípio" pertence a uma antropologia adequada e pode sempre ser verificado com base nela. Esta verificação puramente antropológica nos leva, ao mesmo tempo, ao tema da "pessoa" e ao tema do "corpo-sexo". Este paralelo é essencial. Se, de fato, tratássemos do sexo sem a pessoa, ficaria destruída toda a adequação da antropologia que encontramos no livro do Gênesis. E para o nosso estudo teológico ficaria então velada a luz essencial da revelação do corpo, que nestas primeiras afirmações transparece com tanta plenitude.

4. Existe uma forte ligação entre o mistério da criação, como dom que brota do Amor, e aquele "princípio" beatificante da existência do homem como varão e mulher, em toda a verdade do corpo e do sexo de ambos, que é uma pura e simples verdade de comunhão entre as pessoas. Quando o primeiro homem, à vista da mulher, exclama: "é osso dos meus ossos e carne da minha carne", ele afirma simplesmente a identidade humana dos dois. Com esta exclamação, parece dizer: "Eis um corpo que exprime a *pessoa*!" Seguindo uma passagem precedente do texto javista, pode-se dizer também: este "corpo" revela a "alma viva", tal como se tornou o homem quando Deus-Javé lhe insuflou o sopro da vida, pelo qual se iniciou a própria solidão diante dos outros seres vivos. Atravessando precisamente a profundidade dessa solidão original, o homem surge agora na dimensão do dom recíproco, cuja expressão — que por isso mesmo é expressão da sua existência como pessoa — é o corpo humano em toda a verdade

---

4 Gn 2, 23.

original da sua masculinidade e feminilidade. O corpo, que exprime a feminilidade "para" a masculinidade e, vice-versa, a masculinidade "para" a feminilidade, manifesta a reciprocidade e a comunhão das pessoas. Exprime-a por meio do dom como característica fundamental da existência pessoal. Este é o corpo: testemunha da criação como um dom fundamental, portanto testemunha do Amor como origem de onde surgiu este mesmo dom. A masculinidade-feminilidade — isto é, o sexo — é o sinal originário de uma doação criadora e de uma tomada de consciência por parte do homem, varão e mulher, de um dom vivido, por assim dizer, de modo originário. Tal é o significado com que o sexo entra na teologia do corpo.

5. Aquele "início" beatificante do ser e do existir do homem, como varão e mulher, está ligado à revelação e à descoberta do significado do corpo, que pode ser chamado de "esponsal". Se falamos de revelação e ao mesmo tempo de descoberta, fazemo-lo em relação à especificidade do texto javista, no qual o fio teológico é também antropológico; mais ainda, aparece como uma certa realidade conscientemente vivida pelo homem. Já observamos que às palavras que exprimem a primeira alegria do aparecimento do homem na existência como varão e mulher segue-se o versículo que estabelece a unidade conjugal de ambos, e depois o que atesta a nudez dos dois, destituída de vergonha recíproca.[5] É justamente esse significativo confronto que nos permite falar da revelação e ao mesmo tempo da descoberta do significado "esponsal" do corpo no mistério da criação. Este significado (enquanto revelado e também consciente, "vivido" pelo homem) confirma plenamente que o dom da criação, que deriva do Amor, atingiu a consciência original do homem, tornando-se experiência de dom recíproco, como se percebe já no texto arcaico. Disto parece também dar testemunho — talvez até de modo específico — aquela nudez de ambos nossos primeiros pais, isenta de vergonha.

6. O texto de Gênesis 2, 24 fala do sentido da masculinidade e feminilidade do homem, na vida dos cônjuges-pais. Unindo-se entre si tão intensamente que se tornam "uma só carne", de certo modo submeterão a sua humanidade à bênção da fecundidade, isto é, da "procriação", de que fala a primeira narrativa. O homem entra "no ser" com a consciência de que sua masculinidade-feminilidade, isto é, sua própria sexualidade, está ordenada para tal finalidade. Ao mesmo tempo, as palavras de Gênesis 2, 25, "Estavam ambos nus [...] mas não sentiam vergonha", parecem acrescentar a esta verdade fundamental do significado do corpo humano, da sua masculinidade e feminilidade, outra verdade não menos essencial e fundamental. O

---

5 Gn 2, 23–25.

homem, consciente da capacidade procriativa do próprio corpo e do próprio sexo, está ao mesmo tempo livre do "constrangimento" do próprio corpo e sexo. Aquela nudez original, recíproca e ao mesmo tempo não sujeita à vergonha, exprime a liberdade interior do homem. É a liberdade do "instinto sexual"? O conceito de "instinto" implica já um constrangimento interior, de maneira análoga ao que sucede com o instinto que estimula a fecundidade e a procriação em todo o mundo dos seres vivos (*animalia*). Parece, todavia, que ambos os textos do Livro do Gênesis, a primeira e a segunda narrativa da criação do homem, relacionam suficientemente a perspectiva da procriação com a característica fundamental da existência humana em sentido pessoal. Por conseguinte, a analogia do corpo humano e do sexo diante do mundo dos animais — que podemos chamar analogia "da natureza" — em ambas as narrativas (embora cada uma a seu modo) se eleva também, em certo sentido, ao nível de "imagem de Deus", e ao nível de pessoa e de comunhão entre as pessoas.

A este problema essencial será preciso dedicar ainda outras análises. Para a consciência do homem — mesmo do homem contemporâneo — é importante saber que nestes textos bíblicos que falam do "princípio" do homem, encontra-se a revelação do "significado esponsal do corpo". Mas é ainda mais importante estabelecer o que exprime propriamente este significado.

15. O HOMEM-PESSOA TORNA-SE DOM NA LIBERDADE DO AMOR

Audiência Geral de quarta-feira, 16 de janeiro de 1980

1. Continuamos hoje a análise dos textos do Livro do Gênesis, à qual nos aplicamos segundo a linha do ensinamento de Cristo. Recordemo-nos que, na conversa sobre o matrimônio, Ele apelou para o "princípio".

A revelação e, ao mesmo tempo, a descoberta original do significado "esponsal" do corpo consistem em apresentar o ser humano, homem e mulher, em toda a realidade e verdade do seu corpo e sexo ("estavam nus") e ao mesmo tempo na plena liberdade de qualquer constrangimento do corpo e do sexo. Disto parece dar testemunho a nudez dos que foram nossos primeiros pais, interiormente livres de vergonha. Pode-se dizer que, embora criados pelo Amor, isto é, dotados no próprio ser de masculinidade e feminilidade, ambos estão "nus" porque estão livres com a liberdade mesma do dom. Esta liberdade está precisamente na base do significado esponsal do corpo. O corpo humano, com o seu sexo, e a sua masculinidade e feminilidade, visto no próprio mistério da criação, é não apenas fonte de fecundidade e de procriação, como em toda a ordem natural, mas carrega desde "o princípio" o atributo "esponsal", isto é, a capacidade de exprimir o amor: precisamente aquele amor em que o homem-pessoa se torna dom e — mediante este dom — pratica o sentido mesmo do seu ser e existir. Recordamos agora o texto do último Concílio, onde se declara que o homem é a única criatura no mundo visível que Deus quis "por si mesma", acrescentando que este homem "não se pode encontrar plenamente a não ser no sincero dom de si mesmo".[1]

---

1 "Mais ainda: quando o Senhor Jesus pede ao Pai 'que todos sejam um [...] como nós somos um' (Jo 17, 21–22), sugere — abrindo perspectivas inacessíveis à razão humana — que há certa analogia entre a união das pessoas divinas entre si e a união dos filhos de Deus na verdade e na caridade. Esta semelhança torna manifesto que o homem, única criatura sobre a terra a ser desejada por Deus em si mesma, não se pode encontrar plenamente a não ser no sincero dom de si mesmo" (*Gaudium et Spes*, 24). A análise estritamente teológica do Livro do Gênesis, em particular 2, 23–25, permite-nos fazer referência a este texto. Constitui isto outra transição entre a "antropologia adequada" e a "teologia do corpo", esta última ligada intimamente à descoberta das características essenciais da existência pessoal na "pré-história teológica" do homem. Embora isto possa encontrar resistência por parte da mentalidade evolucionista (mesmo entre os teólogos), seria todavia difícil não reparar que o texto analisado do Livro do Gênesis, especialmente em 2, 23–25, demonstra a dimensão não só "original" mas também "exemplar" da existência do homem, em particular do homem como "varão e mulher".

2. A raiz da nudez original isenta de vergonha, da qual nos fala Gênesis 2, 25, deve ser buscada precisamente naquela verdade integral sobre o homem. Homem e mulher, no contexto do seu "princípio" beatificante, estão livres com a mesma liberdade do dom. De fato, para poderem manter-se na relação do "dom sincero de si" e para se tornarem um tal dom um para o outro, através de toda a sua humanidade feita de feminilidade e masculinidade (também em relação com aquela perspectiva de que fala Gênesis 2, 24), eles devem estar livres precisamente desta maneira. Entendemos aqui a liberdade sobretudo como domínio de si mesmos (auto-domínio). Sob este aspecto, ela é indispensável para que o homem possa "dar a si mesmo", para poder tornar-se dom, para (referindo-nos às palavras do Concílio) poder "encontrar-se plenamente" por meio de um "dom sincero de si". Assim, as palavras "estavam ambos nus [...], mas não sentiam vergonha" podem e devem ser entendidas como uma revelação — e ao mesmo tempo uma descoberta — da liberdade que torna possível e qualifica o sentido "esponsal" do corpo.

3. Porém, a passagem de Gênesis 2, 25 nos diz mais. De fato, esta passagem indica a possibilidade e a qualidade desta recíproca "experiência do corpo". E, além disso, permite-nos identificar aquele significado esponsal do corpo *in actu*. Quando lemos que "estavam nus [...], mas não sentiam vergonha", tocamos indiretamente como que a sua raiz, e diretamente já os seus frutos. Livres interiormente da constrição do próprio corpo e sexo, livres na liberdade do dom, homem e mulher podiam gozar de toda a verdade, de toda a evidência humana, assim como Deus-Javé lhes tinha revelado no mistério da criação. Esta verdade sobre o homem, que o texto conciliar explica com as palavras supracitadas, insiste sobretudo em duas coisas. Primeiro, afirma que o homem é a única criatura no mundo que o Criador quis "por si mesma"; e, em segundo lugar, diz que este mesmo homem, de tal modo desejado pelo Criador "desde o princípio", pode encontrar-se a si mesmo somente através de um dom desinteressado de si. Ora, esta verdade a respeito do homem, que em particular parece surpreender a condição original ligada ao "princípio" mesmo do homem no mistério da criação, pode ser relida — com base no texto conciliar — em ambas as direções. Essa nova leitura ajuda-nos a compreender ainda melhor o significado esponsal do corpo, que aparece inscrito na condição original do homem e da mulher (segundo Gênesis 2, 23–25) e, em particular, no significado da nudez original de ambos.

Se, como verificamos, na raiz da nudez está a liberdade interior do dom — dom desinteressado de si mesmo —, precisamente este dom permite a ambos, homem e mulher, encontrarem-se reciprocamente, pois o Criador quis cada um deles "em si mesmos".² Assim o homem, no primeiro encontro beatificante, encontra a mulher, e ela encontra o homem. Deste modo, ele a acolhe interiormente; acolhe-a tal como ela é desejada "em si mesma" pelo Criador, como é constituída no mistério da imagem de Deus por meio da sua feminilidade; e, reciprocamente, ela o acolhe do mesmo modo, como ele é desejado "em si mesmo" pelo Criador e por Ele constituído mediante a sua masculinidade. Nisto consiste a revelação e a descoberta do significado "esponsal" do corpo. A narrativa javista, e em particular Gênesis 2, 25, permite-nos deduzir que o homem e a mulher entram no mundo precisamente com esta consciência do significado do próprio corpo, da sua masculinidade e feminilidade.

4. O corpo humano, orientado interiormente pelo "dom sincero" da pessoa, revela não só a sua masculinidade e feminilidade no plano físico, mas revela também tal valor e tal beleza que ultrapassam a dimensão simplesmente física da "sexualidade".³ Deste modo, completa-se em certo sentido a consciência do significado esponsal do corpo, ligado à masculinidade-feminilidade do homem. Por um lado, este significado indica uma especial capacidade de exprimir o amor, no qual o homem se torna dom; e, por outro, corresponde-lhe a capacidade e a profunda disponibilidade para a "afirmação da pessoa", isto é, literalmente, a capacidade de viver o fato de o outro — a mulher para o homem e o homem para a mulher — ser, por meio do corpo, alguém desejado pelo Criador "em si mesmo", isto é, único e irrepetível: alguém escolhido pelo eterno Amor. A "afirmação da pessoa" não é senão o acolhimento do dom, que, mediante a reciprocidade, cria a comunhão das pessoas; esta se constrói a partir de dentro, compreendendo também toda a "exterioridade" do homem, isto é, tudo aquilo que forma a nudez pura e simples do corpo na sua masculinidade e feminilidade. Então — como lemos em Gênesis 2, 25 — o homem e a mulher não sentem vergonha. A expressão bíblica "não sentiam" indica diretamente a "experiência" como dimensão subjetiva.

5. Precisamente em tal dimensão subjetiva, como dois "eus" humanos determinados pela sua masculinidade e feminilidade, aparecem ambos, homem e mulher, no mistério do seu beatificante "princípio". (Encontramo-nos no estado da inocência original e, ao mesmo tempo, da felicidade original do homem.) Este aparecimento é breve, e é expresso somente por alguns versículos do Livro do Gênesis; todavia,

---

2 Cf. *Gaudium et Spes*, 24.

3 A tradição bíblica refere um eco longínquo da perfeição física do primeiro homem. O profeta Ezequiel, comparando o rei de Tiro com Adão no Éden, escreve: "Eras modelo de perfeição, / cheio de sabedoria, / de beleza perfeita. / Estavas no Éden, / jardim de Deus [...]" (Ez 28, 12–13).

está cheio de um surpreendente conteúdo, teológico e antropológico. A revelação e a descoberta do significado esponsal do corpo explicam a felicidade original do homem e, ao mesmo tempo, abrem a perspectiva da sua história terrena, na qual ele não há de subtrair-se nunca a este indispensável "tema" da própria existência.

Os versículos seguintes do Livro do Gênesis, segundo o texto javista do capítulo 3, demonstram, para dizer a verdade, que esta perspectiva "histórica" (depois do pecado original) se construirá de modo diverso do que era no "princípio" beatificante. Por isso, tanto mais profundamente é necessário penetrar na estrutura misteriosa, teológica e ao mesmo tempo antropológica, de tal "princípio". De fato, em toda a perspectiva da própria "história", o homem não deixará de conferir um significado esponsal ao próprio corpo. Embora este significado sofra e venha a sofrer muitas deformações, manter-se-á sempre o nível mais profundo, que exige ser sempre revelado em toda a sua simplicidade e pureza, e manifestar-se em toda a sua verdade, como sinal da "imagem de Deus". Por aqui passa também o caminho que leva do mistério da criação à "redenção do corpo".[4]

Permanecendo, por agora, no limiar desta perspectiva histórica, damo-nos claramente conta, baseados em Gênesis 2, 23–25, do mesmo laço que existe entre a revelação e a descoberta do significado esponsal do corpo e a felicidade original do homem. Esse significado "esponsal" é também beatificante e, como tal, manifesta definitivamente toda a realidade daquela doação de que nos falam as primeiras páginas do Livro do Gênesis. A leitura delas convence-nos de que a consciência do significado do corpo que dela deriva — em particular do seu significado "esponsal" — constitui o elemento fundamental da existência humana no mundo.

Este significado "esponsal" do corpo humano só pode ser compreendido no contexto da pessoa. O corpo tem significado "esponsal" porque o homem-pessoa, como diz o Concílio, é criatura que Deus quis por si mesma, a qual, ao mesmo tempo, não se pode encontrar plenamente senão mediante o dom de si mesma. Se Cristo revelou ao homem e à mulher, acima da vocação do matrimônio, outra vocação — a de renunciar ao matrimônio em vista do Reino dos Céus —, com esta vocação pôs em relevo a mesma verdade sobre a pessoa humana. Se um homem ou uma mulher é capaz de fazer de si mesmo um dom pelo Reino dos Céus, isto prova, por sua vez (e até mais ainda), que existe a liberdade do dom no corpo humano. Significa que este corpo possui pleno significado "esponsal".

---

4   Cf. Rm 8.

16. CONSCIÊNCIA DO SIGNIFICADO DO CORPO E INOCÊNCIA ORIGINAL

Audiência Geral de quarta-feira, 30 de janeiro de 1980

1. A realidade do dom e do ato da doação, descrita nos primeiros capítulos do Gênesis como conteúdo que forma o mistério da criação, confirma que o irradiar do Amor é parte integrante deste mesmo mistério. Só o Amor cria o bem, e só este pode, afinal, ser percebido, em todas as suas dimensões e aspectos, nas coisas criadas e sobretudo no homem. A sua presença é como que o resultado final daquela hermenêutica do dom que estamos estudando. A felicidade original, o "princípio" beatificante do homem que Deus criou varão e mulher, o significado esponsal do corpo na sua nudez original: tudo isto exprime o enraizamento no Amor.

Este coerente doar-se a si mesmo, que atinge até as raízes mais profundas da consciência e da subconsciência, até os estratos últimos da existência subjetiva de ambos, homem e mulher, e que se reflete na recíproca "experiência do corpo", testemunha o enraizamento no Amor. Os primeiros versículos da Bíblia tanto falam dela que tiram toda e qualquer dúvida. Falam não só da criação do mundo e do homem no mundo, mas também da graça, isto é, da comunicação da santidade, do irradiar do Espírito, que produz um estado especial de "espiritualização" naquele homem, que de fato foi o primeiro. Na linguagem bíblica, isto é, na linguagem da Revelação, o atributo de "primeiro" significa precisamente "de Deus": "Adão, filho de Deus".[1]

2. A felicidade está em enraizar-se no Amor. A felicidade original nos fala do "princípio" do homem, que surgiu do Amor e deu início ao amor. E isto se deu de modo irrevogável, apesar do pecado que se instalou juntamente com a morte. A seu tempo, Cristo será testemunha deste amor irreversível do Criador e Pai, que já fora expresso no mistério da criação e na graça da inocência original. Por isso, também o comum "princípio" do homem e da mulher, isto é, a verdade original do corpo humano na masculinidade e feminilidade, para a qual Gênesis 2, 25 dirige a nossa atenção, não conhece a vergonha. Este "princípio" pode também ser definido como uma imunidade original e beatificante da vergonha, por efeito do amor.

---

1   Cf. Lc 3, 38.

3. Tal imunidade orienta-nos para o mistério da inocência original do homem. É um mistério da sua existência, anterior ao conhecimento do bem e do mal, e como que "exterior" a ele. O fato de o homem existir deste modo, anteriormente à ruptura da primeira aliança com o seu Criador, pertence à plenitude do mistério da criação. Se, como já dissemos, a criação é um dom para o homem, então a sua plenitude, sua dimensão mais profunda, *é determinada pela graça*, isto é, pela participação na vida interior do próprio Deus, na sua santidade. Esta é também, no homem, o fundamento interior e a fonte da sua inocência original. É com este conceito — e mais precisamente com o de "justiça original" — que a teologia define o estado do homem antes do pecado original. Na presente análise do "princípio", que nos abre os caminhos indispensáveis para a compreensão da teologia do corpo, devemos nos deter para tratar do mistério do estado original do homem. De fato, precisamente essa consciência do corpo — ou melhor, a consciência do significado do corpo — que procuramos pôr em realce mediante a análise do "princípio" revela a peculiaridade da inocência original.

O que talvez mais se manifeste em Gênesis 2, 25, de modo direto, é precisamente o mistério desta inocência, que tanto o homem como a mulher trazem das origens, cada um em si mesmo. De tal característica é testemunha "ocular" em certo sentido o seu próprio corpo. É significativo que a afirmação contida em Gênesis 2, 25 — acerca da nudez reciprocamente isenta de vergonha — seja um enunciado único no seu gênero em toda a Bíblia, de maneira que já não voltará a se repetir. Pelo contrário, podemos citar muitos textos em que a nudez aparecerá junto com a vergonha ou mesmo, em sentido ainda mais pronunciado, com a "ignomínia".[2] Considerando este contexto tão amplo, mais visíveis são as razões para descobrir em Gênesis 2, 25 um vestígio especial do mistério da inocência original e um particular fator da sua irradiação no sujeito humano. Tal inocência pertence à dimensão da graça contida no mistério da criação, isto é, àquele misterioso dom oferecido ao íntimo do homem — ao "coração" humano — que permite a ambos, homem e mulher, existirem desde o "prin-

---

2 A "nudez", no sentido de "falta de vestuário", no antigo Oriente Próximo significava o estado de abjeção dos homens destituídos de liberdade: escravos, prisioneiros de guerra ou condenados, aqueles que não gozavam da proteção da lei. A nudez das mulheres era considerada desonra (cf., por exemplo, as ameaças dos profetas: Oséias 1, 2, e Ezequiel 23, 26–29).

O homem livre, zeloso da sua dignidade, devia vestir-se suntuosamente: quanto mais ornadas eram as vestimentas, maior era a sua dignidade (cf.; por exemplo, o vestuário de José, que inspirava inveja nos irmãos; ou o dos fariseus, que alongavam as suas franjas).

O segundo significado da "nudez", em sentido eufemístico, dizia respeito ao ato sexual. A palavra hebraica *cerwat* significa o vazio espacial (por exemplo, da paisagem), falta de vestido e ação de despir-se, mas nada tinha em si de indigno.

cípio" na recíproca relação do dom desinteressado de si mesmos. Nisto está contida a revelação e, ao mesmo tempo, a descoberta do significado "esponsal" do corpo na sua masculinidade e feminilidade. Compreende-se por que falamos, neste caso, de revelação e ao mesmo tempo de descoberta. Do ponto de vista da nossa análise, é essencial que a descoberta do significado esponsal do corpo, que lemos no testemunho do Livro do Gênesis, se realize através da inocência original; mais ainda: é esta a descoberta que a desvela e a coloca em evidência.

4. A inocência original pertence ao mistério do "princípio" humano, do qual o homem "histórico" veio a separar-se cometendo o pecado original. O que não significa, porém, que ele não seja capaz de aproximar-se daquele mistério mediante o conhecimento teológico. O homem "histórico" procura compreender o mistério da inocência original como que por contraste, isto é, subindo também à experiência da própria culpa e da própria pecaminosidade.[3] Ele procura compreender a inocência original como característica essencial para a teologia do corpo, partindo da experiência da vergonha; de fato, o mesmo texto bíblico assim o orienta. A inocência original é, portanto, o que "radicalmente" — isto é, nas suas raízes — exclui a vergonha do corpo na relação homem-mulher, elimina-lhe a necessidade em ambos, no coração, ou seja, na consciência. Embora a inocência original fale sobretudo do dom do Criador, da graça que tornou possível ao homem viver o sentido da doação primária do mundo e, em particular, o sentido da doação recíproca de um ao outro por meio da masculinidade e da feminilidade neste mundo, todavia essa inocência parece antes de tudo referir-se ao estado interior do "coração" humano, da vontade humana. Pelo menos indiretamente, nela estão incluídas a revelação e a descoberta da consciência moral humana, a revelação e a descoberta de toda a dimensão da consciência — obviamente, primeiro da consciência do bem e do mal. Em certo sentido, é compreendida como retidão original.

---

3 "Sabemos que a lei é espiritual. Mas eu sou um ser de carne, vendido ao poder do pecado. Com efeito, não compreendo o que faço; pois não faço aquilo que quero, mas sim aquilo que aborreço. [...] E assim, já não sou eu que o realizo, mas o pecado que habita em mim. Porque eu sei que não há em mim, isto é, na minha carne, coisa boa, pois quero o bem, que está ao meu alcance, mas não realizá-lo. Efetivamente, o bem que eu quero, não o faço, mas o mal que não quero, é que pratico. Se, pois, faço o que não quero, já não sou eu que o realizo, mas o pecado que habita em mim. Deparo-me, então, com esta lei: querendo fazer o bem, é o mal que eu encontro. Sinto prazer na lei de Deus, de acordo com o homem interior. Mas vejo outra lei nos meus membros, a lutar contra a lei da minha razão e a reter-me cativo na lei do pecado, que se encontra nos meus membros. Que desditoso homem que eu sou! Quem me há de libertar deste corpo de morte?" (Rm 7, 14–15, 17–24; cf. "*Video meliora proboque, deteriora sequor* [Vejo e aprovo o que é melhor, mas sigo o que é pior]", Ovídio, *Metamorph.*, VII, 20).

5. No prisma do nosso "*a posteriori* histórico" procuremos, pois, reconstruir, de certo modo, a característica da inocência original entendida como conteúdo da experiência recíproca do corpo como experiência do seu significado esponsal (segundo o testemunho de Gênesis 2, 23-25). Como a felicidade e a inocência estão inscritas no quadro da comunhão das pessoas, como se fossem dois fios convergentes, vindos da existência do homem no mistério mesmo da criação, a consciência beatificante do significado do corpo — isto é, do significado esponsal da masculinidade e da feminilidade humanas — *é condicionada pela inocência original*. Parece não haver nenhum impedimento para entender aqui a inocência original como especial "pureza de coração", que mantém uma fidelidade interior ao dom, segundo o significado esponsal do corpo. Por conseguinte, a inocência original, assim entendida, manifesta-se como um testemunho límpido da consciência que (neste caso) precede qualquer experiência do bem e do mal; todavia, esse testemunho sereno da consciência é algo muito mais beatificante. Pode-se dizer, na verdade, que a consciência do significado do corpo, na sua masculinidade e feminilidade, se torna "humanamente" beatificante apenas mediante esse testemunho.

A este assunto — isto é, à ligação que, na análise do "princípio" do homem, se desenha entre a sua inocência (pureza de coração) e a sua felicidade — dedicaremos a próxima meditação.

17. O INTERCÂMBIO DO DOM DO CORPO CRIA AUTÊNTICA COMUNHÃO

Audiência Geral de quarta-feira, 6 de fevereiro de 1980

1. Prossigamos o exame daquele "princípio", para o qual Jesus apelou na conversa com os fariseus sobre o tema do matrimônio. Esta reflexão exige que ultrapassemos o limiar da história do homem e cheguemos até o estado de inocência original. Para atingirmos o significado de tal inocência, baseamo-nos, de certo modo, na experiência do homem "histórico", no testemunho do seu coração, da sua consciência.

2. Seguindo a linha do "*a posteriori* histórico", passemos a reconstruir a peculiaridade da inocência original, contida na experiência recíproca do corpo e do seu significado esponsal, segundo o que atesta Gênesis 2, 23–25. A situação aqui descrita revela a experiência beatificante do significado do corpo que, no âmbito do mistério da criação, o homem atinge, por assim dizer, na complementaridade do que é masculino e feminino. Todavia, nas raízes desta experiência deve haver a liberdade interior do dom, unida sobretudo à inocência; a vontade humana é originariamente inocente e, deste modo, é facilitada a reciprocidade e permuta do dom do corpo, segundo a sua masculinidade e feminilidade, como dom da pessoa. Conseqüentemente, a inocência atestada em Gênesis 2, 25 pode definir-se como inocência da experiência recíproca do corpo. A frase "Estavam ambos nus, tanto o homem como a mulher, mas não sentiam vergonha" exprime precisamente esta inocência na recíproca "experiência do corpo", inocência que inspirava a permuta interior do dom da pessoa, que, na relação recíproca, realiza concretamente o significado esponsal da masculinidade e da feminilidade. Assim, portanto, para compreender a inocência da mútua experiência do corpo, devemos procurar esclarecer em que coisa consiste a inocência interior na permuta do dom da pessoa. Tal permuta constitui, de fato, a verdadeira fonte da experiência da inocência.

3. Podemos dizer que a inocência interior (isto é, a retidão de intenção) na permuta do dom consiste numa recíproca "aceitação" do outro, de maneira a corresponder à essência mesma do dom; desse modo, a doação recíproca cria a comunhão das pessoas. Trata-se, por isso, de "acolher" o outro ser humano e de "aceitá-lo", precisamente porque nesta relação mútua de que fala Gênesis 2, 23–25, o homem

e a mulher se tornam dom um para o outro, mediante toda a verdade e a evidência do seu próprio corpo, na sua masculinidade e feminilidade. Trata-se, portanto, de uma tal "aceitação" ou "acolhimento" que exprima e sustente na recíproca nudez o significado do dom, e por isso aprofunde a sua dignidade mútua. Tal dignidade corresponde profundamente ao fato de que o Criador quis (e continuamente quer) o ser humano, homem e mulher, "em si mesmo". A inocência "do coração", e por conseguinte a inocência da experiência, significa a participação moral no eterno e permanente ato da vontade de Deus.

O contrário de tal "acolhimento" ou "aceitação" do outro ser humano, como dom, seria uma privação do próprio dom, e por isso uma transformação e, mais ainda, uma redução do outro a "objeto para mim mesmo" (objeto de concupiscência, de "apropriação indevida" etc). Não trataremos agora, de modo particularizado, desta multiforme e presumível antítese do dom. É preciso, contudo, já aqui, no contexto de Gênesis 2, 23–25, verificar que essa extorsão do dom ao outro ser humano (à mulher por parte do homem e vice-versa) e reduzi-lo interiormente a puro "objeto para mim" deveria mesmo assinalar o princípio da vergonha. Esta, com efeito, corresponde a uma ameaça imposta ao dom na sua intimidade pessoal, e testemunha a destruição interior da inocência na experiência recíproca.

4. Segundo Gênesis 2, 25, o homem e a mulher "não sentiam vergonha". Isto nos permite chegar à conclusão de que a permuta do dom, na qual participa toda a sua humanidade — alma e corpo, feminilidade e masculinidade — se realiza conservando a característica interior (isto é, precisamente a inocência) da doação de si e da aceitação do outro como dom. Estas duas funções da mútua troca estão profundamente ligadas dentro de todo o processo do "dom de si": a doação e a aceitação do dom compenetram-se, de maneira que a doação torna-se aceitação, e a aceitação transforma-se em doação.

5. Gênesis 2, 23–25 nos permite deduzir que a mulher, que no mistério da criação "é dada" ao homem pelo Criador, graças à inocência original é "acolhida", ou seja, aceita por ele como dom. O texto bíblico neste ponto é de todo claro e límpido. Simultaneamente, a aceitação da mulher por parte do homem e o próprio modo de aceitá-la tornam-se como que uma primeira doação, de modo que a mulher, doando-se (desde o primeiro momento em que no mistério da criação foi "dada" ao homem por parte do Criador), "descobre-se" ao mesmo tempo "a si mesma", graças à sua aceitação e acolhimento, e graças *ao modo* como foi recebida pelo homem. Ela se encontra, portanto, a si mesma no próprio doar-se, "no dom sincero de si mesma",[1] quando

---

1 *Gaudium et Spes*, 24.

é aceita assim como a quis o Criador, isto é, "em si mesma", através da sua humanidade e feminilidade; quando nesta aceitação é assegurada toda a dignidade do dom, mediante a oferta do que ela é em toda a verdade da sua humanidade e em toda a realidade do seu corpo e sexo, da sua feminilidade, ela chega à íntima profundidade da sua pessoa e à plena posse de si. Acrescentemos que este recíproco "encontrar-se" no próprio dom se torna fonte de um novo dom de si, que aumenta devido à disposição interior à permuta do dom e na medida em que encontra uma mesma — e até mais profunda — aceitação e acolhimento, como fruto de uma consciência do dom de si cada vez mais intensa.

6. Parece que a segunda narrativa da criação marcou "desde o princípio" ao homem a função de quem sobretudo recebe o dom.[2] A mulher é, "desde o princípio", confiada aos seus olhos, à sua consciência, à sua sensibilidade e ao seu "coração"; ele, pelo contrário, deve em certo sentido assegurar o processo da permuta do dom, a recíproca compenetração do doar-se e receber-se como dom, a qual, precisamente através da reciprocidade, cria uma autêntica comunhão de pessoas.

Se a mulher, no mistério da criação, é aquela que foi "dada" ao homem, este, por sua vez, recebendo-a como dom na plena verdade da sua pessoa e feminilidade, precisamente por isso a enriquece, e ao mesmo tempo também ele, nesta relação recíproca, fica enriquecido. O homem se enriquece não apenas por meio dela, que lhe dá a sua pessoa e feminilidade, mas também por meio da doação de si mesmo. A doação por parte do homem, em resposta à da mulher, é para ele mesmo enriquecimento; de fato, nela manifesta-se como que a essência específica da sua masculinidade que, por meio da realidade do corpo e do sexo, atinge a íntima profundidade da "posse de si", graças à qual é capaz tanto de doar-se como de receber o dom do outro. O homem, portanto, não só aceita o dom, mas ao mesmo tempo é acolhido como dom pela mulher, na revelação da essência espiritual interior da sua masculinidade, juntamente com toda a verdade do seu corpo e sexo. Assim aceito, ele, por esta aceitação e este acolhimento do dom da própria masculinidade, se enriquece. Em seguida, tal aceitação, em que o homem se encontra a si mesmo por meio do "dom sincero de si", torna-se nele fonte de um novo e mais profundo enriquecimento da mulher consigo mesma. A permuta é recíproca, e nela revelam-se e crescem os mútuos efeitos do "dom sincero" e do "encontro de si".

Deste modo, seguindo os vestígios do "*a posteriori* histórico" — e sobretudo seguindo os vestígios dos corações humanos —, podemos

---

2   Cf. especialmente Gn 2.

reproduzir e, de certo modo, reconstruir aquela recíproca permuta do dom da pessoa, que foi descrito no antigo texto, tão rico e profundo, do Livro do Gênesis.

18. A INOCÊNCIA ORIGINAL E O ESTADO HISTÓRICO DO HOMEM

Audiência Geral de quarta-feira, 13 de fevereiro de 1980

1. A meditação de hoje pressupõe tudo quanto já foi percorrido nas várias análises feitas até aqui. Estas brotaram da resposta dada por Jesus aos seus interlocutores, que lhe tinham feito uma pergunta sobre o matrimônio, sobre a sua indissolubilidade e unidade. O Mestre lhes tinha recomendado que considerassem atentamente o que era "desde o princípio". Precisamente por isso, no ciclo das nossas meditações até agora, procuramos descrever de algum modo a realidade da união, ou melhor, da comunhão das pessoas, vivida "desde o princípio" pelo homem e pela mulher. Em seguida, tentamos penetrar no conteúdo do conciso versículo 25 de Gênesis 2: "Estavam ambos nus, tanto o homem como a mulher, mas não sentiam vergonha".

Estas palavras fazem referência ao dom da inocência original, revelando-lhe seu caráter de modo, por assim dizer, sintético. A teologia construiu sobre esta base a imagem global da inocência e da justiça original do homem, antes do pecado original, aplicando o método da objetivação, característico da metafísica e da antropologia metafísica. Na presente análise, procuramos sobremaneira tomar em consideração o aspecto da subjetividade humana; esta parece, aliás, encontrar-se mais perto dos textos originais, especialmente da segunda narrativa da criação, isto é, do texto javista.

2. Independentemente de certa diversidade de interpretação, parece bastante claro que a "experiência do corpo", como podemos deduzir do texto arcaico de Gênesis 2, 23, e, mais ainda, de Gênesis 2, 25, indica um grau de "espiritualização" do homem, diverso daquele de que fala o mesmo texto depois do pecado original e que conhecemos valendo-nos da experiência do homem "histórico". É uma medida distinta de "espiritualização" que comporta outra composição das forças interiores no próprio homem, outra relação corpo-alma, outra proporção interna entre a sensibilidade, a espiritualidade e a afetividade, isto é, outro grau de sensibilidade interior perante os dons do Espírito Santo. Tudo isso condiciona o estado de inocência original do homem e ao mesmo tempo o determina, permitindo-nos também

compreender a narrativa do Gênesis. A teologia e, também, o magistério da Igreja deram a estas verdades fundamentais uma forma própria.

3. Empreendendo a análise do "princípio" segundo a dimensão da teologia do corpo, nós o fazemos baseando-nos nas palavras de Cristo com as quais Ele mesmo se referiu àquele "princípio". Quando disse "Não lestes que o Criador, desde o princípio, os fez homem e mulher [...]?", ordenou-nos e sempre nos ordena que voltemos à profundidade do mistério da criação. E nós o fazemos, tendo plena consciência do dom da inocência original, própria do homem antes do pecado original. Embora uma intransponível barreira nos separe do que foi o homem de então, como varão e mulher, mediante o dom da graça unida ao mistério da criação, e nos separe daquilo que ambos foram um para o outro, como dom recíproco, todavia procuramos compreender aquele estado de inocência original na sua ligação com o estado "histórico" do homem depois do pecado original: *Status naturae lapsae simul et redemptae*.

Por meio da categoria do "*a posteriori* histórico", procuramos atingir o sentido original do corpo e alcançar o laço existente entre ele e a índole da inocência original na "experiência do corpo", tal como ela se põe em evidência, de modo tão significativo, na narrativa do Livro do Gênesis. Chegamos à conclusão de que é importante e essencial precisar este laço, não somente em relação com a "pré-história teológica" do homem, em que a convivência do homem e da mulher era quase completamente penetrada pela graça da inocência original, mas também em relação com a sua possibilidade de revelar-nos as raízes permanentes do aspecto humano e, sobretudo, teológico do *ethos* do corpo.

4. O homem entra no mundo e na mais íntima trama do seu futuro e da sua história, com a consciência do significado esponsal do próprio corpo, da própria masculinidade e feminilidade. A inocência original diz que esse significado é condicionado "eticamente" e, além disso, que constitui, por sua vez, o futuro do *ethos* humano. Isto é muito importante para a teologia do corpo: é a razão pela qual devemos construir esta teologia "desde o princípio", seguindo cuidadosamente a indicação das palavras de Cristo.

No mistério da criação, o homem e a mulher foram "dados" pelo Criador, de modo particular, um ao outro, não apenas na dimensão daquele primeiro casal humano e daquela primeira comunhão de pessoas, mas em toda a perspectiva da existência do gênero humano e da família humana. O fato fundamental desta existência do homem em todas as etapas da sua história é que Deus "os criou homem e mulher"; de fato, sempre os cria deste modo e sempre assim o são.

A compreensão dos significados fundamentais, contidos no próprio mistério da criação, como o significado esponsal do corpo (e dos fundamentais condicionamentos de tal significado), é importante e indispensável para conhecer quem é o homem e quem ele deve ser, e, portanto, como deveria modelar a própria atividade. Tal fato é essencial e importante para o futuro do *ethos* humano.

5. Gênesis 2, 24 verifica que os dois, homem e mulher, foram criados para o matrimônio: "Por isso, o homem deixará seu pai e sua mãe, e se unirá à sua mulher, e os dois serão uma só carne". Deste modo, abre-se uma grande perspectiva criadora, que é precisamente a perspectiva da existência do homem, a qual se renova continuamente por meio da "procriação" (poder-se-ia dizer "auto-reprodução"). Tal perspectiva está profundamente enraizada na consciência da humanidade[1] e também na particular consciência do significado esponsal do corpo. O homem e a mulher, antes de se tornarem marido e esposa (disso falará seguidamente de modo concreto Gênesis 4, 1), emergem do mistério da criação *primeiramente como irmão e irmã, na mesma humanidade*. A compreensão do significado esponsal do corpo, na sua masculinidade e feminilidade, revela o íntimo da sua liberdade, que é a liberdade de dom.

É a partir daqui que tem início aquela comunhão de pessoas na qual ambos se encontram e se doam reciprocamente, na plenitude da sua subjetividade. Assim, crescem ambos como pessoas-sujeitos, e crescem reciprocamente um para o outro também através dos corpos e através daquela "nudez" isenta de vergonha. Naquela comunhão de pessoas está profundamente assegurada toda a profundidade da solidão original do homem (do primeiro e de todos os demais) e, ao mesmo tempo, tal solidão fica de modo maravilhoso permeada e alargada pelo dom do "outro". Se o homem e a mulher deixam de ser reciprocamente dom desinteressado, como o eram um para o outro no mistério da criação, então reconhecem "estar nus". E então nascerá em seu coração a vergonha daquela nudez, que não tinham sentido no estado de inocência original.

A inocência original manifesta e, ao mesmo tempo, constitui o *ethos* perfeito do dom. Voltaremos ainda a este assunto.

---

1 Cf. Gn 2, 23: "osso dos meus ossos [...] carne da minha carne".

19. COM O "SACRAMENTO DO CORPO" O HOMEM SENTE-SE SUJEITO DE SANTIDADE

Audiência Geral de quarta-feira, 20 de fevereiro de 1980

1. O Livro do Gênesis faz notar que o homem e a mulher foram criados para o matrimônio: "[...] o homem deixará seu pai e sua mãe, e se unirá à sua mulher, e os dois serão uma só carne". Deste modo se abre a grande perspectiva criadora da existência humana, que sempre se renova mediante a "procriação" que é "auto-reprodução". Tal perspectiva está enraizada na consciência da humanidade, e também na particular compreensão do significado esponsal do corpo, com a sua masculinidade e feminilidade. Homem e mulher, no mistério da criação, constituem um dom recíproco. A inocência original manifesta, e ao mesmo tempo determina, o *ethos* perfeito do dom.

Disto falamos durante o precedente encontro. Através do *ethos* do dom é delineado em parte o problema da "subjetividade" do homem, que é sujeito criado à imagem e semelhança de Deus. Na narrativa da criação (especialmente em Gênesis 2, 23–25), a "mulher" certamente não é só "objeto" para o homem, embora permanecendo ambos, um diante do outro, em toda a plenitude da própria objetividade de criaturas, como "osso dos meus ossos e carne da minha carne", como varão e mulher, ambos nus. Somente a nudez que torna "objeto" a mulher para o homem, ou vice-versa, é fonte de vergonha. "Não sentiam vergonha" significa dizer que a mulher não era "objeto" para o homem, nem ele para ela. A inocência interior como "pureza de coração", de certo modo, tornava impossível que de alguma maneira um fosse reduzido pelo outro ao nível de mero objeto. Se por "não sentiam vergonha" entende-se que estavam unidos pela consciência do dom, isto significa que tinham recíproca consciência do significado esponsal dos seus corpos, em que se exprimia a liberdade do dom e se manifestava toda a riqueza interior da pessoa como sujeito. Esta recíproca compenetração do "eu" das pessoas humanas, do homem e da mulher, parece excluir subjetivamente qualquer "redução a objeto". Revela-se nisto o perfil subjetivo daquele amor, do qual se pode dizer, por outro lado, que "é objetivo" até ao íntimo, uma vez que se nutre da mesma "objetividade" recíproca do dom.

2. O homem e a mulher, depois do pecado original, perderam a graça da inocência original. A descoberta do significado esponsal do corpo deixará de ser para eles uma simples realidade da revelação e da graça. Todavia, esse significado permanecerá como lei imposta ao homem pelo *ethos* do dom, inscrito no íntimo do coração humano, como eco longínquo da inocência original. Desse significado esponsal se formará o amor humano na sua verdade interior e na sua autenticidade subjetiva. E o homem — mesmo através do véu da vergonha — se descobrirá continuamente a si mesmo como guardião do mistério do sujeito, isto é, da liberdade do dom, de tal maneira que a defenderá de qualquer redução a posições de puro objeto.

3. Por agora, todavia, encontramo-nos diante do limiar da história terrestre do homem. O homem e a mulher ainda não o tinham ultrapassado em direção ao conhecimento do bem e do mal. Estavam imersos no mistério da criação, e a profundidade deste mistério, escondido em seus corações, é a inocência, a graça, o amor e a justiça: "Deus, contemplando toda a sua obra, viu que tudo era muito bom". O homem aparece no mundo visível como a mais alta expressão do dom divino, porque traz em si a dimensão interior do dom. E, com ela, traz ao mundo a sua particular semelhança com Deus, graças à qual ele transcende e domina também a sua "visibilidade" no mundo, a sua corporeidade, a sua masculinidade ou feminilidade e a sua nudez. Um reflexo desta semelhança é também a consciência primordial do significado esponsal do corpo, penetrada pelo mistério da inocência original.

4. Assim, nesta dimensão, o homem se constitui como que um sacramento primordial, entendido como sinal que transmite eficazmente ao mundo visível o mistério invisível, oculto em Deus desde a eternidade. E este é o mistério da Verdade e do Amor, o mistério da vida divina, da qual o homem participa realmente. Na história do homem, é a inocência original que inicia esta participação e é também fonte de felicidade original. O sacramento, como sinal visível, consiste no homem enquanto "corpo", mediante a sua "visível" masculinidade e feminilidade. O corpo, de fato, e só ele, é capaz de tornar visível o que é invisível: o espiritual e o divino. Foi criado para transferir para a realidade visível do mundo o mistério oculto desde a eternidade em Deus, e assim d'Ele ser sinal.

5. Portanto, no homem criado à imagem de Deus foi revelada, em certo sentido, a sacramentalidade da criação, a sacramentalidade do mundo. O homem, com efeito, mediante a sua corporeidade, a sua masculinidade e feminilidade, torna-se sinal visível da economia da Verdade e do Amor, que tem a fonte no próprio Deus e foi revelada já

no mistério da criação. Sobre este vasto pano de fundo, compreendemos plenamente as palavras constitutivas do sacramento do matrimônio, presentes em Gênesis 2, 24: "[...] o homem deixará seu pai e sua mãe, e se unirá à sua mulher, e os dois serão uma só carne"; compreendemos, além disso, que as palavras de Gênesis 2, 25, "Estavam ambos nus, tanto o homem como a mulher, mas não sentiam vergonha", mediante toda a profundidade do significado antropológico que abraçam, exprimem o fato de, juntamente com o homem, ter entrado a santidade no mundo visível, criado para ele. O sacramento do mundo e o sacramento do homem no mundo provêm da fonte divina da santidade, e ao mesmo tempo são instituídos para a santidade. A inocência original, ligada à experiência do significado esponsal do corpo, é a santidade que permite ao homem exprimir-se de modo profundo com o próprio corpo, e isto precisamente mediante o "dom sincero" de si mesmo. A consciência do dom condiciona, neste caso, o "sacramento do corpo": o homem sente-se, no seu corpo de varão e de mulher, sujeito de santidade.

6. Com tal consciência do significado do próprio corpo, o homem, como varão e mulher, entra no mundo como sujeito de verdade e de amor. Pode-se afirmar que Gênesis 2, 23–25 narra, por assim dizer, *a primeira festa da humanidade*, em toda a plenitude original da experiência do significado esponsal do corpo: e é uma festa da humanidade que se origina nas fontes divinas da Verdade e do Amor, no mistério da criação. E, embora bem depressa sobre aquela festa original se venha a desdobrar o horizonte do pecado e da morte, todavia já desde o mistério da criação chegamos a uma primeira esperança: isto é, que o fruto da economia divina da verdade e do amor, que se revelou "no princípio", não é a morte, mas a vida, e não tanto a destruição do corpo do homem criado "à imagem de Deus", como ao "chamado para a glória".[1]

---

1   Cf. Rm 8, 30.

20. O SIGNIFICADO BÍBLICO DO "CONHECER" NA CONVIVÊNCIA MATRIMONIAL

Audiência Geral de quarta-feira, 5 de março de 1980

1. Ao conjunto das nossas análises, dedicadas ao "princípio" bíblico, desejamos acrescentar ainda uma breve passagem, tirada do capítulo quarto do Livro do Gênesis. Tendo essa intenção, é necessário, todavia, referir-nos às palavras pronunciadas por Jesus Cristo na conversa com os fariseus,[1] em cujo âmbito se desenvolvem as nossas reflexões; estas se referem ao contexto da existência humana, segundo o qual a morte e a conseqüente destruição do corpo (verificado na expressão "ao pó hás de retornar" de Gênesis 3, 19) se transformaram em sorte comum do homem. Cristo se refere ao "princípio", à dimensão original do mistério da criação, quando esta já tinha sido violada pelo *mysterium iniquitatis*, isto é, pelo pecado e, juntamente com este, também pela morte: *mysterium mortis*. O pecado e a morte entraram na história do homem, de certo modo, através do próprio coração daquela unidade, que "desde o princípio" era formada pelo homem e pela mulher, criados e chamados a tornar-se uma só carne.[2] Já no princípio das nossas meditações verificamos que, apelando para o princípio, Cristo nos conduz, em certo sentido, além do limite da pecabilidade hereditária do homem até à sua inocência original; e nos permite, assim, encontrar a continuidade e o nexo existentes entre estas duas situações, mediante as quais se produziu o drama das origens e também a revelação do mistério do homem ao homem histórico.

Isto, por assim dizer, nos autoriza a passar, depois das análises relativas ao estado da inocência original, à última delas, isto é, à análise do "conhecimento e da geração". Como tema, ela está intimamente ligada à bênção da fecundidade, inscrita na primeira narrativa da criação do homem, como varão e mulher. Historicamente, porém, ela já

---

1 Cf. Mt 19 e Mc 10. É preciso atentar para o fato de que, na conversa com os fariseus (Mt 19, 7-9; Mc 10, 4-6), Cristo toma posição quanto ao cumprimento da lei moisaica a respeito da chamada "carta de divórcio". As palavras "por causa da dureza do vosso coração", pronunciadas por Cristo, refletem não apenas a "história dos corações", mas também toda a complexidade da lei positiva do Antigo Testamento, que sempre busca o "compromisso humano" neste campo tão delicado.

2 Gn 2, 24.

está inserida naquele horizonte de pecado e de morte que, segundo ensina o capítulo 3 do Livro do Gênesis, gravou na consciência o significado do corpo humano, juntamente com a infração da primeira aliança com o Criador.

2. Em Gênesis 4 e, portanto, ainda no âmbito do texto javista, lemos: "Adão conheceu Eva, sua mulher. Ela concebeu e deu à luz Caim, e disse: 'Gerei um homem com o auxílio do Senhor'. A seguir, deu à luz também Abel".[3] Se ligamos ao "conhecimento" aquele primeiro fato do nascimento de um homem na terra, nós o fazemos com base na tradução literal do texto, segundo o qual a "união" conjugal é definida precisamente como "conhecer". De fato, a tradução citada soa assim: "Adão conheceu Eva, sua mulher", quando literalmente se deveria traduzir: "conheceu sua mulher", o que parece corresponder mais adequadamente ao termo semita *yâda'*.[4] Pode-se ver nisso um sinal de pobreza da língua arcaica, a que faltavam várias expressões para definir fatos diferenciados. Apesar disso, não deixa de ter significado que a situação em que marido e mulher se unem tão intimamente entre si que formam "uma só carne" tenha sido definida como "conhecer". Deste modo, com efeito, é da pobreza mesma da linguagem que parece deduzir-se uma profundidade específica de significado, que deriva precisamente de todos os significados até agora analisados.

3. Evidentemente, isto é também importante quanto ao "arquétipo" do nosso modo de representar o homem corpóreo, a sua masculinidade e a sua feminilidade e, portanto, o seu sexo. Assim, com efeito, por meio do termo "conhecer", usado em Gênesis 4, 1–2 e muitas vezes na Bíblia, a relação conjugal do homem e da mulher, isto é, o fato de se tornarem, mediante a dualidade do sexo, "uma

---

3 Gn 4, 1–2.

4 "Conhecer" (*yâda'*), na linguagem bíblica, não significa só conhecimento meramente intelectual, mas também experiência concreta, como por exemplo a experiência do sofrimento (cf. Is 53, 3), do pecado (Sb 3, 13), da guerra e da paz (Jz 3, 1; Is 59, 8). Desta experiência deriva também o juízo moral: "conhecimento do bem e do mal" (Gn 2, 9–17).

O "conhecimento" entra no campo das relações interpessoais, quando diz respeito à solidariedade de família (Dt 33, 9) e especialmente às relações conjugais. Mesmo em relação ao ato conjugal, o termo sublinha a paternidade de ilustres personalidades e a coragem da prole das mesmas (cf. Gn 4, 1–25, 17; 1Sm 1, 19), como dados de importância para a genealogia, a que a tradição dos sacerdotes (hereditários em Israel) dava grande importância. O "conhecimento", todavia, também podia significar todas as outras relações sexuais, mesmo as ilícitas (cf. Nm 31, 17; Gn 19, 5; Jz 19, 22). Na forma negativa, o verbo denota a abstenção das relações sexuais, especialmente tratando-se de virgens (cf. por exemplo, 1Rs 2, 4; Jz 11, 39). Neste campo, o Novo Testamento usa dois hebraísmos, falando de José (Mt 1, 34) e de Maria (Lc 1, 34). Adquire um significado especial o aspecto da relação existencial do "conhecimento" quando o seu sujeito ou objeto é o próprio Deus (por exemplo, Sl 139; Jr 31, 34; Os 2, 22 e também Jo 14, 7–9 e 17, 3).

só carne", foi elevada e introduzida na dimensão específica das pessoas. Gênesis 4, 1–2 fala apenas do "conhecimento" da mulher por parte do homem, como para sublinhar sobretudo a atividade deste último. Pode-se, contudo, falar também da reciprocidade deste "conhecimento", em que o homem e a mulher participam mediante o seu corpo e o seu sexo. Acrescentemos que uma série de sucessivos textos bíblicos, como aliás o próprio capítulo do Gênesis,[5] falam a mesma linguagem. E isto se vê mesmo nas palavras pronunciadas por Maria de Nazaré na Anunciação: "Como será isso, se eu não conheço homem?"[6]

4. Assim, com aquele bíblico "conheceu", que aparece pela primeira vez em Gênesis 4, 1–2, encontramo-nos por um lado diante da direta expressão da intencionalidade humana (porque é próprio do conhecimento) e, por outro, de toda a realidade da convivência e da união conjugal, em que o homem e a mulher se tornam "uma só carne".

Falando aqui de "conhecer", embora seja devido à pobreza da língua, a Bíblia indica a essência mais profunda da realidade da convivência matrimonial. Esta essência aparece como elemento e, ao mesmo tempo, como resultado daqueles significados, cujos vestígios procuramos seguir desde o princípio do nosso estudo; eles fazem parte, com efeito, da consciência do significado do corpo. Em Gênesis 4, 1, tornando-se "uma só carne", o homem e a mulher experimentam de modo especial o significado do próprio corpo. Juntos tornam-se, deste modo, como que o sujeito único daquele ato e daquela experiência, ainda que permaneçam, nessa unidade, dois sujeitos realmente diversos. Isto nos autoriza a afirmar que, em certo sentido, "o marido conhece a mulher" ou que ambos "se conhecem" reciprocamente. Então eles se revelam um ao outro, com aquela específica profundidade do próprio "eu" humano, que precisamente se revela também mediante os sexos, sua masculinidade e feminilidade. E então, de maneira singular, a mulher "é dada" de modo cognoscitivo ao homem, e ele a ela.

5. Se devemos manter a continuidade com as análises até agora feitas (particularmente com as últimas, que interpretam o homem na dimensão do dom), urge observar que, segundo o Livro do Gênesis, *datum* e *donum* se equivalem.

Todavia, Gênesis 4, 1–2 acentua sobretudo o *datum*. No "conhecer" conjugal, a mulher "é dada" ao homem e ele a ela, porque o corpo e o sexo entram diretamente na estrutura e no conteúdo deste

---

5   Cf., por exemplo, Gn 4, 17; 4, 25.
6   Lc 1, 34.

"conhecimento". Assim, pois, a realidade da união conjugal, em que o homem e a mulher se tornam "uma só carne", contém em si uma descoberta nova e, em certo sentido, definitiva do significado do corpo humano na sua masculinidade e feminilidade. Mas, a propósito desta descoberta, será justo falar unicamente de "convivência sexual"? É necessário notar que ambos, homem e mulher, não são apenas objetos passivos, definidos pelo próprio corpo e sexo, e, deste modo, determinados "pela natureza". Ao contrário, exatamente por serem homem e mulher, cada um é dado ao outro como sujeito único e irrepetível, como "eu", como pessoa. O sexo define não somente a individualidade somática do homem, mas define ao mesmo tempo a sua identidade e concretização pessoais. E precisamente nesta identidade e concretização pessoais, como irrepetível "eu" feminino-masculino, o homem é "conhecido" quando se verificam as palavras de Gênesis 2, 24: "[...] o homem [...] se unirá à sua mulher, e os dois serão uma só carne." O "conhecimento" de que falam Gênesis 4, 1–2 e todos os outros textos bíblicos sucessivos, chega às mais íntimas raízes desta identidade e concretização que o homem e a mulher devem ao próprio sexo. Tal concretização significa tanto a unicidade como a irrepetibilidade da pessoa.

Por conseguinte, valeria a pena refletirmos sobre a eloqüência do texto bíblico citado e da palavra "conheceu"; não obstante a aparente falta de precisão terminológica, esta passagem permite determo-nos na profundidade de um conceito do qual a nossa linguagem contemporânea, por muito precisa que seja, freqüentemente nos priva.

21. O MISTÉRIO DA MULHER REVELA-SE NA MATERNIDADE

Audiência Geral de quarta-feira, 12 de março de 1980

1. Na meditação precedente, analisamos a frase de Gênesis 4, 1, e em particular o termo "conheceu", usado no texto original para definir a união conjugal. Fizemos também notar que este "conhecimento" bíblico estabelece uma espécie de arquétipo[1] pessoal da corporeidade e sexualidade humanas. Isto parece absolutamente fundamental para

---

1 Quanto aos arquétipos, C. G. Jung descreve-os como formas *a priori* de várias funções da alma: percepção de relações, fantasia criadora. As formas enchem-se de conteúdo com materiais de experiência. São como que inertes, embora se encontrem carregadas de sentimento e de tendência (veja-se sobretudo: *Die psychologischen aspekte des Mutterarchetypus*, Eranos 6, 1938, pp. 405-409).
   Segundo esta concepção, pode-se encontrar um arquétipo na mútua relação homem-mulher, relação que se baseia na realização binária e complementar do ser humano em dois sexos. O arquétipo encher-se-á de conteúdo mediante a experiência individual e coletiva, e pode movimentar a fantasia, criadora de imagens. Seria necessário precisar que o arquétipo: a) *não* se limita nem se exalta na relação física, mas inclui a relação do "conhecer"; b) está carregado de tendência: desejo-temor, dom-posse; c) o arquétipo, como proto-imagem (*Urbild*) é gerador de imagens (*Bilder*).
   O terceiro aspecto permite-nos passar à hermenêutica; em concreto, à dos textos da Escritura e da Tradição. A linguagem religiosa primária é simbólica (cf. W. Stahlin, *Symbolon*, 1958; I. Macquarrie, *God Talk*, 1968; T. Fawcett, *The Symbolic Language of Religion*, 1970). Entre os símbolos, ela prefere alguns radicais ou exemplares, que podemos chamar arquetípicos. Ora, entre estes a Bíblia usa o da relação conjugal, concretamente ao nível do "conhecer" descrito.
   Um dos primeiros poemas bíblicos, que aplica o arquétipo conjugal às relações de Deus com o seu povo, culmina no verbo comentado: "Conhecerás o Senhor" (Os 2, 22: *weyadaeta 'et Yhwh*; atenuado em "Conhecerá que eu sou o Senhor" — *wydet ky'ny Yhwh*: Is 49, 23; 60, 16; Ez 16, 62, que são os três poemas "conjugais"). Daqui parte uma tradição literária, que virá a culminar na aplicação paulina de Ef 5, a Cristo e à Igreja; depois passará à tradição patrística e à dos grandes místicos (por exemplo, "Llama de amor viva" de São João da Cruz).
   No tratado "Grundzüge der Literaturund Sprachwissenschaft", vol. 1, Munique 1976, 4ª ed., p. 462, assim se definem os arquétipos: "Imagens e motivos arcaicos, que segundo Jung formam o conteúdo do inconsciente coletivo, comum a todos os homens; apresentam símbolos que, em todos os tempos e entre todos os povos, tornam vivo, de maneira imaginosa, o que para a humanidade é decisivo quanto a idéias, representações e instintos".
   Freud, quanto parece, não utiliza o conceito de arquétipo. Estabelece um símbolo ou código de correspondências fixas entre imagens presentes-patentes e pensamentos latentes. O sentido dos símbolos é fixo, embora não único; podem ser redutíveis a um pensamento último, por sua vez irredutível, que é habitualmente alguma experiência da infância. Tais símbolos são primários e de caráter sexual (mas não lhes chama de arquétipo). Veja-se T. Todorov, *Théories du symbole*, Paris, 1977, pp. 317s.; além disso, J. Jacoby, Komplex, *Archetyp in der Psychologie* C. G. Jung, Zurique, 1957.

compreender o homem, que "desde o princípio" anda à busca do significado do próprio corpo. Este significado está na base da teologia do corpo. O termo "conheceu" sintetiza toda a densidade do texto bíblico até agora analisado. O "homem" que, segundo Gênesis 4, 1, pela primeira vez conhece a mulher, sua esposa, no ato da união conjugal, é de fato aquele mesmo que, impondo os nomes, isto é, também "conhecendo", se "diferenciou" de todo o mundo dos seres vivos ("*animalia*"), afirmando-se a si mesmo como pessoa e sujeito. O "conhecimento" de que fala Gênesis 4, 1 não o afasta nem o pode afastar do nível daquele primordial e fundamental autoconhecimento. Portanto — o que quer que dele afirme uma mentalidade unilateralmente "naturalista"— em Gênesis 4, 1 não se pode tratar de uma aceitação passiva da própria determinação por parte do corpo e do sexo, precisamente porque se trata de "conhecimento".

Esta é, pelo contrário, uma ulterior descoberta do significado do próprio corpo; descoberta comum e recíproca, assim como desde o "princípio" também é comum e recíproca a existência do homem, que Deus "os criou homem e mulher". O conhecimento, que estava na base da solidão original do homem, está agora na base desta unidade do homem e da mulher, cuja clara perspectiva foi definida pelo Criador no próprio mistério da criação. Neste "conhecimento", o homem confirma o significado do nome "Eva", dado à sua esposa, "porque ela era mãe de todos os vivos".

2. Segundo Gênesis 4, 1, quem conhece é o homem, e quem é conhecida é a mulher-esposa, como se a específica determinação da mulher, através do próprio corpo e sexo, escondesse aquilo que forma a profundidade da sua feminilidade. O varão, porém, é aquele que — depois do pecado — foi o primeiro a sentir a vergonha da nudez e o primeiro que disse: "[...] enchi-me de medo, porque estou nu, e me escondi". Será necessário voltar ainda separadamente ao estado de espírito de ambos, depois da perda da inocência original. Já desde agora, porém, é preciso constatar que no "conhecimento" de que fala Gênesis 4, 1, o mistério da feminilidade manifesta-se e revela-se até ao íntimo mediante a maternidade como diz o texto: "concebeu e deu à luz". A mulher apresenta-se diante do homem como mãe, sujeito da nova vida humana, que nela é concebida e se desenvolve, e dela nasce para o mundo. Assim se revela também até ao íntimo o mistério da masculinidade do homem, isto é, o significado gerador e "paterno" do seu corpo.[2]

---

[2] A paternidade é um dos aspectos da humanidade mais salientes na Sagrada Escritura. O texto de Gênesis 5, 3: "Adão gerou um filho *à sua imagem e semelhança*" relaciona-se explicitamente à narrativa da criação do homem (Gn 1, 27; 5, 1) e parece atribuir ao pai terrestre a participação na obra divina de transmitir a vida, e talvez mesmo naquela alegria presente na afirmação: "Deus, contemplando toda a sua obra, viu que tudo era muito bom" (Gn 1, 31).

3. A teologia do corpo, contida no Livro do Gênesis, é concisa e sóbria em palavras. Ao mesmo tempo, encontram nela expressão conteúdos fundamentais, em certo sentido primários e definitivos. Todos se encontram a seu modo naquele "conhecimento" bíblico. Diferente da constituição do homem é a da mulher; antes, sabemos hoje que é diferente até em suas determinantes biofisiológicas mais profundas. Manifesta-se exteriormente só em certa medida, na construção e na forma do corpo. A maternidade manifesta tal constituição dentro de si, como particular potencialidade do organismo feminino, que devido à capacidade criadora serve para a concepção e geração do ser humano, com o concurso do varão. O "conhecimento" condiciona a geração.

A geração é uma perspectiva que o homem e a mulher inserem no "conhecimento" recíproco dos dois. Por isso, este ultrapassa os limites de sujeito-objeto, como o homem e a mulher parecem ser reciprocamente, dado que o "conhecimento" indica, por um lado, aquele que "conhece" e, por outro, aquela que é "conhecida" (ou vice-versa). Neste "conhecimento" está também a consumação do matrimônio, o *consummatum* específico; assim se obtém a consecução da "objetividade" do corpo, escondida nas potencialidades somáticas do homem e da mulher, e ao mesmo tempo a consecução da objetividade do homem que "é" este corpo. Mediante o corpo, a pessoa humana é "marido" e "esposa"; ao mesmo tempo, neste ato particular de "conhecimento", por meio da feminilidade e masculinidade pessoais, parece obter-se também a descoberta da "pura" subjetividade do dom: isto é, a mútua realização de si no dom.

4. A procriação faz com que o homem e a mulher (sua esposa) se conheçam reciprocamente no "terceiro", originado de ambos. Por isso, este "conhecimento" torna-se descoberta; em certo sentido, uma revelação do novo homem, no qual ambos, homem e mulher, se reconhecem a si mesmos e no qual reconhecem a sua humanidade, a sua imagem viva. Em tudo isto, que está determinado por ambos através dos corpos e dos sexos, o "conhecimento" inscreve um conteúdo vivo e real. Portanto, o "conhecimento", em sentido bíblico, significa que a determinação "biológica" do homem, por parte de seu corpo e sexo, deixa de ser algo de passivo, e atinge um nível e um conteúdo específicos, próprios de pessoas autoconscientes e autodeterminantes; portanto, esse conhecimento comporta especial consciência do significado do corpo humano, ligado à paternidade e à maternidade.

5. Toda a constituição exterior do corpo da mulher, o seu aspecto particular e as qualidades que, juntas à força de um perene atrativo, estão na origem do "conhecimento" de que fala Gênesis 4, 1–2 ("Adão conheceu Eva, sua mulher"), encontram-se em união íntima

com a maternidade. A Bíblia (e em seguida a liturgia), com a simplicidade que lhe é própria, honra e louva através dos séculos "as entranhas que te trouxeram e os seios que te amamentaram".³ Constituem estas palavras um elogio da maternidade, da feminilidade e do corpo feminino na sua expressão típica do amor criador. E são palavras referidas no Evangelho à Mãe de Cristo, Maria, segunda Eva. A primeira mulher, por sua vez, no momento em que pela primeira vez revelou a maturidade maternal do seu corpo, quando "concebeu e deu à luz", disse: "Gerei um homem com o auxílio do Senhor".⁴

6. Estas palavras exprimem toda a profundidade teológica da função de gerar-procriar. O corpo da mulher torna-se lugar da concepção do novo homem.⁵ No seu seio, o homem concebido assume o aspecto humano próprio, antes de ser dado ao mundo. A homogeneidade somática do homem e da mulher, que encontrou a sua primeira expressão nas palavras "[...] é osso dos meus ossos e carne da minha carne", é confirmada, por sua vez, pelas palavras da primeira mulher-mãe: "Gerei um homem". A primeira mulher que deu à luz tem consciência plena do mistério da criação que se renova na geração humana. E tem ainda plena consciência da participação criadora que Deus exerce na geração humana, obra sua e do seu marido, pois diz: "Gerei um homem com auxílio do Senhor".

Não pode haver nenhuma confusão entre as esferas de ação das causas. Os primeiros progenitores transmitem a todos os pais humanos — mesmo depois do pecado, juntamente com o fruto da árvore do conhecimento do bem e do mal, e como que no limiar de todas as experiências "históricas" — a verdade fundamental acerca do nascimento

---

3   Lc 11, 27.

4   Gn 4, 1.

5   Segundo o texto de Gn 1, 26, o "chamado" à existência é ao mesmo tempo uma transmissão da imagem e da semelhança divina. O homem deve transmitir esta imagem, continuando assim a obra de Deus. A narrativa da geração de Set sublinha este aspecto: "Com 130 anos Adão gerou um filho à sua imagem e semelhança" (Gn 5, 3).

Uma vez que Adão e Eva eram imagem de Deus, Set herda dos pais esta semelhança para transmiti-la aos outros.

Na Sagrada Escritura, porém, cada vocação está unida a uma missão; portanto a chamada à existência é já predestinação à obra de Deus: "Antes que fosses formado no ventre de tua mãe, eu já te conhecia; antes que saísses do seio materno, eu te consagrei" (Jr 1, 5; cf. Is 44, 1; 49, 1, 5). Deus é aquele que não apenas chama à existência, mas sustenta e desenvolve a vida desde o primeiro momento da concepção. "Sim, fostes Vós que me tirastes do seio materno, sois Vós o meu defensor desde o regaço de minha mãe. A Vós fui entregue logo ao nascer, desde o seio materno sois o meu Deus" (Sl 22, 10–11; cf. Sl 139, 13–15).

A atenção do autor bíblico centra-se no fato mesmo do dom da vida. O interesse pelo modo como isto se dá é bastante secundário e aparece apenas nos livros posteriores (cf. Jó 10, 8–11; 2Mc 7, 22–23; Sb 7, 1–3).

do homem à imagem de Deus, segundo as leis naturais. Neste novo homem — nascido da mulher-mãe por obra do homem-pai — reproduz-se a cada vez a mesma "imagem de Deus", daquele Deus que formou a humanidade do primeiro homem: "Deus criou o homem à sua imagem [...] Ele os criou homem e mulher".

7. Embora existam profundas diferenças entre o estado de inocência original e o estado de pecado hereditário do homem, aquela "imagem de Deus" constitui uma base de continuidade e de unidade. O "conhecimento" de que fala Gênesis 4, 1 é o ato que origina o ser; isto é, em união com o Criador estabelece um novo homem na sua existência. O primeiro homem, na sua solidão transcendental, tomou posse do mundo visível, criado para ele, conhecendo e impondo os nomes aos seres vivos (*animalia*). O mesmo "homem", como varão e mulher — conhecendo-se reciprocamente nesta específica comunidade-comunhão de pessoas, na qual o homem e a mulher se unem tão estreitamente entre si que se tornam "uma só carne" — constitui a humanidade, isto é, confirma e renova a existência do homem como imagem de Deus. Todas as vezes os dois, homem e mulher, por assim dizer retomam esta imagem, indo buscá-la no mistério da criação, e transmitem-na "com o auxílio do Senhor".

As palavras do Livro do Gênesis, que são testemunho do primeiro nascimento do homem na terra, encerram ao mesmo tempo, em si, tudo o que se pode e deve dizer da dignidade da geração humana.

22. O CICLO DO CONHECIMENTO-GERAÇÃO E A PERSPECTIVA DA MORTE

Audiência Geral de quarta-feira, 26 de março de 1980

1. Aproxima-se do fim o ciclo de reflexões com que procuramos seguir a observação de Cristo que nos foi transmitida por Mateus e Marcos: "Não lestes que o Criador, desde o principio, os fez homem e mulher, e disse: 'Por isso, o homem deixará seu pai e sua mãe, e se unirá à sua mulher, e os dois serão uma só carne'?".[1] A união conjugal, no Livro do Gênesis, é definida como "conhecimento": "Adão conheceu Eva, sua mulher. Ela concebeu e deu à luz Caim, e disse: 'Gerei um homem com o auxílio do Senhor'".[2] Já procuramos, nas nossas precedentes meditações, esclarecer o conteúdo daquele "conhecimento" bíblico. Com ele o homem, isto é, o varão e a mulher, não só impõe o próprio nome — como o fez impondo o nome aos outros seres vivos (*"animalia"*), tomando deles a posse —, mas "conhece" no sentido de Gênesis 4, 1 (e de outras passagens da Bíblia), isto é, realiza o que o nome "homem" exprime: realiza a humanidade no novo homem gerado. Em certo sentido, portanto, realiza-se a si mesmo, isto é, como homem-pessoa.

2. Deste modo, fecha-se o ciclo bíblico do "conhecimento-geração". Este ciclo do "conhecimento" é constituído pela união das pessoas no amor, que lhes permite unirem-se tão intimamente entre si que se tornam uma só carne. O Livro do Gênesis revela-nos plenamente a verdade deste ciclo. O homem, varão e mulher, que mediante o "conhecimento" de que fala a Bíblia concebe e gera um novo ser, semelhante a ele, a quem pode impor o nome de "homem" ("Gerei um homem"); toma posse, por assim dizer, da própria humanidade, ou melhor, retoma a sua posse. Todavia, isto acontece de modo diverso de quando tomou posse de todos os outros seres vivos (*animalia*), de quando lhes impôs o nome. Com efeito, ele então tinha-se tornado o

---

1 Mt 19, 4–5.

2 Gn 4, 1.

senhor deles; tinha começado a cumprir o conteúdo do mandato do Criador: "enchei e dominai a terra".[3]

3. Pelo contrário, a primeira parte do mesmo mandato "crescei e multiplicai-vos, enchei e dominai a terra" encerra outro conteúdo e indica outro elemento. O homem e a mulher, neste "conhecimento", em que dão início a um ser semelhante a eles, do qual podem ambos dizer "é osso dos meus ossos e carne da minha carne",[4] são como que juntamente "raptados", ambos juntamente colocados em posse da humanidade que eles, na união e no "conhecimento" recíproco, querem exprimir novamente, tomar novamente a posse, tirando-a deles mesmos, da própria humanidade, da admirável maturidade masculina e feminina dos seus corpos e enfim — através de toda a seqüência das concepções e das gerações humanas desde o princípio — do próprio mistério da criação.

4. Neste sentido, pode-se explicar o "conhecimento" bíblico como "posse". É possível ver nela algum equivalente bíblico do *eros*? Trata-se aqui de dois âmbitos conceituais, de duas linguagens: bíblica e platônica; só com grande cautela podem elas ser interpretadas uma pela outra.[5] Parece, ao contrário, que na revelação original não está presente a idéia da posse da mulher por parte do homem, ou vice-versa, como de um objeto. Por outro lado, é sabido que, baseados na pecaminosidade contraída depois do pecado original, o homem e a

---

3   Cf. Gn 1, 28.

4   Gn 2, 24.

5   Segundo Platão, o *eros* é o amor sedento do Belo transcendente e exprime a insaciabilidade que tende ao seu eterno objetivo; eleva, portanto, sempre o que é humano para o divino, que é o único a ser capaz de saciar a ansiedade da alma aprisionada na matéria; é o amor que não recua diante do maior esforço, para atingir o êxtase da união; portanto é o amor egocêntrico, de cobiça, embora dirigida a valores sublimes (cf. A. Nygren, *Erôs et Agapé*, Paris, 1951, vol. 11, pp. 9–10).

No decorrer dos séculos, através de muitas transformações, o significado de *eros* foi rebaixado até assumir notas meramente sexuais. É característico, a este propósito, o texto de P. Chauchard, que parece mesmo negar ao *eros* as características do amor humano: "A racionalização da sexualidade não reside nos truques técnicos enfadonhos, mas no pleno reconhecimento da sua espiritualidade, do fato de que Eros não é humano, senão animado por Ágape, e que Ágape exige a encarnação em Eros" (P. Chauchard, *Vices des vertus, vertus des vices*, Paris, 1963, p. 147).

A comparação do "conhecimento" bíblico com o *eros* platônico revela a divergência das duas concepções. A concepção platônica baseia-se na ansiedade do Belo transcendente e na fuga da matéria; a concepção bíblica, pelo contrário, dirige-se à realidade concreta e alheia-se ao dualismo do espírito e da matéria, como também da hostilidade específica contra a matéria ("E Deus viu que isto era bom": Gn 1, 10.12.18.21.25).

Ao passo que o conceito platônico de *eros* ultrapassa o alcance bíblico do "conhecimento" humano, o conceito contemporâneo parece demasiado restrito. O "conhecimento" bíblico não se limita a satisfazer o instinto ou o gozo hedonístico, mas é ato plenamente humano, dirigido conscientemente à procriação, e é também a expressão do amor interpessoal (cf. Gn 29, 20; 1Sm 1, 8; 2Sm 12, 24).

mulher devem reconstruir, penosamente, o significado do dom recíproco desinteressado. Este será o tema das nossas próximas análises.

5. A revelação do corpo, contida no Livro do Gênesis, especialmente no capítulo 3, mostra, com impressionante evidência, que o ciclo do "conhecimento-geração", tão profundamente enraizado na potencialidade do corpo humano, foi submetido, depois do pecado, à lei do sofrimento e da morte. Deus-Javé diz à mulher: "Multiplicarei as dores de tua gravidez, e na dor darás à luz os teus filhos".[6] O horizonte da morte abre-se diante do homem, juntamente com a revelação do significado procriativo do corpo no ato do "conhecimento" recíproco dos cônjuges. E eis que o primeiro homem, varão, impõe à sua mulher o nome de Eva, "porque ela era mãe de todos os vivos"[7] quando ele já tinha ouvido as palavras da sentença que determinava toda a perspectiva da existência humana "dentro" do conhecimento do bem e do mal. Esta perspectiva é confirmada pelas palavras: "[...] até que voltes à terra de que foste criado; porque tu és pó, e ao pó hás de retornar".[8]

O caráter radical dessa sentença é confirmado pela evidência das experiências de toda a história terrestre do homem. O horizonte da morte estende-se a toda a perspectiva da vida humana sobre a terra, vida que foi inserida naquele ciclo bíblico originário do "conhecimento-geração". O homem que violou a aliança com o seu Criador, colhendo o fruto da árvore do conhecimento do bem e do mal, é por Deus-Javé apartado da árvore da vida: "[...] que ele não estenda a mão para se apoderar também do fruto da árvore da vida e o coma, e viva eternamente".[9] Deste modo, a vida dada ao homem no mistério da criação não foi tirada, mas restringida, pelo limite da concepção, do nascimento e da morte, e ainda agravada pela perspectiva da pecaminosidade hereditária; é-lhe, porém, em certo sentido, novamente dada como tarefa, no mesmo ciclo sempre a repetir-se. A frase "Adão conheceu Eva, sua mulher. Ela concebeu e deu à luz" é como um selo impresso na revelação original do corpo no "princípio" da história do homem sobre a terra. Esta história forma-se sempre de novo na sua dimensão mais fundamental, como que desde o "princípio", mediante o mesmo "conhecimento-geração" de que fala o Livro do Gênesis.

---

[6] Gn 3, 16.

[7] Gn 3, 20.

[8] Gn 3, 19.

[9] Gn 3, 22.

6. E assim, cada homem traz em si o mistério do seu "princípio", intimamente ligado à consciência do significado procriativo do corpo. Gênesis 4, 1-2 parece calar-se sobre o tema da relação que se interpõe entre o significado procriativo e o significado esponsal do corpo. Talvez ainda não seja a hora e o lugar para esclarecer esta relação, embora na futura análise isso pareça indispensável. Será necessário, então, levantar de novo as perguntas relacionadas ao aparecimento da vergonha no homem, vergonha da sua masculinidade e da sua feminilidade, anteriormente não experimentada. Neste momento, todavia, isso passa para segundo plano. No primeiro plano mantém-se, na verdade, o fato de Adão ter "conhecido" a Eva, sua mulher, e ela ter "concebido e dado à luz". Este é verdadeiramente o umbral da história do homem. É o seu "princípio" na terra. Sobre este princípio, o homem, como varão e mulher, tem a consciência do estado procriativo do próprio corpo: a masculinidade encerra em si o significado da paternidade, e a feminilidade o da maternidade. Em nome deste significado, Cristo um dia dará aquela resposta categórica à pergunta que lhe fizerem os fariseus. Nós, todavia, penetrando o simples conteúdo desta resposta, procuramos ao mesmo tempo pôr em realce o contexto daquele "princípio" a que Cristo se referiu. Nele a teologia do corpo mergulha suas raízes.

7. A consciência do significado do corpo e a consciência do seu significado procriativo tomam contato, no homem, com a consciência da morte, da qual trazem em si, por assim dizer, o inevitável horizonte. Todavia, sempre volta na história do homem o ciclo "conhecimento-geração", em que a vida duela, sempre de novo, com a inexorável perspectiva da morte, e sempre a domina. É como se a razão desta inflexibilidade da vida, que se manifesta na "geração", fosse sempre o mesmo "conhecimento" com que o homem ultrapassa a solidão do próprio ser e, mais ainda, de novo se decide a afirmar este ser num "outro". E ambos, homem e mulher, o afirmam no novo homem gerado. Nesta afirmação, o "conhecimento" bíblico parece adquirir uma dimensão ainda maior. Isto é, parece inserir-se naquela "visão" do próprio Deus, com a qual termina a primeira narrativa da criação do homem acerca do "homem" e da "mulher" feitos "à imagem de Deus": "Deus, contemplando toda a sua obra, viu que tudo era muito bom".[10] O homem, não obstante todas as experiências da própria vida, não obstante os sofrimentos, as desilusões de si mesmo, a sua pecaminosidade, e não obstante, enfim, a perspectiva inevitável da morte, coloca sempre de novo o "conhecimento" no "princípio"

---

10 Gn 1, 31.

da "geração"; diríamos, assim, que ele participa naquela primeira "visão" do próprio Deus. O Criador, "contemplando toda a sua obra, viu que tudo era muito bom". E, sempre de novo, Ele confirma a verdade destas palavras.

23. AS INTERROGAÇÕES SOBRE O MATRIMÔNIO NA VISÃO INTEGRAL DO HOMEM

Audiência Geral de quarta-feira, 2 de abril de 1980

1. O nosso encontro de hoje efetua-se no coração da Semana Santa, na véspera imediata daquele "Tríduo Pascal" em que tem o seu apogeu e se ilumina todo o Ano litúrgico. Estamos para reviver os dias decisivos e solenes em que se realizou a obra da redenção humana: nesses dias Cristo, morrendo, destruiu a nossa morte e, ressuscitando, deu-nos de novo a vida.

É necessário que cada um se sinta pessoalmente envolvido no mistério que a Liturgia, também este ano, renova para nós. Exorto-vos, pois, cordialmente, a participar com fé nas sagradas funções dos próximos dias e a comprometer-se a morrer para o pecado e ressuscitar cada vez mais plenamente para a vida nova que Cristo trouxe a nós. Retomamos, agora, o tema de que nos temos ocupado há tempos.

2. O Evangelho segundo Mateus e o Evangelho segundo Marcos nos apresentam a resposta dada por Cristo aos fariseus, quando eles o interrogavam acerca da indissolubilidade do matrimônio, referindo-se à lei de Moisés que admitia, em certos casos, a prática do chamado libelo de repúdio. Recordando-lhes os primeiros capítulos do Livro do Gênesis, Cristo respondeu: "Não lestes que o Criador, desde o princípio, os fez homem e mulher, e disse: 'Por isso, o homem deixará seu pai e sua mãe, e se unirá à sua mulher, e os dois serão uma só carne'?". Portanto, já não são dois, mas uma só carne. Pois bem, o que Deus uniu, não o separe o homem". Depois, referindo-se à pergunta deles sobre a lei de Moisés, Cristo acrescentou: "Por causa da dureza do vosso coração, Moisés permitiu que repudiásseis as vossas mulheres; mas no princípio não foi assim".[1] Na sua resposta, Cristo referiu-se duas vezes ao "princípio", pelo que também nós, no decurso das nossas análises, procuramos esclarecer, do modo mais profundo possível, o significado desse "princípio", que é a primeira herança de cada ser humano no mundo, homem e mulher, primeira certidão da identidade humana segundo a palavra revelada, primeira fonte da certeza da sua vocação como pessoa criada à imagem do próprio Deus.

---

1 Mt 19, 3ss; Mc 12, 2ss.

3. A resposta de Cristo tem um significado histórico — mas não apenas. Os homens de todos os tempos fazem esta interrogação sobre o mesmo tema. Fazem-na também os nossos contemporâneos que, porém, nas suas perguntas não se reportam à lei de Moisés, que admitia o libelo de repúdio, mas a outras circunstâncias e leis. Estas suas interrogações estão carregadas de problemas, desconhecidos dos interlocutores do tempo de Cristo. Sabemos as perguntas a propósito do matrimônio e da família que foram dirigidas ao Papa Paulo VI no último Concílio, e que são continuamente formuladas no período pós-conciliar, dia a dia, nas mais diversas circunstâncias. Formulam-nas as pessoas individualmente, casais, noivos, jovens, e também escritores, jornalistas, políticos, economistas, demógrafos, enfim — a cultura e a civilização contemporânea.

Penso que entre as respostas que Cristo daria aos homens do nosso tempo e às suas interrogações, muitas vezes tão impacientes, seria ainda fundamental aquela que deu aos fariseus. Respondendo àquelas interrogações, Cristo se referiria, primeiramente, ao "princípio". Talvez o fizesse de modo ainda mais resoluto e essencial, dado que a situação interior e ao mesmo tempo cultural do homem de hoje parece afastar-se daquele "princípio" e assumir formas e dimensões que divergem da imagem bíblica do "princípio" em pontos evidentemente cada vez mais distantes.

Todavia, Cristo não ficaria "surpreendido" com nenhuma destas situações, e suponho que continuaria a referir-se sobretudo ao "princípio".

4. É por isso que a resposta de Cristo exigia uma análise particularmente profunda. De fato, naquela resposta foram recordadas verdades fundamentais e elementares sobre o ser humano, enquanto homem e mulher. É a resposta através da qual entrevemos a própria estrutura da identidade humana nas dimensões do mistério da criação e, ao mesmo tempo, na perspectiva do mistério da redenção. Sem isto, não se pode construir uma antropologia teológica e, no seu contexto, uma "teologia do corpo", da qual tenha origem também a visão, plenamente cristã, do matrimônio e da família. Isto foi salientado por Paulo VI, quando, na sua encíclica dedicada aos problemas do matrimônio e da paternidade responsável, em termos humanos e cristãos, se referiu à "visão integral do homem".[2] Pode-se dizer que, na resposta aos fariseus, Cristo revelou aos interlocutores também esta "visão integral do homem", sem a qual não pode ser dada nenhuma resposta adequada às interrogações relacionadas com o matrimônio

---

2   *Humanae Vitae*, 7.

e com a procriação. Precisamente esta visão integral do homem deve ser construída desde o "princípio".

Isto é igualmente válido para a mentalidade contemporânea, tal como o era, ainda que de modo diferente, para os interlocutores de Cristo. Com efeito, somos filhos de uma época em que, para o desenvolvimento de várias disciplinas, esta visão integral do homem pode ser facilmente rejeitada e substituída por múltiplas concepções parciais que, detendo-se sobre um outro aspecto do *compositum humanum*, não atingem o *integrum* do homem, ou o deixam fora do próprio campo visual. Nelas inserem-se diversas tendências culturais que — baseadas nessas verdades parciais — formulam as suas propostas e indicações práticas sobre o comportamento humano e, ainda com maior freqüência, sobre como comportar-se com o "homem". O homem torna-se, então, mais um objeto de determinadas técnicas do que o sujeito responsável da própria ação. A resposta dada por Cristo aos fariseus quer também que o homem, varão e mulher, seja esse sujeito, isto é, um sujeito que decida as próprias ações à luz da verdade integral sobre si mesmo, enquanto verdade original, ou seja, fundamento das experiências autenticamente humanas. É esta a verdade que Cristo nos faz haurir do "princípio". Referimo-nos assim aos primeiros capítulos do Livro do Gênesis.

5. O estudo destes capítulos, talvez mais que o de outros, torna-nos conscientes do significado e da necessidade da "teologia do corpo". O "princípio" diz-nos relativamente pouco sobre o corpo humano, no sentido naturalista e contemporâneo da palavra. Sob este ponto de vista encontramo-nos, no presente estudo, em um nível totalmente pré-científico. Não sabemos quase nada sobre as estruturas internas e sobre os métodos que regulam o organismo humano. Todavia, ao mesmo tempo — talvez precisamente devido à antiguidade do texto — a verdade que importa para a visão integral do homem revela-se de modo mais simples e pleno. Esta verdade diz respeito ao significado do corpo humano na estrutura do sujeito pessoal. Em seguida, a reflexão sobre estes textos arcaicos nos permite estender esse significado a toda a esfera da intersubjetividade humana, em especial na permanente relação homem-mulher. Graças a isto, adquirimos, a respeito desta relação, uma ótica que devemos necessariamente colocar na base de toda a ciência contemporânea acerca da sexualidade humana, em sentido biofisiológico. Isto não quer dizer que devemos renunciar a esta ciência ou privar-nos dos seus resultados. Pelo contrário: se eles devem servir para nos ensinar alguma coisa sobre a educação do homem, na sua masculinidade e feminilidade e sobre a esfera do matrimônio e da procriação, é necessário — através de cada

um dos elementos da ciência contemporânea — chegar sempre ao que é fundamental e essencialmente pessoal, tanto em cada indivíduo — homem ou mulher — como nas suas relações recíprocas.

E é precisamente neste ponto que a reflexão sobre o arcaico texto do Gênesis se revela insubstituível. Ele constitui realmente o "princípio" da teologia do corpo. O fato de a teologia compreender também o corpo não deve maravilhar nem surpreender ninguém que seja consciente do mistério e da realidade da Encarnação. Pelo fato de o Verbo de Deus se ter feito carne, o corpo entrou, eu diria, pela porta principal na teologia, isto é, na ciência que tem por objeto a divindade. A Encarnação — e a redenção que dela provém — tornou-se também a fonte definitiva da sacramentalidade do matrimônio, do qual, em tempo oportuno, trataremos mais amplamente.

6. As interrogações feitas pelo homem contemporâneo são também as dos cristãos: daqueles que se preparam para o sacramento do matrimônio ou daqueles que já o contraíram, que é o sacramento da Igreja. Estas não são apenas as perguntas das ciências, mas também as perguntas da vida humana. Muitos homens cristãos e não cristãos procuram no matrimônio o cumprimento da sua vocação. Muitos querem encontrar nele o caminho da salvação e da santidade.

Para eles é particularmente importante a resposta dada por Cristo aos fariseus, zeladores do Antigo Testamento. Aqueles que procuram a realização da própria vocação humana e cristã no matrimônio são chamados, antes de tudo, a fazer desta "teologia do corpo", cujo "princípio" encontramos nos primeiros capítulos do Livro do Gênesis, o conteúdo da própria vida e do próprio comportamento. Com efeito, quão indispensável é, no caminho desta vocação, a profunda consciência do significado do corpo, na sua masculinidade e feminilidade! Quão necessária é uma precisa consciência do significado esponsal do corpo, do seu significado procriativo — dado que tudo isso, que forma o conteúdo da vida dos esposos, deve encontrar constantemente a sua dimensão plena e pessoal na convivência, no comportamento e nos sentimentos! E isto ainda mais no contexto de uma civilização que permanece sobre a pressão de um modo de pensar e de julgar materialista e utilitário. A biofisiologia contemporânea pode oferecer muitas informações precisas sobre a sexualidade humana. Todavia, o conhecimento da dignidade pessoal do corpo humano e do sexo pode ser obtido ainda em outras fontes. Uma fonte particular é a palavra do próprio Deus, que contém a revelação do corpo, a que remonta ao "princípio".

Quão significativo que Cristo, na resposta a todas estas perguntas, ordene ao homem que retorne, de certo modo, à porta de entrada da sua história teológica! Ordena-lhe que se coloque no limiar entre a inocência-felicidade original e a herança da primeira queda. Porventura não lhe quererá dizer, deste modo, que o caminho por onde Ele conduz o homem, varão e mulher, no Sacramento do Matrimônio, isto é, o caminho da "redenção do corpo", deve consistir em recuperar esta dignidade em que se realiza, simultaneamente, o verdadeiro significado do corpo humano, o seu significado pessoal e "de comunhão"?

7. Terminamos, por ora, a primeira parte das nossas meditações dedicadas a este tema tão importante. Para dar uma resposta mais completa às nossas perguntas, por vezes ansiosas, sobre o matrimônio — ou, ainda mais exatamente, sobre o significado do corpo — não podemos apenas nos deter sobre aquilo que Cristo respondeu aos fariseus, fazendo referência ao "princípio". Devemos levar também em consideração todas as suas outras afirmações, entre as quais sobressaem de modo especial duas, de caráter particularmente sintético: a primeira, do Sermão da Montanha, a propósito das possibilidades do coração humano em relação à concupiscência do corpo,[3] e a segunda, quando Jesus se referiu à ressurreição futura.[4] Pensamos fazer destes dois enunciados o objeto das nossas ulteriores reflexões.

---

3   Cf. Mt 5, 8.
4   Cf. Mt 22, 24–30; Mc 12, 18–27; Lc 20, 27–36.

SEGUNDO CICLO
O CORAÇÃO QUE SE RENDE

24. CRISTO APELA PARA O "CORAÇÃO" DO HOMEM

Audiência Geral de quarta-feira, 16 de abril de 1980

1. Como tema das nossas futuras reflexões — no âmbito dos encontros de quarta-feira — desejo desenvolver a seguinte afirmação de Cristo, que faz parte do Sermão da Montanha: "Ouvistes o que foi dito: 'Não cometerás adultério'. Eu, porém, vos digo que todo aquele que olhar para uma mulher com desejo libidinoso, já cometeu adultério com ela no seu coração".[1] Parece que esta passagem tem para a teologia do corpo um significado-chave, como aquela em que Cristo faz referência ao "princípio", e que nos serviu de base para as precedentes análises. Pudemos, nessa altura, nos dar conta de quão amplo foi o contexto de uma frase, ou melhor, de uma palavra pronunciada por Cristo. Tratou-se não apenas do contexto imediato, evidenciado durante o colóquio com os fariseus, mas do contexto global, que não podemos entender por inteiro sem fazer referência aos primeiros capítulos do Livro do Gênesis (deixando de lado tudo quanto aí se refere aos outros livros do Antigo Testamento). As precedentes análises demonstraram o quanto é extenso o conteúdo que a referência de Cristo ao "princípio" contém em si.

O enunciado a que agora nos referimos, isto é, Mateus 5, 27–28, nos introduzirá com segurança — além do contexto imediato em que aparece — também o seu contexto mais amplo, global, através do qual se nos revelará gradualmente o significado-chave da teologia do corpo. Este enunciado constitui uma das passagens do Sermão da Montanha, em que Jesus Cristo faz uma revisão fundamental do modo de compreender e cumprir a lei moral da antiga aliança. Isto se refere, por ordem, aos seguintes mandamentos do Decálogo: ao quinto, "não matarás", ao sexto, "não cometerás adultério" — é significativo que no final desta passagem apareça também a questão da "carta de divórcio",[2] mencionada já no capítulo precedente —, e ao oitavo mandamento

---

[1] Mt 5, 27–28.
[2] Cf. Mt 5, 31–32.

segundo o texto do Livro do Êxodo:[3] "Não perjurarás, mas cumprirás os teus juramentos ao Senhor".[4]

São sobretudo significativas as palavras que precedem estas frases — e as seguintes — do Sermão da Montanha, palavras com que Jesus declara: "Não penseis que vim revogar a Lei e os Profetas: não vim revogá-los, mas dar-lhes pleno cumprimento".[5] Nas frases seguintes, Jesus explica o sentido de tal contraposição e a necessidade do "cumprimento" da Lei a fim de realizar o Reino de Deus: "Quem [...] praticar [estes preceitos] e os ensinar aos homens, será considerado grande no Reino dos Céus".[6] O "Reino dos Céus" significa o Reino de Deus na dimensão escatológica. O cumprimento da Lei condiciona, de modo fundamental, este Reino na dimensão temporal da existência humana. Trata-se, todavia, de um cumprimento que corresponde plenamente ao sentido da Lei, do Decálogo, dos mandamentos um a um. Só este cumprimento constrói a justiça desejada por Deus-Legislador. Cristo-Mestre adverte que não se dê uma tal interpretação humana de toda a Lei e de cada um dos mandamentos nela contidos, desde que ela não construa a justiça desejada por Deus-Legislador: "Se a vossa justiça não superar a dos escribas e fariseus, não entrareis no Reino dos Céus".[7]

2. É neste contexto que nos surge o enunciado de Cristo segundo Mateus 5, 27–28, que pretendemos tomar como base para as presentes análises, considerando-o, juntamente com o outro enunciado segundo Mateus 19, 3–9 (e Marcos 10), como chave da teologia do corpo. Este, tal como o outro, tem caráter explicitamente normativo. Confirma o princípio da moral humana contida no mandamento "não cometerás adultério" e, ao mesmo tempo, determina uma apropriada e plena compreensão deste princípio, isto é, uma compreensão do fundamento e, igualmente, da condição para seu adequado "cumprimento"; este, de fato, deve ser considerado à luz das palavras de Mateus 5, 17–20, já antes referidas, sobre as quais ainda há pouco chamamos a atenção. Trata-se aqui, por um lado, de aderir ao significado que Deus-Legislador firmou no mandamento "não cometerás adultério", e, por outro, de realizar aquela "justiça" por parte do homem, a qual deve "superabundar" no próprio homem, isto é, deve atingir nele a sua plenitude específica. São estes, por assim dizer, os dois aspectos do "cumprimento" no sentido evangélico.

---

3   Cf. Êx 20, 7.

4   Cf. Mt 5, 33–37.

5   Mt 5, 17.

6   Mt 5, 19.

7   Mt 5, 20.

3. Encontramo-nos assim no centro do *ethos*, ou seja, naquilo que pode ser definido como a forma interior, como que a alma da moral humana. Os pensadores contemporâneos (por exemplo, Scheler) vêem no Sermão da Montanha uma grande reviravolta, precisamente no campo do *ethos*.[8] Uma moral viva, no sentido existencial, não é formada apenas pelas normas que revestem a forma dos mandamentos, dos preceitos e das proibições, como no caso do "não cometerás adultério". A moral em que se realiza o próprio sentido de ser homem — que é, ao mesmo tempo, cumprimento da Lei mediante o "superabundar" da justiça através da vitalidade subjetiva — forma-se na percepção interior dos valores, da qual nasce o dever como expressão da consciência e como resposta do próprio "eu" pessoal. O *ethos* nos faz entrar, ao mesmo tempo, na profundidade da mesma norma e descer ao interior do homem-sujeito da moral. O valor moral tem ligação com o processo dinâmico da intimidade do homem. Para atingi-lo, não basta deter-se à "superfície" das ações humanas, mas é preciso penetrar precisamente no seu interior.

4. Além do mandamento "não cometerás adultério", o Decálogo diz também: "não cobiçarás a mulher do teu próximo".[9] No enunciado do Sermão da Montanha, Cristo liga, de certo modo, estes dois mandamentos: "todo aquele que olhar para uma mulher com desejo libidinoso, já cometeu adultério com ela no seu coração". Todavia, não se trata tanto de distinguir o alcance daqueles dois mandamentos do Decálogo, mas de salientar a dimensão da ação interior, à qual se referem também as palavras: "não cometerás adultério". Essa ação encontra a sua expressão visível no "ato do corpo", ato em que participam o homem e a mulher contra a lei da exclusividade matrimonial. A casuística dos livros do Antigo Testamento, compreendida no sentido de investigar aquilo que, segundo critérios exteriores, constituía tal "ato do corpo" e, ao mesmo tempo, orientada para combater o adultério, abria-lhe vários "subterfúgios" legais.[10] Deste modo, baseado nos múltiplos compromissos "por causa da dureza do [...] coração", o sentido do mandamento, desejado pelo Legislador, sofria uma deformação. Olhava-se apenas para a observância legal da fórmula que não "superabundava" na justiça interior dos corações. Cristo transpõe a essência do problema para outra dimensão, quando

---

8 "Eu não conheço testemunho mais grandioso para tal desvendamento de uma área global de valor, que relativize o antigo Ethos, como o sermão da montanha, cuja forma também é um testemunho de tal desvendamento e da relatividade da velha 'lei' — e manifesta-se em todos os lugares: 'Eu, porém, vos digo'" (Max Scheler, *Der Formalismus in der Ethik und die materiale Wertethik* ["Do formalismo na ética e da ética material dos valores"], Halle a.d.S., Editora M. Niemeyer, 1921, p. 316, n. 1).

9 Cf. Êx 20, 17; Dt 5, 21.

10 A este propósito, conferir a continuação das presentes meditações.

diz: "todo aquele que olhar para uma mulher com desejo libidinoso, já cometeu adultério com ela no seu coração". (Segundo antigas traduções: "já a tornou adúltera em seu coração", fórmula que parece ser mais exata).[11]

Assim, portanto, Cristo apela para o homem interior. E Ele o repetirá em diversas circunstâncias. Neste caso, isto se torna particularmente explícito e eloqüente, não somente no que diz respeito à configuração do *ethos* evangélico, mas também no que diz respeito ao modo de ver o homem. Não é, pois, só a razão ética, mas também a antropológica a aconselhar que nos detenhamos mais demoradamente sobre o texto de Mateus 5, 27–28, que contém as palavras pronunciadas por Cristo no Sermão da Montanha.

---

11 O texto da Vulgata oferece uma tradução fiel do original: *iam moechātus est eam in corde suo*. De fato, o verbo grego *moicheúo* é transitivo. Pelo contrário, nas modernas línguas européias "adulterar" é verbo intransitivo; daí a versão "cometeu adultério *com* ela". Assim, temos as traduções:
– Italiano: "ha già commesso adulterio con lei nel suo cuore" (tradução publicada pela Conferência dos Bispos da Itália, 1971; e analogamente pelo Pontifício Instituto Bíblico, 1961, e na edição de S. Garofalo, 1966);
– Francês: "a déjà commis, dans son cœur, l'adultère avec elle" (Bible de Jérusalem, Paris, 1973; Traduction OEcuménique, Paris, 1972; Crampon); apenas Fillion traduz como "a déjà commis l'adultère dans son cœur";
– Inglês: "hath already committed adultery with her in his heart" (Douay Version, 1582; analogamente a Revised Standard Version e versões precedentes de 1611 a 1966; R. Knox; New English Bible; Jerusalem Bible, 1966);
– Alemão: "hat in seinem Herzen schon Ehebruch mit ihr begangen" (Einheitsübersetzung der Heiligen Schrift, publicada pela Conferência dos Bispos das regiões de língua alemã, 1979);
– Espanhol: "ya cometió adulterio con ella en su corazón" (Bibl. Societ., 1966);
– Português: "já cometeu adultério com ela no seu coração" (M. Soares, São Paulo, 1933);
– Polonês: "już ją scudzołożył w sercu swoim" (traduções antigas); "już się w swoim sercu dopuścił z nią cudzołóstwa" (traduções recentes) (Biblia Tysiąclecia).

25. O CONTEÚDO ÉTICO E ANTROPOLÓGICO DO MANDAMENTO "NÃO COMETERÁS ADULTÉRIO"

Audiência Geral de quarta-feira, 23 de abril de 1980

1. Recordemos as palavras do Sermão da Montanha, a que fazemos referência no presente ciclo das nossas reflexões de quarta-feira: "Ouvistes — diz o Senhor — o que foi dito: 'Não cometerás adultério'. Eu, porém, vos digo que todo aquele que olhar para uma mulher com desejo libidinoso, já cometeu adultério com ela no seu coração".

O homem a quem Jesus se refere aqui, é precisamente o homem "histórico", aquele de quem encontramos o "princípio" e a "préhistória teológica" na precedente série de análises. Diretamente, é aquele que escuta, com os próprios ouvidos, o Sermão da Montanha. Mas, com ele, está também cada um dos outros homens, colocado frente àquele momento da história, seja no imenso espaço do passado, seja no igualmente vasto, do futuro. A este "futuro", frente ao Sermão da Montanha, pertence também o nosso presente, a nossa contemporaneidade. Este homem é, em certo sentido, "cada" homem, "cada um" de nós. Tanto o homem do passado como o homem do futuro pode ser aquele que conhece o mandamento positivo "não cometerás adultério" como "conteúdo da Lei",[1] mas pode ser igualmente aquele que, segundo a Carta aos Romanos, tem este mandamento apenas "inscrito no seu coração".[2] À luz das reflexões precedentemente desenvolvidas, é o homem que, desde o seu "princípio", adqui-

---

1 Cf. Rm 2, 22–23.

2 Deste modo, o conteúdo das nossas reflexões seria transposto, em certo sentido, para o campo da "lei natural". As palavras citadas da Carta aos Romanos (2, 15) foram sempre consideradas, na revelação, como fonte de confirmação para a existência da lei natural. Assim, o conceito da lei natural adquire também um significado teológico. Cf., entre outros, D. Composta, *Teologia del diritto naturale, status quæstionis*, Bréscia, Ed. Civiltà, 1972, pp. 7–22, 41–53; J. Fucbs, S. J., *Lex naturæ. Zur Theologie des Naturrechts*, Düsseldorf, 1955, pp. 22–30; E. Hamel, S. J., *Loi naturele et loi du Christ*, Bruges-Paris, Desclée de Brouwer, 1964, p. 18; A. Sacchi, "La legge naturale nella Bibbia" in: *La legge naturale. Le relazioni del Convengo dei teologi moralisti dell'Italia settentrionale* (11–13 de setembro de 1969), Bolonha, Ed. Dehoniane, 1970, p. 53; F. Bockle, "La legge naturale e la legge cristiana", *op. cit.*, pp. 214–215; A. Feuillet, "Le fondement de la morale ancienne et chrétienne d'après L'Epitre aux Romains", *Revue Thomiste* 78 (1970), 357–386; Th. Herr, *Naturrecht aus der kritischen Sicht des Neuen Testaments*, Munique, Schoningh, 1976, pp. 155–164.

riu um sentido preciso do significado do corpo, já antes de transpor o "limiar" das suas experiências históricas, no próprio mistério da criação, dado ter sido criado como "homem e mulher".³ É o homem histórico que, no "princípio" do seu destino terreno, se encontrou "dentro" do conhecimento do bem e do mal, desfazendo a aliança com o seu Criador. É o homem-varão que "conheceu" a sua esposa e a "conheceu" diversas vezes, e ela "concebeu e deu à luz"⁴ em conformidade com o desígnio do Criador, que remontava ao estado da inocência original.⁵

2. No seu Sermão da Montanha, Cristo dirige-se, de modo particular com as palavras de Mateus 5, 27–28, precisamente àquele homem. Dirige-se ao homem de um determinado momento da história e, ao mesmo tempo, a todos os homens, pertencentes à mesma história humana. Dirige-se, como já verificamos, ao homem "interior". As palavras de Cristo têm um explícito conteúdo antropológico; referem-se àqueles significados perenes, através dos quais é constituída a antropologia "adequada". Estas palavras, mediante o seu conteúdo ético, constituem uma tal antropologia e ao mesmo tempo exigem, por assim dizer, que o homem assuma a plenitude da sua imagem. O homem que é "carne" e que, como varão, através do seu corpo e sexo, permanece em relação com a mulher (é isto, de fato, o que indica também a expressão "não cometerás adultério"), deve, à luz destas palavras de Cristo, reencontrar-se no seu íntimo, no seu "coração".⁶ O "coração" é esta dimensão da humanidade com a qual está ligado diretamente o sentido do significado do corpo humano, e a ordem

---

3   Gn 1, 27.

4   Cf. Gn 4, 1–2.

5   Cf. Gn 1, 28; 2, 24.

6   "O uso tipicamente hebraico, refletido no Novo Testamento, implica um entendimento do homem como unidade de pensamento, desejo e sentimento [...]. Isso descreve o homem como um todo, visto a partir da sua intencionalidade; *o coração como o centro do homem é pensado como uma fonte de desejo, emoção, pensamentos e aflições*. Esta concepção judaica tradicional foi relacionada por Paulo nas categorias helenísticas, como 'mente', 'atitude', 'pensamentos' e 'desejos'. Uma espécie de articulação entre as categorias judaicas e as helenísticas é encontrada em Fp 1, 7; 4, 7 e Rm 1, 21–24, onde o 'coração' é pensado como o centro do qual essas coisas fluem" (R. Jewett, *Paul's Anthropological Terms: A Study of their Use in Conflict Settings*, Leiden, Brill, 1971, p. 448).
"*Das Herz [...] ist die verborgene inwendige Mitte und Wurzel des Menschen und damit seiner Welt [...], der unergründliche Grund und die lebendige Kraft aller Daseinserfahrung und entscheidung*". ["O Coração [...] está oculto profundamente no centro e é a raiz do homem e, portanto, o seu mundo [...] a insondável razão e a força viva de toda a experiência e existência".] (H. Schlier, *Das Menschenherz nach dem Apostel Paulus*, in: *Lebendiges Zeugnis*, 1965, p. 123).
Cf. também F. Baumgartel & J. Behm, "Kardía", in: *Theologisches Worterbuch zum Neuen Testament*, II, Stuttgart, Kohlhammer, 1933, pp. 609–616.

deste sentido. Trata-se aqui tanto daquele significado que nas precedentes análises chamamos "esponsal" como daquele que denominamos "procriativo". E de que ordem se trata?

3. Esta parte das nossas considerações deve dar uma resposta precisa a tal pergunta — uma resposta que chegue não só às razões éticas, mas também às antropológicas; estas, de fato, permanecem em relação recíproca. Por agora, preliminarmente, é necessário estabelecer o significado do texto de Mateus 5, 27-28, e das expressões nele usadas e a sua relação recíproca. O adultério, ao qual se refere diretamente o citado mandamento, significa a infração da unidade, mediante a qual o homem e a mulher, apenas como cônjuges, podem unir-se tão intimamente de modo a serem "uma só carne".[7] Comete adultério o homem que se une deste modo com uma mulher que não é sua esposa. Comete adultério também a mulher que deste modo se une com um homem que não é seu marido. É necessário deduzir disto que "o adultério no coração", cometido pelo homem quando "olha para uma mulher com desejo libidinoso", significa um ato interior bem definido. Trata-se de um desejo que, neste caso, é dirigido pelo homem para uma mulher que não é sua esposa, com a intenção de se unir a ela como se o fosse, isto é — usando mais uma vez as palavras do Gênesis 2, 24 — como se os dois fossem "uma só carne". Este desejo, como ato interior, exprime-se mediante o sentido da vista, isto é, com o olhar, como no caso de Davi e Betsabéia, para nos servirmos de um exemplo tirado da Bíblia.[8] A relação do desejo com o sentido da vista foi particularmente salientada nas palavras de Cristo.

4. Estas palavras não explicam claramente se a mulher — objeto do desejo — é esposa de outro ou se, simplesmente, não é esposa do homem que olha para ela desse modo. Pode ser esposa de outro, ou também não estar ligada pelo matrimônio. É necessário antes intuí-lo, baseando-se, de modo especial, na expressão que, precisamente, define como adultério aquilo que o homem cometeu "no seu coração" com o olhar. É preciso deduzir corretamente daí que um tal olhar de desejo dirigido para a própria esposa não é adultério "no coração", justamente porque o relativo ato interior do homem se refere à mulher que é sua esposa, em relação à qual o adultério não pode verificar-se. Se o ato conjugal como *ato exterior* — em que os dois se unem de tal modo que se tornam "uma só carne" — *é lícito* na relação do homem em questão com a mulher que é sua esposa, de modo análogo também o *ato interior* está em conformidade com a ética na mesma relação.

---

[7] Gn 2, 24.

[8] Cf. 2Sm 11, 2. Talvez este seja o mais conhecido; mas na Bíblia podem encontrar-se outros exemplos semelhantes (cf. Gn 34, 2; Jz 14, 1; 16, 1).

5. Contudo, aquele desejo indicado pela expressão "todo aquele que olhar para uma mulher com desejo libidinoso", tem uma própria dimensão bíblica e teológica que não podemos deixar de esclarecer aqui. Mesmo que tal dimensão não se manifeste diretamente nesta única e concreta expressão de Mateus 5, 27–28, todavia está profundamente radicada no contexto global, que se refere à revelação do corpo. Devemos remontar a este contexto, para que a advertência de Cristo para o "coração", para o homem interior, ressoe em toda a plenitude da sua verdade. O citado texto do Sermão da Montanha[9] tem fundamentalmente um caráter indicativo. O fato de Cristo se dirigir diretamente ao homem como àquele que "olha para uma mulher com desejo libidinoso", não quer dizer que as suas palavras, no próprio sentido ético, não se dirijam também à mulher. Cristo exprime-se deste modo, para explicar, com um exemplo concreto, que é necessário compreender "o cumprimento da Lei", segundo o significado que Deus-Legislador lhe deu, e, além disso, como se deve entender aquele "superabundar da justiça" no homem, que observa o sexto mandamento do Decálogo. Falando deste modo, Cristo quer que não nos detenhamos sobre o exemplo em si mesmo, mas que penetremos também no pleno sentido ético e antropológico do texto. Se ele tem caráter indicativo, significa que, seguindo as suas pegadas, podemos chegar a compreender a verdade geral sobre o homem "histórico", válida também para a teologia do corpo. As ulteriores etapas das nossas reflexões terão a finalidade de se aproximar da compreensão desta verdade.

---

9   Mt 5, 27–28.

26. A CONCUPISCÊNCIA É O FRUTO DA RUPTURA DA ALIANÇA COM DEUS

Audiência Geral de quarta-feira, 30 de abril de 1980

1. Durante a nossa última reflexão, dissemos que as palavras de Cristo no Sermão da Montanha têm relação direta com o "desejo" que nasce imediatamente do coração humano; indiretamente, porém, essas palavras nos orientam para compreender uma verdade sobre o homem, que é de universal importância.

Esta verdade sobre o homem "histórico", de importância universal, para a qual nos orientam as palavras de Cristo tiradas de Mateus 5, 27–28, parece estar expressa na doutrina bíblica sobre a tríplice concupiscência. Referimo-nos aqui ao conciso enunciado da primeira Carta de São João 2, 16–17: "Tudo o que há no mundo — a concupiscência da carne, a concupiscência dos olhos e a soberba da vida — não vem do Pai, mas do mundo. Ora, o mundo passa com suas concupiscências, mas aquele que faz a vontade de Deus permanece eternamente". É óbvio que, para compreender estas palavras, torna-se necessário ter muito em conta o contexto em que elas estão incluídas, ou seja, o de toda a "teologia joanina", sobre a qual tanto se tem escrito.[1] Todavia, as mesmas palavras inserem-se, ao mesmo tempo, no contexto de toda a Bíblia: pertencem ao conjunto da verdade revelada sobre o homem, e são importantes para a teologia do corpo. Não explicam a concupiscência em si mesma na sua tríplice forma, pois parecem pressupor que "a concupiscência da carne, a concupiscência dos olhos e a soberba da vida" são, de certo modo, um conceito claro e conhecido. Explicam, pelo contrário, a gênese da tríplice concupiscência, indicando que provém não "do Pai", mas "do mundo".

---

1   Cf. por ex.: J. Bonsirven, *Epitres de Saint Jean*. Paris, Beauchesne, 1954, pp. 113–119; E. Brooke, *Critical and Exegetical Commentary on the Johannine Epistles* (International Critical Commentary), Edinburgh, Clark, 1912, pp. 47–49; P. De Ambroggi, *Le Epistole Cattoliche*, Torino, Marietti, 1947, pp. 216–217; C. H. Dodd, *The Johannine Epistles* (Moffatt New Testament Commentary), Londres, 1946, pp. 41–42; J. Holden, A. *Commentary on the Johannine Epistles*, Londres, Black, 1973, pp. 73–74; B. Prete, Lettere di Giovanni, Roma, Ed. Paoline, 1970, p. 61; R. Schnackenburg, *Die Johannesbriefe*, Friburgo, Herders Theologischer Kommentar zum Neuen Testament, 1953, pp. 112–115; J. R. W. Stott, *Epistles of John* (Tyndale New Testament Commentaries) Londres, 1969, pp. 99–101.

Sobre o tema da teologia de João, cf. em particular: A. Feuillet, *Le mystère de l'amour divin dons la théologie johannique*, Paris, Gabalda, 1972.

2. A concupiscência da carne e, juntamente com ela, a concupiscência dos olhos e a soberba da vida, estão "no mundo" e ao mesmo tempo "vêm do mundo", não como fruto do mistério da criação, mas como fruto da árvore do conhecimento do bem e do mal[2] no coração do homem. O que frutifica na tríplice concupiscência não é, porém, o "mundo" criado por Deus para o homem, cuja "bondade" fundamental encontramos repetidamente em Gênesis 1: "Deus viu que isto era bom [...], que tudo era muito bom". Na tríplice concupiscência frutifica, pelo contrário, a ruptura da primeira aliança com o Criador, com Deus-Eloim, com Deus-Javé. Esta aliança foi quebrada no coração do homem. Seria necessário fazer uma análise conscienciosa dos acontecimentos descritos em Gênesis 3, 1–6. Todavia, referimo-nos em geral apenas ao mistério do pecado, no princípio da história humana. Na verdade, só como conseqüência do pecado, como fruto da ruptura da aliança com Deus no coração humano — no íntimo do homem —, o "mundo" do Livro do Gênesis se tornou o "mundo" das palavras joaninas: lugar e fonte de concupiscência.[3]

Assim, portanto, o enunciado segundo o qual a concupiscência "não vem do Pai, mas do mundo" parece dirigir-nos, uma vez mais, no sentido do "princípio" bíblico. A gênese da tríplice concupiscência apresentada por João, encontra neste princípio a sua primeira e fundamental elucidação, uma explicação que é essencial para o teologia do corpo. Para entender aquela verdade de importância universal sobre o homem "histórico", firmada nas palavras de Cristo durante o Sermão da Montanha,[4] devemos de novo voltar ao Livro do Gênesis, deter-nos ainda no "limiar" da revelação do homem "histórico". Isto é tanto mais necessário, quanto esse limiar da história da salvação se apresenta, ao mesmo tempo, como limiar de autênticas experiências humanas, segundo verificaremos nas análises seguintes. Nelas reviverão os mesmos significados fundamentais, que deduzimos das precedentes análises, como elementos constitutivos de uma antropologia adequada e de um profundo substrato da teologia do corpo.

3. Pode surgir ainda a pergunta se é lícito transpor os conteúdos típicos da teologia joanina contidos em toda a Primeira Carta, particularmente em 1, 2.15–16, ao terreno do Sermão da Montanha segundo Mateus, e precisamente da afirmação de Cristo tirada de Mt 5, 27–28 ("Ouvistes o que foi dito: 'Não cometerás adultério'. Eu, porém, vos digo que todo aquele que olhar para uma mulher com desejo libidinoso,

---

2   Cf. Gn 2, 17.

3   Cf. Gn 12, 15–16.

4   Mt 5, 27–28.

já cometeu adultério com ela no seu coração"). Retomaremos este assunto várias vezes; apesar disso, fazemos referência desde já ao contexto bíblico geral, ao conjunto da verdade sobre o homem, nele revelada e expressa. Precisamente em nome desta verdade, procuramos compreender a fundo o homem indicado por Cristo no texto de Mateus 5, 27-28; isto é, o homem que "olha para" a mulher "com desejo libidinoso". Tal olhar porventura não se explicaria pelo fato de o homem ser precisamente um "homem de desejo", no sentido da Primeira Carta de São João, mas, antes, de ambos — isto é, o homem que olha com desejo e a mulher que é o objeto de tal olhar — se encontrarem na dimensão da tríplice concupiscência, que "não vem do Pai, mas do mundo"? É necessário, portanto, entender o que vem a ser aquela concupiscência, ou antes, quem é aquele bíblico "homem de desejo", para se descobrir a profundidade das palavras de Cristo segundo Mateus 5, 27-28, e para se explicar o que significa a referência delas ao "coração" humano, referência tão importante para a teologia do corpo.

4. Regressemos mais uma vez à narrativa javista, em que o mesmo homem, varão e mulher, aparece no princípio como homem de inocência original — anteriormente ao pecado original — e depois como aquele que perdeu esta inocência, violando a aliança original com o seu Criador. Não pretendemos fazer aqui uma análise completa da tentação e do pecado, segundo o mesmo texto de Gênesis 3, 1-5 e segundo a doutrina da Igreja e a teologia a este propósito. Convém unicamente observar que a mesma descrição bíblica parece colocar em especial evidência o momento-chave em que no coração do homem é posto em dúvida o Dom. O homem que colhe o fruto da "árvore do conhecimento do bem e do mal" faz, ao mesmo tempo, uma escolha fundamental e a põe em prática contra a vontade do Criador, Deus-Javé, aceitando a motivação que lhe é sugerida pelo tentador: "Não, não morrereis; mas Deus sabe que, no dia em que o comerdes, abrir-se-ão os vossos olhos e sereis como Deus, conhecedores do bem e do mal"; segundo antigas tradições: "Sereis como deuses, conhecendo o bem e o mal".[5] Nesta motivação inclui-se claramente o colocar em

---

5   Gn 3, 4-5. O texto hebraico pode ter ambos os significados, porque soa deste modo: "Mas Eloim sabe que, no dia em que o comerdes [o fruto da árvore do conhecimento do bem e do mal], abrir-se-ão os vossos olhos e sereis como Eloim, conhecedores do bem e do mal". O termo *Elohim* é plural de *eloah* ("*pluralis excellentiæ*").
    Em relação a Javé, tem significado singular; pode porém indicar o plural de outros seres celestes ou divindades pagãs (p. ex. Sl 8, 6; Êx 12, 12; Jz 10, 16; Os 31, 1 e outros). Apresentemos algumas versões: Italiano: "*diverreste come Dio, conoscendo il bene e il male*" (Pont. Istit. Biblico, 1961). Francês: "*vous serez comme des dieux, qui connaissent le bien et le mal*" (Bible de Jérusalem, 1973). Inglês: "*you will be like God, knowing good and evil*" (Revised Standard Version, 1966). Espanhol: "*seréis como dioses, conocedores*

dúvida o Dom e o Amor, dos quais se origina a criação como dádiva. No que diz respeito ao homem, este recebe como dom o "mundo" e ao mesmo tempo a "imagem de Deus", isto é, a sua própria humanidade em toda a verdade do seu duplo ser, masculino e feminino. Basta ler atentamente todo o trecho de Gênesis 3, 1–5, para descobrir o mistério do homem que volta as costas ao "Pai" (embora não encontremos na narrativa este qualificativo de Deus). Pondo em dúvida no seu coração o significado mais profundo da doação, ou seja, o amor como motivo específico da criação e da aliança original,[6] o homem volta as costas ao Deus-Amor, ao "Pai". Em certo sentido, ele o põe para fora do próprio coração. Ao mesmo tempo, portanto, afasta o seu coração e de certa forma o fecha para aquilo que "vem do Pai"; permanece, assim, nele aquilo que "vem do mundo".

5. "Então, abriram-se os olhos aos dois e, reconhecendo que estavam nus, prenderam folhas de figueira umas às outras e colocaram-nas como se fossem cinturões à volta dos seus rins".[7] Esta é a primeira frase da narrativa javista, que se refere à "situação" do homem depois do pecado e mostra o novo estado da natureza humana. Não sugere porventura esta frase o início da "concupiscência" no coração do homem? Para dar uma resposta mais profunda a tal pergunta, não podemos nos deter nessa primeira frase, mas é necessário ler o texto completo. Todavia, vale a pena recordar agora o que, nas primeiras análises, foi dito sobre o tema da vergonha como experiência "de limiar".[8] O Livro do Gênesis refere-se a esta experiência para demonstrar o "limiar" existente entre o estado de inocência original (cf. em especial Gênesis 2, 25, ao qual dedicamos muita atenção nas precedentes análises) e o estado de pecaminosidade do homem logo no "princípio". Enquanto Gênesis 2, 25 insiste que "estavam nus, mas não sentiam vergonha", Gênesis 3, 7 fala explicitamente do nascimento da vergonha em ligação com o pecado. Essa vergonha é como que a primeira origem daquilo que se manifesta no homem — em ambos, varão e mulher — que "não vem do Pai, mas do mundo".

---

del bien y del mal" (S. Ausejo, Barcelona, 1964); "seréis como Dios en el conocimiento del bien y el mal" (A. Alonso-Schökel, Madrid, 1970).

6 Cf. em particular Gn 3, 5.

7 Gn 3, 7.

8 Cf. *Audiência Geral* de 12 de dezembro de 1979.

27. MUDANÇA RADICAL DO SIGNIFICADO DA NUDEZ ORIGINAL

Audiência Geral de quarta-feira, 14 de maio de 1980

1. Já falamos da vergonha que surgiu no coração do primeiro homem, varão e mulher, junto com o pecado. A primeira frase da narrativa bíblica a este respeito nos diz: "Então, abriram-se os olhos aos dois e, reconhecendo que estavam nus, prenderam folhas de figueira umas às outras e colocaram-nas como se fossem cinturões".[1] Esta passagem, que fala da vergonha recíproca do homem e da mulher como sintoma da queda (*status naturae lapsae*), deve ser considerada no seu contexto. A vergonha naquele momento toca o grau mais profundo e parece transtornar os próprios fundamentos da existência de ambos. "Naquele momento, perceberam que o Senhor Deus passeava pelo jardim ao entardecer, e o homem e a mulher esconderam-se de sua presença por detrás das árvores do jardim".[2] A necessidade de se esconder indica que na profundez da vergonha sentida de um pelo outro, como fruto imediato da árvore do conhecimento do bem e do mal, produziu-se um sentimento de medo diante de Deus, anteriormente desconhecido. "O Senhor Deus chamou o homem e disse-lhe: 'Onde estás?' Ele respondeu: 'Ouvi o ruído dos teus passos no jardim; enchi-me de medo, porque estou nu, e me escondi'."[3] Certo medo pertence sempre à essência mesma da vergonha; apesar disso, a vergonha original revela de modo particular o seu caráter: "enchi-me de medo, porque estou nu". Damo-nos conta de que aqui entra em jogo algo mais profundo que a vergonha corporal, ligada a uma recente tomada de consciência da própria nudez. O homem procura cobrir com a vergonha da própria nudez a origem autêntica do medo, indicando ao invés o seu efeito, para não chamar pelo nome aquilo que o provocou. E é então que Deus-Javé o faz em seu lugar: "Quem te deu a conhecer que estás nu? Comeste, porventura, algum dos frutos da árvore de que te proibi comer?"[4]

---

1   Gn 3, 7.

2   Gn 3, 8.

3   Gn 3, 9–10.

4   Gn 3, 11.

2. É perturbadora a precisão daquele diálogo, perturbadora a precisão de toda a narrativa. Ela manifesta a superfície das emoções do homem ao viver os acontecimentos, desvelando ao mesmo tempo a sua profundidade. Em tudo isso, a "nudez" não tem apenas significado literal, não se refere somente ao corpo, não é origem de uma vergonha referida só ao corpo. Na realidade, através da "nudez", mostra-se o homem destituído da participação no Dom, alienado daquele Amor que tinha sido a fonte do dom original, fonte da plenitude do bem destinado à criatura. Este homem, segundo as fórmulas do ensino teológico da Igreja,[5] foi privado dos dons sobrenaturais e preternaturais, que faziam parte da sua "propriedade" antes do pecado;

---

[5] O magistério da Igreja ocupou-se mais de perto destes problemas em três períodos, segundo as necessidades de cada época. As declarações dos tempos das controvérsias com os pelagianos (sécs. V–VI) afirmam que o primeiro homem, em virtude da graça divina, possuía *"naturalem possibilitatem et innocentiam"* (DS 239), chamada também de "liberdade" (*libertas, libertas arbitrii*), (DS 371, 242, 383 e 622). Permanecia ele num estado que o Sínodo de Orange (a. 529) chama de *integritas*. "*Natura humana, etiamsi* in illa integritate, in qua condita est, *permaneret, nullo modo se ipsam, Creatore suo non adjuvante, servaret* [...]" (DS 389).

Os conceitos de *integritas* e, em especial, o de *libertas* pressupõem a liberdade da concupiscência, embora os documentos eclesiásticos desta época não a mencionem de modo explícito. O primeiro homem estava, além disso, livre da necessidade da morte (DS 222, 372 e 1511). O Concílio de Trento define o estado do primeiro homem, anterior ao pecado, como "santidade e justiça" ("*sanctitas et iustitia*": DS 1511 e 1512) ou como "inocência" (*innocentia*: DS 1521).

As novas declarações nesta matéria defendem a absoluta gratuidade do dom original da graça contra as afirmações dos jansenistas. A "*integritas primæ creationis*" era uma elevação imerecida da natureza humana (*indebita humanæ naturæ exaltatio*) e não "o estado que lhe era devido por natureza" (*naturalis eius condicio*: DS 1926). Deus poderia, portanto, criar o homem sem essas graças e dons (DS 1955); isto não violaria a essência da natureza humana, nem a privaria dos seus privilégios fundamentais (DS 1903–1907, 1909, 1921, 1923, 1924, 1926, 1955, 2434, 2437, 2616 e 2617).

Em analogia com os Sínodos anti-pelagianos, o Concílio Tridentino trata sobretudo do dogma do pecado original, inserindo no seu ensinamento os precedentes enunciados que vinham a propósito dele. Aqui, porém, foi introduzida certa precisão, que em parte mudou o conteúdo firmado no conceito de "liberdade" ou "*liberum arbitrium*". A "liberdade da vontade" dos documentos anti-pelagianos não significa possibilidade de escolha, relacionada com a natureza humana, portanto constante, mas se referia apenas à possibilidade de realizar os atos meritórios: a liberdade que brota da graça e que o homem pode perder.

Ora, por causa do pecado, Adão perdeu o que não pertencia à natureza humana entendida no sentido estrito da palavra, isto é, *integritas, sanctitas, iustitia*. O "*liberum arbitrium*", a liberdade da vontade, não foi tirada, mas enfraqueceu-se: "[...] *liberum arbitrium minime exstinctum* [...] *viribus licet attenuatum et inclinatum* [...]" (DS 1521 Trid. Sess. VI, Decr. de justificatione, C. 1).

Juntamente com o pecado, aparecem a concupiscência e a ineluctabilidade da morte: "[...] *primum hominem* [...] *cum mandatum Dei* [...] *fuisset transgressus, statim, sanctitatem et iustitiam, in qua constitutus fuerat, emisisse* incurrisseque *per offensam praevaricationis huiusmodi iram et indignationem Dei atque ideo mortem* [...] *et cum morte captivitatem sub eius potestate, qui 'mortis' deinde 'habuit imperium'* [...] *totumque Adam per illam praevaricationis offensam secundum corpus et animam in deterius commutatum fuisse* [...]." (DS 1511, Trid. Sess. V, Decr. de pecc. orig., 1).

(Cf. Mysterium Salutis, II, Einsiedeln-Zurich-Koln, 1967, pp. 827–828: W. Seibel, "Der Mensch ais Gottes übernatürliches Ebenbild und der Urstand des Menschan").

além disso, sofreu um dano naquilo que pertence à própria natureza, à humanidade na plenitude original da "imagem de Deus". A tríplice concupiscência não corresponde à plenitude daquela imagem, mas precisamente aos danos, às deficiências e às limitações que apareceram com o pecado. A concupiscência explica-se como carência, a qual, porém, finca suas raízes na profundez original do espírito humano. Se queremos estudar este fenômeno nas suas origens, isto é, no limiar das experiências do homem "histórico", devemos levar em consideração todas as palavras que Deus-Javé dirigiu à mulher[6] e ao homem,[7] e devemos ainda examinar o estado da consciência de ambos; e é o texto javista que expressamente no-lo facilita. Já antes chamamos a atenção para a especificidade literária do texto a tal respeito.

3. Que estado de consciência pode manifestar-se nas palavras "enchi-me de medo, porque estou nu, e me escondi"? A que verdade interior correspondem? Que significado do corpo testemunham? Certamente, este novo estado difere muito do original. As palavras de Gênesis 3, 10 afirmam diretamente uma mudança radical do significado da nudez original. No estado da inocência original, a nudez, como observamos precedentemente, não exprimia carência, mas representava a plena aceitação do corpo em toda a sua verdade humana e, portanto, pessoal. O corpo, como expressão da pessoa, era o primeiro sinal da presença do homem no mundo visível. Nesse mundo, o homem era capaz, desde o princípio, de distinguir-se a si mesmo, como que individuar-se — isto é, confirmar-se como pessoa —, mesmo através do próprio corpo. Este, de fato, tinha sido, por assim dizer, marcado como fator visível da transcendência, em virtude da qual o homem, enquanto pessoa, supera o mundo visível dos seres vivos (*"animalia"*). Nesse sentido, o corpo humano era, desde o princípio, testemunha fiel e indicação sensível da "solidão" original do homem no mundo, tornando-se ao mesmo tempo, mediante a sua masculinidade e feminilidade, um límpido elemento da sua doação recíproca na comunhão das pessoas. Assim, o corpo humano levava em si, no mistério da criação, um sinal indubitável da "imagem de Deus" e constituía também a fonte específica da certeza daquela imagem, presente em todo o ser humano. A aceitação original do corpo era, em certo sentido, a base da aceitação de todo o mundo visível. E, por sua vez, era para o homem uma garantia do seu domínio sobre o mundo e sobre a terra, que deveria subjugar.[8]

---

6   Gn 3, 16.

7   Gn 3, 17–19.

8   Cf. Gn 1, 28.

4. As palavras "enchi-me de medo, porque estou nu, e me escondi"⁹ testemunham uma mudança radical dessa relação. O homem perde, de alguma maneira, a certeza original da "imagem de Deus", tal como expressa no seu corpo. Perde também, de certo modo, o sentido do seu direito de participar da percepção do mundo, da qual gozava no mistério da criação. Este direito encontrava fundamento no íntimo do homem, pelo fato de ele mesmo participar da visão divina do mundo e da própria humanidade; o que lhe dava profunda paz e alegria em viver a verdade e o valor do próprio corpo, em toda a sua simplicidade, como lhe transmitira o Criador: "Deus, contemplando toda a sua obra, viu que tudo era muito bom".¹⁰ As palavras de Gênesis 3, 10, "enchi-me de medo, porque estou nu, e me escondi", confirmam a queda da aceitação original do corpo como sinal da pessoa no mundo visível. Ao mesmo tempo, parece também vacilar a aceitação do mundo material em relação ao homem. As palavras de Deus-Javé prenunciam, de certo modo, a hostilidade do mundo, a resistência da natureza quanto ao homem e aos seus deveres; prenunciam a fadiga que o corpo humano, em contato com a terra por ele dominada, depois provaria: "Maldita seja a terra por tua causa; dela arrancarás o alimento à custa de penoso trabalho, em todos os dias da tua vida. Ela produzirá para ti espinhos e abrolhos, e te alimentarás da erva dos campos. Comerás o pão com o suor do teu rosto, até que voltes à terra de que foste criado".¹¹ O termo de tal fadiga, de tal luta do homem com a terra, é a morte: "Tu és pó, e ao pó hás de retornar".¹²

Neste contexto, ou melhor, nesta perspectiva, as palavras de Adão em Gênesis 3, 10 "enchi-me de medo, porque estou nu, e me escondi" parecem exprimir a consciência de estar inerme, e o sentido de insegurança da sua estrutura somática diante dos processos da natureza, que operam com determinismo inevitável. Talvez neste enunciado perturbador se encontre implícita certa "vergonha cósmica", em que se exprime o ser criado à "imagem de Deus" chamado a submeter a terra e a dominá-la,¹³ precisamente quando, no princípio das suas experiências históricas e de maneira muito explícita, *é submetido* à terra, especialmente na "parte" da sua constituição transcendente representada precisamente pelo corpo.

Urge interromper aqui as nossas reflexões sobre o significado da vergonha original no Livro do Gênesis. Nós as retomaremos daqui a uma semana.

---

9   Gn 3, 10.

10 Gn 1, 31.

11 Gn 3, 17–19.

12 Gn 3, 19.

13 Cf. Gn 1, 28.

28. O CORPO NÃO SUBMETIDO AO ESPÍRITO AMEAÇA A UNIDADE DO HOMEM-PESSOA

Audiência Geral de quarta-feira, 28 de maio de 1980

1. Retomemos a leitura dos primeiros capítulos do Livro do Gênesis, para compreender como — com o pecado original — o "homem da concupiscência" tomou o lugar do "homem da inocência" original. As palavras de Gênesis, 3, 10, "enchi-me de medo, porque estou nu, e me escondi", que ponderamos há duas semanas, documentam a primeira experiência de vergonha do homem perante o seu Criador: vergonha que poderia chamar-se "cósmica".

Todavia, esta "vergonha cósmica" — se é possível descobrir-lhe os traços na situação total do homem depois do pecado original — no texto bíblico dá lugar a outra forma de vergonha. É a vergonha que se produz na própria humanidade, isto é, causada pela íntima desordem naquilo pelo qual o homem, no mistério da criação, era "a imagem de Deus", tanto no "eu" pessoal como na relação interpessoal, através da comunhão primordial das pessoas, constituída em conjunto pelo homem e pela mulher. Aquela vergonha, cuja causa se encontra na humanidade, é ao mesmo tempo imanente e relativa: manifesta-se na dimensão da interioridade humana e ao mesmo tempo refere-se ao "outro". Esta é a vergonha da mulher "em relação" ao homem, e também do homem "em relação" à mulher: vergonha recíproca, que os obriga a cobrir a própria nudez, a esconder os próprios corpos, a tirar da vista do homem o que forma o sinal visível da feminilidade, e da vista da mulher o que forma o sinal visível da masculinidade. Em tal direção se orientou a vergonha de ambos depois do pecado original, quando deram conta de que "estavam nus", como atesta Gênesis 3, 7. O texto javista parece indicar explicitamente o caráter "sexual" desta vergonha: "prenderam folhas de figueira umas às outras e colocaramnas como se fossem cinturões". Todavia, podemos perguntar se o aspecto "sexual" tem somente caráter "relativo"; em outras palavras: se se trata de vergonha da própria sexualidade apenas em relação à pessoa do outro sexo.

2. Apesar de, à luz daquela única frase determinante de Gênesis 3, 7, a resposta à interrogação parecer inculcar sobretudo o caráter relativo da vergonha original, contudo a reflexão sobre todo o con-

texto imediato permite descobrir o seu fundo mais imanente. Aquela vergonha, que sem dúvida se manifesta na ordem "sexual", revela uma dificuldade específica de advertir a essencialidade humana do próprio corpo: dificuldade que o homem não tinha experimentado no estado de inocência original. Assim, com efeito, se podem entender as palavras "enchi-me de medo, porque estou nu", as quais colocam em evidência as conseqüências do fruto da árvore do conhecimento do bem e do mal no íntimo do homem. Por meio destas palavras, desvela-se certa ruptura constitutiva no interior da pessoa humana; uma ruptura, por assim dizer, da unidade espiritual e somática original do homem. Ele se dá conta, pela primeira vez, de que o seu corpo cessou de beber da força do espírito que o elevava ao nível da imagem de Deus. A sua vergonha original traz em si os sinais de uma humilhação específica comunicada pelo corpo. Esconde-se nela o germe daquela contradição que acompanhará o homem "histórico" em todo o seu caminho terrestre, como escreve São Paulo: "Sinto prazer na lei de Deus, de acordo com o homem interior. Mas vejo outra lei nos meus membros, a lutar contra a lei da minha razão".[1]

3. Assim, pois, aquela vergonha é imanente. Contém tal agudeza cognoscitiva que origina uma inquietação fundamental em toda a existência humana, não só diante da perspectiva da morte, mas também diante daquela de que dependem o próprio valor e a dignidade da pessoa no seu significado ético. Em tal sentido, a vergonha original do corpo ("estou nu") já é medo ("enchi-me de medo") e anuncia a inquietação da consciência ligada à concupiscência. O corpo, que não está sujeito ao espírito como no estado de inocência original, traz em si um foco constante de resistência ao espírito e ameaça de algum modo a unidade do homem-pessoa, isto é, a natureza moral, que mergulha solidamente as raízes na própria constituição da pessoa. A concupiscência, e em particular a concupiscência do corpo, é ameaça específica à estrutura da autonomia e do autodomínio, por meio da qual se forma a pessoa humana. E constitui para ela, também, um desafio específico. Seja como for, o homem da concupiscência não domina o próprio corpo do mesmo modo, com igual simplicidade e "naturalidade", como o fazia o homem da inocência original. A estrutura da autonomia, essencial para a pessoa, é nele, de certo modo, abalada até aos fundamentos; ele de novo se identifica com ela enquanto está continuamente pronto a conquistá-la.

4. Com tal desequilíbrio interior está unida a vergonha imanente. E esta tem um caráter "sexual", porque é precisamente a esfera da sexualidade humana que parece colocar em especial evidência aquele

---

1 Rm 7, 22–23.

desequilíbrio, que brota da concupiscência e especialmente da "concupiscência do corpo". Sob este ponto de vista, aquele primeiro impulso de que fala Gênesis 3, 7 ("reconhecendo que estavam nus, prenderam folhas de figueira umas às outras e colocaram-nas como se fossem cinturões") é muito eloqüente; é como se o "homem da concupiscência" (varão e mulher no "ato do conhecimento do bem e do mal") experimentasse ter simplesmente cessado de estar acima do mundo dos seres vivos, mesmo através do próprio corpo e sexo. É como se ele experimentasse uma específica fratura da integridade pessoal do próprio corpo, particularmente no que lhe determina a sexualidade e está diretamente ligado ao chamado àquela unidade, em que o homem e a mulher "serão uma só carne".[2] Por isso, aquele pudor imanente e ao mesmo tempo sexual é sempre, ao menos indiretamente, relativo. É o pudor da própria sexualidade "em relação" ao outro ser humano. É deste modo que o pudor se manifesta na narrativa de Gênesis 3, pelo qual somos, em certo sentido, testemunhas do nascimento da concupiscência humana. É, portanto, suficientemente clara também a motivação para ir das palavras de Cristo sobre o homem (varão), que "olha para uma mulher com desejo libidinoso"[3] àquele primeiro momento, em que o pudor se explica mediante a concupiscência, e esta mediante o pudor. Assim entendemos melhor por que — e em que sentido — Cristo fala do desejo como "adultério" cometido no coração, porque se dirige ao "coração" humano.

5. O coração humano conserva em si simultaneamente o desejo e o pudor. O nascimento do pudor nos orienta para aquele momento em que o homem interior, "o coração", fechando-se ao que "vem do Pai", se abre ao que "vem do mundo". O nascimento do pudor no coração humano se dá juntamente com o início da concupiscência: da tríplice concupiscência segundo a teologia joanina[4] e em particular da concupiscência do corpo. O homem tem pudor do corpo por causa da concupiscência. Ainda mais, tem pudor não tanto do corpo como precisamente da concupiscência. Tem pudor do corpo por causa daquele estado do seu espírito a que a teologia e a psicologia dão a mesma denominação sinônima: desejo ou concupiscência, embora com significado não de todo igual. O significado bíblico e teológico do desejo e da concupiscência difere daquele usado na psicologia. Para esta última, o desejo provém da falta ou da necessidade que o valor desejado deve satisfazer. A concupiscência bíblica, como deduzimos de 1Jo 2, 16, indica o estado do espírito humano

---

2   Gn 2, 24.

3   Mt 5, 28.

4   Cf. 1Jo 2, 16.

afastado da simplicidade original e da plenitude dos valores, que o homem e o mundo possuem "nas dimensões de Deus". Precisamente essa simplicidade e plenitude do valor do corpo humano, na primeira experiência da sua masculinidade-feminilidade, de que fala Gênesis 2, 23-25, sofreu sucessivamente, "nas dimensões do mundo", uma transformação radical. E então, juntamente com a concupiscência do corpo, nasceu o pudor.

6. O pudor tem um duplo significado: indica ameaça do valor e ao mesmo tempo preserva interiormente tal valor.[5] O fato de o coração humano, desde o momento em que nele nasce a concupiscência do corpo, conservar em si também a vergonha indica que se pode e deve fazer apelo a ele quando se trata de garantir aqueles valores, aos quais a concupiscência tira a sua dimensão plena e original. Se tivermos isto em mente, estamos capazes de compreender melhor por que, falando da concupiscência, Cristo apela ao "coração" humano.

---

5 Cf. Karol Wojtyla, *Amore e responsabilità*, Torino, 1978, cap. "Metafisica del pudore", pp. 161-178.

29. O SIGNIFICADO DA VERGONHA ORIGINAL NAS RELAÇÕES INTERPESSOAIS HOMEM-MULHER

Audiência Geral de quarta-feira, 4 de junho de 1980

1. Falando do nascimento da concupiscência no homem, com base no Livro do Gênesis, analisamos o significado original da vergonha, que aparece com o primeiro pecado. A análise da vergonha, à luz da narrativa bíblica, nos permite compreender, ainda mais a fundo, o significado que ela tem para o conjunto das relações interpessoais homem-mulher. O capítulo terceiro do Gênesis demonstra que aquela vergonha, sem nenhuma dúvida, apareceu na relação recíproca do homem com a mulher e que tal relação, por causa da vergonha, sofreu uma transformação radical. E como ela nasceu nos corações de ambos ao mesmo tempo que a concupiscência do corpo, a análise da vergonha original permite-nos igualmente examinar em que relação se situa tal concupiscência em se tratando da comunhão das pessoas, que desde o princípio foi concedida e consignada como tarefa ao homem e à mulher, pelo fato mesmo de terem sido criados "à imagem de Deus". Por isso, a ulterior etapa do estudo sobre a concupiscência, que "ao princípio" se tinha manifestado por meio da vergonha do homem e da mulher segundo Gênesis 3, é a análise da insaciabilidade da união, isto é, da comunhão das pessoas, que devia ser expressa também pelos seus corpos, segundo a própria masculinidade e feminilidade específicas.

2. Assim, pois, esta vergonha que, segundo a narrativa bíblica, leva o homem e a mulher a esconderem reciprocamente os próprios corpos, e em especial a diferenciação sexual de ambos, confirma que se infringiu aquela capacidade original de comunicarem-se reciprocamente a si mesmos, de que fala Gênesis 2, 25. A radical mudança do significado da nudez original nos deixa supor transformações negativas de toda a relação interpessoal homem-mulher. Aquela recíproca comunhão na humanidade, por meio do corpo e por meio da sua masculinidade e feminilidade, que tinha tão forte eco na passagem precedente da narrativa javista,[1] é neste momento perturbada: como se o corpo, na sua masculinidade e feminilidade, cessasse de constituir o "insuspeitável" substrato da comunhão das pessoas, como se a sua função original fosse "posta

---

1 Cf. Gn 2, 23–25.

em dúvida" na consciência do homem e da mulher. Desaparecem a simplicidade e a "pureza" da experiência original, que facilitava uma plenitude singular na sua comunicação recíproca. Obviamente, os nossos primeiros pais não deixaram de *se comunicar reciprocamente*, através do corpo e dos seus movimentos, gestos e expressões; mas desapareceu a simples e direta comunhão mútua, relacionada com a experiência original da recíproca nudez. Como que de improviso, apareceu na consciência deles uma soleira intransponível, que limitava a originária "doação de si" ao outro, em plena confiança a tudo o que constituía a própria identidade e, ao mesmo tempo, diversidade; de um lado o feminino, do outro o masculino. A diversidade, ou seja, a diferença de sexos, masculino e feminino, foi de repente percebida e compreendida como elemento de recíproca contraposição de pessoas. Isto é atestado pela expressão concisa de Gênesis 3, 7: "reconheceram que estavam nus", e pelo seu contexto imediato. Tudo isto faz parte também da análise da primeira vergonha. O Livro do Gênesis não somente lhe descreve a origem no ser humano, mas permite também que se desvelem os seus graus em ambos, no homem e na mulher.

3. O fechar-se à capacidade de uma plena comunhão recíproca, que se manifesta como pudor sexual, permite-nos entender melhor o valor original do significado unificante do corpo. Não se pode, de fato, compreender de outro modo aquele respectivo fechar-se, ou seja, a vergonha, senão em relação com o significado que o corpo, na sua masculinidade e feminilidade, tinha anteriormente para o homem no estado de inocência original. Aquele significado unificante se entende não somente a respeito da unidade que o homem e a mulher, como cônjuges, deviam constituir, tornando-se "uma só carne"[2] através do ato conjugal, mas também com referência à mesma "comunhão das pessoas", que fora a dimensão própria da existência do homem e da mulher no mistério da criação. O corpo, na sua masculinidade e feminilidade, constituía o "substrato" peculiar de tal comunhão pessoal. O pudor sexual, de que trata Gênesis 3, 7, atesta a perda da certeza original de que o corpo humano, através da sua masculinidade e feminilidade, seja aquele mesmo "substrato" da comunhão das pessoas, que "simplesmente" a exprima e sirva para a sua realização (e assim também para o aperfeiçoamento da "imagem de Deus" no mundo visível). Este estado de consciência de ambos tem fortes repercussões no contexto seguinte de Gênesis 3, do qual em breve nos ocuparemos. Se o homem, depois do pecado original, tinha como que perdido o sentido da imagem de Deus em si, isto se manifestou com a vergonha

---

[2] Gn 2, 24.

do corpo.³ Aquela vergonha, invadindo a relação homem-mulher na sua totalidade, manifestou-se com o desequilíbrio do significado original da unidade corpórea, isto é, do corpo como "substrato" peculiar da comunhão das pessoas. Como se o aspecto pessoal da masculinidade e feminilidade, que primeiro punha em evidência o significado do corpo para uma plena comunhão das pessoas, cedesse o lugar apenas à sensação da "sexualidade" a respeito do outro ser humano. É como se a sexualidade se tornasse "obstáculo" na relação pessoal do homem com a mulher. Ocultando-a reciprocamente, segundo Gênesis 3, 7, ambos a exprimem como que por instinto.

4. Esta é, a um tempo, como que a "segunda" descoberta do sexo, que na narrativa bíblica difere radicalmente da primeira. Todo o contexto da narrativa comprova que esta nova descoberta distingue entre o homem "histórico" da concupiscência (e da tríplice concupiscência) e o homem da inocência original. Em que relação se coloca a concupiscência, e em particular a concupiscência da carne, a respeito da comunhão das pessoas através do corpo, da sua masculinidade e feminilidade, isto é, a respeito da comunhão consignada, "desde o princípio", ao homem pelo Criador? Eis a interrogação que nos devemos perguntar, precisamente quanto ao "princípio" acerca da experiência da vergonha, à qual se refere a narrativa bíblica. A vergonha, como já observamos, manifesta-se na narrativa de Gênesis 3 como sintoma da separação do homem quanto ao amor, de que era participante no mistério da criação segundo a expressão joanina: o que "vem do Pai". Aquilo que "vem do mundo", isto é, a concupiscência, traz consigo como que uma dificuldade constitutiva de identificação com o próprio corpo; e não só no âmbito da própria subjetividade, mas, ainda mais, a respeito da subjetividade do outro ser humano: da mulher para o homem, do homem para a mulher.

5. Daí a necessidade de esconder-se diante do "outro" com o próprio corpo, com aquilo que determina a própria feminilidade e masculinidade. Esta necessidade demonstra a carência fundamental de confiança, o que por si indica o desmoronamento da relação original "de comunhão". Precisamente a referência à subjetividade do outro, e ao mesmo tempo à própria subjetividade, suscitou nesta nova situação, isto é, no contexto da concupiscência, a exigência da ocultação, de que fala Gênesis 3, 7.

E precisamente aqui parecemos descobrir de novo um significado mais profundo do pudor "sexual" e também o pleno significado daquele fenômeno a que se refere o texto bíblico para revelar o limiar

---

3   Cf. especialmente Gn 3, 10–11.

entre o homem da inocência original e o homem "histórico" da concupiscência. O texto integral de Gênesis 3 nos fornece elementos para definir a dimensão mais profunda da vergonha; mas isto exige uma análise à parte. Nós a iniciaremos na próxima reflexão.

30. O "DOMÍNIO DO OUTRO" NA RELAÇÃO INTERPESSOAL

Audiência Geral de quarta-feira, 18 de junho de 1980

1. Em Gênesis 3 é descrito com surpreendente precisão o fenômeno da vergonha, manifestada no primeiro homem juntamente com o pecado original. Uma atenta reflexão sobre este texto permite-nos deduzir que a vergonha, sucedida à absoluta confiança relacionada com o estado anterior de inocência original na relação recíproca entre o homem e a mulher, tem uma dimensão mais profunda. A este propósito, é preciso reler até ao fim o capítulo 3 do Gênesis, e não limitar a leitura ao versículo 7 nem ao texto dos versículos 10–11, que contêm o testemunho acerca da primeira experiência da vergonha. Eis que, em seguida a esta narrativa, se rompe o diálogo de Deus-Javé com o homem e a mulher, e inicia-se um monólogo. Javé dirige-se à mulher e fala primeiro das dores do parto, que doravante a acompanharão: "Multiplicarei as dores de tua gravidez, e na dor darás à luz os teus filhos".[1]

A isto se segue a expressão característica da futura relação entre ambos, do homem e da mulher: "[...] teus desejos te impelirão para o teu marido, e ele será o teu dominador".[2]

2. Estas palavras, do mesmo modo que as de Gênesis 2, 24, têm caráter de perspectiva. A incisiva formulação de 3, 16 parece dizer respeito ao conjunto dos fatos, que de certo modo parecem ter surgido já na experiência original da vergonha, e sucessivamente se manifestaram em toda a experiência interior do homem "histórico". A história das consciências e dos corações humanos terá em si a contínua confirmação das palavras contidas em Gênesis 3, 16. As palavras pronunciadas no princípio parecem referir-se a uma particular "diminuição" da mulher em relação ao homem. Mas não há motivo para entendê-la como diminuição ou desigualdade social. Imediatamente, porém, a expressão "teus desejos te impelirão para o teu marido, e ele será o teu dominador" indica outra forma de desigualdade, que a mulher sentirá como falta de plena unidade, precisamente no vasto

---

[1] Gn 3, 1.

[2] Gn 3, 16.

contexto da união com o homem, união a que ambos foram chamados segundo Gênesis 2, 24.

3. As palavras de Deus-Javé "teus desejos te impelirão para o teu marido, e ele será o teu dominador"[3] não dizem respeito exclusivamente ao momento da união do homem e da mulher, quando ambos se unem a ponto de se tornarem uma só carne,[4] mas referem-se ao amplo contexto das relações mesmo indiretas da união conjugal no seu conjunto. Pela primeira vez o homem é aqui definido como "marido". Em todo o contexto da narrativa javista tais palavras compreendem sobretudo uma infração, uma fundamental perda da primitiva comunidade-comunhão de pessoas. Esta deveria tornar reciprocamente felizes o homem e a mulher, mediante a busca de uma simples e pura união na humanidade; mediante uma recíproca oferta de si mesmos, isto é, a experiência do dom da pessoa expresso com a alma e com o corpo, com a masculinidade e a feminilidade ("carne da minha carne"); e por fim mediante a subordinação de tal união à bênção da fecundidade com a "procriação".

4. Parece, portanto, que nas palavras dirigidas por Deus-Javé à mulher encontra-se um eco mais profundo da vergonha, que ambos começaram a experimentar depois da ruptura da aliança original com Deus. Nelas encontramos, além disso, mais plena razão de tal vergonha. De modo mais discreto, porém bastante decifrável e expressivo, Gênesis 3, 16 atesta como aquela união conjugal das pessoas, original e beatificante, será deformada no coração do homem pela concupiscência. Estas palavras são diretamente dirigidas à mulher, mas referem-se ao homem, ou melhor, aos dois juntos.

5. Já a análise de Gênesis 3, 7, feita precedentemente, demonstrou que na nova situação, depois da ruptura da aliança original com Deus, o homem e a mulher se encontram entre si, em vez de unidos, mais divididos, ou mesmo contrapostos por causa da masculinidade-feminilidade de cada um. A narrativa bíblica, pondo em relevo o impulso instintivo que impelira a ambos a cobrirem os corpos, descreve ao mesmo tempo a situação em que o homem, como varão ou mulher — primeiro eram plenamente varão e mulher — se sente mais apartado do corpo, como da fonte da união original na humanidade ("carne da minha carne"), e mais apartado um do outro precisamente com base no corpo e no sexo. Tal contraposição não destrói nem

---

[3] Gn 3, 1.

[4] Cf. Gn 2, 24.

exclui a união conjugal, desejada pelo Criador,[5] nem os seus efeitos procriativos; mas confere à prática desta união outra direção, que será própria do homem da concupiscência. Disto precisamente fala Gênesis 3, 16.

A mulher, cujos desejos a "impelirão para o seu marido",[6] e o homem, que responde a tais desejos, como lemos: "será o teu dominador", formam indubitavelmente o mesmo par humano, o mesmo matrimônio de Gênesis 2, 24, mais ainda, a própria comunidade de pessoas: todavia, são agora alguma coisa de diverso. Já não são apenas chamados à união e unidade, mas também ameaçados pela insaciabilidade da mesma união e unidade, que não cessa de atrair o homem e a mulher precisamente porque são pessoas chamadas desde a eternidade a existir "em comunhão". À luz da narrativa bíblica, o pudor sexual tem o seu profundo significado, que está relacionado precisamente à insaciável aspiração a realizar, na "união conjugal do corpo",[7] a comunhão recíproca de pessoas.

6. Tudo isso parece confirmar, sob vários aspectos, que na base da vergonha, de que o homem "histórico" se tornou participante, está a tríplice concupiscência de que trata a Primeira Carta de João (2, 16): não só "a concupiscência da carne", mas também "a concupiscência dos olhos e a soberba da vida". A expressão relativa à "dominação" ("ele será o teu dominador") de que nos fala Gênesis 3, 16 não indica porventura esta última forma de concuspicência? A dominação "sobre" o outro — do homem sobre a mulher — não muda acaso essencialmente a estrutura de comunhão na relação interpessoal? Não transpõe para a dimensão de tal estrutura alguma coisa que faz do ser humano um objeto, em certo sentido, concupiscível para os olhos?

Eis as interrogações que nascem da reflexão sobre as palavras de Deus-Javé segundo Gênesis 3, 16. Essas palavras, pronunciadas como que no limiar da história humana depois do pecado original, desvelam-nos não só a situação exterior do homem e da mulher, mas permitem-nos também penetrar no interior dos profundos mistérios do coração de ambos.

---

5   Cf. Gn 2, 24.

6   Gn 3, 16.

7   Gn 2, 24.

31. A TRÍPLICE CONCUPISCÊNCIA LIMITA O SIGNIFICADO ESPONSAL DO CORPO

Audiência Geral de quarta-feira, 25 de junho de 1980

1. A análise que fizemos durante a precedente reflexão estava centrada nas seguintes palavras de Gênesis 3, 16, dirigidas por Deus-Javé à primeira mulher depois do pecado original: "[...] teus desejos te impelirão para o teu marido, e ele será o teu dominador.".[1] Chegamos a concluir que essas palavras contêm um adequado esclarecimento e uma profunda interpretação da vergonha original,[2] tornada parte do homem e da mulher juntamente com a concupiscência. A explicação desta vergonha não pode ser encontrada no próprio corpo, na sexualidade somática de ambos, mas remonta às transformações mais profundas sofridas pelo espírito humano. Precisamente este espírito está, de modo particular, consciente de quão insaciável ele é da mútua unidade entre o homem e a mulher. E tal consciência, por assim dizer, imputa a culpa ao corpo, tirando-lhe a simplicidade e a pureza do significado unido à inocência original do ser humano. Em relação com essa consciência, a vergonha é experiência secundária: se por um lado revela o momento da concupiscência, ao mesmo tempo pode evitar as conseqüências do tríplice elemento da concupiscência. Pode-se mesmo dizer que o homem e a mulher, por meio da vergonha, como que permanecem no estado da inocência original. Com efeito, continuamente, tomam consciência do significado esponsal do corpo e tendem a resguardá-lo, por assim dizer, da concupiscência, como também procuram manter o valor da comunhão, ou seja, da união das pessoas na "unidade do corpo".

2. Gênesis 2, 24 fala com discrição mas também com clareza da "união dos corpos" no sentido da autêntica união das pessoas: "o homem [...] se unirá à sua mulher, e os dois serão uma só carne"; e do contexto conclui-se que esta união provém de uma escolha, dado que o homem "deixará" pai e mãe para unir-se à sua mulher. Tal união das pessoas admite que elas se tornam "uma só carne". Partindo desta expressão "sacramental", correspondente à comunhão das pessoas — do homem e da mulher — no chamado original de ambos à união

---

1 Gn 3, 16.

2 Cf. Gn 3, 7.

conjugal, podemos compreender melhor a mensagem própria do Gênesis 3, 16; isto é, podemos estabelecer e como que reconstruir aquilo em que consiste o desequilíbrio, mesmo a peculiar deformação da relação original interpessoal de comunhão, à qual aludem as palavras "sacramentais" de Gênesis 2, 24.

3. Pode-se, portanto, dizer — aprofundando Gênesis 3, 16 — que, enquanto por um lado o "corpo", constituído na unidade do sujeito pessoal, não cessa de estimular os desejos da união pessoal, precisamente por causa da masculinidade e feminilidade ("teus desejos te impelirão para o teu marido"), por outro lado e ao mesmo tempo a concupiscência dirige a seu modo estes desejos; isto é confirmado pela expressão "ele será o teu dominador". A concupiscência da carne orienta, porém, tais desejos para a satisfação do corpo, muitas vezes a preço de uma autêntica e plena comunhão das pessoas. Em tal sentido, dever-se-ia prestar atenção à maneira como são distribuídas as acentuações semânticas nos versículos de Gênesis 3; de fato, embora estejam dispersas, revelam coerência interna. O homem é aquele que parece sentir vergonha do próprio corpo com particular intensidade: "enchi-me de medo, porque estou nu, e me escondi".[3] Estas palavras põem em relevo o caráter verdadeiramente metafísico da vergonha. Ao mesmo tempo, o homem é aquele pelo qual a vergonha, unida à concupiscência, se tornará impulso para "dominar" a mulher ("ele será o teu dominador"). Em seguida, a experiência de tal dominação manifesta-se mais diretamente na mulher como o desejo insaciável de uma união diversa. Desde o momento em que o homem a "domina", à comunhão das pessoas — feita de plena unidade espiritual dos dois sujeitos que se dão reciprocamente — sucede uma diversa relação mútua, isto é, uma relação de posse do outro à maneira de objeto do próprio desejo. Se tal impulso prevalece por parte do homem, os instintos que a mulher dirige para ele, segundo a expressão de Gênesis 3, 16, podem assumir — e assumem — caráter análogo. E talvez por vezes se antecipem ao "desejo" do homem, ou tendam até a despertá-lo e a dar-lhe impulso.

4. O texto de Gênesis 3, 16 parece indicar sobretudo o homem como aquele que "deseja", analogamente ao texto de Mateus 5, 27–28, que forma o ponto de partida para as presentes meditações; apesar disso, tanto o homem como a mulher tornaram-se um "ser humano" sujeito à concupiscência. E por isso ambos têm como sorte a vergonha, que, com profunda reverberação, toca o íntimo tanto da personalidade masculina como da feminina, ainda que de maneira diversa. O que aprendemos de Gênesis 3 permite-nos apenas desenhar esta duplicidade, mas esses meros traços são muito significati-

---

3   Gn 3, 10.

vos. Acrescentemos que, tratando-se de um texto tão arcaico, ele é surpreendentemente eloquente e agudo.

5. Uma adequada análise de Gênesis 3 leva, portanto, à conclusão segundo a qual a tríplice concupiscência, incluída a do corpo, traz consigo uma limitação do significado esponsal do corpo, do qual o homem e a mulher eram participantes no estado da inocência original. Quando falamos do significado do corpo, fazemos antes de tudo referência à plena consciência do ser humano, mas incluímos também toda a efetiva experiência do corpo na sua masculinidade e feminilidade, e, em qualquer caso, a constante predisposição para tal experiência. O "significado" do corpo não é só algo de conceitual. Sobre isso, já chamamos suficientemente a atenção nas precedentes análises. O "significado do corpo" é ao mesmo tempo o que determina a atitude: é o modo de viver o corpo. É a medida que o homem interior, isto é, aquele "coração" ao qual Cristo se refere no Sermão da Montanha, aplica ao corpo humano quanto à sua masculinidade-feminilidade (portanto, quanto à sua sexualidade).

Esse "significado" não modifica a realidade em si mesma: o que é o corpo humano — e o que ele não deixa de ser — na sexualidade que lhe é própria, independentemente dos estados da nossa consciência e das nossas experiências. Todavia, esse significado puramente objetivo do corpo e do sexo, fora do sistema das reais e concretas relações interpessoais entre o homem e a mulher, é em certo sentido "não histórico". Nós, pelo contrário, na presente análise e em conformidade com as fontes bíblicas, temos sempre em conta a historicidade do homem (também pelo fato de partirmos da sua pré-história teológica). Trata-se aqui, obviamente, de uma dimensão interior, que foge aos critérios externos da historicidade, mas que pode ser considerada "histórica". Mais ainda, ela está precisamente na base de todos os fatos que formam a história do homem — também a história do pecado e da salvação —, e assim revelam a profundidade e a raiz da sua historicidade.

6. Quando, neste vasto contexto, falamos da concupiscência como de limitação, infração ou mesmo deformação do significado esponsal do corpo, referimo-nos sobretudo às precedentes análises, que tratavam do estado da inocência original, isto é, da pré-história teológica do homem. Ao mesmo tempo, temos em mente a medida que o homem "histórico", com o seu "coração", aplica ao próprio corpo a respeito da sexualidade masculina-feminina. Esta medida não é exclusivamente conceitual: é o que determina as atitudes e os princípios gerais sobre o modo de viver o corpo.

Certamente, é a isto que Cristo se refere no Sermão da Montanha. Procuramos aqui nos aproximar das palavras tiradas de Mateus 5,

27-28 no limiar da história teológica do homem, tomando-as portanto em consideração já no contexto de Gênesis 3. A concupiscência como limitação, infração ou mesmo deformação do significado esponsal do corpo, pode ser verificada de maneira especialmente clara (não obstante a brevidade da narrativa bíblica) nos dois progenitores, Adão e Eva; graças a eles, pudemos encontrar o significado esponsal do corpo e voltar a descobrir em que ele consiste como medida do "coração" humano, de maneira que plasme a forma original da comunhão das pessoas. Se na experiência pessoal delas (que o texto bíblico nos permite seguir) aquela forma original sofreu desequilíbrio e deformação — como procuramos demonstrar por meio da análise da vergonha — devia sofrer uma deformação também o significado esponsal do corpo, que na situação da inocência original constituía a medida do coração de ambos, do homem e da mulher. Se conseguirmos reconstruir o significado em que consiste esta deformação, teremos também a resposta à nossa pergunta: ou seja, em que consiste a concupiscência da carne e que coisa constitui a sua especificidade teológica e ao mesmo tempo antropológica. Parece que uma resposta, teológica e antropologicamente adequada, importante por aquilo que concerne ao significado das palavras de Cristo no Sermão da Montanha,[4] pode ser tirada do contexto de Gênesis 3 e de toda a narrativa javista, que precedentemente nos permitiu clarificar o significado esponsal do corpo humano.

---

4   Cf. Mt 5, 27–28.

32. A CONCUPISCÊNCIA DO CORPO DEFORMA AS RELAÇÕES HOMEM-MULHER

Audiência Geral de quarta-feira, 23 de julho de 1980

1. O corpo humano na sua original masculinidade e feminilidade, segundo o mistério da criação — como sabemos pela análise de Gênesis 2, 23-25 —, não é apenas fonte de fecundidade, isto é, de procriação, mas "desde o princípio" tem caráter esponsal: ou seja, é capaz de exprimir o amor com que o homem-pessoa se torna dom, realizando assim o profundo sentido do próprio ser e do próprio existir. Nesta sua peculiaridade, o corpo é a expressão do espírito e é chamado, no próprio mistério da criação, a existir na comunhão das pessoas "à imagem de Deus". Ora, a concupiscência "que vem do mundo" — trata-se diretamente da concupiscência do corpo — limita e deforma aquele modo objetivo de existir do corpo de que o homem se tornou participante. O "coração" humano experimenta o grau desta limitação ou deformação, sobretudo no âmbito das relações recíprocas homem-mulher. Precisamente na experiência do "coração" a feminilidade e a masculinidade, nas suas relações recíprocas, parecem já não ser a expressão do espírito que tende para a comunhão pessoal, e tornam-se apenas objeto de atração, como acontece, em certo sentido, "no mundo" dos seres vivos que, da mesma maneira que o homem, receberam a bênção da fecundidade.[1]

2. Tal semelhança está certamente incluída na obra da criação; confirma-o também Gênesis 2 e particularmente o versículo 24. Todavia, o que formava o substrato "natural" somático e sexual daquela atração já exprimia plenamente no mistério da criação o chamado do homem e da mulher à comunhão pessoal; pelo contrário, depois do pecado, na nova situação de que fala Gênesis 3, tal expressão enfraqueceu-se e ofuscou-se: como se diminuísse ao delinearem-se as relações recíprocas, ou como se fosse repelida para outro plano. O substrato natural e somático da sexualidade humana manifestou-se com força quase autógena, marcada por certa "constrição do corpo", ocasionada segundo uma dinâmica própria, que limita a expressão do espírito e a experiência da permuta do dom da pessoa. As palavras de Gênesis 3, 16 dirigidas à primeira mulher parecem indicá-lo de modo

---
1 Cf. Gn 1.

bastante claro ("[...] teus desejos te impelirão para o teu marido, e ele será o teu dominador").

3. O corpo humano, na sua masculinidade-feminilidade, de certa forma perdeu a capacidade de exprimir esse amor, em que o homem-pessoa se torna dom, conforme a mais profunda estrutura e finalidade da sua existência pessoal, como já observamos nas precedentes análises. Se aqui não formulamos este juízo de modo absoluto e lhe acrescentamos a expressão adverbial "de certa forma", fazemos isto porque a dimensão do dom — isto é, a capacidade de exprimir o amor com que o homem, mediante a sua feminilidade e masculinidade, se torna dom para o outro — em alguma medida não cessou de permear e plasmar o amor que nasce no coração humano. O significado esponsal do corpo não se tornou totalmente estranho àquele coração: não foi totalmente sufocado pela concupiscência, mas só regularmente ameaçado. O "coração" se tornou lugar de combate entre o amor e a concupiscência. Quanto mais a concupiscência domina o coração, tanto menos este experimenta o significado esponsal do corpo, e tanto menos se torna sensível ao dom da pessoa, que nas relações recíprocas do homem e da mulher exprime precisamente aquele significado. Certamente, também aquele "desejo" de que fala Cristo em Mateus 5, 27-28 aparece no coração humano em formas múltiplas. Nem sempre é evidente e manifesto: às vezes é obscuro, de maneira que se faz chamar "amor", ainda que mude o seu autêntico aspecto e obscureça a limpidez do dom na relação recíproca das pessoas. Porventura isto quer dizer que tenhamos o dever de desconfiar do corpo humano? Não! Quer dizer somente que devemos manter o seu domínio.

4. A imagem da concupiscência do corpo, que emerge da presente análise, tem clara referência à imagem da pessoa, com a qual ligamos as nossas precedentes reflexões sobre o tema do significado esponsal do corpo. O homem, de fato, como pessoa, é na terra "a única criatura que Deus quis por si mesma" e, ao mesmo tempo, aquele que "não se pode encontrar plenamente a não ser no dom sincero de si mesmo" (*Gaudium et spes*, 24). A concupiscência em geral — e a concupiscência do corpo em particular — afeta precisamente este "dom sincero": pode-se dizer que subtrai ao homem a dignidade do dom, que é expressa pelo seu corpo mediante a masculinidade e a feminilidade, e em certo sentido "despersonaliza" o homem, fazendo-o objeto "para o outro". Ao invés de ser "juntamente com o outro" — sujeito na unidade, ou melhor, na "unidade do corpo" sacramental — o homem se torna objeto para o homem: a mulher para o varão e vice-versa. As palavras de Gênesis 3, 16 — e, antes ainda, de Gênesis

3, 7 — o atestam, com toda a clareza do contraste, com relação a Gênesis 2, 23-25.

5. Infringindo a dimensão do dom recíproco do homem e da mulher, a concupiscência põe também em dúvida o fato de que cada um é querido "em si mesmo" pelo Criador. A subjetividade da pessoa cede, em certo sentido, à objetividade do corpo. A concupiscência significa, por assim dizer, que as relações pessoais do homem e da mulher estão unilateral e reduzidamente vinculadas ao corpo e ao sexo, no sentido de que tais relações se tornam como que incapazes de acolher o dom recíproco da pessoa. Não contêm nem tratam a masculinidade-feminilidade segundo a plena dimensão da subjetividade pessoal, nem constituem a expressão da comunhão, mas permanecem unilateralmente determinadas "pelo sexo".

6. A concupiscência comporta a perda da liberdade interior do dom. O significado esponsal do corpo humano está precisamente ligado a esta liberdade. O homem pode tornar-se dom — ou seja, o varão e a mulher podem existir na relação do dom recíproco de si — se cada um deles se domina a si mesmo. A concupiscência, que se manifesta como "um constrangimento *sui generis* do corpo", limita interiormente e restringe o autodomínio de si, e por isso mesmo, em certo sentido, torna impossível a liberdade interior do dom. Juntamente com isso, sofre ofuscamento também a beleza que o corpo humano possui no seu aspecto masculino e feminino, como expressão do espírito. Fica o corpo como objeto de concupiscência e, portanto, como "terreno de apropriação" do outro ser humano. A concupiscência, por si mesma, não é capaz de promover a união como comunhão de pessoas. Sozinha, ela não une, mas apropria-se. A relação do dom muda-se em relação de posse.

Nesta altura, interrompamos hoje as nossas reflexões. O último problema aqui tratado é de tão grande importância, e é além disso tão sutil do ponto de vista da diferença entre o autêntico amor (isto é, entre a "comunhão das pessoas") e a concupiscência, que devemos retomá-lo no nosso próximo encontro.

33. A DOAÇÃO RECÍPROCA DO HOMEM E DA MULHER NO MATRIMÔNIO

Audiência Geral de quarta-feira, 30 de julho de 1980

1. As reflexões que vamos desenvolvendo no atual ciclo se relacionam às palavras pronunciadas por Cristo no Sermão da Montanha sobre o "desejo" da mulher por parte do homem. Na tentativa de proceder a um exame de fundo, sobre a característica do "homem da concupiscência", voltemos a atenção ao Livro do Gênesis. Nele, a situação que se veio a criar na relação recíproca do homem e da mulher é indicada com grande precisão. Cada frase de Gênesis 3 é muito eloqüente. As palavras de Deus-Javé dirigidas à mulher em Gênesis 3, 16, "teus desejos te impelirão para o teu marido, e ele será o teu dominador", parecem revelar, em uma análise aprofundada, de que modo a relação de dom recíproco, que existia entre eles no estado de inocência original, se mudou, depois do pecado, em relação de apropriação recíproca.

Se o homem se relaciona com a mulher, a ponto de a considerar apenas como objeto para dela se apropriar, e não como dom, ao mesmo tempo condena-se a si mesmo a tornar-se, também ele para ela, apenas objeto de apropriação, e não dom. Parece que as palavras de Gênesis 3, 16 tratam de tal relação bilateral, embora diretamente seja dito apenas: "ele será o teu dominador". Além disso, na apropriação unilateral (que indiretamente é bilateral) desaparece a estrutura da comunhão entre as pessoas; ambos os seres humanos se tornam como que incapazes de atingir a medida interior do coração, voltada para a liberdade do dom e para o significado esponsal do corpo, que lhe é intrínseco. As palavras de Gênesis 3, 16 parecem sugerir que isto acontece sobretudo em detrimento da mulher, e que, seja como for, ela o sente mais do que o homem.

2. Vale a pena dirigir agora a atenção ao menos a este aspecto. As palavras de Deus-Javé, segundo Gênesis 3, 16, "teus desejos te impelirão para o teu marido" e as de Cristo segundo Mateus 5, 27–28, "todo aquele que olhar para uma mulher com desejo libidinoso [...]", permitem descobrir certo paralelismo. Talvez aqui não se trate sobretudo de a mulher se tornar objeto de "desejo" por parte do homem,

mas sim de — como anteriormente destacamos — o homem "desde o princípio" dever ser guardião da reciprocidade do dom e do seu autêntico equilíbrio. A análise daquele "princípio"[1] mostra precisamente a responsabilidade do homem em acolher a feminilidade como dom e em transformá-la numa recíproca e bilateral troca. A isto se contrasta abertamente a perda do próprio dom da mulher mediante a concupiscência. Mesmo que a conservação do equilíbrio do dom pareça ter sido confiada a ambos, cabe sobretudo ao homem uma especial responsabilidade, como se mais dele dependesse que o equilíbrio seja mantido ou desfeito, ou mesmo — se já desfeito — possivelmente restabelecido. Certamente, a diversidade dos papéis segundo estes enunciados, aos quais fazemos aqui referência como a textos-chave, era também ditada pela marginalização social da mulher nas condições de então (e as Sagradas Escrituras do Antigo e do Novo Testamento disso fornecem suficientes provas); mas também nisso está escondida uma verdade, que tem o seu peso independentemente de específicos condicionamentos devidos aos costumes daquela determinada situação histórica.

3. A concupiscência faz com que o corpo se torne como que "terreno de apropriação" da outra pessoa. É fácil entender que isto comporta a perda do significado esponsal do corpo. E, ao mesmo tempo, adquire outro significado também o fato de as pessoas se pertencerem reciprocamente, as quais, unindo-se de maneira que sejam "uma só carne",[2] são ao mesmo tempo chamadas a pertencer uma à outra. A dimensão particular da união pessoal do homem e da mulher através do amor exprime-se nas palavras "meu" e "minha". Estes pronomes, que desde sempre pertencem à linguagem do amor humano, figuram muitas vezes nas estrofes do Cântico dos Cânticos e também em outros textos bíblicos.[3] São pronomes que, no seu significado "material", denotam uma relação de posse, mas no nosso caso indicam a analogia pessoal de tal relação. A pertença recíproca do homem e da mulher, em especial quando se pertencem como cônjuges "na unidade do corpo", é algo que deriva desta analogia pessoal. A analogia — como é sabido — indica ao mesmo tempo uma semelhança mas também a carência de identidade (isto é, uma substancial dissemelhança). Só podemos afirmar que as pessoas pertencem uma à outra reciprocamente se tomamos em consideração tal analogia. De fato, no seu significado original e específico, a pertença pressupõe a relação

---

1 Gn 2, 23–25.

2 Gn 2, 24.

3 Cf. por ex. Ct 1, 9–16; 2, 2–17; 3, 2–9; 7, 11; 8, 12.14. Além disso, Ez 16, 8; Os 2, 18; Tb 8, 7.

do sujeito ao objeto: relação de posse e de propriedade. É uma relação não apenas objetiva, mas sobretudo "material": a pertença de algo, portanto de um objeto, a alguém.

4. Os termos "meu" e "minha", na eterna linguagem do amor humano, não têm, certamente, tal significado. Indicam a reciprocidade da doação, exprimem o equilíbrio do dom — talvez isto precisamente em primeiro lugar —; isto é, aquele equilíbrio do dom em que se instaura a recíproca *communio personarum*. E se esta é instaurada mediante o dom recíproco da masculinidade e da feminilidade, conserva-se nesta também o significado esponsal do corpo. Na verdade, as palavras "meu" e "minha", na linguagem do amor, parecem uma radical negação de pertença no sentido de que um "objeto-coisa material" pertence ao sujeito-pessoa. A analogia conserva a sua função enquanto não pende para o significado acima exposto. A tríplice concupiscência, e em particular a concupiscência da carne, subtrai à pertença entre o homem e a mulher a dimensão que é própria da analogia pessoal, em que os termos "meu" e "minha" conservam o seu significado essencial. Tal significado essencial está fora da "lei de propriedade", fora do significado do "objeto de posse"; a concupiscência, pelo contrário, é orientada para este último significado. O passo que segue o possuir caminha para o "gozar": o objeto que possuo adquire para mim certo significado, enquanto dele disponho e dele me sirvo, usando-o. É evidente que a analogia pessoal da pertença se contrapõe diretamente a tal significado. E esta oposição é sinal de que aquilo que na relação recíproca do homem e da mulher "vem do Pai" conserva a sua persistência e continuidade relativamente ao que vem "do mundo". Todavia, a concupiscência *de per se* impele o homem para a posse do outro como objeto, impele-o para o "gozo", que leva consigo a negação do significado esponsal do corpo. Na sua essência, o dom desinteressado é excluído pelo "gozo" egoísta. Porventura não falam dele as palavras de Deus-Javé dirigidas à mulher em Gênesis 3, 16?

5. Segundo a Primeira Carta de João (2, 16), a concupiscência mostra sobretudo o estado do espírito humano. Também a concupiscência da carne atesta, em primeiro lugar, o estado do espírito humano. A este problema será conveniente dedicar uma nova análise. Aplicando a teologia joanina ao terreno das experiências descritas em Gênesis 3, como também às palavras pronunciadas por Cristo no Sermão da Montanha,[4] encontramos, por assim dizer, uma dimensão concreta daquela oposição que — juntamente com o pecado — nasceu no coração humano entre o espírito e o corpo. As suas conseqüências se fazem sentir na relação recíproca das pessoas, cuja unidade

---

4 Mt 5, 27–28.

na humanidade é determinada desde o princípio por serem homem e mulher. Desde que o homem proclamou "outra lei a lutar contra a lei da sua razão",[5] existe como que um constante perigo de prevalecer tal modo de ver, de avaliar e de amar, de maneira que o "desejo do corpo" se manifesta mais forte que o "desejo da razão". Ora, é precisamente esta verdade acerca do homem, este elemento antropológico, que devemos ter sempre presente, se quisermos compreender a fundo o chamamento dirigido por Cristo ao coração humano no Sermão da Montanha.

---

5 Cf. Rm 7, 23.

34. O SERMÃO DA MONTANHA AOS HOMENS DO NOSSO TEMPO

Audiência Geral de quarta-feira, 6 de agosto de 1980

1. Prosseguindo o nosso ciclo, retomamos hoje o Sermão da Montanha, mais precisamente o enunciado: "[...] todo aquele que olhar para uma mulher com desejo libidinoso, já cometeu adultério com ela no seu coração".[1] Jesus faz referência aqui ao "coração".

Na sua conversa com os fariseus, Jesus, referindo-se ao "princípio",[2] pronunciou as seguintes palavras a respeito da carta de divórcio: "Por causa da dureza do vosso coração, Moisés permitiu que repudiásseis as vossas mulheres; mas no princípio não foi assim".[3] Esta frase compreende indubitavelmente uma acusação. A "dureza de coração"[4] indica o que, segundo o *ethos* do povo do Antigo Testamento, fundou a situação contrária ao desígnio original de Deus-Javé segundo Gênesis 2, 24. E é lá que é preciso buscar a chave para interpretar toda a legislação de Israel no campo do matrimônio e, em sentido mais lato, no conjunto das relações entre homem e mulher. Falando da "dureza de coração", Cristo acusa, por assim dizer, o "sujeito interior" inteiro, que é responsável pela deformação da lei. No Sermão da Montanha,[5] faz uma referência ao "coração", mas as palavras aqui pronunciadas não parecem apenas de acusação.

2. Devemos refletir uma vez mais sobre tais palavras, inserindo-as tanto quanto possível na sua dimensão "histórica". A análise até agora feita, com vistas a compreender o "homem da concupiscência"

---

1 Mt 5, 28.

2 Conforme as análises precedentes.

3 Mt 19, 8.

4 O termo grego *sklérokardia* foi forjado pelos Setenta para exprimir o que no hebraico significava 'incircuncisão do coração' (cf. Dt 10, 16; Jr 4, 4; Eclo 3, 26ss), que, na tradução literal do Novo Testamento, aparece uma só vez (At 7, 51).

    A "incircuncisão" significava o "paganismo", a "impudicícia", a "distância que separa da aliança com Deus"; a "incircuncisão do coração" exprimia a indômita obstinação em opor-se a Deus: confirma-se a apóstrofe do diácono Estêvão: "Homens de dura cerviz, incircuncisos de coração e de ouvidos, sempre vos opondes ao Espírito Santo; como foram os vossos pais, assim sois vós também" (At 7, 51). É necessário, portanto, entender a "dureza de coração" em tal contexto filológico.

5 Mt 5, 27–28.

no seu momento genético, como que no ponto inicial da sua história entrelaçada com a teologia, constitui ampla introdução, sobretudo antropológica, ao trabalho que ainda é preciso empreender. A sucessiva etapa da nossa análise deverá ser de caráter ético. O Sermão da Montanha e, em particular, a passagem que escolhemos como centro das nossas análises, faz parte da proclamação do novo *ethos*: o *ethos* do Evangelho. No ensinamento de Cristo, ele está profundamente unido à consciência do "princípio", portanto também unido ao mistério da criação na sua simplicidade e riqueza originais; e, ao mesmo tempo, o *ethos* que Cristo proclama no Sermão da Montanha, é realisticamente dirigido para o "homem histórico", que se tornara o homem da concupiscência. A tríplice concupiscência, de fato, é herança de toda a humanidade, e o "coração" humano realmente participa dela. Cristo, que conhece "o interior de cada homem",[6] não pode falar de outro modo senão com semelhante consciência. Desse ponto de vista, nas palavras de Mateus 5, 27–28 não prevalece a acusação, mas o juízo: juízo realista sobre o coração humano, juízo que por um lado tem fundamento antropológico e, por outro, caráter diretamente ético. Para o *ethos* do Evangelho, é um juízo constitutivo.

3. No Sermão da Montanha, Cristo dirige-se diretamente ao homem que pertence a uma sociedade bem definida. Também o Mestre pertence a essa sociedade, a esse povo. Portanto, é necessário procurar nas palavras de Cristo a referência aos fatos, às situações e às instituições com que estava cotidianamente familiarizado. É necessário submetermos tais referências a uma análise pelo menos sumária, para que se manifeste mais claramente o significado ético das palavras de Mateus 5, 27–28. Todavia, com estas palavras, Cristo dirige-se também, de modo indireto mas real, a todo o ser "histórico" (entendendo este adjetivo sobretudo na perspectiva teológica). E este homem é precisamente o "homem da concupiscência", cujo mistério e coração são conhecidos de Cristo ("Ele próprio conhecia o interior de cada homem").[7] As palavras do Sermão da Montanha permitem-nos estabelecer um contato com a experiência interior deste homem, como que em toda a latitude e longitude geográficas, nas várias épocas, nos diversos condicionamentos sociais e culturais. O homem do nosso tempo sente-se chamado pelo nome por este enunciado de Cristo, não menos que o homem de "então", a quem o Mestre diretamente se dirigia.

---

6   Jo 2, 25; cf. Ap 2, 35: "[...] eu sou aquele que sonda os rins e o coração"; At 1, 24: "Senhor, que conheceis o coração de todos" (*kardiognostá*).

7   Cf. Jo 2, 25.

4. Nisto reside a universalidade do Evangelho, que não é de fato uma generalização. Talvez precisamente neste enunciado de Cristo, que sujeitamos aqui à análise, isto se manifeste com particular clareza. Em virtude deste enunciado, o homem de todos os tempos e de todos os lugares sente-se chamado, de maneira adequada, concreta e irrepetível: porque Cristo apela precisamente ao "coração" humano, que não pode sujeitar-se a nenhuma generalização. Pela categoria do "coração", cada um é identificado singularmente como indivíduo mais ainda do que pelo nome; cada um é atingido naquilo que o determina de modo único e irrepetível; cada um é definido na sua humanidade "a partir de dentro".

5. A imagem do homem da concupiscência diz respeito, antes de tudo, ao seu íntimo.[8] A história do "coração" humano depois do pecado original está escrita sob o jugo da tríplice concupiscência, à qual se liga também a mais profunda imagem do *ethos* nos seus vários documentos históricos. Todavia, aquele íntimo é também a força que determina o comportamento humano "exterior", e também a forma de múltiplas estruturas e instituições no âmbito social. Se destas estruturas e instituições deduzimos os conteúdos do *ethos*, nas suas várias formulações históricas, sempre encontramos este aspecto íntimo, próprio da imagem interior do homem. Esta, de fato, é o elemento mais essencial. As palavras de Cristo no Sermão da Montanha, especialmente as de Mateus 5, 27–28, o indicam de modo inequívoco. Nenhum estudo sobre o *ethos* humano pode passar ao lado delas com indiferença.

Por isso, nas nossas sucessivas reflexões, procuraremos submeter a uma análise mais particularizada aquele enunciado de Cristo, que diz: "Ouvistes o que foi dito: 'Não cometerás adultério'. Eu, porém, vos digo que todo aquele que olhar para uma mulher com desejo libidinoso, já cometeu adultério com ela no seu coração" (ou: "já a tornou adúltera no seu coração").

Para compreender melhor este texto, analisaremos primeiro cada uma das suas partes, com o fim de obter depois uma visão global mais aprofundada. Tomaremos em consideração não só os destinatários de então, que ouviram com os próprios ouvidos o Sermão da Montanha, mas também, quanto possível, os contemporâneos, os homens do nosso tempo.

---

8 "Do coração procedem os maus pensamentos, os assassínios, os adultérios, as prostituições, os roubos, os falsos testemunhos e as blasfêmias. Eis o que torna o homem impuro" (Mt 15, 19–20).

35. O CONTEÚDO DO MANDAMENTO "NÃO COMETERÁS ADULTÉRIO"

Audiência Geral de quarta-feira, 13 de agosto de 1980

1. Quanto à análise da afirmação de Cristo durante o Sermão da Montanha, afirmação que se refere ao "adultério", e ao "desejo" a que Ele chama adultério cometido "no seu coração", é necessário desenvolvê-la partindo das primeiras palavras. Cristo diz: "Ouvistes o que foi dito: 'Não cometerás adultério' [...]".[1] Refere-se Ele ao mandamento de Deus, aquele que no Decálogo se encontra no sexto lugar, e faz parte da chamada segunda Tábua da Lei, que Moisés obtivera de Deus-Javé.

Coloquemo-nos primeiro na perspectiva dos ouvintes diretos do Sermão da Montanha, daqueles que ouviram as palavras de Cristo. São filhos e filhas do povo eleito — povo que do próprio Deus-Javé tinha recebido a "Lei" e também os "Profetas", que repetidamente, através dos séculos, tinham censurado precisamente a relação mantida com aquela Lei, as suas múltiplas transgressões. Também Cristo fala de semelhantes transgressões. Mas fala ainda mais de uma tal interpretação humana da Lei, em que é apagado e desaparecido o justo significado do bem e do mal, especificamente desejado pelo Divino Legislador. A Lei, de fato, é sobretudo o meio — meio indispensável — para que "superabunde a justiça" (palavras de Mateus 5, 20, na antiga tradição). Cristo quer que essa justiça "supere a dos escribas e dos fariseus". Não aceita a interpretação que através dos séculos foi sendo dada ao conteúdo autêntico da Lei, pois submeteram em certa medida tal conteúdo, ou seja, o desígnio e a vontade do Legislador, às variadas fraquezas e aos limites da vontade humana, derivados precisamente da tríplice concupiscência. Esta era uma interpretação casuística, que se tinha sobreposto à original visão do bem e do mal, ligada à Lei do Decálogo. Se Cristo tende à transformação do *ethos*, Ele o faz sobretudo para recuperar a clareza fundamental da interpretação: "Não penseis que vim revogar a Lei e os Profetas: não vim para revogá-los, mas dar-lhes pleno cumprimento".[2] Condição deste pleno

---

[1] Mt 5, 27.

[2] Mt 5, 17.

cumprimento é a justa compreensão. E isto aplica-se, além do mais, ao mandamento "não cometerás adultério".

2. Quem segue nas páginas do Antigo Testamento a história do povo eleito, desde os tempos de Abraão, encontrará abundantes fatos que atestam como este mandamento era posto em prática e como, em seguida a tal prática, era elaborada a interpretação casuística da lei. Antes de tudo, é sabido que a história do Antigo Testamento é teatro do sistemático abandono da monogamia: o que, para se compreender a proibição "não cometerás adultério", devia ter significado fundamental. O abandono da monogamia, especialmente no tempo dos Patriarcas, tinha sido ditado pelo desejo da prole, de uma numerosa prole. Este desejo era tão profundo, e a procriação como fim essencial do matrimônio tão evidente, que as esposas, que amavam os maridos, quando não estavam em condições de lhes dar prole, pediam de sua iniciativa aos maridos, pelos quais eram amadas, que tomassem "sobre os próprios joelhos" — ou seja, acolhessem — a prole dada à vida por outra mulher, por exemplo, pela serva, isto é, pela escrava. Assim foi no caso de Sara em relação a Abraão,[3] ou no de Raquel em relação a Jacó.[4] Estas duas narrativas refletem a atmosfera moral em que era praticado o Decálogo. Elas ilustram o modo em que o *ethos* israelita estava preparado para acolher o mandamento "não cometerás adultério", e que aplicação encontrava tal mandamento na mais antiga tradição deste povo. A autoridade dos patriarcas era, de fato, a mais alta em Israel e possuía caráter religioso. Estava estreitamente ligada à aliança e à promessa.

3. O mandamento "não cometerás adultério" não mudou esta tradição. Tudo indica que o seu posterior desenvolvimento não se limitava aos motivos (sobretudo excepcionais) que tinham guiado o comportamento de Abraão e Sara, ou de Jacó e Raquel. Se tomamos como exemplo os representantes mais ilustres de Israel depois de Moisés — os reis de Israel, Davi e Salomão — a descrição de suas vidas mostra que se estabelece a poligamia efetiva, e isto indubitavelmente por motivos de concupiscência: na história de Davi, que também tinha duas mulheres, deve chamar à atenção não só o fato de ter tomado a mulher de um súdito seu, mas também a clara consciência de ter cometido adultério. Este fato, assim como a penitência do rei, é descrito de modo pormenorizado e sugestivo.[5] Por adultério entende-se tão somente a posse das mulheres de outrem, e não a posse de outras mu-

---

[3] Cf. Gn 16, 2.

[4] Cf. Gn 30, 3.

[5] Cf. 2Sm 11, 2–27.

lheres como esposas, ao lado da primeira. Toda a tradição da antiga aliança indica que à consciência das gerações que se foram seguindo no povo eleito, ao seu *ethos*, não se juntou nunca a exigência efetiva da monogamia, como conseqüência essencial e indispensável do mandamento "não cometerás adultério".

4. Nesta perspectiva, é preciso também entender todos os esforços que tendem a introduzir o conteúdo específico do mandamento "não cometerás adultério" no quadro da legislação promulgada. Confirmam-no os Livros da Bíblia, em que se encontra amplamente registado o conjunto de tal legislação vetero-testamentária. Se for considerada a letra de tal legislação, segue-se que esta se empenha em lutar com o adultério, de modo decidido e sem benevolências, usando meios radicais, incluindo a pena de morte.[6] E isto é feito, porém, sustentando-se a poligamia efetiva, até mesmo legalizando-a plenamente, ao menos de modo indireto. Assim, portanto, o adultério é combatido só nos limites estabelecidos e no âmbito das premissas definidas, que determinam a forma essencial do *ethos* vetero-testamentário. Por adultério entende-se aí sobretudo (e talvez exclusivamente) a infração do direito de propriedade do homem, direito que se estende a qualquer mulher que seja legalmente sua (ordinariamente, uma entre muitas); não se entende, porém, o adultério como aparece do ponto de vista da monogamia estabelecida pelo Criador. Já notamos que Cristo fez referência ao "princípio" precisamente a respeito deste argumento.[7]

5. É muito significativa, além disso, a circunstância em que Cristo se põe ao lado da mulher surpreendida em adultério e a defende da lapidação. Diz aos acusadores: "Quem de vós estiver sem pecado seja o primeiro a lançar-lhe uma pedra".[8] Quando eles baixam as pedras e se afastam, diz à mulher: "Vai, e doravante não tornes a pecar".[9] Cristo identifica, portanto, claramente o adultério com o pecado. Quando, pelo contrário, se dirige àqueles que desejavam lapidar a mulher adúltera, não apela para as prescrições da lei israelita, mas exclusivamente para a consciência. O discernimento do bem e do mal inscrito nas consciências humanas pode mostrar-se mais profundo e mais correto do que o conteúdo de uma norma.

Como vimos, a história do Povo de Deus na antiga aliança (que procuramos explicar só por meio de alguns exemplos) decorria, em

---

6   Cf. Lv 20, 10; Dt 22, 22.

7   Cf. Mt 19, 8.

8   Jo 8, 7.

9   Jo 8, 11.

notável medida, fora do conteúdo normativo encerrado por Deus no mandamento "não cometerás adultério"; passava, por assim dizer, ao lado dele. Cristo deseja corrigir estes erros. Eis a razão das palavras por Ele pronunciadas no Sermão da Montanha.

36. O ADULTÉRIO SEGUNDO A LEI E A LINGUAGEM DOS PROFETAS

Audiência Geral de quarta-feira, 20 de agosto de 1980

1. Quando Cristo, no Sermão da Montanha, diz: "Ouvistes o que foi dito: 'Não cometerás adultério'",[1] refere-se ao que sabia perfeitamente cada um dos seus ouvintes e àquilo a que se sentia obrigado em virtude do mandamento de Deus-Javé. Todavia, a história do Antigo Testamento faz ver que não somente a vida do povo — unido a Deus-Javé por uma particular aliança — mas também a vida de cada homem se aparta muitas vezes deste mandamento. Mostra-o também um olhar sumário lançado sobre a legislação, da qual há rico material nos Livros do Antigo Testamento.

As prescrições da lei vetero-testamentária eram seveníssimas. Eram também muito particularizadas e penetravam nos mais minuciosos pormenores concretos da vida.[2] É presumível que quanto mais a legalização da poligamia efetiva se tornava evidente nesta lei, tanto mais crescia a exigência de manter as suas dimensões jurídicas e de estabelecer os seus limites legais. Daí o grande número de prescrições e também a severidade das penas previstas pelo legislador por causa da infração de tais normas. Sobre a base das análises que desenvolvemos anteriormente acerca da referência que Cristo faz ao "princípio", no seu discurso sobre a dissolubilidade do matrimônio e sobre a "carta de divórcio", é evidente que Ele vê com clareza a contradição fundamental que o direito matrimonial do Antigo Testamento escondia em si, acolhendo a poligamia efetiva, isto é, a instituição das concubinas ao lado das esposas legítimas, ou o direito da convivência com a escrava.[3] Pode-se dizer que tal direito, enquanto combatia o pecado, ao mesmo tempo continha-o em si, e até protegia as "estruturas sociais do pecado", constituindo como que uma sua legalização. Nestas

---

[1] Mt 5, 27.

[2] Cf. Dt 21, 10–13; Nm 30, 7–16; Dt 24, 1–4; Dt 22, 13–21; Lv 20, 10–21 e outros.

[3] Apesar de o Livro do Gênesis apresentar o matrimônio monogâmico de Adão, de Set e de Noé como modelo para ser imitado, e de parecer condenar a bigamia, que surge unicamente nos descendentes de Caim (cf. Gn 4, 19), contudo a vida dos Patriarcas fornece outros exemplos contrários. Abraão observa as prescrições da lei de Hamurabi, que permitia desposar uma segunda mulher no caso de esterilidade da primeira; e Jacó tinha duas mulheres e duas concubinas (cf. Gn 30, 1–19).

circunstâncias, impunha-se a necessidade de o sentido ético essencial do mandamento "não cometerás adultério" se sujeitar a uma revalorização fundamental. No Sermão da Montanha, Cristo revela novamente aquele sentido, isto é, ultrapassando-lhe as estreitezas tradicionais e legais.

2. Talvez valha a pena acrescentar que, na interpretação vetero-testamentária, se a proibição do adultério está marcada — poder-se-ia dizer — pelo comprometimento da concupiscência do corpo, tanto mais está claramente determinada a posição a respeito dos desvios sexuais. Isto é confirmado pelas relativas prescrições que prevêem a pena capital para a homossexualidade e para a bestialidade. Quanto ao comportamento de Onã, filho de Judá (de quem toma origem a denominação "onanismo"), a Sagrada Escritura diz que "desagradou ao Senhor, que também lhe deu a morte".[4]

O direito matrimonial do Antigo Testamento, na sua mais ampla generalidade, coloca em primeiro lugar a finalidade procriativa do matrimônio, e em alguns casos procura demonstrar um tratamento jurídico igualitário da mulher e do homem — por exemplo, a respeito da punição pelo adultério, é explicitamente dito: "Se um homem cometer adultério com a mulher do seu próximo, o homem e a mulher adúltera serão punidos com a morte"[5] — mas, no conjunto, julga antecipadamente a mulher tratando-a com maior severidade.

3. Seria necessário talvez pôr em relevo a linguagem desta legislação, que, como sempre em tal caso, é linguagem que reflete objetivamente a sexologia daquele tempo. É também uma linguagem importante para o conjunto das reflexões sobre a teologia do corpo. Nela encontramos a confirmação específica do caráter de pudor que circunda o que, no homem, pertence ao sexo. Mais ainda, o que é sexual é em certo sentido considerado como "impuro", especialmente quando se trata das manifestações fisiológicas da sexualidade humana. O "descobrir a nudez"[6] é estigmatizado como o equivalente de um ilícito ato sexual realizado; já a mesma expressão parece aqui bastante eloqüente. Não há dúvida de que o legislador procurou servir-se da terminologia correspondente à consciência e aos costumes da sociedade contemporânea. Assim, pois, a linguagem da legislação vetero-testamentária deve nos confirmar a convicção de que não apenas são conhecidas ao legislador e à sociedade a fisiologia do sexo e as manifestações somáticas da vida sexual, mas também que estas são avaliadas de modo determinado. É difícil subtrair-se à impressão de

---

4   Gn 38, 10.

5   Lv 20, 10.

6   Cf. Lv 20, 11.17–21.

que tal avaliação tinha caráter negativo. Isto não anula, certamente, as verdades de que temos conhecimento pelo Livro do Gênesis, nem se pode culpar o Antigo Testamento — e, entre outros, também os Livros Legislativos — de ser como o precursor do maniqueísmo. O juízo lá expresso a respeito do corpo e do sexo não é tão "negativo" nem tão severo, mas antes marcado por um objetivismo motivado pelo intento de pôr ordem nesta esfera da vida humana. Não se trata diretamente da ordem do "coração", mas da ordem de toda a vida social, em cuja base estão, desde sempre, o matrimônio e a família.

4. Se a problemática "sexual" for considerada no seu conjunto, convém talvez ainda dirigir brevemente a atenção para outro aspecto, isto é, para o laço existente entre a moralidade, a lei e a medicina, posto em evidência nos respectivos Livros do Antigo Testamento. Estes contêm não poucas prescrições práticas no âmbito da higiene, ou até o da medicina, marcado mais pela experiência do que pela ciência, segundo o estágio então atingido.[7] E, por outro lado, a relação experiência-ciência é notoriamente ainda atual. Nesta vasta esfera de problemas, a medicina acompanha sempre de perto a ética; e a ética, como também a teologia, procura a colaboração daquela.

5. Quando Cristo, no Sermão da Montanha, pronuncia as palavras "Ouvistes o que foi dito: 'Não cometerás adultério'", e imediatamente acrescenta: "Eu, porém, vos digo...", é claro que deseja reconstruir na consciência dos seus ouvintes o significado ético próprio deste mandamento, apartando-se da interpretação dos "doutores", especialistas oficiais da lei. Mas, além da interpretação proveniente da tradição, o Antigo Testamento oferece-nos ainda outra tradição para compreender o mandamento "não cometerás adultério". E esta é a tradição dos Profetas. Estes, fazendo referência ao "adultério", queriam recordar "a Israel e a Judá" que o seu pecado maior era o abandono do único e verdadeiro Deus em favor do culto a vários ídolos, que o povo eleito, em contato com os outros povos, facilmente os havia acolhido como seus e de modo irrefletido. Desse modo, o que é característico da linguagem dos Profetas é a *analogia* com o adultério, mais do que o adultério em si; todavia, tal analogia serve para compreender também o mandamento "não cometerás adultério" e a sua interpretação, cuja carência se nota nos documentos legislativos. Nos oráculos dos Profetas — particularmente de Isaías, Oséias e Ezequiel — o Deus-Javé da aliança apresenta-se muitas vezes como Deus-Esposo, e o amor com que Ele se uniu a Israel pode e deve identificar-se com o amor esponsal dos cônjuges. E eis que Israel, por causa da sua idolatria e do abandono do Deus-Esposo, comete diante d'Ele uma

---

7   Cf. por exemplo Lv 12, 1–6; 15, 1–28; Dt 21, 12–13. 4; Is 54; 62, 1–5.

traição que se pode comparar à da mulher quanto ao marido: comete, precisamente, "adultério".

6. Os Profetas, com palavras eloqüentes e muitas vezes mediante imagens e semelhanças extraordinariamente plásticas, apresentam tanto o amor de Javé-Esposo como a traição de Israel-Esposo, que se abandona ao adultério. Este é um tema que deverá ser ainda retomado nas nossas reflexões, isto é, quando submetermos à análise o problema do "sacramento"; mas convém por agora tocá-lo de leve, uma vez que isto é necessário para compreender as palavras de Cristo, segundo Mateus 5, 27–28, e compreender aquela renovação do *ethos*, a que as seguintes palavras se referem: "Eu, porém, vos digo...". Se, por um lado, Isaías, nos seus textos se apresenta no ato de pôr em relevo sobretudo o amor de Javé-Esposo, que, em todas as circunstâncias, vai ao encontro da Esposa, superando todas as suas infidelidades, por outro lado Oséias e Ezequiel abundam em comparações que esclarecem, sobretudo, a fealdade e o mal moral do adultério cometido pela Esposa-Israel.

Na próxima meditação, procuraremos penetrar mais profundamente ainda nos textos dos Profetas, para esclarecer ulteriormente o conteúdo que, na consciência dos ouvintes do Sermão da Montanha, correspondia ao mandamento "não cometerás adultério".

37. O ADULTÉRIO, SEGUNDO CRISTO, É FALSIFICAÇÃO DO SINAL E RUPTURA DA ALIANÇA PESSOAL

Audiência Geral de quarta-feira, 27 de agosto de 1980

1. No Sermão da Montanha, Cristo disse: "Não penseis que vim revogar [...], mas dar-lhes pleno cumprimento".[1] Para esclarecer em que consiste este "pleno cumprimento", enuncia em seguida a cada um dos mandamentos, referindo-se também àquele que diz: "Não cometerás adultério". A nossa precedente meditação pretendia mostrar de que modo o conteúdo adequado deste mandamento, desejado por Deus, ficou ofuscado por numerosos compromissos na legislação particular de Israel. Os Profetas, que no seu ensinamento denunciam muitas vezes o abandono do verdadeiro Deus-Javé por parte do povo, comparando-o ao "adultério", põem em evidência, do modo mais autêntico, este conteúdo.

Oséias, não só com as palavras, mas (ao que parece) também com a conduta, preocupa-se em revelar-nos que a traição do povo é semelhante à traição conjugal, ou melhor, ao adultério praticado como prostituição: "Vai, toma por mulher uma prostituta, e gera filhos de prostituição, porque a nação não cessa de se prostituir, afastando-se do Senhor".[2] O Profeta adverte em si esta ordem e a aceita como proveniente de Deus-Javé: "O Senhor disse-me: 'Vai novamente, e ama uma mulher amada por outro e que comete adultério'".[3] De fato, apesar de Israel ser tão infiel ao seu Deus como a esposa que "corria atrás dos seus amantes sem pensar sequer em mim",[4] todavia Javé não cessa de procurar a sua esposa, não se cansa de esperar pela sua conversão e seu regresso, confirmando esta atitude com as palavras e com as ações do Profeta: "Acontecerá naquele dia — oráculo do Senhor — que me chamarás 'meu marido' e não mais me chamarás 'meu Baal'. [...] Eu te desposarei para sempre; eu te desposarei conforme a justiça e o direito, no amor e na ternura. Eu te desposarei na

---

1 Mt 5, 17.

2 Os 1, 2.

3 Os 3, 1.

4 Os 2, 15.

fidelidade, e tu conhecerás o Senhor".⁵ Este apelo ardente à conversão da infiel esposa-cônjuge decorre juntamente com a seguinte ameaça: "Afaste ela da sua face as suas fornicações e seus adultérios de entre os seus seios, para que eu não a desnude como no dia em que nasceu".⁶

2. Tal imagem da humilhante nudez do nascimento foi recordada à Israel-esposa infiel pelo profeta Ezequiel, e em medida ainda mais proeminente:

> [...] Com desprezo por ti foste exposta no meio do campo, no dia do teu nascimento. Passei junto de ti e vi revolver-te em teu sangue. E disse-te: "Vive"! Fiz-te crescer como a erva dos campos. Cresceste e te tornaste moça, os teus seios tomaram forma, alongaram-se os teus cabelos. Porém, tu estavas nua, inteiramente nua. E passando junto de ti, vi que era a tua idade, a idade das paixões. Estendi sobre ti a aba da minha capa e cobri a tua nudez; depois fiz contigo uma aliança, ligando-te a mim por juramento — oráculo do Senhor Deus — e tu me pertenceste [...]. Pus um anel no teu nariz, brincos nas orelhas e uma magnífica coroa na tua cabeça. Os teus adornos eram de ouro, de prata; foste vestida de linho fino, de seda e de tecidos bordados a cores [...]. A fama da tua beleza correu através das nações, pois era perfeita esta beleza, graças à magnificência com que te preparei [...]. Mas confiaste em tua beleza, serviste-te da tua reputação para te prostituíres e ofereceste as tuas devassidões a todo aquele que passava [...]. Oh! como o teu coração é devasso! — oráculo do Senhor Deus — para teres procedido como uma atrevida mulher de mau porte, por haveres construído uma colina em cada encruzilhada e um alto lugar à entrada de todas as ruas, sem que ao menos procurasses um salário como qualquer meretriz! Foste a mulher adúltera que recebe os estranhos em vez do seu marido.⁷

3. A citação é um pouco longa, mas o texto é tão importante que era necessário recordá-lo. A analogia entre o adultério e a idolatria é nele expressa de modo especialmente enérgico e exaustivo. O momento similar entre os dois membros da analogia consiste na aliança acompanhada pelo amor. Deus-Javé realiza por amor a aliança com Israel — sem seu mérito; torna-se para ele como o esposo e cônjuge mais afetuoso, mais solícito e mais generoso para com a própria esposa. Por este amor, que desde os alvores da história acompanha o povo eleito, Javé-Esposo recebe em troca numerosas traições: "os altos lugares" — eis os locais do culto idolátrico, em que é cometido "o adultério" da Israel-esposa. Na análise que estamos aqui desenvolvendo, o essencial é o conceito de adultério, de que Ezequiel se serve. Pode-se dizer, todavia, que o conjunto da situação em que este

---

5   Os 2, 18.21–22.

6   Os 2, 4–5.

7   Ez 16, 5–8.12–15.30–32.

conceito foi inserido (no âmbito da analogia) não é típico. Trata-se aqui não tanto de uma escolha mútua, feita pelos esposos, que nasce do amor recíproco, mas da escolha da esposa (já desde o momento do seu nascimento), escolha proveniente do amor do esposo, amor que, por parte do próprio esposo, é ato de pura misericórdia. Em tal sentido se desenha esta escolha: corresponde àquela parte da analogia pela qual é qualificada a aliança de Javé com Israel; todavia, corresponde menos à sua segunda parte, pela qual é qualificada a natureza do matrimônio. Certamente, a mentalidade daquele tempo não era muito sensível a esta realidade — segundo os israelitas o matrimônio era mais o resultado de uma escolha unilateral, muitas vezes feita pelos pais —, todavia tal situação dificilmente entra no âmbito das nossas concepções.

4. Prescindindo de tal detalhe, é impossível não perceber que nos textos dos Profetas se nota um significado do adultério diverso daquele que apresenta a tradição legislativa. O adultério é pecado porque constitui a ruptura da aliança pessoal do homem e da mulher. Nos textos legislativos, é posta em evidência a violação do direito de propriedade e, em primeiro lugar, do direito de propriedade do homem quanto àquela mulher, que foi legalmente sua mulher: uma de muitas. Nos textos dos Profetas, o cenário da poligamia efetiva e legalizada não alerta o significado ético do adultério. Em muitos textos, a monogamia mostra-se a única e justa analogia do monoteísmo entendido segundo as categorias da aliança, isto é, da fidelidade e entrega ao único e verdadeiro Deus-Javé: Esposo de Israel. O adultério é a antítese daquela relação esponsal, é a antinomia do matrimônio (também como instituição), enquanto o matrimônio monogâmico aplica em si a aliança interpessoal do homem e da mulher, realiza a aliança nascida do amor e acolhida pelas suas respectivas partes precisamente como matrimônio (e, como tal, reconhecido pela sociedade). Este gênero de aliança entre duas pessoas constitui o fundamento daquela união pela qual "o homem [...] se unirá à sua mulher, e os dois serão uma só carne".[8] No contexto acima mencionado, não se pode dizer que tal unidade corpórea é direito (bilateral) de ambos e, sobretudo, que é o *sinal* regular da comunhão das pessoas, unidade constituída entre o homem e a mulher na qualidade de cônjuges. O adultério cometido por parte de cada um deles não somente é a *violação deste direito*, que é exclusivo do outro cônjuge, mas ao mesmo tempo é uma radical *falsificação do sinal*. Parece que, nos oráculos dos Profetas, precisamente este aspecto do adultério encontra expressão suficientemente clara.

---

8   Gn 2, 24.

5. Ao constatar que o adultério é uma falsificação daquele sinal, que encontra não tanto a sua "normatividade" mas sobretudo a sua simples verdade interior no matrimônio — isto é, na convivência do homem e da mulher, que se tornaram cônjuges —, então, em certo sentido, referimo-nos de novo às afirmações fundamentais, feitas precedentemente, considerando-as essenciais e importantes para a teologia do corpo, do ponto de vista tanto antropológico como ético. O adultério é "pecado do corpo". Toda a tradição do Antigo Testamento o atesta e Cristo o confirma. A análise comparada das suas palavras, pronunciadas no Sermão da Montanha,[9] como também dos diversos enunciados a propósito, contidos nos Evangelhos e nas outras passagens do Novo Testamento, permite-nos estabelecer a razão própria da pecaminosidade do adultério. E é óbvio que determinamos tal razão de pecaminosidade, ou seja, do mal moral, baseando-nos no princípio da contraposição perante aquele bem moral que é a fidelidade conjugal, aquele bem que pode ser realizado adequadamente só na relação exclusiva de ambas as partes (isto é, na relação conjugal de um homem com uma mulher). A exigência de tal relação é própria do amor esponsal, cuja estrutura interpessoal (como já fizemos notar) é dirigida pela normativa interior da "comunhão das pessoas". É precisamente esta que dá significado essencial à aliança (tanto na relação homem-mulher como também, por analogia, na relação Javé-Israel). Do adultério, da sua pecaminosidade, do mal moral que ele contém, pode-se julgar com base no princípio da contraposição com o pacto conjugal assim entendido.

6. É necessário ter presente tudo isso quando dizemos que o adultério é "pecado do corpo"; o "corpo" é aqui considerado na relação conceitual com as palavras de Gênesis 2, 24, as quais de fato falam do homem e da mulher, que como marido e esposa se unem tão intimamente entre si que formam "uma só carne". O adultério indica o ato mediante o qual um homem e uma mulher que não são marido e esposa formam "uma só carne" (isto é, aqueles que não são marido e esposa no sentido da monogamia como foi estabelecida "no princípio", mas sim no sentido da casuística legal do Antigo Testamento). O "pecado do corpo" pode ser identificado somente a respeito da relação entre pessoas. Pode-se falar de bem ou de mal moral na medida em que esta relação torne verdadeira tal "unidade do corpo" e lhe confira ou não o caráter de sinal verídico. Neste caso, podemos então julgar o adultério como pecado, em conformidade com o conteúdo objetivo do ato.

E este é o conteúdo que Cristo tem em mente quando, no Sermão da Montanha, recorda: "Ouvistes o que foi dito: 'Não cometerás adultério'". Cristo não se detém, contudo, em tal perspectiva do problema.

---

9 Mt 5, 27–28.

38. O SIGNIFICADO DO ADULTÉRIO TRANSFERIDO DO CORPO PARA O CORAÇÃO

Audiência Geral de quarta-feira, 3 de setembro de 1980

1. No Sermão da Montanha, Cristo limita-se a recordar o mandamento "Não cometerás adultério", sem submeter a julgamento a conduta dos seus ouvintes. O que dissemos antes a respeito deste tema provém de outras fontes (sobretudo da conversa de Cristo com os fariseus, em que se reportou ao "princípio").[1] No Sermão da Montanha, Cristo omite esse juízo, ou melhor, pressupõe-no. O que dirá na segunda parte do enunciado, que inicia com as palavras "Eu, porém, vos digo", será algo mais que a polêmica com os "doutores da Lei", ou seja, com os moralistas da Torá. E será também algo mais a respeito da gradação de valor do *ethos* vetero-testamentário. Trata-se de um passo direto ao novo *ethos*. Cristo parece deixar de lado todas as disputas acerca do significado ético do adultério sobre o plano da legislação e da casuística, em que a relação essencial interpessoal do marido e da mulher tinha sido notavelmente ofuscada pela relação objetiva de propriedade, e adquire outra dimensão. Cristo diz: "Eu, porém, vos digo que todo aquele que olhar para uma mulher com desejo libidinoso, já cometeu adultério com ela no seu coração";[2] diante desta passagem vem sempre à mente a antiga tradução "já a tornou adúltera em seu coração", versão que, talvez melhor que o texto atual, exprime o fato de tratar-se de puro ato interior e unilateral. Assim, portanto, "o adultério cometido no coração" é em certo sentido contraposto ao "adultério cometido no corpo".

Devemos interrogar-nos sobre as razões pelas quais é deslocado o ponto de gravidade do pecado, e perguntar-nos, além disso, qual é o autêntico significado da analogia: se de fato o "adultério", segundo o seu significado fundamental, pode ser somente um "pecado cometido no corpo", em que sentido merece também ser chamado adultério aquilo que o homem comete no coração? As palavras com as quais Cristo põe o fundamento do novo *ethos* exigem, por sua vez, um profundo enraizamento na antropologia. Antes de responder a estas per-

---

1 Cf. Mt 19, 8; Mc 10, 6.
2 Mt 5, 28.

guntas, detenhamo-nos um pouco na expressão que, segundo Mateus 5, 27–28, efetua de certo modo a transferência ou o deslocamento do significado do adultério do "corpo" para o "coração". São palavras que se referem ao desejo.

2. Cristo fala da concupiscência: "todo aquele que olhar [...] com desejo libidinoso". Precisamente esta expressão requer uma análise particular para se compreender o enunciado na sua totalidade. É preciso aqui referirmo-nos à precedente análise, que tendia, diria eu, a reconstruir a imagem do "homem da concupiscência" já nos primórdios da história.[3] Aquele homem de quem Cristo fala no Sermão da Montanha — o homem que olha "com desejo" — é, indubitavelmente, o homem da concupiscência. Precisamente por este motivo, porque participa da concupiscência do corpo, "deseja" e "olha com desejo". A imagem do homem da concupiscência, reconstruída na fase precedente, nos ajudará agora a interpretar o "desejo" de que Cristo fala segundo Mateus 5, 27–28. Trata-se aqui não apenas de uma interpretação psicológica, mas, ao mesmo tempo, de uma interpretação teológica. Cristo fala dentro do contexto da experiência humana e, ao mesmo tempo, no contexto da obra da salvação. Estes dois contextos de certo modo sobrepõem-se e complementam-se reciprocamente: isto tem significado essencial e constitutivo para todo o *ethos* do Evangelho, e em particular para o conteúdo do verbo "desejar" ou "olhar com desejo".

3. Servindo-se de tais expressões, o Mestre primeiro apela para a experiência daqueles que o ouviram diretamente, e depois apela também para a experiência e para a consciência do homem de todos os tempos e lugares. De fato, apesar de a linguagem evangélica ter força comunicativa universal, todavia para um ouvinte direto, cuja consciência tinha sido formada pela Bíblia, o "desejo" devia se unir a numerosos preceitos e admoestações, presentes antes de tudo nos Livros de caráter "sapiencial", nos quais apareciam reiteradas advertências sobre a concupiscência do corpo e também conselhos dados para dela se preservar.

4. Como é sabido, a tradição sapiencial tinha particular interesse pela ética e pelos bons costumes da sociedade israelita. O que nos impressiona de modo imediato nestas advertências e conselhos, presentes por exemplo no Livro dos Provérbios,[4] ou do Eclesiástico,[5]

---

3 Cf. Gn 3.

4 Cf. Pv 5, 3–6.15–20; 6, 24; 7, 27; 21, 9.19; 22, 14; 30, 20.

5 Cf. Eclo 7, 19.24–26; 9, 1–9; 23, 22–27; 25, 13; 26, 18; 36, 21–25; 42, 6.9–14.

ou mesmo do Eclesiastes,⁶ é o seu caráter de certo modo unilateral, porquanto as admoestações são sobretudo dirigidas aos homens. Isto pode significar que sejam para eles particularmente necessárias. Quanto à mulher, é verdade que nestas advertências e conselhos ela aparece mais freqüentemente como ocasião de pecado, ou mesmo como sedutora, de quem é preciso fugir. É, todavia, necessário reconhecer que tanto o Livro dos Provérbios quanto o Livro do Eclesiástico, além da advertência de precaver-se da mulher e da sedução de seu fascínio que levam o homem a pecar,⁷ fazem também o elogio da mulher que é "perfeita" companheira de vida do próprio marido,⁸ e também louvam a beleza e a graça de uma mulher virtuosa, que sabe tornar feliz o marido.

> A mulher santa e honesta é graça inestimável;
> a alma casta não tem preço.
> Como o sol que se levanta nas alturas de Deus,
> assim é a beleza de uma mulher virtuosa, ornamento da sua casa.
> Como a lâmpada que brilha no candelabro sagrado,
> assim é a beleza do rosto na idade madura.
> Como colunas de ouro sobre alicerces de prata,
> assim são as suas pernas esbeltas sobre calcanhares firmes.
> A graça de uma mulher cuidadosa deleita o marido,
> e o seu bom proceder revigora-lhe os ossos.⁹

5. Na tradição sapiencial, uma freqüente admoestação contrasta com este elogio da mulher-esposa, e é a que se refere à beleza e à graça da mulher que não é a própria esposa, a qual é causa de tentação e ocasião de adultério: "Não cobices o teu coração a sua formosura [...]".¹⁰ No Eclesiástico¹¹ a mesma advertência é expressa de modo mais peremptório:

> Afasta os teus olhos da mulher bela,
> e não olhes com insistência para a formosura alheia.
> Muitos pereceram por causa da beleza feminina,
> e por ela se acende o fogo do desejo.¹²

---

6   Cf. Ecl 7, 26–28; 9, 9.

7   Cf. Pv 5, 1–6; 6, 24–29; Eclo 26, 9–12.

8   Cf. Pv 31, 10ss.

9   Eclo 26, 19–23, 16–17.

10 Pv 6, 25.

11 Cf. Eclo 9, 1–9.

12 Eclo 9, 8–9.

O sentido dos textos sapienciais tem dominante significado pedagógico. Ensinam a virtude e procuram proteger a ordem moral, reportando-se à lei de Deus e à experiência tomada em sentido lato. Além disso, distinguem-se pelo particular conhecimento do "coração" humano. Diremos que desenvolvem uma *específica psicologia moral*, mesmo sem caírem no psicologismo. Em certo sentido, estão perto daquele apelo de Cristo ao "coração", que Mateus nos transmitiu,[13] embora não se possa afirmar que revelem uma tendência para transformar o *ethos* de maneira fundamental. Os autores destes Livros utilizam o conhecimento da interioridade humana para ensinar a moral sobretudo no âmbito do *ethos* historicamente em ato e por eles substancialmente confirmado. Às vezes algum deles, como por exemplo Eclesiastes, sintetiza essa confirmação com a própria "filosofia" da existência humana, o que, porém, se influi no método com que formula advertências e conselhos; não muda a estrutura fundamental da apreciação ética.

6. Para tal transformação do *ethos* será necessário esperar até ao Sermão da Montanha. Apesar disso, aquele conhecimento muito perspicaz da psicologia humana, presente na tradição "sapiencial", não estava certamente destituído de significado para o círculo daqueles que escutavam direta e pessoalmente este sermão. Se, em virtude da tradição profética, esses ouvintes estavam de certo modo preparados para compreender de forma adequada o conceito de "adultério", também em virtude da tradição "sapiencial" estavam preparados para compreender as palavras que se referem ao "olhar concupiscente" ou ao "adultério cometido no coração".

Convém voltarmos, mais adiante, à análise da concupiscência no Sermão da Montanha.

---

13 Cf. Mt 5, 27–28.

39. A CONCUPISCÊNCIA COMO AFASTAMENTO DO SIGNIFICADO ESPONSAL DO CORPO

Audiência Geral de quarta-feira, 10 de setembro de 1980

1. Reflitamos nas seguintes palavras de Jesus, tiradas do Sermão da Montanha: "Todo aquele que olhar para uma mulher com desejo libidinoso, já cometeu adultério com ela no seu coração" ("já a tornou adúltera no seu coração").[1] Cristo pronuncia esta frase diante dos ouvintes, que, baseados nos livros do Antigo Testamento, estavam, em certo sentido, preparados para compreender o significado do olhar que nasce da concupiscência. Já na quarta-feira passada fizemos referência aos textos tirados dos chamados Livros Sapienciais.

Eis, por exemplo, outra passagem, em que o autor bíblico analisa o estado de alma do homem dominado pela concupiscência da carne:

> Uma paixão ardente como fogo aceso
> não se acalmará antes de ter devorado alguma coisa.
> O homem que abusa do seu próprio corpo
> não terá paz enquanto o fogo não o consumir.
> Para o homem impuro todo o pão é apetitoso,
> e não se saciará em pecar até à morte.
> O homem que desonra o seu leito conjugal
> diz no seu coração: 'Quem me vê?
> As trevas me envolvem, as paredes me escondem,
> ninguém me vê; a quem temerei?
> O Altíssimo não se lembrará dos meus pecados'.
> Não considera que os olhos de Deus vêem todas as coisas,
> que um semelhante temor humano afasta de si o temor de Deus.
> Só teme os olhos dos homens.
> E não sabe que os olhos do Senhor
> são mil vezes mais luminosos que o sol;
> vêem todos os caminhos dos homens,
> e penetram as profundezas do abismo e os corações humanos
> até aos seus mais íntimos recônditos.
> [...] Assim também perecerá toda a mulher que deixar o seu marido,
> e lhe der como herdeiro um filho adulterino.[2]

---

1   Mt 5, 28.

2   Eclo 23, 17–19.22; em algumas versões: 23, 22–28.32

2. Não faltam descrições análogas na literatura mundial.[3] Certamente, muitas destas distinguem-se por uma maior perspicácia de análise psicológica, e por uma mais intensa sugestividade e força expressiva. Todavia, a descrição bíblica do Eclesiástico[4] compreende alguns elementos que podem ser considerados "clássicos" na análise da concupiscência carnal. Um elemento do gênero é, por exemplo, *a comparação entre a concupiscência da carne e o fogo*: este, ardendo no homem, invade-lhe os sentidos, excita o corpo, arrasta os sentimentos e em certo sentido apodera-se do "coração". Tal paixão, originada pela concupiscência carnal, sufoca no "coração" a voz mais profunda da consciência, o sentido da responsabilidade diante de Deus; e isto, por sinal, é especialmente posto em evidência no texto bíblico recém-citado. Persiste, por outro lado, o pudor externo em relação aos homens — ou, antes, uma aparência de pudor, que se manifesta como temor das conseqüências, mais que do mal em si mesmo. Sufocando a voz da consciência, a paixão leva consigo a inquietação do corpo e dos sentidos: é a inquietação do "homem exterior". Quando o homem interior foi reduzido ao silêncio, a paixão, depois de obter, por assim dizer, liberdade de ação, manifesta-se com insistente tendência para a satisfação dos sentidos e do corpo.

---

3   Cf. *Confissões* de S. Agostinho: "Eu, porém, estava longe de tal grandeza [perfeita castidade]. Escravo da carne, arrastava minhas cadeias com a mortal volúpia, temendo que se quebrassem, e repelia, como se viesse a tocar-me na chaga, a mão de quem queria libertar-me, dando-me bons conselhos. [...] Eu realmente era escravizado e atormentado pelo hábito de saciar uma insaciável concupiscência, e ele [Alípio] era arrastado ao cativeiro pela vã curiosidade". (VI, 12, 21–22). "Mas, ao mesmo tempo, eu não era estável no gozo do meu Deus. Atraído por tua beleza, era logo afastado de ti por meu próprio peso, que me fazia precipitar gemendo por terra. Esse peso eram os meus hábitos carnais" (VII, 17). "Assim eu sofria e me atormentava, acusando-me muito mais severamente que de costume. E, ao mesmo tempo, debatia-me nas cadeias ainda não completamente rompidas e que, embora apenas por um fio, ainda me prendiam. E tu, Senhor, não me davas trégua no íntimo do coração. Com severa misericórdia duplicavas os açoites do temor e da vergonha, para que eu não tornasse a ceder, para que eu rompesse definitivamente aquele exíguo e tênue fio, para que não se reforçasse e me envolvesse ainda mais (VIII, 11, 25; Santo Agostinho, *Confissões*, tradução de Maria Luiza Jardim Amarante, Paulus, 1997).

Dante descreve esta fratura interior e considera-a merecedora de pena: "Quando chegam em face de sua ruína, / aí pranto e lamento e dor clamante, / aí blasfêmias contra a lei divina — Entendi que essa é a pena resultante / da transgressão carnal, que desafia / a razão, e a submete a seu talante. — Como estorninhos que, na estação fria, / suas asas vão levando, em chusma plena, / aqui as almas carregam a ventania, — e a revolver pra cá e pra lá as condena; / nem a esperança lhes concede alento, / não já de pouso, mas de menor pena" (Dante, *A Divina Comédia*, Inferno, V, 37–43 — tradução de Italo Eugenio Mauro, Editora 34, São Paulo, 1998).

Shakespeare descreveu a satisfação de uma tirânica concupiscência como algo de: *Past reason hunted and, no sooner had, / Past reason hated*. ["Com furor procurada, é, depois, prontamente, / Com furor odiada"] (Shakespeare, *Sonetos*, Soneto 29. Tradução baseada em Jerónimo de Aquino, São Paulo, Melhoramentos).

4   cf. Eclo 23, 17–22.

Tal satisfação, segundo o critério do homem dominado pela paixão, deveria extinguir o fogo; mas, pelo contrário, ela não atinge as fontes da paz interior e limita-se a tocar o nível mais exterior do indivíduo humano. E aqui o autor bíblico justamente constata que o homem, cuja vontade está comprometida em satisfazer os sentidos, não encontra paz nem se encontra a si mesmo, mas, pelo contrário, "consome-se". A paixão procura a satisfação; por isso, embota a atividade reflexiva e desatende a voz da consciência; assim, sem ter em si qualquer princípio de indestrutibilidade, é "devorada". É-lhe conatural o dinamismo do uso, que tende a se exaurir. É verdade que, estando a paixão inserida no conjunto das mais profundas energias do espírito, pode tornar-se força criadora; em tal caso, porém, deve sofrer uma transformação radical. Se, pelo contrário, sufoca as forças mais profundas do coração e da consciência (como acontece na narrativa de Eclesiastes), "consome-se" e, de modo indireto, nela se consome o homem que é sua presa.

3. Quando Cristo no Sermão da Montanha fala do homem que "deseja", que "olha com desejo", pode-se presumir que tem diante dos olhos também as imagens conhecidas daqueles que o ouvem usando a tradição "sapiencial". Todavia, ao mesmo tempo, refere-se a cada homem que, baseado na própria experiência interior, sabe o que significa "desejar", "olhar com desejo". O Mestre não analisa tal experiência, nem a descreve, como fizera por exemplo o Eclesiástico; parece pressupor, diria eu, um conhecimento suficiente daquele fato interior, para o qual chama a atenção dos ouvintes, presentes e potenciais. É possível que algum deles não saiba de que se trata? Se realmente nada soubesse, o conteúdo das palavras de Cristo não lhe diria respeito, nem qualquer análise ou descrição seria capaz de o esclarecer. Se, pelo contrário, souber — trata-se, de fato, de uma ciência totalmente interior, intrínseca ao coração e à consciência —, compreenderá imediatamente, quando as sobreditas palavras a ele se referirem.

4. Cristo, portanto, não descreve nem analisa o que constitui a experiência do "desejar", a experiência da concupiscência da carne. Tem-se até mesmo a impressão de Ele não penetrar nesta experiência em toda a amplitude do seu dinamismo interior, como acontece por exemplo no texto citado do Eclesiástico, mas detém-se, sobretudo, no seu limiar. O "desejo" não se transformou ainda numa ação exterior, ainda não se tornou o "ato do corpo"; é até agora o ato interior do coração: exprime-se no olhar, no modo de "olhar para a mulher". Todavia, já acena, já desvela o seu conteúdo e a sua qualidade essenciais.

É necessário fazermos agora tal análise. O olhar exprime o que está no coração. O olhar exprime, diria eu, o homem completo. Se em geral se admite que o homem "opera em conformidade com o que é" (*operari sequitur esse*), Cristo neste caso quer pôr em evidência que o homem "olha" conforme aquilo que é: *intueri sequitur esse*. Em certo sentido, o homem através do olhar revela-se ao exterior e aos outros; sobretudo, revela o que percebe no *interior*.[5]

5. Cristo nos ensina, portanto, a considerarmos o olhar como que o umbral da verdade interior. Já no olhar, no "modo como se olha", é possível reconhecer plenamente o que é a concupiscência. Procuremos explicá-lo. "Desejar", "olhar com desejo", indica uma experiência do valor do corpo, em que o seu significado esponsal se perde, precisamente por causa da concupiscência. Cessa, também, o seu significado procriativo, de que falamos nas nossas precedentes considerações. Este — quando diz respeito à união conjugal do homem e da mulher — está enraizado no significado esponsal do corpo e, por assim dizer, organicamente dele emerge. Ora, o homem, "desejando", "olhando com desejo", (como lemos em Mateus 5, 27–28) experimenta de modo mais ou menos explícito o distanciamento daquele significado do corpo, que, conforme já observamos nas nossas reflexões, está na base da comunhão das pessoas: seja fora do matrimônio, seja — de modo particular — quando o homem e a mulher são chamados a constituir a união "no corpo", como proclama o Evangelho do "princípio" no clássico texto de Gênesis 2, 24. A experiência do significado esponsal do corpo está subordinada, de modo particular, ao chamado sacramental, mas não se limita a ele. Tal significado qualifica a liberdade do dom, que, conforme veremos com maior precisão nas seguintes análises, pode realizar-se não só no matrimônio, mas também de modo diverso.

Cristo diz: "Todo aquele que olha para uma mulher com desejo libidinoso (isto é, quem olha com concupiscência) já cometeu adultério com ela no seu coração" ("já a tornou adúltera no seu coração").[6] Não quer precisamente Ele dizer com isto que a concupiscência — como o adultério — é um distanciamento interior do significado esponsal do corpo? Não quer Ele remeter os seus ouvintes às experiências interiores desse distanciamento? Não é acaso por isto que o define "adultério cometido no coração"?

---

5 A análise filológica confirma o significado da expressão "*o blépon*" ("o observador" ou "aquele que olha": Mt 5, 28). Se o *blépon* de Mt 5, 28 tem o valor de percepção interna, equivalente a "penso, fixo o olhar, reparo", mais severo e mais elevado resulta o ensinamento evangélico quanto às relações interpessoais dos discípulos de Cristo.

"Segundo Jesus não é necessário nem sequer um olhar luxurioso para fazer tornar adúltera uma pessoa. Basta mesmo um pensamento do coração" (M. Adinolfi, "Il desiderio della donna in Matteo 5, 28", in: *Fondamenti biblici della teologia morale – Atti della XXII Settimana Biblica Italiana*, Bréscia, 1973, Paideia, p. 279).

6 Mt 5, 28.

40. O DESEJO, REDUÇÃO INTENCIONAL DO HORIZONTE DA MENTE E DO CORAÇÃO

Audiência Geral de quarta-feira, 17 de setembro de 1980

1. Durante a última reflexão, perguntamo-nos o que é o "desejo" de que Cristo falava no Sermão da Montanha.[1] Recordemo-nos que Ele, falando assim, se referia ao mandamento "Não cometerás adultério". O mesmo "desejar" (precisamente: "olhar com desejo") é definido como "adultério cometido no coração". Quanto a isso, há muito o que considerar. Nas precedentes reflexões, dissemos que Cristo, ao exprimir-se daquele modo, desejava indicar aos seus ouvintes o distanciamento do significado esponsal do corpo, distanciamento experimentado pelo homem (no caso, o varão), quando dá largas à concupiscência da carne com o ato interior do "desejo". O distanciamento do significado esponsal do corpo inclui, ao mesmo tempo, um conflito com a sua dignidade de pessoa: um autêntico conflito de consciência.

A esta altura manifesta-se que o significado bíblico (portanto também teológico) do "desejo" é diverso do puramente psicológico. O psicólogo descreverá o "desejo" como intensa orientação para o objeto, por causa do seu valor peculiar: no caso aqui considerado, pelo seu valor "sexual". Ao que parece, encontraremos tal definição na maior parte das obras dedicadas a semelhantes temas. Todavia, a descrição bíblica, mesmo sem desvalorizar o aspecto psicológico, põe em relevo sobretudo o ético, uma vez que há um valor que é lesado. O "desejo" é, diríamos, o engano do coração humano quanto ao perene chamado do homem e da mulher — chamado que foi revelado no próprio mistério da criação — à comunhão através de um dom recíproco. Assim, pois, quando Cristo no Sermão da Montanha[2] faz referência ao "coração" ou ao homem interior, as suas palavras não deixam de estar carregadas daquela verdade acerca do "princípio", com a qual, respondendo aos fariseus,[3] Ele relacionara todo o problema do homem, da mulher e do matrimônio.

2. O perene chamado, cuja análise procuramos fazer seguindo o Livro do Gênesis (sobretudo em 2, 23–25) e, em certo sentido, a perene

---

[1] Mt 5, 27–28.

[2] *Ibid.*

[3] Cf. Mt 19, 8.

atração recíproca da parte do homem para a feminilidade e da parte da mulher para a masculinidade, é um convite por meio do corpo, mas *não é o desejo* no sentido das palavras de Mateus 5, 27–28. O "desejo", como atuação da concupiscência da carne (mesmo e sobretudo no ato puramente interior), diminui o significado do que eram — e substancialmente não deixam de ser — aquele convite e aquela recíproca atração. O "eterno feminino" (*das ewig weibliche*), assim como, aliás, o "eterno masculino", mesmo no plano da historicidade, tende a libertar-se da pura concupiscência, e procura um lugar de afirmação ao nível próprio do mundo das pessoas. Dá testemunho disso aquela vergonha original, de que fala Gênesis 3. A dimensão da intencionalidade dos pensamentos e dos corações constitui um dos principais fragmentos da cultura humana universal. As palavras de Cristo no Sermão da Montanha confirmam precisamente tal dimensão.

3. Apesar disto, estas palavras exprimem claramente que o "desejo" faz parte da realidade do coração humano. Quando afirmamos que o desejo, quanto à original atração recíproca da masculinidade e da feminilidade, representa uma "redução", temos em mente uma *redução intencional*, uma espécie de restrição ou fechamento do horizonte da mente e do coração. Uma coisa, de fato, é ter consciência de que o valor do sexo faz parte de toda a riqueza de valores com os quais a pessoa feminina se apresenta ao varão; e outra coisa é "reduzir" toda a riqueza pessoal da feminilidade àquele único valor, isto é, ao sexo, como objeto idôneo à satisfação da própria sexualidade. O mesmo raciocínio se pode fazer quanto ao que é a masculinidade para a mulher, ainda que as palavras de Mateus 5, 27–28 se refiram diretamente apenas à outra relação. A "redução" intencional é, como se vê, de natureza sobretudo axiológica. Por um lado, a eterna atração do homem para a feminilidade[4] libera nele — ou talvez deveria liberar — uma gama de desejos espirituais-carnais de natureza sobretudo pessoal e "de comunhão",[5] aos quais corresponde uma proporcional hierarquia de valores. Por outra parte, o "desejo" *limita* tal gama, ofuscando a hierarquia dos valores que marcam a atração perene da masculinidade e da feminilidade.

4. O desejo faz com que no interior, isto é, no "coração", no horizonte interior do homem e da mulher, se ofusque o significado do corpo, próprio da pessoa. A feminilidade cessa, desse modo, de ser para a masculinidade sobretudo sujeito; deixa de ser uma específica linguagem do espírito; perde o caráter de sinal. Deixa, diríamos, de trazer sobre si o estupendo significado esponsal do corpo. Deixa de

---

4   Cf. Gn 2, 23.

5   Cf. a análise do "princípio".

estar colocado no contexto da consciência e da experiência de tal significado. O "desejo" que nasce da mesma concupiscência da carne, desde o primeiro momento da existência no interior do homem — da existência no seu "coração" — passa, em certo sentido, ao lado de tal contexto (poder-se-ia dizer, com uma imagem, que passa sobre as ruínas do significado esponsal do corpo e de todos os seus elementos subjetivos), e, em virtude da própria intencionalidade axiológica, tende diretamente para um fim exclusivo: satisfazer apenas a necessidade sexual do corpo, como seu objeto próprio.

5. Tal redução intencional e axiológica pode verificar-se, segundo as palavras de Cristo,[6] já no âmbito do "olhar" ou, antes, no âmbito de um ato puramente interior expresso pelo olhar. O olhar, em si mesmo, é um ato cognoscitivo. Quando na sua estrutura interior entra a concupiscência, o olhar toma caráter de "conhecimento desejoso". A expressão bíblica "olhar com desejo libidinoso" pode indicar tanto um ato cognoscitivo do qual o homem "se serve" para desejar (isto é, conferindo-lhe o caráter próprio do desejo que tende para um objeto), como também um ato cognoscitivo que desperta o desejo no outro sujeito e sobretudo na sua vontade e no seu "coração". Como se vê, é possível atribuir uma interpretação intencional a um ato interior, tendo presente um ou outro pólo da psicologia do homem: o conhecimento ou o desejo entendido como *appetitus*. (O *appetitus* é algo mais amplo que o "desejo", porque indica tudo o que se manifesta no sujeito como "aspiração", e, como tal, orienta-se sempre para um fim, isto é, para um objeto conhecido sob o aspecto do valor. Todavia, uma adequada interpretação das palavras de Mateus 5, 27–28 requer que — através da intencionalidade própria do conhecimento ou do *appetitus* — vislumbremos algo mais, isto é, a *intencionalidade da existência do homem na relação com o outro homem*; no nosso caso: do homem em relação à mulher e da mulher em relação ao homem.

Convém voltarmos a este argumento. Concluindo a reflexão de hoje, é necessário ainda acrescentar que naquele "desejo", no "olhar com desejo", de que trata o Sermão da Montanha, a mulher, para o homem que olha assim, deixa de existir como sujeito da eterna atração e começa a ser apenas objeto de concupiscência carnal. A isto está ligado o profundo desprendimento interno do significado esponsal do corpo, do qual falamos já na precedente reflexão.

---

6   Cf. Mt 5, 27–28.

41. A CONCUPISCÊNCIA AFASTA O HOMEM E A MULHER DAS PERSPECTIVAS PESSOAIS E "DE COMUNHÃO"

Audiência Geral de quarta-feira, 24 de setembro de 1980

1. No Sermão da Montanha, Cristo diz: "Ouvistes o que foi dito: 'Não cometerás adultério'. Eu, porém, vos digo que todo aquele que olhar para uma mulher com desejo libidinoso, já cometeu adultério com ela no seu coração".[1] Há algum tempo que procuramos penetrar no significado desta afirmação, analisando-lhe cada elemento para compreendermos melhor o conjunto do texto.

Quando Cristo fala do homem que "olha com desejo", não indica apenas a dimensão da intencionalidade do "olhar" — portanto do conhecimento concupiscente, a dimensão "psicológica" —, mas indica também a dimensão da intencionalidade da própria existência do homem. Isto é, demonstra quem "é", ou melhor, em quem "se torna", em relação ao homem, a mulher para quem ele "olha com desejo". Neste caso, a intencionalidade do conhecimento determina e define a intencionalidade da existência. Na situação descrita por Cristo, aquela dimensão parte unilateralmente do homem — que é sujeito — para a mulher — tornada objeto (isto, porém, não quer dizer que tal dimensão seja apenas unilateral); por ora não invertamos a situação analisada, nem a estendamos a ambas as partes, a ambos os sujeitos. Detenhamo-nos na situação traçada por Cristo, sublinhando que se trata de um ato "puramente interior", escondido no coração e fixado na porta de entrada de nosso olhar.

Basta verificar que em tal caso a mulher — que, por motivo da subjetividade pessoal, existe perenemente "para o homem" esperando que também ele, pelo mesmo motivo, exista "para ela" — fica privada do significado da sua atração enquanto pessoa, a qual, mesmo sendo própria do "eterno feminino", ao mesmo tempo torna-se para o homem apenas objeto, isto é, *começa a existir intencionalmente como objeto de satisfação potencial da necessidade sexual* inerente à sua masculinidade. Embora o ato seja completamente interior, guardado no "coração" e expresso somente pelo "olhar", nele já se dá uma mudança (subjetivamente unilateral) da própria intencionalidade da existência. Se assim não fosse, se não se tratasse de uma mudança tão

---

[1] Mt 5, 27–28.

profunda, não fariam sentido as palavras seguintes da mesma frase: "já cometeu adultério com ela no seu coração".²

2. Aquela mudança da intencionalidade da existência, mediante a qual uma mulher começa a existir para um homem, não como sujeito de chamado e de atração pessoal ou sujeito "de comunhão", mas exclusivamente como objeto de satisfação potencial da necessidade sexual, atua no "coração" porque atuou na vontade. A mesma intencionalidade cognoscitiva não significa, todavia, uma escravização do "coração". Somente quando a redução intencional, explicada precedentemente, arrasta a vontade ao seu horizonte limitado, quando lhe desperta a decisão de um relacionamento com outro ser humano (no nosso caso, com a mulher) segundo a escala de valores própria da "concupiscência", somente então pode-se dizer que o "desejo" se apoderou também do "coração". Somente quando a "concupiscência" se apodera da vontade é possível dizer que ela domina a subjetividade da pessoa e está na base da vontade e da possibilidade de escolher e decidir, através do que — em virtude da auto-decisão ou autodeterminação — é estabelecido o modo de existir nas relações com outra pessoa. A intencionalidade de tal existência adquire então plena dimensão subjetiva.

3. Somente então — a partir daquele momento subjetivo e no seu prolongamento subjetivo — é possível confirmar o que lemos, por exemplo, no Eclesiástico³ acerca do homem dominado pela concupiscência, e que lemos em descrições ainda mais eloqüentes na literatura mundial. Então podemos ainda falar daquele "constrangimento" mais ou menos completo, que em outras passagens é chamado "constrição do corpo" e leva consigo a perda da "liberdade do dom", conatural à profunda consciência do significado esponsal do corpo, de que falamos também nas precedentes análises.

4. Quando falamos do "desejo" como transformação da intencionalidade de uma existência concreta, por exemplo do homem, para quem (segundo Mateus 5, 27–28) uma mulher se torna só objeto de potencial satisfação da "necessidade sexual" inerente à sua masculinidade, não se trata de nenhum modo de pôr em questão aquela necessidade, como dimensão objetiva da natureza humana acompanhada pela finalidade procriativa que lhe é própria. As palavras de Cristo no Sermão da Montanha (em todo o seu amplo contexto) estão longe do maniqueísmo, como o está também a autêntica tradição cristã. Neste caso, não podemos, portanto, levantar objeções do gênero. Trata-se, pelo contrário, do modo de existir do homem e da mulher como pes-

---

2 Mt 5, 28.

3 Cf. Eclo 23, 17–22.

soas, ou seja, daquele existir num recíproco "para", o qual — mesmo com base naquilo que, segundo a dimensão objetiva da natureza humana, é definível como "necessidade sexual" — pode e deve servir à *construção da unidade "de comunhão"* nas suas relações recíprocas. Tal é, de fato, o significado fundamental próprio da atração perene e recíproca da masculinidade e da feminilidade, contida na própria realidade da constituição do homem como pessoa, ao mesmo tempo corpo e sexo.

5. À união ou "comunhão" pessoal, a que o homem e a mulher são reciprocamente chamados "desde o princípio", não corresponde — pelo contrário, está em contraste — a possível circunstância de uma das duas pessoas existir apenas como sujeito de satisfação da necessidade sexual, e a outra se tornar exclusivamente objeto de tal satisfação. Além disso, não corresponde a tal unidade "de comunhão" — pelo contrário, opõe-se-lhe — o fato de ambos, homem e mulher, existirem reciprocamente como objeto de satisfação da necessidade sexual, e cada um, por sua vez, ser apenas sujeito daquela satisfação. Tal "redução" de tão rico conteúdo na atração recíproca e perene das pessoas humanas, na sua masculinidade e feminilidade, não corresponde precisamente à "natureza" da atração em questão. Tal "redução", de fato, apaga o significado pessoal e "de comunhão", precisamente do homem e da mulher, através do qual, segundo Gênesis 2, 24, "o homem [...] se unirá à sua mulher, e os dois serão uma só carne". A "concupiscência" afasta a dimensão intencional da recíproca existência do homem e da mulher das perspectivas pessoais e "de comunhão", próprias da atração perene e recíproca entre os dois, reduzindo-a e, por assim dizer, impelindo-a para dimensões utilitaristas, em cujo âmbito o ser humano *se serve* do outro ser humano, *usando-o* apenas para satisfazer as próprias "necessidades".

6. Parece que se pode precisamente encontrar tal conteúdo, carregado de experiência interior humana própria de épocas e ambientes diferentes, na concisa afirmação de Cristo no Sermão da Montanha. Ao mesmo tempo, não se pode em nenhum caso perder de vista o significado que tal afirmação atribui à "interioridade" do homem, à integral dimensão do "coração" como dimensão do homem interior. Aqui está o núcleo da transformação do *ethos*, para o qual tendem as palavras de Cristo segundo Mateus 5, 27–28, expressas com vigorosa energia e ao mesmo tempo com admirável simplicidade.

42. CONSTRUIR O NOVO SENTIDO ÉTICO ATRAVÉS DA DESCOBERTA DOS VALORES

Audiência Geral de quarta-feira, 1 de outubro de 1980

1. Chegamos na nossa análise à terceira parte do enunciado de Cristo no Sermão da Montanha.[1] A primeira parte era: "Ouvistes o que foi dito: 'Não cometerás adultério'". A segunda: "Eu, porém, vos digo que todo aquele que olhar para uma mulher com desejo libidinoso" está gramaticalmente ligada à terceira "já cometeu adultério com ela no seu coração".

O método aqui aplicado, que é o de dividir, de "quebrar" o enunciado de Cristo em três partes, que se seguem, pode parecer artificioso. Todavia, quando procuramos pelo sentido ético do enunciado inteiro, na sua globalidade, é precisamente esta divisão do texto por nós utilizada que nos será de utilidade, contanto que não seja aplicada só em modo disjuntivo, mas sim conjuntivo. É isto o que pretendemos fazer. Cada uma das partes distintas tem um conteúdo próprio e conotações que lhe são específicas, e é exatamente isto o que desejamos pôr em relevo, mediante a divisão do texto; mas, ao mesmo tempo, observa-se que cada uma das partes se explica na relação direta com as outras. Isto se refere, em primeiro lugar, aos mais importantes elementos semânticos, mediante os quais o enunciado constitui um conjunto. Eis aqui esses elementos: cometer adultério, desejar, cometer adultério no corpo, e cometer adultério no coração. Seria particularmente difícil estabelecer o sentido ético do "desejar" sem o elemento indicado aqui como último, isto é, o "adultério no coração". Já a análise precedente, em certa medida, tomou em consideração este elemento; todavia, uma compreensão mais plena do elemento "cometer adultério no coração" só é possível depois de uma análise especial.

2. Como já indicamos no princípio, trata-se aqui de estabelecer o sentido ético. O enunciado de Cristo, em Mateus 5, 27–28, origina-se do mandamento "não cometerás adultério", para mostrar como é preciso entendê-lo e pô-lo em prática, para abundar nele a *justiça* que Deus-Javé como Legislador quis: a fim de que esta abunde em medida maior do que o resultado da interpretação e da casuística dos doutores do Antigo Testamento. Se as palavras de Cristo, em tal sen-

---

1 Mt 5, 27–28.

tido, tendem a construir o novo *ethos* (e sob o mesmo mandamento), o caminho para isto passa através da nova descoberta dos valores que foram perdidos na compreensão geral vetero-testamentária e na aplicação deste mandamento.

3. Deste ponto de vista, é significativa também a formulação do texto de Mateus 5, 27–28. O mandamento "não cometerás adultério" é formulado como uma proibição que exclui de modo categórico um mal moral determinado. É sabido que a própria Lei (Decálogo), além da proibição "não cometerás adultério", compreende também a proibição "não cobiçarás a mulher do teu próximo".[2] Cristo não torna vã uma proibição a respeito da outra. Embora fale do "desejo", tende a um esclarecimento mais profundo do "adultério". É significativo que, depois de citar a proibição "não cometerás adultério", tal como conhecida pelos ouvintes, em seguida, no decurso do seu enunciado, muda-lhe o estilo e a estrutura lógica, de normativa para narrativo-afirmativa. Quando diz: "Todo aquele que olhar para uma mulher com desejo libidinoso, já cometeu adultério com ela no seu coração", descreve um fato interior, cuja realidade pode ser facilmente compreendida pelos ouvintes. Ao mesmo tempo, através do fato assim descrito e qualificado, indica como se deve entender e pôr em prática o mandamento "não cometerás adultério", a fim de levar à "justiça" desejada pelo Legislador.

4. Deste modo, chegamos à expressão "cometeu adultério no seu coração", expressão-chave, como parece, para entender o seu justo sentido ético. Esta expressão é, ao mesmo tempo, a fonte principal para revelar os valores essenciais do novo *ethos*: o *ethos* do Sermão da Montanha. Como acontece muitas vezes no Evangelho, também aqui encontramos certo paradoxo. Como, de fato, pode haver *adultério* sem se "cometer adultério", isto é, sem o ato exterior, que permite reconhecer o ato proibido pela Lei? Vimos o quanto se esforçou a casuística dos "doutores da Lei" em precisar este problema. Mas, também independentemente da casuística, parece evidente que o adultério pode ser reconhecido apenas "na carne", isto é, quando os dois — homem e mulher —, que se unem entre si de maneira que se tornam uma só carne,[3] não são cônjuges legais — marido e mulher. Que significado pode ter, portanto, o "adultério cometido no coração"? Não é porventura esta uma expressão apenas metafórica, usada pelo Mestre para realçar a pecaminosidade da concupiscência?

---

2   Êx 20, 14.17; Dt 5, 18.21.

3   Cf. Gn 2, 24.

5. Se admitíssemos tal leitura semântica do enunciado de Cristo,[4] seria necessário refletir profundamente sobre as *conseqüências éticas* que daí derivariam, isto é, sobre as conclusões acerca da regularidade ética do comportamento. O adultério se dá quando o homem e a mulher, que se unem entre si de maneira que se tornam uma só carne,[5] isto é, no modo próprio dos cônjuges, não são cônjuges legais. O reconhecimento do adultério como pecado cometido *no corpo* está estreita e exclusivamente unido ao ato *exterior*, à convivência conjugal que se refere também ao estado das pessoas envolvidas, reconhecido pela sociedade. No caso em questão, este estado é impróprio e não autoriza a tal ato (daí vem precisamente a denominação "adultério").

6. Passando à segunda parte do enunciado de Cristo (isto é, àquela em que começa a configurar-se o novo *ethos*), seria necessário entender a expressão "todo aquele que olhar para uma mulher com desejo libidinoso", referida exclusivamente às pessoas segundo o seu estado civil, isto é, reconhecido pela sociedade, sejam ou não cônjuges. Aqui começam a multiplicar-se as interrogações. Assim como não pode criar dúvidas o fato de Cristo indicar a pecaminosidade do ato interior da concupiscência — expressa através do olhar dirigido a toda mulher que não seja a esposa daquele que para ela olha de tal modo — também podemos e até devemos nos perguntar se com a mesma expressão Cristo admite e comprova tal olhar, tal ato interior da concupiscência, dirigido para a mulher que é esposa do homem que assim olha para ela. Em favor da resposta afirmativa a tal pergunta, parece estar a seguinte premissa lógica: no caso em questão, pode cometer o "adultério no coração" somente o homem que é sujeito potencial do "adultério na carne". Dado que este não pode ser o homem-marido quanto à própria mulher legítima, então o "adultério no coração" não pode referir-se a ele, mas pode atribuir-se como culpa a todo outro homem. Se é marido, não pode cometê-lo quanto à própria mulher. Ele só tem direito exclusivo de "desejar", de "olhar com desejo libidinoso" para a mulher que é sua esposa — e nunca se poderá dizer que por motivo de tal ato interior mereça ser acusado do "adultério cometido no coração". Se, em virtude do matrimônio, tem o direito de "unir-se à sua mulher" de maneira que os dois sejam "uma só carne", este ato não pode nunca ser chamado "adultério"; analogamente não pode ser definido "adultério cometido no coração" o ato interior do "desejo" de que trata o Sermão da Montanha.

7. Tal interpretação das palavras de Cristo em Mateus 5, 27–28, parece corresponder à lógica do Decálogo, em que, além do manda-

---

4 Cf. Mt 5, 27–28.

5 Cf. Gn 2, 24.

mento "não cometerás adultério" (sexto), há também o mandamento "não cobiçarás a mulher do teu próximo" (nono). Além disso, o raciocínio que foi feito para sua sustentação tem todas as características da correção objetiva e da exatidão. Todavia, permanece justamente em dúvida se este raciocínio leva em conta os aspectos da revelação e também da teologia do corpo que devem ser considerados, sobretudo quando desejamos compreender as palavras de Cristo. Já vimos precedentemente qual é o "peso específico" desta locução, como são ricas as implicações antropológicas e teológicas da única frase em que Cristo apela para o "princípio".[6] As implicações antropológicas e teológicas do enunciado do Sermão da Montanha, em que Cristo apela para o coração humano, conferem ao próprio enunciado também um "peso específico" próprio, e ao mesmo tempo determinam-lhe a coerência com o conjunto do ensinamento evangélico. Por isso, devemos admitir que a interpretação acima indicada, com toda a sua objetiva correção e precisão lógica, requer certa ampliação e, sobretudo, aprofundamento. Devemos recordar-nos que o apelo ao coração humano, expresso talvez de modo paradoxal,[7] provém d'Aquele que "conhecia o interior de cada homem".[8] E se as suas palavras confirmam os mandamentos do Decálogo (não só o sexto, mas também o nono), ao mesmo tempo exprimem aquela ciência sobre o homem, que — conforme fizemos notar anteriormente — nos permite unir a consciência da pecaminosidade humana com a perspectiva da "redenção do corpo".[9] Precisamente tal ciência está na base do novo *ethos*, que deriva das palavras do Sermão da Montanha.

Tomando em consideração tudo isso, concluímos que, assim como em relação ao "adultério na carne" Cristo repreende a interpretação errônea e unilateral do adultério que deriva da não-observância da monogamia (isto é, do matrimônio entendido como a aliança indefectível das pessoas), assim também ao entender o "adultério no coração", Cristo considera não apenas o real estado jurídico do homem e da mulher em questão. Cristo toma em conta a avaliação moral do "desejo", sobretudo da própria dignidade pessoal do homem e da mulher; e isto tem a sua importância, seja quando se trata de pessoas não casadas, seja — e talvez mais ainda — quando são cônjuges, mulher e marido. Partindo deste ponto de vista, devemos completar a análise das palavras do Sermão da Montanha, e assim o faremos na próxima vez.

---

6 Cf. Mt 19, 8.

7 Cf. Mt 5, 27–28.

8 Jo 2, 25.

9 Cf. Rm 8, 23.

43. INTERPRETAÇÃO PSICOLÓGICA E TEOLÓGICA DO CONCEITO DE CONCUPISCÊNCIA

Audiência Geral de quarta-feira, 8 de outubro de 1980

1. Desejo levar hoje a termo a análise das palavras pronunciadas por Cristo, no Sermão da Montanha, sobre o "adultério" e a "concupiscência", e em particular do último elemento do enunciado, em que se define especificamente a "concupiscência dos olhos" como adultério cometido "no coração".

Já verificamos anteriormente que estas palavras são ordinariamente entendidas como desejo da mulher do próximo (isto é, segundo o espírito do nono mandamento do Decálogo). Parece, contudo, que esta interpretação — mais restritiva — pode e deve desenvolver-se à luz do contexto global. Parece que a avaliação moral da concupiscência (do "olhar com desejo"), que Cristo chama de adultério cometido "no coração", depende sobretudo da mesma dignidade pessoal do homem e da mulher; isto vale tanto para aqueles que não se encontram unidos em matrimônio, como — e talvez mais — para aqueles que são marido e mulher.

2. A análise que até agora fizemos do enunciado de Mateus 5, 27–28, "Ouvistes o que foi dito: 'Não cometerás adultério'. Eu, porém, vos digo que todo aquele que olhar para uma mulher com desejo libidinoso, já cometeu adultério com ela no seu coração", indica a necessidade de ampliar e, sobretudo, aprofundar a interpretação anteriormente apresentada, a respeito do sentido ético que tal enunciado contém. Detemo-nos na situação descrita pelo Mestre, na qual quem comete adultério "no coração", mediante um ato interior de concupiscência (expresso pelo olhar), é o homem. É significativo que Cristo, falando do objeto de tal ato, não sublinha que é "a mulher do próximo", ou a mulher que não é a própria esposa, mas diz genericamente: a mulher. O adultério cometido "no coração" não está circunscrito aos limites da relação interpessoal, os quais permitem verificar o adultério cometido "no corpo". Não são tais limites que decidem exclusiva e essencialmente do adultério cometido "no coração", mas a natureza mesma da concupiscência, expressa neste caso pelo olhar, isto é, pelo fato de aquele homem — de quem, a título de exemplo, Cristo fala — "olhar com desejo". O adultério "no coração"

é cometido não somente porque o homem "olha" de tal modo para a mulher que não é sua esposa, mas *precisamente porque olha assim para uma mulher*. Também se olhasse deste modo para a mulher que é sua esposa, cometeria o mesmo adultério "no coração".

3. Esta interpretação parece considerar, de modo mais amplo, o que no conjunto das presentes análises foi dito sobre a concupiscência, e em primeiro lugar sobre a concupiscência da carne, como elemento permanente da pecaminosidade do homem (*status naturae lapsae*). A concupiscência que, como ato interior, nasce desta base (como procuramos indicar na precedente análise) muda a própria intencionalidade do existir da mulher "para" o homem, reduzindo a riqueza do chamado perene à comunhão das pessoas, a riqueza do profundo atrativo da masculinidade e da feminilidade, unicamente à satisfação da "necessidade" sexual do corpo (à qual parece ligar-se mais de perto o conceito de "instinto"). Tal redução faz com que a pessoa (neste caso, a mulher) se torne para a outra pessoa (para o homem) sobretudo o objeto da satisfação potencial da própria "necessidade" sexual. Deforma-se, deste modo, aquele recíproco "para", que perde o seu caráter de comunhão das pessoas em favor da função utilitarista. O homem que "olha" de tal modo, como escreve Mateus em 5, 27-28, *serve-se* da mulher, da sua feminilidade, para satisfazer o próprio instinto. Embora não o faça com ato exterior, já no seu íntimo tomou essa atitude, decidindo interiormente assim em relação a uma determinada mulher. Nisto consiste precisamente o adultério cometido "no coração". Tal adultério o homem pode cometer mesmo com a própria esposa, se a trata apenas como objeto de satisfação do instinto.

4. Não é possível chegarmos à segunda interpretação das palavras de Mateus 5, 27-28, se nos limitamos à interpretação puramente psicológica da concupiscência, sem ter em conta aquilo que constitui o seu específico caráter teológico, isto é, a relação orgânica entre a concupiscência (como ato) e a concupiscência da carne, como, por assim dizer, disposição permanente que deriva da pecaminosidade do homem. Parece que a interpretação puramente psicológica (ou "sexológica") da "concupiscência" não constitui base suficiente para compreender o referido texto do Sermão da Montanha. Se, pelo contrário, nos atemos à interpretação teológica — sem deixar de ter em conta o que na primeira interpretação (a psicológica) permanece imutável —, esta segunda interpretação teológica nos aparece como mais completa. Graças a ela, de fato, torna-se mais claro ainda o significado ético do enunciado-chave do Sermão da Montanha, graças ao qual nós encontramos a adequada dimensão do *ethos* do Evangelho.

5. Ao delinear esta dimensão, Cristo permanece fiel à Lei: "Não penseis que vim revogar a Lei e os Profetas: não vim para revogá-los, mas dar-lhes pleno cumprimento".[1] Por conseguinte, mostra o quanto é necessário descer em profundidade, o quanto é necessário desvelar a fundo as trevas do coração humano, a fim de que este coração possa se tornar um lugar de "cumprimento" para a Lei. O enunciado de Mateus 5, 27–28, que torna declarada a perspectiva interior do adultério cometido "no coração" — e nesta perspectiva aponta os caminhos justos para se cumprir o mandamento "não cometerás adultério" — é um argumento singular. Este enunciado[2] refere-se, de fato, à esfera em que se trata, de modo particular, da "pureza de coração"[3] (expressão que na Bíblia — como é sabido — tem sentido amplo). Também em outra passagem teremos ocasião de considerar de que modo o mandamento "não cometerás adultério" — que, quanto ao modo e ao conteúdo em que vem expresso, é uma proibição unívoca e severa (como o mandamento "não cobiçarás a mulher do teu próximo")[4] — se cumpre precisamente mediante a "pureza de coração". Da severidade e força da proibição, dão testemunho indireto as sucessivas palavras do texto do Sermão da Montanha, em que Cristo fala figurativamente de "arrancar o olho" e de "cortar a mão", quando estes membros fossem causa de pecado.[5] Verificamos anteriormente que a legislação do Antigo Testamento, embora abundando em castigos caracterizados pela severidade, não contribuía, contudo, para "dar pleno cumprimento à Lei", porque a sua casuística estava assinalada por múltiplos compromissos com a concupiscência da carne. Cristo, pelo contrário, ensina que *o mandamento se cumpre através da "pureza de coração"*, que não é participada ao homem senão à custa de firmeza em relação a tudo o que tem origem na "concupiscência da carne". Adquire a "pureza de coração" quem sabe exigir coerentemente do seu coração: do seu coração e do seu corpo.

6. O mandamento "não cometerás adultério" encontra a sua justa motivação na indissolubilidade do matrimônio, em que o homem e a mulher, em virtude do desígnio original do Criador, se unem de modo que "os dois sejam uma só carne".[6] O adultério, por sua essência, contrasta com tal unidade, no sentido de que esta unidade

---

1 Mt 5, 17.

2 Mt 5, 27–28.

3 Cf. Mt 5, 8.

4 Êx 20, 17.

5 Cf. Mt 5, 29–30.

6 Cf. Gn 2, 24.

corresponde à dignidade das pessoas. Cristo não só confirma este essencial significado ético do mandamento, mas tende a consolidá-lo na profundidade da pessoa humana. A nova dimensão do *ethos* está ligada sempre com a revelação daquela profundidade, que é chamada "coração", e com a sua libertação da concupiscência, de modo que *naquele coração possa resplandecer mais plenamente o homem*: varão e mulher, em toda a verdade interior do recíproco "para". Liberto do constrangimento e da diminuição de espírito que a concupiscência da carne traz consigo, o ser humano — varão e mulher — encontra-se reciprocamente na liberdade do dom que é a condição de toda a convivência na verdade, e, em particular, na liberdade do recíproco doar-se, pois ambos, como marido e esposa, devem formar a unidade sacramental desejada, como diz Gênesis, 2, 24, pelo Criador.

7. Como é evidente, a exigência que Cristo no Sermão da Montanha impõe a todos os seus ouvintes, atuais e potenciais, pertence ao espaço interior em que o homem — precisamente aquele que o ouve — deve discernir de novo a plenitude perdida da sua humanidade e querer readquiri-la. Esta plenitude na relação recíproca das pessoas — do homem e da mulher — é reivindicada pelo Mestre em Mateus 5, 27–28, tendo diante dos olhos sobretudo a indissolubilidade do matrimônio, mas também toda a outra forma de convivência dos homens e das mulheres, daquela convivência que forma a pura e simples trama da existência. A vida humana, por sua natureza, é co-educativa, e a sua dignidade e o seu equilíbrio dependem, em todo o momento da história e em todo o ponto de longitude e de latitude geográfica, de *quem* será ela para ele e ele para ela.

As palavras pronunciadas por Cristo no Sermão da Montanha têm, indubitavelmente, este alcance universal e ao mesmo tempo profundo. Só assim podem entender-se na boca d'Aquele que até o âmago "conhecia o interior de cada homem",[7] e, ao mesmo tempo, levava em si o mistério da "redenção do corpo", como se exprimirá São Paulo. Devemos temer a severidade destas palavras ou, antes, *ter confiança* no seu conteúdo salvífico, no seu poder?

Seja como for, a análise feita das palavras pronunciadas por Cristo no Sermão da Montanha abre caminho para novas reflexões indispensáveis para se ter pleno conhecimento do homem "histórico", e sobretudo do homem contemporâneo: conhecimento da sua consciência e do seu "coração".

---

7 Jo 2, 25.

44. VALORES EVANGÉLICOS E DEVERES DO CORAÇÃO HUMANO

Audiência Geral de quarta-feira, 15 de outubro de 1980

1. Durante os nossos numerosos encontros das quartas-feiras, fizemos uma análise particularizada das palavras do Sermão da Montanha, em que Cristo se refere ao "coração" humano. Como agora sabemos, as suas palavras são desafiadoras. Cristo diz: "Ouvistes o que foi dito: 'Não cometerás adultério'. Eu, porém, vos digo que todo aquele que olhar para uma mulher com desejo libidinoso, já cometeu adultério com ela no seu coração".[1] Esta alusão ao coração faz ressaltar a dimensão da interioridade humana, a dimensão do homem interior, própria da ética, e ainda mais da teologia do corpo. O desejo, que surge no âmbito da concupiscência da carne, é ao mesmo tempo uma realidade interior e teológica, a qual, de certo modo, é experimentada por todo o homem "histórico". E é precisamente este homem — mesmo se não conhece as palavras de Cristo — que faz continuamente a si mesmo a pergunta acerca do próprio "coração". As palavras de Cristo fazem tal pergunta ser particularmente explícita: o coração é culpado ou é chamado ao bem? É esta pergunta que desejamos agora levar em consideração, perto do fim das nossas reflexões e análises, relacionadas com a frase tão concisa e ao mesmo tempo categórica do Evangelho, tão cheia de conteúdo teológico, antropológico e ético.

Paralelamente, eis uma segunda pergunta, mais prática: como *pode* e *deve* proceder o homem que aceita as palavras de Cristo no Sermão da Montanha, o homem que aceita o *ethos* do Evangelho, e, em particular, o aceita neste campo?

2. Este homem encontra, nas considerações feitas até agora, a resposta, pelo menos indireta, às duas perguntas: como *pode* agir, isto é, com o que pode contar no seu "íntimo", na fonte dos seus atos "interiores" ou "exteriores"? E além disso: como *deveria* agir, isto é, de que modo os valores conhecidos segundo a escala revelada no Sermão da Montanha constituem um dever da sua vontade e do seu coração, dos seus desejos e das suas opções? De que modo o "obrigam" na ação, no comportamento, se, acolhidas mediante o conhecimento, o obrigam já no pensar e, em certa maneira, no "sentir"? Estas pergun-

---
[1] Mt 5, 27–28.

tas são significativas para a "prática" humana, e indicam um laço orgânico da "prática" com o *ethos*. A moral viva é sempre *ethos* da prática humana.

3. Às perguntas acima pode-se responder de vários modos. De fato, seja no passado, seja atualmente, são dadas respostas diversas. Isto é confirmado por uma abundante literatura. Além das respostas que nela encontrarmos, é preciso tomar em consideração o infinito número de respostas que o homem concreto dá a estas perguntas por si mesmo, aquelas dadas, na vida de cada um, repetidamente pela sua consciência, pela sua ciência e pela sua sensibilidade moral. Precisamente neste âmbito se realiza continuamente uma compenetração do *ethos* e da *práxis*. Aqui a própria vida (não exclusivamente "teórica") vive cada princípio, isto é, as normas da moral com as suas motivações, elaboradas e divulgadas por moralistas, mas também aquelas que elabora — seguramente não sem uma ligação com o trabalho dos moralistas e dos cientistas — cada homem, como autor e sujeito direto da moral real, como co-autor da sua história, de quem depende ainda o nível da própria moral, o seu progresso ou a sua decadência. Em tudo isto se torna a confirmar, em toda a parte e sempre, aquele "homem histórico", a quem Cristo uma vez falou, anunciando a boa nova evangélica, com o Sermão da Montanha, no qual em particular disse a frase que lemos em Mateus 5, 27–28: "Ouvistes o que foi dito: 'Não cometerás adultério'. Eu, porém, vos digo que todo aquele que olhar para uma mulher com desejo libidinoso, já cometeu adultério com ela no seu coração".

4. O enunciado de Mateus apresenta-se extraordinariamente conciso em relação a tudo quanto sobre este tema foi escrito na literatura mundial. E talvez precisamente nisto consista a sua força na história do *ethos*. E necessário, ao mesmo tempo, darmo-nos conta de que a história do *ethos* decorre num leito multiforme, em que as várias correntes se aproximam ou se afastam mutuamente. O homem "histórico" examina sempre, a seu modo, o próprio "coração", assim como julga também o próprio "corpo": e assim passa do pólo do pessimismo ao do otimismo, da severidade puritana ao permissivismo contemporâneo. É necessário darmo-nos conta disso, para o *ethos* do Sermão da Montanha poder sempre ter a devida transparência quanto às ações e aos comportamentos do homem. Para tal fim, é preciso fazer ainda algumas análises.

5. As nossas reflexões sobre o significado das palavras de Cristo segundo Mateus 5, 27–28 não seriam completas, se não nos detivéssemos — pelo menos brevemente — naquilo que se pode chamar o eco destas palavras na história do pensamento humano e da avaliação

do *ethos*. O eco é sempre uma transformação da voz e das palavras que ela exprime. Sabemos pela experiência que essa transformação está, por vezes, cheia de um misterioso encanto. No caso em questão, aconteceu sobretudo o contrário. Com efeito, das palavras de Cristo foram tiradas a sua simplicidade e profundidade, e foi conferido um significado que está distante do que estão nelas expresso, um significado, afinal, contrastante a elas. Temos aqui em mente tudo o que apareceu à margem do cristianismo sob o nome de maniqueísmo,[2] e que procurou também entrar no terreno do cristianismo no que diz respeito precisamente à teologia e ao *ethos* do corpo. É sabido que, na forma original, o maniqueísmo, nascido no Oriente, fora do ambiente bíblico e originado pelo dualismo mazdeísta, indicava a fonte do mal na matéria, no corpo, e proclamava, portanto, a condenação de tudo o que no homem é corpóreo. E como no homem a corporeidade se manifesta sobretudo através do sexo, a condenação era estendida ao matrimônio e à convivência conjugal, para além das outras esferas do ser e do agir, em que se exprime a corporeidade.

---

2   O maniqueísmo contém e leva à maturação os elementos característicos de toda a *gnose*, isto é, o dualismo de dois princípios coeternos e radicalmente opostos, e o conceito de salvação que só se consegue através do conhecimento (*gnosis*) ou da auto-compreensão da pessoa. Em todo o meio maniqueu há um só herói e uma só situação que sempre se repete: a alma decaída está aprisionada na matéria e é libertada pelo conhecimento.

    A atual situação é negativa para o homem, porque é mistura provisória e anormal de espírito e de matéria, de bem e de mal, que supõe um estado antecedente, original, em que as duas substâncias estavam separadas e independentes. Há por isso três "tempos": o *initium*, ou seja, a separação primordial; o *medium*, ou a atual mistura; e o *finis*, que está no regresso à divisão original, na salvação que implica a total ruptura entre espírito e matéria.

    A matéria é, no fundo, concupiscência, um desregrado apetite do prazer, um instinto de morte, comparável, se não idêntico, ao desejo sexual, à "libido"; é uma força que tenta assaltar a luz; um movimento desordenado, um desejo animalesco, brutal e semiconsciente.

    Adão e Eva foram gerados por dois demônios; a nossa espécie nasceu de uma série de atos repugnantes de canibalismo e de sexualidade, e conserva os sinais desta origem diabólica, que são o corpo, forma animal dos "Arcontes do inferno", e a "libido", que impele o homem a cruzar-se e a reproduzir-se, isto é, a manter a alma luminosa sempre na prisão.

    Se quer ser salvo, o homem deve procurar libertar o seu *eu vivente* (*noûs*) da carne e do corpo. Como a matéria tem na concupiscência a sua expressão suprema, o pecado capital está na união sexual (fornicação), que é brutalidade e bestialidade, e faz dos homens os instrumentos e os cúmplices do mal pela procriação.

    Os eleitos constituem o grupo dos perfeitos, cuja virtude tem características ascéticas, realizando a abstinência comandada pelos três "selos": o "selo da boca" proíbe toda a blasfêmia e ordena a abstenção da carne, do sangue, do vinho, de toda a bebida alcoólica, e também o jejum; o "selo das mãos" exige o respeito da vida (da "Luz") encerrada nos corpos, nas sementes, nas árvores, e proíbe recolher os frutos, arrancar as plantas, tirar a vida aos homens e aos animais; e o "selo do regaço" prescreve total abstinência (cf. H. Ch. Puech: *Le Manichéisme; son fondateur, sa doctrine*, Paris, 1949 – Musée Guimet t. LVI, pp. 73–88; H. Ch. Puech, "Le Manichéisme", em *Histoire des Religions – Encyclopédie de la Pléiade*, II, Gallimard, 1972, pp. 522–645; J. Ries, "Manichéisme", em *Catholicisme hier, aujourd' hui, demain*, 34, Lille, 1977, Letouzey-Ané, pp. 314–320).

6. A um ouvido não habituado, a evidente severidade deste sistema podia parecer estar em sintonia com as severas palavras de Mateus 5, 29–30, em que Cristo fala de "arrancar o olho" ou de "cortar a mão", se estes membros fossem a causa do escândalo. Através da interpretação puramente *material* destas locuções, era também possível obter uma ótica maniqueísta do enunciado de Cristo, em que se fala do homem que "cometeu adultério no coração" olhando para a mulher "com desejo libidinoso". Também neste caso a interpretação maniqueísta tende para a condenação do corpo, como fonte real do mal, dado que nele, segundo o maniqueísmo, se esconde e ao mesmo tempo se manifesta o princípio *ontológico* do mal. Procurava-se, portanto, descobrir, e às vezes percebia-se, tal condenação no Evangelho, encontrando-a onde foi, pelo contrário, expressa exclusivamente uma exigência particular dirigida ao espírito humano.

Note-se que a condenação podia — e pode sempre — ser uma escapatória para a pessoa se subtrair às exigências colocadas no Evangelho por Aquele que "conhecia o interior de cada homem".[3] Não faltam provas disso na história. Já tivemos, em parte, ocasião (e certamente teremos ainda) para demonstrar em que medida tal exigência pode surgir unicamente de uma afirmação — e não de uma negação ou de uma condenação —, se esta deve levar a uma afirmação ainda mais madura e aprofundada, objetiva e subjetivamente. E a tal afirmação da feminilidade e masculinidade do ser humano, como dimensão pessoal do "ser corpo", devem conduzir as palavras de Cristo segundo Mateus 5, 27–28. Tal é o justo significado ético destas palavras. Imprimem, nas páginas do Evangelho, uma peculiar dimensão do *ethos* com o fim de continuamente imprimi-la na vida humana. Procuraremos retomar este tema nas nossas reflexões seguintes.

---

3 Jo 2, 25.

45. REALIZAÇÃO DO VALOR DO CORPO SEGUNDO O DESÍGNIO DO CRIADOR

Audiência Geral de quarta-feira, 22 de outubro de 1980

1. Nos encontros das nossas reflexões das quartas-feiras, há muito tempo que o seguinte enunciado de Cristo no Sermão da Montanha ocupa o centro das nossas atenções: "Ouvistes o que foi dito: 'Não cometerás adultério'. Eu, porém, vos digo que todo aquele que olhar para uma mulher com desejo libidinoso, já cometeu adultério com ela no seu coração".[1] Estas palavras têm um significado essencial para toda a teologia do corpo, contida no ensinamento de Cristo. Portanto, é com razão que atribuímos grande importância à sua correta compreensão e interpretação. Já na nossa precedente reflexão verificamos que a doutrina maniqueísta, nas suas expressões tanto primitivas como posteriores, está em contraste com estas palavras.

Não é de fato possível descobrir, na frase do Sermão da Montanha aqui analisada, uma "condenação" ou uma acusação contra o corpo. Quando muito, poder-se-ia entrever uma condenação do coração humano. Todavia, as nossas reflexões até agora feitas indicam que, se as palavras de Mateus 5, 27–28 contêm uma acusação, o objeto desta é sobretudo o homem da concupiscência. Com estas palavras, o coração é não tanto acusado quanto submetido a um juízo, ou melhor, chamado a um exame crítico, ou, antes, autocrítico: se sucumbe ou não à concupiscência da carne. Penetrando o significado profundo do enunciado de Mateus 5, 27–28, devemos todavia constatar que o juízo lá contido acerca do "desejo", como ato de concupiscência da carne, contém em si não a negação, mas antes a afirmação do corpo, como elemento que, juntamente com o espírito, determina a subjetividade ontológica do homem e participa na sua dignidade de pessoa. Assim, portanto, *o juízo sobre a concupiscência da carne tem significado essencialmente diverso daquele que pode pressupor a ontologia maniqueísta do corpo e que brota necessariamente dela.*

2. O corpo, na sua masculinidade e feminilidade, é "desde o princípio" chamado a tornar-se a manifestação do espírito. Isso se concretiza também mediante a união conjugal do homem e da mulher, quando

---

1 Mt 5, 27–28.

se unem de modo que formam "uma só carne". Em outra passagem, Cristo defende os direitos invioláveis desta unidade,[2] mediante a qual o corpo, na sua masculinidade e feminilidade, assume o valor de sinal — sinal em certo sentido sacramental; e além disso, prevenindo contra a concupiscência da carne, exprime a mesma verdade acerca da dimensão ontológica do corpo e confirma-lhe o significado ético, coerente com o conjunto do seu ensinamento. Este significado ético nada tem em comum com a condenação maniqueísta, mas está profundamente compenetrado pelo mistério da "redenção do corpo", sobre o qual escreverá São Paulo na Carta aos Romanos.[3] A "redenção do corpo" não indica, todavia, o mal ontológico como atributo constitutivo do corpo humano, mas aponta apenas para *a pecaminosidade do homem*, em virtude da qual este *perdeu*, entre outras coisas, *o sentido límpido do significado esponsal do corpo*, no qual se exprime o domínio interior e a liberdade do espírito. Trata-se aqui — como já fizemos notar — de uma perda "parcial", potencial, em que o sentido do significado esponsal do corpo se confunde, de certo modo, com a concupiscência e permite facilmente ser absorvido por ela.

3. A interpretação apropriada das palavras de Cristo segundo Mateus 5, 27–28, como também a "prática" em que se realizará sucessivamente o autêntico *ethos* do Sermão da Montanha, deve ser completamente libertada de elementos maniqueus no pensamento e na atitude. A atitude maniqueísta levaria a uma "aniquilação" — se não real, ao menos intencional — do corpo, a uma negação do valor do sexo humano, da masculinidade e feminilidade da pessoa humana, ou, pelo menos, apenas à sua "tolerância" nos limites da "necessidade", delimitada pela necessidade da procriação. Pelo contrário, com base nas palavras de Cristo no Sermão da Montanha, o *ethos* cristão é caracterizado por uma *transformação da consciência e das atitudes da pessoa humana*, tanto do homem como da mulher, *tal que manifeste e realize o valor do corpo e do sexo*, segundo o desígnio original do Criador, colocados ao serviço da "comunhão das pessoas", que é o substrato mais profundo da ética e da cultura humana. Enquanto para a mentalidade maniqueísta o corpo e a sexualidade constituem, por assim dizer, um "anti-valor", para o Cristianismo, ao contrário, permanecem sempre um "valor não suficientemente apreciado", como melhor explicarei mais adiante. A segunda atitude indica qual deve ser a forma do *ethos*, em que o mistério da "redenção do corpo" se enraíza, por assim dizer, no solo "histórico" da pecaminosidade do

---

2   Cf. Mt 19, 5–6.

3   Cf. Rm 8, 23.

homem. Isso é expresso pela fórmula teológica que define o "estado" do homem "histórico" como *status naturæ lapsæ simul ac redemptæ*.

4. É necessário interpretar as palavras de Cristo no Sermão da Montanha[4] à luz desta complexa verdade sobre o homem. Se elas contêm certa "acusação" do coração humano, *muito mais lhe dirigem um apelo*. A acusação do mal moral, que o "desejo" nascido da concupiscência carnal não dominada esconde em si, é ao mesmo tempo um chamado para vencer este mal. E se a vitória sobre o mal deve consistir no seu distanciamento (daí as severas palavras no contexto de Mateus 5, 27–28), trata-se, todavia, unicamente de *distanciar-se do mal do ato* (no caso em questão, do ato interior da "concupiscência"), e *nunca de transferir o negativismo de tal ato para o seu sujeito*. Semelhante transferência significaria certa aceitação — talvez não plenamente consciente — do "anti-valor" maniqueísta. Esta não constituiria uma verdadeira e profunda vitória sobre o mal do ato, que é mal por essência moral, portanto um mal de natureza espiritual; antes, nele se esconderia o grande perigo de justificar o ato à custa do objeto (aquilo em que está propriamente o erro essencial do *ethos* maniqueísta). É evidente que Cristo, em Mateus 5, 25–28, exige um distanciamento do mal da "concupiscência" (ou do "olhar com desejo libidinoso"), mas o seu enunciado não deixa de nenhum modo supor que seja um mal o objeto daquele desejo, isto é, a mulher para a qual "se olha com desejo". (Esta precisão parece às vezes faltar nalguns textos sapienciais.)

5. Devemos, portanto, estabelecer a diferença entre a "acusação" e o "apelo". Como a acusação dirigida ao mal da concupiscência é ao mesmo tempo um apelo para a vitória, esta vitória deve por conseqüência unir-se a um esforço para descobrir o autêntico valor do objeto, para que no homem, na sua consciência e na sua vontade, não se desenvolva o "anti-valor" maniqueu. De fato, o mal da "concupiscência", isto é, do ato de que Cristo fala em Mateus 5, 27–28, faz com que o objeto ao qual ele se dirige constitua para o sujeito humano um "valor não suficientemente apreciado". Se nas palavras analisadas do Sermão da Montanha[5] o coração humano é "acusado" de concupiscência (ou se é posto em guarda contra aquela concupiscência), simultaneamente mediante as mesmas palavras *ele é chamado a descobrir o sentido pleno daquilo que no ato de concupiscência constitui para ele um "valor não suficientemente apreciado"*. Como sabemos, Cristo disse: "[...] todo aquele que olhar para uma mulher com desejo libidinoso, já cometeu adultério com ela no seu coração". O "adultério cometido no coração" pode e deve entender-se como uma "desvalo-

---

4   Cf. Mt 5, 27–28.

5   *Ibid*.

rização", ou como um empobrecimento de um valor autêntico, como uma intencional privação daquela dignidade, à qual, na pessoa em questão, corresponde o valor integral da sua feminilidade. As palavras de Mateus 5, 27–28 contêm um apelo à descoberta desse valor e dessa dignidade, e a uma reafirmação dos mesmos. Parece que apenas entendendo assim as citadas palavras de Mateus se lhes respeita o seu alcance semântico.

Para concluir estas breves considerações, é preciso uma vez mais verificar que o modo maniqueísta de entender e valorizar o corpo e a sexualidade do homem é essencialmente estranho ao Evangelho, não conforme ao significado exato das palavras do Sermão da Montanha pronunciado por Cristo. O apelo para que se domine a concupiscência da carne brota precisamente da afirmação da dignidade pessoal do corpo e do sexo, e unicamente serve a tal dignidade. Cometeria um erro essencial quem desejasse tirar destas palavras uma perspectiva maniqueísta.

46. A FORÇA ORIGINAL DA CRIAÇÃO TORNA-SE PARA O HOMEM FORÇA DE REDENÇÃO

Audiência Geral de quarta-feira, 29 de outubro de 1980

1. Há muito tempo que as nossas reflexões das quartas-feiras se vão centrando no seguinte enunciado de Jesus Cristo no Sermão da Montanha: "Ouvistes o que foi dito: 'Não cometerás adultério'. Eu, porém, vos digo que todo aquele que olhar para uma mulher com desejo libidinoso, já cometeu adultério com ela no seu coração".[1] Recentemente esclarecemos que estas palavras não podem ser entendidas nem interpretadas segundo a ideologia maniqueísta. Não contêm, de modo algum, a condenação do corpo e da sexualidade. Contêm apenas um apelo a que se vença a tríplice concupiscência, e em particular a concupiscência da carne: o que precisamente deriva da afirmação da dignidade pessoal do corpo e da sexualidade, e unicamente apóia esta afirmação.

Precisar tal formulação, ou determinar o significado próprio das palavras do Sermão da Montanha, em que Cristo apela para o coração humano, é importante não somente por causa de "hábitos inveterados", nascidos do maniqueísmo, no modo de pensar e avaliar as coisas, mas também por causa de algumas posições contemporâneas que interpretam o sentido do homem e da moral. Ricoeur qualificou Freud, Marx e Nietzsche de "mestres da suspeita" (*maîtres du soupçon*), tendo em mente o conjunto dos sistemas que representa cada um deles, e talvez sobretudo a base oculta e a orientação de cada um ao entender e interpretar o próprio *humanum*. Parece necessário aludir, pelo menos brevemente, a esta base e a esta orientação. Urge fazê-lo para descobrir, por um lado, uma significativa *convergência* e, por outro, também uma *divergência* fundamental com a hermenêutica que nasce da Bíblia, hermenêutica à qual tentamos dar expressão da nossa análise. Em que consiste a convergência? Consiste em que os pensadores supramencionados, que exerceram e exercem grande influência no modo de pensar e de julgar dos homens do nosso tempo, parecem em substância também julgar e acusar o "coração" do homem. Mais ainda, parecem julgá-lo e acusá-lo por

---
[1] Mt 5, 27–28.

causa daquilo que na linguagem bíblica, sobretudo joanina, é chamado "concupiscência", a tríplice concupiscência.

2. Poder-se-ia fazer aqui certa distribuição das partes. Na hermenêutica nietzschiana, o juízo e a acusação do coração humano correspondem, de certo modo, ao que na linguagem bíblica é chamado "soberba da vida"; na hermenêutica marxista, ao que é chamado "concupiscência dos olhos"; e na hermenêutica freudiana, pelo contrário, ao que é chamado "concupiscência da carne". A convergência destas concepções com a hermenêutica do homem fundada na Bíblia consiste em que, descobrindo no coração humano a tríplice concupiscência, poderíamos também nos limitar a colocar aquele coração em estado de contínua suspeita. Todavia, a Bíblia não nos permite deter-nos aqui. As palavras de Cristo segundo Mateus 5, 27–28, são tais que, manifestando embora toda a realidade do desejo e da concupiscência, não permitem que se faça de tal concupiscência o critério absoluto da antropologia e da ética, ou seja, o próprio núcleo da hermenêutica do homem. Na Bíblia, a tríplice concupiscência não constitui o critério fundamental e talvez único e absoluto da antropologia e da ética, embora seja indubitavelmente um coeficiente importante para compreender o homem, as suas ações e o seu valor moral. Também a análise, feita por nós até agora, assim o mostra.

3. Embora querendo chegar a uma completa interpretação das palavras de Cristo sobre o homem que "olha com desejo libidinoso",[2] não podemos nos contentar com qualquer concepção da "concupiscência", mesmo no caso de se alcançar a plenitude da verdade "psicológica" a nós acessível; devemos, pelo contrário, recorrer à Primeira Carta de João 2, 15-16 e à "teologia da concupiscência" que nela está contida. O homem que "olha com desejo" é de fato o homem da tríplice concupiscência, o homem da concupiscência da carne. Por isso, "pode" olhar deste modo e deve estar mesmo consciente de que, abandonando este ato interior ao poder das forças da natureza, não pode evitar o influxo da concupiscência da carne. Em Mateus 5, 27–28, Cristo trata também disto e para isto chama a atenção. As suas palavras referem-se não só ao ato concreto de "concupiscência", mas, indiretamente, também ao *homem da concupiscência*.

4. Por que estas palavras do Sermão da Montanha — apesar da convergência do que dizem a respeito do coração humano, com o que foi expresso na hermenêutica dos "mestres da suspeita" — não podem ser consideradas como base da sobredita hermenêutica ou de uma análoga? E por qual motivo constituem uma expressão, uma

---

2 Cf. Mt 5, 27–28.

configuração de um *ethos* totalmente diverso, não apenas do maniqueísta mas também do freudiano?

Penso que o conjunto das análises e reflexões até agora feitas dá resposta a esta pergunta. Resumindo, pode-se dizer brevemente que as palavras de Cristo segundo Mateus 5, 27–28, não permitem nos determos na acusação contra o coração humano e o colocarmos em estado de suspeita contínua, mas devem ser entendidas e interpretadas sobretudo como apelo dirigido ao coração. Isto deriva da natureza do *ethos* da redenção. Sobre o fundamento deste mistério, que São Paulo[3] define como "redenção do corpo", sobre o fundamento da realidade chamada "redenção" e, por conseguinte, sobre o fundamento do *ethos* da redenção do corpo, não podemos nos deter apenas na acusação do coração humano com base no desejo e na concupiscência da carne. O homem não pode deter-se em colocar o "coração" em estado de contínua e irreversível suspeita por causa das manifestações da concupiscência da carne e da libido, que, em particular, um psicanalista descobre mediante as análises do inconsciente. A redenção é uma verdade, uma realidade, a cujo nome o homem deve sentir-se chamado, e "chamado com eficácia". Deve se dar conta de tal chamado também mediante as palavras de Cristo, segundo Mateus 5, 27–28, relidas no pleno contexto da revelação do corpo. O homem deve sentir-se chamado a redescobrir, ou melhor, a realizar o significado esponsal do corpo e a exprimir de tal modo a liberdade interior do dom, isto é, daquele estado e daquela força espiritual, que derivam do domínio da concupiscência da carne.

5. O homem é chamado a isto pela palavra do Evangelho, portanto "de fora", mas ao mesmo tempo é chamado também "de dentro". As palavras de Cristo, que no Sermão da Montanha apelam para o "coração", levam, em certo sentido, o ouvinte a esse chamado interior. Se ele consentir em que elas atuem em si, poderá ouvir ao mesmo tempo, no íntimo, como que um eco daquele "princípio", daquele bom princípio a que Cristo se refere outra vez, para recordar aos próprios ouvintes quem é o homem, quem é a mulher, e quem são reciprocamente um para o outro na obra da criação. As palavras de Cristo, pronunciadas no Sermão da Montanha, não são um apelo lançado ao vácuo. Não são dirigidas ao homem inteiramente entregue à concupiscência da carne, incapaz de procurar outra forma de relações recíprocas no âmbito da perene atração, que aparece na história do homem e da mulher logo "desde o princípio". As palavras de Cristo testemunham que *a força original* (portanto, também a graça) do mistério da criação se torna para cada um deles *força* (isto é, a

---

[3] Cf. Rm 8, 23.

graça) *do mistério da redenção*. Isto diz respeito à própria natureza, ao próprio substrato da humanidade da pessoa, aos mais profundos impulsos do "coração". Acaso não sente o homem, juntamente com a concupiscência, uma profunda necessidade de conservar a dignidade das relações recíprocas, que encontram expressão no corpo, graças à sua masculinidade e feminilidade? Acaso não sente a necessidade de impregná-las de tudo o que é nobre e belo? Acaso não sente a necessidade de lhes conferir o valor supremo, que é o amor?

6. Ao ser relido, este apelo contido nas palavras de Cristo no Sermão da Montanha não pode ser um ato separado do contexto da existência concreta. Significa sempre — ainda que apenas na dimensão do ato ao qual se refere — a redescoberta do significado de toda a existência, do significado da vida, em que está compreendido também aquele significado do corpo ao qual chamamos aqui de "esponsal". O significado do corpo é, em certo sentido, a antítese da *libido* freudiana. O significado da vida é a antítese da "hermenêutica da suspeita". Esta hermenêutica é muito diferente, é radicalmente diferente, da que descobrimos nas palavras de Cristo no Sermão da Montanha. Estas palavras revelam não só outro *ethos*, mas também outra visão das possibilidades do homem. É importante que ele, precisamente no seu "coração", não se sinta só irrevogavelmente acusado e entregue como presa à concupiscência da carne, mas que, no próprio coração, se sinta chamado com ardor; chamado precisamente àquele valor supremo que é o amor; chamado como pessoa na verdade da sua humanidade, portanto também na verdade da sua masculinidade e feminilidade, na verdade do seu corpo; chamado naquela verdade que é patrimônio do "princípio", patrimônio do seu coração, mais profundo que a pecaminosidade herdada, mais profundo que a tríplice concupiscência. As palavras de Cristo, emolduradas na inteira realidade da criação e da redenção, atualizam aquela herança mais profunda e dão-lhe força real na vida do homem.

47. *EROS* E *ETHOS* ENCONTRAM-SE E FRUTIFICAM NO CORAÇÃO HUMANO

Audiência Geral de quarta-feira, 5 de novembro de 1980

1. Durante as nossas reflexões semanais sobre as palavras de Cristo no Sermão da Montanha, em que Ele, ao referir-se ao mandamento "não cometer adultério", compara a "concupiscência" (a "concupiscência dos olhos") ao "adultério cometido no coração", procuramos responder à pergunta: estas palavras acusam apenas o "coração" humano, ou são, principalmente, um apelo que lhe é dirigido? Apelo, compreende-se, de caráter ético; apelo importante e essencial para o próprio *ethos* do Evangelho. Respondemos que as palavras acima mencionadas são sobretudo um apelo.

Ao mesmo tempo, procuramos aproximar as nossas reflexões dos "itinerários" que a consciência dos homens contemporâneos, no seu âmbito, percorre. Já no precedente ciclo das nossas considerações nos referimos ao *eros*. Este termo grego, que da mitologia passou para a filosofia, depois para a língua literária e por fim para a língua falada, contrariamente à palavra *ethos*, é estranho e desconhecido na linguagem bíblica. Se nas presentes análises dos textos bíblicos usamos o termo *ethos*, conhecido pelos Setenta e pelo Novo Testamento, fazemo-lo em conseqüência do significado geral que ele adquiriu na filosofia e na teologia, abraçando no seu conteúdo as complexas esferas do bem e do mal, dependentes da vontade humana e submetidas às leis da consciência e da sensibilidade do coração humano. O termo *eros*, além de ser nome próprio da personagem mitológica, tem nos escritos de Platão um significado filosófico,[1] que parece ser diferente

---

1 Segundo Platão, o homem, colocado entre o mundo dos sentidos e o mundo das idéias, tem o destino de passar do primeiro para o segundo. O mundo das idéias não está, porém, em grau de superar, sozinho, o mundo dos sentidos: pode fazer isto somente o *eros*, congênito ao homem. Quando o homem começa a pressentir a existência das idéias, devido à contemplação dos objetos existentes no mundo dos sentidos, recebe o impulso do *eros*, isto é, do desejo das idéias puras. O *eros* é, de fato, a orientação do homem "sensual" ou "sensível" para aquilo que é transcendente: a força que conduz a alma para o mundo das idéias. No *Simpósio*, Platão descreve as etapas deste influxo do *eros*: este eleva a alma do homem do belo de um só corpo àquele do todos os corpos, depois ao belo da ciência e enfim à própria idéia do Belo (cf. *Simpósio*, 211, *República*, 514). O *eros* não é nem puramente humano nem divino: é algo de intermédio (*daimonion*) e de intermediário. A sua principal característica é a aspiração e o desejo permanentes. Mesmo quando ele parece doação, o *eros* persiste como "desejo de possuir", e todavia diferencia-se do amor puramente sensual, sendo o amor que tende para o sublime. Segundo Platão, os deuses não amam porque não sentem

do significado comum e também daquele que, habitualmente, lhe é atribuído na literatura. Obviamente, devemos aqui tomar em consideração a vasta gama de significados, que se diferenciam entre si de modo não claramente definido, no que diz respeito tanto à personagem mitológica, como ao conteúdo filosófico, como, sobretudo, ao ponto de vista "somático" ou "sexual". Tendo em conta uma gama tão vasta de significados, é conveniente avaliar, de modo igualmente diferenciado, o que se põe em relação com o *eros*[2] e é definido como "erótico".

2. Segundo Platão, o *eros* representa a força interior, que impele o homem para tudo o que é bom, verdadeiro e belo. Esta "atração" indica, em tal caso, *a intensidade de um ato subjetivo do espírito humano*. No significado comum, pelo contrário — como também na literatura —, esta "atração" parece ser antes de tudo *de natureza sensual*. Ele suscita a recíproca tendência de ambos, homem e mulher, à aproximação, à união dos corpos, àquela união de que fala Gênesis 2, 24. Trata-se aqui de responder à pergunta se o *eros* apresenta o mesmo significado que existe na narrativa bíblica (sobretudo em Gênesis 2, 23–25), a qual sem dúvida atesta a recíproca atração e o perene chamado da pessoa humana — através da masculinidade e da feminilidade — para aquela "unidade da carne" que, ao mesmo tempo, deve realizar a união-comunhão das pessoas. É precisamente por esta interpretação do *eros* (e juntamente à sua relação com o *ethos*) que adquire importância fundamental também o modo como entendemos a *concupiscência*, de que se fala no Sermão da Montanha.

---

    desejos, uma vez que os seus desejos estão todos satisfeitos. Podem ser somente objeto, mas não sujeito de amor (*Simpósio*, 200–201). Não têm, portanto, uma relação direta com o homem; somente a mediação do *eros* permite o laço de uma relação (*Simpósio*, 203). Portanto, Eros é o caminho que conduz o homem para a divindade, mas não vice-versa.
    A aspiração à transcendência é, por conseguinte, um elemento constitutivo da concepção platônica do *eros*, concepção que supera o dualismo radical do mundo das idéias e do mundo dos sentidos. O *eros* permite passar de um para o outro. Ele é, então, uma forma de fuga para além do mundo material, ao qual a alma é obrigada a renunciar, porque o belo do sujeito sensível tem valor apenas enquanto conduz mais para o alto.
    Contudo, o *Eros* permanece sempre, para Platão, o amor egocêntrico: ele tende a conquistar e possuir o objeto que, para o homem, representa um valor. Amar o bem significa desejar possuí-lo para sempre. O amor é, portanto, sempre um desejo de imortalidade, e também isto demonstra o caráter egocêntrico do *Eros* (cf. A. Nygren, *Eros et Agapé. La notion chrétienne de l'amour et ses transformations*, 1, Paris, 1962, Aubier, pp. 180–200).
    Para Platão, o *eros* é uma passagem da ciência mais elementar para uma mais profunda; é, ao mesmo tempo, a aspiração para passar "daquilo que não existe", que é o mal, para aquilo que "existe em plenitude", que é o bem (cf. M. Scheler, "Amour et connaissance", em: *Le sens dela souffrance, suivi de deux autres essais*, Paris, Aubier, s.d., p. 145).

2   Cf. C. S. Lewis, *Eros*, em: *The Four Loves*, New York, 1960, Harcourt, pp. 131–133, 152, 159–160; e P. Chauchard, *Vices des vertus, vertus des vices*, Paris, 1965, Mame, p. 147.

3. Segundo parece, a linguagem comum toma em consideração, sobretudo, aquele significado da concupiscência que precedentemente definimos como "psicológico" e que poderia também ser denominado "sexológico": isto com base em premissas que se limitam antes de tudo à interpretação naturalista, "somática" e sensualista do erotismo humano. (Não se trata aqui, de modo algum, de diminuir o valor das pesquisas científicas neste campo, mas de querer chamar a atenção para o perigo da redutibilidade e do exclusivismo.) Pois bem, em sentido psicológico e sexológico, a concupiscência indica a subjetiva intensidade de tender para o objeto por causa do seu caráter sexual (valor sexual). Tal tendência tem a sua subjetiva intensidade devido à específica "atração" que estende o seu domínio sobre a esfera emotiva do homem e envolve a sua "corporeidade" (a sua masculinidade ou feminilidade somática). Quando, no Sermão da Montanha, ouvimos falar da concupiscência do homem que "olha para a mulher com desejo libidinoso", estas palavras — entendidas em sentido "psicológico" (sexológico) — referem-se à esfera dos fenômenos que na linguagem comum são precisamente qualificados como "eróticos". Nos limites do enunciado de Mateus 5, 27–28, trata-se apenas do ato interior, ao passo que como "eróticos" são definidos, sobretudo, aqueles modos de ação e de recíproco comportamento do homem e da mulher que são manifestações exteriores próprias de tais atos interiores. Desse modo, parece estar fora de qualquer dúvida que — raciocinando assim — deve colocar-se como que o sinal de igualdade entre "erótico" e aquilo que "deriva do desejo" (e serve para satisfazer a concupiscência da carne). Se assim fosse, então, as palavras de Cristo segundo Mateus 5, 27–28 exprimiriam um juízo negativo sobre aquilo que é "erótico" e, dirigidas ao coração humano, constituiriam, ao mesmo tempo, uma severa advertência contra o *eros*.

4. Todavia, já dissemos brevemente que o termo *eros* tem muitas tonalidades semânticas. E, por conseguinte, se queremos definir a relação do enunciado do Sermão da Montanha[3] com a ampla esfera dos fenômenos "eróticos" — isto é, daquelas ações e daqueles comportamentos recíprocos mediante os quais o homem e a mulher se aproximam e se unem a ponto de serem "uma só carne"[4] —, é preciso ter em conta a multiplicidade das tonalidades semânticas do *eros*. Parece possível, de fato, que no âmbito do conceito de *eros* — considerando o seu significado platônico — se encontre o lugar para aquele *ethos*, para aqueles conteúdos éticos e indiretamente também teológicos, os

---

3   Cf. Mt 5, 27–28.

4   Cf. Gn 2, 24.

quais, durante as nossas análises, foram salientados pelo apelo de Cristo ao coração humano no Sermão da Montanha. Também o conhecimento das múltiplas tonalidades semânticas do *eros* e daquilo que, na experiência e descrição diferenciada do homem, em várias épocas e em vários pontos de latitude e longitude geográfica e cultural, é definido como "erótico", pode ajudar a compreender a específica e complexa riqueza do "coração", para o qual Cristo apelou no seu enunciado de Mateus 5, 27–28.

5. Se admitimos que o *eros* significa a força interior que *atrai* o homem para o verdadeiro, o bom e o belo, então, no âmbito deste conceito vê-se também abrir o caminho para aquilo que Cristo desejou exprimir no Sermão da Montanha. As palavras de Mateus 5, 27–28, se são uma "acusação" do coração humano, ao mesmo tempo são, ainda mais, um apelo dirigido a ele. Tal apelo é a categoria própria do *ethos* da redenção. O chamado para aquilo que é verdadeiro, bom e belo significa ao mesmo tempo, no *ethos* da redenção, a necessidade de vencer o que deriva da tríplice concupiscência. Significa também a possibilidade e a necessidade de *transformar* aquilo que foi agravado pela concupiscência da carne. Além disso, se as palavras de Mateus 5, 27–28 representam tal chamado, então significam que, no âmbito erótico, o *eros* e o *ethos* não divergem entre si, não se contrapõem reciprocamente, mas são chamados a encontrarem-se no coração humano, e, neste encontro, a frutificar. Bem digno do "coração" humano é que a forma daquilo que é "erótico" seja ao mesmo tempo a forma do *ethos*, ou seja, daquilo que é ético.

6. Tal afirmação é muito importante para o *ethos* e também para a ética. De fato, a este último conceito associa-se, muitas vezes, um significado *negativo*, porque a ética traz consigo normas, mandamentos e também proibições. Nós somos em geral propensos a considerar as palavras do Sermão da Montanha sobre a concupiscência (sobre "olhar com desejo") exclusivamente como proibição — uma proibição na esfera do *eros* (isto é, na "erótica"). E não raro nos contentamos apenas com tal compreensão, sem procurar *descobrir os valores verdadeiramente profundos e essenciais* que esta proibição contempla, isto é, assegura. Ela não só os protege, mas torna-os até mesmo acessíveis e liberta-os se aprendemos a abrir-lhes o nosso "coração".

No Sermão da Montanha, Cristo nos ensina tais valores e dirige o coração do homem até eles.

48. A ESPONTANEIDADE É VERDADEIRAMENTE HUMANA QUANDO É FRUTO AMADURECIDO DA CONSCIÊNCIA

Audiência Geral de quarta-feira, 12 de novembro de 1980

1. Hoje retomamos a análise, iniciada há uma semana, sobre a recíproca relação entre o que é "ético" e o que é "erótico". As nossas reflexões desenvolvem-se dentro do contexto das palavras pronunciadas por Cristo no Sermão da Montanha, com as quais Ele se referiu ao mandamento "não cometerás adultério" e, ao mesmo tempo, definiu a "concupiscência" (a "concupiscência dos olhos") como "adultério cometido no coração". Destas reflexões resulta que o *ethos* está relacionado com a descoberta de uma nova ordem de valores. É necessário encontrar continuamente naquilo que é "erótico" o significado esponsal do corpo e a autêntica dignidade do dom. Esta é a tarefa do espírito humano, tarefa de natureza ética. Se não se assume tal tarefa, a própria atração dos sentidos e a paixão do corpo podem não passar de pura concupiscência privada de valor ético, e o homem, varão e mulher, não experimenta aquela plenitude do *eros*, que significa o impulso do espírito humano para aquilo que é verdadeiro, bom e belo, pelo qual aquilo que é "erótico" se torna também verdadeiro, bom e belo. É indispensável, por conseguinte, que o *ethos* se torne a forma constitutiva do *eros*.

2. As mencionadas reflexões estão intimamente ligadas ao problema da espontaneidade. Com bastante freqüência considera-se que é precisamente o *ethos* que tira a espontaneidade àquilo que é erótico na vida e no comportamento do homem; e por este motivo se exige o afastamento do *ethos* "em vantagem" do *eros*. Também as palavras do Sermão da Montanha pareceriam dificultar este "bem". Todavia, tal opinião é errônea e, de qualquer forma, superficial. Aceitando-a e afirmando-a com obstinação, não chegaremos nunca às plenas dimensões de *eros*, e isto repercute-se inevitavelmente no âmbito da relativa *práxis*, isto é, no nosso comportamento e também na concreta experiência dos valores. De fato, aquele que aceita o *ethos* do enunciado de Mateus 5, 27–28, deve saber que é também chamado à plena e madura espontaneidade das relações, que nascem da perene atração

da masculinidade e da feminilidade. Precisamente tal espontaneidade é o fruto gradual do discernimento dos impulsos do próprio coração.

3. As palavras de Cristo são rigorosas. Exigem do homem que ele, no âmbito em que se formam as relações com as pessoas do outro sexo, tenha plena e profunda consciência dos próprios atos e, sobretudo, dos atos interiores; que ele tenha consciência dos impulsos interiores do seu "coração", a ponto de ser capaz de os identificar e qualificar de modo circunspecto. As palavras de Cristo exigem que nesta esfera, que parece pertencer exclusivamente ao corpo e aos sentidos, isto é, ao homem exterior, ele saiba ser verdadeiramente homem interior; saiba obedecer à reta consciência; saiba ser autêntico senhor dos próprios impulsos íntimos, como um guarda que vigia uma fonte escondida; e saiba, por fim, tirar de todos aqueles impulsos o que é conveniente para a "pureza do coração", construindo consciente e coerentemente aquele sentido pessoal do significado esponsal do corpo, que abre o espaço interior da liberdade do dom.

4. Pois bem, se o homem quiser responder ao apelo expresso em Mateus 5, 27–28, deve, perseverante e coerentemente, *aprender* o que é o significado do corpo, o significado da feminilidade e da masculinidade. Deve aprendê-lo não apenas abstraindo a sua objetificação (embora isto também seja necessário), mas, sobretudo, na esfera das reações interiores do próprio "coração". Esta é uma "ciência" que não pode ser verdadeiramente aprendida apenas dos livros, porque se trata aqui, em primeiro lugar, do profundo *conhecimento* da interioridade humana.

No âmbito deste conhecimento, o homem aprende a discernir entre o que, por um lado, compõe a multiforme riqueza da masculinidade e da feminilidade nos sinais que provêm de seu perene chamado e atração criadora, e o que, por outro lado, leva consigo o sinal da concupiscência. E embora estas variantes e tonalidades dos impulsos interiores do "coração" num certo limite se confundam entre si, deve-se dizer, todavia, que o *homem interior foi chamado por Cristo a adquirir uma avaliação madura e completa, que o leve a discernir e julgar os vários impulsos do seu próprio coração.* E é necessário acrescentar que esta tarefa pode ser realizada e é realmente digna do homem.

De fato, o discernimento sobre o qual falamos está em relação essencial com a espontaneidade. A estrutura subjetiva do homem demonstra, neste campo, uma específica riqueza e uma clara diferenciação. Por conseguinte, uma coisa é, por exemplo, uma nobre satisfação, e outra, pelo contrário, o desejo sexual; quando o desejo sexual está ligado a uma nobre satisfação, ele é diferente de um mero e simples desejo. Analogamente, no que diz respeito à esfera das reações imediatas do "coração", a excitação sensual é muito diversa da emoção profunda, com a qual não só a sensibilidade interior, mas a própria sexualidade reage à expressão integral da feminilidade e da masculinidade. Não se pode desenvolver aqui mais amplamente este argumento. Mas é certo que, se afirmarmos que as palavras de Cristo segundo Mateus 5, 27-28 são rigorosas, elas o são também na medida em que contêm em si as exigências profundas relativas à espontaneidade humana.

5. Não pode haver tal espontaneidade em todos os estímulos e impulsos que nascem da mera concupiscência carnal, desprovida, como ela é, de uma opção e de uma hierarquia adequada. É precisamente à custa do domínio sobre eles, que o homem alcança aquela espontaneidade mais profunda e amadurecida, com que o seu "coração", refreando os instintos, descobre a beleza espiritual do sinal constituído pelo corpo humano na sua masculinidade e feminilidade. Ao consolidar-se esta descoberta na consciência como convicção, e na vontade como orientação, seja das possíveis opções, seja dos simples desejos, o coração humano torna-se participante, por assim dizer, de outra espontaneidade de que nada ou pouquíssimo sabe o "homem carnal". Não há dúvida alguma de que, mediante as palavras de Cristo segundo Mateus 5, 27-28, somos chamados precisamente a tal espontaneidade. E a esfera mais importante da *praxis* — relativa aos atos mais *interiores* — talvez seja a que traça gradualmente o caminho para tal espontaneidade.

Este é um vasto assunto que nos convirá retomar novamente, quando nos dedicarmos a demonstrar qual é a verdadeira natureza da evangélica "pureza de coração". Por ora, terminamos dizendo que as palavras do Sermão da Montanha com as quais Cristo chama a atenção dos seus ouvintes — de outrora e de hoje — sobre a concupiscência ("concupiscência dos olhos"), indicam indiretamente o caminho para uma amadurecida espontaneidade do "coração" humano, que não sufoca os seus nobres desejos e aspirações, mas, pelo contrário, os liberta e, em certo sentido, os favorece.

Encerramos, por agora, o que dissemos sobre a recíproca relação entre o que é "ético" e o que é "erótico", segundo o *ethos* do Sermão da Montanha.

49. CRISTO NOS CHAMA A REENCONTRAR AS FORMAS VIVAS DO HOMEM NOVO

Audiência Geral de quarta-feira, 3 de dezembro de 1980

1. No início das nossas considerações sobre as palavras de Cristo no Sermão da Montanha,[1] constatamos que estas contêm um profundo significado ético e antropológico. Trata-se aqui da passagem em que Cristo recorda o mandamento "Não cometerás adultério", e acrescenta: "Todo aquele que olhar para uma mulher com desejo libidinoso, já cometeu adultério com ela (ou com relação a ela) no seu coração". Falamos do significado ético e antropológico de tais palavras, porque aludem às duas dimensões intimamente ligadas do *ethos* e do homem "histórico". Procuramos, durante as precedentes análises, seguir estas duas dimensões, tendo sempre em mente que as palavras de Cristo são dirigidas ao "coração", isto é, ao homem interior. O homem interior é o sujeito específico do *ethos* do corpo, e deste *ethos* Cristo deseja impregnar a consciência e a vontade dos seus ouvintes e discípulos. É indubitavelmente um *ethos* "novo". É "novo", em confronto com o *ethos* dos homens do Antigo Testamento, como já procuramos mostrar em análises mais particularizadas. E "novo" também com respeito ao estado do homem "histórico", posterior ao pecado original, isto é, com respeito ao "homem da concupiscência". É, portanto, um *ethos* "novo" num sentido e num alcance universais. É "novo" em relação a cada homem, independentemente de qualquer longitude e latitude geográficas e históricas.

2. Este "novo" *ethos*, que emerge da perspectiva das palavras de Cristo pronunciadas no Sermão da Montanha, já várias vezes o chamamos "*ethos* da redenção" e, mais precisamente, *ethos* da redenção do corpo. Seguimos nisto São Paulo, que na Carta aos Romanos contrapõe a "servidão da corrupção"[2] e a submissão à "vaidade"[3] — da qual se tornou participante toda a criação por causa do pecado — com o desejo da "redenção do corpo".[4] Neste contexto, o Apóstolo

---

1 Cf. Mt 5, 27–28.

2 Cf. Rm 8, 21.

3 *Ibid*. 8, 20.

4 *Ibid*. 8, 23.

fala dos gemidos de "toda a criação", que alimenta "a esperança de ser, também ela, libertada da servidão da corrupção para participar da liberdade da glória dos filhos de Deus".[5] Deste modo, São Paulo desvela a situação de tudo o que foi criado, e em particular a do homem depois do pecado. Significativa para tal estado é a aspiração que — juntamente com a "filiação adotiva"[6] — tende precisamente para a "redenção do corpo", apresentada como o fim, como o fruto escatológico e maduro do mistério da redenção do homem e do mundo, realizada por Cristo.

3. Em qual sentido, portanto, podemos falar do *ethos* da redenção e especialmente do *ethos* da redenção do corpo? Devemos reconhecer que, no contexto das palavras do Sermão da Montanha[7] por nós analisadas, este significado não aparece ainda em toda a sua plenitude. Ele aparecerá mais completamente quando examinarmos outras palavras de Cristo, ou seja, aquelas em que Ele faz referência à Ressurreição.[8] Todavia, não há qualquer dúvida de que, também no Sermão da Montanha, *Cristo fala na perspectiva da redenção do homem e do mundo* (e, portanto, precisamente da "redenção do corpo"). Esta é, de fato, a perspectiva do Evangelho inteiro, de todo o ensinamento ou, ainda, de toda a missão de Cristo. E, embora o contexto imediato do Sermão da Montanha indique a Lei e os Profetas como o ponto de referência histórica, precisamente do povo de Deus da antiga aliança, todavia nunca podemos nos esquecer de que, no ensinamento de Cristo, a referência fundamental à questão do matrimônio e ao problema das relações entre o homem e a mulher, apela para o "princípio". Este apelo pode ser justificado somente pela realidade da redenção; fora dela, na verdade, ficaria unicamente a tríplice concupiscência, ou a "servidão da corrupção", que o Apóstolo Paulo nomeia.[9] Só a perspectiva da redenção justifica o apelo ao "princípio", ou seja, para a perspectiva do mistério da criação na totalidade do ensinamento de Cristo acerca dos problemas do matrimônio, do homem e da mulher, e da relação recíproca entre eles. As palavras de Mateus 5, 27–28, colocam-se, afinal, na mesma perspectiva teológica.

4. No Sermão da Montanha, Cristo não convida o homem a voltar ao estado da inocência original, porque a humanidade deixou-a irrevogavelmente atrás de si, mas *chama-o a reencontrar — no fun-*

---

5   *Ibid.* 8, 20–21.

6   *Ibid.* 8, 23.

7   Cf. Mt 5, 27–28.

8   Cf. Mt 22, 30; Mc 12, 25; Lc 20, 35–36.

9   Cf. Rm 8, 21.

damento dos significados perenes e, por assim dizer, indestrutíveis daquilo que é "humano" — as formas vivas do "homem novo". De tal modo, reata-se um vínculo, ou antes, uma continuidade entre o "princípio" e a perspectiva da redenção. No *ethos* da redenção do corpo deverá ser retomado o *ethos* original da criação. Cristo não muda a Lei, mas confirma o mandamento "Não cometerás adultério"; porém, ao mesmo tempo, conduz a inteligência e o coração dos ouvintes àquela "plenitude da justiça" desejada por Deus Criador e Legislador, que este mandamento encerra em si. Tal plenitude deve ser descoberta, primeiro com uma visão interior do "coração", depois com um adequado modo de ser e de agir. A forma do "homem novo" pode derivar deste modo de ser e de agir, na medida em que o *ethos* da redenção do corpo domina a concupiscência da carne e todo o homem da concupiscência. Cristo indica com clareza que o caminho para lá chegar deve ser um caminho de temperança e de domínio dos desejos, e isto na raiz mesma, já na esfera puramente interior ("todo aquele que olhar para uma mulher com desejo libidinoso..."). O *ethos* da redenção contém em todos os âmbitos — e diretamente na esfera da concupiscência da carne — o imperativo do domínio de si, a necessidade de uma imediata continência e de uma habitual temperança.

5. Todavia, *a temperança e a continência não significam — se é possível assim dizer — uma suspensão no vácuo: nem no vácuo dos valores nem no vácuo do sujeito*. O *ethos* da redenção se realiza no domínio de si, mediante a temperança, isto é, na continência dos desejos. Neste comportamento, o coração humano permanece vinculado ao valor do qual, através do desejo, de outro modo se teria afastado, orientando-se para a pura concupiscência privada de valor ético (como dissemos na precedente análise). No terreno do *ethos* da redenção, a união com aquele valor, mediante um ato de domínio, é confirmada ou restabelecida com força e firmeza ainda mais profundas. E trata-se aqui do valor do significado esponsal do corpo, do valor de um sinal transparente, mediante o qual o Criador — juntamente com a perene atração recíproca do homem e da mulher através da masculinidade e da feminilidade — escreveu no coração de ambos o dom da comunhão, isto é, a misteriosa realidade da sua imagem e semelhança. Deste valor se trata no ato do domínio de si e da temperança, para os quais Cristo apela no Sermão da Montanha.[10]

6. Este ato pode parecer a suspensão no "vácuo do sujeito". Pode dar essa impressão particularmente quando é necessário tomar a decisão de realizá-lo pela primeira vez, ou, mais ainda, quando se criou o hábito contrário, quando o homem se habituou a ceder à concupis-

---

10 Cf. Mt 5, 27–28.

cência da carne. Todavia, mesmo da primeira vez, e mais ainda após adquirir a correta capacidade, o homem faz a gradual experiência da própria dignidade e, mediante a temperança, manifesta o próprio autodomínio e mostra *realizar aquilo que nele é essencialmente pessoal*. E, além disso, experimenta gradualmente a liberdade do dom, que por um lado é a condição, e por outro é a resposta do sujeito ao valor esponsal do corpo humano, na sua feminilidade e na sua masculinidade. Assim, portanto, o *ethos* da redenção do corpo realiza-se através do domínio de si, através da temperança dos "desejos", quando o coração humano contrai aliança com tal *ethos*, ou, antes, a confirma mediante a própria subjetividade integral: quando se manifestam as possibilidades e as disposições mais profundas e, não obstante, mais reais da pessoa; quando adquirem voz os estratos mais profundos da sua potencialidade, aos quais a concupiscência da carne, por assim dizer, não consentiria que se manifestassem. Estes estratos não podem aparecer nem sequer quando o coração humano está fixo numa permanente suspeita, como resulta da hermenêutica freudiana. Não podem manifestar-se nem sequer quando na consciência domina o "anti-valor" maniqueísta. Pelo contrário, o *ethos* da redenção baseia-se na íntima aliança com aqueles estratos.

7. Sucessivas reflexões nos darão outras provas disso. Terminando as nossas análises sobre o enunciado tão significativo de Cristo segundo Mateus 5, 27–28, vemos que nele o "coração" humano é sobretudo objeto de um chamado e não de uma acusação. Ao mesmo tempo, devemos admitir que, no homem histórico, a consciência da pecaminosidade não só é um necessário ponto de partida, mas também uma indispensável condição da sua aspiração à virtude, à *pureza do coração*, à perfeição. O *ethos* da redenção do corpo fica profundamente enraizado no realismo antropológico e axiológico da revelação. Apelando, neste caso, para o "coração", Cristo formula as suas palavras da maneira mais concreta: o homem, de fato, é único e inigualável, sobretudo por causa do seu "coração", que decide sobre ele "a partir do interior". A categoria do "coração" é, em certo sentido, o equivalente da subjetividade pessoal. O caminho do apelo à pureza do coração, assim como foi expresso no Sermão da Montanha, é apesar de tudo reminiscência da solidão original, da qual o varão foi libertado mediante a abertura ao outro ser humano, à mulher. A pureza de coração explica-se, afinal, com o olhar para o outro sujeito, que é original e perenemente "co-chamado".

A pureza é exigência do amor. É a dimensão da sua verdade interior no "coração" do homem.

50. TRADIÇÃO VÉTERO-TESTAMENTÁRIA E NOVO SIGNIFICADO DE "PUREZA"

Audiência Geral de quarta-feira, 10 de dezembro de 1980

1. Uma análise sobre a pureza será um complemento indispensável das palavras pronunciadas por Cristo no Sermão da Montanha, sobre as quais centramos o ciclo das nossas presentes reflexões. Quando Cristo, explicando o verdadeiro significado do mandamento "Não cometerás adultério", apelou para o homem interior, Ele especificou ao mesmo tempo a dimensão fundamental da pureza, referindo-se deste modo a elementos característicos das relações recíprocas entre o homem e a mulher no matrimônio e fora do matrimônio. As palavras: "Eu, porém, vos digo que todo aquele que olhar para uma mulher com desejo libidinoso, já cometeu adultério com ela no seu coração"[1] exprimem o que está em contraste com a pureza. Ao mesmo tempo, estas palavras exigem a pureza, que no Sermão da Montanha está compreendida no enunciado das bem-aventuranças: "Bem-aventurados os puros de coração, porque verão a Deus".[2] Desse modo, Cristo dirige ao coração humano um apelo: convida-o, não o acusa, como já precedentemente esclarecemos.

2. Cristo vê no coração, no íntimo no homem, a fonte da pureza — e também da impureza moral — no significado fundamental e mais genérico da palavra. Isso é confirmado, por exemplo, pela resposta dada aos fariseus escandalizados com os seus discípulos que "transgridem a tradição dos antigos, pois não lavam as mãos antes das refeições".[3] Jesus disse então aos presentes: "Não é aquilo que entra pela boca que torna o homem impuro, mas sim o que sai da sua boca: eis o que torna o homem impuro".[4] Depois, respondendo a pergunta de Pedro aos seus discípulos, assim explicou estas palavras: "O que sai da boca provém do coração. É isso que torna o homem impuro. Do coração procedem os maus pensamentos, os assassínios, os adultérios, as prostituições, os roubos, os falsos testemunhos e as blasfê-

---

1 Cf. Mt 5, 28.

2 *Ibid.*, 8.

3 *Ibid.*, 15, 2.

4 *Ibid.*, 15, 11.

mias. Eis o que torna o homem impuro. Mas comer sem lavar as mãos não torna o homem impuro".[5]

Quando dizemos "pureza", "puro", no significado próprio destes termos, indicamos o que contrasta com o sujo. "Sujar" significa "tornar impuro", "contaminar". Isso se refere aos diversos ambientes do mundo físico. Fala-se, por exemplo, de um "caminho imundo", de uma "sala imunda"; fala-se também do "ar contaminado". E, assim, o homem também pode ser "impuro" quando o seu corpo não está limpo. Para tirar a imundície do corpo, é preciso lavá-lo. Na tradição do Antigo Testamento, atribuía-se grande importância às abluções rituais, por exemplo, ao lavar as mãos antes de comer, de que fala o texto citado. Numerosas e particularizadas prescrições diziam respeito às abluções do corpo com relação à impureza sexual, entendida em sentido exclusivamente fisiológico, à qual aludimos precedentemente.[6] Segundo o estado da ciência médica do tempo, as várias abluções podiam corresponder a prescrições higiênicas. Quando eram impostas em nome de Deus e inseridas nos Livros Sagrados da legislação vetero-testamentária, a observância das mesmas adquiria, indiretamente, significado religioso; eram abluções rituais e, na vida do homem da antiga aliança, serviam para a *"pureza" ritual*.

3. Em relação com a sobredita tradição jurídico-religiosa da antiga aliança, *formou-se um modo errôneo de entender a pureza moral*.[7] Esta era entendida, muitas vezes, de modo exclusivamente exterior e *material*. O que é certo é que se difundiu uma tendência explícita para tal interpretação. Cristo opõe-se a ela de modo radical: nada torna o homem impuro, daquilo que vem do *exterior*, nenhuma imundície

---

5 Cf. Mt 15, 18–20; Mc 7, 20–23.

6 Cf. Lv 15.

7 Ao lado de um sistema complexo de prescrições que dizem respeito à pureza ritual, com base na qual se desenvolveu a casuística legal, existia todavia no Antigo Testamento o conceito de uma pureza moral, que era transmitida mediante duas correntes.

Os Profetas exigiam um comportamento conforme à vontade de Deus, o que supõe a conversão do coração, a obediência interior e a retidão total perante ele (cf. por exemplo, Is 1, 10–20; Jr 4, 14; 24, 7; Ez 36, 25ss). Tal comportamento é recomendado também pelo Salmista: "Quem será digno de subir ao monte do Senhor? [...] / O que tem as mãos limpas e o coração puro [...] / Este receberá as bênçãos do Senhor" (Sl 24/23, 3–5).

Segundo a tradição sacerdotal, o homem que é consciente da sua profunda pecaminosidade, não sendo capaz de alcançar a purificação com as próprias forças, suplica a Deus que realize aquela transformação do coração, que só pode ser obra de um ato criador seu: "Ó Deus, criai em mim um coração puro [...] / Aspergi-me com o hissopo e ficarei [...] mais branco do que a neve [...] / Um coração arrependido e humilhado, Deus, não o desprezareis" (Sl 51/50, 12.9.19).

Ambas as correntes do Antigo Testamento se encontram na bem-aventurança dos "puros de coração" (Mt 5, 8), não obstante a sua formulação verbal pareça aproximar-se mais do Salmo 24. (Cf. J. Dupont, *Les béatitudes, vol. III: Les Evangelistes*, Paris, 1973, Gabalda, pp. 603–604).

material torna o homem impuro no sentido moral, ou seja, interior. Nenhuma ablução, nem mesmo ritual, é capaz de originar a pureza moral. Esta tem a sua fonte exclusiva no interior do homem: provém do *coração*. É provável que, a este propósito, as prescrições do Antigo Testamento[8] servissem não somente para fins higiênicos, mas também para atribuir certa dimensão de interioridade àquilo que na pessoa humana é corpóreo e sexual. De qualquer modo, Cristo cuida bem de não ligar a pureza em sentido moral (ético) com a fisiologia e com os processos orgânicos correspondentes. À luz das palavras de Mateus 15, 18–20 supracitadas, nenhum dos aspectos da "impureza" sexual, no sentido estritamente somático, biofisiológico, entra por si mesmo na definição da pureza ou da impureza em sentido moral (ético).

4. O enunciado acima[9] é importante sobretudo por motivos semânticos. Falando da pureza em sentido moral, isto é, da virtude da pureza, servimo-nos de uma analogia, segundo a qual o mal moral é comparado precisamente com a impureza. Certamente tal analogia começou a fazer parte, desde os tempos mais remotos, do âmbito dos conceitos éticos. Cristo a retoma e a confirma em toda a sua extensão: "O que sai da boca provém do coração. É isto que torna o homem impuro". Cristo aqui fala de *todo o mal moral*, de todo o pecado, isto é, de transgressões dos vários mandamentos, e enumera "os maus pensamentos, os assassínios, os adultérios, as prostituições, os roubos, os falsos testemunhos e as blasfêmias", sem se limitar a um especial gênero de pecado. Daí deriva o conceito de "pureza", e de "impureza", ser, em sentido moral, primeiramente um conceito geral, não específico: para ele, todo o bem moral é uma manifestação de pureza, ao passo que todo o mal moral é uma manifestação de impureza. O enunciado de Mateus 15, 18–20 não restringe a pureza a um único setor da moral, ou seja, ao relacionado com o mandamento "Não cometerás adultério" e "Não cobiçarás a mulher do teu próximo", isto é, com aquilo que diz respeito às relações recíprocas entre o homem e a mulher, ligadas ao corpo e à relativa concupiscência. Analogamente, podemos também entender a bem-aventurança do Sermão da Montanha, dirigida aos homens "puros de coração", seja em sentido genérico, seja no mais específico. Somente os possíveis contextos permitirão delimitar e precisar esse significado.

5. O significado mais amplo e geral da pureza está presente também nas cartas de São Paulo, em que pouco a pouco reconheceremos os contextos que, de modo explícito, restringem o significado da pu-

---

8 Por exemplo, que se encontram em Lv 15, 16–24; 18, 1ss, ou também em Lv 12, 1–5.
9 Cf. Mt 15, 18–20.

reza ao âmbito "somático" e "sexual", isto é, àquele significado que podemos deduzir das palavras pronunciadas por Cristo no Sermão da Montanha sobre a concupiscência, que já se exprime no "olhar para uma mulher", e é equiparada a um "adultério cometido no coração".[10]

Não é São Paulo o autor das palavras sobre a tríplice concupiscência. Estas, como sabemos, encontram-se na primeira carta de João. Pode-se, todavia, dizer que analogamente ao que para João[11] é contraposição, no interior do homem, entre Deus e o mundo (entre o que vem "do Pai" e o que vem "do mundo") — contraposição essa que nasce no coração e penetra nas ações do homem como "concupiscência da carne, concupiscência dos olhos e soberba da vida" — para São Paulo é no cristão outra contradição: a oposição e ao mesmo tempo a tensão entre a "carne" e o "Espírito" (escrito com maiúscula, isto é, o Espírito Santo): "Ora, eu vos digo: caminhai segundo o Espírito, e não satisfareis os desejos da carne. Porque os desejos da carne são opostos aos do Espírito, e estes aos da carne, pois são contrários uns aos outros, de sorte que não fazeis o que gostaríeis".[12] Daí se segue que a vida "segundo a carne" está em oposição à vida "segundo o Espírito". "De fato, os que vivem segundo a carne desejam as coisas da carne; e os que vivem segundo o Espírito, as coisas do espírito".[13]

Em sucessivas análises, procuraremos mostrar que a pureza — a pureza do coração, de que Cristo falou no Sermão da Montanha — se realiza propriamente na vida "segundo o Espírito".

---

10 Cf. Mt 5, 27–28.

11 1Jo 2, 16–17.

12 Gl 5, 16–17.

13 Rm 8, 5.

51. VIDA SEGUNDO A CARNE E JUSTIFICAÇÃO EM CRISTO

Audiência Geral de quarta-feira, 17 de dezembro de 1980

1. "Os desejos da carne são opostos aos do Espírito, e estes aos da carne". Queremos hoje aprofundar estas palavras de São Paulo na Carta aos Gálatas 5, 17, com as quais, na semana passada, terminamos as nossas reflexões sobre o tema do justo significado da pureza. Paulo tem em mente a tensão que existe no íntimo do homem, precisamente no seu "coração". Não se trata aqui somente do corpo (a matéria) e do espírito (a alma), como de dois componentes antropológicos essencialmente diversos, que desde o "princípio" constituem a essência do homem. Mas é pressuposta aquela disposição de forças formada no homem com o pecado original e da qual participa todo o homem "histórico". Em tal disposição, formada no íntimo do homem, o corpo contrapõe-se ao espírito e facilmente toma o domínio sobre ele.[1] A terminologia paulina, todavia, significa algo mais: aqui o predomínio da "carne" parece quase coincidir com o que, segundo a terminologia joanina, é a tríplice concupiscência que "vem do mundo". A "carne", na linguagem das Cartas de São Paulo,[2]

---

[1] "Paulo nunca identificou, como faziam os gregos, o "pecado da carne" com o corpo físico. [...] Assim, a carne para Paulo não estava relacionada ao sexo ou ao corpo físico. Estava mais próxima ao pensamento hebraico da personalidade física, o "eu", incluindo elementos físicos e psíquicos como veículo de vida exterior e os baixos níveis da experiência. É o homem na sua humanidade, com todas as suas limitações, fraqueza moral, vulnerabilidade, na condição de criatura mortal: isso é, o que implica o ser humano.

O homem é vulnerável tanto em relação a Deus como aos demônios; ele é um veículo, um canal, um campo de batalha (Paulo usa desta metáfora) para o bem e para o mal. Quem irá habitar este homem, dominá-lo ou possuí-lo — o pecado, o mal, o demônio, ou o Cristo, o Espírito Santo, a fé através da graça —, cabe a cada homem escolher. Essa possibilidade da *escolha* abre uma outra perspectiva na concepção da natureza humana de Paulo: a consciência do homem e o *espírito* humano" – R.E.O. White, *Biblical Ethics*, Exeter, 1979, Paternoster Press, pp. 135–138.

[2] A interpretação da palavra grega *sarx* (carne), nas Cartas de Paulo, depende do contexto de cada uma delas. Na Carta aos Gálatas, por exemplo, podem-se especificar pelo menos dois significados distintos de *sarx*. Quando escreveu aos gálatas, Paulo combatia dois perigos que ameaçavam a jovem comunidade cristã. Por um lado, os convertidos do judaísmo tentavam convencer os convertidos do paganismo a aceitar a circuncisão, que era obrigatória no judaísmo. Paulo os repreende "de se vangloriar da carne", isto é, de colocar a esperança na circuncisão da carne. "Carne", neste contexto (Gl 3, 1–5.12; 6, 12–18), significa portanto a *circuncisão*, como símbolo de uma nova submissão às leis do judaísmo.

O segundo perigo, na jovem Igreja gálata, provinha do influxo dos pneumáticos, que entendiam a obra do Espírito Santo mais como divinização do homem do que como poder operante

indica não somente o homem "exterior", mas também o homem "interiormente sujeito ao mundo",[3] em certo sentido contido no âmbito daqueles valores que pertencem apenas ao mundo e daqueles fins que ele é capaz de impor ao homem: valores, portanto, aos quais o homem, enquanto "carne", é precisamente sensível. Assim, a linguagem de Paulo parece ligar-se aos conteúdos essenciais de João, e a linguagem de ambos denota o que é definido por vários termos da ética e da antropologia contemporâneas, como por exemplo: "autarquia humanista", "secularismo" ou também, com significado geral, "sensualismo". O homem que vive "segundo a carne" é o homem voltado somente àquilo que "vem do mundo": é o homem dos "sentidos", o homem da tríplice concupiscência. Suas ações o confirmam, como diremos dentro em pouco.

---

em sentido ético. Isto os leva a menosprezar os princípios morais. Escrevendo-lhes, Paulo chama "carne" a tudo o que aproxima o homem do objeto da sua concupiscência e o alicia com a promessa sedutora de uma vida aparentemente mais plena (cf. Gl 5, 13; 6, 10).

A *sarx*, portanto, "vangloria-se" tanto da "Lei" como da infração dela e, em ambos os casos, promete aquilo que não pode manter. Paulo distingue explicitamente entre o objeto da ação e a *sarx*. O centro da decisão não está na "carne": "[...] caminhai segundo o Espírito, e não satisfareis os desejos da carne" (Gl 5, 16).

O homem cai na escravidão da carne quando se confia à "carne" e naquilo que ela promete — no sentido da "Lei" ou da infração da lei. (Cf. F. Mussner, *Der Galaterbrief*, Herders Theolog. Kommentar zum NT, IX, Friburgo, 1974, Herder, p. 367; R. Jewett, "Paul's Anthropological Terms, A Study of Their Use in Conflict Settings", *Arbeiten zur Geschichte des antiken Judentums und des Urchristentums*, X, Leiden, 1971, Brill, pp. 95–106.

[3] Paulo sublinha nas suas cartas o caráter dramático daquilo que se realiza no mundo. Como os homens, por sua culpa, se esqueceram de Deus, "por isso Deus os abandonou à impureza segundo os desejos do seu coração" (Rm 1, 24), da qual provém ainda toda a desordem moral, que deforma tanto a vida sexual (*Ibid.*, 1, 24–27) como o funcionamento da vida social e econômica (*Ibid.*, 1, 29–32) e até cultural; de fato, esses, "conquanto conheçam bem o decreto de Deus — de que são dignos de morte os que praticam tais coisas — não só as cometem, como também aprovam os que as praticam" (*Ibid.*, 1, 32).

Uma vez que o pecado entrou no mundo por causa de um só homem (*Ibid.*, 5, 12), "o deus deste mundo cegou as inteligências incrédulas, para que não vejam o esplendor do glorioso evangelho de Cristo" (2Cor 4, 4): e por isso também "a ira de Deus se manifesta, do alto do céu, contra toda a impiedade e injustiça dos homens que retêm a verdade cativa na injustiça" (Rm 1, 18).

Por isso, "a criação mesma espera com impaciência a revelação dos filhos de Deus [...] e alimenta a esperança de ser, também ela, liberta da servidão da corrupção para entrar na liberdade da glória dos filhos de Deus" (*Ibid.*, 8, 19–21), aquela liberdade para a qual "Cristo nos libertou" (Gl 5, 1).

O conceito de *mundo* em São João tem diversos significados: na sua Primeira Carta, o mundo é o lugar em que se manifesta a tríplice concupiscência (1Jo 2, 15–16), e onde os falsos profetas e os adversários de Cristo procuram seduzir os fiéis; mas os cristãos vencem o mundo graças à sua fé (*Ibid.*, 5, 4): o mundo, de fato, desaparece juntamente com as suas concupiscências e quem realiza a vontade de Deus vive eternamente (*Ibid.*, 2, 17 — cf. P. Grelot, "Monde", in: *Dictionnaire de Spiritualité, Ascétique et mystique, doctrine et histoire*, fascículos 68–69, Beauchesne, pp. 1628ss. E ainda: J. Mateos, J. Barreto, *Vocabulario teologico del Evangelio de Juan*, Madrid, 1980, Edic. Cristiandad, pp. 211–215).

2. Tal homem vive quase no pólo oposto em relação aos "desejos do Espírito". O Espírito de Deus deseja uma realidade diversa da desejada pela carne; ambiciona uma realidade diversa daquela que a carne ambiciona, isto no interior do homem, já na fonte interior das aspirações e das ações do mundo — "de sorte que não fazeis o que gostaríeis".[4]

Paulo exprime isto de modo ainda mais explícito, falando em outra passagem sobre o mal que faz, embora não o desejando, e da impossibilidade — ou, antes, da possibilidade limitada — de realizar o bem que deseja.[5] Sem entrar nos problemas de uma exegese particularizada deste texto, pode-se dizer que a tensão entre a "carne" e o "espírito" é, antes de tudo, imanente, embora se não reduza a este nível. Manifesta-se no seu coração como "combate" entre o bem e o mal. Aquele desejo, de que Cristo fala no Sermão da Montanha,[6] ainda que seja um ato "interior", permanece certamente — segundo a linguagem paulina — como manifestação da vida "segundo a carne". Ao mesmo tempo, aquele desejo nos permite verificar como, no interior do homem, a vida "segundo a carne" se opõe à vida "segundo o Espírito", e como esta última, no estado atual do homem, dada a sua pecaminosidade hereditária, está constantemente exposta à fraqueza e insuficiência da primeira, à qual muitas vezes cede, se não é interiormente robustecida para fazer exatamente aquilo que são os "desejos do Espírito". Podemos deduzir daqui que as palavras de Paulo que tratam da vida "segundo a carne" e "segundo o Espírito" são ao mesmo tempo uma síntese e um programa; e é necessário entendê-las como tais.

3. Encontramos a mesma contraposição da vida "segundo a carne" à vida "segundo o Espírito" na Carta aos Romanos. Também aqui (como aliás na Carta aos Gálatas) ela é colocada no contexto da doutrina paulina acerca da justificação mediante a fé, isto é, mediante o poder do próprio Cristo, que opera no íntimo do homem por meio do Espírito Santo. Em tal contexto, Paulo leva essa contraposição às suas conseqüências extremas, ao escrever:

> Os que vivem segundo a carne desejam as coisas da carne, e os que vivem segundo o Espírito desejam as coisas do Espírito. Porque o desejo da carne é morte, ao passo que o desejo do Espírito é vida e paz. De fato, o desejo da carne é inimigo de Deus, porque não se submete à lei de Deus, e não o pode fazer, pois os que vivem segundo a carne não podem agradar a Deus. Vós, porém, não viveis segundo a carne, mas segundo o Espírito, uma vez que o Espírito de Deus habita em vós. Mas, se alguém

---

4 Gl 5, 17.

5 Cf. Rm 7, 19.

6 Cf. Mt 5, 27–28.

não possui o Espírito de Cristo, não pertence a Ele. Se Cristo, porém, habita em vós, embora o vosso corpo esteja morto devido ao pecado, o Espírito é vida por causa da justiça.[7]

4. Vemos com clareza os horizontes que Paulo desenha neste texto; e ele remonta ao "princípio" — isto é, neste caso, ao primeiro pecado de que teve origem a vida "segundo a carne", o qual criou no homem a herança de uma predisposição a viver unicamente tal vida, juntamente com a herança da morte. Ao mesmo tempo, Paulo tem em vista a vitória final sobre o pecado e sobre a morte, da qual a ressurreição de Cristo é anúncio e sinal: "Aquele que ressuscitou Jesus Cristo dos mortos há de dar igualmente a vida aos vossos corpos mortais, por meio do seu Espírito que habita em vós".[8] E nesta perspectiva escatológica São Paulo põe em relevo a "justificação em Cristo", destinada já ao homem "histórico", a cada homem de "ontem, hoje e amanhã" da história do mundo e também da história da salvação: justificação que é essencial para o homem interior, e se destina precisamente àquele "coração" ao qual Cristo se referiu, falando da "pureza" e da "impureza" em sentido moral. Esta "justificação" pela fé não constitui simplesmente uma dimensão do plano divino da salvação e da santificação do homem, mas é, segundo São Paulo, uma autêntica força que opera no homem e se revela e se afirma nas suas ações.

5. Eis, de novo, as palavras da Carta aos Gálatas: "Ora, as obras da carne são bem conhecidas: fornicação, impureza, libertinagem, idolatria, feitiçaria, inimizades, discórdias, ciúmes, ódio, dissensões, divisões, facções, invejas, embriaguez, orgias e coisas semelhantes".[9] "Mas o fruto do Espírito é amor, alegria, paz, paciência, benevolência, bondade, fidelidade, mansidão e domínio de si".[10] Na doutrina paulina, a vida "segundo a carne" opõe-se à vida "segundo o Espírito" não só no interior do homem, no seu "coração", mas, como se vê, encontra amplo e diferenciado campo para traduzir-se em obras. Paulo fala, por um lado, das obras que nascem da "carne" — poder-se-ia dizer, das obras em que se manifesta o homem que vive "segundo a carne" — e, por outro lado, fala do "fruto do Espírito", isto é, das ações,[11] dos modos de comportamento, das virtudes, em que se

---

7   Rm 8, 5–10.

8   *Ibid.*, 11.

9   Gl 5, 19–21.

10 *Ibid.*, 22–23.

11 Os exegetas observam que embora, por vezes, para Paulo o conceito de "fruto" se aplique também às "obras da carne" (por exemplo, Rm 6, 21; 7, 5), todavia, "o fruto do Espírito" não é nunca chamado "obra".

manifesta o homem que vive "segundo o Espírito". Ao passo que no primeiro caso nos encontramos com o homem abandonado à tríplice concupiscência, da qual João diz que vem "do mundo", no segundo caso estamos diante daquilo que anteriormente chamamos de *ethos* da redenção. Só agora estamos habilitados a esclarecer plenamente a natureza e a estrutura daquele *ethos*. Ele se exprime e se afirma através daquilo que no homem, em todo o seu "agir", nas ações e no comportamento, é fruto do domínio sobre a tríplice concupiscência: da carne, dos olhos e da soberba da vida (de tudo aquilo de que pode ser justamente "acusado" o coração humano e de que podem ser continuamente "suspeitos" o homem e a sua interioridade).

6. Se o poder na esfera do *ethos* se manifesta e se realiza como "amor, alegria, paz, paciência, benevolência, bondade, fidelidade, mansidão e domínio de si" — como lemos na Carta aos Gálatas — então dentro de cada uma destas realizações, destes comportamentos e destas virtudes morais está uma *opção específica*, isto é, um esforço da vontade, fruto do espírito humano penetrado pelo Espírito de Deus, que se manifesta em escolher o bem. Falando com a linguagem de Paulo: "os desejos da carne são opostos aos do Espírito"[12] e, nestes seus desejos, Ele se mostra mais forte que a "carne" e os desejos gerais da tríplice concupiscência. Nesta luta entre o bem e o mal, o homem mostra-se mais forte graças ao poder do Espírito Santo que, operando dentro do espírito humano, faz com que os desejos deste frutifiquem

---

De fato, para Paulo, "as obras" são os atos próprios do homem (ou aquilo em que Israel depõe, sem razão, a esperança, de que ele responderá diante de Deus). Paulo evita também o termo *areté*; encontra-se uma só vez, em sentido muito geral, em Fp 4, 8. No mundo grego esta palavra tinha um significado demasiado antropocêntrico; particularmente os estóicos punham em relevo a auto-suficiência ou autarquia da virtude. Mas em Paulo, ao contrário, o termo "fruto do Espírito" sublinha a ação de Deus no homem. Este "fruto" cresce nele como o dom de uma vida, cujo único autor é Deus; o homem pode, quando muito, favorecer as condições adequadas para que o fruto possa crescer e chegar à maturidade.

O fruto do Espírito, no singular, corresponde de algum modo à "justiça" do Antigo Testamento, que abraça o conjunto da vida conforme a vontade de Deus; corresponde também, em certo sentido, à "virtude" dos estóicos, que era indivisível. Vemo-lo por exemplo em Ef. 5, 9.11: "O fruto da luz consiste em toda a bondade, justiça e verdade. [...] não participeis das obras infrutuosas das trevas [...]".

Todavia, "o fruto do Espírito" é diferente tanto da "justiça" como da "virtude", porque ele (em todas as suas manifestações e diferenciações que se vêem nos catálogos das virtudes) contém o efeito da ação do Espírito, que na Igreja é fundamento e prática da vida do cristão — cf. H. Schlier, *Der Brief an die Galater, Meyer's Kommentar*. 5ª ed., Göttingen, 1971, Vandenhoeck-Ruprecht, pp. 225–264; O. Bauernfeind, "aretē" in: *Theological Dictionary of the New Testament*, ed. G. Kittel G. Bromley, vol. 1, Grand Rapids, 1978, Eerdmans, p. 640; W. Tatarkiewicz, *Historia Filozofii*, vol. 1, Warszawa, 1970, PWN, pp. 121; E. Kamlah, *Die Form der katalogischen Paränese im Neuen Testament*, Wissenschaftliche Untersuchungen zum Neuen Testament, 7, Tübingen, 1964, Mohr-Siebeck, 1964, p. 14.

12 Gl 5, 17.

para o bem. Estes são, portanto, não somente — e não tanto — obras do homem quanto são "frutos", isto é, efeito da ação do Espírito no homem. E por isso Paulo fala do "fruto do Espírito", entendendo esta palavra escrita com maiúscula.

Sem penetrar nas estruturas da interioridade humana, mediante as sutis diferenciações que nos são fornecidas pela teologia sistemática (especialmente a partir de Tomás de Aquino), limitamo-nos à exposição sintética da doutrina bíblica que nos permite compreender, de modo essencial e suficiente, a distinção e a contraposição da "carne" e do "Espírito".

Observamos que, entre os frutos do Espírito, o Apóstolo coloca também o "domínio de si". É necessário não o esquecer, porque nas nossas novas reflexões retomaremos este tema para o tratar de modo mais particularizado.

52. A CONTRAPOSIÇÃO ENTRE CARNE E ESPÍRITO E A "JUSTIFICAÇÃO" NA FÉ

Audiência Geral de quarta-feira, 7 de janeiro de 1981

Caríssimos Irmãos no Episcopado e no Sacerdócio, Irmãos e Irmãs da vida religiosa, e todos vós, caríssimos Irmãos e Irmãs,

Depois da pausa devida às recentes festividades, recomeçamos hoje os nossos encontros das quartas-feiras trazendo ainda no coração a serena alegria do mistério do nascimento de Cristo, que a liturgia da Igreja neste período nos levou a celebrar e atualizar na nossa vida. Jesus de Nazaré, o Menino que chora na manjedoura de Belém, é o Verbo eterno de Deus que encarnou por amor do homem.[1] Esta é a grande verdade a que adere o cristão com profunda fé, com a fé de Maria Santíssima, que na glória da sua intacta virgindade concebeu e gerou o Filho de Deus feito homem; com a fé de São José, que por Ele velou e o protegeu com imensa dedicação de amor; com a fé dos pastores, que acorreram às pressas para a gruta da natividade; com a fé dos Magos, que o entreviram no sinal da estrela e, depois de longas procuras, puderam contemplá-lo e adorá-lo nos braços da Virgem Mãe.

Que o novo ano seja vivido por todos sob o signo desta grande alegria interior, fruto da certeza de que "Deus tanto amou o mundo que lhe deu o seu Filho Unigênito, para todo o que n'Ele crê não morra, mas tenha a vida eterna":[2] estes são os votos que formulo por todos vós, que estais presentes nesta primeira audiência geral de 1981, e por todos os que vos são caros.

1. Que significa a afirmação "os desejos da carne são opostos aos do Espírito, e estes aos da carne"?[3] Esta pergunta parece importante, mesmo fundamental, no contexto das nossas reflexões sobre a pureza de coração, de que fala o Evangelho. Todavia, o autor da Carta aos Gálatas abre diante de nós, a este respeito, horizontes ainda mais vastos. Nesta contraposição da "carne" ao Espírito (Espírito de Deus), e da vida "segundo a carne" à vida "segundo o Espírito", está contida a teologia paulina acerca da justificação, isto é, a expressão da fé

---

1 Cf. Jo 1, 15.

2 Jo 3, 16.

3 Gl 5, 17.

no realismo antropológico e ético da redenção operada por Cristo, que Paulo, no contexto já por nós conhecido, chama também "redenção do corpo". Segundo a Carta aos Romanos 8, 23, a "redenção do corpo" tem ainda uma dimensão "cósmica" (referida a toda a criação), mas no centro dela está o homem: o homem constituído na unidade pessoal do espírito e do corpo. E precisamente neste homem, no seu "coração", e conseqüentemente em todo o seu comportamento, frutifica a redenção de Cristo, graças àquelas forças do Espírito que operam a "justificação", isto é, fazem com que a justiça "abunde" no homem, como é indicado no Sermão da Montanha:[4] isto é, "abunde" na medida em que o próprio Deus quis e espera.

2. É significativo que Paulo, falando das "obras da carne",[5] mencione não só "fornicação, impureza, libertinagem, [...] embriaguez, orgias" — portanto tudo o que, segundo uma objetiva compreensão, reveste o caráter dos "pecados carnais" e do gozo sensual ligado com a carne —, mas nomeie também outros pecados, a que nós seríamos levados a atribuir um caráter também "carnal" e "sensual": "idolatria, feitiçaria, inimizades, discórdias, ciúmes, ódio, dissensões, divisões, facções, invejas".[6] Segundo as nossas categorias antropológicas (e éticas), estaríamos, ao invés, propensos a chamar todas as "obras" aqui indicadas de "pecados do espírito" humano, em vez de "pecados da carne". Não sem motivo, poderíamos entrever nelas mais os efeitos da "concupiscência dos olhos" ou da "soberba da vida", do que os efeitos da "concupiscência da carne". Todavia, Paulo qualifica-as todas como "obras da carne". Isto se entende exclusivamente sobre o fundamento daquele significado mais amplo (em certo sentido, metonímico), que nas cartas paulinas assume o termo "carne", contraposto não apenas e não tanto ao "espírito" humano, como ao Espírito Santo que opera na alma (no espírito) do homem.

3. Existe, portanto, uma analogia significativa entre aquilo que Paulo define como "obras da carne" e as palavras com que Cristo explica aos seus discípulos o que primeiro dissera aos fariseus acerca da "pureza" e da "impureza" ritual.[7] Segundo as palavras de Cristo, a verdadeira "pureza" (como também a "impureza"), em sentido moral, está no "coração" e provém do "coração" humano. Como "obras impuras", no mesmo sentido, são definidos não só os "adultérios" e as "prostituições", portanto os "pecados da carne" em sentido estrito,

---

4 Cf. Mt 5, 20.

5 Cf. Gl 5, 19–21.

6 *Ibid.*, 20–21.

7 Cf. Mt 15, 2–20.

mas também os "maus pensamentos, os assassínios, [...] os roubos, os falsos testemunhos e as blasfêmias". Cristo, segundo já pudemos verificar, serve-se aqui do significado tanto geral como específico da "impureza" (e, portanto, indiretamente também da "pureza"). São Paulo exprime-se de maneira análoga: as obras "da carne" são entendidas no texto paulino tanto em sentido geral como específico. Todos os pecados são expressão da vida "segundo a carne", que está em contraste com a vida "segundo o Espírito". Aquilo que, em conformidade com a nossa convenção lingüística (aliás parcialmente justificada), é considerado como "pecado da carne", no elenco paulino é uma das tantas manifestações daquilo que Paulo denomina "obras da carne", e, neste sentido, um dos sintomas das obras da vida "segundo a carne" e não "segundo o Espírito".

4. As palavras de Paulo escritas aos Romanos — "Assim, pois, irmãos, não somos devedores à carne para que vivamos segundo a carne. Se viverdes segundo a carne, morrereis; mas, se pelo Espírito fizerdes morrer as obras da carne, vivereis"[8] — introduzem-nos de novo na rica e diferenciada esfera dos significados que os termos "corpo" e "espírito" têm para si. Todavia, o significado definitivo daquele enunciado é circunstancial, exortatório, portanto válido para o *ethos* evangélico. Paulo, quando fala da necessidade de fazer morrer as obras do corpo com a ajuda do Espírito, exprime exatamente aquilo de que Cristo falou no Sermão da Montanha, apelando para o coração humano e exortando-o ao domínio dos desejos, mesmo daqueles que se exprimem no "olhar" do homem dirigido para a mulher com o fim de satisfazer a concupiscência da carne. Tal superação, a saber, como escreve Paulo, o "fazer morrer as obras da carne" com a ajuda do Espírito, é condição indispensável da "vida segundo o Espírito", isto é, da "vida" que é antítese da "morte" de que se fala no mesmo contexto. A vida "segundo a carne" frutifica, na verdade, a "morte", isto é, comporta como efeito a "morte" do Espírito.

Portanto, o termo "morte" não significa só a morte corporal, mas também o pecado que a teologia moral chamará "mortal". Nas Cartas aos Romanos e aos Gálatas, o Apóstolo alarga continuamente o horizonte do "pecado-morte", seja para o "princípio" da história do homem, seja para o seu fim. E por isso, depois de catalogar as multiformes "obras da carne", afirma que "os que as praticarem não herdarão o Reino de Deus".[9] Em outra passagem, escreverá com semelhante firmeza: "Sabei-o bem, nenhum imoral, impuro ou avarento — o qual é como um idólatra — terá herança no Reino de Cristo e de

---

8   Rm 8, 12–13.

9   Gl 5, 21.

Deus".[10] Também neste caso, as obras que excluem de ter "herança no reino de Cristo e de Deus" — isto é, as "obras da carne" — vêm enumeradas como exemplo e com valor geral, embora em primeiro lugar estejam aqui os pecados contra a "pureza" no sentido específico.[11]

5. Para completar o quadro da contraposição entre o "corpo" e o "fruto do Espírito", é necessário observar que em tudo o que é manifestação da vida e do comportamento segundo o Espírito, Paulo vê, ao mesmo tempo, a manifestação daquela liberdade, para a qual Cristo "nos libertou".[12] Escreve precisamente assim: "Vós, irmãos, fostes chamados à liberdade. Não tomeis, porém, a liberdade como pretexto para servir a carne. Pelo contrário, fazei-vos servos uns dos outros pela caridade, pois toda a Lei encontra sua plenitude num só preceito: 'Amarás ao teu próximo como a ti mesmo'".[13] Como já fizemos notar anteriormente, a contraposição "corpo-Espírito", vida "segundo a carne" — "segundo o Espírito", penetra profundamente toda a doutrina paulina sobre a justificação. O Apóstolo dos gentios, com excepcional força de convicção, proclama que a justificação do homem se completa em Cristo e por Cristo. O homem consegue a justificação na fé que opera por meio da caridade",[14] e não só mediante a observância de cada uma das prescrições da Lei vetero-testamentária (em particular, da circuncisão). A justificação vem, portanto, "do Espírito" (de Deus) e não "da carne". Ele exorta, por isso, os destinatários da sua carta a se libertarem do erro da concepção "carnal" da justificação, para seguirem a verdadeira, isto é, a "espiritual". Neste sentido, exorta-os a considerarem-se livres da Lei, e, ainda mais, a serem livres com a liberdade, para a qual Cristo "nos libertou".

Assim, pois, seguindo o pensamento do Apóstolo, convém-nos considerar e sobretudo realizar a pureza evangélica, isto é, a pureza de coração, segundo a medida daquela liberdade para a qual Cristo "nos libertou".

---

10   Ef 5, 5.

11   Cf. Ef 5, 3–7.

12   Gl 5, 1.

13   Gl 5, 13–14.

14   Gl 5, 6.

53. A VIDA SEGUNDO O ESPÍRITO É FUNDADA NA VERDADEIRA LIBERDADE

Audiência Geral de quarta-feira, 14 de janeiro de 1981

1. São Paulo escreve na Carta aos Gálatas: "Vós, irmãos, fostes chamados à liberdade. Não tomeis, porém, a liberdade como pretexto para servir a carne. Pelo contrário, fazei-vos servos uns dos outros pela caridade, pois toda a lei encontra sua plenitude num só preceito: 'Amarás ao teu próximo como a ti mesmo'".[1] Há uma semana, detivemo-nos neste enunciado; nós o retomamos hoje, em relação ao argumento principal das nossas reflexões.

Ainda que a passagem citada se refira primeiramente ao assunto da justificação, todavia o Apóstolo tende a fazer compreender, aqui, explicitamente a dimensão ética da contraposição "corpo-Espírito", isto é, entre a vida "segundo a carne" e a vida "segundo o Espírito". E precisamente aqui ele toca no ponto essencial, desvelando como que as raízes antropológicas do *ethos* evangélico. Se, de fato, "toda a Lei" (lei moral do Antigo Testamento) "encontra a sua plenitude" no mandamento da caridade, a dimensão do novo *ethos* evangélico não é senão um apelo dirigido à liberdade humana, apelo à sua plena prática e, em certo sentido, à mais plena "utilização" da potencialidade do espírito humano.

2. Poderia parecer que Paulo contrapõe somente a liberdade à Lei e a Lei à liberdade. Todavia, uma análise aprofundada do texto demonstra que São Paulo na Carta aos Gálatas sublinha, antes de tudo, a subordinação ética da liberdade àquele elemento em que se cumpre toda a Lei, ou seja, ao amor, que é o conteúdo do maior mandamento do Evangelho. "É para que sejamos homens livres que Cristo nos libertou", precisamente no sentido em que Ele nos manifestou a subordinação ética (e teológica) da liberdade à caridade e relacionou a liberdade com o mandamento do amor. Entender assim a vocação à liberdade ("Vós, irmãos, fostes chamados à liberdade")[2] significa configurar o *ethos* em que se realiza a vida "segundo o Espírito". Existe, de fato, também o perigo de entender a liberdade de modo errôneo, e Paulo aponta-o com clareza, escrevendo no mesmo contexto: "Não

---

[1] Gl 5, 13–14.

[2] Gl 5, 13.

tomeis, porém, a liberdade como pretexto para servir a carne. Pelo contrário, fazei-vos servos uns dos outros pela caridade".[3]

3. Em outras palavras, Paulo coloca-nos de sobreaviso a respeito da possibilidade do mau uso da liberdade, em contraste com a libertação do espírito humano realizada por Cristo, a qual contradiga a liberdade com que "Cristo nos libertou". De fato, Cristo realizou e manifestou a liberdade que encontra a plenitude na caridade, liberdade graças à qual somos "servos uns dos outros"; em outras palavras: a liberdade que se torna fonte de "obras" novas e de "vida" segundo o Espírito. A antítese e, de certo modo, a negação de tal uso da liberdade se dão quando ela se torna para o homem um "pretexto para servir a carne". A liberdade se torna, então, fonte de "obras" e de "vida" segundo a carne. Deixa de ser a autêntica liberdade, para a qual "Cristo nos libertou" e torna-se "pretexto para servirmos a carne", fonte (ou instrumento) de um especial "jugo" por parte da "soberba da vida", da "concupiscência dos olhos" e da "concupiscência da carne". Quem deste modo vive "segundo a carne", isto é, se sujeita — ainda que de modo não de todo consciente, mas não menos efetivo — à tríplice concupiscência, e em particular a concupiscência da carne, deixa de ser capaz daquela liberdade para a qual "Cristo nos libertou"; deixa também de ser idôneo para o verdadeiro dom de si, que é fruto e expressão de tal liberdade; deixa, além disso, de ser capaz daquele dom que está organicamente relacionado ao significado esponsal do corpo humano, de que tratamos nas precedentes análises do Livro do Gênesis.[4]

4. Deste modo, a doutrina paulina acerca da pureza, doutrina em que encontramos o fiel e autêntico eco do Sermão da Montanha, leva-nos a ver a "pureza do coração" evangélica e cristã numa perspectiva mais ampla, e sobretudo nos permite relacioná-la com a caridade em que toda "a Lei encontra a sua plenitude". Paulo, de modo análogo a Cristo, conhece um significado duplo da "pureza" (e da "impureza"): um sentido genérico e outro específico. No primeiro caso, é "puro" tudo o que é moralmente bom; é "impuro", pelo contrário, o que é moralmente mau. Afirmam-no com clareza as palavras de Cristo segundo Mateus 15, 18–20, citadas precedentemente. Nos enunciados de Paulo acerca das "obras da carne", que ele contrapõe ao "fruto do Espírito", encontramos a base para um modo análogo de entender este problema. Entre as "obras da carne" Paulo coloca o que é moralmente mau, ao passo que todo o bem moral é relacionado com a vida "segundo o Espírito". Assim, uma das manifestações da vida

---

3   *Ibid.*, 13.

4   Cf. Gn 2, 23–25.

"segundo o Espírito" é o comportamento conforme aquela virtude, que Paulo, na Carta aos Gálatas, parece definir sobretudo indiretamente, mas de que ele trata de modo direto na Primeira Carta aos Tessalonicenses.

5. Nos trechos da Carta aos Gálatas, que já anteriormente submetemos a uma análise pormenorizada, o Apóstolo menciona, em primeiro lugar, entre as "obras da carne", "fornicação, impureza, libertinagem"; todavia, em seguida, quando a estas obras contrapõe "o fruto do Espírito", não fala diretamente da "pureza", mas nomeia só o "domínio de si", a *enkráteia*. Este "domínio" pode ser reconhecido como virtude que diz respeito à continência quanto a todos os desejos dos sentidos, sobretudo na esfera sexual; contrapõe-se, portanto, à "fornicação", à "impureza" e à "libertinagem", e também à "embriaguez" e às "orgias". Poder-se-ia, portanto, admitir que o "domínio de si" paulino contém o que é expresso no termo "continência" ou "temperança", correspondente ao termo latino *temperantia*. Em tal caso, nós nos encontraríamos diante do conhecido sistema das virtudes, que a teologia posterior, em particular a escolástica, irá buscar, em certo sentido, na ética de Aristóteles. Todavia, Paulo certamente não se serve, no seu texto, deste sistema. Dado que por "pureza" se deve entender o justo modo de tratar a esfera sexual segundo o estado pessoal (e não necessariamente um abster-se absoluto da vida sexual), então indubitavelmente tal "pureza" é incluída no conceito paulino de "domínio" ou *enkráteia*. Por isso, no âmbito do texto paulino, encontramos apenas uma genérica e indireta menção da pureza, da mesma forma como a tais "obras da carne", como "fornicação, impureza e libertinagem", o autor contrapõe o "fruto do Espírito" — isto é, as novas obras, em que se manifesta a vida "segundo o Espírito". Pode-se deduzir que uma destas novas obras é precisamente a "pureza": isto é, aquela que se contrapõe à "impureza" e também à "fornicação" e à "libertinagem".

6. Mas já na Primeira Carta aos Tessalonicenses, Paulo escreve sobre este assunto de modo explícito e inequívoco. Lemos nela: "Esta é a vontade de Deus: a vossa santificação; que eviteis a impureza, que cada um de vós seja capaz de dominar o seu corpo em santidade e respeito, sem se deixar levar pelas paixões desregradas, como fazem os gentios que não conhecem a Deus".[5] E depois: "Deus não nos chamou para a impureza, mas para a santidade. Quem desprezar esses preceitos, não despreza a um homem, mas a Deus, que vos dá o seu Espírito Santo".[6] Embora ainda neste texto tenhamos de contar

---

5   1Ts 4, 3–5.

6   *Ibid.*, 7–8.

com o significado genérico da "pureza", identificada neste caso com a "santificação" (pois se nomeia a "impureza" como antítese da "santificação"), todo o contexto indica claramente de que tipo de "pureza" ou de "impureza" se trata, isto é, em que consiste o que Paulo chama aqui "impureza", e de que modo a "pureza" contribui para a "santificação" do homem.

E por isso, nas próximas reflexões, convirá retomar o texto da Primeira Carta aos Tessalonicenses, agora mesmo citado.

54. SANTIDADE E RESPEITO DO CORPO NA DOUTRINA DE SÃO PAULO

Audiência Geral de quarta-feira, 28 de janeiro de 1981

1. São Paulo escreve na Primeira Carta aos Tessalonicenses: "Esta é a vontade de Deus: a vossa santificação; que eviteis a impureza, que cada um de vós seja capaz de dominar o seu corpo em santidade e respeito, sem se deixar levar pelas paixões desregradas, como fazem os gentios que não conhecem a Deus".[1] E alguns versículos depois, continua: "Deus não nos chamou para a impureza, mas para a santidade. Quem desprezar esses preceitos, não despreza a um homem, mas a Deus, que vos dá o seu Espírito Santo".[2] A estas frases do Apóstolo fizemos referência durante o nosso encontro do dia 14 de janeiro. Todavia, hoje podemos retomá-las, porque são particularmente importantes para o tema das nossas meditações.

2. A pureza, de que fala Paulo na Primeira Carta aos Tessalonicenses,[3] manifesta-se no fato de que o homem "seja capaz de dominar o seu corpo em santidade e respeito, sem se deixar levar pelas paixões desregradas". Nesta formulação, cada palavra tem um significado particular e merece, portanto, um comentário adequado.

Em primeiro lugar, a pureza é uma "capacidade", ou seja, na linguagem tradicional da antropologia e da ética, um comportamento. E, neste sentido, é virtude. Se esta capacidade, isto é, esta virtude, leva a evitar a "impureza", isto acontece porque o homem que a tem sabe "dominar o seu corpo em santidade e respeito, sem se deixar levar pelas paixões desregradas". Trata-se aqui de *uma capacidade prática*, que torna o homem apto a *agir* de determinada maneira e ao mesmo tempo a *não agir* de modo contrário. A pureza, para ser tal capacidade ou comportamento, deve obviamente estar enraizada na vontade, no fundamento do querer e do agir consciente do homem. Tomás de Aquino, na sua doutrina sobre as virtudes, vê de modo ainda mais direto o objeto da pureza na faculdade do desejo sensível, que ele chama *appetitus concupiscibilis*. É precisamente esta faculdade que deve ser "dominada", ordenada e capacitada a agir de modo conforme à virtude, a fim de que a "pureza" possa ser atribuída ao

---

[1] 1Ts 4, 3–5.

[2] *Ibid.*, 7–8.

[3] *Ibid.*, 3–5.7–8.

homem. Segundo tal concepção, a pureza consiste, antes de tudo, em conter os impulsos do desejo sensível, que tem por objeto aquilo que no homem é corporal e sexual. A pureza é uma variante da virtude da temperança.

3. O texto da Primeira Carta aos Tessalonicenses[4] demonstra que a virtude da pureza, na concepção de Paulo, consiste também no domínio e na superação das "paixões desregradas"; isto quer dizer que pertence necessariamente à sua natureza a capacidade de conter os impulsos do desejo sensível, isto é, a virtude da temperança. Em paralelo, porém, o mesmo texto paulino dirige a nossa atenção para outra função da virtude da pureza, para outra sua dimensão — poder-se-ia dizer — mais positiva que negativa. Pois bem, a função da pureza, que o autor da Carta parece colocar sobretudo em realce, é não só (e não tanto) a abstenção da "impureza" e daquilo que a ela conduz — portanto a abstenção das "paixões desregradas" —, mas, ao mesmo tempo, o domínio do próprio corpo e, indiretamente, também do corpo dos outros em "santidade e respeito".

Estas duas funções, a "abstenção" e o "domínio", estão em estreita relação e são reciprocamente dependentes. Dado que, de fato, não se pode "dominar o seu corpo em santidade e respeito", se vier a faltar aquela abstenção da "impureza" e daquilo a que ela conduz, em conseqüência pode-se admitir que o domínio do corpo (o próprio e, indiretamente, o alheio) "em santidade e respeito" confere um adequado significado e valor àquela abstenção. Esta requer, por si mesma, a superação de alguma coisa que está no homem e que nasce espontaneamente nele como inclinação, como atrativo e também como valor que atua sobretudo no âmbito dos sentidos, mas, com muita freqüência, não sem repercussões sobre as outras dimensões da subjetividade humana, e particularmente sobre a dimensão afetivo-emotiva.

4. Considerando tudo isto, parece que a imagem paulina da virtude da pureza — imagem que surge do confronto muito eloqüente da função da "abstenção" (isto é, da temperança) com a do "domínio do corpo em santidade e respeito" — é profundamente *justa, completa e adequada*. Talvez esta completude deva-se tão somente ao fato de que Paulo considera a pureza não só como capacidade (isto é, comportamento) das faculdades subjetivas do homem, mas, ao mesmo tempo, como uma manifestação concreta da vida "segundo o Espírito", em que a capacidade humana é interiormente fecundada e enriquecida por aquilo que Paulo, na Carta aos Gálatas 5, 22, chama de "fruto do Espírito". O respeito, que nasce no homem para com tudo aquilo que é corpóreo e sexual, seja nele ou em cada outro homem, varão e mulher,

---

[4] Cf. 1Ts 4, 3–5.

demonstra-se como a força mais essencial para dominar o corpo "em santidade". Para compreender a doutrina paulina sobre a pureza, é necessário aprofundar o significado do termo "respeito", compreendido aqui, obviamente, como força de ordem espiritual. É precisamente esta força interior que confere plena dimensão à pureza como virtude, isto é, como capacidade de agir em todo aquele campo em que o homem descobre, no próprio íntimo, os múltiplos impulsos de "paixões desregradas", a que algumas vezes, por vários motivos, cede.

5. Para compreender melhor o pensamento do autor da Primeira Carta aos Tessalonicenses, será bom ter presente ainda outro texto, que encontramos na Primeira Carta aos Coríntios. Nela, Paulo expõe a sua grande *doutrina eclesiológica*, segundo a qual a Igreja é o Corpo de Cristo; ele aproveita a ocasião para formular a seguinte argumentação sobre o corpo humano: "Deus dispôs cada um dos membros no corpo segundo a sua vontade";[5] e, mais adiante: "pelo contrário, os membros do corpo que parecem mais fracos é que são os mais necessários; as partes do corpo que nos parecem menos honrosas é que nós rodeamos da maior consideração, e os nossos membros menos decorosos são tratados com a maior decência, ao passo que os decorosos não precisam disto. Pois bem, Deus compôs o corpo, dispensando maior consideração ao que dela carecia, para não haver divisão no corpo, mas para os membros terem a mesma solicitude uns com os outros".[6]

6. Embora o argumento próprio do texto em questão seja a teologia da Igreja como Corpo de Cristo, todavia, paralelamente a esta passagem, pode-se dizer que Paulo, mediante a sua grande analogia eclesiológica (que aparece em outras Cartas, e que retomaremos a seu tempo), contribui, ao mesmo tempo, para aprofundar a teologia do corpo. Enquanto que na Primeira Carta aos Tessalonicenses ele escreve sobre o domínio do corpo "em santidade e respeito", na passagem agora citada da Primeira Carta aos Coríntios, quer mostrar este corpo humano precisamente como digno de respeito; poder-se-ia também dizer que deseja ensinar aos destinatários da sua Carta a justa concepção do corpo humano.

Portanto, esta descrição paulina do corpo humano na Primeira Carta aos Coríntios parece estar em estreita relação com as recomendações da Primeira Carta aos Tessalonicenses: "Que cada um de vós saiba dominar o seu corpo em santidade e respeito".[7] Este é um argumento importante, talvez o essencial, da doutrina paulina sobre a pureza.

---

5   1Cor 12, 18.

6   *Ibid.* 12, 22–25.

7   1Ts 4, 4.

55. DESCRIÇÃO PAULINA DO CORPO E DOUTRINA SOBRE A PUREZA

Audiência Geral de quarta-feira, 4 de fevereiro de 1981

1. Nas nossas considerações de quarta-feira passada sobre a pureza segundo o ensinamento de São Paulo, chamamos a atenção sobre o texto da Primeira Carta aos Coríntios. O Apóstolo apresenta ali a Igreja como Corpo de Cristo, e isto lhe oferece a oportunidade de fazer a seguinte reflexão a respeito do corpo humano: "Deus dispôs cada um dos membros no corpo segundo a sua vontade. [...] pelo contrário, os membros do corpo que parecem mais fracos é que são os mais necessários; as partes do corpo que nos parecem menos honrosas é que nós rodeamos da maior consideração, e os nossos membros menos decorosos são tratados com a maior decência, ao passo que os decorosos não precisam disso. Pois bem, Deus compôs o corpo, dispensando maior consideração ao que dela carecia, para não haver divisão no corpo, mas para os membros terem a mesma solicitude uns com os outros".[1]

2. A "descrição" paulina do corpo humano corresponde à realidade que o constitui: é, portanto, uma descrição "realista". No realismo de tal descrição é entrelaçado, ao mesmo tempo, um sutilíssimo fio de apreciação que lhe confere um valor profundamente evangélico, cristão. Certamente, é possível "descrever" o corpo humano, exprimir a sua verdade com a objetividade própria das ciências naturais; mas tal descrição — com toda a sua precisão — não pode ser adequada (isto é, comparável com o seu objeto), dado que não se trata apenas do corpo (entendido como organismo, no sentido "somático"), mas sim do homem, que se exprime a si mesmo mediante seu corpo e em tal sentido "é" este corpo. Assim, considerando que se trata do homem como pessoa, aquele linha de investigação é indispensável ao descrever o corpo humano. Além disso, deve-se dizer o quanto esta apreciação é justa. Esta é uma das tarefas e um dos temas perenes de toda a cultura: da literatura, da escultura, da pintura e também da dança, das obras teatrais e, por fim, da cultura da vida quotidiana, particular ou social. Deste argumento valeria a pena tratar em separado.

---

[1] 1Cor 12, 18.22–25.

3. A descrição paulina da Primeira Carta aos Coríntios 12, 18–25 não tem, certamente, um significado "científico": não apresenta um estudo biológico sobre o organismo humano ou sobre a "somática" humana; deste ponto de vista, é uma simples descrição "précientífica", por demais concisa, feita apenas com poucas frases. Tem todas as características do realismo comum e é, sem dúvida, suficientemente "realista". Todavia, o que determina o seu caráter específico, o que de modo particular justifica a sua presença na Sagrada Escritura, é precisamente aquela apreciação entrelaçada na descrição e expressa na sua trama "narrativo-realista". Pode-se dizer, com certeza, que tal descrição não seria possível sem toda a verdade da criação e também sem toda a verdade da "redenção do corpo", que Paulo professa e proclama. Pode-se também afirmar que a descrição paulina do corpo corresponde precisamente ao comportamento espiritual de "respeito" para com o corpo humano, em função da "santidade"[2] que resulta dos mistérios da criação e da redenção. A descrição paulina está igualmente longe tanto do desprezo maniqueísta do corpo quanto das várias manifestações de um "culto do corpo" naturalista.

4. O autor da Primeira Carta aos Coríntios 12, 18–25 tem diante dos olhos o corpo humano em toda a sua verdade; podemos dizer, o corpo permeado, antes de tudo (se assim podemos nos exprimir) de toda a realidade da pessoa e da sua dignidade. Ele é, ao mesmo tempo, o corpo do homem "histórico", varão e mulher, ou seja, daquele homem que, depois do pecado, foi concebido, por assim dizer, dentro da realidade do homem que tinha feito a experiência da inocência original. Nas expressões de Paulo sobre os "membros menos decorosos" do corpo humano, e também sobre os que "parecem mais fracos" ou os "que nos parecem menos honrosos", julgamos encontrar o testemunho da mesma vergonha que os primeiros seres humanos, varão e mulher, experimentaram depois do pecado original. Esta vergonha se imprimiu neles e em todas as gerações do homem "histórico" como fruto da tríplice concupiscência (com particular referência à concupiscência da carne). E, ao mesmo tempo, nesta vergonha — como foi já posto em relevo nas precedentes análises — imprimiu-se um certo "eco" da mesma inocência original do homem, uma espécie de "negativo" da imagem, cujo "positivo" tinha sido precisamente a inocência original.

5. A "descrição" paulina do corpo humano parece confirmar perfeitamente as nossas análises anteriores. Há no corpo humano os "membros menos decorosos" não em conseqüência da sua natureza "somática" (dado que uma descrição científica e fisiológica trata to-

---

[2] Cf. 1Ts 4, 3–5.7–8.

dos os membros e os órgãos do corpo humano de modo "neutro", com a mesma objetividade), mas apenas e exclusivamente porque no próprio homem existe aquela vergonha que faz sentir alguns membros do corpo como "menos decorosos" e leva a considerá-los como tais. A mesma vergonha parece, igualmente, estar na base do que escreve o Apóstolo na Primeira Carta aos Coríntios: "As partes do corpo que nos parecem menos honrosas é que nós rodeamos da maior consideração, e os nossos membros menos decorosos são tratados com a maior decência".[3] Assim, pois, pode-se dizer que *da vergonha nasce precisamente o "respeito" pelo próprio corpo*: respeito a cuja conservação Paulo exorta na Primeira Carta aos Tessalonicenses (4, 4). Precisamente tal conservação do corpo "em santidade e respeito" deve ser considerada como essencial para a virtude da pureza.

6. Voltando ainda à "descrição" paulina do corpo na Primeira Carta aos Coríntios 12, 18–25, queremos chamar a atenção para o fato de que, segundo o autor da Carta, aquele particular esforço que tende a respeitar o corpo humano e especialmente os seus membros "mais fracos" ou "menos decorosos" corresponde ao desígnio original do Criador, ou seja, àquela visão de que fala o Livro do Gênesis: "Deus, contemplando toda a sua obra, viu que tudo era muito bom".[4] Paulo escreve: "Deus compôs o corpo, dispensando maior consideração ao que dela carecia, para não haver divisão no corpo, mas para os membros terem a mesma solicitude uns com os outros".[5] A "divisão no corpo", cujo resultado é que alguns membros são considerados "mais fracos", "menos honrosos", portanto "menos decorosos", é uma ulterior expressão da visão do estado interior do homem depois do pecado original, isto é, do homem "histórico". O homem da inocência original, varão e mulher, de quem lemos em Gênesis 2, 25 que "estavam ambos nus [...], mas não sentiam vergonha", não sentia nem sequer aquela "divisão no corpo". À objetiva harmonia, de que o Criador dotou o corpo e que Paulo define como cuidado recíproco dos vários membros,[6] correspondia uma análoga harmonia no íntimo do homem: a harmonia do "coração". Esta harmonia, ou seja, precisamente a "pureza de coração", permitia ao homem e à mulher, no estado de inocência original, experimentarem simplesmente (e num modo que originalmente os fazia ambos felizes) a força

---

3   1Cor 12, 23.

4   Gn 1, 31.

5   1Cor 12, 24–25.

6   *Ibid.*, 25.

unitiva dos seus corpos, que era, por assim dizer, o "insuspeitável" substrato da sua união pessoal ou *communio personarum*.

7. Como se vê, o Apóstolo na Primeira Carta aos Coríntios (12, 18-25) relaciona a sua descrição do corpo humano com o estado do homem "histórico". Nos alvores da história deste homem está a experiência da vergonha relacionada com a "divisão no corpo", com o sentido de pudor por aquele corpo (e em especial por aqueles seus membros que somaticamente determinam a masculinidade e a feminilidade). Todavia, na mesma "descrição", Paulo indica também o caminho que (precisamente se baseando no sentido de vergonha) conduz à transformação de tal estado até à gradual vitória sobre aquela "divisão no corpo", vitória que pode e deve atuar no coração do homem. Este é precisamente o caminho da pureza, ou seja, do "domínio do seu corpo em santidade e respeito". Ao "respeito", de que trata a Primeira Carta aos Tessalonicenses (4, 3-5), Paulo se refere na Primeira Carta aos Coríntios (12, 18-25) usando algumas locuções equivalentes, quando fala do "respeito", ou seja, da estima para com os membros "menos honrosos", "mais fracos" do corpo, e quando recomenda "maior decência" no que se refere àquilo que no homem é considerado "menos decoroso". Estas locuções caracterizam mais de perto aquele "respeito" sobretudo no âmbito da convivência e dos comportamentos humanos em relação ao corpo, o que é importante tanto em referência ao "seu" corpo, como também, evidentemente, às relações recíprocas (especialmente entre o homem e a mulher, embora não limitadas a elas).

Não temos dúvida alguma de que a "descrição" do corpo humano na Primeira Carta aos Coríntios tem um significado fundamental para o conjunto da doutrina paulina sobre a pureza.

56. A VIRTUDE DA PUREZA: REALIZAÇÃO DA VIDA SEGUNDO O ESPÍRITO

Audiência Geral de quarta-feira, 11 de fevereiro de 1981

1. Durante os nossos últimos encontros das quartas-feiras, analisamos duas passagens: a da Primeira Carta aos Tessalonicenses (4, 3–5) e a da Primeira Carta aos Coríntios (12, 18–25), a fim de mostrar o que parece ser essencial na doutrina de São Paulo sobre a pureza, compreendida em sentido moral, ou seja, como virtude. Se no texto citado da Primeira Carta aos Tessalonicenses se pode constatar que a pureza consiste na temperança, neste texto, todavia, como ainda na Primeira Carta aos Coríntios, é também posto em relevo o tema do "respeito". Mediante tal respeito devido ao corpo humano (e acrescentamos que, segundo a Primeira Carta aos Coríntios, o respeito é precisamente visto em relação ao seu componente de pudor), a pureza, como virtude cristã, revela-se nas Cartas paulinas um caminho eficaz para apartar daquilo que é fruto da concupiscência da carne no coração humano. A abstenção da "impureza", que pressupõe o domínio do corpo "em santidade e respeito", permite deduzir que, segundo a doutrina do Apóstolo, a pureza é uma "capacidade" centrada na dignidade do corpo, isto é, na *dignidade da pessoa* em relação ao próprio corpo, na feminilidade ou masculinidade que neste corpo se manifesta. A pureza, entendida como "capacidade", é precisamente expressão e fruto da vida "segundo o Espírito" no pleno significado da expressão, ou seja, como nova capacidade do ser humano, em quem frutifica o dom do Espírito Santo. Estas duas dimensões da pureza — a dimensão moral, ou seja, *a virtude*, e a dimensão carismática, ou seja, *o dom* do Espírito Santo — estão presentes e estreitamente ligadas na mensagem de Paulo. Isto é posto em particular relevo pelo Apóstolo na Primeira Carta aos Coríntios, em que ele chama ao corpo "templo (por conseguinte, morada e santuário) do Espírito Santo".

2. "Não sabeis, porventura, que o vosso corpo é templo do Espírito Santo, que habita em vós, que recebestes de Deus, e que não vos pertenceis a vós mesmos?" — pergunta Paulo aos Coríntios,[1] depois de os ter esclarecido, com muita severidade, sobre as exigências morais da pureza. "Fugi da fornicação. Qualquer pecado que o homem

---
[1] 1Cor 6, 19.

comete é exterior ao seu corpo; mas aquele que pratica a fornicação peca contra o seu próprio corpo".[2] O sinal peculiar do pecado que o Apóstolo estigmatiza está no fato de que tal pecado, diversamente de todos os outros, é "contra o corpo" (enquanto os outros pecados são "exteriores ao corpo"). Assim, portanto, na terminologia paulina encontramos a razão para as expressões: "os pecados do corpo" ou "os pecados carnais", pecados que estão em contraposição precisamente com aquela virtude, com a qual o homem deve "dominar o seu corpo em santidade e respeito".[3]

3. Tais pecados trazem consigo a "profanação" do corpo: privam o corpo da mulher ou do homem do respeito a ele devido em virtude da dignidade da pessoa. Todavia, o Apóstolo vai mais além: segundo ele, o pecado contra o corpo é também "profanação do templo". A dignidade do corpo humano, segundo Paulo, é determinada não apenas pelo espírito humano, graças ao qual o homem se constitui como sujeito pessoal, mas também pela realidade sobrenatural, que é a morada e a contínua presença do Espírito Santo no homem — na sua alma e no seu corpo — como fruto da redenção realizada por Cristo. Daí se segue que o "corpo" do homem já não é apenas "seu". E merece aquele respeito — cuja manifestação no comportamento recíproco do homem, varão e mulher, constitui a virtude da pureza — não apenas pelo motivo de ser o corpo da pessoa. Quando o Apóstolo escreve: "O vosso corpo é templo do Espírito Santo, que habita em vós, que recebestes de Deus",[4] pretende indicar ainda uma outra fonte da dignidade do corpo, precisamente o Espírito Santo, que é também fonte do *dever moral* que deriva de tal dignidade.

4. É a realidade da redenção, que é também "redenção do corpo", que constitui esta fonte. Para Paulo, este mistério da fé é uma realidade viva, orientada diretamente para cada homem. Por meio da redenção, cada homem recebeu de Deus, por assim dizer, novamente a própria existência e o próprio corpo. Cristo inscreveu no corpo humano — no corpo de cada homem e de cada mulher — uma nova dignidade, dado que n'Ele mesmo o corpo humano foi admitido, juntamente com a alma, à união com a Pessoa do Filho-Verbo. Com esta nova dignidade, mediante a "redenção do corpo" nasceu, ao mesmo tempo, também uma nova obrigação, sobre a qual Paulo escreve de modo conciso, mas muitíssimo comovente: "Fostes resgatados por

---

2 *Ibid.*, 6, 18.

3 Cf. 1Ts 4, 3–5.

4 1Cor 6, 19.

um alto preço".⁵ O fruto da redenção é de fato o Espírito Santo, que habita no homem e no seu corpo como num templo. Neste Dom, que santifica cada homem, o cristão recebe novamente o próprio ser como dom de Deus; e a este novo e duplo dom ele está sujeito. O Apóstolo faz referência a esta dimensão da sujeição quando escreve aos fiéis, conscientes do Dom, para os convencer de que não se deve cometer a "fornicação"; não se deve "pecar contra o próprio corpo".⁶ Ele escreve: "O corpo, porém, não é para a imoralidade, mas para o Senhor, e o Senhor para o corpo".⁷ É difícil exprimir de modo mais conciso o que traz consigo para cada fiel o mistério da Encarnação. O fato de que o corpo humano se torne em Jesus Cristo o corpo de Deus-Homem obtém, por tal motivo, em cada homem, uma nova elevação sobrenatural, que todos os cristãos devem ter em conta no seu comportamento para com o "seu" corpo e, evidentemente, para com o corpo alheio: o homem para com a mulher e a mulher para com o homem. A redenção do corpo comporta a instauração, em Cristo e por Cristo, de uma nova dimensão da santidade do corpo. Precisamente a esta "santidade" Paulo exorta na Primeira Carta aos Tessalonicenses (4, 3–5), quando escreve que se deve "dominar o seu corpo em santidade e respeito".

5. No capítulo 6 da Primeira Carta aos Coríntios, Paulo estabelece, pelo contrário, a verdade sobre a santidade do corpo, condenando com palavras até drásticas a "fornicação", isto é, o pecado contra a santidade do corpo, o pecado da impureza: "Não sabeis que os vossos corpos são membros de Cristo? Iria eu, então, tomar os membros de Cristo para os fazer membros de uma prostituta? De modo algum! Não sabeis que aquele que se junta com a prostituta torna-se um mesmo corpo com ela? Porque serão dois numa só carne, como diz a Escritura. Aquele, porém, que se une ao Senhor constitui, com Ele, um só espírito".⁸ Se a pureza é, segundo o ensinamento paulino, um aspecto da "vida segundo o Espírito", isto quer dizer que o mistério da redenção do corpo frutifica nela como parte do mistério de Cristo, iniciado na Encarnação e já através dela dirigido a cada homem. Este mistério frutifica também na pureza, entendida como um particular empenho fundado na ética. O fato de termos sido "resgatados por um alto preço",⁹ isto é, pelo preço da redenção de Cristo, faz nascer

---

5   Ibid., 20.

6   Ibid., 18.

7   Ibid., 13.

8   Ibid., 15–17.

9   Ibid., 20.

precisamente um compromisso especial, ou seja, o dever de "dominar o seu corpo em santidade e respeito". A consciência da redenção do corpo age na vontade humana em favor da abstenção da "impureza", ou melhor, age a fim de fazer adquirir uma adequada habilidade ou capacidade, chamada virtude da pureza.

O que resulta das palavras da Primeira Carta aos Coríntios (6, 15–17), a propósito do ensinamento de Paulo sobre a virtude da pureza como realização da vida "segundo o Espírito", é particularmente profundo e tem a força do realismo sobrenatural da fé. É necessário voltarmos a refletir sobre este tema mais de uma vez.

57. DOUTRINA PAULINA DA PUREZA COMO "VIDA SEGUNDO O ESPÍRITO"

Audiência Geral de quarta-feira, 18 de março de 1981

1. No nosso encontro de semanas atrás, concentramos a atenção sobre a passagem da Primeira Carta aos Coríntios, em que São Paulo chama ao corpo humano "templo do Espírito Santo". Escreve: "Não sabeis, porventura, que o vosso corpo é templo do Espírito Santo, que habita em vós, que recebestes de Deus, e que não vos pertenceis a vós mesmos? Fostes resgatados por um alto preço";[1] "Não sabeis, porventura, que os vossos corpos são membros de Cristo?"[2] O Apóstolo indica o mistério da "redenção do corpo", realizada por Cristo, como fonte de um particular dever moral, que obriga os cristãos à pureza, aquela que o mesmo Paulo define em outra passagem como exigência de "dominar o seu corpo em santidade e respeito".[3]

2. Todavia, não descobriríamos em toda a sua profundidade a riqueza do pensamento contido nos textos paulinos, se não notássemos que o mistério da redenção frutifica no homem *também de modo carismático*. O Espírito Santo, que segundo as palavras do Apóstolo entra no corpo humano como no próprio "templo", nele habita e opera, unido aos seus dons espirituais. Entre estes dons, conhecidos na história da espiritualidade como os sete dons do Espírito Santo,[4] o mais próprio à virtude da pureza parece ser o dom da "piedade" (*eusébeia, donum pietatis*).[5] Se a pureza dispõe o homem para "domi-

---

1 1Cor 6, 19–20.

2 *Ibid.*, 15.

3 1Ts 4, 4.

4 Cf. Is 11, 2 segundo a Septuaginta e a Vulgata.

5 A *eusébeia* ou *pietas* no período helenístico-romano referia-se geralmente à veneração dos deuses (como "devoção"), mas conservava ainda o sentido primitivo mais lato do respeito para com as estruturas vitais.

A *eusébeia* definia o comportamento recíproco dos consangüíneos, as relações entre os cônjuges, e também a atitude que as legiões deviam a César ou a dos escravos para com os patrões.

No Novo Testamento, só os escritos mais tardios aplicam a *eusébeia* aos cristãos; nos escritos mais antigos esse termo caracteriza os "bons pagãos" (At 10, 2.7; 17, 23).

E assim a *eusébeia* helênica, como também o *donum pietatis*, embora se refiram, sem dúvida, à veneração divina, têm larga base para exprimir as relações inter-humanas (cf. W. Foerster, art. "*eusébeia*", em: *Theological Dictionary of the New Testament*, ed. G. Kittel –G. Bromley, vol. VII, Grand Rapids, 1971, Eerdmans, pp. 177–182).

nar o seu corpo em santidade e respeito", segundo lemos na Primeira Carta aos Tessalonicenses (4, 3–5), a piedade, que é um dom do Espírito Santo, parece servir de modo particular à pureza, adaptando o sujeito humano àquela dignidade que é própria do corpo humano em virtude do mistério da criação e da redenção. Graças ao dom da piedade, as palavras de Paulo — "Não sabeis que o vosso corpo é templo do Espírito Santo que habita em vós [...], e que não pertenceis a vós mesmos?"[6] — adquirem a eloqüência de uma experiência e tornam-se uma verdade viva e amadurecida nas ações. Abrem também o acesso mais pleno à experiência do significado esponsal do corpo e da liberdade do dom ligado a ele, no qual se desvelam o rosto profundo da pureza e a sua ligação orgânica com o amor.

3. Embora o domínio do próprio corpo "em santidade e respeito" se consiga mediante a abstenção da "impureza" — e tal caminho é indispensável —, todavia ele frutifica sempre na experiência mais profunda daquele amor, que foi inscrito "desde o princípio", segundo a imagem e semelhança do próprio Deus, em todo o ser humano e, portanto, também no seu corpo. Por isso, São Paulo termina a sua argumentação da Primeira Carta aos Coríntios no capítulo sexto com uma significativa exortação: "Glorificai, pois, a Deus no vosso corpo" (v. 20). A pureza, como virtude, ou seja, uma capacidade de "dominar o seu corpo em santidade e respeito", aliada ao dom da piedade, como fruto da permanência do Espírito Santo no "templo" do corpo, realiza nele tal plenitude de dignidade nas relações interpessoais, que *o próprio Deus é nisso glorificado*. A pureza é glória do corpo humano diante de Deus, e é a glória de Deus no corpo humano, através do qual se manifestam a masculinidade e a feminilidade. Da pureza brota aquela singular beleza, que penetra toda a esfera da recíproca convivência dos homens e possibilita que se exprimam a simplicidade e a profundidade, a cordialidade e a autenticidade irrepetível da confiança pessoal. (Talvez se apresente depois outra ocasião para tratar mais amplamente este tema. O laço da pureza com o amor, e também o laço da mesma pureza no amor com aquele dom do Espírito Santo que é a piedade, constituem uma trama pouco conhecida da teologia do corpo, que merece, todavia, um aprofundamento particular. Isto poderá ser realizado no decurso das análises quanto à sacramentalidade do matrimônio.)

4. Tomemos agora uma breve referência ao Antigo Testamento. A doutrina paulina acerca da pureza, entendida como "vida segundo o Espírito", parece indicar certa continuidade em relação aos Livros "Sapienciais" do Antigo Testamento. Neles encontramos, por exem-

---

[6] 1Cor 6, 19.

plo, a seguinte oração para obter a pureza nos pensamentos, palavras e obras: "Senhor, Pai e Deus da minha vida, [...] afastai de mim a intemperança, e não se apodere de mim a paixão da impureza".[7] A pureza é, de fato, a condição para encontrar a sabedoria e para segui-la, conforme lemos no mesmo Livro: "Ela [a sabedoria] dirigiu minha alma, e na pureza eu a encontrei".[8] Além disso, poder-se-ia também de algum modo tomar em consideração o texto do Livro da Sabedoria (8, 21) conhecido pela liturgia na versão da Vulgata: *Scivi quoniam aliter non possum esse continens, nisi Deus det; et hoc ipsum erat sapientiæ, scire, cuius esset hoc donum.*[9]

Segundo este contexto, *a pureza não é tanto a condição da sabedoria quanto a sabedoria é condição da pureza*, como de um dom particular de Deus. Parece que nos textos sapienciais já acima mencionados se delineia o duplo significado da pureza: como virtude e como dom. A virtude está ao serviço da sabedoria, e a sabedoria predispõe para acolher o dom que provém de Deus. Este dom fortifica a virtude e permite que se gozem, na sabedoria, dos frutos de um proceder e de uma vida que sejam puros.

5. Como Cristo, na sua bem-aventurança do Sermão da Montanha, a qual remete aos "puros de coração", põe em relevo a "visão de Deus", fruto da pureza e em perspectiva escatológica, assim Paulo, por sua vez, realça a sua irradiação nas dimensões da temporalidade, quando escreve: "Tudo é puro para os que são puros; mas, para os homens sem fé nem integridade, nada é puro; até o seu espírito e a sua consciência estão contaminados. Dizem que conhecem a Deus, mas negam-no com as suas obras [...]."[10] Estas palavras também podem se referir à pureza em sentido tanto geral quanto específico, como condição característica de todo o bem moral. Para a concepção paulina da pureza, no sentido de que falam a Primeira Carta aos Tessalonicenses (4, 3–5) e a Primeira Carta aos Coríntios (6, 13–20), isto é, no sentido da "vida segundo o Espírito", parece ser fundamental — como resulta do conjunto destas nossas considerações — a antropologia do "nascer de novo" no Espírito Santo (cf. também Jo 3, 5ss). Ela se ergue das raízes lançadas na realidade da redenção do corpo, operada por Cristo: redenção cuja expressão última é a ressurreição. Há profundas razões para relacionar a temática inteira da pureza com as

---

7   Eclo 23, 4–6.

8   *Ibid.*, 51, 20 [na Neo Vulgata, 51, 27].

9   Esta versão da Vulgata, conservada pela Neo Vulgata e pela liturgia, citada várias vezes por Santo Agostinho (*De S. Virg.*, § 43; *Confissões*, VI, 11; X, 29; *Serm.* CLX, 7), muda todavia o sentido do original grego, que se traduz assim: "Como sabia que não podia obter a sabedoria, se Deus não a desse a mim [...]".

10 Tt 1, 15ss.

palavras do Evangelho, nas quais Cristo se refere à ressurreição (e isto constituirá o tema da nova etapa das nossas considerações). Aqui, nós a pusemos em relação com o *ethos* da redenção do corpo.

6. O modo de entender e de apresentar a pureza — herdado da tradição do Antigo Testamento e característico dos Livros "Sapienciais" — era certamente uma *preparação* indireta, porém real, para a doutrina paulina acerca da pureza entendida como "vida segundo o Espírito". Sem dúvida, aquele modo facilitava também para muitos ouvintes do Sermão da Montanha a compreensão das palavras de Cristo, quando, explicando o mandamento "Não cometerás adultério", se referia ao "coração" humano. O conjunto das nossas reflexões pôde demonstrar, deste modo, ao menos em certa medida, com que riqueza e com que profundidade se distingue a doutrina sobre a pureza nas suas mesmas fontes bíblicas e evangélicas.

58. A FUNÇÃO POSITIVA DA PUREZA DE CORAÇÃO

Audiência Geral de quarta-feira, 1 de abril de 1981

1. Antes de concluir o ciclo de considerações sobre as palavras pronunciadas por Jesus Cristo no Sermão da Montanha, é necessário recordar essas palavras uma vez mais e retomar sumariamente o fio das idéias, do qual estas constituíram a base. Eis o teor das palavras de Jesus: "Ouvistes o que foi dito: 'Não cometerás adultério'. Eu, porém, vos digo que todo aquele que olhar para uma mulher com desejo libidinoso, já cometeu adultério com ela no seu coração".[1] São palavras sintéticas, que exigem uma aprofundada reflexão, de modo análogo às palavras em que Cristo se referiu ao "princípio". Aos fariseus, que — apoiando-se na lei de Moisés que admitia o chamado ato de repúdio — tinham-lhe perguntado: "É permitido a um homem repudiar sua mulher por qualquer motivo?", Ele respondeu: "Não lestes que o Criador, desde o princípio, os fez homem e mulher, e disse: 'Por isso, o homem deixará seu pai e sua mãe, e se unirá à sua mulher, e os dois serão uma só carne'? [...] Pois bem, o que Deus uniu, não o separe o homem".[2] Estas palavras também exigiram uma reflexão aprofundada, para extrair toda a riqueza nelas contida. Uma reflexão deste gênero nos permitiu apresentar a autêntica *teologia do corpo*.

2. Seguindo a referência que Cristo fez ao "princípio", dedicamos uma série de reflexões aos relativos textos do Livro do Gênesis, que tratam precisamente daquele "princípio". Das análises feitas surgiu não só uma imagem da situação do homem — varão e mulher — no estado de inocência original, mas também *a base teológica da verdade do homem* e a sua particular vocação, que brota do eterno mistério da pessoa: imagem de Deus, encarnada no fato visível e corpóreo da masculinidade ou feminilidade da pessoa humana. Esta verdade encontra-se na base da resposta dada por Cristo em relação ao caráter de matrimônio, e, em particular, à sua indissolubilidade. É a verdade sobre o homem, verdade que aprofunda as raízes no estado de inocência original, verdade que é necessário, portanto, ser entendida no

---

[1] Mt 5, 27–28.

[2] Mt 19, 3–6.

contexto daquela situação anterior ao pecado, tal como procuramos fazer no ciclo precedente das nossas reflexões.

3. Ao mesmo tempo, é preciso todavia considerar, entender e interpretar a mesma verdade fundamental sobre o homem, o seu ser de varão e de mulher, no prisma de outra situação: isto é, daquela que se formou mediante a ruptura da primeira aliança com o Criador, ou seja, mediante o pecado original. Convém ver tal verdade sobre o homem — varão e mulher — no contexto da sua pecaminosidade hereditária. E é precisamente aqui que nos encontramos com o enunciado de Cristo no Sermão da Montanha. É óbvio que na Sagrada Escritura da antiga e da nova aliança há muitas narrativas, frases e palavras que vêm confirmar a mesma verdade, isto é, que o homem "histórico" carrega em si a herança do pecado original; apesar disto, as palavras de Cristo, pronunciadas no Sermão da Montanha, parecem ter — com toda a sua concisa proclamação — uma eloqüência particularmente densa. Demonstram-no as análises feitas anteriormente, que foram desvelando pouco a pouco o que está contido naquelas palavras. Para tornar claras as afirmações relativas à concupiscência, é necessário tomar o significado bíblico da própria concupiscência — da tríplice concupiscência — e principalmente da concupiscência da carne. Então, pouco a pouco, chega-se a compreender por que Jesus define aquela concupiscência (precisamente: o "olhar com desejo libidinoso") como "adultério cometido no coração". Efetuando as análises respectivas, procuramos, ao mesmo tempo, compreender que significado tinham as palavras de Cristo para os seus ouvintes imediatos, educados na tradição do Antigo Testamento, isto é, na tradição dos textos legislativos, como também proféticos e "sapienciais"; e, além disso, que significado podem ter as palavras de Cristo para o homem de todas as outras épocas, e em particular para o homem contemporâneo, considerando os seus vários condicionamentos culturais. Estamos persuadidos, de fato, de que estas palavras, no seu conteúdo essencial, se referem ao homem de todo o lugar e de todos os tempos. Nisto está também o seu valor sintético: elas anunciam a verdade a cada um que, para si, é válida e substancial.

4. Qual é esta verdade? Indubitavelmente, é uma *verdade de caráter ético* e, portanto, em última análise, de uma verdade de caráter normativo, assim como é normativa a verdade contida no mandamento "Não cometerás adultério". A interpretação deste mandamento, dado por Cristo, indica o mal que é necessário evitar e vencer — precisamente o mal da concupiscência da carne — e ao mesmo tempo indica o bem para o qual a vitória sobre os desejos abre caminho. Este bem é a "pureza de coração", de que Cristo fala no mesmo con-

texto do Sermão da Montanha. Do ponto de vista bíblico, a "pureza de coração" significa a liberdade de *todo o gênero de pecado ou de culpa*, e não só dos pecados que dizem respeito à "concupiscência da carne". Todavia, aqui ocupamo-nos de modo particular de um dos aspectos daquela "pureza", o qual constitui o contrário do adultério "cometido no coração". Se aquela "pureza de coração", de que tratamos, se entende segundo o pensamento de São Paulo como "vida segundo o Espírito", então o contexto paulino nos oferece uma imagem completa do conteúdo encerrado nas palavras pronunciadas por Cristo no Sermão da Montanha. Tais palavras contêm uma verdade de natureza ética, guardam contra o mal e indicam o bem moral do comportamento humano; aliás, levam os ouvintes a evitar o mal da concupiscência e a adquirir a pureza de coração. Estas palavras têm, portanto, um significado normativo e também indicador. Dirigindo para o bem da "pureza de coração", indicam ao mesmo tempo os valores a que o coração humano pode e deve aspirar.

5. Daí a pergunta: que verdade, válida para todo o homem, está contida nas palavras de Cristo? Devemos responder que nelas encontra-se não apenas uma verdade ética, mas também a verdade essencial sobre o homem, a verdade antropológica. Por isso, exatamente, remontamos a estas palavras ao formular aqui a teologia do corpo, em estreita relação e, por assim dizer, na perspectiva das palavras precedentes, em que Cristo se referira ao "princípio". Pode-se afirmar que, com a sua expressiva eloqüência evangélica, à consciência do homem da concupiscência é, de certo modo, trazido à tona o homem da inocência original. Mas as palavras de Cristo são realistas. Não procuram obrigar o coração humano a voltar ao estado de inocência original, que o homem já deixou para trás de si no momento em que cometeu o pecado original; pelo contrário, indicam-lhe o caminho para uma pureza de coração, que lhe é possível e acessível também no estado da pecaminosidade hereditária. É esta a pureza do "homem da concupiscência", que todavia está inspirado pela palavra do Evangelho e aberto à "vida segundo o Espírito" (em conformidade com as palavras de São Paulo), isto é, a pureza do homem da concupiscência, que está envolvido inteiramente pela "redenção do corpo", realizada por Cristo. Precisamente por isto encontramos nas palavras do Sermão da Montanha a referência ao "coração", isto é, ao homem interior. O homem interior deve se abrir à vida segundo o Espírito, para que ele participe da "pureza de coração" evangélica: para que reencontre e realize o valor do corpo, libertado dos vínculos da concupiscência mediante a redenção.

O significado normativo das palavras de Cristo está profundamente enraizado no seu significado antropológico, na dimensão da interioridade humana.

6. Segundo a doutrina evangélica, desenvolvida de modo tão maravilhoso nas cartas paulinas, a pureza não é só abster-se da impureza,[3] ou seja, a temperança, mas, ao mesmo tempo, abre também o caminho para uma descoberta cada vez mais perfeita da dignidade do corpo humano, o que está organicamente ligado à liberdade do dom da pessoa na autenticidade integral da sua subjetividade pessoal, masculina ou feminina. Deste modo a pureza, no sentido de temperança, desenvolve-se no coração do homem que a cultiva, e tende a descobrir e a afirmar o sentido esponsal do corpo na sua verdade integral. Esta mesma verdade deve ser conhecida interiormente; deve, de certo modo, ser "sentida com o coração", para que as relações recíprocas do homem e da mulher — e mesmo o simples olhar — readquiram aquele conteúdo autenticamente esponsal dos seus significados. E é precisamente este conteúdo que no Evangelho é indicado pela "pureza de coração".

7. Se na experiência interior do homem (isto é, do homem da concupiscência) a "temperança" se desenha, por assim dizer, como função negativa, a análise das palavras de Cristo, pronunciadas no Sermão da Montanha e relacionadas com os textos de São Paulo, nos leva a deslocar tal significado para a função positiva da pureza de coração. Na pureza consumada, o homem goza dos frutos da vitória alcançada sobre a concupiscência, vitória a que São Paulo se refere ao exortar a que se "domine o seu corpo em santidade e respeito".[4] É precisamente numa pureza assim consumada que se manifesta, em parte, a eficácia do dom do Espírito Santo, de que o corpo humano "é templo".[5] Este dom é, sobretudo, o da piedade (*donum pietatis*), que restitui à experiência do corpo — especialmente quando se trata da esfera das relações recíprocas do homem e da mulher — toda a sua *simplicidade*, a sua *limpidez* e também a sua *alegria interior*. Este é, como se vê, um clima espiritual bem diverso da "paixão e concupiscência" sobre o qual Paulo escreve (e que, por outro lado, conhecemos devido às precedentes análises; basta recordar o Eclesiástico 26, 13.15–18). Uma coisa é, de fato, a satisfação das paixões; outra, a alegria que o homem encontra em possuir-se mais plenamente a si mesmo, podendo, deste modo, tornar-se, ainda mais plenamente, um verdadeiro dom para outra pessoa.

---

3   Cf. 1Ts 4, 3.

4   *Ibid.*, 4, 4.

5   Cf. 1Cor 6, 19.

As palavras pronunciadas por Cristo no Sermão da Montanha dirigem o coração humano precisamente para tal alegria. A elas é necessário confiarmo-nos a nós mesmos, confiarmos os nossos pensamentos e as próprias ações, para encontrar a alegria e oferecê-la aos outros.

59. PEDAGOGIA DO CORPO, ORDEM MORAL E MANIFESTAÇÕES AFETIVAS

Audiência Geral de quarta-feira, 8 de abril de 1981

1. Convém-nos agora concluir as reflexões e as análises baseadas nas palavras ditas por Cristo no Sermão da Montanha, com as quais se referiu ao coração humano, exortando-o à pureza: "Ouvistes o que foi dito: 'Não cometerás adultério'. Eu, porém, vos digo que todo aquele que olhar para uma mulher com desejo libidinoso, já cometeu adultério com ela no seu coração".[1] Dissemos reiteradamente que estas palavras, escutadas uma vez pelos ouvintes, em número limitado, daquele Sermão, se referem ao homem de todos os tempos e lugares, e fazem apelo ao coração humano, no qual se inscreve a mais interior e, em certo sentido, a mais essencial trama da história. É a história do bem e do mal (cujo início está ligado, no Livro do Gênesis, com a misteriosa árvore do conhecimento do bem e do mal) e, ao mesmo tempo, é a história da salvação, cuja palavra é o Evangelho e cuja força é o Espírito Santo, dado àqueles que recebem o Evangelho com o coração sincero.

2. Se o apelo de Cristo ao "coração" humano e, ainda antes, a sua referência ao "princípio" nos permitem construir ou pelo menos esboçar uma antropologia, que podemos chamar "teologia do corpo", tal teologia é, ao mesmo tempo, pedagogia. A pedagogia tende a educar o homem, pondo diante dele as exigências, motivando-as, e indicando os caminhos que levam às suas realizações. Os enunciados de Cristo têm também este fim: são enunciados "pedagógicos". Contêm uma pedagogia do corpo, expressa de modo conciso e, ao mesmo tempo, o mais completo possível. Tanto a resposta dada aos fariseus sobre a indissolubilidade do matrimônio, como também as palavras do Sermão da Montanha a respeito do domínio da concupiscência, demonstram — pelo menos indiretamente — ter o Criador *assinalado como característica do homem o corpo, a sua masculinidade e feminilidade*; e que na masculinidade e na feminilidade lhe assinalou em certo sentido como característica a sua humanidade, a dignidade da pessoa, e também o sinal transparente da "comunhão" interpessoal,

---
[1] Mt 5, 27–28.

em que o homem se realiza através do autêntico dom de si. Ao colocar diante do homem as inteligências conformes às características a ele confiadas, o Criador indica simultaneamente ao homem, varão e mulher, os caminhos que levam a assumi-las e a realizá-las.

3. Analisando estes textos-chave da Bíblia, até à raiz dos significados que encerram, descobrimos precisamente aquela antropologia que pode ser denominada "teologia do corpo". E é esta teologia do corpo que funda depois o mais apropriado método da *pedagogia do corpo*, isto é, da educação (ou melhor, da auto-educação) do homem. Isto adquire particular atualidade para o homem contemporâneo, cuja ciência no campo da biofisiologia e da biomedicina progrediram muito. Todavia, esta ciência trata o homem sob determinado "aspecto" e, portanto, é mais parcial do que global. Conhecemos bem as funções do corpo como organismo, as funções ligadas com a masculinidade e a feminilidade da pessoa humana. Mas tal ciência, por si mesma, não desenvolve ainda a consciência do corpo como sinal da pessoa, como manifestação do espírito. Todo o desenvolvimento da ciência contemporânea, relativo ao corpo como organismo, tem sobretudo o caráter do conhecimento biológico, porque é baseado na separação, no interior do homem, entre aquilo que nele é corpóreo e aquilo que é espiritual. Quem se serve de um conhecimento tão unilateral das funções do corpo como organismo, não dificilmente chegará a tratar o corpo, de modo mais ou menos sistemático, como objeto de manipulações; em tal caso o homem cessa, por assim dizer, de identificar-se subjetivamente com o próprio corpo, porque privado do significado e da dignidade decorrentes do fato de que este corpo é próprio da pessoa. Começamos aqui a tocar em problemas que muitas vezes exigem soluções fundamentais, impossíveis sem uma visão integral do homem.

4. Precisamente aqui se vê claramente que a teologia do corpo, como a deduzimos desses textos-chave das palavras de Cristo, torna-se o método fundamental da pedagogia, ou seja, da educação do homem do ponto de vista do corpo, na plena consideração da sua masculinidade e feminilidade. Aquela pedagogia pode ser entendida sob o aspecto de uma própria "espiritualidade do corpo"; o corpo, de fato, na sua masculinidade ou feminilidade, é dado como uma tarefa ao espírito humano (o que foi expresso de maneira estupenda por São Paulo na linguagem que lhe é própria) e, por meio de uma adequada maturidade do espírito, torna-se, também ele, sinal da pessoa, do qual a pessoa está consciente, e autêntica "matéria" na comunhão das pessoas. Em outras palavras: o homem, através da sua maturidade espiritual,

descobre o significado esponsal, próprio do corpo. As palavras de Cristo no Sermão da Montanha indicam que a concupiscência, em si mesma, não desvela ao homem aquele significado; antes, pelo contrário, o ofusca e obscurece. O conhecimento puramente "biológico" das funções do corpo como organismo, relacionadas com a masculinidade e feminilidade da pessoa humana, só é capaz de ajudar a descobrir o autêntico significado esponsal do corpo se caminha juntamente com uma adequada maturidade espiritual da pessoa humana. Sem isto, tal conhecimento pode ter efeitos absolutamente opostos; isto é confirmado por múltiplas experiências do nosso tempo.

5. Deste ponto de vista, é necessário considerar, com perspicácia, os pronunciamentos da Igreja contemporânea. Uma adequada compreensão e interpretação deles, como também a sua aplicação prática (isto é, precisamente, a pedagogia), requer aquela aprofundada teologia do corpo que, afinal, deduzimos sobretudo das palavras-chave de Cristo. Quanto aos pronunciamentos contemporâneos da Igreja, é necessário tomar conhecimento do capítulo intitulado "A Promoção da Dignidade do Matrimônio e da Família", da Constituição pastoral *Gaudium et Spes* do Concílio Vaticano II[2] e, em seguida, da Encíclica *Humanae Vitae* de Paulo VI. Sem qualquer dúvida, as palavras de Cristo, a cuja análise dedicamos muito espaço, tinham como fim apenas a promoção da dignidade do matrimônio e da família; daí a fundamental convergência entre elas e o conteúdo de ambos os pronunciamentos mencionados da Igreja contemporânea. Cristo falava ao homem de todos os tempos e lugares; os pronunciamentos da Igreja tendem a atualizar as palavras de Cristo, e por isso devem ser interpretados segundo os princípios daquela teologia e daquela pedagogia que nas palavras de Cristo encontram raiz e apoio.

É difícil realizar aqui uma análise global dos citados pronunciamentos do Magistério supremo da Igreja. Limitemo-nos a apontar algumas passagens. Eis de que modo o Vaticano II — pondo entre os mais urgentes problemas da Igreja no mundo contemporâneo "a promoção da dignidade do matrimônio e da família" caracteriza a situação existente neste campo: "[...] a dignidade desta instituição [isto é, do matrimônio e da família] não resplandece em toda a parte com igual brilho. Encontra-se obscurecida pela poligamia, pela epidemia do divórcio, pelo chamado "amor livre" e outras deformações. Além disso, o amor conjugal é muitas vezes profanado pelo egoísmo, pelo amor ao prazer e por práticas ilícitas contrárias à procriação".[3] Paulo VI, expondo na Encíclica

---

2   *Gaudium et Spes*, II Parte, Capítulo I.

3   *Ibid.*, 47.

Humanae Vitae este último problema, escreve entre outras coisas: "É ainda de recear que o homem, habituando-se ao uso das práticas anticoncepcionais, acabe por perder o respeito pela mulher e [...] chegue a considerá-la como simples instrumento de prazer egoísta e não mais como a sua companheira, respeitada e amada".[4]

Não nos encontramos porventura aqui na órbita da mesma solicitude que uma vez ditara as palavras de Cristo sobre a unidade e a indissolubilidade do matrimônio, como também as do Sermão da Montanha, relativas à pureza do coração e ao domínio da concupiscência da carne, palavras desenvolvidas mais tarde com tanta perspicácia pelo Apóstolo Paulo?

6. No mesmo espírito, o Autor da Encíclica *Humanae Vitae*, falando das exigências próprias da moral cristã, apresenta, ao mesmo tempo, a possibilidade de cumpri-las, quando escreve: "O domínio do instinto, mediante a razão e a vontade livre, impõe, indubitavelmente, uma ascese — Paulo VI usa este termo —, para que as manifestações afetivas da vida conjugal sejam conformes à reta ordem e, em particular, para que se concretize na observância da continência periódica. Mas esta disciplina, própria da pureza dos esposos, longe de ser nociva ao amor conjugal, confere-lhe, pelo contrário, um valor humano bem mais elevado. Requer um esforço contínuo — precisamente esse esforço foi acima chamado de "ascese" —, mas, graças ao seu benéfico influxo, os cônjuges desenvolvem integralmente a sua personalidade, enriquecendo-se de valores espirituais: ela [...] favorece as atenções do cônjuge um para com o outro, ajuda-os a extirpar o egoísmo, inimigo do verdadeiro amor, e enraíza-os no seu sentido de responsabilidade. [...]"[5]

7. Contentemo-nos com estas poucas passagens. Elas — particularmente a última — demonstram de maneira clara o quanto é indispensável, para uma adequada compreensão do magistério da Igreja contemporânea, aquela teologia do corpo, cuja base procuramos sobretudo nas palavras do próprio Cristo. É precisamente esta teologia do corpo, como já dissemos, que se torna o método fundamental de toda a pedagogia cristã do corpo. Fazendo referência às palavras citadas, pode-se afirmar que a finalidade da pedagogia do corpo está precisamente em fazer com que as "manifestações afetivas" — sobretudo as próprias "da vida conjugal" — sejam conformes à ordem moral; numa palavra, à dignidade das pessoas. Nestas palavras, volta o problema da recíproca relação entre o *eros* e o *ethos*, de que já tratamos.

---

4 *Humanae Vitae*, 17.

5 Ibid., 21.

A teologia, entendida como método da pedagogia do corpo, prepara-nos também para as novas reflexões sobre a sacramentalidade da vida humana e, em particular, da vida matrimonial.

"O Evangelho da pureza do coração, ontem e hoje": concluindo com esta frase o presente ciclo das nossas considerações — antes de passar ao ciclo sucessivo, em que a base das análises serão as palavras de Cristo sobre a ressurreição do corpo —, desejamos ainda dedicar um pouco de atenção à "necessidade de criar um ambiente favorável à educação para a castidade", de que trata a Encíclica de Paulo VI,[6] e queremos centrar estas observações sobre o problema do *ethos* do corpo nas obras da cultura artística, com particular referência às situações que encontramos na vida contemporânea.

---

6   *Ibid.*, 22.

60. O CORPO HUMANO: "TEMA" DAS OBRAS DE ARTE

Audiência Geral de quarta-feira, 15 de abril de 1981

A audiência de hoje cai no período da Semana Santa, a semana "maior" do Ano Litúrgico, porque nos faz reviver de perto o mistério pascal, em que "a revelação do amor misericordioso de Deus atinge o seu vértice".[1]

Enquanto convido cada um a participar com fervor das celebrações litúrgicas destes dias, formulo o voto de que todos reconheçam com exultação e agradecimento o dom irrepetível de termos sido salvos pela paixão e morte de Cristo. A história inteira da humanidade é iluminada e guiada por este acontecimento incomparável: Deus, bondade infinita, derramou-a com amor indizível por meio do supremo sacrifício de Cristo. Ao mesmo tempo, portanto, em que nos preparamos para elevar a Cristo, vencedor da morte, o nosso hino de glória, devemos eliminar das nossas almas tudo o que possa se opor ao encontro com Ele. Para vê-lo através da fé é necessário, com efeito, ser purificado pelo sacramento do perdão e ser sustentado pelo esforço perseverante de um profundo renovamento do Espírito e daquela conversão interior que é já em nós mesmos o princípio da "nova criação",[2] de que Cristo ressuscitado é o prelúdio e o penhor seguro.

Então a Páscoa representará, para cada um de nós, um encontro com Cristo.

É o que desejo, de coração, a todos.

1. Nas nossas precedentes reflexões — seja com relação às palavras de Cristo em que Ele faz referência ao "princípio", seja com relação ao Sermão da Montanha, isto é, quando Ele se refere ao "coração" humano — procuramos, de modo sistemático, mostrar como a dimensão da subjetividade pessoal do homem é elemento indispensável à hermenêutica teológica, que devemos descobrir e pressupor nas bases do problema do corpo humano. Portanto, não apenas a realidade objetiva do corpo, mas, ainda muito mais, como parece, a consciência subjetiva e também a "experiência" subjetiva do corpo entram, a cada

---

1 Cf. Carta Encíclica *Dives in Misericordia*, 8.

2 2Cor 5, 17.

passo, na estrutura dos textos bíblicos, e por isso precisam ser tomados em consideração e encontrar o seu reflexo na teologia. Por conseguinte, a hermenêutica teológica deve ter sempre em conta estes dois aspectos. Não podemos considerar o corpo como realidade objetiva fora da subjetividade pessoal do homem, dos seres humanos, homens e mulheres. Quase todos os problemas do "*ethos* do corpo" estão ligados ao mesmo tempo à sua identificação ontológica como corpo da pessoa e ao conteúdo e qualidade da experiência subjetiva, isto é, ao mesmo tempo do "viver" relativo tanto ao próprio corpo quanto às relações humanas, e, em particular, nesta perene relação "homem-mulher". Também as palavras da Primeira Carta aos Tessalonicenses, em que o autor exorta a "dominar o seu corpo em santidade e respeito" (isto é, todo o problema da "pureza de coração") indicam, sem qualquer dúvida, estas duas dimensões.

2. Estas são dimensões que dizem respeito diretamente aos homens concretos, vivos, às suas atitudes e aos seus comportamentos. As obras da cultura, especialmente da arte, fazem com que aquelas dimensões, de "ser corpo" e de "experimentar o corpo", se estendam, em certo sentido, para além destes homens vivos. O homem encontra-se com a "realidade do corpo" e "experimenta o corpo" também quando este se torna tema da atividade criativa, obra de arte e conteúdo da cultura. Em princípio, é necessário reconhecer que este contato se dá no plano da experiência estética, em que se trata de contemplar a obra de arte (em grego *aisthánomai*: olhar, observar), e, no caso em questão, trata-se do corpo objetificado, fora da sua identidade ontológica, de modo diverso e segundo os critérios próprios da atividade artística. Todavia, o homem que é admitido a esta visão está *a priori* demasiadamente ligado ao significado do protótipo, ou modelo, que neste caso é ele próprio — o homem vivo e o corpo humano vivo. Está demasiadamente ligado para que se possa distanciar e separar completamente aquele ato, substancialmente estético, da obra em si e da sua contemplação, graças àqueles dinamismos ou reações de comportamento e das avaliações, que dirigem aquela primeira experiência e aquele modo de viver. Este olhar, por sua natureza "estético", não pode, na consciência subjetiva do homem, ser totalmente isolado daquele "olhar" de que Cristo fala no Sermão da Montanha: "guardando-se" em vigilância contra a concupiscência.

3. Desse modo, a esfera inteira das experiências estéticas se encontra, ao mesmo tempo, no âmbito do *ethos* do corpo. Justamente por isso, também aqui é necessário pensar na necessidade de criar uma atmosfera favorável à pureza; esta atmosfera pode, de fato, ser ameaçada não apenas no modo pelo qual decorrem as relações e a convi-

vência dos homens vivos, mas também no âmbito das objetificações próprias das obras de cultura, no âmbito das comunicações sociais: no âmbito da palavra viva ou escrita, e no âmbito da imagem, isto é, da representação e da visão, seja no significado tradicional deste termo, seja no contemporâneo. Deste modo, atingimos os diversos campos e produtos da cultura artística, plástica, de espetáculo, inclusive a que se baseia nas técnicas audiovisuais contemporâneas. Neste campo, vasto e bem diferenciado, é necessário que nos ponhamos uma pergunta à luz do *ethos* do corpo, delineado nas análises até agora realizadas, sobre o corpo humano como objeto de cultura.

4. Antes de tudo, observa-se que o corpo humano é um perene *objeto de cultura*, no mais amplo significado do termo, pela simples razão de que o homem também é *sujeito de cultura* e, na sua atividade cultural e criativa, dedica a sua humanidade, incluindo nela, portanto, também o seu corpo. Nas presentes reflexões, devemos, porém, restringir o conceito de "objeto de cultura", limitando-nos ao conceito entendido como "tema" das obras de cultura e, em particular, das obras de arte. Trata-se, numa palavra, da tematização, ou da "objetificação", do corpo em tais obras. Todavia, é necessário fazer aqui, desde já, algumas distinções, mesmo que a título de exemplo. Uma coisa é o corpo humano vivo, do homem e da mulher, que por si mesmo cria o objeto de arte e a obra de arte (como, por exemplo, no teatro, na dança e, até certo ponto, também durante um concerto), e outra coisa é o corpo como *modelo* da obra de arte, como nas artes plásticas, na escultura ou na pintura. É possível colocar no mesmo nível também o filme ou a arte fotográfica em sentido lato? Parece que sim, embora do ponto de vista do corpo, como objeto-tema, se verifique nesse caso uma diferença bastante essencial. Na pintura ou na escultura, o homem-corpo continua sempre a ser modelo, submetido à específica elaboração por parte do artista. No filme, e mais ainda na arte fotográfica, não é o modelo que é transfigurado, mas é reproduzido o homem vivo; e em tal caso o homem, o corpo humano, não é modelo da obra de arte, mas *objeto* de uma reprodução obtida mediante técnicas apropriadas.

5. É necessário notar desde já que a mencionada distinção é importante do ponto de vista do *ethos* do corpo, nas obras de cultura. E acrescente-se imediatamente que a reprodução artística, quando se torna conteúdo da representação e da transmissão (televisiva ou cinematográfica), perde, em certo sentido, o seu contato fundamental com o homem-corpo, de que é reprodução, e muitas vezes torna-se objeto "anônimo", assim como é, por exemplo, uma fotografia anônima, publicada nas revistas ilustradas, ou uma imagem difundida nas te-

las de todo o mundo. Tal anonimato é o efeito da "propagação" da imagem-reprodução do corpo humano, *objetificado* primeiro com a ajuda das técnicas de reprodução, que — como foi recordado acima — parece diferenciar-se essencialmente da transfiguração do modelo típico da obra de arte, sobretudo nas artes plásticas. Ora, tal anonimato (que, por outro lado, é um modo de "velar" ou "esconder" a identidade da pessoa reproduzida) constitui também um problema específico do ponto de vista do *ethos* do corpo humano nas obras de cultura, e particularmente nas obras contemporâneas da chamada cultura de massa.

Limitemo-nos hoje a estas considerações preliminares, que têm significado fundamental para o *ethos* do corpo humano nas obras da cultura artística. Em seguida, estas considerações nos tornarão conscientes do quanto elas estão intimamente ligadas às palavras que Cristo pronunciou no Sermão da Montanha, comparando o "olhar com desejo" com o "adultério cometido no coração". A extensão destas palavras ao âmbito da cultura artística é de particular importância, pois se trata de "criar um ambiente favorável à castidade" de que fala Paulo VI na sua Encíclica *Humanae Vitae*. Procuremos compreender este assunto de modo muito aprofundado e em sua essência.

61. A OBRA DE ARTE DEVE SEMPRE OBSERVAR A REGULARIDADE DO DOM E DO RECÍPROCO DOAR-SE

Audiência Geral de quarta-feira, 22 de abril de 1981

A alegria pascal está viva e presente em nós durante esta solene Oitava, e a Liturgia faz-nos repetir com fervor: "O Senhor ressuscitou, como havia anunciado; alegremo-nos todos e exultemos, porque Ele reina eternamente, aleluia".

Disponhamos, portanto, os nossos corações para a graça e a alegria; levantemos o nosso sacrifício de louvor para a vítima pascal, pois o Cordeiro remiu o seu rebanho e o Inocente reconciliou-nos, a nós pecadores, com o Pai.

Cristo, nossa Páscoa, ressuscitou e nós ressuscitamos com Ele, por quem devemos procurar as coisas do Céu, onde Cristo está sentado à direita de Deus, e também afeiçoar-nos às coisas lá do alto, segundo o convite do Apóstolo Paulo.[1]

Enquanto Deus nos faz passar, em Cristo, da morte para a vida, das trevas para a luz, preparando-nos para os bens celestiais, devemos visar a metas de obras luminosas, na justiça e na verdade. Este caminho que temos de percorrer é longo, mas Deus fortifica e sustenta a nossa inabalável esperança de vitória: a meditação do mistério pascal acompanha-nos de modo particular nestes dias.

1. Reflitamos agora — em relação às palavras de Cristo pronunciadas no Sermão da Montanha — sobre o problema do *ethos* do corpo humano nas obras da cultura artística. Este problema tem raízes muito profundas. Convém aqui recordar a série de análises feitas em relação ao apelo de Cristo para o "princípio", e, sucessivamente, para o seu apelo ao "coração" humano, no Sermão da Montanha. O corpo humano — o corpo humano nu, em toda a verdade da sua masculinidade e feminilidade — tem um *significado de dom* de pessoa a pessoa. O *ethos* do corpo, isto é, a regularidade ética da sua nudez, está intimamente ligado, por motivo da dignidade do sujeito pessoal, àquele sistema de referência, entendido como sistema esponsal. Neste, o doar-se de uma parte encontra-se com a apropriada e adequada resposta da outra ao dom. Esta resposta depende da reciprocidade do

---

[1] Cf. Cl 3, 1–2.

dom. A objetificação artística do corpo humano na sua nudez masculina e feminina, com o fim de fazer dele, primeiro, o modelo e, depois, tema da obra de arte, consiste sempre numa certa transferência para fora desta configuração original e, para ele, específica da doação interpessoal. Isto constitui, em certo sentido, um desenraizar do corpo humano para fora desta configuração e uma transfência para a medida da objetificação artística, dimensão específica da obra de arte ou da reprodução típica das técnicas cinematográficas e fotográficas do nosso tempo.

Em cada uma destas dimensões — e em cada uma de modo diverso — o corpo humano perde aquele significado profundamente subjetivo do dom, e torna-se objeto destinado a um múltiplo conhecimento, mediante o qual os que olham para ele assimilam, ou mesmo, em certo sentido, se apropriam do que evidentemente existe — mais ainda, do que deve existir essencialmente como dom, feito de pessoa a pessoa — não já na imagem, mas no homem vivo. A bem da verdade, aquele "apropriar-se" realiza-se já em outro nível — isto é, no nível do objeto da transfiguração ou reprodução artística. Todavia, é impossível não reparar que, do ponto de vista do *ethos* do corpo, compreendido a fundo, surge aqui um problema. Problema muito delicado, que tem os seus níveis de intensidade segundo os vários motivos e circunstâncias, seja por parte da atividade artística, seja por parte do conhecimento da obra de arte ou da sua reprodução. Este problema não significa, de fato, que o corpo humano, na sua nudez, não possa tornar-se tema da obra de arte, mas apenas que este problema não é puramente estético, nem moralmente indiferente.

2. Nas nossas precedentes análises (sobretudo em relação ao fato de Cristo apelar para o "princípio"), dedicamos muito espaço ao significado da vergonha, esforçando-nos por compreender a diferença entre a situação — e o estado — da inocência original, em que "estavam ambos nus [...] mas não sentiam vergonha"[2] e, sucessivamente, entre a situação — e o estado — da pecaminosidade, mediante a qual nasceu, entre o homem e a mulher, juntamente com a vergonha, a necessidade específica da *intimidade para com o próprio corpo*. No coração do homem sujeito à concupiscência, esta necessidade serve, também indiretamente, para assegurar o dom e a possibilidade do recíproco doar-se. Tal necessidade forma também o modo de agir do homem como "objeto da cultura", no mais amplo significado do termo. Se a cultura mostra uma tendência explícita para cobrir a nudez do corpo humano, certamente o faz não apenas por motivos climáticos, mas também com relação ao processo de crescimento da

---

[2] Gn 2, 25.

sensibilidade pessoal do homem. A nudez anônima do homem-objeto contrasta com o progresso da cultura autenticamente humana dos costumes. Provavelmente é possível confirmar isto mesmo na vida das populações chamadas primitivas. O processo de aperfeiçoamento da sensibilidade pessoal humana é certamente fator e fruto da cultura.

Por trás da necessidade da vergonha, isto é, da intimidade do próprio corpo (sobre o qual informam com tanta precisão as fontes bíblicas em Gênesis 3), esconde-se uma norma mais profunda: a do dom, orientada para a profundidade do sujeito pessoal ou para a outra pessoa — especialmente na relação homem-mulher segundo a perene regularidade do doar-se recíproco. Assim, nos processos da cultura humana, entendida em sentido lato, verificamos — mesmo no estado da pecaminosidade hereditária do homem — uma continuidade bastante explícita do significado esponsal do corpo na sua masculinidade e feminilidade. Aquela vergonha original, já conhecida pelos primeiros capítulos da Bíblia, é um elemento permanente da cultura e dos costumes. Pertence à origem do *ethos* do corpo humano.

3. O homem de sensibilidade desenvolvida ultrapassa, com dificuldade e resistência interior, o princípio daquela vergonha. O que se evidencia mesmo nas situações que por outro lado são justificadas pela necessidade de despir o corpo, como, por exemplo, no caso dos exames ou das intervenções médicas. Em particular, é necessário também recordar outras circunstâncias, como por exemplo as dos campos de concentração ou dos locais de extermínio, onde a violação do pudor corpóreo é um método conscientemente usado para destruir a sensibilidade pessoal e o sentimento da dignidade humana. Em toda a parte — embora de maneiras diversas — reconfirma-se a mesma linha de regularidade. Seguindo a sensibilidade pessoal, o homem *não quer* tornar-se objeto para os outros por meio da própria nudez anônima, nem quer que o outro se torne para ele objeto de maneira semelhante. Evidentemente, tanto "não quer" à medida que se deixa guiar pelo sentimento da dignidade do corpo humano. De fato, vários são os motivos que podem induzir, incitar e mesmo constranger o homem a proceder contrariamente àquilo que exige a dignidade do corpo humano, ligada à sensibilidade pessoal. Não se pode esquecer que a "situação" interior fundamental do homem "histórico" é o estado da tríplice concupiscência.[3] Este estado — e em particular a concupiscência da carne — se faz sentir de diversos modos, seja nos impulsos interiores do coração humano, seja em todo o ambiente das relações inter-humanas e nos costumes sociais.

---

3   Cf. 1Jo 2, 16.

4. Não podemos esquecer disto, nem sequer quando se trata da ampla esfera da cultura artística, sobretudo a de caráter visual e de espetáculo, como também quando se trata da "cultura de massa", tão significativa para os nossos tempos e ligada com o uso das técnicas conhecidas da comunicação audiovisual. Apresenta-se uma interrogação: quando e em que caso esta esfera de atividade do homem — do ponto de vista do *ethos* do corpo — é posta sob a acusação de "pornovisão", assim como a atividade literária, que era e é muitas vezes, acusada de "pornografia" (este segundo termo é mais antigo). Uma e outra coisa verificam-se quando é ultrapassado o limite da vergonha, ou seja, da sensibilidade pessoal a respeito do que se relaciona com o corpo humano, com a sua nudez, quando, na obra artística ou mediante as técnicas da reprodução audiovisual, *é violado o direito à intimidade do corpo* na sua masculinidade ou feminilidade, e — em última análise — quando é violada aquela profunda regularidade do dom e do recíproco doar-se, que está inscrita nesta masculinidade e feminilidade através de toda a estrutura do "ser homem". Esta profunda inscrição — ou mesmo incisão — determina o significado esponsal do corpo humano, isto é, o chamado fundamental que ele recebe para formar a "comunhão das pessoas" e para dela participar.

Interrompendo neste ponto a nossa consideração, que desejamos continuar na próxima, convém verificar que a observância ou a não-observância destas regularidades, tão profundamente ligadas à sensibilidade pessoal do homem, não pode ser indiferente para o problema de "criar um ambiente favorável à castidade" na vida e na educação social.

62. OS LIMITES ÉTICOS NAS OBRAS DE ARTE E NA PRODUÇÃO AUDIOVISUAL

Audiência Geral de quarta-feira, 29 de abril de 1981

1. Já dedicamos uma série de reflexões ao significado das palavras pronunciadas por Cristo no Sermão da Montanha, em que exorta à pureza de coração, fazendo notar o "olhar com desejo". Não podemos esquecer estas palavras de Cristo, mesmo quando se trata da vasta esfera da cultura artística, sobretudo a de caráter visual e de espetáculo, como também quando se trata da esfera da "cultura de massa" — tão significativa para os nossos tempos — ligada ao uso das técnicas da comunicação audiovisual. Dissemos anteriormente que a referida esfera da atividade do homem é às vezes acusada de "pornovisão", assim como no tocante à literatura é apresentada a acusação de "pornografia". Um e outro fato realizam-se quando se ultrapassa o limite da vergonha, ou seja, da sensibilidade pessoal a respeito do que se relaciona com o corpo humano, com a sua nudez, quando, na obra artística ou mediante as técnicas de produção audiovisual, é violado o direito à intimidade do corpo na sua masculinidade ou feminilidade, e — em última análise — quando é violado aquele íntimo e constante destino para o dom e o recíproco doar-se, que está inscrito naquela feminilidade e masculinidade através de toda a estrutura do "ser homem". Aquela profunda inscrição — ou melhor, incisão — determina o significado esponsal do corpo, isto é, o chamado fundamental que ele recebe para formar uma "comunhão de pessoas" e para dela participar.

2. É óbvio que nas obras de arte, ou nos produtos da reprodução artística audiovisual, o sobredito destino constante para o dom, isto é, aquela profunda inscrição do significado do corpo humano, pode ser violada apenas na ordem intencional da reprodução e da representação; trata-se, de fato, — como já foi dito anteriormente — do corpo humano como modelo ou tema. Todavia, se o sentimento da vergonha e a sensibilidade pessoal são em tais casos ofendidos, isto acontece por causa da transferência delas para o campo da "comunicação social", portanto pelo fato de se tornar, por assim dizer, propriedade pública aquilo que, no justo sentir do homem, pertence e deve pertencer estritamente à relação interpessoal, aquilo que está ligado — como antes já se notou — à "comunhão das pessoas", e, no seu âmbito, corresponde à verdade interior do homem, portanto também à verdade integral sobre o homem.

Neste ponto, não é possível concordar com os representantes do chamado naturalismo, que alegam o direito a "tudo aquilo que é humano", nas obras de arte e nos produtos da reprodução artística, afirmando agir de tal modo em nome da verdade realista acerca do homem. É precisamente esta verdade sobre o homem — a verdade *inteira* sobre ele — que exige uma atenta consideração, tanto ao sentido da intimidade do corpo como à coerência do dom ligado à masculinidade e feminilidade do corpo, no qual se reflete o mistério do homem, próprio da estrutura interior da pessoa. Tal verdade sobre o homem deve ser tomada em consideração também na ordem artística, se queremos falar de um pleno realismo.

3. Neste caso, constata-se, portanto, que a regularidade, própria da "comunhão das pessoas", concorda profundamente com a vasta e diferenciada área da "comunicação". O corpo humano na sua nudez — como afirmamos nas precedentes análises, em que nos referimos a Gênesis 2, 25 —, entendido como manifestação da pessoa e como o seu dom, ou seja, sinal de confiança e de doação à outra pessoa, consciente do dom, persuadida e decidida a responder a ele de modo igualmente pessoal, torna-se fonte de particular "comunicação" interpessoal. Como já foi dito, esta é uma comunicação particular na humanidade mesma. Essa comunicação interpessoal penetra profundamente no sistema da comunhão (*communio personarum*), ao mesmo tempo em que cresce a partir dele e desenvolve-se corretamente no seu âmbito. Precisamente por causa do grande valor do corpo em tal sistema de "comunhão" interpessoal, fazer do corpo na sua nudez — que exprime exatamente o "elemento" do dom — o objeto-tema da obra de arte ou da reprodução audiovisual é um problema não apenas de natureza estética, mas também, ao mesmo tempo, de natureza ética. De fato, aquele "elemento do dom" é, por assim dizer, suspenso na dimensão de uma recepção incógnita e de uma resposta imprevista, e com isto está, de algum modo, intencionalmente "ameaçado", no sentido de que pode tornar-se objeto anônimo de "apropriação", de abuso. Exatamente por isso a verdade integral sobre o homem constitui, neste caso, a base da norma segundo a qual se modela o bem ou o mal das ações determinadas, dos comportamentos, dos costumes e das situações. A verdade sobre o homem, sobre aquilo que nele — precisamente por motivo do seu corpo e do seu sexo (feminilidade e masculinidade) — é particularmente pessoal e interior cria aqui limites precisos, os quais não é lícito ultrapassar.

4. Estes limites devem ser reconhecidos e observados pelo artista que faz do corpo humano objeto, modelo ou tema da obra de arte ou da reprodução audiovisual. Nem ele nem outros responsáveis neste campo

têm o direito de exigir, propor ou fazer com que outros homens — convidados, exortados ou admitidos a ver, a contemplar a imagem — violem aqueles limites juntamente com eles, ou por causa deles. Trata-se da imagem na qual forma em si mesma o conteúdo e o valor profundamente pessoal, o que pertence à ordem do dom e do recíproco doar-se de pessoa a pessoa, que, como tema, é desenraizado pelo próprio substrato autêntico para se tornar, por meio da "comunicação social", objeto, e no mais das vezes, em certo sentido, anônimo.

5. Todo o problema da "pornovisão" e da "pornografia", como resulta do que está dito acima, não é efeito de mentalidade puritana nem de um moralismo tacanho, como também não é produto de um pensamento carregado de maniqueísmo. Trata-se aqui de uma importantíssima e fundamental esfera de valores, diante dos quais o homem não pode ficar indiferente por motivo da dignidade da humanidade, do caráter pessoal e da eloqüência do corpo humano. Todos aqueles conteúdos e valores, através das obras de arte e da atividade dos meios audiovisuais, podem ser modelados e aprofundados, mas também ser deformados e destruídos "no coração" do homem. Como se vê, encontramo-nos continuamente na órbita das palavras pronunciadas por Cristo no Sermão da Montanha. Também os problemas que estamos aqui a tratar devem ser examinados à luz daquelas palavras, que tomam o "olhar" vindo da concupiscência como um "adultério cometido no coração".

E por isso parece que a reflexão sobre estes problemas, importantes para "criar um ambiente favorável à educação da castidade", constitui um anexo indispensável a todas as precedentes análises, como as que, no decurso dos numerosos encontros das quartas-feiras, dedicamos a este tema.

63. RESPONSABILIDADE ÉTICA DO ARTISTA AO TRATAR O TEMA DO CORPO HUMANO

Audiência Geral de quarta-feira, 6 de maio de 1981

1. No Sermão da Montanha, Cristo pronunciou as palavras às quais dedicamos uma série de reflexões durante quase um ano. Explicando aos seus ouvintes o significado próprio do mandamento "Não cometerás adultério", Cristo assim se exprime: "Eu, porém, vos digo que todo aquele que olhar para uma mulher com desejo libidinoso, já cometeu adultério com ela no seu coração".[1] Parece que as citadas palavras se referem também aos vastos campos da cultura humana, sobretudo aos da atividade artística, de que já se tratou por último, no decorrer de alguns encontros das quartas-feiras. Hoje convém-nos dedicar a parte final destas reflexões ao problema da relação entre o *ethos* da imagem — ou da descrição — e o *ethos* da visão e da escuta, da leitura ou de outras formas de recepção cognoscitiva, com que se encontra o conteúdo da obra de arte ou da audiovisão entendida em sentido lato.

2. E aqui voltamos uma vez mais ao problema já anteriormente assinalado: se, e em que medida, o corpo humano, em toda a verdade visível da sua masculinidade e feminilidade, pode ser tema da obra de arte e, por isso mesmo, tema dessa específica "comunicação" social à qual tal obra está destinada. Esta pergunta refere-se ainda mais à cultura contemporânea "de massa", relacionada com as técnicas audiovisuais. Pode o corpo humano ser um tal modelo-tema, uma vez que a isto sabemos estar ligada aquela objetificação "inevitável" que primeiro chamamos anonimato, e parece trazer consigo uma grave e potencial ameaça da esfera inteira dos significados, própria do corpo do homem e da mulher, por motivo do caráter pessoal do sujeito humano e do caráter de "comunhão" das relações interpessoais?

Pode-se acrescentar neste ponto que as expressões "pornografia" ou "pornovisão" — apesar da sua antiga etimologia — apareceram na linguagem relativamente tarde. A tradicional terminologia latina servia-se do vocábulo "obscena", *ob-scæna*, indicando de tal modo tudo o que não se deve encontrar diante dos olhos dos espectadores, aquilo que deve ser circundado por conveniente discrição, aquilo

---

[1] Mt 5, 28.

que *não pode ser apresentado ao olhar humano sem possibilidade de escolha.*

3. Ao fazer a precedente pergunta, damo-nos conta de que, de fato, no curso de épocas inteiras da cultura humana e da atividade artística, o corpo humano foi e é um tal modelo-tema das obras de arte visíveis, assim como toda a esfera do amor entre o homem e a mulher. Ligado a ele, também o "recíproco doar-se" da masculinidade e da feminilidade, nas suas expressões corpóreas, foi, é e será tema da narrativa literária. Tal narrativa encontrou o seu lugar também na Bíblia, sobretudo no texto do "Cântico dos Cânticos", que nos convirá retomar em outra circunstância. Mas é necessário reconhecer que na história da literatura ou da arte, na história da cultura humana, este tema se mostra particularmente freqüente e é particularmente importante. De fato, refere-se a um problema que em si mesmo é grande e importante. Nós o expressamos desde o início das nossas reflexões, seguindo os vestígios dos textos bíblicos, que nos revelam a justa dimensão deste problema; isto é, a dignidade do homem na sua corporeidade masculina e feminina, e o significado esponsal da feminilidade e masculinidade, inscrito em toda a estrutura interior — e ao mesmo tempo visível — da pessoa humana.

4. As nossas precedentes reflexões não pretendiam pôr em dúvida o direito a este tema. Querem apenas demonstrar que a sua abordagem está unida a uma particular responsabilidade de natureza não somente artística, mas também ética. O artista, que se lança a este tema em qualquer esfera da arte ou mediante as técnicas audiovisuais, deve estar consciente da plena verdade do objeto, de toda a escala de valores ligados a ele; deve não apenas considerá-los *in abstracto*, mas também vivê-los ele mesmo corretamente. Isto corresponde de igual modo àquele princípio da "pureza de coração", que em determinados casos é preciso transferir da esfera existencial das atitudes e comportamentos para a esfera intencional da criação ou reprodução artística.

Parece que o processo de tal criação tende não só à objetificação (e, em certo sentido, a uma nova "materialização") do modelo, mas, ao mesmo tempo, tende a exprimir em tal objetificação o que se pode chamar a *idéia criadora* do artista, na qual se manifesta o seu mundo interior dos valores, portanto também a manifestação da verdade no seu objeto. Neste processo, realiza-se uma transfiguração característica do modelo ou da matéria e, em particular, daquilo que é o homem, o corpo humano em toda a verdade da sua masculinidade ou feminilidade. (Deste ponto de vista, como já mencionamos, há uma importante diferença, por exemplo, entre o quadro ou a escultura e a fotografia ou o filme.) O espectador, convidado pelo artista a olhar para a sua obra, relaciona-se não apenas com a objetificação, e portanto, em certo sentido, com uma nova "materialização" do modelo ou da matéria, mas ao mesmo tempo se relaciona com a verdade do objeto que o autor, na sua "materialização" artística, conseguiu exprimir com os meios apropriados.

5. No decurso das várias épocas, começando da antiguidade — e sobretudo no grande período da arte clássica grega — há obras de arte cujo tema é o corpo humano na sua nudez, e cuja contemplação permite concentrarmo-nos, em certo sentido, na verdade inteira do homem, na dignidade e na beleza — também a "supra-sensual" — da sua masculinidade e feminilidade. Estas obras trazem em si, como que ocultamente, um elemento de sublimação, que leva o espectador, através do corpo, ao mistério pessoal inteiro do homem. Em contato com tais obras, em que não nos sentimos levados pelo seu conteúdo para "olhar com desejo", de que fala o Sermão da Montanha, aprendemos em certo sentido aquele significado esponsal do corpo, que é o correspondente e a medida da "pureza de coração". Mas há também obras de arte, e talvez até ainda mais reproduções, que suscitam objeções na esfera da sensibilidade pessoal do homem — não por motivo do seu objeto, pois o corpo humano em si mesmo tem sempre uma inalienável dignidade — mas pela qualidade ou pelo modo da sua reprodução, figuração e representação artística. Aquele modo e aquela qualidade podem estabelecer os vários coeficientes da obra ou da reprodução, como também múltiplas circunstâncias, muitas vezes de natureza mais técnica do que artística.

É sabido que, através de todos estes elementos, torna-se, em certo sentido, acessível ao espectador, como ao ouvinte ou ao leitor, a mesma intencionalidade fundamental da obra de arte ou do produto de relativas técnicas. Se a nossa sensibilidade pessoal reage com objeção e desaprovação, ela o faz porque naquela intencionalidade fundamental, juntamente com a objetificação do homem e do seu corpo, descobrimos que se torna indispensável, para a obra de arte ou para a sua reprodução, a sua simultânea redução à categoria de objeto, de objeto de "prazer", destinado à satisfação da concupiscência. Isto se apresenta contra a dignidade do homem também na ordem intencional da arte e da reprodução. Por analogia, é necessário dizer o mesmo aos vários campos da atividade artística — segundo a respectiva especificidade — como também às várias técnicas audiovisuais.

6. A Encíclica *Humanae Vitae* de Paulo VI (n. 22) sublinha a necessidade de "criar um ambiente favorável à educação da castidade"; e com isso pretende afirmar que a manifestação do corpo humano, em toda a verdade da sua masculinidade e feminilidade, deve corresponder à dignidade deste corpo e ao seu significado em construir a comunhão das pessoas. Pode-se dizer que esta é uma das dimensões fundamentais da cultura humana, entendida como uma afirmação

que *enobrece tudo o que é humano*. Por isso, dedicamos este breve esboço ao problema que, em síntese, poderia chamar-se do *ethos* da imagem. Trata-se da imagem que serve para uma singular "visibilidade" do homem, e que é necessário compreender em sentido mais ou menos direto. A imagem esculpida ou pintada "expressa visualmente" o homem; de outro modo o expressa a representação teatral ou o espetáculo de dança, e de outro modo o filme; também a obra literária, à sua maneira, tende a suscitar imagens interiores, servindo-se das riquezas da fantasia ou da memória humana. Portanto, o que aqui denominamos "*ethos* da imagem" não pode ser considerado abstraído do seu componente correlativo, que seria necessário chamar "*ethos* do olhar". Entre um e outro componente está determinado todo o processo de comunicação, independentemente da vastidão dos círculos que descreve esta comunicação, neste caso sempre "social".

7. A criação do "ambiente favorável à educação da castidade" abrange estes dois componentes; refere-se, por assim dizer, a um circuito recíproco que se estabelece entre a imagem e o olhar, entre o *ethos* da imagem e o *ethos* do olhar. Como a criação da imagem, no sentido lato e diferenciado do termo, impõe ao autor, artista ou reprodutor obrigações de natureza não só estética mas também ética, assim também o "olhar", entendido segundo a mesma vasta analogia, impõe obrigações àquele que é o receptor da obra.

A autêntica e responsável atividade do artista tende a ultrapassar o inevitável anonimato do corpo humano como objeto, procurando (como já foi dito anteriormente), através do esforço criativo, tal expressão artística da verdade sobre homem na sua corporeidade feminina e masculina, que seja, por assim dizer, *assinalada como tarefa ao espectador* e, num raio mais vasto, a cada *receptor* da obra. Dele, por sua vez, depende se vai decidir por realizar o próprio esforço para aproximar-se de tal verdade, ou se permanecerá apenas como um "consumidor" superficial das impressões, isto é, alguém que desfruta do encontro com o anônimo tema-corpo somente no âmbito da sensualidade, que reage, ele próprio, ao seu objeto precisamente de modo "inevitável".

Aqui terminamos este importante capítulo das nossas reflexões sobre a teologia do corpo, cujo ponto de partida foram as palavras pronunciadas por Cristo no Sermão da Montanha: palavras com valor para o homem de todos os tempos, para o homem "histórico", e com valor para cada um de nós.

As reflexões sobre a teologia do corpo não seriam todavia completas se não considerássemos outras palavras de Cristo, a saber, aquelas em que Ele apela para a futura ressurreição. A elas, portanto, nos propomos dedicar o próximo ciclo das nossas considerações.

TERCEIRO CICLO
A RESSURREIÇÃO DA CARNE

64. AS PALAVRAS DO "COLÓQUIO COM OS SADUCEUS", ESSENCIAIS PARA A TEOLOGIA DO CORPO

Audiência Geral de quarta-feira, 11 de novembro de 1981

1. Retomamos hoje, depois de uma pausa um tanto longa, as meditações feitas há tempos, que definimos como reflexões sobre a teologia do corpo.

Ao continuar, convém, desta vez, referirmo-nos às palavras do Evangelho em que Cristo fala sobre a ressurreição: palavras que têm importância fundamental para entender o matrimônio no sentido cristão e também "a renúncia" à vida conjugal pelo "reino dos céus".

A complexa casuística do Antigo Testamento no campo matrimonial não somente levou os fariseus a dirigirem-se a Cristo para lhe expor o problema da indissolubilidade do matrimônio,[1] mas também, de outra parte, os saduceus para o interrogar sobre a lei do chamado levirato.[2] Este colóquio é reproduzido conjuntamente pelos sinóticos.[3] Ainda que todas as três redações sejam quase idênticas, notam-se todavia entre elas algumas diferenças leves, mas, ao mesmo tempo, significativas. Como o colóquio é referido em três versões — as de Mateus, Marcos e Lucas — é necessária uma análise mais aprofundada, pois ele compreende conteúdos que têm um significado essencial para a teologia do corpo.

Ao lado dos dois outros importantes colóquios — isto é, aquele em que Cristo faz referência ao "princípio",[4] e o outro em que se reporta à intimidade do homem (o "coração"), indicando o desejo e a concupiscência da carne como fonte do pecado[5] —, o colóquio que

---

1   cf. Mt 19, 3–9 Mc 10, 2–12.

2   Esta lei, presente no Deuteronômio 25, 7–10, diz respeito aos irmãos que habitavam sob o mesmo teto. Se um deles morria sem deixar filhos, o irmão do defunto devia tomar como esposa a viúva do irmão falecido. A criança nascida deste matrimônio era reconhecida como filha do defunto, para que não ficasse extinta a sua estirpe e fosse conservada na família a herança (cf. Gn 38, 8).

3   cf. Mt 22, 24–30; Mc 12, 18–27; Lc 20, 27–40.

4   cf. Mt 19, 3–9; Mc 10, 2–12.

5   cf. Mt 5, 27–32.

nos propomos agora submeter a análise constitui, eu diria, o terceiro componente do tríptico dos enunciados do próprio Cristo: tríptico de palavras essenciais e constitutivas para a teologia do corpo. Neste colóquio, Jesus refere-se à ressurreição, desvelando assim uma dimensão completamente nova do mistério do homem.

2. A revelação desta dimensão do corpo, admirável no seu conteúdo — mas ligada ao Evangelho interpretado em seu conjunto e profundidade — manifesta-se no colóquio com os saduceus, "os quais afirmam que não há ressurreição";[6] estes vieram a Cristo para lhe expor um assunto que — segundo julgavam — confirma o bom fundamento da posição por eles tomada. Este argumento devia contradizer a "hipótese da ressurreição". O raciocínio dos saduceus é o seguinte: "Mestre, Moisés prescreveu-nos que se alguém tiver irmão que venha a falecer, deixando sua mulher sem filhos, deverá ele tomar a viúva e suscitar descendência para o irmão".[7] Os saduceus repetem aqui a chamada lei do levirato[8] e, atendo-se à prescrição desta antiga lei, apresentam o seguinte "caso": "Havia sete irmãos. O primeiro tomou a mulher e faleceu sem deixar descendência. O segundo tomou-a e faleceu também sem deixar descendência, e o mesmo aconteceu ao terceiro; e todos os sete faleceram sem deixar descendência. Por fim, faleceu também a mulher. Na ressurreição, de qual deles será a mulher? Pois todos os sete a tiveram por mulher".[9]

3. A resposta de Cristo é uma das respostas-chave do Evangelho, em que é revelada — precisamente a partir dos raciocínios puramente humanos e em contraste com eles — outra dimensão da questão, isto é, a que responde à sabedoria e ao poder do próprio Deus. De maneira análoga, por exemplo, se tinha apresentado o caso da moeda do tributo com a imagem de César e da relação correta entre o que, no âmbito do

---

6 Mt 22, 23. No tempo de Cristo, os saduceus formavam, dentro do judaísmo, uma seita ligada ao círculo da aristocracia sacerdotal. À tradição oral e à teologia elaboradas pelos fariseus, contrapunham eles a interpretação literal do Pentateuco, que julgavam fonte principal da religião javista. Dado que nos livros bíblicos mais antigos não havia menção da vida após a morte, os saduceus rejeitavam a escatologia proclamada pelos fariseus, afirmando que "as almas morrem juntamente com o corpo" (cf. Flávio Josefo, *Antiquitates Judaicæ*, XVII, 14, 16). As concepções dos saduceus não nos são todavia diretamente conhecidas, porque todos os seus escritos se perderam depois da destruição de Jerusalém no ano de 70, quando a seita mesma desapareceu. São escassas as informações a respeito dos saduceus; tomamo-las dos escritos dos seus adversários ideológicos.

7 Mc 12, 19.

8 cf. Dt 25, 5–10.

9 Mc 12, 20–23. Os saduceus, dirigindo-se a Jesus para um "caso" puramente teórico, atacam ao mesmo tempo a primitiva concepção dos fariseus sobre a vida depois da ressurreição dos corpos; insinuam na verdade que a fé na ressurreição dos corpos leva a admitir a poliandria, contrastante com a lei de Deus.

poder, é divino e o que é humano ("de César").¹⁰ Desta vez, Jesus responde assim: "Não andareis enganados por desconhecerdes as Escrituras e o poder de Deus? Quando ressuscitarem dentre os mortos, nem se casarão, nem se darão em casamento, mas serão como os anjos nos céus".¹¹ Esta é a resposta fundamental do "caso", isto é, o problema nele incluído. Cristo, conhecendo as idéias dos saduceus, e intuindo as suas autênticas intenções, retoma, em seguida, o problema da possibilidade da ressurreição, negada pelos saduceus mesmos: "E, acerca da ressurreição dos mortos, não lestes no livro de Moisés, no episódio da sarça, como Deus lhe falou, dizendo: Eu sou o Deus de Abraão, o Deus de Isaac e o Deus de Jacó? Não é Deus dos mortos, mas dos vivos".¹² Como se vê, Cristo cita o próprio Moisés, a quem fizeram referência os saduceus, e termina afirmando: "Vós andais muito enganados".¹³

4. Cristo repete, ainda uma segunda vez, esta afirmação conclusiva. De fato, a primeira vez pronunciou-a no princípio da exposição. Disse então: "Estais enganados, porque não conheceis nem as Escrituras nem o poder de Deus"; assim lemos em Mateus (22, 29). E em Marcos: "Não andareis enganados por desconhecerdes as Escrituras e o poder de Deus?"¹⁴ Contudo, a mesma resposta de Cristo, na versão de Lucas (20, 27–36), é destituída de tom polêmico, daquele "andais muito enganados". Por outro lado, ele proclama o mesmo, pois introduz na resposta alguns elementos que não se encontram em Mateus nem em Marcos. Eis o texto: "Os filhos deste mundo casam-se e são dados em casamento, mas aqueles que forem julgados dignos de participar do outro mundo e da ressurreição dos mortos não tomarão mulher nem marido, porque já não podem morrer; são semelhantes aos anjos e, sendo filhos da ressurreição, são filhos de Deus".¹⁵ Quanto à possibilidade da ressurreição, Lucas — como os dois outros sinóticos — refere-se a Moisés, ou seja, à passagem do Livro do Êxodo (3, 2–6), em que de fato se narra que o grande legislador da antiga aliança tinha ouvido da sarça, que "ardia no fogo e não se consumia", as seguintes palavras: "Eu sou o Deus do teu pai, o Deus de Abraão, de Isaac e de Jacó".¹⁶ Na mesma passagem, quando

---

10 cf. Mt 22, 15–22.
11 Mc 12, 24–25.
12 *Ibid.*, 26–27.
13 *Ibid.*, 27.
14 *Ibid.*, 24.
15 Lc 20, 34–36.
16 Êx 3, 6.

Moisés perguntou o nome de Deus, ouviu a resposta: "Eu sou Aquele que sou".[17]

Assim, pois, falando da futura ressurreição dos corpos, Cristo recorre ao poder do Deus vivo. Em seguida, teremos de considerar, de modo mais particularizado, este assunto.

---

17 *Ibid.*, 14.

65. A ALIANÇA DE DEUS COM OS HOMENS RENOVA A REALIDADE DA VIDA

Audiência Geral de quarta-feira, 18 de novembro de 1981

1. "Estais enganados, porque não conheceis nem as as Escrituras nem o poder de Deus"[1] — assim falou Cristo aos saduceus, que — recusando a fé na futura ressurreição dos corpos — lhe tinham exposto o caso seguinte: "Ora, entre nós, havia sete irmãos. O primeiro casou-se e faleceu sem deixar descendência, deixando a mulher a seu irmão" (segundo a lei mosaica do "levirato"); "sucedeu o mesmo ao segundo, depois ao terceiro, e assim até ao sétimo. Depois de todos eles, faleceu também a mulher. Na ressurreição, de qual dos sete será a mulher?"[2]

Cristo replica aos saduceus afirmando, no princípio e no fim da sua resposta, que eles estão "muito enganados", não conhecendo nem as Escrituras nem o poder de Deus.[3] Sendo o colóquio com os saduceus relatado em todos os três Evangelhos sinóticos, confrontemos brevemente os textos que nos interessam.

2. A versão de Mateus (22, 24–30), embora não faça referência à sarça, concorda quase inteiramente com a de Marcos (12, 13–25). Ambas as versões contêm dois elementos essenciais: 1) o enunciado sobre a futura ressurreição dos corpos, 2) o enunciado sobre o estado dos corpos dos homens ressuscitados.[4] Estes dois elementos encontram-se também em Lucas (20, 27–36).[5] O primeiro elemento, relativo à futura ressurreição dos corpos, encontra-se lado a lado — especialmente em Mateus e em Marcos — com as palavras dirigidas aos saduceus, segundo as quais eles não conhecem "nem as Escrituras

---

[1] Mt 22, 29.

[2] *Ibid.*, 25–28.

[3] cf. Mc 12, 24; Mt 22, 29.

[4] Embora o Novo Testamento não conheça a expressão "a ressurreição dos corpos" (que aparecerá pela primeira vez em São Clemente: 2Clem 9, 1, e em Justino: *Diálogo*, 80, 5) e use a expressão "ressurreição dos mortos", entendendo com ela o homem na sua integridade, é todavia possível encontrar em muitos textos do Novo Testamento a fé na imortalidade da alma e a sua existência também fora do corpo (cf. por ex.: Lc 23, 43; Fp 1, 23–24; 2Cor 5, 6–8).

[5] O texto de Lucas contém alguns elementos novos, a respeito dos quais se trava a discussão dos exegetas.

nem o poder de Deus". Tal afirmação merece ser considerada em particular, pois precisamente nela Cristo especifica as bases da fé na ressurreição, à qual fizera referência ao responder à questão apresentada pelos saduceus com o exemplo concreto da lei mosaica do levirato.

3. Sem dúvida, os saduceus tratam o assunto da ressurreição como um tipo de teoria ou de hipótese, passível de ser superada.[6] Jesus demonstra-lhes primeiro um erro de método: não conhecem as Escrituras; e depois um erro de mérito: não aceitam o que é revelado pelas Escrituras — não conhecem o poder de Deus —, não crêem n'Aquele que se revelou a Moisés na sarça ardente. É uma resposta muito significativa e precisa. Cristo encontra-se aqui com homens que se julgam intérpretes hábeis e experientes da Escritura. A estes homens — isto é, aos saduceus — Jesus responde que apenas o conhecimento literal da Escritura não é suficiente. A Escritura, de fato, é sobretudo um meio para conhecer o poder do Deus vivo, que nela se revela, assim como se revelou a Moisés na sarça. Nesta revelação, Ele chamou a si mesmo "o Deus de Abraão, de Isaac e de Jacó";[7] daqueles, portanto, que tinham sido os progenitores de Moisés na fé, que brota da revelação do Deus vivo. Todos já estão mortos há muito tempo; contudo Cristo completa a referência a eles com a afirmação de que Deus "não é Deus dos mortos, mas dos vivos". Esta afirmação-chave, em que Cristo interpreta as palavras dirigidas a Moisés pela sarça ardente, pode ser compreendida apenas se for admitida a realidade de uma vida à qual a morte não

---

6 Como é sabido, no judaísmo daquele período não foi claramente formulada uma doutrina acerca da ressurreição; existiam só as diversas teorias lançadas pelas várias escolas. Os fariseus, que se davam à especulação teológica, desenvolveram energicamente a doutrina sobre a ressurreição, vendo alusões a ela em todos os livros do Antigo Testamento. Entendiam, todavia, a futura ressurreição de modo terrestre e primitivo, prenunciando, por exemplo, um enorme crescimento da colheita e da fertilidade na vida depois da ressurreição.

Os saduceus, pelo contrário, polemizavam com tal conceito, partindo da premissa de que o Pentateuco não fala da escatologia. É necessário também ter presente que, no século I, o cânone dos livros do Antigo Testamento ainda não tinha sido estabelecido. O caso apresentado pelos saduceus ataca diretamente a concepção farisaica da ressurreição. De fato, os saduceus julgavam que Cristo também a seguia. A resposta de Cristo corrige igualmente as concepções dos fariseus e as dos saduceus.

7 Esta expressão não significa "Deus que era honrado por Abraão, Isaac e Jacó", mas "Deus que zelava pelos patriarcas e os libertava". Esta fórmula reaparece no Livro do Êxodo: 3, 6.15.16; 4, 5, sempre no contexto da promessa de libertação de Israel: o nome do Deus de Abraão, de Isaac e de Jacó é penhor e garantia desta libertação. "Deus de X é sinônimo de socorro, de sustentáculo e de abrigo para Israel". Encontra-se sentido semelhante no Gênesis 49, 24: "Deus de Jacó — Pastor e Pedra de Israel, Deus dos teus Pais que te ajudará" (cf. Gn 49, 24, 25; cf. também: Gn 24, 27; 26, 24; 28, 13; 32, 10; 46, 3). Cf. E. Dreyfus, O.P., *L'argument scripturaire de Jésus en faveur de la réssurection des morts* (Mc 12, 26–27), Revue Biblique 66 (1959), § 218.

A fórmula "Deus de Abraão, Isaac e Jacó", em que são citados todos os três nomes dos Patriarcas, indicava na exegese judaica, contemporânea de Jesus, a relação de Deus com o povo da aliança como comunidade.

põe fim. Os pais de Moisés na fé, Abraão, Isaac e Jacó, são para Deus pessoas vivas,[8] embora, segundo os critérios humanos, devam ser contados entre os mortos. Reler corretamente a Escritura, e em particular as palavras de Deus supracitadas, significa conhecer e acolher com a fé o poder do Doador da vida, que não está vinculado pela lei da morte, dominadora na história terrena do homem.

4. Parece que se deve interpretar deste modo a resposta de Cristo sobre a possibilidade da ressurreição,[9] dada aos saduceus, segundo a versão de todos os três sinóticos. Virá o momento em que a resposta, nesta matéria, será dada por Cristo com a própria ressurreição; por ora, todavia, Ele apela para o testemunho do Antigo Testamento, demonstrando como descobrir n'Ele a verdade sobre a imortalidade e sobre a ressurreição. É necessário fazê-lo não nos detendo unicamente no som das palavras, mas subindo também ao poder de Deus, que por aquelas palavras se revela. A referência a Abraão, Isaac e Jacó naquela teofania concedida a Moisés, da qual nos fala o livro do Êxodo (3, 2–6), constitui um testemunho que o Deus vivo dá àqueles que vivem "por Ele": àqueles que, graças ao seu poder, possuem a vida, ainda que, limitando-se às dimensões da história, seria necessário há muito tempo contar entre os mortos.

5. O significado pleno deste testemunho, a que Jesus se refere no seu colóquio com os saduceus, poderia ser apreendido (sempre unicamente à luz do Antigo Testamento) do seguinte modo: Aquele que é — Aquele que vive e que é a Vida — constitui a inexaurível fonte da existência e da vida, assim como se revelou no "princípio" no Gênesis.[10] Embora, por causa do pecado, a morte corporal tenha se tornado a sorte do homem,[11] e embora o acesso à árvore da vida (grande símbolo do Livro do Gênesis) lhe tenha sido proibido,[12] todavia, o

---

8   Cf. Lc 20, 38: "pois para Ele, todos estão vivos".

9   No nosso modo contemporâneo para tornar compreensível este texto evangélico, o raciocínio de Jesus diz respeito apenas à imortalidade; se, de fato, os Patriarcas vivem — depois de terem morrido — já agora, antes da ressurreição escatológica do corpo, então a verificação de Jesus diz respeito à imortalidade da alma e não fala da ressurreição do corpo.

    Mas o raciocínio de Jesus foi dirigido aos saduceus que não conheciam o dualismo do corpo e da alma, aceitando apenas a bíblica unidade psicofísica do homem que é "o corpo e a respiração de vida". Por isso, segundo eles, a alma morre juntamente com o corpo. Para os saduceus, a afirmação de Jesus segundo a qual os Patriarcas vivem podia significar unicamente a ressurreição com o corpo.

10 Cf. Gn 1–3.

11 Cf. Gn 3, 19. Não nos detemos aqui sobre a concepção da morte no sentido puramente vetero-testamentário, mas tomamos em consideração a antropologia teológica no seu conjunto.

12 Cf. Gn 3, 22.

Deus vivo, consolidando a sua aliança com os homens (Abraão, os Patriarcas, Moisés, Israel), *renova continuamente, nesta aliança, a realidade mesma da vida*, descobre-lhe mais uma vez a perspectiva e, em certo sentido, abre novamente o acesso à árvore da vida. Juntamente com a aliança, esta vida, cuja fonte é o próprio Deus, se dá à participação daqueles mesmos homens que, em conseqüência da ruptura da primeira aliança, tinham perdido o acesso à árvore da vida, e nas dimensões da sua história terrena tinham sido submetidos à morte.

6. Cristo é a última palavra de Deus sobre este assunto; de fato, a aliança que com Ele e por Ele é estabelecida entre Deus e a humanidade abre uma infinita perspectiva de vida: e o acesso à árvore da vida — segundo o plano original do Deus da aliança — é revelado a cada homem na sua plenitude definitiva.

Será este o significado da morte e da ressurreição de Cristo; será este o testemunho do mistério pascal. Todavia, o colóquio com os saduceus decorre na fase pré-pascal da missão messiânica de Cristo. A narrativa do colóquio segundo Mateus (22, 24–30), Marcos (12, 13–27) e Lucas (20, 27–36) manifesta que Jesus Cristo — o qual várias vezes, em particular nos colóquios com os discípulos, tinha falado da futura ressurreição do Filho do homem[13] —, pelo contrário, não usa este argumento. As razões são óbvias e claras. O colóquio é com os saduceus, "os quais afirmam que não há ressurreição" (como insiste o evangelista), isto é, põem em dúvida a sua possibilidade, e entretanto se consideram experimentados na Escritura do Antigo Testamento e seus intérpretes qualificados. É por isso que Jesus se refere ao Antigo Testamento e, com base nele, demonstra-lhes que "não conhecem o poder de Deus".[14]

---

13 Cf. por ex. Mt 17, 9.23; 20, 19 e paralelos.

14 Este é o argumento determinante que prova a autenticidade da discussão com os saduceus. Se a perícope fosse um "acréscimo pós-pascal da comunidade cristã" (como julgava por exemplo R. Bultmann), a fé na ressurreição dos corpos apoiar-se-ia no fato da ressurreição de Cristo, que se impunha como força irresistível, como o faz compreender por exemplo São Paulo (cf. 1Cor 15, 12) — cf. J. Jeremias, *Neutestamentliche Theologie*, I Parte, Gütersloh, 1971, Mohn; cf. também I. H. Marshall, *The Gospel of Luke*, Exeter, 1978, The Paternoster Press, p. 738.
A referência ao Pentateuco — havendo no Antigo Testamento textos que tratavam diretamente da ressurreição (como por ex. Is 26, 19 ou Dt 12, 2 — testemunha que o diálogo ocorreu realmente com os saduceus, que julgavam o Pentateuco a única autoridade decisiva. A estrutura da controvérsia demonstra que esta era uma discussão rabínica, segundo os clássicos modelos em uso nas academias de então — cf. F. J. Le Moyne, OSB, *Les Sadducéeus*, Paris, 1972, Gabalda, p. 124s.; E, Lohmeyer, *Das Evangelium des Markus*, Göttingen, 1959, p. 257; D. Daube, *New Testament and Rabbinic Judaism*, Londres, 1956, pp. 158–163; J. Rademakers, SJ, *La bonne nouvelle de Jésus selon St. Marc*, Bruxelas, 1975, Institut d'Etudes Théologiques, p. 313.

7. A respeito da possibilidade da ressurreição, Cristo recorre precisamente àquele poder que acompanha passo a passo o testemunho do Deus vivo, que é o Deus de Abraão, de Isaac e de Jacó — e de Moisés. O Deus que os saduceus "privam" deste poder já não é o Deus verdadeiro dos seus pais, mas o Deus das suas hipóteses e interpretações. Cristo, pelo contrário, veio dar testemunho do Deus da vida em toda a verdade do seu poder, que se aplica na vida do homem.

66. A DOUTRINA DA RESSURREIÇÃO E A FORMAÇÃO DA ANTROPOLOGIA TEOLÓGICA

Audiência Geral de quarta-feira, 2 de dezembro de 1981

1. "Quando ressuscitarem dentre os mortos, nem se casarão, nem se darão em casamento".[1] Cristo pronuncia estas palavras, que têm significado-chave para a teologia do corpo, depois de afirmar, no colóquio com os saduceus, que a ressurreição se cumpre pelo poder do Deus vivo. Todos os três Evangelhos sinóticos trazem o mesmo enunciado, mas a versão de Lucas diferencia-se em alguns particulares da de Mateus e de Marcos. É essencial para todos a constatação de que, na futura ressurreição, os homens, depois de readquirir os corpos na plenitude da perfeição própria da imagem e semelhança de Deus — depois de os readquirir na sua masculinidade e feminilidade —, "nem se casarão, nem se darão em casamento". Lucas, no capítulo 20, 34–35, exprime a mesma idéia com as seguintes palavras: "Os filhos deste mundo casam-se e são dados em casamento, mas aqueles que forem julgados dignos de participar do outro mundo e da ressurreição dos mortos não tomarão mulher nem marido".

2. Como indical tais palavras, o matrimônio, aquela união em que, como diz o Livro do Gênesis, "o homem [...] se unirá à sua mulher, e os dois serão uma só carne" (2, 25) — união própria do homem desde o "princípio" —, pertence exclusivamente a "este mundo". O matrimônio e a procriação não constituem o futuro escatológico do homem. Na ressurreição perdem, por assim dizer, a sua razão de ser. Aquele "outro mundo", de que fala Lucas (20, 35), significa a realização definitiva do gênero humano, o encerramento quantitativo daquele círculo de seres, que foram criados à imagem e semelhança de Deus, para que, multiplicando-se através da conjugal "unidade do corpo" de homens e mulheres, submetessem a terra para si. Aquele "outro mundo" não é o mundo da terra, mas o mundo de Deus que, conforme sabemos pela Primeira Carta de Paulo aos Coríntios, o preencherá inteiramente, tornando-se "tudo em todos".[2]

---

1   Mc 12, 25.
2   1Cor 15, 28.

3. Paralelamente, aquele "outro mundo", que segundo a revelação é "o Reino de Deus", é também a definitiva e eterna "pátria" do homem,[3] é a "casa do Pai".[4] Aquele "outro mundo", como nova pátria do homem, surge definitivamente do mundo atual, que é temporal — submetido à morte, ou seja, à destruição do corpo[5] — através da ressurreição. A ressurreição, segundo as palavras de Cristo referidas pelos sinóticos, significa não apenas a recuperação da corporeidade e o restabelecimento da vida humana na sua integridade, mediante a união do corpo com a alma, mas também um estado completamente novo da vida humana. Encontramos a confirmação deste novo estado do corpo na ressurreição de Cristo.[6] As palavras transmitidas pelos sinóticos[7] ressoarão então (isto é, depois da ressurreição de Cristo) àqueles que as tinham ouvido, como que com nova força probatória, e ao mesmo tempo adquirirão o caráter de uma promessa conclusiva. Todavia, por ora, detenhamo-nos nestas palavras na sua fase "pré-pascal", baseando-nos apenas na situação em que foram pronunciadas. Não há qualquer dúvida de que já na resposta dada aos saduceus, Cristo desvela a nova condição do corpo humano na ressurreição, e o faz propondo precisamente uma referência e um confronto com a condição da qual o homem tinha sido participante desde o "princípio".

4. As palavras "nem se casarão, nem se darão em casamento" parecem ao mesmo tempo afirmar que os corpos humanos, recuperados e também renovados na ressurreição, manterão a sua peculiaridade masculina ou feminina, e que o sentido de ser, no corpo, homem ou mulher será no "outro mundo" constituído e entendido de modo diverso daquele que foi "desde o princípio" e, portanto, em toda a dimensão da existência terrena. As palavras do Gênesis, "o homem deixará seu pai e sua mãe, e se unirá à sua mulher, e os dois serão uma só carne" (Gn 2, 24), constituíram, desde o princípio, aquela condição relativa à masculinidade e feminilidade, estendendo-se também ao corpo, a qual deve ser justamente definida como "conjugal" e, ao mesmo tempo, "procriativa" e "generativa"; ela, de fato, está ligada com a bênção da fecundidade, pronunciada por Deus (Eloim) na criação

---

3   Cf. Fp 3, 20.

4   Jo 14, 2.

5   Cf. Gn 3, 19: "ao pó hás de retornar".

6   Cf. Rm 6, 5–11.

7   Mt 22, 30; Mc 12, 25; Lc 20, 34–35.

do homem "varão e mulher".⁸ As palavras pronunciadas por Cristo sobre a ressurreição nos permitem deduzir que a dimensão de masculinidade e feminilidade — isto é, o ser, no corpo, de varão e de mulher — será de novo constituída juntamente com a ressurreição do corpo no "outro mundo".

5. É possível dizer alguma coisa ainda mais pormenorizada sobre este tema? Sem dúvida, as palavras de Cristo referidas pelos sinóticos⁹ autorizam-nos a isto. Lemos nelas, com efeito, que "aqueles que forem julgados dignos de participar do outro mundo e da ressurreição dos mortos [...] já não podem morrer; são semelhantes aos anjos e, sendo filhos da ressurreição, são filhos de Deus" (Mateus e Marcos relatam apenas que "serão como os anjos nos céus"). Esse enunciado permite-nos deduzir, sobretudo, uma espiritualização do homem segundo uma dimensão diversa daquela da vida terrena (e até diversa da do mesmo "princípio"). É óbvio que não se trata aqui de uma transformação da natureza do homem em natureza angélica, isto é, puramente espiritual. O contexto indica claramente que o homem conservará no "outro mundo" a própria natureza humana psicossomática. Fosse de outro modo, não haveria sentido em falar de ressurreição.

A ressurreição significa a restituição à verdadeira vida da corporeidade humana, que foi sujeita à morte na sua fase temporal. Na expressão de Lucas (Lc 20, 36) por nós citada há pouco,¹⁰ trata-se certamente da natureza humana, isto é, psicossomática. A comparação com os seres celestiais, usada no contexto, não constitui novidade alguma na Bíblia. Além do mais, já o Salmo, exaltando o homem como obra do Criador, diz: "Pouco abaixo dos anjos o criaste".¹¹ É necessário supor que na ressurreição esta semelhança se tornará maior: não através de uma desencarnação do homem, mas mediante outro gênero (poder-se-ia mesmo dizer outro grau) de espiritualização da sua natureza somática — isto é, mediante outro "sistema de forças" no interior do homem. A ressurreição significa uma nova submissão do corpo ao espírito.

6. Antes de nos aplicarmos a desenvolver esse argumento, convém recordar que a verdade sobre a ressurreição teve significado-chave para a formação de toda a antropologia teológica, que poderia ser considerada simplesmente como "antropologia da ressurreição". Re-

---

8   Gn 1, 27.

9   Especialmente na versão de Lc 20, 27–40.

10 E também na de Mt 22, 30 e de Mc 12, 25.

11 Sl 8, 6.

fletir sobre a ressurreição fez com que Santo Tomás de Aquino deixasse de lado na sua antropologia metafísica (e ao mesmo tempo teológica) a concepção filosófica platônica sobre a relação entre a alma e o corpo, e se aproximasse da concepção de Aristóteles. A ressurreição, de fato, assegura, pelo menos indiretamente, que o corpo, no conjunto do composto humano, não está só temporalmente unido à alma (como sua "prisão" terrena, como julgava Platão), mas que, juntamente com a alma, constitui a unidade e integridade do ser humano. Precisamente deste modo ensinava Aristóteles, diversamente de Platão. Se Santo Tomás na sua antropologia aceitou a concepção de Aristóteles, ele o fez atendendo à verdade sobre a ressurreição. Com efeito, esta afirma com clareza que a perfeição escatológica e a felicidade do homem não podem ser entendidas como um estado da alma sozinha, separada (ou, segundo Platão, libertada) do corpo, mas é preciso entendê-la como o estado do homem definitiva e perfeitamente "integrado" através de uma tal união da alma com o corpo, que qualifica e assegura definitivamente a referida integridade perfeita.

Neste ponto, interrompemos a nossa reflexão a respeito das palavras pronunciadas por Cristo sobre a ressurreição. A grande riqueza dos conteúdos firmados nestas palavras leva-nos a retomá-las nas futuras considerações.

67. A RESSURREIÇÃO REALIZARÁ PERFEITAMENTE A PESSOA

Audiência Geral de quarta-feira, 9 de dezembro de 1981

1. "Na ressurreição, nem os homens terão mulheres, nem as mulheres terão maridos, mas serão como os anjos de Deus no céu".[1] "São semelhantes aos anjos e, sendo filhos da ressurreição, são filhos de Deus".[2]

Procuremos compreender estas palavras de Cristo relativas à futura ressurreição, para delas tirarmos as conclusões sobre a espiritualização do homem, diferente daquela da vida terrena. Poder-se-ia aqui falar também de um perfeito sistema de forças nas relações recíprocas entre o que no homem é espiritual e o que é corpóreo. O homem "histórico", como conseqüência do pecado original, experimenta uma múltipla imperfeição deste sistema de forças, que se manifesta nas bem conhecidas palavras de São Paulo: "Mas vejo outra lei nos meus membros, a lutar contra a lei da minha razão".[3]

O homem "escatológico" estará livre dessa "oposição". Na ressurreição o corpo voltará à perfeita unidade e harmonia com o espírito: o homem já não experimentará a oposição entre o que nele é espiritual e o que é corpóreo. A "espiritualização" significa não somente que o espírito dominará o corpo, mas que ele, por assim dizer, penetrará inteiramente no corpo, e que as forças do espírito penetrarão nas energias do corpo.

2. Na vida terrena, o domínio do espírito sobre o corpo — e a simultânea subordinação do corpo ao espírito — pode, como fruto de um perseverante trabalho sobre nós mesmos, exprimir uma personalidade espiritualmente amadurecida; todavia, o fato de as energias do espírito conseguirem dominar as forças do corpo não tira a possibilidade mesma da recíproca oposição entre elas. Mas a "espiritualização", a que aludem os Evangelhos sinóticos[4] nos textos aqui analisados, já se encontra fora de tal possibilidade. É, portanto, uma espiritualização perfeita, em que é completamente eliminada a possibilidade de "outra lei [...] a lutar

---

1 Mt 22, 30; analogamente Mc 12, 25.
2 Lc 20, 36.
3 Rm 7, 23.
4 Mt 22, 30; Mc 12, 25; Lc 20, 34-35.

contra a lei da minha razão".[5] Este estado que — como é evidente — se diferencia essencialmente (e não apenas quanto ao grau) daquilo que experimentamos na vida terrena, não significa todavia alguma "desencarnação" do corpo, nem, por conseguinte, uma "desumanização" do homem. Antes, ao contrário, significa a sua perfeita "realização". De fato, no ser composto, psicossomático, que é o homem, a perfeição não pode consistir numa recíproca oposição do espírito e do corpo, *mas numa profunda harmonia entre eles, na salvaguarda do primado do espírito*. No "outro mundo", tal primado será realizado e se manifestará numa perfeita espontaneidade, privada de qualquer oposição por parte do corpo. Todavia, isto não se entende como uma definitiva "vitória" do espírito sobre o corpo. A ressurreição consistirá na perfeita participação de tudo o que no homem é corpóreo naquilo que nele é espiritual. Ao mesmo tempo, consistirá na perfeita realização daquilo que é pessoal no homem.

3. As palavras dos sinóticos asseguram que o estado do homem no "outro mundo" será não apenas um estado de perfeita espiritualização, mas também de fundamental "divinização" da sua humanidade. Os "filhos da ressurreição" — como lemos em Lucas 20, 36 — não somente "são semelhantes aos anjos", mas também "são filhos de Deus". Pode-se tirar daí a conclusão de que o grau da espiritualização, próprio do homem "escatológico", terá a sua fonte no grau da sua "divinização", incomparavelmente superior àquela que se pode conseguir na vida terrena. É necessário acrescentar que se trata não apenas de um grau distinto, mas em certo sentido de outro gênero de "divinização". A participação na natureza divina, participação na vida interior do próprio Deus, penetração e permeação daquilo que é essencialmente humano por parte daquilo que é essencialmente divino, atingirá então o seu auge, pelo qual a vida do espírito humano chegará a tal plenitude que antes lhe era absolutamente inacessível. Esta nova espiritualização será, portanto, fruto da graça, isto é, da comunicação de Deus, na sua própria divindade, não só à alma, mas a toda a subjetividade psicossomática do homem. Falamos aqui da "subjetividade" (e não só da "natureza"), porque aquela divinização deve entender-se não só como um "estado interior" do homem (isto é, do sujeito), capaz de ver a Deus "face a face", mas também como nova formação de toda a subjetividade pessoal do homem à medida da união com Deus no seu mistério trinitário e da intimidade com Ele na perfeita comunhão das pessoas. Esta intimidade, com toda a sua intensidade subjetiva, não absorverá a subjetividade pessoal do homem, antes, pelo contrário, fará com que seja ressaltada numa medida incomparavelmente maior e mais plena.

---

5 Rm 7, 23.

4. A "divinização" no "outro mundo", indicada pelas palavras de Cristo, trará ao espírito humano tal "gama de experiência" da verdade e do amor, que o homem nunca poderia atingir na vida terrena. Quando Cristo fala da ressurreição, demonstra ao mesmo tempo que nesta experiência escatológica da verdade e do amor, unida à visão de Deus "face a face", participará também, a seu modo, o corpo humano. Quando Cristo diz que os que participarem na futura ressurreição não tomarão mulher nem marido,[6] as suas palavras — como já foi observado — afirmam não só o fim da história terrena ligada ao matrimônio e à procriação, mas parecem também desvelar o novo significado do corpo. É porventura possível, neste caso, pensar — a nível de escatologia bíblica — no descobrimento do significado "esponsal" do corpo, sobretudo como significado "virginal" de ser, quanto ao corpo, homem ou mulher? Para responder a esta pergunta, que deriva das palavras referidas pelos sinóticos, convém penetrar mais a fundo na essência mesma do que será a visão beatífica do Ser Divino, visão de Deus "face a face" na vida futura. É necessário também deixarmo-nos guiar por aquela "gama de experiência" da verdade e do amor, que ultrapassa os limites das possibilidades cognoscitivas e espirituais do homem na temporalidade, e de que ele se tornará participante no "outro mundo".

5. Esta "experiência escatológica" do Deus vivo concentrará em si não só todas as energias espirituais do homem, mas, ao mesmo tempo, desvelará para ele, de modo vivo e experimental, a "comunicação" de Deus a tudo o que é criado e, em particular, ao homem; o que é a mais pessoal "auto-doação" de Deus, na sua mesma divindade, ao homem: àquele ser que desde o princípio traz em si a imagem e semelhança d'Ele. Assim, portanto, no "outro mundo" o objeto da "visão" será aquele mistério oculto da eternidade no Pai, mistério que no tempo foi revelado em Cristo, para completar-se incessantemente por obra do Espírito Santo; aquele mistério tornar-se-á, se assim podemos nos exprimir, o conteúdo da experiência escatológica e a "forma" da inteira existência humana na dimensão do "outro mundo". A vida eterna deve ser entendida em sentido escatológico, isto é, como plena e perfeita experiência daquela graça (*charis*) de Deus, da qual o homem se torna participante por meio da fé durante a vida terrena, e que, por outro lado, deverá não só revelar-se àqueles que participarão do "outro mundo" em toda a sua penetrante profundidade, mas ser também experimentada na sua realidade beatificante.

Aqui suspendemos a nossa reflexão centrada nas palavras de Cristo relativas à futura ressurreição dos corpos. Nesta "espiritualização" e "divinização", em que o homem participará na ressurreição, descobri-

---

6 Cf. Mc 12, 25.

mos — numa dimensão escatológica — as mesmas características que qualificavam o significado "esponsal" do corpo; nós o descobrimos no encontro com o mistério do Deus vivo, que se desvela mediante a visão d'Ele "face a face".

68. AS PALAVRAS DE CRISTO SOBRE A RESSURREIÇÃO COMPLETAM A REVELAÇÃO DO CORPO

Audiência Geral de quarta-feira, 16 de dezembro de 1981

1. "Na ressurreição, nem os homens terão mulheres, nem as mulheres maridos, mas serão como anjos de Deus no céu".[1] "São semelhantes aos anjos e, sendo filhos da ressurreição, são filhos de Deus".[2]

A comunhão (*communio*) escatológica do homem com Deus, constituída graças ao amor de uma perfeita união, será alimentada pela visão, "face a face", da contemplação daquela comunhão mais perfeita, porque puramente divina, que é a comunhão trinitária das Pessoas divinas na unidade da mesma divindade.

2. As palavras de Cristo, referidas pelos Evangelhos sinóticos, permitem-nos deduzir que aqueles que participam do "outro mundo" conservarão — nesta união com o Deus vivo, que brota da visão beatífica da sua unidade e comunhão trinitária — não apenas a sua autêntica subjetividade, mas a adquirirão em medida muito mais perfeita do que na vida terrena. Nisto será confirmada, ademais, a lei da ordem integral da pessoa, segundo a qual a perfeição da comunhão não só é condicionada pela perfeição ou maturidade espiritual do sujeito, mas também, por sua vez, a determina. Aqueles que participarem no "mundo futuro", isto é, na perfeita comunhão com o Deus vivo, gozarão de uma subjetividade perfeitamente madura. Se nesta perfeita subjetividade, ainda que conservando no seu corpo ressuscitado — isto é, glorioso — a masculinidade e a feminilidade, "não tomarão mulher nem marido", isto explica-se não só com o fim da história, mas também, e sobretudo, com a "autenticidade escatológica" da resposta àquela "comunicação" do Sujeito Divino, que formará a beatificante experiência do dom de si mesmo por parte de Deus, absolutamente superior a toda a experiência própria da vida terrena.

3. O recíproco dom de si mesmo a Deus — dom, em que o homem concentrará e exprimirá todas as energias da própria subjetividade pessoal e ao mesmo tempo psicossomática — será a resposta ao dom

---

[1] Mt 22, 30; analogamente Mc 12, 25.

[2] Lc 20, 36.

de si mesmo por parte de Deus ao homem.³ Neste recíproco dom de si por parte do homem, dom que se tornará — profunda e definitivamente — beatificante, como resposta digna de um sujeito pessoal ao dom de si por parte de Deus, a "virgindade", ou melhor, o estado virginal do corpo se manifestará plenamente como simples complemento escatológico do significado "esponsal" do corpo, como o sinal específico e a expressão autêntica de toda a subjetividade pessoal. Desse modo, aquela situação escatológica em que "não tomarão mulher nem marido", tem o seu sólido fundamento no estado futuro do sujeito pessoal, quando, depois da visão de Deus "face a face", *nascerá nele um amor de tal profundidade e força de concentração em Deus, que absorverá completamente toda a sua subjetividade psicossomática.*

4. Esta concentração do conhecimento ("visão") e do amor em Deus mesmo — concentração que só pode ser a plena participação na vida interior de Deus, isto é, na mesma realidade trinitária — será ao mesmo tempo a descoberta, em Deus, de todo o "mundo" das relações constitutivas da sua ordem perene ("cosmos"). Tal concentração será, sobretudo, a redescoberta de si por parte do homem, não só na profundidade da própria pessoa, mas também naquela união que é característica do mundo das pessoas na sua constituição psicossomática. Certamente é uma união de comunhão. A concentração do conhecimento e do amor em Deus, na comunhão trinitária das pessoas, pode encontrar uma resposta beatificante naqueles que se tornarem participantes do "outro mundo", unicamente através da realização da comunhão recíproca proporcionada às pessoas criadas. E por isso professamos a fé na "comunhão dos Santos" (*communio sanctorum*) e a professamos em relação orgânica com a fé na "ressurreição dos mortos". As palavras com que Cristo afirma que no "outro mundo [...] não tomarão mulher nem marido", estão na base destes conteúdos da nossa fé, e, ao mesmo tempo, requerem uma adequada interpretação precisamente à luz da fé. Devemos pensar na realidade do "outro mundo", nas categorias da redescoberta de uma nova e perfeita subjetividade de cada um, e ao mesmo tempo da redescoberta

---

3 "[Na concepção bíblica,] trata-se de uma imortalidade 'dialógica' (ressuscitar, ser reerguido), isto é, a imortalidade não deriva simplesmente da óbvia verdade de o indivisível não poder morrer, mas da ação salvadora daquele que ama, que tem o poder de mantê-lo imortal. Por isso o homem não pode desaparecer totalmente, porque é conhecido e amado por Deus. Se todo o amor deseja a eternidade, o amor de Deus não só a deseja, mas também a realiza e mesmo consiste nela. [...] Dado que a imortalidade apresentada pela Bíblia não deriva da força própria daquilo que por si mesmo é indestrutível, mas pelo fato de ser acolhido no diálogo com o Criador, deve-se chamar ressurreição [...]." (J. Ratzinger, "Risurrezione della carne: aspetto teologico", em: *Sacramentum Mundi*, vol. 7, Bréscia, 1977, Morcelliana, pp. 160–161).

de uma nova e perfeita intersubjetividade de todos. De tal modo, esta realidade significa o verdadeiro e definitivo cumprimento da subjetividade humana, e, nesse sentido, o definitivo cumprimento do significado "esponsal" do corpo. A total concentração da subjetividade criada, remida e glorificada em Deus não afastará o homem desta realização; antes, pelo contrário, o introduzirá e consolidará nela. Pode-se dizer, por fim, que deste modo a realidade escatológica se tornará fonte da perfeita realização da "ordem trinitária" no mundo criado das pessoas.

5. As palavras com que Cristo apela para a futura ressurreição — palavras confirmadas de modo singular pela sua ressurreição — completam o que nas presentes reflexões costumamos chamar "revelação do corpo". Tal revelação penetra, em certo sentido, no próprio coração da realidade que experimentamos, e esta realidade é sobretudo o homem, o seu corpo, o corpo do homem "histórico". Por sua vez, esta revelação nos permite ultrapassar a esfera desta experiência em duas direções. Antes de tudo, na direção daquele "princípio", ao qual Cristo faz referência no seu colóquio com os fariseus a respeito da indissolubilidade do matrimônio;[4] em segundo lugar, na direção do "outro mundo", para o qual o Mestre chama a atenção dos seus ouvintes na presença dos saduceus, que "afirmam que não há ressurreição".[5] Estas duas "extensões da esfera" da experiência do corpo, se assim se pode dizer, não são completamente inacessíveis para a nossa compreensão (obviamente teológica) do corpo. *Aquilo que é o corpo humano no âmbito da experiência histórica do homem não é completamente anulado por aquelas duas dimensões da sua existência*, reveladas mediante a palavra de Cristo.

6. É claro que se trata aqui não tanto do "corpo" em abstrato, mas do homem que é espiritual e corpóreo juntamente. Prosseguindo nas duas direções, indicadas pela palavra de Cristo, e ligando-nos de novo à experiência do corpo na dimensão da nossa existência terrena (portanto, na dimensão histórica), podemos fazer uma certa reconstrução teológica daquilo que poderia ser a experiência do corpo segundo o "princípio" do homem na revelação e também daquilo que ele será na dimensão do "outro mundo". A possibilidade de tal reconstrução, que amplia a nossa experiência do homem-corpo, indica, pelo menos indiretamente, a coerência da imagem teológica do homem nestas três dimensões, que concorrem simultaneamente para a constituição da teologia do corpo.

---

4 Cf. Mt 19, 3–8.

5 *Ibid.*, 22, 23.

Ao interromper, por hoje, as reflexões sobre este tema, convido-vos a dirigir os vossos pensamentos para os dias santos do Advento que estamos a viver.

69. AS PALAVRAS DE CRISTO SOBRE O MATRIMÔNIO: NOVO LIMIAR DA VERDADE INTEGRAL DO HOMEM

Audiência Geral de quarta-feira, 13 de janeiro de 1982

1. "Quando ressuscitarem [...] nem casarão, nem se darão em casamento, mas serão como anjos nos céus".[1] "São semelhantes aos anjos e, sendo filhos da ressurreição, são filhos de Deus".[2]

As palavras com que Cristo apela para a futura ressurreição — palavras confirmadas de modo singular pela sua ressurreição — completam o que nas presentes reflexões costumamos chamar "revelação do corpo". Tal revelação penetra, em certo sentido, no próprio coração da realidade que experimentamos, e esta realidade é sobretudo o homem, o seu corpo, o corpo do homem "histórico". Por sua vez, esta revelação nos permite ultrapassar a esfera desta experiência em duas direções. Antes de tudo, na direção daquele "princípio" ao qual Cristo faz referência no seu colóquio com os fariseus a respeito da indissolubilidade do matrimônio;[3] em segundo lugar, na direção do "outro mundo", para o qual o Mestre chama a atenção dos seus ouvintes na presença dos saduceus, que "afirmam que não há ressurreição".[4]

2. Nem a verdade sobre aquele "princípio" de que Cristo fala, nem a verdade escatológica podem ser atingidas pelo homem somente com os métodos empíricos e racionalistas. Todavia, acaso não é possível afirmar que o homem traz, em certo sentido, estas duas dimensões no fundo da experiência do próprio ser, ou melhor, que ele de algum modo está encaminhado para elas como para dimensões que justificam plenamente o significado mesmo do seu "ser corpo", isto é, do seu ser homem "carnal"? E quanto à dimensão escatológica, acaso não é verdade que a própria morte e a destruição do corpo podem conferir ao homem um eloqüente significado a respeito da experiência em que se realiza o sentido pessoal da existência? Quando Cristo fala da futura ressurreição, as suas palavras não são em vão. A experiência da humanidade, especialmente a experiência do corpo, permite ao

---

1 Mt 22, 30; analogamente, Mc 12, 25.

2 Lc 20, 36.

3 Cf. Mt 19, 3–8.

4 *Ibid.*, 22, 23.

ouvinte unir àquelas palavras a imagem da sua nova existência no "outro mundo", à qual a experiência terrena fornece o substrato e a base. Uma correspondente *reconstrução teológica* é possível.

3. Para a construção desta imagem — que, quanto ao conteúdo, corresponde ao artigo da nossa profissão de fé: "creio na ressurreição dos mortos" — contribui em grande medida para o conhecimento de que existe uma relação entre a experiência terrena e toda a dimensão do "princípio" bíblico do homem no mundo. Se no princípio Deus "os criou homem e mulher";[5] se nesta dualidade relativa ao corpo previu também tal unidade que "serão uma só carne";[6] se ligou esta unidade à bênção da fecundidade, ou seja, da procriação;[7] e se agora, falando da futura ressurreição diante dos saduceus, Cristo explica que "no outro mundo" eles "nem casarão nem se darão em casamento", então é claro que se trata aqui de um desenvolvimento da verdade sobre o próprio homem. Cristo indica a sua identidade, embora esta identidade se realize na experiência escatológica de modo diverso da experiência do "princípio" e de toda a história. Todavia, o homem será sempre o mesmo, tal como saiu das mãos do seu Criador e Pai. Cristo diz: "Nem casarão, nem se darão em casamento", mas não afirma que este homem do "outro mundo" já não será varão e mulher como o foi "desde o princípio". É evidente, portanto, que o significado de ser varão ou mulher, quanto ao corpo, no "outro mundo" deve ser buscado fora do matrimônio e da procriação; mas não há razão para buscá-lo fora daquilo que, independentemente da bênção da procriação, deriva do mistério mesmo da criação e que por conseguinte também forma a estrutura mais profunda da história do homem sobre a terra, dado que esta história foi profundamente compenetrada pelo mistério da redenção.

4. Na sua situação original, portanto, o homem está "sozinho" e, ao mesmo tempo, torna-se varão e mulher: unidade dos dois. Na sua solidão "revela-se" a si como pessoa, para "revelar", ao mesmo tempo, na unidade dos dois, a comunhão das pessoas. Em um e outro estado, o ser humano constitui-se como imagem e semelhança de Deus. Desde o princípio, o homem é também corpo entre os corpos, e na unidade dos dois *torna-se* varão e mulher, descobrindo o significado "esponsal" do seu corpo na medida de seu sujeito pessoal. Em seguida, o sentido de "ser corpo" — e, em particular, de ser, enquanto corpo, varão e mulher — está ligado ao matrimônio e a procriação (isto é, com a paternidade e a maternidade). Todavia, o significado ori-

---

5 Gn 1, 27.

6 *Ibid.*, 2, 24.

7 *Ibid.*, 1, 29.

ginal e fundamental de "ser corpo", como também de ser, enquanto corpo, varão e mulher — isto é, precisamente aquele significado "esponsal" — está unido ao fato de o homem ser criado como pessoa e chamado à vida *in communione personarum*". O matrimônio e a própria procriação não determinam definitivamente o significado original e fundamental do "ser corpo", nem do ser, enquanto corpo, varão e mulher. O matrimônio e a procriação somente dão realidade concreta àquele significado nas dimensões da história. A ressurreição indica o encerramento da dimensão histórica. E eis que as palavras "quando ressuscitarem os mortos [...] nem casarão nem se darão em casamento"[8] exprimem univocamente não só qual significado não terá o corpo humano no "outro mundo", mas permitem-nos também deduzir que o significado "esponsal" do corpo, na ressurreição para a vida futura, corresponderá de modo perfeito tanto ao fato de que o homem, varão e mulher, é pessoa criada à "imagem e semelhança de Deus", como também ao fato de que esta imagem se realiza na comunhão das pessoas. Aquele significado "esponsal" de ser corpo se realizará, portanto, ao mesmo tempo como *significado perfeitamente pessoal e comunitário*.

5. Falando do corpo glorificado por meio da ressurreição para a outra vida, temos no espírito o homem, varão-mulher, em toda a verdade da sua humanidade: o homem que, juntamente com a experiência escatológica do Deus vivo (com a visão "face a face"), experimentará precisamente tal significado do próprio corpo. Será esta uma experiência completamente nova, e ao mesmo tempo não será de nenhum modo estranha àquilo em que o homem "desde o princípio" teve parte e nem sequer por aquilo que, na dimensão histórica da sua existência, constituiu nele a fonte da tensão entre o espírito e o corpo, sobretudo relativa precisamente ao significado procriativo do corpo e do sexo. O homem do "outro mundo" voltará a encontrar, nessa nova experiência do próprio corpo, precisamente a realização daquilo que trazia em si, perene e historicamente, em certo sentido, como herança e mais ainda como tarefa e objetivo, como conteúdo do *ethos*.

6. A glorificação do corpo, como fruto escatológico da sua espiritualidade divinizante, revelará o valor definitivo daquilo que desde o princípio devia ser um sinal distintivo da pessoa criada no mundo visível, como também meio da comunicação recíproca entre as pessoas e uma autêntica expressão da verdade e do amor, pela qual se constrói a *communio personarum*. Aquele perene significado do corpo humano — ao qual a existência de cada homem, marcado pela hereditariedade da concupiscência, trouxe necessariamente uma série de limitações,

---

[8] Mc 12, 25.

lutas e sofrimentos — então se desvelará de novo, e se desvelará em tal simplicidade e esplendor que todo participante do "outro mundo" tornará a encontrar, no seu corpo glorificado, a fonte da liberdade do dom. A perfeita "liberdade dos filhos de Deus"[9] alimentará também, com aquele dom, cada uma das comunhões que formarão a grande comunidade da comunhão dos santos.

7. É demasiado evidente que — com base nas experiências e conhecimentos do homem na temporalidade, isto é, "neste mundo" — é difícil construir uma imagem plenamente adequada do "outro mundo" futuro. Todavia, também não há dúvida de que, com a ajuda das palavras de Cristo, é possível alcançar ao menos uma certa aproximação desta imagem. Servimo-nos desta aproximação teológica, professando a nossa fé na "ressurreição dos mortos" e na "vida eterna", como também a fé na "comunhão dos santos", que pertence à realidade do "outro mundo".

8. Ao concluirmos esta parte das nossas reflexões, convém constatar uma vez mais que as palavras de Cristo referidas pelos Evangelhos sinóticos[10] têm significado determinante não só ao que concerne às palavras do Livro do Gênesis (às quais Cristo se refere em outra circunstância), mas também naquilo que se relaciona com toda a Bíblia. Estas palavras permitem-nos, em certo sentido, ler novamente — isto é, a fundo — todo o significado revelado do corpo, o significado de ser homem, isto é, pessoa "encarnada", de ser, enquanto corpo, varão e mulher. Estas palavras permitem-nos compreender o que pode significar, na dimensão escatológica do "outro mundo", aquela unidade na humanidade, que foi constituída "no princípio" e que as palavras de Gênesis 2, 24 ("O homem [...] se unirá à sua mulher, e os dois serão uma só carne"), pronunciadas no ato da criação do homem como varão e mulher, — se não completamente, pelo menos sobretudo — pareciam orientar para "este mundo". Dado que as palavras do Livro do Gênesis consistiam como que o ponto de partida de toda a teologia do corpo — ponto sobre o qual Cristo se baseou no seu ensinamento sobre o matrimônio e sobre a sua indissolubilidade — então é necessário admitir que as suas palavras, referidas pelos sinóticos, são como um novo ponto de partida desta verdade integral sobre o homem, que encontramos na Palavra revelada de Deus. É indispensável que nos detenhamos neste ponto, se queremos que a nossa teologia do corpo — e também a nossa "espiritualidade cristã do corpo" — possam servir-se dela como de uma imagem completa.

---

9   Cf. Rm 8, 14.

10   Mt 22, 30; Mc 12, 25; Lc 20, 34–35.

70. A INTERPRETAÇÃO PAULINA DA DOUTRINA DA RESSURREIÇÃO

Audiência Geral de quarta-feira, 27 de janeiro de 1982

1. Durante as precedentes audiências, refletimos sobre as palavras de Cristo acerca do "outro mundo", que surgirá juntamente com a ressurreição dos corpos.

Essas palavras encontraram eco especialmente intenso no ensinamento de São Paulo. Entre a resposta dada aos saduceus, transmitida pelos Evangelhos sinóticos,[1] e o apostolado de Paulo, realizou-se sobretudo o fato da ressurreição do mesmo Cristo e depois uma série de encontros com o Ressuscitado, entre os quais se deve mencionar, como último elo, o acontecimento ocorrido perto de Damasco. Saulo ou Paulo de Tarso que, uma vez convertido, se tornou o "apóstolo dos gentios", teve também a sua experiência pós-pascal, análoga à dos outros Apóstolos. No fundamento da sua fé na ressurreição, que ele exprime sobretudo na Primeira Carta aos Coríntios (capítulo 15), está certamente aquele encontro com o Ressuscitado, que se tornou início e fundamento do seu apostolado.

2. É difícil aqui resumir e comentar adequadamente a estupenda e vasta argumentação do capítulo 15 da Primeira Carta aos Coríntios em todos os seus pormenores. É significativo que, enquanto Cristo responde — com as palavras referidas pelos Evangelhos sinóticos — aos saduceus que "negam haver ressurreição",[2] Paulo, por sua vez, responde, ou melhor, polemiza — em conformidade com o seu temperamento — com aqueles que o atacam.[3] Cristo, na sua resposta (pré-pascal), não fazia referência à própria ressurreição, mas apelava para a realidade fundamental da aliança vetero-testamentária, para a realidade do Deus vivo, que está na base da convicção acerca da possibilidade da ressurreição: o Deus vivo

---

[1] Cf. Mt 22, 30; Mc 12, 25; Lc 20, 35–36.

[2] Lc 20, 27.

[3] Os coríntios eram provavelmente afligidos por correntes de pensamento derivadas do dualismo platônico e do neopitagorismo de inspiração religiosa, do estoicismo e do epicurismo; todas as filosofias gregas, aliás, negavam a ressurreição do corpo. Paulo já havia experimentado em Atenas a reação dos gregos contra a doutrina da ressurreição, durante o seu discurso no Areópago (cf. At 17, 32).

"não é Deus dos mortos, mas dos vivos".⁴ Paulo, na sua argumentação pós-pascal sobre a futura ressurreição, apela sobretudo para a realidade e para a verdade da ressurreição de Cristo. Mais ainda, defende tal verdade como o próprio fundamento da fé na sua integridade: "Se Cristo não ressuscitou, é vã a nossa pregação e vã também a vossa fé [...]. Mas não! Cristo ressuscitou dos mortos".⁵

3. Aqui deparamos com a mesma linha da revelação: a ressurreição de Cristo é a última e a mais plena palavra da auto-revelação do Deus vivo, que "não é Deus dos mortos, mas dos vivos".⁶ É a última e mais plena confirmação da verdade sobre Deus, que desde o princípio se exprime por meio desta revelação. A ressurreição, além disso, é a resposta do Deus da vida à inevitabilidade histórica da morte, à qual o homem foi submetido desde o momento da ruptura da primeira aliança; morte que, juntamente com o pecado, entrou na sua história. Tal resposta acerca da vitória conquistada sobre a morte, é ilustrada pela Primeira Carta aos Coríntios (capítulo 15) com singular perspicácia, apresentando a ressurreição de Cristo como o início daquela realização escatológica, em que por Ele e n'Ele tudo voltará ao Pai, tudo lhe será submetido, isto é, tudo lhe será entregue definitivamente, para que "Deus seja tudo em todos".⁷ E então, nesta definitiva vitória sobre o pecado, sobre aquilo que contrapunha a criatura ao Criador, será também vencida a morte: "O último inimigo a ser destruído será a morte".⁸

4. Em tal contexto estão inseridas as palavras que podem ser consideradas uma síntese da antropologia paulina relativa à ressurreição. E é sobre estas palavras que será conveniente nos determos mais longamente. Lemos, de fato, na Primeira Carta aos Coríntios (15, 42–46), acerca da ressurreição dos mortos: "Semeia-se corruptível e ressuscita-se incorruptível. Semeia-se indigno e ressuscita-se glorioso. Semeia-se debilitado, ressuscita-se pleno de força. Semeia-se corpo animal e ressuscita-se corpo espiritual. Se há corpo animal, também há corpo espiritual. Por isso, está escrito que o primeiro homem, Adão, 'foi feito alma vivente'; o último Adão é espírito vivificante. Mas não é o espiritual que vem primeiro, e sim o natural; o espiritual vem depois".

5. Entre esta antropologia paulina da ressurreição e a que deriva do texto dos Evangelhos sinóticos⁹ há uma coerência essencial, to-

---

4   Mc 12, 27.

5   1Cor 15, 14.20.

6   Mc 12, 27.

7   1Cor 15, 28.

8   1Cor 15, 26.

9   Mt 22, 30; Mc 12, 25; Lc 20, 35–36.

davia o texto da Primeira Carta aos Coríntios está mais desenvolvido. Paulo aprofunda o que Cristo havia anunciado, penetrando, ao mesmo tempo, nos vários aspectos daquela verdade que nas palavras escritas pelos sinóticos tinha sido expressa de modo conciso e substancial. É, além disso, significativo para o texto paulino que a perspectiva escatológica do homem, baseada sobre a fé "na ressurreição dos mortos", está unida com a referência ao "princípio" como também com a profunda consciência da situação "histórica" do homem. O homem a quem Paulo se dirige na Primeira Carta aos Coríntios, e que se opõe (como os saduceus) à possibilidade da ressurreição, tem também a sua experiência "histórica" do corpo, e desta experiência conclui-se, com toda a clareza, que o corpo é "corruptível", "indigno", "debilitado" e "animal".

6. Tal homem, destinatário do seu escrito — seja na comunidade de Corinto seja também, diríamos, em todos os tempos — Paulo confronta-o com Cristo ressuscitado, "o último Adão". Fazendo assim, convida-o, em certo sentido, a seguir os rastos da própria experiência pós-pascal. Ao mesmo tempo recorda-lhe "o primeiro Adão", isto é, leva-o até ao "princípio", àquela primeira verdade acerca do homem e do mundo, que está na base da revelação do mistério do Deus vivo. Assim, portanto, Paulo reproduz na sua síntese tudo o que Cristo anunciara, quando apelou, em três momentos diversos, para o "princípio" no colóquio com os fariseus;[10] para o "coração" humano, como lugar de luta contra as concupiscências no interior do homem, durante o Sermão da Montanha;[11] e para a ressurreição como realidade do "outro mundo", no colóquio com os saduceus.[12]

7. Pertence, portanto, ao estilo da síntese de Paulo o fato de que ela lança as suas raízes no conjunto do mistério revelado da criação e da redenção, do qual ela parte e, em cuja luz unicamente ela encontra a sua explicação. A criação do homem, segundo a narrativa bíblica, é uma vivificação da matéria mediante o Espírito, graças à qual "o primeiro homem, Adão [...] foi feito alma vivente".[13] O texto paulino repete aqui as palavras do livro do Gênesis (2, 7), isto é, da segunda narrativa da criação do homem (chamado de relato javista). É sabido pela mesma fonte que esta originária "vivificação do corpo" sofreu uma corrupção por causa do pecado. Embora, neste ponto da Primeira Carta aos Coríntios, o autor não fale diretamente do pecado original, todavia a série de definições que atribui ao corpo do homem histórico, escrevendo

---

10   Cf. Mt 19, 3–8; Mc 10, 2–9.

11   Cf. Mt 5, 27.

12   Cf. Mt 22, 30; Mc 12, 25; Lc 20, 35–36.

13   1Cor 15, 45.

que é "corruptível", "indigno", "debilitado", "animal", indica suficientemente o que, segundo a revelação, é conseqüência do pecado, aquilo que o mesmo Paulo chamará em outra passagem de "servidão da corrupção".[14] A esta "servidão da corrupção" está submetida indiretamente toda a criação, por causa do pecado do homem, o qual foi posto pelo Criador no meio do mundo visível para que o "dominasse".[15] Assim, o pecado do homem tem dimensão não só interior, mas também "cósmica". E, segundo tal dimensão, o corpo — que Paulo, em conformidade com a sua experiência, caracteriza como "corruptível", "indigno", "debilitado", "animal" — exprime em si o estado da criação depois do pecado. Esta criação, de fato, "tem gemido e sofrido as dores do parto até hoje".[16] Todavia, como as dores do parto estão unidas ao desejo do nascimento, à esperança de um homem novo, assim também toda a criação espera "com impaciência a revelação dos filhos de Deus [...] e alimenta a esperança de ser, também ela, libertada da servidão da corrupção para participar da liberdade da glória dos filhos de Deus".[17]

8. Através de tal contexto "cósmico" da afirmação contida na Carta aos Romanos — em certo sentido, através do "corpo de todas as criaturas" — procuramos compreender a fundo a interpretação paulina da ressurreição. Se esta imagem do corpo do homem histórico, tão profundamente realista e adequada à experiência universal dos homens, esconde em si, segundo Paulo, não só a "servidão da corrupção", mas também a esperança, semelhante àquela que acompanha "as dores do parto", isto acontece porque o Apóstolo também contempla nesta imagem a presença do mistério da redenção. O conhecimento daquele mistério brota precisamente de todas as experiências do homem que se podem definir como "servidão da corrupção"; e brota porque a redenção opera na alma do homem mediante os dons do Espírito: "[...] também nós próprios, que possuímos as premissas do Espírito, gememos igualmente interiormente, aguardando a filiação adotiva e a redenção do nosso corpo".[18] A redenção é o caminho para a ressurreição. A ressurreição constitui o termo definitivo da redenção do corpo.

Retomaremos a análise do texto paulino da Primeira Carta aos Coríntios nas nossas seguintes reflexões.

---

14 Rm 8, 21.

15 Cf. Gn 1, 28.

16 Rm 8, 22.

17 *Ibid.*, 8, 19–21.

18 *Ibid.*, 8, 23.

71. A CONCEPÇÃO PAULINA DA HUMANIDADE NA INTERPRETAÇÃO DA RESSURREIÇÃO

Audiência Geral de quarta-feira, 3 de fevereiro de 1982

1. Das palavras de Cristo sobre a futura ressurreição dos mortos, referidas por todos os três Evangelhos sinóticos (Mateus, Marcos e Lucas), passamos para a antropologia paulina da ressurreição. Analisamos a Primeira Carta aos Coríntios no capítulo 15, versículos 42–49.

Na ressurreição, o corpo humano manifesta-se — segundo as palavras do Apóstolo — "incorruptível", "glorioso", "pleno de força" e "espiritual". A ressurreição não é, portanto, só uma manifestação da vida que vence a morte — uma espécie de regresso final à árvore da vida, da qual o homem se afastou no momento do pecado original — mas é também uma revelação dos últimos destinos do homem em toda a plenitude da sua natureza psicossomática e da sua subjetividade pessoal. Paulo de Tarso — que, seguindo as pegadas dos outros Apóstolos, experimentou no encontro com Cristo ressuscitado o estado do seu corpo glorioso — baseando-se nesta experiência, anuncia na Carta aos Romanos "a redenção do [...] corpo"[1] e na Carta aos Coríntios[2] a consumação desta *redenção na futura ressurreição*.

2. O método literário aplicado aqui por Paulo corresponde perfeitamente ao seu estilo. Este serve-se de uma antítese, que ao mesmo tempo aproximam aquilo que contrapõem e desse modo são úteis para nos fazerem compreender o pensamento paulino acerca da ressurreição: seja na sua dimensão "cósmica", seja no que diz respeito à característica da mesma estrutura interna do homem, "terrestre" e "celestial". O Apóstolo, de fato, ao contrapor Adão a Cristo (ressuscitado) — ou seja, o primeiro Adão ao último Adão — mostra, em certo sentido, os dois pólos, entre os quais, no mistério da criação e da redenção, *foi situado o homem no cosmos*; poder-se-ia também dizer que o homem foi "colocado em tensão" entre estes dois pólos *na perspectiva dos destinos eternos*, relativos, do princípio até ao fim, à sua mesma natureza humana. Quando Paulo escreve: "O primeiro

---

[1] Rm 8, 23.

[2] 1Cor 15, 42–49.

homem, tirado da terra, é terreno, o segundo veio do céu",[3] tem em mente não só Adão-homem, mas também Cristo enquanto homem. Entre estes dois pólos — entre o primeiro e o último Adão — desenvolve-se o processo que ele exprime nas seguintes palavras: "Assim como levamos em nós a imagem do terreno, levaremos também a imagem do celestial".[4]

3. Este "homem celestial" — o homem da ressurreição, cujo protótipo é Cristo ressuscitado — não é tanto a antítese e negação do homem "da terra" (cujo protótipo é o "primeiro Adão"), mas sobretudo é a sua consumação e a sua confirmação. É a consumação e a confirmação do que corresponde à constituição psicossomática da humanidade, no âmbito dos destinos eternos, isto é, no pensamento e no plano d'Aquele que, desde o princípio, criou o homem à sua imagem e semelhança. A humanidade do "primeiro Adão", homem "da terra", leva em si, diríamos, uma particular potencialidade (que é capacidade e prontidão) para acolher tudo o que se tornou o "último Adão", o Homem celestial, ou seja, Cristo: o que Ele se tornou na sua ressurreição. Aquela humanidade da qual são participantes todos os homens, filhos do primeiro Adão e, que, juntamente com a herança do pecado — sendo carnal — ao mesmo tempo é "corruptível", e leva em si a potencialidade da "incorruptibilidade".

Aquela humanidade, que em toda a sua constituição psicossomática se manifesta "indigna", leva em si o desejo interior da glória, isto é, a tendência e a capacidade para se tornar "gloriosa", à imagem de Cristo ressuscitado. Por fim, a mesma humanidade, que o Apóstolo — em conformidade com a experiência de todos os homens — diz que é "debilitada" e tem "corpo animal", leva em si a aspiração a tornar-se "plena de força" e "espiritual".

4. Falamos aqui da natureza humana na sua integridade, isto é, da humanidade na sua constituição psicossomática. Paulo, pelo contrário, fala do "corpo". Todavia podemos admitir, com base nos contextos remoto e imediato, que não se trata, para ele, só do corpo, mas do homem inteiro na sua corporeidade, portanto também da sua complexidade ontológica. De fato, não há qualquer dúvida de que se precisamente em todo o mundo visível (cosmos) aquele único corpo, o corpo humano, leva em si a "potencialidade da ressurreição", isto é, a aspiração e a capacidade de se tornar definitivamente "incorruptível, glorioso, pleno de força e espiritual", isto acontece porque, permanecendo desde o princípio na unidade psicossomática do ser pessoal, *ele pode colher e reproduzir, nesta "terrena" imagem*

---

[3] 1Cor 15, 47.

[4] Ibid., 15, 49.

e semelhança de Deus, também a imagem "celeste" do último Adão, Cristo. A antropologia paulina da ressurreição é cósmica e universal ao mesmo tempo: cada homem leva em si a imagem de Adão e cada um é também chamado a levar em si a imagem de Cristo, a imagem do Ressuscitado. Esta imagem é a realidade do "outro mundo", a realidade escatológica (São Paulo escreve: "levaremos"); entretanto, ela já é de certo modo uma realidade deste mundo, dado que foi revelada nele mediante a ressurreição de Cristo. É uma realidade enxertada no homem "deste mundo", realidade que se está desenvolvendo nele até à consumação final.

5. Todas as antíteses que se seguem no texto de Paulo ajudam a construir um válido esboço da antropologia da ressurreição. Este esboço é ao mesmo tempo mais pormenorizado do que o resultante do texto dos Evangelhos sinóticos,[5] mas por outro lado é, em certo sentido, mais unilateral. As palavras de Cristo referidas pelos sinóticos abrem diante de nós a perspectiva da perfeição escatológica do corpo, submetido plenamente à profundidade divinizante da visão de Deus "face a face", em que tanto a "virgindade" (unida ao significado esponsal do corpo) quanto a "intersubjetividade", perenes de todos os homens — que se tornarão, como varões e mulheres, participantes da ressurreição —, encontrarão sua inexaurível fonte. *O esboço paulino* da perfeição escatológica do corpo glorificado parece *manter-se antes no âmbito da mesma estrutura interior do homem-pessoa*. A sua interpretação da futura ressurreição pareceria ligar-se ao "dualismo" corpo-espírito que gera a fonte do interior "sistema de forças" no homem.

6. Este "sistema de forças" sofrerá uma mudança radical na ressurreição. As palavras de Paulo, que o sugerem de modo explícito, não podem todavia ser entendidas e interpretadas no espírito da antropologia dualista,[6] como procuraremos mostrar no seguimento da nossa análise. De fato, será conveniente dedicar ainda uma reflexão à antropologia da ressurreição, vista à luz da Primeira Carta aos Coríntios.

---

5 Mt 22, 30; Mc 12, 25; Lc 20, 34–35.

6 "Paulo não se dá conta da dicotomia grega entre 'alma' e 'corpo' [...] O Apóstolo recorre a um tipo de 'tricotomia' ou à totalidade do homem como corpo, alma e espírito. Todos esses termos são móveis e a própria divisão não tem uma fronteira fixa. Há uma insistência no fato de que o corpo e a alma são capazes de ser 'pneumáticos', 'espirituais'" – B. Rigaux, *Dieu l'a ressuscité. Exégèse et théologie biblique*, Gembloux, 1973, Duculot, pp. 406–408).

72. A ESPIRITUALIZAÇÃO DO CORPO: FONTE DA SUA INCORRUPTIBILIDADE

Audiência Geral de quarta-feira, 10 de fevereiro de 1982

1. Das palavras de Cristo sobre a futura ressurreição dos corpos, referidas por todos os três Evangelhos sinóticos (Mateus, Marcos e Lucas), passamos nas nossas reflexões àquilo que Paulo, na Primeira Carta aos Coríntios (cap. 15), escreve sobre o tema. A nossa análise se centra sobretudo no que se poderia denominar "antropologia da ressurreição" segundo São Paulo. O autor da Carta contrapõe o estado do homem "da terra" (isto é, histórico) ao estado do homem ressuscitado, caracterizando, de modo lapidar e ao mesmo tempo penetrante, o interior "sistema de forças" específico de cada um destes estados.

2. Que este sistema interior de forças deva passar, na ressurreição, por uma transformação radical, parece indicado, primeiro que tudo, pela contraposição entre corpo "debilitado" e corpo "pleno de força". Paulo escreve: "Semeia-se corruptível e ressuscita-se incorruptível. Semeia-se indigno e ressuscita-se glorioso. Semeia-se debilitado, ressuscita-se pleno de força".[1] O corpo "debilitado" é, portanto, aquele que — usando a linguagem metafísica — surge da terra temporal da humanidade. A metáfora paulina corresponde igualmente à terminologia científica, que define o princípio do homem enquanto corpo com o mesmo termo (*sêmen*). Se, aos olhos do Apóstolo, o corpo humano, que surge da semente terrestre, parece "debilitado", isto significa não só que ele é "corruptível", submetido à morte e a tudo o que a ela conduz, mas também que é "corpo animal".[2] Todavia o corpo "pleno de força", que o homem herdará do último Adão — Cristo — enquanto participante da futura ressurreição, será um corpo "espiritual". Será incorruptível, já não ameaçado pela morte. Assim, portanto, a antinomia "debilitado – pleno" refere-se explicitamente não tanto ao corpo

---

1 1Cor 15, 42–43.

2 O original grego usa aqui o termo *psychikón*. Em São Paulo ele aparece só na Primeira Carta aos Coríntios (2, 14; 15, 44; 15, 46) e *em nenhuma outra passagem*, provavelmente por causa das tendências pré-gnósticas dos coríntios, e tem um significado pejorativo; no conteúdo, corresponde ao termo "carnal" (cf. 2Cor 1, 12; 10, 4). Todavia, nas outras cartas paulinas a *psychè* e os seus derivados significam a existência terrena do homem nas suas manifestações, o modo de viver do indivíduo e até a própria pessoa humana em sentido positivo (por exemplo, para indicar o ideal de vida de comunidade eclesial: *miâ-i psychè-i* — "num só espírito": Fp 1, 27; *sympsychoi* = "com a união dos vossos espíritos": Fp 2, 2; *isópsychon* = "de ânimo igual", Fp 2, 20 (cf. R. Jewett, *Paul's Anthropological Terms. A Study of Their Use in Conflict Settings*, Leiden, 1971, Brill, pp. 448–449).

considerado à parte, quanto a toda a constituição do homem considerado na sua corporeidade. Somente no quadro de tal constituição o corpo pode tornar-se "espiritual"; e *tal espiritualização do corpo será a fonte da sua força e incorruptibilidade* (ou imortalidade).

3. Este tema tem as suas origens já nos primeiros capítulos do Livro do Gênesis. Pode-se dizer que São Paulo vê a realidade da futura ressurreição como uma certa *restitutio in integrum*, isto é, como a reintegração e ao mesmo tempo a consecução da plenitude da humanidade. Não é só restituição, porque em tal caso a ressurreição seria, em certo sentido, o retorno àquele estado, em que participava a alma antes do pecado, à margem do conhecimento do bem e do mal.[3] Mas esse retorno não corresponde à lógica interna de toda a economia salvífica, no significado mais profundo do mistério da redenção. A *restitutio in integrum*, unida à ressurreição e à realidade do "outro mundo", pode tão somente ser uma introdução a uma nova plenitude. Esta será uma plenitude que pressupõe toda a história do homem, formada pelo drama da árvore do conhecimento do bem e do mal[4] e, ao mesmo tempo, penetrada pelo mistério da redenção.

4. Segundo as palavras da Primeira Carta aos Coríntios, o homem em quem a concupiscência prevalece sobre a espiritualidade — isto é, "o corpo animal"[5] — está condenado à morte; deve, porém, ressurgir um "corpo espiritual", como o homem em quem o espírito obterá uma justa supremacia sobre o corpo, e a espiritualidade sobre a sensualidade. É fácil entender que Paulo tenha em mente aqui a sensualidade como a soma dos fatores que constituem a limitação da espiritualidade humana, isto é, como uma força que "aprisiona" o espírito (não necessariamente no sentido platônico) pela restrição da sua própria faculdade de conhecer (ver) a verdade e também da faculdade de desejar livremente e amar na verdade. Contudo, não se trata aqui daquela função fundamental dos sentidos, que serve para libertar a espiritualidade, isto é, a simples faculdade de conhecer e desejar, própria do *compositum* psicossomático do sujeito humano. Como se fala da ressurreição do corpo, isto é, do homem na sua autêntica corporeidade, por conseqüência o "corpo espiritual" deveria significar precisamente *a perfeita sensibilidade dos sentidos, a sua perfeita harmonização com a atividade* do espírito humano na verdade e na liberdade. O "corpo animal", que é a antítese terrena do "corpo espiritual", indica, pelo contrário, a sensualidade como força que muitas vezes prejudica o homem, enquanto ele, vivendo "no conhecimento do bem e do mal", é inclinado e quase impelido para o mal.

---

3   Cf. Gn 1–2.

4   *Ibid.*, 3.

5   1Cor 15, 44.

5. Não podemos esquecer que trata-se aqui não tanto do dualismo antropológico, quanto de uma antinomia de fundo. Dela faz parte não só o corpo (como a *hylē* aristotélica), mas também a alma: ou seja, o homem como "ser vivo".[6] Todavia os seus constitutivos são, por um lado, todo o homem, o conjunto da sua subjetividade psicossomática, enquanto permanece sob o influxo do Espírito vivificante de Cristo; por outro lado, o mesmo homem, enquanto resiste e se contrapõe a este Espírito. No segundo caso, o homem é "corpo animal" (e as suas obras são "obras da carne"). Se, pelo contrário, permanece *sob o influxo do Espírito Santo*, o homem é "espiritual" (e gera o "fruto do Espírito).[7]

6. Por conseguinte, pode-se dizer que, não só na Primeira Carta aos Coríntios (capítulo 15), encontramos a antropologia da ressurreição, mas que toda a antropologia (e a ética) de São Paulo são permeadas pelo mistério da ressurreição, mediante o qual recebemos definitivamente o Espírito Santo. O capítulo 15 da Primeira Carta aos Coríntios constitui a interpretação paulina do "outro mundo" e do estado do homem neste mundo, no qual cada um, juntamente com a ressurreição do corpo, participará plenamente do dom do Espírito vivificante, isto é, do fruto da ressurreição de Cristo.

7. Concluindo a análise da "antropologia da ressurreição" segundo a Primeira Carta de Paulo aos Coríntios, convém-nos uma vez mais dirigir a mente para aquelas palavras de Cristo sobre a ressurreição e sobre o "outro mundo", que são referidas pelos evangelistas Mateus, Marcos e Lucas. Recordemo-nos que, respondendo aos saduceus, Cristo juntou a fé na ressurreição com toda a revelação do Deus de Abraão, de Isaac, de Jacó e de Moisés, que "não é Deus dos mortos, mas dos vivos".[8] E ao mesmo tempo, recusando a dificuldade apresentada pelos interlocutores, pronunciou estas significativas palavras: "Quando ressuscitarem dentre os mortos [...] nem casarão, nem se darão em casamento".[9] Precisamente àquelas palavras — no seu contexto imediato — dedicamos as nossas precedentes considerações, passando depois à análise da Primeira Carta de São Paulo aos Coríntios.[10]

Estas reflexões têm um significado fundamental para toda a teologia do corpo: *para compreender tanto o matrimônio como o celibato* "pelo Reino dos céus". A este último assunto serão dedicadas as nossas próximas análises.

---

6   Cf. Gn 2, 7.

7   Gl 5, 22.

8   Mt 22, 32.

9   Mc 12, 25.

10 1Cor 15.

QUARTO CICLO
A VIRGINDADE CRISTÃ

73. A IDÉIA DA VIRGINDADE OU CELIBATO COMO ANTECIPAÇÃO E SINAL ESCATOLÓGICO

Audiência Geral de quarta-feira, 10 de março de 1982

1. Começamos hoje a refletir sobre a virgindade ou celibato "pelo Reino dos Céus".

A questão da chamada a uma exclusiva doação de si a Deus na virgindade e no celibato mergulha profundamente as raízes no solo evangélico da teologia do corpo. Para acentuar as dimensões que lhe são próprias, é necessário ter presentes as palavras com as quais Cristo se referiu ao "princípio", e também aquelas com que Ele apelou para a ressurreição dos corpos. A constatação: "Quando ressuscitarem dentre os mortos [...], não tomarão mulher nem marido"[1] indica que há uma condição de vida isenta de matrimônio, em que o homem, varão e mulher, encontra ao mesmo tempo a plenitude da doação pessoal e da intersubjetiva comunhão das pessoas, graças à glorificação de todo o seu ser psicossomático na união perene com Deus. Quando a chamada à continência "pelo Reino dos Céus" encontra eco na alma humana, nas condições da temporalidade, isto é, nas condições em que as pessoas ordinariamente "tomam mulher e tomam marido",[2] não é difícil perceber nisso *uma particular sensibilidade do espírito humano*, que já nas condições da temporalidade parece antecipar o fato de que o homem se tornará participante na ressurreição futura.

2. Todavia, Cristo não tratou deste problema e desta particular vocação no contexto imediato da sua conversa com os saduceus,[3] quando se referiu à ressurreição dos corpos. Mas tinha falado dele, já antes, no contexto da conversa com os fariseus sobre o matrimônio e sobre as bases da sua indissolubilidade, quase como prolongamento daquela conversa.[4] As suas palavras de conclusão dizem respeito à chamada carta de repúdio, permitida por Moisés em alguns casos. Cristo diz: "Por causa da dureza do vosso coração, Moisés permitiu que repudiásseis as vossas mulheres; mas no princípio não foi assim.

---

1 Mc 12, 25.

2 Cf. Lc 20, 34.

3 Cf. Mt 22, 23–30; Mc 12, 18–25; Lc 20, 27–36.

4 Cf. Mt 19, 3–9.

Ora, eu vos digo: se alguém repudiar sua mulher, exceto em caso de adultério, e casar com outra, comete adultério".[5] Então os discípulos que — segundo se pode deduzir do contexto — estavam atentos ao ouvir aquela conversa e em particular as últimas palavras pronunciadas por Jesus, dizem-lhe assim: "Se essa é a situação do homem perante a mulher, não é conveniente casar-se".[6] Cristo dá-lhes a seguinte resposta: "Nem todos compreendem esta linguagem, mas apenas aqueles a quem isso é dado. Há eunucos que nasceram assim do seio materno, há os que se tornaram eunucos pela interferência dos homens, e há aqueles que se fizeram eunucos a si mesmos pelo Reino dos Céus. Quem puder compreender, compreenda".[7]

3. Em relação a esta conversa, referida por Mateus, pode-se fazer a pergunta: Que pensavam os discípulos quando, depois de ouvirem a resposta dada por Jesus aos fariseus sobre o matrimônio e a sua indissolubilidade, exprimiram a própria observação: "Se essa é a situação do homem perante a mulher, não é conveniente casar-se"? Em todo caso, Cristo julga a circunstância oportuna para lhes falar da continência voluntária pelo Reino dos Céus. Ao dizer isto, não toma diretamente posição a respeito do enunciado dos discípulos, nem fica na linha do argumento deles.[8] Por isso não responde: "É conveniente casar-se" ou "não é conveniente casar-se". A questão da continência pelo Reino dos Céus não é contraposta ao matrimônio, nem se baseia num juízo negativo a respeito da sua importância. Cristo, aliás, falando precedentemente da indissolubilidade do matrimônio, tinha se referido ao "princípio", isto é, ao mistério da criação, indicando assim a primeira e fundamental fonte do seu valor. Por conseguinte, para responder à pergunta dos discípulos, ou melhor, para esclarecer o problema por eles referido, *Cristo recorre a outro princípio*. Aqueles que na vida fazem tal opção "pelo Reino dos Céus" observam a continência não pelo fato de "não ser conveniente casar-se" — ou seja, pela razão de um suposto valor negativo do matrimônio —, mas em vista do particular valor que está ligado a tal escolha, e que é necessário descobrir pessoalmente e adotar como vocação própria. E por isso Cristo diz: "Quem puder compreender, compreenda".[9] Em contrapar-

---

5 Mt 19, 8–9.

6 Mt 19, 10.

7 Mt 19, 11–12.

8 Sobre os problemas mais pormenorizados da exegese deste trecho, ver por exemplo L. Sabourin, *Il vangelo di Matteo. Teologia e Esegesi*, vol. II, Roma 1977 (Ed. Paoline), pp. 834–836; *The positive Values of Consecrated Celibacy*, em "The Way", Supplement 10, Summer 1970, p. 51; J. Blinzler, *Eisin eunuchoi. Zur Auslegung von Mt. 19, 12*. "Zeitschrifl für die Neutestamentliche Wisscn-schaft"» 48 (1957) 268ss.

9 Mt 19, 12.

tida, imediatamente antes Ele diz: "Nem todos compreendem esta linguagem, mas apenas aqueles a quem isso é dado".[10]

4. Como se vê, Cristo, na sua resposta ao problema que lhe foi apresentado pelos discípulos, *indica claramente uma regra para compreender* as suas palavras. Na doutrina da Igreja vigora a convicção de que estas palavras não expressam *um mandamento* que obriga a todos, mas *um conselho* que diz respeito apenas a algumas pessoas:[11] precisamente aquelas que são capazes de "compreender". E "podem compreender" aqueles "a quem isso é dado". As palavras citadas indicam com clareza o momento da opção pessoal e simultaneamente o momento da graça particular, isto é, do dom que o homem recebe para escolher tal opção. Pode-se dizer que a opção da continência pelo Reino dos Céus é uma orientação carismática para aquele estado escatológico, em que não se tomará "mulher nem marido": todavia, entre aquele estado do homem na ressurreição dos corpos e a opção voluntária da continência pelo Reino dos Céus na vida terrena e no estado histórico do homem caído e remido, existe uma diferença essencial. Aquele "não se casar" *escatológico* será um "estado", isto é, o modo próprio e fundamental da existência dos seres humanos, varões e mulheres, nos seus corpos glorificados. A *continência* pelo Reino dos Céus, *como fruto de uma opção carismática*, é uma exceção a respeito do outro estado, isto é, ao estado do qual o homem desde o "princípio" se tornou e se mantém participante no curso de toda a existência terrena.

5. É muito significativo que Cristo não vincula diretamente as suas palavras sobre a continência pelo Reino dos Céus com o anúncio do "outro mundo", em que "não tomarão mulher nem marido".[12] As suas palavras, pelo contrário, encontram-se — como já dissemos — no prolongamento da conversa com os fariseus, em que Jesus apelou para o "princípio", indicando a instituição do matrimônio por parte do Criador e recordando o caráter indissolúvel que, no desígnio de Deus, corresponde à unidade conjugal do homem e da mulher.

O conselho e, portanto, a escolha carismática da continência pelo Reino dos Céus unem-se, nas palavras de Cristo, com o máximo reconhecimento da ordem "histórica" da existência humana, relativa à alma e ao corpo. Com base no contexto imediato das palavras sobre a continência pelo Reino dos Céus na vida terrena do homem, é ne-

---

10 Mt 19, 11.

11 "A santidade da Igreja é também especialmente favorecida pelos múltiplos conselhos que o Senhor propõe no Evangelho aos seus discípulos. Entre eles sobressai o precioso dom da graça divina, dado pelo Pai a alguns (cf. *Mt* 19, 11; *1 Cor* 7, 7), para se consagrarem só a Deus, na virgindade ou no celibato" (*Lumen Gentium*, 42).

12 Mc 12, 25.

cessário ver na vocação para tal continência *um tipo de exceção ao que é de preferência uma regra comum desta vida*. Isto é o que Cristo, sobretudo, põe em relevo. Não fala aqui, diretamente, que tal exceção inclua em si a antecipação da vida escatológica privada do matrimônio e própria do "outro mundo", isto é, do período final do "Reino dos Céus". Trata-se, na verdade, não da continência *no* Reino dos Céus, mas da continência *pelo* Reino dos Céus. A idéia da virgindade ou do celibato, como antecipação e sinal escatológico,[13] deriva da associação das palavras aqui pronunciadas com as que Jesus pronunciará em outra circunstância, ou seja, na conversa com os saduceus, quando proclamar a futura ressurreição dos corpos.

Retomaremos este tema no decurso das próximas reflexões das quartas-feiras.

---

13 Cf. por exemplo. *Lumen Gentium*, 44; *Perfectae Caritatis*, 12.

74. A VOCAÇÃO À CASTIDADE NA REALIDADE DA VIDA TERRENA

Audiência Geral de quarta feira, 17 de março de 1982

1. Continuemos a reflexão sobre a virgindade ou celibato pelo Reino dos Céus: tema importante também para uma completa teologia do corpo.

No contexto imediato das palavras sobre a continência pelo Reino dos Céus, Cristo faz uma comparação muito significativa; o que nos confirma melhor ainda na convicção de que Ele queria enraizar profundamente a vocação para tal continência na realidade da vida terrena, entrando assim na mentalidade dos seus ouvintes. Enumera, de fato, três categorias de eunucos.

Este termo diz respeito aos defeitos físicos que tornam impossível a procriação no matrimônio. Precisamente tais defeitos explicam as duas primeiras categorias, quando Jesus fala tanto dos defeitos congênitos: "eunucos que nasceram assim do seio materno",[1] como também dos defeitos adquiridos, causados por intervenção humana: "há os que se tornaram eunucos pela interferência dos homens".[2] Em ambos os casos trata-se, portanto, de um *estado de coação*, por isso não voluntário. Se Cristo, em sua compração, fala depois daqueles "que se fizeram eunucos a si mesmos pelo Reino dos Céus",[3] como de uma terceira categoria, certamente *faz esta distinção para acentuar* ainda mais o *caráter voluntário e sobrenatural dela*. Voluntário, porque os pertencentes a esta categoria "fizeram-se" eunucos; sobrenatural, por outro lado, porque o fizeram "pelo Reino dos Céus".

2. A distinção é muito clara e muito enérgica. Apesar disso, a comparação de Cristo é também forte e eloquente. Cristo fala para homens a quem a tradição da antiga aliança não tinha transmitido o ideal do celibato ou da virgindade. O matrimônio era tão comum que só uma impotência física podia constituir para ele uma exceção. A resposta dada aos discípulos em Mateus 19, 10–12 é, em certo sentido, *uma revolução de toda a tradição do Antigo Testamento*. Con-

---

1 Mt 19,12.

2 *Ibid.*

3 *Ibid.*

firma-o um só exemplo, tirado do Livro dos Juízes, exemplo a que nos referimos aqui não tanto por causa do desenvolvimento do fato, quanto por motivo das palavras significativas que o acompanham. "Seja-me concedido [...] chorar a minha virgindade",[4] diz a filha de Jefté ao pai, depois de ter sabido por ele que tinha sido destinada à imolação por um voto feito ao Senhor. (No texto bíblico encontramos a explicação de como se chegou a tanto.) "'Vai' — lemos em seguida —; e deu-lhe dois meses de liberdade [...] Ela foi com as companheiras e chorou nos montes a sua virgindade. Passado este prazo, voltou para a casa do pai e Jefté cumpriu o voto que tinha feito. Ela não tinha conhecido varão".[5]

3. Na tradição do Antigo Testamento, pelo que se deduz, não há lugar para este significado do corpo que, neste momento, Cristo, falando da continência pelo Reino de Deus, deseja ter em vista e revelar aos próprios discípulos. Entre as personagens conhecidas como guias espirituais do povo da Antiga Aliança, não há nenhuma que proclamasse tal continência com palavras ou comportamento.[6] O matrimônio, então, não era só um estado comum, mas, além disso, naquela tradição tinha adquirido *um significado consagrado pela promessa feita a Abraão pelo Senhor:* "A aliança que faço contigo é esta: serás pai de inúmeros povos [...] Tornar-te-ei extremamente fecundo; farei que de ti nasçam povos e terás reis por descendentes. Estabeleço uma aliança contigo e com a tua posteridade, de geração em geração; será uma aliança eterna, em virtude da qual Eu serei o teu Deus e da tua descendência".[7] Por isso, na tradição do Antigo Testamento o matrimônio, como fonte de fecundidade e de procriação relativa à descendência, era *um estado religiosamente privilegiado*: e privilegiado pela revelação mesma. Sobre o fundo desta tradição, segundo a qual o Messias devia ser "filho de Davi",[8] era difícil entender o ideal da continência. Tudo falava em favor do matrimônio: não só as razões de natureza humana, mas também as do Reino de Deus.[9]

---

[4] Jz 11, 37.

[5] *Ibid.*, 38–39.

[6] É verdade que Jeremias devia, por explícita ordem do Senhor, observar o celibato (cf. Jr 16, 1–2); mas isto foi um "sinal profético", que simbolizava o futuro abandono e a destruição do país e do povo.

[7] Gn 17, 4.6–7.

[8] Mt 20, 30.

[9] É verdade, como nos consta das fontes extra-bíblicas, que no período intertestamentário o celibato era mantido no âmbito do judaísmo por alguns membros da seita dos essênios (cf. Flávio Josefo, *Bell. Jud.* II, 8, 2: 120–121; Fílon de Alexandria, *Hypothet*, 11, 14); mas isto acontecia à margem do judaísmo oficial e provavelmente não persistiu além do princípio do século I. Na comunidade de Qumram o celibato não obrigava a todos, mas alguns dos

4. As palavras de Cristo determinam em tal âmbito uma mudança decisiva. Quando Ele fala aos seus filhos pela primeira vez sobre a continência pelo Reino dos Céus, damo-nos conta de que eles, como filhos da tradição da antiga Lei, devem associar o celibato e a virgindade à situação dos indivíduos, em particular de sexo masculino, que por causa dos defeitos de natureza física não podem desposar-se ("os eunucos"), e por isso refere-se diretamente a eles. Esta referência tem um fundo múltiplo: tanto histórico como psicológico, tanto ético como religioso. Com tal referência *Jesus toca* — em certo sentido — *todos estes fundamentos*, como se quisesse dizer: Sei que tudo o que agora vos direi despertará grande dificuldade na vossa consciência, no vosso modo de entender o significado do corpo; falar-vos-ei, de fato, da continência, e isto sem dúvida será associado a vós como um estado de deficiência física, seja inata, seja adquirida por causa humana. Eu, de minha parte, quero dizer-vos que a continência pode também ser voluntária e escolhida pelo homem "pelo Reino dos Céus".

5. Mateus, no capítulo 19, não descreve qualquer reação imediata dos discípulos a estas palavras. Encontramo-la mais tarde apenas nos escritos dos Apóstolos, sobretudo em Paulo.[10] Isto confirma que tais palavras tinham se fixado na consciência da primeira geração dos discípulos de Cristo, e depois frutificaram repetidamente e de modo múltiplo nas gerações dos seus confessores na Igreja (e talvez também fora dela). Portanto, do ponto de vista da teologia — isto é, da revelação do significado do corpo, totalmente novo a respeito da tradição do Antigo Testamento —, estas são *palavras de mudança*. A análise delas demonstra quanto são precisas e substanciais, apesar da concisão que têm. (Constataremos isto mais claramente quando fizermos a análise do texto paulino da Primeira Carta aos Coríntios, capítulo 7). Cristo fala da continência "pelo" Reino dos Céus. De tal modo, Ele quer sublinhar que este estado, escolhido conscientemente pelo homem na vida temporal, em que ordinariamente as pessoas "casam-se e são dadas em casamento", tem uma singular finalidade sobrenatural. A continência, mesmo se escolhida de modo consciente e também se decidida pessoalmente, mas sem aquela finalidade, não entra no conteúdo do sobredito enunciado de Cristo. Falando daqueles que escolheram conscientemente o celibato ou a virgindade pelo Reino dos Céus (isto é, "se fizeram eunucos"), Cristo nota — pelo menos

---

membros mantinham-no até à morte, transferindo para o terreno da pacífica convivência a prescrição do Deuteronômio (23, 10–14) da pureza ritual obrigatória durante a guerra santa. Segundo as crenças dos Qumranianos, tal guerra durava sempre "entre os filhos da luz e os filhos das trevas"; o celibato foi, portanto, para eles a expressão de estarem prontos para a batalha (cf. *1Qm* 7, 5–7).

10 1Cor 7, 25–40; ver também Ap 14, 4.

de modo indireto — que tal escolha, na vida terrena, anda unida *à renúncia* e também a um *determinado esforço espiritual*.

6. A mesma *finalidade sobrenatural* — "pelo Reino dos Céus" — admite uma série de interpretações mais pormenorizadas, que Cristo não enumera em tal passagem. Pode-se porém afirmar que, através da fórmula lapidar de que Ele se serve, indica indiretamente tudo aquilo que foi dito sobre aquele tema na Revelação, na Bíblia e na Tradição; tudo isto que se tornou riqueza espiritual da experiência da Igreja, em que o celibato e a virgindade pelo Reino dos Céus frutificaram de modo múltiplo nas várias gerações dos discípulos seguidores do Senhor.

75. RELAÇÃO ENTRE CONTINÊNCIA "PELO REINO DOS CÉUS" E FECUNDIDADE SOBRENATURAL DO ESPÍRITO HUMANO

Audiência Geral de quarta-feira, 24 de março de 1982

1. Continuamos as nossas reflexões sobre o celibato e sobre a virgindade "pelo Reino dos Céus".

A continência *pelo* Reino dos Céus está certamente relacionada com a revelação de que no Reino dos Céus "não se toma nem mulher nem marido".[1] É um *sinal carismático*. O ser humano vivo, varão e mulher, que na situação terrena onde, segundo o costume, "tomam mulher e tomam marido",[2] escolhe com livre vontade a continência "pelo Reino dos Céus", indica que naquele reino que é o "outro mundo" da ressurreição, "não tomarão mulher nem marido",[3] porque Deus será "tudo em todos".[4] Este existir como homem, varão e mulher, manifesta assim a "virgindade" escatológica do homem ressuscitado, em que se revelará, diríamos, o absoluto e eterno significado esponsal do corpo glorificado na união com o próprio Deus, mediante a visão d'Ele face a face; e glorificado, também, mediante a união de uma perfeita intersubjetividade, que unirá todos os "dignos de participar do outro mundo", homens e mulheres, no mistério da comunhão dos santos. A continência terrena "pelo Reino dos Céus" é indubitavelmente um sinal que *indica* esta verdade e esta realidade. É sinal de que o corpo, cujo fim não é a morte, tende para a glorificação e já é entre os homens, diríamos, um testemunho que antecipa a futura ressurreição. Todavia, *este sinal* carismático do "outro mundo" *exprime a força e a dinâmica mais autêntica* do mistério da "redenção do corpo": mistério que por Cristo foi inscrito na história terrena do homem e arraigado por Ele nesta história. Assim, portanto, a continência "pelo Reino dos Céus" leva *sobretudo a marca da semelhança com Cristo*, que na obra da redenção fez, Ele mesmo, esta escolha "pelo Reino dos Céus".

---

1 Mt 22, 30.

2 Lc 20, 34.

3 Mc 12, 25.

4 1Cor 15, 28.

2. Mais ainda, toda a vida de Cristo, desde o princípio, foi um discreto mas claro distanciamento daquilo que determinou tão profundamente o significado do corpo no Antigo Testamento. Cristo — de certo modo contra as expectativas de toda a tradição veterotestamentária — nasceu de Maria, que no momento da Anunciação diz claramente de si mesma: "Como será isso, se eu não conheço homem?",[5] isto é, professa a sua virgindade. E embora Ele nasça de Maria como todo homem, do mesmo modo que qualquer filho nasce da sua mãe, embora sua vinda ao mundo seja acompanhada também pela presença de um homem que é esposo de Maria — seu marido diante da Lei e dos homens —, todavia a maternidade de Maria é virginal; e a esta virginal maternidade de Maria corresponde o mistério virginal de José que, seguindo a voz do alto, não hesita em "receber Maria [...], pois o que ela concebeu é obra do Espírito Santo".[6] Portanto, embora a concepção virginal e o nascimento de Jesus Cristo no mundo estivessem ocultos aos homens — embora diante dos olhos dos seus conterrâneos de Nazaré Ele fosse considerado "filho do carpinteiro"[7] (*ut putabatur filius Joseph*)[8] — todavia, a mesma realidade e verdade essencial da sua concepção e do nascimento aparta-se daquilo que, na tradição do Antigo Testamento, esteve exclusivamente a favor do matrimônio, e tornava a continência incompreensível e socialmente desfavorecida. Como, então, podia ser compreendida a continência "pelo Reino dos Céus", se o Messias esperado devia ser "descendente de Davi", isto é, como se julgava, devia ser filho da estirpe real "segundo a carne"? Só Maria e José, que viveram o mistério da sua concepção e do seu nascimento, se tornaram as primeiras testemunhas de uma fecundidade diversa da carnal, isto é, da fecundidade do Espírito: "O que ela concebeu é obra do Espírito Santo".[9]

3. A história do nascimento de Jesus certamente se encontra alinhada à revelação daquela continência "pelo Reino dos Céus", de que Cristo falará, um dia, aos seus discípulos. Este acontecimento fica, porém, escondido aos homens de então e também aos discípulos. Só gradualmente ele se desvelará diante dos olhos da Igreja, com base nos testemunhos e nos textos dos Evangelhos de Mateus e de Lucas. *O matrimônio de Maria com José* (em que a Igreja honra José como esposo de Maria e Maria como esposa dele) contém em si, ao mesmo

---

5   Lc 1, 34.

6   Mt 1, 20.

7   *Ibid.*, 13, 55.

8   Lc 3, 23.

9   Mt 1, 20.

tempo, o mistério da perfeita comunhão das pessoas, do homem e da mulher no pacto conjugal, e ao mesmo tempo o mistério daquela *singular continência "pelo Reino dos Céus"*: continência que servia, na história da salvação, para a mais perfeita *fecundidade do Espírito Santo*. Mais ainda, ela era, em certo sentido, a absoluta plenitude daquela fecundidade espiritual, uma vez que precisamente nas condições nazarenas do pacto de Maria e José no matrimônio e na continência, se realizou o dom da encarnação do Verbo Eterno: o Filho de Deus, consubstancial ao Pai, foi concebido e nasceu, como Homem, da Virgem Maria. A graça da união hipostática, diríamos, está ligada precisamente com esta absoluta plenitude da fecundidade sobrenatural: fecundidade no Espírito Santo, participada por uma criatura humana, Maria, na ordem da continência "pelo Reino dos Céus". A divina maternidade de Maria é também, em certo sentido, uma superabundante revelação daquela fecundidade do Espírito Santo, a que o homem submete o seu espírito, quando livremente escolhe a continência "no corpo": precisamente, a continência "pelo Reino dos Céus".

4. Tal imagem devia gradualmente manifestar-se diante da consciência da Igreja nas gerações sempre novas dos confessores de Cristo, quando — juntamente com o Evangelho da infância — se consolidava neles a certeza acerca da divina maternidade da Virgem, a qual tinha concebido por obra do Espírito Santo. Ainda que de modo só indireto — todavia de modo essencial e fundamental — tal certeza devia *ajudar a compreender*, por um lado, a santidade do matrimônio e, por outro, o desinteresse "pelo Reino dos Céus", de que Cristo falara aos seus discípulos. Todavia, quando Ele lhes falou disso pela primeira vez (como atesta o evangelista Mateus no capítulo 19, 10–12), aquele grande mistério da sua concepção e do seu nascimento era-lhes completamente desconhecido; ficou-lhes oculto como o foi a todos os ouvintes e interlocutores de Jesus de Nazaré. Quando Cristo falava daqueles que "se fizeram eunucos [...] pelo Reino dos Céus",[10] os discípulos eram capazes de compreendê-lo apenas com base no seu exemplo pessoal. Uma continência assim devia ser gravada na consciência deles como um traço particular de semelhança com Cristo, que era, Ele próprio, celibatário "pelo Reino dos Céus". O afastamento da tradição da Antiga Aliança, em que o matrimônio e a fecundidade procriativa "no corpo" tinham sido uma condição religiosamente privilegiada, devia se realizar, sobretudo, com base no exemplo do próprio Cristo. Somente pouco a pouco pôde ser arraigada a consciência de que *este "pelo Reino dos Céus" tem um significado particular: essa fecundidade espiritual e sobrenatural do homem, a qual provém do*

---

10 Mt 19, 12.

Espírito Santo (Espírito de Deus), e à qual, em sentido específico e em casos determinados, serve *precisamente a continência*, e que esta é na verdade a continência "pelo Reino dos Céus".

Encontramos, de uma forma ou de outra, todos estes elementos da consciência evangélica relativos à continência — isto é, a consciência própria da Nova Aliança em Cristo — em Paulo. Procuraremos expor cada um deles a seu tempo.

Resumindo, podemos dizer que o tema principal da presente meditação foi a relação entre a continência "pelo Reino dos Céus", proclamada por Cristo, e a fecundidade sobrenatural do espírito humano, que provém do Espírito Santo.

76. A RECÍPROCA ILUMINAÇÃO ENTRE MATRIMÔNIO E CASTIDADE

Audiência Geral de quarta-feira, 31 de março de 1982

1. Continuemos a refletir sobre o tema do celibato e da virgindade pelo Reino dos Céus, baseando-nos no texto do Evangelho segundo Mateus.[1]

Ao falar da continência *pelo* Reino dos Céus e ao fundá-la sobre o exemplo da própria vida, Cristo desejava, sem dúvida, que os seus discípulos a entendessem sobretudo em relação com o "Reino", que Ele tinha vindo anunciar e para o qual indicava os caminhos seguros. A continência de que falava é precisamente um destes caminhos e, como já se deduz do contexto do Evangelho de Mateus, é um caminho particularmente eficaz e privilegiado. De fato, aquela *preferência dada ao celibato e à virgindade "pelo Reino"* era novidade absoluta, relacionada com a tradição da Antiga Aliança, e tinha um significado determinante tanto para o *ethos* como para a teologia do corpo.

2. Cristo, no seu enunciado, faz notar, sobretudo, sua finalidade. Diz que o caminho da continência, de que Ele mesmo dá testemunho com a própria vida, não só existe e não só é possível, mas é particularmente valioso e importante "pelo Reino dos Céus". E assim deve ser, dado que o mesmo Cristo o escolheu para si. E se este caminho é tão valioso e importante, à continência pelo Reino dos Céus deve corresponder *um valor particular*. Como já indicamos precedentemente, Cristo não encarava o problema no mesmo nível e na mesma linha de raciocínio em que o punham seus discípulos, quando diziam: "Se essa é a situação [...] não é conveniente casar-se".[2] Tais palavras escondiam ao fundo um certo utilitarismo. Cristo, pelo contrário, na sua resposta indicou indiretamente que, se o *matrimônio*, fiel à instituição original do Criador (recordemos que precisamente a este ponto o Mestre se referia ao "princípio"), possui uma plena congruência e valor para o Reino dos Céus, valor fundamental, universal e ordinário, por sua parte a continência possui para este reino um *valor particular e "excepcional"*. É óbvio que se trata da continência escolhida conscientemente por motivos sobrenaturais.

---

1 Mt 19, 10–12.

2 *Ibid.*

3. Se Cristo faz notar no seu enunciado, antes de tudo, a finalidade sobrenatural dessa continência, Ele o faz em sentido não só objetivo, mas também explicitamente subjetivo, isto é, indica a *necessidade de uma motivação* tal que se refira, de modo adequado e pleno, à finalidade objetiva que é declarada pela expressão "pelo Reino dos Céus". Para realizar o fim de que se trata — isto é, para redescobrir na continência aquela particular fecundidade espiritual que provém do Espírito Santo — é necessário desejá-la e escolhê-la em virtude de uma fé profunda, que não nos mostra apenas o Reino de Deus na sua plenitude futura, mas nos permite e torna possível, de modo particular, *identificarmo-nos com a verdade e a realidade daquele Reino*, assim como ela é revelada por Cristo na sua mensagem evangélica, e, sobretudo, com o exemplo pessoal da sua vida e do seu comportamento. Por isso, ficou dito acima: a continência "pelo Reino dos Céus" — como indubitável sinal do "outro mundo" — leva em si, sobretudo, o dinamismo interior do mistério da redenção do corpo,[3] e neste significado possui também a característica de uma particular semelhança com Cristo. Quem escolhe conscientemente tal continência, escolhe, em certo sentido, uma particular *participação no mistério da redenção (do corpo)*; quer, de modo particular, completá-la, por assim dizer, na própria carne,[4] encontrando nisto também a marca de uma semelhança com Cristo.

4. Tudo isso se refere à motivação da escolha (ou seja, à sua finalidade em sentido subjetivo): escolhendo a continência por amor do Reino dos Céus, o homem "deve" deixar-se guiar precisamente por esta motivação. Cristo, no caso em questão, não diz que o homem é obrigado a isso (de qualquer modo, não se trata certamente do dever que deriva de um mandamento); todavia, sem dúvida, as suas concisas palavras sobre a continência pelo Reino dos Céus *põem em forte relevo precisamente a sua motivação*. E as põe em relevo (isto é, indicam a finalidade da qual o sujeito é consciente), tanto na primeira parte de todo o enunciado, quanto também na segunda, indicando que se trata aqui de uma escolha particular: isto é, própria de uma vocação mais excepcional do que universal e ordinária. No princípio, na primeira parte do seu enunciado, Cristo fala de uma compreensão ("Nem todos compreendem esta linguagem, mas apenas aqueles a quem isso é dado");[5] e trata-se não de uma "compreensão" abstrata, mas capaz de influir na decisão, na escolha pessoal, em que o "dom", isto é, a graça, deve encontrar um eco adequado na vontade humana. Tal *"compreensão"* envolve, portanto, a *motivação*. Logo,

---

3 Cf. Lc 20, 35.

4 Cf. Cl 1, 24.

5 Mt 19, 11.

a motivação influi na escolha da continência, aceita depois de lhe ter compreendido o significado "pelo Reino dos Céus". Cristo, na segunda parte do seu enunciado declara, portanto, que o homem "se faz" eunuco quando escolhe a continência pelo Reino dos Céus e faz dela a situação ou estado fundamental de toda a vida terrena. *Numa decisão tão consolidada subsiste a motivação sobrenatural*, pela qual a decisão mesma foi originada. Diríamos que ela subsiste ao renovar-se continuamente.

5. Já nos aplicamos anteriormente ao significado particular da última afirmação. Se Cristo, no caso citado, fala do "fazer-se" eunuco, não só põe em relevo o peso específico desta decisão, que se explica com a motivação nascida de uma fé profunda, mas não procura sequer esconder o *encargo* que tal decisão e as suas persistentes conseqüências podem ter para o homem, para as normais (e, aliás, nobres) inclinações da sua natureza.

A referência ao "princípio" no problema do matrimônio nos permitiu descobrir toda a beleza original daquela vocação do homem, varão e mulher: vocação que provém de Deus e corresponde à dupla constituição do homem, e também ao chamado à "comunhão das pessoas". Pregando a continência pelo Reino de Deus, Cristo não apenas se pronuncia contra toda a tradição da Antiga Aliança, segundo a qual o matrimônio e a procriação eram, como dissemos, religiosamente privilegiados, mas pronuncia-se, em certo sentido, também em contraste com aquele "princípio" a que Ele mesmo fez referência e talvez, também por isso, atenua as próprias palavras com aquela particular "regra de compreensão" a que acima nos referimos. A análise do "princípio" (especialmente com base no texto javista) demonstrara de fato que, embora seja possível conceber o homem como solitário diante de Deus, todavia o mesmo Deus tirou-o desta "solidão" quando disse: "Não é bom que o homem esteja sozinho; vou dar-lhe uma auxiliar semelhante a ele".[6]

6. Assim, portanto, a duplicidade varão-mulher, própria da constituição mesma da humanidade, e a unidade dos dois que se baseia nela, permanecem "desde o princípio", isto é, desde a sua profundidade ontológica, obra de Deus. E Cristo, falando da continência "pelo Reino dos Céus", tem diante de si esta realidade. Não sem razão fala dela (segundo Mateus) no contexto mais imediato, em que faz referência precisamente ao "princípio", isto é, ao princípio divino do matrimônio na constituição mesma do homem.

Sobre o fundo das palavras de Cristo, pode-se afirmar que não somente o matrimônio nos ajuda a entender a continência pelo Reino

---

6   Gn 2, 18.

dos Céus, mas também a mesma continência lança uma luz particular sobre o matrimônio visto no mistério da Criação e da Redenção.

77. A "SUPERIORIDADE" DA CONTINÊNCIA NÃO SIGNIFICA UMA DIMINUIÇÃO DO VALOR DO MATRIMÔNIO

Audiência Geral de quarta-feira, 7 de abril de 1982

O encontro de hoje realiza-se na "Semana Santa", isto é, no período central do Ano Litúrgico, que nos faz reviver os episódios tão importantes e fundamentais da Redenção realizada por Cristo: a Última Ceia, na qual Jesus instituiu o Sacramento da Eucaristia, antecipando misticamente e transmitindo mediante o sacerdócio o Sacrifício da Cruz; a Paixão de Jesus, a começar da agonia do Getsêmani até à cruel crucifixão e à morte na cruz; e enfim a gloriosa ressurreição no festivo domingo de Páscoa.

São dias comoventes e impressionantes, cheios de uma atmosfera especial que todos os cristãos sentem e compreendem. Devem, portanto, ser dias de silêncio interior, de oração mais intensa e particular meditação sobre os supremos acontecimentos da história que assinalam a redenção da humanidade e dão o verdadeiro significado à nossa existência.

Exorto-vos, por conseguinte, a viver intimamente e com grande amor estes dias santos e a participar nas funções litúrgicas, a fim de penetrardes cada vez mais profundamente o conteúdo da fé e haurirdes dela propósitos de autêntico compromisso de coerência e de vida cristã. Percorramos com Maria Santíssima a via da Paixão de Cristo, contemplando a tragédia da Sexta-feira Santa à luz da Páscoa vitoriosa, para aprender que todo o sofrimento deve ser aceito e interpretado na perspectiva da ressurreição gloriosa e, sobretudo, para nos encontrarmos com Cristo que nos amou e se entregou a si mesmo por nós.[1]

1. Com o olhar dirigido para Cristo Redentor, continuamos agora as nossas reflexões sobre o celibato e sobre a virgindade "pelo Reino dos Céus", conforme as palavras de Cristo referidas no evangelho de Mateus.[2]

Ao proclamar a continência por amor ao Reino dos Céus, Cristo aceita plenamente tudo o que, desde o princípio, foi realizado e instituído pelo Criador. Por conseguinte, de um lado, essa continência deve demonstrar que o homem, na sua mais profunda constituição,

---

1 Cf. Gl 2, 20.

2 Mt 19, 10–12.

é não apenas "duplo", mas também (nesta duplicidade) está "sozinho" diante de Deus com Deus. Todavia, de outro lado, aquilo que, no apelo à continência por amor do Reino dos Céus, é um convite à *solidão por amor de Deus*, respeita ao mesmo tempo tanto a *"duplicidade da humanidade"* (isto é, a sua masculinidade e feminilidade), como também aquela *dimensão de comunhão da existência que é própria da pessoa*. Aquele que, em conformidade com as palavras de Cristo "compreende" de modo adequado o convite à continência por amor do Reino dos Céus, segue-o, e conserva assim a verdade integral da própria humanidade, sem perder, com o passar do tempo, nenhum dos elementos essenciais da vocação da pessoa criada "à imagem e semelhança de Deus". Isso é importante para a idéia mesma, ou melhor, para a idéia da continência, ou seja, para o seu conteúdo objetivo, que aparece no ensinamento de Cristo como novidade radical. É igualmente importante para realizar aquele ideal, isto é, para que a decisão concreta, tomada pelo homem de viver no celibato ou na virgindade por amor do Reino dos Céus (o que "se faz" eunuco, para usarmos as palavras de Cristo), se torne plenamente autêntica na sua motivação.

2. Do contexto do Evangelho de Mateus, 19, 10–12, resulta de modo suficientemente claro que não se trata aqui de diminuir o valor do matrimônio em favor da continência e nem sequer de ofuscar um valor com o outro. Trata-se, pelo contrário, de "sair" plenamente consciente *daquilo que no homem, por vontade do mesmo Criador, leva ao matrimônio, e de caminhar para a continência*, que se revela ao homem concreto, varão ou mulher, como apelo e dom de particular eloqüência e de singular significado "pelo Reino dos Céus". As palavras de Cristo[3] partem de todo o realismo da situação do homem e com o mesmo realismo conduzem-no para fora, para o chamamento em que, de maneira nova, embora permanecendo "duplo" pela sua natureza (isto é, inclinado como homem para a mulher, e como mulher, para o homem), ele é capaz de descobrir nesta sua solidão, que não deixa de ser uma dimensão pessoal da duplicidade de cada um, uma nova e até mesmo *mais plena forma de comunhão intersubjetiva com os outros*. Esta orientação do chamamento explica de modo explícito a expressão: "pelo Reino dos Céus"; com efeito, a realização deste reino deve encontrar-se na linha do autêntico desenvolvimento da imagem e da semelhança de Deus, no seu significado trinitário, ou seja, precisamente "de comunhão". Ao escolher a continência por amor do Reino dos Céus, o homem tem consciência, deste modo, de poder realizar-se a si mesmo "diversamente" e, em certo sentido,

---

3   *Ibid.*

"mais" do que no matrimônio, tornando-se um "dom sincero de si mesmo aos outros".[4]

3. Mediante as palavras referidas em Mateus, 19, 11-12, Cristo faz compreender de modo claro que aquele "caminhar" para a continência por amor do Reino dos Céus está unido a uma renúncia voluntária ao matrimônio, isto é, ao estado em que o homem e a mulher (segundo o significado dado pelo Criador "no princípio" à união deles) se tornam dom recíproco através da sua masculinidade e feminilidade, também mediante a união corporal. A continência significa *uma renúncia consciente e voluntária* a tal união e a tudo o que a ela está ligado na ampla dimensão da vida e da convivência humana. O homem que renuncia ao matrimônio renuncia igualmente à geração como fundamento da comunidade familiar composta pelos pais e pelos filhos. As palavras de Cristo a que nos referimos indicam sem dúvida toda esta esfera de renúncia, embora não se detenham nos pormenores. E o modo como estas palavras foram pronunciadas permite supor que a importância de tal renúncia é compreendida por Cristo e que a compreende não apenas em relação às opiniões então vigentes na sociedade israelita sobre o tema. Ele compreende *a importância desta renúncia ainda em relação ao bem*, que o matrimônio e a família constituem em si mesmos por serem de instituição divina. Portanto, mediante o modo de pronunciar as respectivas palavras, faz compreender que aquela saída do círculo do bem, para a qual Ele mesmo chama "pelo Reino dos Céus", está ligada a um certo sacrifício de si mesmo. Aquela saída torna-se também o início de sucessivas renúncias e sacrifícios voluntários de si, que são indispensáveis, se a escolha primeira e fundamental for coerente na dimensão de toda a vida terrena; e só graças a tal coerência aquela opção é interiormente racional e não contraditória.

4. Deste modo, no apelo à continência tal como foi pronunciado por Cristo — concisamente e ao mesmo tempo com grande precisão — delineiam-se o *perfil e juntamente o dinamismo do mistério da Redenção*, como já foi dito antes. É o mesmo perfil sob o qual Jesus, no Sermão da Montanha, pronunciou as palavras acerca da necessidade de vigiar contra a concupiscência do corpo, contra o desejo que inicia com o "olhar" e se torna já naquele momento "adultério no coração". Por detrás das palavras de Mateus, tanto no capítulo 19 (vv. 11-12) como no capítulo 5 (vv. 27-28), *encontra-se a mesma antropologia e o mesmo ethos*. No convite à continência voluntária por amor do Reino dos Céus, as perspectivas deste *ethos* são ampliadas: no horizonte das palavras do Sermão da Montanha encontra-

---
4   *Gaudium et spes*, 24.

-se a antropologia do homem "histórico"; no horizonte das palavras sobre a continência voluntária, permanece essencialmente a mesma antropologia, mas irradiada pela perspectiva do "Reino dos Céus", ou seja, ao mesmo tempo, pela futura antropologia da ressurreição. Todavia, nos caminhos desta continência voluntária na vida terrena, a antropologia da ressurreição não substitui a antropologia do homem "histórico". E é precisamente este homem, de qualquer modo este homem "histórico", no qual permanece ao mesmo tempo a herança da tríplice concupiscência, a herança do pecado e juntamente a herança da redenção, é este homem a tomar a decisão sobre a continência "pelo Reino dos Céus": ele deve pôr em prática tal decisão, *submetendo a pecaminosidade da própria humanidade às forças que brotam do mistério da redenção do corpo*. Deve fazê-lo como todos os outros homens que não tomem uma decisão semelhante e cujo caminho seja o matrimônio. É diverso apenas o gênero de responsabilidade pelo bem escolhido, como é diverso o gênero mesmo do bem escolhido.

5. Porventura Cristo põe em relevo, no seu enunciado, a superioridade da continência por amor do Reino dos Céus sobre o matrimônio? Sem dúvida, Ele diz que esta é uma vocação "excepcional", não "ordinária". Afirma, além disso, que é particularmente importante, e necessária para o Reino dos Céus. Se compreendemos a superioridade sobre o matrimônio neste sentido, devemos admitir que é indicada por Cristo implicitamente; contudo não a exprime de modo direto. Somente Paulo dirá daqueles que escolhem o matrimônio, que fazem "bem", e, dos que estão dispostos a viver na continência voluntária, dirá que fazem "melhor".[5]

6. Tal é também a opinião de toda a Tradição, tanto doutrinal como pastoral. Aquela *"superioridade" da continência sobre o matrimônio não significa nunca, na autêntica Tradição da Igreja, uma depreciação do matrimônio* ou uma diminuição do seu valor essencial. Tampouco significa um desvio, nem sequer implícito, para as posições maniqueístas ou um apoio a alguns modos de avaliar e de agir que se fundam na compreensão maniqueísta do corpo e do sexo, do matrimônio e da geração. A superioridade evangélica e autenticamente cristã da virgindade, da continência, é, portanto, ditada por motivo do Reino dos Céus. Nas palavras de Cristo, referidas por Mateus 19, 11–12, encontramos uma base sólida para admitir apenas tal superioridade; pelo contrário, não encontramos nelas base alguma para qualquer desmerecimento do matrimônio, que, todavia, poderia estar presente no reconhecimento daquela superioridade.

Sobre este problema, voltaremos na nossa próxima reflexão.

---

5   1Cor 7, 38.

78. COMPLEMENTARIDADE PARA O REINO DOS CÉUS DO MATRIMÔNIO E DA CONTINÊNCIA

Audiência Geral de quarta-feira, 14 de abril de 1982

A solenidade da Páscoa, há pouco celebrada, enche a nossa alma nesta semana, e ainda a encherá, durante todo o Tempo Pascal, daquela alegria que provém da comemoração da gloriosa Ressurreição de Cristo. Percorremos o caminho martirizante da sua Paixão, desde a Última Ceia até à agonia e a morte na cruz; e depois aguardamos no grande silêncio do Sábado Santo o festivo repique dos sinos na "Feliz Noite" da vigília.

A Páscoa não deve permanecer apenas no nível das emoções e das lembranças; deve deixar um sinal, deve incidir continuamente na nossa vida, deve ser todos os dias motivo de encorajamento à coerência e ao testemunho.

A Páscoa é para o cristão convite a viver "na vida nova": "Se ressuscitastes com Cristo, buscai as coisas lá do alto, onde Cristo está sentado à direita de Deus. Afeiçoai-vos às coisas lá do alto [...]".[1]

Nos acontecimentos alegres ou tristes da vida, no trabalho, na profissão, na escola, o cristão deve testemunhar que verdadeiramente Cristo ressuscitou, seguindo-o com coragem e amor, depondo n'Ele toda a confiança e toda a esperança.

De todo o coração desejo a todos vós que a lembrança das festividades pascais vos acompanhe e vos faça sentir a presença jubilosa de Cristo Ressuscitado.

1. Continuamos agora a reflexão das precedentes semanas sobre as palavras acerca da continência "pelo Reino dos Céus", que, segundo o Evangelho de Mateus, 19, 10–12, Cristo dirigiu aos seus discípulos.

Digamos mais uma vez que estas palavras, em toda a sua concisão, são admiravelmente ricas e precisas, ricas de um conjunto de implicações tanto de natureza doutrinal quanto pastoral, e ao mesmo tempo indicam um limite justo neste campo. Assim, por conseguinte, qualquer *interpretação maniqueísta* mantém-se decididamente *além da-*

---

[1] Cl 3, 1–3.

quele limite, como também nele se mantém, segundo o que disse Cristo no Sermão da Montanha, o desejo concupiscente "no coração".[2]

Nas palavras de Cristo sobre a continência "pelo Reino dos Céus" não há indício algum acerca da "inferioridade" do matrimônio no que diz respeito ao "corpo", ou seja, a respeito da essência do matrimônio, consistente no fato de que, nele, o homem e a mulher unem-se de modo a serem uma "só carne".[3] As palavras de Cristo referidas em Mateus 19, 11-12 (como também as palavras de Paulo na Primeira Carta aos Coríntios, cap. 7) não oferecem motivo para sustentar nem a "inferioridade" do matrimônio, nem a "superioridade" da virgindade ou do celibato, dado que estes, pela sua natureza, consistem em abster-se da "união" conjugal "no corpo". Sobre este ponto as palavras de Cristo são decididamente límpidas. Ele propõe aos seus discípulos o ideal da continência e o apelo a ela *não por motivo de inferioridade* ou em prejuízo *da "união" conjugal "no corpo", mas só "pelo Reino dos Céus"*.

2. Neste ponto torna-se particularmente útil um esclarecimento mais aprofundado da expressão mesma "pelo Reino dos Céus"; e é isto que a seguir procuraremos fazer, pelo menos de modo sumário. Porém, no que se refere à justa compreensão da relação entre o matrimônio e a continência de que fala Cristo, e a compreensão de tal relação como a entendeu toda a Tradição, vale a pena acrescentar que aquela *"superioridade" e "inferioridade" estão contidas nos limites da mesma complementaridade do matrimônio e da continência* por amor do Reino de Deus. O matrimônio e a continência nem se contrapõem um ao outro, nem dividem *de per se* a comunidade humana (e cristã) em dois campos (digamos: "perfeitos" em virtude da continência e "imperfeitos" ou menos perfeitos devido à realidade da vida conjugal). Mas estas duas situações fundamentais, ou seja, como se costuma dizer, estes dois "estados", em certo sentido explicam-se e completam-se reciprocamente, quanto à existência e à vida (cristã) desta comunidade, a qual no seu conjunto e em todos os seus membros se realiza na dimensão do Reino de Deus e tem uma orientação escatológica, que é própria daquele Reino. Pois bem; a propósito desta dimensão e desta orientação — em que a comunidade inteira deve participar, isto é, todos aqueles que pertencem a ela — a continência "pelo Reino dos Céus" tem particular importância e particular eloqüência para aqueles que vivem a vida conjugal. Sabe-se, além disso, que estes últimos constituem a maioria.

---

[2] Cf. Mt 5, 27-28.

[3] Cf. Gn 2, 24: "[...] os dois serão uma só carne".

3. Parece, por conseguinte, que *uma complementaridade assim entendida encontra a sua base nas palavras de Cristo segundo Mateus 19, 11–12* (e também na Primeira Carta aos Coríntios, cap. 7). Não existe, aliás, fundamento algum para uma suposta contraposição, segundo a qual os solteiros (ou as solteiras), apenas em virtude da continência, constituiriam a classe dos "perfeitos", e, pelo contrário, as pessoas casadas constituiriam a classe dos "não perfeitos" (ou dos "menos perfeitos"). Se, considerando uma certa tradição teológica, fala-se do estado de perfeição (*status perfectionis*), não é por motivo da continência mesma, mas a respeito do conjunto da vida fundada sobre os conselhos evangélicos (pobreza, castidade e obediência), pois esta vida corresponde ao chamamento de Cristo para a perfeição.[4] *A perfeição da vida cristã,* pelo contrário, *é aferida pela medida da caridade.* Daqui conclui-se que uma pessoa que não viva no "estado de perfeição" (isto é, numa instituição que estabeleça o seu plano de vida sobre os votos de pobreza, castidade e obediência), ou seja, que não viva num instituto religioso, mas no "mundo", pode alcançar *de fato* um grau superior de perfeição — cuja medida é a caridade — em relação à pessoa que viva no "estado de perfeição", com menor grau de caridade. Todavia, os conselhos evangélicos ajudam sem dúvida a alcançar uma caridade mais plena. Portanto, quem quer que a alcance, mesmo se não vive num "estado de perfeição" institucionalizado, chega àquela perfeição que nasce da caridade, *mediante a fidelidade ao espírito daqueles conselhos*. Tal perfeição é possível e acessível a cada homem, seja num "instituto religioso", seja no "mundo".

4. As palavras de Cristo referidas por Mateus (19, 11–12), parecem, portanto, corresponder adequadamente à complementaridade do matrimônio e da continência "pelo Reino dos Céus" no seu significado e no seu múltiplo alcance. Na vida de uma comunidade autenticamente cristã, as atitudes e os valores próprios de um estado e do outro — isto é, de uma ou outra escolha essencial e consciente como vocação para toda a vida terrena e na perspectiva da "Igreja celeste" — *completam-se e em certo sentido compenetram-se reciprocamente*. O perfeito amor conjugal deve ser caracterizado por aquela fidelidade e por aquela doação ao único Esposo (e também pela fidelidade e doação do Esposo à única Esposa), sobre as quais se fundam a profissão religiosa e o celibato sacerdotal. Em definitivo, a natureza de um e outro amor é "esponsal", ou seja, é expressa mediante o dom total de si. Um e outro amor tendem a exprimir aquele significado esponsal do corpo, que "desde o princípio" está inscrito na mesma estrutura pessoal do homem e da mulher. Retomaremos a seguir este assunto.

---

4 Mt 19, 21: "Se queres ser perfeito...".

5. Por outro lado, o amor esponsal que encontra a sua expressão na continência "pelo Reino dos Céus" deve levar no seu regular desenvolvimento à "paternidade" ou "maternidade" em sentido espiritual (ou seja, precisamente àquela "fecundidade do Espírito Santo", de que já falamos), de modo análogo ao amor conjugal que *amadurece na paternidade e maternidade física* e nela se confirma precisamente como amor esponsal. Por seu lado, também a geração física corresponde plenamente ao seu significado apenas se é completada pela paternidade e maternidade *no espírito*, cuja expressão e cujo fruto são toda a obra educadora dos pais para com os filhos, nascidos da sua união conjugal corpórea.

Como se vê, são numerosos os aspectos e as esferas da complementaridade entre a vocação, em sentido evangélico, daqueles que "tomam esposa e tomam marido"[5] e daqueles que consciente e voluntariamente escolhem a continência "pelo Reino dos Céus".[6]

Na sua Primeira Carta aos Coríntios (cuja análise faremos posteriormente durante as nossas considerações) São Paulo escreverá sobre este tema: "Cada qual recebe de Deus o seu próprio dom, este de uma maneira, aquele de outra".[7]

---

5   Lc 20, 34.

6   Mt 19, 12.

7   1Cor 7, 7.

79. O CELIBATO É RENÚNCIA FEITA POR AMOR

Audiência Geral de quarta-feira, 21 de abril de 1982

1. Continuamos as reflexões sobre as palavras de Cristo relativas à continência "por amor do Reino dos Céus".

Não é possível entender plenamente o significado e o caráter da continência, se o último enunciado de Cristo, "por amor do Reino dos Céus",[1] não for completada pelo seu conteúdo adequado, concreto e objetivo. Dissemos, precedentemente, que este enunciado exprime o motivo, ou melhor põe em relevo, em certo sentido, a finalidade subjetiva da chamada de Cristo à continência. Todavia, a expressão em si mesma tem caráter objetivo, indica de fato uma realidade objetiva, pelo que as pessoas individualmente, homens ou mulheres, podem "fazer--se" (como diz Cristo) eunucos. A realidade do "reino" no enunciado de Cristo segundo Mateus, 19, 11–12, é definida de modo preciso e ao mesmo tempo geral, isto é, de modo a poder compreender todas as determinações e os significados particulares que lhe são próprios.

2. O "Reino dos Céus" significa o "Reino de Deus", anunciado por Cristo na sua realização final, ou seja escatológica. Cristo anunciava este reino na sua realização ou instauração temporal, e ao mesmo tempo prenunciava-o na sua realização escatológica. A instauração temporal do Reino de Deus é ao mesmo tempo a sua inauguração e a sua preparação para a realização definitiva. Cristo chama para este reino, e em certo sentido, convida a todos para ele.[2] Se Ele chama alguns à continência "por amor do Reino dos Céus", pelo conteúdo daquela expressão conclui-se que Ele os chama a participarem de modo singular na instauração do Reino de Deus sobre a terra, graças ao que tem início e se prepara a fase definitiva do "Reino dos Céus".

3. Em tal sentido dissemos que aquele chamamento traz em si o sinal particular do dinamismo próprio do mistério da redenção do corpo. Assim, por conseguinte, na continência por amor do Reino de Deus põe-se em evidência, como já mencionamos, o negar-se a si mesmo, tomar a sua cruz, dia após dia, e seguir a Cristo,[3] que pode

---

1   Mt 19, 12.

2   Cf. a parábola do banquete nupcial: Mt 22, 1–14.

3   Cf. Lc 9, 23.

chegar até ao ponto de levar à renúncia do matrimônio e de uma família própria. Tudo isto deriva da convicção de que, deste modo, é possível contribuir em maior medida para a realização do Reino de Deus na sua dimensão terrena na perspectiva da realização escatológica. Cristo, no seu enunciado segundo Mateus (19, 11-12), diz, de modo geral, que a renúncia voluntária ao matrimônio tem esta finalidade, mas não especifica tal afirmação. No seu primeiro enunciado sobre este tema, Ele ainda não indica quais as tarefas concretas em que tal continência voluntária é necessária ou indispensável, ao realizar o Reino de Deus sobre a terra e ao preparar-lhe a futura realização.

Ainda ouviremos algo a este propósito de Paulo de Tarso (em 1Cor) e o resto será completado pela vida da Igreja no seu desenvolvimento histórico, guiado pela corrente da autêntica Tradição.

4. No enunciado de Cristo sobre a continência "por amor do Reino dos Céus" não encontramos indício algum mais pormenorizado do modo como entender aquele mesmo "Reino" — seja quanto à sua realização terrena, seja quanto à sua definitiva realização — na sua específica e "excepcional" relação com aqueles que por ele "se fazem" voluntariamente "eunucos".

Não se diz mediante qual aspecto particular da realidade constitutiva do reino lhe são associados aqueles que se fizeram livremente "eunucos". Sabe-se, de fato, que o Reino dos Céus é para todos: estão em relação com ele sobre a terra (e no Céu) também aqueles que "tomam esposa e tomam marido". Para todos, ele é a "vinha do Senhor", na qual aqui, na terra, devem trabalhar; e é, em seguida, a "casa do Pai", em que devem encontrar-se na eternidade. Que é, pois, aquele reino para aqueles que por causa dele escolhem a continência voluntária?

5. A estas interrogações não encontramos por ora no enunciado de Cristo, referido por Mateus (19, 11-12), resposta alguma. Parece que isto corresponde ao caráter de todo o enunciado. Cristo responde aos seus discípulos, de modo não conciliador com o pensamento e as apreciações deles, no que se esconde, pelo menos indiretamente, uma atitude utilitarista a respeito do matrimônio.[4] O Mestre afasta-se explicitamente de tal abertura do problema, e por conseguinte, ao falar da continência "por amor do Reino dos Céus", não indica por que vale a pena, desta maneira, renunciar ao matrimônio, a fim de que aquele "é conveniente" não soe aos ouvidos dos discípulos com algum tom utilitarista. Diz apenas que tal continência às vezes é exigida, mas não indispensável, para o Reino de Deus. E com isto indica que ela constitui, no Reino anunciado por Cristo e para o qual chama,

---

4 Mt 19,10: "Se é essa a situação [...] não é conveniente casar-se".

um valor particular em si mesma. Aqueles que a escolhem voluntariamente devem escolhê-la em consideração daquele seu valor, e não em conseqüência de qualquer outro cálculo.

6. Este tom essencial da resposta de Cristo, que se refere diretamente à mesma continência "por amor do Reino dos Céus", pode ser referido, de modo indireto, também ao precedente problema do matrimônio.[5] Tomando portanto em consideração o conjunto do enunciado,[6] segundo a intenção fundamental de Cristo, a resposta seria a seguinte: se alguém opta pelo matrimônio, deve optar por ele tal como foi instituído pelo Criador "desde o princípio"; deve procurar nele aqueles valores correspondentes ao plano de Deus; se, pelo contrário, alguém decide seguir a continência por amor do Reino dos Céus, deve procurar nela os valores próprios de tal vocação. Em outras palavras: deve agir em conformidade com a vocação escolhida.

7. O "Reino dos Céus" é certamente a realização definitiva das aspirações de todos os homens, aos quais Cristo dirige a sua mensagem: é a plenitude do bem, que o coração humano deseja acima dos limites de tudo o que pode ser o seu quinhão na vida terrena; é a máxima plenitude do prêmio para o homem, da parte de Deus. No colóquio com os saduceus,[7] que analisamos precedentemente, encontramos outros pormenores sobre aquele "Reino", ou seja sobre o "outro mundo". Encontram-se ainda mais em todo o Novo Testamento. Parece, todavia, que para esclarecer o que é o Reino dos Céus para aqueles que por causa dele escolhem a continência voluntária, tem particular significado a revelação da relação esponsal de Cristo com a Igreja: entre os outros textos, portanto, é decisivo o da Carta aos Efésios (5, 25ss), sobre o qual será conveniente seguirmos, quando tomarmos em consideração o problema da sacramentalidade do matrimônio.

Aquele texto é igualmente válido tanto para a teologia do matrimônio como para a teologia da continência "por amor do Reino dos Céus", isto é, a teologia da virgindade ou do celibato. Parece que precisamente naquele contexto encontramos quase concretizado o que Cristo tinha dito aos seus discípulos, convidando à continência voluntária "por amor do Reino dos Céus".

8. Nesta análise já foi salientado de modo suficiente que as palavras de Cristo — com toda a sua grande concisão — são fundamentais, cheias de conteúdo essencial e, além disso, caracterizadas por uma certa severidade. Não há dúvida de que Cristo pronuncia o

---

5   Cf. Mt 19, 3–9.

6   *Ibid.*, 3–11.

7   Mt 22, 24–30; Mc 12, 18–27; Lc 20, 27–40.

seu apelo à continência na perspectiva do "outro mundo", mas neste apelo põe em relevo tudo aquilo em que se exprime o realismo temporal da decisão para tal continência, decisão ligada com a vontade de participar na obra redentora de Cristo.

Desse modo, à luz das respectivas palavras de Cristo referidas por Mateus (19, 11–12), emergem sobretudo a profundidade e a seriedade da decisão de viver na continência "pelo Reino", e encontra expressão o momento da renúncia que tal decisão exige.

Sem dúvida, mediante tudo isto, mediante a seriedade e a profundidade da decisão, mediante a severidade e a responsabilidade que ela comporta, transparece e reluz o amor: o amor como disponibilidade do dom exclusivo de si pelo "Reino de Deus". Todavia, nas palavras de Cristo, tal amor parece estar velado por aquilo que, pelo contrário, é colocado por Cristo em primeiro plano. Cristo não esconde aos seus discípulos o fato de que a escolha da continência "por amor do Reino dos Céus" é — vista nas categorias da temporalidade — uma renúncia. Aquele modo de falar aos discípulos, que formula claramente a verdade do seu ensinamento e das exigências decorrentes, é significativo para todo o Evangelho; e é precisamente ele a dar-lhe, além disso, um sinal e uma força tão convincentes.

9. É próprio do coração humano aceitar as exigências, até difíceis, em nome do amor por um ideal e sobretudo em nome do amor para com a pessoa (o amor, de fato, é por essência orientado para a pessoa). E, portanto, naquele apelo para a continência "por amor do Reino dos Céus", primeiro os próprios discípulos e depois toda a Tradição viva da Igreja logo descobrirão o amor que se refere ao próprio Cristo como Esposo da Igreja, Esposo das almas, às quais Ele se deu a si mesmo totalmente, no mistério da sua Páscoa e da Eucaristia.

Deste modo, a continência "por amor do Reino dos Céus", a opção pela virgindade ou pelo celibato para toda a vida, tornou-se na experiência dos discípulos e dos seguidores de Cristo o ato de uma resposta particular do amor do Esposo Divino, e por conseguinte adquiriu o significado de um ato de amor esponsal: isto é, de um dom esponsal de si, a fim de retribuir de modo particular o amor esponsal do Redentor; um dom de si entendido como renúncia, mas feito sobretudo por amor.

80. A CONTINÊNCIA POR AMOR DO REINO DE DEUS E O SIGNIFICADO ESPONSAL DO CORPO

Audiência Geral de quarta-feira, 28 de abril de 1982

1. "Há aqueles que se fizeram eunucos a si mesmos por amor do Reino dos Céus": assim Cristo se exprime segundo o Evangelho de Mateus.[1]

É próprio do coração humano aceitar as exigências, até difíceis, em nome do amor por um ideal e, sobretudo, em nome do amor para com uma pessoa (o amor, de fato, é por essência orientado para a pessoa). E, portanto, naquele apelo para a continência "por amor do Reino dos Céus", primeiro os próprios discípulos e depois a Tradição viva logo descobrirão aquele amor que se refere a Cristo como Esposo da Igreja e Esposo das almas, às quais Ele se deu a si mesmo totalmente, no mistério da sua Páscoa e na Eucaristia. Deste modo, a continência "por amor do Reino dos Céus", a opção pela virgindade ou pelo celibato para toda a vida, tornou-se, na experiência dos discípulos e dos seguidores de Cristo, um ato de resposta particular ao amor do Divino Esposo e por conseguinte adquiriu o significado de um ato de amor esponsal, isto é, de um dom esponsal de si, a fim de retribuir de modo particular o amor esponsal do Redentor; um dom de si, entendido como renúncia, mas feito sobretudo por amor.

2. Colhemos assim toda a riqueza do conteúdo de que está repleto o enunciado de Cristo, embora conciso, mas ao mesmo tempo tão profundo, sobre a continência "por amor do Reino dos Céus"; mas agora é conveniente prestar atenção ao significado que estas palavras têm para a teologia do corpo, do mesmo modo como procuramos apresentar e construir os seus fundamentos bíblicos "desde o princípio". Precisamente a análise daquele "princípio" bíblico, ao qual Cristo se referiu no colóquio com os fariseus sobre o assunto do matrimônio, da sua unidade e indissolubilidade[2] — pouco antes de se dirigir aos seus discípulos com as palavras sobre a continência "pelo Reino dos Céus" —, permite-nos recordar a verdade profunda sobre o significado esponsal do corpo humano na sua masculinidade e fe-

---

1 Mt 19, 12.
2 *Ibid.*, 3–9.

minilidade, como o deduzimos no devido tempo da análise dos primeiros capítulos do Gênesis (e, em particular do capítulo 2, 23-25). Era necessário formular e precisar exatamente assim o que encontramos naqueles textos antigos.

3. A mentalidade contemporânea habituou-se a pensar e a falar, sobretudo, do instinto sexual, transferindo para o terreno da realidade humana o que é próprio do mundo dos seres vivos, os *animalia*. Agora, uma reflexão aprofundada sobre o texto conciso do primeiro e do segundo capítulo do Gênesis permite-nos estabelecer, com certeza e convicção, que "desde o princípio" é delineado na Bíblia um limite muito claro e unívoco entre o mundo dos animais (*animalia*) e o homem criado à imagem e semelhança de Deus. Naquele texto, embora relativamente breve, há, contudo, bastante espaço para demonstrar que o homem tem clara consciência daquilo que o distingue de modo essencial de todos os seres vivos.

4. Por conseguinte, a aplicação desta categoria ao homem, substancialmente naturalística, que está contida no conceito e na expressão de "instinto sexual", não é totalmente adequada ao homem. É óbvio que tal aplicação pode ser feita com base numa certa analogia; de fato, a particularidade do homem em relação a todo o mundo dos seres vivos (*animalia*) não é tal que o homem, compreendido do ponto de vista da espécie, não possa ser fundamentalmente qualificado também como animal, mas animal racional. Portanto, apesar desta analogia, a aplicação do conceito de "instinto sexual" ao homem — dada a sua dualidade em existir como varão ou mulher — todavia limita e, em certo sentido, "reduz" grandemente aquilo que é a própria masculinidade-feminilidade na dimensão pessoal da subjetividade humana. Limita e "diminui" também aquilo pelo qual ambos, o homem e a mulher, se unem de modo a ser uma só carne.[3] Para exprimir isto de modo apropriado e adequado, é necessário servir-se também de uma análise diversa da naturalística. E é precisamente o estudo do "princípio" bíblico que nos obriga a fazê-lo de maneira convincente. A verdade sobre o significado esponsal do corpo humano na sua masculinidade e feminilidade, deduzida dos primeiros capítulos do Gênesis (e em particular do capítulo 2, 23-25), ou seja, a descoberta, simultaneamente, do significado esponsal do corpo na estrutura pessoal da subjetividade do homem e da mulher, parece ser neste âmbito um conceito-chave, e ao mesmo tempo o único apropriado e adequado.

5. Pois bem, precisamente a propósito deste conceito, desta verdade sobre o significado esponsal do corpo humano, é necessário

---

[3] Cf. Gn 2, 24.

voltar a ler e entender as palavras de Cristo acerca da continência "por amor do Reino dos Céus", pronunciadas no imediato contexto daquela referência ao "princípio" sobre o qual Ele fundou a sua doutrina a respeito da unidade e da indissolubilidade do matrimônio. Na base do chamamento de Cristo para a continência está não apenas o "instinto sexual", como categoria de uma necessidade, por assim dizer, naturalística, mas também a compreensão da liberdade do dom, que está organicamente em conexão com a profunda e amadurecida consciência do significado esponsal do corpo, na estrutura total, da subjetividade pessoal do homem e da mulher. Só em relação a tal significado da masculinidade e feminilidade da pessoa humana o chamado de Deus para a continência voluntária "por amor do Reino dos Céus" encontra plena garantia e motivação. Apenas e exclusivamente em tal perspectiva Cristo diz: "Quem puder compreender, compreenda";[4] com isto, Ele indica que tal continência — embora em todos os casos seja, sobretudo, um "dom" — pode ser também "compreendida", isto é, colhida e deduzida do conceito que o homem tem do próprio "eu" psicossomático na sua plenitude, e em particular da masculinidade e feminilidade deste "eu" na relação recíproca, que está "por natureza" inscrito em toda a subjetividade humana.

6. Como recordamos das análises precedentes, realizadas com base no Livro do Gênesis,[5] aquela relação recíproca da masculinidade e feminilidade — aquele recíproco "para" do homem e da mulher — pode ser compreendido de modo apropriado e adequado apenas no conjunto dinâmico do sujeito pessoal. As palavras de Cristo em Mateus (19, 11–12) mostram a seguir que aquele "para", presente "desde o princípio" na base do matrimônio, pode também estar na base da continência "pelo" Reino dos Céus! Fundando-nos na mesma disposição do sujeito pessoal, graças à qual o homem se encontra plenamente através de um dom sincero de si,[6] o homem (varão ou mulher) é capaz de escolher a doação pessoal de si mesmo, feita a outra pessoa no pacto conjugal, em que eles se tornam "uma só carne" e é também capaz de renunciar livremente a tal doação de si a outra pessoa, para que, optando pela continência "por amor do Reino dos Céus" possa dar-se a si mesmo totalmente a Cristo. Baseando-nos na mesma disposição do sujeito pessoal e no mesmo significado esponsal do ser, enquanto corpo, varão ou mulher, pode plasmar-se o amor

---

4 Mt 19, 12.

5 Gn 2, 23–25.

6 Cf. *Gaudium et spes*, 24.

que empenha o homem ao matrimônio na dimensão de toda a vida,[7] mas pode também plasmar-se o amor que empenha o homem por toda a vida à continência "por amor do Reino dos Céus".[8] Cristo fala precisamente disto no conjunto do seu enunciado, dirigindo-se aos fariseus[9] e depois aos discípulos.[10]

7. É evidente que a opção pelo matrimônio, tal como ele foi instituído pelo Criador "desde o princípio", supõe a tomada de consciência e a aceitação interior do significado esponsal do corpo, relacionado com a masculinidade e feminilidade da pessoa humana. Precisamente isto, de fato, está expresso de modo lapidar nos versículos do Livro do Gênesis. Ao escutarmos as palavras de Cristo, dirigidas aos discípulos sobre a continência "por amor do Reino dos Céus",[11] não podemos pensar que aquele segundo gênero de opção possa ser feito de modo consciente e livre sem uma referência à própria masculinidade ou feminilidade e àquele significado esponsal, que é próprio do homem precisamente na masculinidade ou feminilidade da sua condição de sujeito pessoal. Pelo contrário, à luz das palavras de Cristo, devemos admitir que aquele segundo gênero de opção, ou seja, a continência por amor do Reino de Deus, realiza-se também em relação com a masculinidade ou feminilidade própria da pessoa que faz tal opção; realiza-se em base à plena consciência daquele significado esponsal, que a masculinidade e a feminilidade contêm em si. Se tal opção se realizasse em conseqüência de um artificioso "prescindir" desta riqueza real de cada sujeito humano, não corresponderia de modo apropriado e adequado ao conteúdo das palavras de Cristo em Mateus 19, 11-12.

Cristo pede aqui explicitamente uma compreensão total, quando diz: "Quem puder compreender, compreenda".[12]

---

7   Cf. Mt 19, 3-10.

8   *Ibid.*, 11-12.

9   *Ibid.*, 3-10.

10 *Ibid.*, 11-12.

11 *Ibid.*, 11-12.

12 *Ibid.*, 12.

81. A CONTINÊNCIA "PELO REINO DOS CÉUS" E O *ETHOS* DA VIDA CONJUGAL E FAMILIAR

Audiência Geral de quarta-feira, 5 de maio de 1982

1. Ao responder às perguntas dos fariseus sobre o matrimônio e a sua indissolubilidade, Cristo referiu-se ao "princípio", isto é, à sua original instituição por parte do Criador. Uma vez que os seus interlocutores apelavam para a lei de Moisés, que previa a possibilidade da chamada "carta de divórcio", Ele respondeu: "Por causa da dureza dos vossos corações, Moisés permitiu que repudiásseis as vossas mulheres; mas no princípio não foi assim".[1]

Depois do colóquio com os fariseus, os discípulos de Cristo dirigiram-se a Ele com as seguintes palavras: "Se essa é a situação do homem perante a mulher, não é conveniente casar-se!". Respondeu-lhes: "Nem todos compreendem esta linguagem, mas apenas aqueles a quem isso é dado. Há eunucos que nasceram assim do seio materno, há os que se tornaram eunucos pela interferência dos homens, e há aqueles que se fizeram eunucos a si mesmos por amor do Reino dos Céus. Quem puder compreender, compreenda".[2]

2. As palavras de Cristo aludem inevitavelmente a uma consciente e voluntária renúncia ao matrimônio. Tal renúncia é possível apenas quando se admite uma autêntica consciência daquele valor que é constituído pela disposição esponsal da masculinidade e feminilidade para o matrimônio. Para que o homem possa estar plenamente consciente do que escolhe (a continência por amor do Reino), deve ser também plenamente consciente daquilo a que renuncia (trata-se aqui precisamente da consciência do valor em sentido "ideal"; todavia esta consciência é completamente "realista"). Desse modo, Cristo exige, por certo, uma escolha cuidadosa. Comprova-o, sem qualquer dúvida, a forma em que é expressa a chamada à continência por amor do Reino dos Céus.

3. Mas não basta uma renúncia plenamente consciente ao sobredito valor. À luz das palavras de Cristo, como também à luz de toda a autêntica tradição cristã, é possível deduzir que tal renúncia é ao mesmo tempo uma particular forma de afirmação daquele valor de

---

1 Mt 19, 8.

2 *Ibid.*, 10–12.

que a pessoa não desposada se abstém coerentemente, seguindo o conselho evangélico. Isso pode parecer um paradoxo. É sabido, todavia, que o paradoxo acompanha numerosos enunciados do Evangelho, e muitas vezes os mais eloqüentes e profundos. Aceitando tal significado da chamada à continência "por amor do Reino dos Céus", tiramos uma conclusão correta, defendendo que a realização desta chamada serve também — e de modo particular — para a confirmação do significado esponsal do corpo humano na sua masculinidade e feminilidade. A renúncia ao matrimônio por amor do Reino de Deus coloca em evidência, ao mesmo tempo, aquele significado em toda a sua verdade interior e em toda a sua beleza pessoal. Pode-se dizer que esta renúncia por parte de cada pessoa, homem e mulher, é em certo sentido indispensável, para o mesmo significado esponsal do corpo ser mais facilmente reconhecido em todo o *ethos* da vida humana e sobretudo no *ethos* da vida conjugal e familiar.

4. Assim, portanto, embora a continência "por amor do Reino dos Céus" (a virgindade, o celibato) oriente a vida das pessoas que a escolhem livremente fora da via comum da vida conjugal e familiar, todavia não fica sem significado para esta vida: pelo seu estilo, o seu valor e a sua autenticidade evangélica. Não esqueçamos que a única chave para compreender a sacramentalidade do matrimônio é o amor esponsal de Cristo para com a Igreja:[3] de Cristo, filho da Virgem, que era Ele mesmo virgem, isto é, "eunuco por amor do Reino dos Céus", no sentido mais perfeito do termo. Será conveniente retomar este argumento mais tarde.

5. No fim destas reflexões permanece ainda um problema concreto: de que modo no homem, a quem "foi concedido" o chamado à continência por amor do Reino, esse chamado se forma sobre a base da consciência do significado esponsal do corpo na sua masculinidade e feminilidade, e, além disso, como fruto de tal consciência? De que modo se forma ou, antes, se "transforma"? Esta pergunta é igualmente importante, tanto do ponto de vista da teologia do corpo, como do ponto de vista do desenvolvimento da personalidade humana, que é de caráter personalista e carismático ao mesmo tempo. Se quiséssemos responder a tal pergunta de modo completo — na dimensão de todos os aspectos e de todos os problemas concretos que ela traz em si — seria necessário fazer um estudo propositado sobre a relação entre o matrimônio e a virgindade, e entre o matrimônio e o celibato. Isto ultrapassaria, contudo, os limites das presentes considerações.

---

3   Cf. Ef 5, 22–23.

6. Permanecendo no âmbito das palavras de Cristo segundo Mateus (19, 11–12), é necessário concluir as nossas reflexões afirmando o que se segue. Primeiro: se a continência "pelo Reino dos Céus" indubitavelmente significa uma *renúncia*, essa renúncia é ao mesmo tempo uma *afirmação* que deriva do descobrimento do "dom", isto é, do descobrimento simultâneo de uma nova perspectiva da realização pessoal de si mesmos "através de um dom sincero de si";[4] este descobrimento está então em profunda harmonia interior com o sentido do significado esponsal do corpo, ligado "desde o princípio" à masculinidade e feminilidade do homem como sujeito pessoal. Segundo: embora a continência "por amor do Reino dos Céus" se identifique com a renúncia ao matrimônio — que na vida de um homem e de uma mulher dá início à família —, não se pode de nenhum modo ver nela uma negação do valor essencial do matrimônio; antes, pelo contrário, a continência serve indiretamente para colocar em relevo o que na vocação conjugal é perene e mais profundamente pessoal, o que nas dimensões da temporalidade (e ao mesmo tempo na perspectiva do "outro mundo") corresponde à dignidade do dom pessoal, ligado ao significado esponsal do corpo na sua masculinidade ou feminilidade.

7. Deste modo, o chamado de Cristo à continência "por amor do Reino dos Céus", justamente associado ao chamado para a futura ressurreição,[5] tem significado capital não só para o *ethos* e para a espiritualidade cristã, mas também para a antropologia e para toda a teologia do corpo, que descobrimos nas suas bases. Recordemo-nos do que Cristo disse, segundo a versão dos três Evangelhos sinóticos e apelando para a ressurreição do corpo no "outro mundo": "Quando ressuscitarem dentre os mortos [...] nem casarão nem se darão em casamento".[6] Estas palavras, já anteriormente analisadas, fazem parte do conjunto das nossas considerações sobre a teologia do corpo e contribuem para a sua construção.

---

4 *Gaudium et spes*, 24.

5 Cf. Mt 21, 24–30; Mc 12, 18–27; Lc 20, 27–40.

6 Mc 12, 25.

82. A INTERPRETAÇÃO PAULINA DA VIRGINDADE E DO MATRIMÔNIO

Audiência Geral de quarta-feira, 23 de junho de 1982

1. Depois de analisar as palavras de Cristo, referidas pelo Evangelho segundo Mateus,[1] convém passar à interpretação paulina do tema: virgindade e matrimônio.

O enunciado de Cristo sobre a continência por amor do Reino dos Céus é conciso e fundamental. No ensinamento de Paulo, como veremos dentro em pouco, podemos reconhecer uma relação com as palavras do Mestre; todavia o significado do enunciado[2] no seu conjunto é avaliado de maneira diversa. A grandeza do ensinamento de Paulo consiste em que ele, apresentando a verdade proclamada por Cristo em toda a sua autenticidade e identidade, dá-lhe um timbre próprio, em certo sentido sua própria interpretação "pessoal", mas que surgiu, sobretudo, das experiências da sua atividade apostólico-missionária, e talvez mesmo da necessidade de responder às perguntas concretas dos homens, a quem esta atividade era dirigida. E assim encontramos em Paulo o assunto da relação recíproca entre o matrimônio e o celibato ou a virgindade, como tema que solicitava as almas da primeira geração dos confessores de Cristo, a geração dos discípulos dos apóstolos, das primeiras comunidades cristãs. Isto acontecia para os convertidos do helenismo, portanto do paganismo, mais que do judaísmo; e isto pode explicar por que o tema esteja presente especialmente numa carta dirigida à comunidade de Corinto, a primeira.

2. O tom do enunciado inteiro é sem dúvida magisterial; todavia, o tom, como a linguagem, é também pastoral. Paulo ensina a doutrina transmitida pelo Mestre aos apóstolos e, ao mesmo tempo, mantém uma espécie de colóquio contínuo com os destinatários da sua carta sobre o tema em questão. Fala como um clássico mestre de moral, enfrentando e resolvendo problemas de consciência, e por isso os moralistas gostam de recorrer de preferência aos esclarecimentos e às deliberações desta Primeira Carta aos Coríntios (capítulo 7). É necessário, porém, recordar que a base última daquelas deliberações deve ser buscada na vida e no ensinamento do próprio Cristo.

---

1 Mt 19, 10–12.

2 1Cor 7.

3. O apóstolo sublinha, com grande clareza, que a virgindade, ou seja, a continência voluntária, deriva exclusivamente de um conselho e não de um mandamento: "No que se refere às pessoas virgens, não tenho mandamento do Senhor, dou porém o meu parecer". Paulo dá este conselho ou parecer "como quem alcançou do Senhor misericórdia, para ser fidedigno".[3] Como se vê das palavras citadas, o Apóstolo distingue, do mesmo modo como no Evangelho,[4] entre conselho e mandamento. Ele, com base na regra "doutrinal" da compreensão do ensinamento proclamado, deseja aconselhar, deseja dar conselhos pessoais aos homens que se dirigem a ele. Assim, portanto, o "conselho" na Primeira Carta aos Coríntios (capítulo 7) tem claramente dois significados diversos. O autor afirma que a virgindade é um conselho e não um mandamento, e simultaneamente dá conselhos tanto às pessoas já casadas como àquelas que devem tomar ainda uma decisão a este propósito, e por último a todas as que se encontram no estado de viuvez. A problemática é substancialmente igual àquela com que nos deparamos em todo o enunciado de Cristo referido por Mateus (19, 2-12): primeiro sobre o matrimônio e a sua indissolubilidade, e depois sobre a continência voluntária por amor do Reino dos Céus. Todavia, o estilo de tal problemática é bem próprio: é de Paulo.

4. "Mas, se alguém julga que é inconveniente para a sua filha haver passado a idade de se casar, e que é seu dever fazê-la casar, faça o que quiser; não peca se a casar; que eles se casem. Mas aquele que resolveu firmemente no seu íntimo, não o obrigando a necessidade e com perfeita liberdade de escolha, guardar virgem a sua filha, faz bem. Portanto, quem casa a filha faz bem: mas quem a não casa faz melhor".[5]

5. A pessoa que tinha pedido conselho podia ser um jovem que se encontrava diante da decisão de tomar esposa, ou talvez um jovem desposado que diante das correntes ascéticas existentes em Corinto refletia sobre a linha para dar ao seu matrimônio; podia ser também um pai ou um tutor de uma jovem que tinha posto o problema do seu matrimônio. Em tal caso, tratar-se-ia diretamente da decisão que derivava dos seus direitos tutelares. Paulo escreve, com efeito, quando as decisões deste gênero pertenciam mais aos pais ou aos tutores do que aos jovens mesmos. Ele, portanto, ao responder à pergunta desse modo a ele dirigida, procura explicar, de maneira muito precisa, que a decisão acerca da continência, ou seja, acerca da vida na virgindade, deve ser voluntária e que apenas tal continência é melhor do que o

---

[3] 1Cor 7, 25.

[4] Cf. Mt 19, 11-12.

[5] 1Cor 7, 36-38.

matrimônio. As expressões "faz bem" e "faz melhor" são, neste contexto, completamente unívocas.

6. Ora, o Apóstolo ensina que a virgindade, ou seja, a continência voluntária, a abstenção matrimonial da jovem, deriva exclusivamente de um conselho, e que, nas condições oportunas, a virgindade é "melhor" do que o matrimônio. Não entra, porém, de nenhum modo a questão do pecado: "Estás ligado a uma mulher? Não procures separar-te. Estás livre de mulher? Não procures mulher. Mas, se te casares, não pecas; e, se a virgem se casar, não peca".[6] Com base apenas nestas palavras, não podemos certamente formular juízos sobre aquilo que o Apóstolo pensava e ensinava acerca do matrimônio. Este tema será explicado, já em parte, no contexto da Primeira Carta aos Coríntios (capítulo 7) e, de maneira mais plena, na Carta aos Efésios.[7] No nosso caso, trata-se provavelmente da resposta à pergunta sobre se o matrimônio é pecado; e poder-se-ia ainda pensar que, em tal pergunta, há algum influxo de correntes dualísticas pré-gnósticas, que mais tarde se transformaram em encratismo e maniqueísmo. Paulo responde que aqui não entra em jogo de maneira alguma a questão do pecado. Não se trata do discernimento entre o "bem" ou o "mal", mas somente entre o "bem" ou o "melhor". Em seguida, ele passa a motivar a razão pela qual aquele que escolhe o matrimônio "faz bem" e quem escolhe a virgindade, ou seja, a continência voluntária, "faz melhor".

Da argumentação paulina nos ocuparemos durante a nossa próxima reflexão.

---

6   1Cor 7, 27–28.

7   Ef 5, 21–33.

83. A EXALTAÇÃO DA VIRGINDADE E A PREOCUPAÇÃO PELAS COISAS DO SENHOR

Audiência Geral de quarta-feira, 30 de junho de 1982

1. São Paulo, explicando no capítulo 7 da sua Primeira Carta aos Coríntios a questão do matrimônio e da virgindade (ou seja, da continência por amor do Reino de Deus), procura motivar a causa por que faz "bem" aquele que escolhe o matrimônio e quem, pelo contrário, se decide a uma vida na continência, ou seja, na virgindade, faz "melhor". Escreve, de fato, assim: "Digo-vos, irmãos, que o tempo é breve. O que importa é que também aqueles que têm mulheres vivam como se as não tivessem"; e depois: "aqueles que compram, como se não possuíssem; e os que se servem do mundo, como se dele se não servissem, porque a aparência deste mundo passa. E bem quisera eu que estivésseis sem cuidados".[1]

2. As últimas palavras do texto citado demonstram que Paulo se refere, na sua argumentação, também à própria experiência, pelo que a sua argumentação se torna mais pessoal. Não só formula o princípio e procura motivá-lo como tal, mas liga-se às reflexões e às convicções pessoais, nascidas da prática do conselho evangélico do celibato. Da sua força persuasiva testemunham todas as expressões e locuções. O Apóstolo não só escreve aos seus coríntios: "Quisera que todos os homens fossem como eu",[2] mas vai além, quando, com referência aos homens que contraem o matrimônio, escreve: "Todavia, esses tais terão tribulações na carne, e eu queria poupar-vos delas".[3] Aliás, essa sua convicção pessoal já estava expressa nas primeiras palavras do capítulo 7 da sua carta, referindo, ainda que para modificá-la, esta opinião dos coríntios: "Quanto às coisas que me escrevestes, penso ser bom que o homem se abstenha da mulher".[4]

3. É lícito fazermos a pergunta: que "tribulações na carne" tinha Paulo no pensamento? Cristo falava só dos sofrimentos (ou seja, "aflições") que a mulher experimenta quando deve dar "à luz a criança",

---

1 1Cor 7, 29–32.

2 *Ibid.*, 7.

3 *Ibid.*, 28.

4 *Ibid.*, 1.

sublinhando, todavia, a alegria[5] com que ela se deleita, como compensação desse sofrer, depois do nascimento do filho: a alegria da maternidade. Paulo, pelo contrário, escreve sobre as "tribulações do corpo", que esperam os cônjuges. Acaso isto expressa uma aversão pessoal do Apóstolo no que se refere ao matrimônio? Nesta observação realista é necessário ver uma justa advertência para aqueles que — como às vezes os jovens — julgam que a união e a convivência conjugal devem trazer-lhes só felicidade e alegria. A experiência da vida demonstra que os cônjuges ficam não raras vezes desiludidos quanto àquilo que mais esperavam. A alegria da união traz consigo também aquelas "tribulações na carne", de que escreve o Apóstolo na Carta aos Coríntios. Estas são muitas vezes "tribulações" de natureza moral. Se ele pretende dizer com isto que o verdadeiro amor conjugal — precisamente aquele em virtude do qual "o homem [...] se unirá à sua mulher, e os dois serão uma só carne"[6] — é também um amor difícil, sem dúvida mantém-se no terreno da verdade evangélica e não há qualquer razão para descobrir nisso sintomas da atitude que, mais tarde, deveria caracterizar o maniqueísmo.

4. Cristo, nas suas palavras acerca da continência por amor do Reino de Deus, não procura de qualquer modo encaminhar os ouvintes para o celibato ou para a virgindade, indicando-lhes "as tribulações" do matrimônio. Percebe-se, antes, que Ele procura pôr em relevo diversos aspectos, humanamente penosos, vindos da decisão em favor da continência: seja a razão social, sejam as razões de natureza subjetiva, ambas levam Cristo a dizer, a respeito do homem que toma tal decisão, que ele se faz "eunuco", isto é, que voluntariamente abraça a continência. Mas, precisamente graças a isto, compreende-se muito claramente todo o significado subjetivo, a grandeza e a excepcionalidade de tal decisão: o significado de uma resposta pensada a um dom particular do Espírito.

5. Não é diferente o entendimento de São Paulo quanto ao conselho de continência, na Carta aos Coríntios; exprime-o, porém, de modo diverso. Na verdade escreve: "Digo-vos, irmãos, que o tempo é breve",[7] e pouco depois: "A aparência deste mundo passa" (7, 31). Esta verificação acerca da caducidade da existência humana e da transitoriedade do mundo temporal, em certo sentido acerca da acidentalidade de tudo o que é criado, deve fazer com que "aqueles que têm mulheres vivam como se não as tivessem",[8] e ao mesmo tempo

---

5 Cf. Jo 16, 21.

6 Cf. Gn 2, 24.

7 1Cor 7, 29.

8 *Ibid.*; ver também 7, 31.

preparar o terreno para o ensinamento sobre a continência. No centro do seu raciocínio, de fato, Paulo coloca a frase-chave que pode ser unida ao enunciado de Cristo, único no seu gênero, sobre o tema da continência por amor do Reino de Deus.[9]

6. Enquanto Cristo coloca em relevo a grandeza da renúncia, inseparável de tal decisão, Paulo demonstra sobretudo como é necessário entender o "Reino de Deus" na vida do homem que renunciou ao matrimônio em vista dele. E enquanto o tríplice paralelismo do enunciado de Cristo atinge o ponto culminante no verbo que significa a grandeza da renúncia assumida voluntariamente,[10] Paulo define a situação com uma só palavra: "quem não está casado" (*ágamos*), mais adiante, pelo contrário, exprime todo o conteúdo da expressão "Reino dos Céus" numa esplêndida síntese. Diz, com efeito: "O solteiro cuida do modo como há de agradar ao Senhor".[11]

7. O contexto do verbo "preocupar-se" ou "procurar" no Evangelho de Lucas, discípulo de Paulo, indica que verdadeiramente é preciso procurar unicamente o Reino de Deus,[12] o que forma a "melhor parte", o *unum necessarium*.[13] E o próprio Paulo fala diretamente da sua "preocupação por todas as Igrejas",[14] da busca de Cristo mediante a solicitude pelos problemas dos irmãos, pelos membros do Corpo de Cristo.[15] Conclui-se deste contexto todo o vasto campo da "preocupação" à qual o homem não casado pode dedicar totalmente o seu pensamento, a sua fadiga e o seu coração. O homem, de fato, pode "preocupar-se" somente daquilo que verdadeiramente leva no coração.

8. No enunciado de Paulo, quem não é casado preocupa-se com as coisas do Senhor (*tà tou kyriou*). Com esta concisa expressão, Paulo abraça toda a realidade objetiva do Reino de Deus. "Do Senhor é a terra e tudo o que ela contém", dirá ele mesmo pouco depois nesta carta.[16]

O objeto da solicitude do cristão é o mundo todo! Mas Paulo com o nome de "Senhor" qualifica, antes de tudo, Jesus Cristo,[17] e por isso "as coisas do Senhor" significam, em primeiro lugar, "o Reino de

---

9   Cf. Mt 19, 12.

10 Mt 19, 12: "[...] e há aqueles que se fizeram eunucos a si mesmos por amor do Reino dos Céus".

11 1Cor 7, 32.

12 Cf. Lc 12, 31.

13 *Ibid.*, 41.

14 2Cor 11, 28.

15 Cf. Fp 2, 20–21; 1Cor 12, 25.

16 1Cor 10, 26; cf. Sl 23/24, 1.

17 Cf. por exemplo Fp 2, 11.

Cristo", o seu Corpo que é a Igreja[18] e tudo quanto contribui para o seu crescimento. O homem não casado ocupa-se de tudo isto, e por isso Paulo, sendo no pleno sentido da palavra "apóstolo de Jesus Cristo"[19] e ministro do Evangelho,[20] escreve aos coríntios: "Quisera que todos os homens fossem como eu".[21]

9. Todavia, o zelo apostólico e a atividade mais frutuosa não são ainda tudo o que a motivação paulina da continência oferece. Poder-se-ia mesmo dizer que a sua raiz e nascente se encontra na segunda parte da frase, que demonstra a realidade subjetiva do Reino de Deus: "O solteiro cuida do modo como há de agradar ao Senhor". Esta verificação abraça todo o campo da relação pessoal do homem com Deus. "Agradar a Deus" — a expressão encontra-se em antigos livros da Bíblia[22] — é sinônimo de vida na graça de Deus, e exprime a atitude daquele que procura a Deus, ou seja, de quem se comporta segundo a sua vontade, de maneira que lhe seja agradável. Num dos últimos livros da Sagrada Escritura esta expressão torna-se uma síntese teológica da santidade. São João aplica-a uma só vez a Cristo: "Eu sempre faço o que é do seu agrado (isto é, do Pai)".[23] São Paulo observa na Carta aos Romanos: Cristo "não procurou o que lhe era agradável".[24]

Entre estas duas verificações inclui-se tudo quanto constitui o significado do "agradar a Deus", entendido no Novo Testamento como seguir os passos de Cristo.

10. Parece que ambas as partes da expressão paulina se sobrepõem: na verdade, preocupar-se com o que "pertence ao Senhor", com as "coisas do Senhor", deve "agradar ao Senhor". Por outro lado, aquele que agrada a Deus não pode fechar-se em si mesmo, mas abre-se ao mundo, a tudo o que há de ser reconduzido a Cristo. Estes são, evidentemente, só dois aspectos da mesma realidade de Deus e do seu Reino. Paulo, contudo, devia distingui-los, para demonstrar mais claramente a natureza e a possibilidade da continência "por amor do Reino dos Céus".

Procuraremos voltar ainda a este tema.

---

18   Cf. Cl 1, 18.

19   2Cor 1, 1.

20   Cf. Cl 1, 23.

21   1Cor 7, 7.

22   Cf. por exemplo Dt 13, 19.

23   Jo 8, 29.

24   Rm 15, 3.

84. A AÇÃO DA GRAÇA DE DEUS EM CADA HOMEM NA ESCOLHA ENTRE VIRGINDADE OU MATRIMÔNIO

Audiência Geral de quarta-feira, 7 de julho de 1982

1. Durante o encontro de quarta-feira passada, procuramos aprofundar a argumentação de que São Paulo se serve na Primeira Carta aos Coríntios para convencer aqueles a quem se dirige de que faz "bem" quem escolhe o matrimônio, mas que aquele que escolhe a virgindade (ou seja, a continência segundo o espírito do conselho evangélico), faz "melhor".[1] Continuando hoje esta meditação, recordamos que segundo São Paulo "o solteiro cuida do modo como há de agradar ao Senhor".[2]

O "agradar ao Senhor" tem, como fundo, o amor. Este fundo deriva de um novo confronto: o solteiro cuida do modo como há de agradar a Deus, ao passo que o homem casado deve preocupar-se também em não descontentar a mulher. Aqui aparece, em certo sentido, o caráter esponsal da "continência por amor do Reino dos Céus". O homem procura sempre agradar à pessoa amada. O "agradar a Deus" não é, portanto, destituído deste caráter, que distingue a relação interpessoal dos esposos. Por um lado, ele é um esforço do homem que tende para Deus e procura o modo de agradá-lo, isto é, exprimir ativamente o amor; por outro lado, a esta aspiração corresponde um beneplácito de Deus que, aceitando os esforços do homem, coroa a própria obra dando-lhe uma nova graça: desde o princípio, com efeito, esta aspiração foi dom dado por Ele. O "cuidar de como agradar a Deus" é, portanto, uma contribuição do homem no contínuo diálogo da salvação, iniciado por Deus. Evidentemente, nele toma parte todo o cristão que vive da fé.

2. Paulo observa, todavia, que o homem ligado ao vínculo matrimonial "se encontra dividido" (1Cor 7, 34) por causa dos seus deveres familiares.[3] Desta verificação parece, por conseguinte, resultar que a pessoa solteira deveria ser caracterizada por uma integração interior, por uma unificação que lhe permitisse dedicar-se completamente ao serviço do Reino de Deus em todas as suas dimensões. Tal atitude

---

1   1Cor 7, 38.

2   *Ibid.*, 32.

3   *Ibid.*, 34.

pressupõe a abstenção do matrimônio, abstenção exclusivamente "pelo Reino dos Céus", e uma vida dirigida unicamente para esta finalidade. De outro modo, "a divisão" pode furtivamente entrar também na vida de um solteiro que, estando livre, por um lado, da vida matrimonial e, por outro, de uma clara finalidade pela qual deveria renunciar a ela, poderia encontrar-se diante de certo vazio.

3. O Apóstolo parece conhecer bem tudo isto, e apressa-se a especificar que não quer "atirar um laço" àquele a quem aconselha não casar-se, mas o faz a fim de dirigi-lo para aquilo que é digno e que o mantém unido ao Senhor sem distrações.[4] Estas palavras fazem vir à mente o que, durante a Última Ceia, Cristo, segundo o Evangelho de Lucas, diz aos Apóstolos: "Vós estivestes sempre junto de mim nas minhas provações (literalmente, "nas tentações"); e eu disponho a vosso favor do Reino, como meu Pai dispõe dele a meu favor".[5] O solteiro, "estando unido ao Senhor", pode estar certo de que as suas dificuldades encontrarão compreensão: "Porque não temos um Sumo Sacerdote que não possa compadecer-se das nossas fraquezas. Pelo contrário, Ele mesmo foi provado em tudo, à nossa semelhança exceto no pecado".[6] Isto permite à pessoa solteira não tanto mergulhar exclusivamente nos possíveis problemas pessoais quanto incluí-los na grande corrente dos sofrimentos de Cristo e do seu Corpo, que é a Igreja.

4. O Apóstolo mostra de que modo se pode "estar unido ao Senhor": isto se pode alcançar aspirando a uma permanência constante com Ele, a um deleitar-se da sua presença (*eupáredron*), sem se deixar distrair pelas coisas não essenciais (*aperispástos*).[7]

Paulo concretiza este pensamento ainda mais claramente, quando fala da situação da mulher casada e daquela que escolheu a virgindade ou já não tem marido. Ao passo que a mulher casada deve preocupar-se em "como possa agradar ao marido", a solteira "preocupa-se das coisas do Senhor, para ser santa no corpo e no espírito".[8]

5. Para captar de modo adequado toda a profundidade do pensamento de Paulo, é necessário observar que a "santidade", segundo a concepção bíblica, é mais um estado do que uma ação; tem um caráter antes de tudo ontológico, mas também moral. Especialmente no Antigo Testamento, é uma "separação" do que não está sujeito à influência de Deus, que é o "*profanum*", para pertencer exclusivamente

---

4   Cf. 1Cor 7, 35.

5   Lc 22, 28–29.

6   Hb 4, 15.

7   Cf. 1Cor 7, 35.

8   *Ibid.*, 34.

a Deus. A "santidade no corpo e no espírito", portanto, significa também a sacralidade da virgindade ou do celibato, aceitos por amor do "Reino de Deus". E, ao mesmo tempo, o que é oferecido a Deus deve distinguir-se com a pureza moral e por isso pressupõe um comportamento "sem mancha nem ruga", "santo e imaculado", segundo o modelo virginal da Igreja que está diante de Cristo.[9]

O Apóstolo, neste capítulo da Carta aos Coríntios, toca os problemas do matrimônio e do celibato ou virgindade de modo profundamente humano e realista, dando-se conta da mentalidade dos seus destinatários. A argumentação de Paulo é, em certa medida, *ad hominem*. O mundo novo, a nova ordem dos valores que ele anuncia, deve encontrar-se, no ambiente dos seus destinatários de Corinto, com o "outro mundo" e com outra ordem de valores, diversa também daquela a que eram dirigidas, pela primeira vez, as palavras pronunciadas por Cristo.

6. Se Paulo, com a sua doutrina acerca do matrimônio e da continência, se refere também à caducidade do mundo e da vida humana nele, ele o faz certamente com referência ao ambiente, que em certo sentido era orientado de modo programático para o "uso do mundo". Quão significativo, deste ponto de vista, é o seu apelo "àqueles que usam do mundo", para que o façam "como se dele se não servissem".[10] Do contexto imediato resulta que também o matrimônio, neste ambiente, era entendido como um modo de "usar o mundo" — diversamente de como o tinha sido em toda a tradição israelita (não obstante algumas desfigurações, que Jesus indicou no colóquio com os fariseus, ou no Sermão da Montanha). Indubitavelmente, tudo isto explica o estilo da resposta de Paulo. O Apóstolo bem sabia que, ao estimular a abstenção do matrimônio, devia ao mesmo tempo colocar em evidência um modo de compreensão do matrimônio conforme a toda a ordem evangélica dos valores. E devia fazê-lo com máximo realismo — isto é, tendo diante dos olhos o ambiente a que se dirigia, as idéias e os modos de apreciar as coisas nele dominantes.

7. Aos homens que viviam num ambiente em que o matrimônio era considerado, sobretudo, como um dos modos de "usar do mundo", Paulo pronuncia-se, com as significativas palavras, seja acerca da virgindade ou do celibato (como vimos), seja acerca do matrimônio: "Digo aos solteiros e às viúvas que é melhor permanecer no mesmo estado que eu. Mas, se não puderem se conter, casem-se. Porque mais

---

9   Ef 5, 27.

10 1Cor 7, 31.

vale casar-se que abrasar-se".[11] Quase a mesma idéia já tinha sido expressa anteriormente por Paulo: "Agora, quanto às coisas que me escrevestes: penso ser bom que o homem se abstenha da mulher. Mas, dado o perigo da imoralidade, cada um tenha a sua própria mulher, e cada uma tenha o seu próprio marido".[12]

8. Não estará olhando Apóstolo, na Primeira Carta aos Coríntios, para o matrimônio exclusivamente do ponto de vista de um *remedium concupiscentiae*, como se costumava dizer na linguagem tradicional teológica? Os enunciados referidos pouco acima pareceriam testemunhá-lo. Entretanto, na imediata proximidade das formulações referidas, lemos uma frase que nos leva a ver de modo diverso o conjunto do ensinamento de São Paulo contido no capítulo 7 da Primeira Carta aos Coríntios: "Quisera que todos os homens fossem como eu (repete o seu argumento preferido em favor da abstenção do matrimônio); — mas cada qual recebe de Deus o seu próprio dom, este de uma maneira, aquele de outra".[13] Portanto, também aqueles que escolhem o matrimônio e vivem nele, recebem de Deus um "dom", o "próprio dom", isto é, a graça própria de tal escolha, deste modo de viver, deste estado. O dom recebido pelas pessoas que vivem no matrimônio é diverso do recebido pelas pessoas que vivem na virgindade e escolhem a continência por amor do Reino dos Céus; apesar disso, este é um verdadeiro "dom de Deus", dom "próprio", destinado a pessoas concretas, e "específico" isto é, adaptado à vocação de vida que têm.

9. Pode-se dizer, portanto, que enquanto o Apóstolo, na sua caracterização do matrimônio pela parte "humana" (e talvez ainda mais por parte da situação local que dominava em Corinto), coloca energicamente em relevo o motivo da atenção à concupiscência da carne, ao mesmo tempo ele faz notar, não com menor força de convicção, também o caráter sacramental e "carismático". Com a mesma clareza com que vê a situação do homem em relação à concupiscência da carne, vê também a ação da graça em cada homem — não menos naquele que vive no matrimônio do que naquele que escolhe voluntariamente a continência, tendo presente que "a aparência deste mundo passa".

---

11 *Ibid.*, 8–9.

12 *Ibid.*, 1–2.

13 2Cor 7, 7.

85. A "CONCESSÃO" PAULINA DE ABSTINÊNCIA ENTRE OS CÔNJUGES NA DINÂMICA ESPIRITUAL DA TEOLOGIA DO CORPO

Audiência Geral de quarta-feira, 14 de julho de 1982

1. Durante as nossas precedentes considerações, analisando o capítulo 7 da Primeira Carta aos Coríntios, procuramos unir e compreender os ensinamentos e os conselhos que São Paulo dá aos destinatários da sua carta sobre as questões relativas ao matrimônio e à continência voluntária (ou seja, à abstenção do matrimônio). Afirmando que aquele que escolhe o matrimônio "faz bem" e quem escolhe a virgindade "faz melhor", o Apóstolo faz referência à caducidade do mundo — ou seja, a tudo o que é temporal.

É fácil intuir que o motivo da caducidade e da instabilidade do que é temporal se expresse, neste caso, com muito maior força do que a referência à realidade do "outro mundo". Ainda que o Apóstolo aqui se exprima não sem dificuldade, podemos todavia concordar que na base da interpretação paulina do tema "matrimônio-virgindade" se encontra não tanto a mesma metafísica do ser acidental (portanto passageiro) quanto, de preferência, a teologia de uma grande expectativa, de que Paulo foi fervoroso propugnador. O "mundo" não é o eterno destino do homem, mas o Reino de Deus. O homem não pode se apegar demasiado aos bens que são a medida do mundo perecível.

2. Também o matrimônio está ligado à "aparência deste mundo" que passa; e aqui estamos, em certo sentido, muito perto da perspectiva aberta por Cristo no seu enunciando acerca da futura ressurreição.[1] Por isso o cristão, segundo o ensinamento de Paulo, deve viver o matrimônio do ponto de vista da sua vocação definitiva. E enquanto o matrimônio está ligado à aparência deste mundo, que "passa" e por isso impõe, em certo sentido, a necessidade de "fechar-se" nesta caducidade — a abstenção do matrimônio, pelo contrário, poderia se dizer livre de tal necessidade. Precisamente por isso, declara o Apóstolo que "faz melhor" aquele que escolhe a continência. Embora a sua argumentação prossiga neste caminho, todavia coloca-se decididamente em primeiro lugar (como já verificamos), sobretudo, o problema de "agradar ao Senhor" e de "preocupar-se com as coisas do Senhor".

---

1 Cf. Mt 22, 23–32; Mc 12, 18–27; Lc 20, 27–40.

3. Pode-se admitir que as mesmas razões falam em favor do que o Apóstolo aconselha às mulheres que ficam viúvas: "A mulher casada está ligada ao marido, enquanto ele vive. Morto este, fica livre para se casar com quem quiser, contanto que seja no Senhor. Mais feliz será, porém, na minha opinião, se ficar como estava. Julgo que também eu tenho o Espírito de "Deus!".[2] Portanto: permaneça na viuvez de preferência a contrair novo matrimônio.

4. Mediante isto que descobrimos com uma leitura perspicaz da Carta aos Coríntios (especialmente do capítulo 7), desvela-se todo o realismo da teologia paulina do corpo. Se o Apóstolo na carta proclama que "o vosso corpo é templo do Espírito Santo que está em vós",[3] ao mesmo tempo está plenamente consciente da debilidade e da pecaminosidade a que o homem está sujeito, exatamente por motivo da concupiscência da carne.

Todavia, tal consciência não lhe apaga de modo algum a realidade do dom de Deus, que é participado tanto por aqueles que se abstêm do matrimônio, como pelos que tomam mulher ou marido. No capítulo 7 da Primeira Carta aos Coríntios encontramos um claro encorajamento à abstenção do matrimônio: a convicção de que "faz melhor" aquele que se decide por ela; não encontramos, todavia, fundamento algum para considerar aqueles que vivem no matrimônio como "carnais" e aqueles, pelo contrário, que, por motivos religiosos, escolhem a continência como "espirituais". Com efeito, em um e outro modo de viver — diríamos hoje: em uma e outra vocação — opera aquele "dom" que cada um recebe de Deus, isto é, a graça, a qual faz com que o corpo seja e permaneça como "templo do Espírito Santo", tanto na virgindade (na continência) como também no matrimônio, se o homem se mantém fiel ao próprio dom e, conforme ao seu estado, ou seja, à sua vocação, não "desonra" este "templo do Espírito Santo" que é o seu corpo.

5. No ensinamento de Paulo, contido, sobretudo, no capítulo 7 da Primeira Carta aos Coríntios, não encontramos nenhuma premissa para o que mais tarde será chamado de "maniqueísmo". O Apóstolo está plenamente consciente de que — embora a continência pelo Reino de Deus se mantenha sempre digna de recomendação — ao mesmo tempo a graça, isto é, "o próprio dom de Deus", ajuda também os esposos naquela convivência em que (segundo as palavras de Gênesis 2, 24) eles se encontram tão estreitamente unidos que se tornam "uma só carne". Esta convivência carnal está, portanto, submetida à potência do seu "próprio dom de Deus". O Apóstolo escreve sobre ela com o mesmo realismo característico de todo o seu raciocínio no capítulo 7 desta carta: "O marido dê à mulher o que lhe é devido, e igualmente a

---

2   1Cor 1, 39–40.

3   *Ibid.*, 19.

mulher também ao marido. A mulher não tem poder sobre o seu próprio corpo, mas sim o marido; da mesma maneira, o marido não tem poder sobre o seu próprio corpo, mas sim a mulher" (vv. 3–4).

6. Pode-se dizer que estas formulações são uma patente referência, por parte do Novo Testamento, das palavras há pouco recordadas do livro do Gênesis.[4] Todavia, as palavras aqui usadas, em particular as expressões "dever" e "não ter poder", não podem explicar-se abstraindo da justa dimensão da aliança matrimonial, assim como procuramos esclarecer fazendo a análise dos textos do livro do Gênesis; procuraremos fazê-lo ainda mais plenamente quando falarmos da sacramentalidade do matrimônio com base na Carta aos Efésios.[5] A seu tempo, será necessário voltar ainda a estas expressões significativas, que do vocabulário de São Paulo passaram para toda a teologia do matrimônio.

7. Por ora, continuemos a dirigir a atenção para as outras frases do mesmo trecho do capítulo 7 da Primeira Carta aos Coríntios, em que o Apóstolo dirige aos esposos as seguintes palavras: "Não vos recuseis um ao outro, a não ser por consentimento mútuo, a fim de vos entregardes à oração; depois, ajuntai-vos outra vez, para que Satanás não vos tente pela vossa incontinência. Digo isto, porém, como concessão, não como mandamento".[6] É um texto muito significativo, a que talvez seja necessário fazer ainda referência no contexto das meditações sobre os outros temas.

É muito significativo que o Apóstolo — o qual, em toda a sua argumentação acerca do matrimônio e da continência, faz, como Cristo, clara distinção entre o mandamento e o conselho evangélico — sinta a necessidade de referir-se também à "concessão" como a uma regra suplementar, sobretudo em relação aos cônjuges e à sua recíproca convivência. São Paulo diz claramente que tanto a convivência conjugal, como a voluntária e periódica abstenção dos cônjuges, deve ser fruto deste "dom de Deus" que lhes é "próprio" e que, cooperando conscientemente com ele, os mesmos cônjuges podem manter e reforçar aquele recíproco laço pessoal e ao mesmo tempo aquela dignidade de que o fato de ser "templo do Espírito Santo que está neles"[7] confere ao corpo de ambos.

8. Parece que a regra paulina de "concessão" indica a necessidade de considerar tudo o que de algum modo corresponde à subjetividade tão diferenciada do homem e da mulher. Tudo isto que nesta subjeti-

---

4   Gn 2, 24.

5   Cf. Ef 5, 22–33.

6   1Cor 7, 5–6.

7   *Ibid.*, 6, 19.

vidade é de natureza não só espiritual, mas também psicossomática, toda a riqueza subjetiva do homem, a qual, entre o seu ser espiritual e o corporal, se exprime na sensibilidade específica tanto para o homem como para a mulher — tudo isto deve manter-se sob o influxo do dom que cada um recebe de Deus, dom que é seu próprio.

Como se vê, São Paulo no capítulo 7 da Primeira Carta aos Coríntios interpreta o ensinamento de Cristo acerca da continência por amor do Reino dos Céus daquele modo, muito pastoral, que lhe é próprio, não poupando nesta ocasião insistências totalmente pessoais. Interpreta o ensinamento sobre a continência, sobre a virgindade, paralelamente à doutrina sobre o matrimônio, conservando o realismo próprio de um pastor e, ao mesmo tempo, as proporções que encontramos no Evangelho, nas palavras do próprio Cristo.

9. No enunciado de Paulo pode-se encontrar aquela fundamental estrutura que sustenta a doutrina revelada sobre o homem, o qual também está destinado à "vida futura" com o seu corpo. Esta estrutura fundamental está na base de todo o ensinamento evangélico sobre a continência por amor do Reino de Deus[8] — mas ao mesmo tempo apóia-se sobre ela também o definitivo (escatológico) cumprimento da doutrina evangélica acerca do matrimônio.[9] Estas duas dimensões da vocação humana não se opõem entre si, mas são complementares. Ambas fornecem plena resposta a uma das basilares perguntas do homem em relação ao significado de "ser corpo", isto é, acerca do significado da masculinidade e da feminilidade, de ser "no corpo" um homem ou uma mulher.

10. O que aqui ordinariamente definimos como teologia do corpo mostra-se como algo verdadeiramente fundamental e constitutivo para toda a hermenêutica antropológica — e ao mesmo tempo igualmente fundamental para a ética e para a teologia do "*ethos*" humano. Em cada um destes campos é necessário escutar atentamente não só as palavras de Cristo em que Ele apela para o "princípio"[10] e para o "coração" como lugar interior e simultaneamente "histórico"[11] do encontro com a concupiscência da carne; mas devemos escutar atentamente também as palavras mediante as quais Cristo apelou para a ressurreição, a fim de enxertar neste mesmo coração irrequieto do homem as primeiras sementes da resposta à pergunta acerca do significado de ser "carne" na perspectiva do "outro mundo".

---

8   Cf. Mt 19, 12.

9   Cf. Mt 22, 30; Mc 12, 25; Lc 20, 36.

10   Mt 19, 4.

11   Cf. Mt 5, 28.

86. NO MISTÉRIO DA REDENÇÃO DO CORPO, A ESPERANÇA DA VITÓRIA SOBRE O PECADO

Audiência Geral de quarta-feira, 21 de julho de 1982

1. "Também, nós próprios, que possuímos as premissas do Espírito, gememos igualmente em nós mesmos, aguardando [...] a redenção do nosso corpo".[1] São Paulo, na Carta aos Romanos, vê esta "redenção do corpo" numa dimensão *antropológica* e ao mesmo tempo *cósmica*. A criação "de fato foi submetida à vaidade".[2] Toda a criação visível, todo o cosmos traz em si os efeitos do pecado do homem. "Toda a criação tem gemido e sofrido as dores do parto".[3] E ao mesmo tempo toda "a criação aguarda ansiosa a revelação dos filhos de Deus" e "foi com a esperança de ser ela também libertada da servidão da corrupção, para participar, livremente, da glória dos filhos de Deus".[4]

2. A redenção do corpo é, segundo Paulo, objeto da esperança. Esta esperança foi enxertada no coração do homem, em certo sentido, logo depois do primeiro pecado. Basta recordar as palavras do livro do Gênesis, que são tradicionalmente definidas como o "proto-evangelho"[5] e portanto, poderemos dizer, como o início da Boa Nova, o primeiro anúncio da salvação. A redenção do corpo liga-se, segundo as palavras da Carta aos Romanos, precisamente a esta esperança na qual — como lemos — "nós fomos salvos".[6] Mediante a esperança, que remonta aos próprios inícios do homem, a redenção do corpo tem a sua dimensão antropológica: é a redenção do homem. A um só tempo ela irradia-se, em certo sentido, sobre toda a criação, que desde o início esteve ligada de modo particular ao homem e a ele subordinada.[7] A redenção do corpo é, portanto, a redenção do mundo: tem uma dimensão cósmica.

---

[1] Rm 8, 32.

[2] *Ibid.*, 20.

[3] *Ibid.*, 22.

[4] *Ibid.*, 19–21.

[5] Cf. Gn 3, 15.

[6] Rm 8, 24.

[7] *Ibid.*, 28–30.

3. Apresentando na Carta aos Romanos a imagem "cósmica" da redenção, Paulo de Tarso coloca no seu próprio centro o homem, assim como "no princípio" este tinha sido colocado no centro mesmo da imagem da criação. É precisamente o homem, são os homens, aqueles que possuem "as premissas do Espírito", que gemem interiormente, esperando a redenção do seu corpo.[8] Cristo, que veio para revelar plenamente o homem ao homem, tornando-lhe conhecida a sua altíssima vocação,[9] fala no Evangelho da mesma divina profundidade do mistério da redenção, que precisamente n'Ele encontra o seu específico sujeito "histórico". Cristo, portanto, fala em nome daquela esperança que foi enxertada no coração do homem já no "proto-evangelho". Cristo dá cumprimento a esta esperança, não só com as palavras do seu ensinamento, mas, sobretudo, com o testemunho da sua morte e ressurreição. Assim, portanto, a redenção do corpo já se realizou em Cristo. N'Ele foi confirmada aquela esperança na qual "nós fomos salvos." E, ao mesmo tempo, aquela esperança foi novamente aberta à sua definitiva realização escatológica. "A revelação dos filhos de Deus" em Cristo foi definitivamente dirigida para aquela "liberdade e glória" que devem ser definitivamente participadas pelos "filhos de Deus".

4. Para compreender tudo o que abrange "a redenção do corpo", segundo a Carta de Paulo aos Romanos, é necessária uma autêntica teologia do corpo. Procuramos construí-la, referindo-nos antes de tudo às palavras de Cristo. Os elementos constitutivos da teologia do corpo estão encerrados no que Cristo diz, aludindo ao "princípio", em relação ao pedido acerca da indissolubilidade do matrimônio,[10] naquilo que Ele diz da concupiscência, apelando para o coração humano, no Sermão da Montanha,[11] e também no que diz aludindo à ressurreição.[12] Cada um destes enunciados traz em si um rico conteúdo de natureza tanto antropológica como ética. Cristo fala ao homem — e fala do homem: do homem que é "corpo", e que foi criado como varão e mulher à imagem e semelhança de Deus; fala do homem cujo coração está submetido à concupiscência, e por fim do homem diante de quem se abre a perspectiva escatológica da ressurreição do corpo.

---

8   Cf. Rm 8, 23.

9   Cf. *Gaudium et spes*, 22.

10 Cf. Mt 19, 8.

11 *Ibid.*, 5, 28.

12 *Ibid.*, 22, 30.

O "corpo" significa (segundo o livro dos Gênesis) o aspecto visível do homem e a sua atribuição ao mundo visível. Para São Paulo, ele significa não só esta atribuição, mas também por vezes a alienação do homem sob o influxo do Espírito de Deus. Um e outro significado mantêm-se em relação com a "redenção do corpo".

5. Como, nos textos precedentemente analisados, Cristo fala da profundidade divina do mistério da redenção, as suas palavras servem precisamente àquela esperança de que se fala na Carta aos Romanos. "A redenção do corpo" segundo o Apóstolo é, afinal, aquilo que nós "esperamos". Assim esperamos precisamente a vitória escatológica sobre a morte, da qual Cristo deu testemunho, sobretudo, com a sua ressurreição. À luz do mistério pascal, as suas palavras sobre a ressurreição dos corpos e sobre a realidade do "outro mundo", registadas pelos sinóticos, adquiriram a sua plena eloqüência. Tanto Cristo como Paulo de Tarso proclamaram o apelo à abstenção do matrimônio "por amor do Reino dos Céus", precisamente em nome desta realidade escatológica.

6. Todavia, a "redenção do corpo" exprime-se não apenas como vitória sobre a morte na ressurreição. Está presente também nas palavras de Cristo, dirigidas ao homem "histórico", seja quando elas confirmam o princípio da indissolubilidade do matrimônio, como princípio proveniente do Criador mesmo, seja quando — no Sermão da Montanha — Cristo convida a vencer a concupiscência, e isto mesmo nos movimentos unicamente interiores do coração humano. De um e de outro destes enunciados-chave é necessário dizer que se referem à moralidade humana, têm um sentido ético. Aqui se trata não da esperança escatológica da ressurreição, mas da esperança da vitória sobre o pecado, que pode ser chamada esperança de cada dia.

7. Na sua vida cotidiana, o homem deve ir buscar, no mistério da redenção do corpo, a inspiração e a força para vencer o mal que está latente em si sob a forma da tríplice concupiscência. O homem e a mulher, ligados no matrimônio, devem desempenhar cotidianamente o encargo da indissolúvel união daquela aliança que estipularam entre si. Mas também um homem e uma mulher, que voluntariamente escolheram a continência por amor do Reino dos Céus, devem dar cotidianamente um testemunho vivo da fidelidade a tal escolha, escutando as diretrizes de Cristo no Evangelho e as do Apóstolo Paulo na Primeira Carta aos Coríntios. Seja como for, trata-se da esperança de cada dia, que, à medida dos encargos normais e das dificuldades da vida humana, ajuda a vencer "o mal com o bem".[13] Com efeito,

---

13 Rm 12, 21.

"na esperança nós fomos salvos": a esperança de cada dia manifesta a sua potência nas obras humanas e até mesmo nos movimentos do coração humano, abrindo caminho, em certo sentido, para a grande esperança escatológica ligada com a redenção do corpo.

8. Penetrando na vida cotidiana com a dimensão da moral humana, a redenção do corpo ajuda, antes de tudo, a descobrir todo este bem em que o homem ganha a vitória sobre o pecado e sobre a concupiscência. As palavras de Cristo que derivam da divina profundidade do mistério da redenção, permitem descobrir e reforçar aquele laço que existe entre a dignidade do ser humano (do homem ou da mulher) e o significado esponsal do seu corpo. Permitem compreender e realizar, com base naquele significado, a liberdade completa do dom, que se exprime de um modo no matrimônio indissolúvel, e de outro mediante a abstenção do matrimônio por amor do Reino de Deus. Por estes caminhos diversos, Cristo revela plenamente o homem ao homem, tornando-lhe conhecida a "sua altíssima vocação". Esta vocação está inscrita no homem segundo todo o seu *compositum* psico-físico, precisamente mediante o mistério da redenção do corpo.

Tudo isto que procuramos fazer no decurso das nossas meditações, para compreender as palavras de Cristo, tem o seu fundamento definitivo no mistério da redenção do corpo.

QUINTO CICLO
O MATRIMÔNIO CRISTÃO

87. O MATRIMÔNIO COMO SACRAMENTO SEGUNDO A CARTA DE PAULO AOS EFÉSIOS

Audiência Geral de quarta-feira, 28 de julho de 1982

1. Iniciamos hoje um novo capítulo sobre o tema do matrimônio, lendo as palavras de São Paulo aos Efésios:

> "As mulheres sejam submissas a seus maridos, como ao Senhor, pois o marido é a cabeça da mulher, como Cristo é a Cabeça da Igreja, seu Corpo, do qual Ele é o Salvador. E, como a Igreja está sujeita a Cristo, assim também as mulheres se devem submeter em tudo aos seus maridos. Maridos, amai as vossas mulheres, como também Cristo amou a Igreja, e por ela se entregou, para a santificar, purificando-a no batismo da água pela palavra da vida, para apresentá-la a si mesmo como Igreja gloriosa sem mancha nem ruga, nem qualquer coisa semelhante, mas santa e imaculada. Assim os maridos devem amar as suas mulheres, como aos seus próprios corpos. Aquele que ama a sua mulher, ama-se a si mesmo. Porque ninguém jamais aborreceu a sua própria carne; pelo contrário, nutre-a e cuida dela, como também Cristo o faz à sua Igreja, pois somos membros do seu corpo. Por isso, o homem deixará seu pai e sua mãe, e se unirá à sua mulher, e os dois serão uma só carne. É grande este mistério; digo-o, porém, em relação a Cristo e à Igreja. Pelo que se refere a vós ame também cada um de vós a sua mulher como a si mesmo; e a mulher respeite o seu marido".[1]

2. Convém submetermos a uma análise aprofundada o texto citado, contido neste capítulo 5 da Carta aos Efésios, assim como, precedentemente, analisamos as palavras de Cristo uma a uma, que parecem ter um significado-chave para a teologia do corpo. Tratava-se das palavras em que Cristo se refere ao "princípio",[2] ao "coração" humano, no Sermão da Montanha,[3] e à futura ressurreição.[4] Tudo o que está contido na passagem da Carta aos Efésios constitui quase a "coroação" daquelas outras sintéticas palavras-chave. Se delas brotou a teologia do corpo nas suas linhas evangélicas, simples e ao mesmo tempo fundamentais, é necessário, em certo sentido, pressupor esta

---

1 Ef 5, 22–33.

2 Mt 19, 4; Mc 10, 6.

3 Mt 5, 28.

4 Cf. Mt 22, 30; Mc 12, 25; Lc 20, 35.

teologia ao interpretar a mencionada passagem da Carta aos Efésios. E por isso, se se quer interpretar esta passagem, é necessário fazê-lo à luz do que Cristo nos disse sobre o corpo humano. Falou não apenas referindo-se ao homem "histórico" e por isso mesmo ao homem, sempre "contemporâneo", da concupiscência (ao seu "coração"), mas também fazendo notar, por um lado, as perspectivas do "princípio", ou seja, da inocência original e da justiça e, por outro, as perspectivas escatológicas da ressurreição dos corpos, quando "não se procurará nem mulher nem marido".[5] Tudo isto faz parte da ótica teológica da "redenção do nosso corpo".[6]

3. Também as palavras do autor da Carta aos Efésios[7] estão centradas no corpo; isto tanto no seu significado metafórico, ou seja, sobre o corpo de Cristo que é a Igreja, como no seu significado concreto, isto é, sobre o corpo humano na sua perene masculinidade e feminilidade, no seu perene destino para a união no matrimônio, como diz o livro do Gênesis: "O homem abandonará o pai e a mãe para se unir à sua mulher, e os dois serão uma só carne".[8]

De que modo estes dois significados do corpo aparecem e convergem na passagem da Carta aos Efésios? E por que aparecem nela e convergem? Eis as interrogações que é necessário pontuarmos, esperando respostas não tão imediatas e diretas, quanto possivelmente aprofundadas e "a longo prazo", para as quais fomos preparados pelas análises precedentes. De fato, aquela passagem da Carta aos Efésios não pode ser corretamente entendida, senão apenas no amplo contexto bíblico, considerando-o como a "coroação" dos temas e da verdade que, através da Palavra de Deus revelada na Sagrada Escritura, afluem e defluem como em ondas extensas. São temas centrais e verdades essenciais. E, por isso, o texto citado da Carta aos Efésios é também um texto-chave e "clássico".

4. É um texto bem conhecido pela liturgia, em que aparece sempre em relação com o sacramento do matrimônio. A *lex orandi* da Igreja vê nele uma explícita referência a este sacramento: e a *lex orandi* antecipa e ao mesmo tempo exprime sempre a *lex credendi*. Admitindo

---

5   Cf. Lc 20, 35.

6   Rm 8, 23.

7   O problema da paternidade paulina da Carta aos Efésios, reconhecida por alguns exegetas e negada por outros, pode ser resolvido por meio de uma *suposição* intermediária, que aceitamos aqui como *hipótese de trabalho*: ou seja, que São Paulo confiou alguns conceitos ao seu secretário, que depois os desenvolveu e completou.
    É esta solução provisória do problema que temos em mente, falando do "autor da Carta aos Efésios", do "Apóstolo" e de "São Paulo".

8   Gn 2, 24.

esta premissa, devemos imediatamente perguntarmo-nos: neste "clássico" texto da Carta aos Efésios, como a verdade sobre a sacramentalidade do matrimônio vem à tona? De que modo é nele expressa ou confirmada? Tornar-se-á claro que a resposta a estas interrogações não pode ser imediata e direta, mas gradual e "a longo prazo". Isto é comprovado até por um primeiro olhar para este texto, que nos leva ao Livro do Gênesis e, portanto, ao "princípio", e que, ao descrever a relação entre Cristo e a Igreja, retoma dos escritos dos profetas do Antigo Testamento a bem conhecida analogia do amor esponsal entre Deus e o seu povo eleito. Sem examinar estas relações, seria difícil responder à pergunta sobre o modo como a Carta aos Efésios trata da sacramentalidade do matrimônio. Veremos também como a prevista resposta deve passar através de todo o âmbito dos problemas analisados precedentemente, isto é, através da teologia do corpo.

5. O sacramento ou a sacramentalidade — no sentido mais geral deste termo — encontra-se com o corpo e pressupõe a "teologia do corpo". O sacramento, com efeito, segundo o significado geralmente conhecido, é um "sinal visível". O "corpo" significa também o que é visível, significa a "visibilidade" do mundo e do homem. Portanto, de algum modo — embora de forma mais geral — o corpo entra na definição do sacramento, sendo ele "sinal visível de uma realidade invisível", isto é, da realidade espiritual, transcendente e divina. Neste sinal — e mediante este sinal — Deus se dá ao homem na sua transcendente verdade e no seu amor. O sacramento é sinal da graça e é *um sinal eficaz*. Não só a *indica* e exprime de modo visível, como um sinal, mas a *produz*, e contribui eficazmente para fazer com que a graça se torne parte do homem, e que nele *se realize e se complete* a obra da salvação, a obra preestabelecida por Deus desde a eternidade e plenamente revelada em Jesus Cristo.

6. Diríamos que este primeiro olhar lançado sobre o "clássico" texto da Carta aos Efésios indica a direção em que devem se desenvolver as nossas ulteriores análises. É necessário que estas análises comecem pela preliminar compreensão do texto em si mesmo, todavia, devem em seguida conduzir-nos, por assim dizer, além dos seus limites, para compreendermos possivelmente "em toda a profundidade" quanta riqueza de verdade revelada por Deus está contida no âmbito daquela página estupenda. Servindo-nos da conhecida expressão da Constituição *Gaudium et spes*, pode-se dizer que a passagem por nós escolhida na Carta aos Efésios "desvela — de modo particular — o homem ao homem e torna-lhe conhecida a sua altíssima vocação":[9]

---
9   GS, 22.

enquanto ele participa na experiência da pessoa encarnada. De fato, Deus criando-o à sua imagem, desde o princípio o criou "homem e mulher".[10]

Durante as sucessivas análises procuraremos — sobretudo à luz do citado texto da Carta aos Efésios — compreender mais profundamente o sacramento (em particular o matrimônio como sacramento): primeiro, na dimensão da aliança e da graça; e, em seguida, na dimensão do sinal sacramental.

---

10 Gn 1, 27.

88. O MISTÉRIO DE CRISTO NA IGREJA E O CHAMADO A SERMOS IMITADORES DE DEUS

Audiência Geral de quarta-feira, 4 de agosto de 1982

1. Na nossa audiência de quarta-feira passada, citei o capítulo 5 da Carta aos Efésios (vv. 22–23). Ora, depois do olhar introdutório para este texto "clássico", convém examinar o modo como tal passagem — tão importante, seja para o mistério da Igreja, seja para a sacramentalidade do matrimônio — está enquadrado no contexto imediato de toda a carta.

Sabendo embora que existe uma série de problemas discutidos entre os biblistas a respeito dos destinatários, da paternidade e também da data de sua composição, é necessário verificar que a Carta aos Efésios tem uma estrutura muito significativa. O autor inicia esta carta apresentando o eterno plano da salvação do homem em Jesus Cristo.

> "[...] Deus, Pai de nosso Senhor Jesus Cristo [...] n'Ele nos escolheu [...] para sermos santos e imaculados diante dos seus olhos na caridade, predestinando-nos para sermos seus filhos adotivos por meio de Jesus Cristo, por sua livre vontade, para fazer resplandecer a sua maravilhosa graça, pela qual nos tornou agradáveis em seu amado Filho. É n'Ele que temos a redenção pelo seu sangue, a remissão dos pecados segundo a riqueza da sua graça, [...] para ser realizado o seu beneplácito ao completarem-se os tempos: reunir sob a chefia de Cristo todas as coisas [...]".[1]

O autor da Carta aos Efésios, depois de apresentar com palavras cheias de gratidão um plano que, desde a eternidade, está em Deus e ao mesmo tempo se realiza já na vida da humanidade, pede ao Senhor que os homens (e diretamente os destinatários da carta) conheçam plenamente a Cristo como cabeça: "[...] constituiu-o chefe de toda a Igreja, que é o seu corpo e o complemento d'Aquele que preenche tudo em todos".[2] A humanidade pecadora é chamada a uma vida nova em Cristo, em que os pagãos e os judeus devem unir-se como num templo.[3] O Apóstolo é pregoeiro do mistério de Cristo entre os pagãos, a quem, sobretudo, se dirige na sua carta, dobrando "os joe-

---

1 Ef 1, 3.4–7.10.

2 *Ibid.*, 22–23.

3 *Ibid.*, 2, 11–21.

lhos diante do Pai" e pedindo que lhes conceda, "segundo as riquezas da sua glória, que sejam poderosamente fortalecidos pelo seu Espírito quanto ao crescimento do homem interior".[4]

2. Depois deste tão profundo e sugestivo desvelamento do mistério de Cristo na Igreja, o autor passa, na segunda parte da carta, a diretrizes mais particularizadas, que visam a definir a vida cristã como vocação que brota do plano divino de que falamos anteriormente, isto é, do mistério de Cristo na Igreja. Também aqui o autor toca diversas questões sempre importantes para a vida cristã. Exorta a que se conserve a unidade, sublinhando, ao mesmo tempo, que tal unidade se constrói sobre a multiplicidade e diversidade dos dons de Cristo. A cada um é dado um dom diverso, mas todos, como cristãos, devem "revestir-se do homem novo, criado em conformidade com Deus, na justiça e na santidade verdadeiras".[5] Com isto está ligado um chamado categórico para debelar os vícios e adquirir as virtudes correspondentes à vocação que todos obtiveram em Cristo.[6] O autor escreve: "Sede imitadores de Deus, como filhos muito amados. Progredi na caridade, segundo o exemplo de Cristo que nos amou e por nós se entregou [...] em sacrifício".[7]

3. No capítulo 5 da Carta aos Efésios estes chamados tornam-se ainda mais particularizados. O autor condena severamente os abusos pagãos, escrevendo: "Outrora éreis trevas, mas agora sois luz no Senhor. Comportai-vos como filhos da luz".[8] E depois: "Não sejais imprudentes, mas procurai conhecer qual é a vontade de Deus. E não vos embriagueis com vinho [...][9] mas enchei-vos do Espírito, recitando entre vós salmos, hinos e cânticos espirituais, cantando e louvando ao Senhor em vossos corações".[10] O autor da carta quer explicar com estas palavras o ambiente de vida espiritual que deveria animar todas as comunidades cristãs. Nesta altura, passa à comunidade doméstica, isto é, à família. Escreve de fato: "Enchei-vos do Espírito [...] dando sempre graças por tudo a Deus Pai em nome do nosso Senhor Jesus Cristo. Sede submissos uns aos outros no temor de Cristo".[11] E assim

---

4 Ef 3, 14.16.

5 *Ibid.*, 4, 24.

6 *Ibid.*, 25–32.

7 *Ibid.*, 5, 1–2.

8 *Ibid.*, 5, 8.

9 Cf. Pv 23, 31.

10 Ef 5, 17–19.

11 *Ibid.*, 18–21.

entramos precisamente naquela passagem da carta que será tema da nossa particular análise. Poderemos verificar facilmente uma coisa: o conteúdo essencial deste texto "clássico" aparece no cruzamento dos dois principais fios condutores de toda a Carta aos Efésios: o primeiro, o do mistério de Cristo que, como expressão do plano divino para a salvação do homem, se realiza na Igreja; o segundo, o da vocação cristã como modelo de vida de cada batizado e de cada comunidade, correspondente ao mistério de Cristo, ou seja, ao plano divino para a salvação do homem.

4. No contexto imediato da passagem citada, o autor da carta procura explicar de que modo a vocação cristã assim concebida deve se realizar e se manifestar nas relações entre todos os membros de uma família; portanto, não só entre o marido e a mulher (de que trata precisamente a passagem do capítulo 5, 22–23 por nós escolhida), mas também entre os pais e os filhos. O autor escreve: "Filhos, obedecei aos vossos pais no Senhor, porque isto é justo. Honra teu pai e tua mãe — que é o primeiro mandamento que tem uma promessa — para que sejas feliz e tenhas uma vida longa sobre a terra. E vós pais, não exaspereis os vossos filhos, mas educai-os na disciplina e correção segundo o Senhor".[12] Em seguida, fala-se dos deveres dos servos para com os seus senhores e, vice-versa, dos senhores para com os servos, isto é, quanto aos escravos,[13] o que é referido também às diretrizes quanto à família em sentido lato. Ela, de fato, era constituída não só pelos pais e pelos filhos (segundo a sucessão das gerações), mas pertenciam a ela em sentido lato também os servos de ambos os sexos: escravos e escravas.

5. Assim, portanto, o texto da Carta aos Efésios a que nos propomos fazer objeto de uma aprofundada análise encontra-se no imediato contexto dos ensinamentos sobre as obrigações morais da sociedade familiar (as chamadas "*Haustaflen*" ou códigos domésticos segundo a definição de Lutero). Encontramos também instruções análogas em outras cartas, por exemplo na dirigida aos Colossenses (3, 18; 4, 1) e na Primeira de Pedro (2, 13; 3, 7). Mais ainda, tal contexto imediato faz parte do nosso texto, pois também o "clássico" texto por nós escolhido trata dos recíprocos deveres dos maridos e das mulheres. Todavia, é preciso notar que a passagem 5, 22–23 da Carta aos Efésios está centrada *de per se* exclusivamente nos cônjuges e no matrimônio, e tudo quanto diz respeito à família também em sentido lato encontra-se já no contexto. Antes, porém, de nos aplicarmos a uma

---

12 Ef 6, 1–4.

13 *Ibid.*, 5–9.

análise aprofundada do texto, convém acrescentar que a carta inteira acaba com uma estupenda convocação à batalha espiritual,[14] com breves recomendações[15] e um voto final.[16] Esse apelo para a batalha espiritual parece estar logicamente fundado na argumentação de toda a carta. É, por assim dizer, a explícita realização dos seus principais fios condutores.

Tendo assim diante dos olhos a estrutura complexa de toda a Carta aos Efésios, procuraremos na primeira análise esclarecer o significado das palavras: "Sede submissos uns aos outros no temor de Cristo",[17] dirigidas aos maridos e às mulheres.

---

14 Cf. Ef 6, 10–20.
15 *Ibid.*, 21–22.
16 *Ibid.*, 23–24.
17 *Ibid.*, 5, 21.

89. CRISTO, FONTE E MODELO DAS RELAÇÕES ENTRE OS CÔNJUGES

Audiência Geral de quarta-feira, 11 de agosto de 1982

1. Iniciamos hoje uma análise mais particularizada do trecho da Carta aos Efésios 5, 21–33. O autor, dirigindo-se aos cônjuges, recomenda-lhes que sejam "submissos uns aos outros no temor de Cristo".[1]

Trata-se aqui de uma relação com uma dupla dimensão ou de *dois graus*: recíproco e comunitário. Um necessita do outro e o caracteriza. As relações recíprocas do marido e da mulher devem brotar da relação comum de ambos com Cristo. O autor da carta fala do "temor de Cristo" num sentido análogo a quando fala do "temor de Deus". Neste caso, não se trata de temor ou medo, que é a atitude defensiva diante da ameaça do mal; trata-se, sobretudo, de respeito pela santidade, pelo *sacrum*; trata-se da *pietas*, que na linguagem do Antigo Testamento foi expressa ainda com o termo "temor de Deus".[2] Com efeito, tal *pietas*, nascida da profunda consciência do mistério de Cristo, deve constituir a base das recíprocas relações entre os cônjuges.

2. Como o contexto imediato, assim também o texto escolhido por nós tem caráter "parenético", isto é, de instrução moral. O autor da carta deseja indicar aos cônjuges como se devem estabelecer as suas relações recíprocas e todo o comportamento deles. Deduz as próprias indicações e diretrizes do mistério de Cristo, apresentado no princípio da carta. Este mistério deve estar espiritualmente presente na relação recíproca dos cônjuges. Penetrando nos corações deles, gerando neles aquele santo "temor de Cristo" (isto é, precisamente a *pietas*), o mistério de Cristo deve conduzi-los a serem "submissos uns aos outros": o mistério de Cristo, isto é, o mistério da escolha, desde a eternidade, de cada um deles em Cristo "para serem filhos adotivos" de Deus.

3. A expressão que abre o nosso trecho de Efésios 5, 21–33, do qual estamos a nos aproximar graças à análise do contexto remoto e imediato, tem uma eloquência muito particular. O autor fala da

---

[1] Ef 5, 21.
[2] Cf. Sl 103, 11; Pv 1, 7; 23, 17; Eclo 1, 11–16.

mútua submissão dos cônjuges, marido e mulher, e de tal modo faz também compreender como é necessário entender as palavras que escreverá em seguida sobre a submissão da mulher ao marido. Com efeito, lemos: "As mulheres sejam submissas aos maridos como ao Senhor".[3] Exprimindo-se assim, o autor não pretende dizer que o marido é "patrão" da mulher e que o pacto interpessoal próprio do matrimônio é um pacto de domínio do marido sobre a mulher. Exprime, pelo contrário, outro conceito: que a mulher, na sua relação com Cristo — que é para ambos os cônjuges único Senhor — pode e deve encontrar a motivação daquela relação com o marido, que brota da essência mesma do matrimônio e da família. Tal relação, todavia, não é uma submissão unilateral. O matrimônio, segundo a doutrina da Carta aos Efésios, exclui aquele componente do pacto que pesava e, por vezes, não deixa de pesar sobre esta instituição. O marido e a mulher são de fato "submissos um ao outro", estão reciprocamente subordinados. A fonte desta recíproca submissão está na *pietas* cristã, e a sua expressão é o amor.

4. O autor da carta sublinha de modo particular este amor, dirigindo-se aos maridos. Escreve de fato: "E vós, maridos, amai as vossas mulheres" e, exprimindo-se assim, elimina qualquer temor que a precedente afirmativa poderia suscitar (dada a sensibilidade contemporânea): "As mulheres sejam submissas aos maridos". O amor exclui todo o gênero de submissão, pelo qual a mulher se tornasse serva ou escrava do marido, objeto de submissão unilateral. O amor faz com que o marido, ao mesmo tempo, também seja submisso à mulher, e com isso também submisso ao Senhor, assim como a mulher ao marido. A comunidade ou unidade que eles devem constituir por causa do matrimônio se realiza através de uma recíproca doação, que é também uma submissão mútua. Cristo é fonte e ao mesmo tempo modelo daquela submissão que, sendo recíproca "no temor de Cristo", confere à união conjugal um caráter profundo e amadurecido. Múltiplos fatores de natureza psicológica ou de costumes são, nesta fonte e diante deste modelo, de tal maneira transformados, que fazem brotar, diríamos, uma nova e preciosa "fusão" dos comportamentos e das relações bilaterais.

5. O autor da Carta aos Efésios não teme aceitar estes conceitos que eram próprios da mentalidade e dos costumes de então; não teme falar da submissão da mulher ao marido; não teme, além disso (também no último versículo do texto por nós citado), recomendar à

---

3 Ef 5, 22.

mulher que "respeite o seu marido".[4] Com efeito, é certo que, quando o marido e a mulher forem submissos um ao outro "no temor de Cristo", tudo encontrará o justo equilíbrio, isto é, aquele que há de corresponder à sua vocação cristã no mistério de Cristo.

6. Certamente nossa sensibilidade contemporânea é diversa, assim como nossa mentalidade e costumes, bem como a posição social da mulher diante do homem. Apesar disso, o fundamental princípio parenético que encontramos na Carta aos Efésios, permanece o mesmo e dá os mesmos frutos. A submissão recíproca "no temor de Cristo" — submissão nascida sob o fundamento da *pietas* cristã — forma sempre aquela profunda e sólida estrutura basilar da comunidade dos cônjuges, em que se realiza a verdadeira "comunhão" das pessoas.

7. O autor do Carta aos Efésios, que iniciou a epístola com uma magnífica visão do plano eterno de Deus para com a comunidade, não se limita a pôr em relevo apenas os aspectos tradicionais dos costumes ou éticos do matrimônio, mas ultrapassa o âmbito de ensinamento, e, escrevendo sobre a relação recíproca dos cônjuges, descobre nela a dimensão do mistério mesmo de Cristo, do qual ele é anunciador e apóstolo. "As mulheres sejam submissas aos seus maridos como ao Senhor, pois o marido é a cabeça da mulher, como também Cristo é a Cabeça da Igreja, seu Corpo, do qual Ele é o Salvador. E como a Igreja está submetida a Cristo, também as mulheres se devem submeter em tudo aos seus maridos. Maridos, amai as vossas mulheres, como Cristo amou a Igreja e por ela se entregou".[5] Deste modo, o ensinamento próprio desta parte parenética da carta é, em certo sentido, inserido na realidade mesma do mistério escondido desde a eternidade em Deus e revelado à humanidade em Jesus Cristo. Na Carta aos Efésios somos testemunhas, diríamos, de um particular encontro daquele mistério com a essência mesma da vocação para o matrimônio. Como se deve entender este encontro?

8. O texto da Carta aos Efésios apresenta-se antes de tudo como uma grande analogia. Lemos nele: "As mulheres sejam submissas aos maridos como ao Senhor": eis o primeiro componente da analogia. "O marido é a cabeça da mulher, como também Cristo é a Cabeça da Igreja": eis o segundo componente, que forma o esclarecimento e a motivação da primeira. "E como a Igreja está sujeita a Cristo, também as mulheres estejam sujeitas aos seus maridos": a relação de Cristo com a Igreja, apresentada precedentemente, é agora expressa como uma relação da Igreja com Cristo, e nisto está compreendido o

---

4 *Ibid.*, 33.

5 Ef 5, 22–25.

componente sucessivo da analogia. Por fim: "Maridos, amai as vossas mulheres, como também Cristo amou a Igreja e por ela se entregou": eis o último componente da analogia. O seguimento do texto da carta desenvolve o pensamento fundamental, contido na passagem agora mesmo citada; e o texto completo da Carta aos Efésios no capítulo 5 (vv. 21–23) está inteiramente dominado pela mesma analogia; isto é, a relação recíproca entre os cônjuges, marido e mulher, é entendida pelos cristãos à imagem da relação entre Cristo e a Igreja.

90. DA CARTA AOS EFÉSIOS NASCE UMA COMPREENSÃO MAIS PROFUNDA DA IGREJA E DO MATRIMÔNIO

Audiência Geral de quarta-feira, 18 de agosto de 1982

1. Analisando os respectivos componentes da Carta aos Efésios, verificamos na quarta-feira passada que a relação recíproca entre os cônjuges, marido e mulher, é entendida pelos cristãos à imagem da relação entre Cristo e a Igreja.

Este nexo revela e realiza, no tempo, o mistério da salvação, a eleição de amor, "oculta" pela eternidade em Deus. Nesta revelação e realização, o mistério salvífico compreende o impulso particular do amor esponsal na relação de Cristo com a Igreja, e por isso é possível exprimi-lo do modo mais adequado, recorrendo à analogia da relação que existe — e que deve existir — entre o marido e a mulher no matrimônio. Tal analogia esclarece o mistério, pelo menos até certo grau. Mais ainda, parece que, segundo o autor da Carta aos Efésios, esta analogia é complementar daquela do "Corpo Místico",[1] quando procuramos exprimir o mistério da relação de Cristo com a Igreja — e, subindo ainda mais alto, o mistério do amor eterno de Deus para com o homem, para com a humanidade: o mistério que se exprime e realiza no tempo através da relação de Cristo com a Igreja.

2. Se, como foi dito, esta analogia ilumina o mistério, ela mesma por sua vez é iluminada por ele. A relação esponsal que une os cônjuges, marido e mulher — segundo o autor da Carta aos Efésios — deve nos ajudar a compreender o amor que une Cristo à Igreja, aquele amor recíproco de Cristo e da Igreja, em que se realiza o eterno plano divino da salvação do homem. Todavia, o significado da analogia não pára aqui. A analogia usada na Carta aos Efésios, esclarecendo o mistério da relação entre Cristo e a Igreja, ao mesmo tempo desvela a verdade essencial sobre o matrimônio: isto é, que o matrimônio corresponde à vocação dos cristãos só quando reflete o amor que Cristo-Esposo dá à Igreja, sua Esposa, e que a Igreja (à semelhança da mulher "submissa", portanto plenamente doada) procura devolver a Cristo. Este é o amor redentor, salvador, o amor com que o homem, desde a eternidade, foi

---

1 Cf. Ef 1, 22–23.

amado por Deus em Cristo: "Foi assim que n'Ele nos escolheu antes da constituição do mundo, para sermos santos e imaculados diante dos seus olhos".[2]

3. O matrimônio corresponde à vocação dos cristãos enquanto cônjuges apenas se se reflete e se realiza precisamente este amor. Isto se tornará claro se procurarmos reler a analogia paulina na direção inversa, isto é, partindo da relação de Cristo com a Igreja, e voltando depois para a relação do marido e da mulher no matrimônio. No texto é usado o tom exortativo: "E como a Igreja está sujeita a Cristo, assim também as mulheres estejam sujeitas aos seus maridos". E por outro lado: "Maridos, amai as vossas mulheres, como Cristo amou a Igreja". Estas expressões demonstram que se trata de uma obrigação moral. Todavia, para poder recomendar esta obrigação, é necessário admitir que na essência mesma do matrimônio encerra-se uma pequena parte do mesmo mistério. De outro modo, toda esta analogia ficaria suspensa no vácuo. O convite do autor da Carta aos Efésios, dirigido aos cônjuges, para que modelem a sua relação recíproca à semelhança da relação de Cristo com a Igreja ("como [...] também"), seria destituído de uma base real, como se lhe faltasse o terreno debaixo dos pés. Tal é a lógica da analogia usada no texto citado na Carta aos Efésios.

4. Como se vê, esta analogia opera em duas direções. Se, por um lado, nos permite compreender melhor a essência da relação de Cristo com a Igreja, por outro, ao mesmo tempo permite-nos penetrar mais profundamente na essência do matrimônio, ao qual são chamados os cristãos. Ela manifesta, em certo sentido, o modo como este matrimônio, na sua essência mais profunda, deriva do mistério do amor eterno de Deus para com o homem e a humanidade: daquele mistério salvífico, que se realiza no tempo mediante o amor esponsal de Cristo para com a Igreja. Partindo das palavras da Carta aos Efésios, 5, 22–23, podemos em seguida desenvolver o pensamento contido na grande analogia paulina em duas direções: quer na direção de uma compreensão mais profunda da Igreja, quer na direção de uma compreensão mais profunda do matrimônio. Nas nossas considerações seguiremos inicialmente esta segunda, lembrando de que na base da compreensão do matrimônio, na sua essência mesma, está a relação esponsal de Cristo com a Igreja. Essa relação é analisada ainda mais cuidadosamente para poder estabelecer — supondo a analogia com o matrimônio — de que modo ele se torna um sinal visível do eterno mistério divino, a imagem da Igreja unida com Cristo. Deste modo, a

---

[2] Ef 1, 4.

Carta aos Efésios conduz-nos às bases mesmas da sacramentalidade do matrimônio.

5. Façamos, portanto, uma análise detalhada do texto. Quando lemos na Carta aos Efésios que "o marido [...] é a cabeça da mulher como também Cristo é a cabeça da Igreja, seu corpo, do qual Ele é o salvador",[3] podemos supor que o autor — que já esclareceu antes que a submissão da mulher ao marido como cabeça é entendida como uma submissão recíproca "no temor de Cristo" — retorna ao conceito radicado na mentalidade do seu tempo, para exprimir, antes de tudo, a verdade da relação de Cristo com a Igreja, isto é, que Cristo é a cabeça da Igreja. É a cabeça como "salvador" do "seu corpo". A Igreja é precisamente aquele corpo que — estando submetido em tudo a Cristo como sua cabeça — recebe d'Ele tudo aquilo pelo qual ela se torna e se mantém como o seu Corpo: isto é, a plenitude da salvação como dom de Cristo, que "entregou-se a si mesmo por ela" até ao fim. O dom da "entrega" de Cristo ao Pai por meio da obediência até à morte na cruz adquire aqui um sentido estritamente eclesiológico: "Cristo amou a Igreja e entregou-se a si mesmo por ela".[4] Através de uma doação total por amor, Ele *formou* a Igreja como *seu corpo* e continuamente a edifica, tornando-se sua cabeça. Como cabeça, é o salvador do seu corpo e, ao mesmo tempo, como salvador, é a cabeça. E como cabeça e salvador da Igreja, é também esposo da sua esposa.

6. A Igreja é ela mesma porque, como corpo, acolhe de Cristo, sua cabeça, o inteiro dom da salvação como fruto do amor de Cristo e da sua doação pela Igreja: fruto da doação de Cristo até ao fim. Aquela entrega de si mesmo ao Pai por meio da obediência até à morte[5] é ao mesmo tempo, segundo a Carta aos Efésios, a "entrega de si mesmo pela Igreja". Nesta expressão, o amor redentor transforma-se, diríamos, em amor esponsal. Cristo, dando-se a si mesmo pela Igreja, com o mesmo ato redentor uniu-se de uma vez para sempre com ela, como o esposo com a esposa, como o marido com a mulher, entregando-se através de tudo o que, de uma vez para sempre, está incluído naquele seu "entregar-se a si mesmo" pela Igreja. De tal modo, o mistério da redenção do corpo esconde em si, em certo sentido, o mistério "das núpcias do Cordeiro".[6] Sendo Cristo a cabeça do seu corpo, o inteiro dom salvífico da redenção penetra na Igreja como o corpo daquela cabeça, e forma continuamente a mais profunda e essencial substân-

---

3   Ef 5, 23.
4   *Ibid.*, 25.
5   Cf. Fp 2, 8.
6   Cf. Ap 19, 7.

cia da sua vida. E forma-a do modo esponsal, dado que no texto citado a analogia do corpo-cabeça passa para a analogia do esposo-esposa, ou antes, do marido-mulher. Isso nos demonstram os trechos sucessivos da cartas, aos quais convirá passar em seguida.

91. A ESSENCIAL BI-SUBJETIVIDADE NAS RELAÇÕES CRISTO-IGREJA E MARIDO-MULHER

Audiência Geral de quarta-feira, 25 de agosto de 1982

1. Nas precedentes considerações sobre o capítulo 5 da Carta aos Efésios (5, 21–33), chamamos particularmente a atenção para a analogia da relação entre Cristo e a Igreja e daquela que existe entre o esposo e a esposa, isto é, entre o marido e a mulher, unidos pelo vínculo esponsal. Antes de nos aplicarmos à análise das passagens seguintes do texto em questão, devemos tomar consciência de que no âmbito da fundamental analogia paulina — Cristo e a Igreja, por um lado, o homem e a mulher como cônjuges, pelo outro — há também uma analogia suplementar, isto é, a analogia da Cabeça e do Corpo. E é precisamente esta analogia que imprime um significado principalmente eclesiológico ao trecho analisado por nós: a Igreja, como tal, é formada por Cristo; é constituída por Ele na sua parte essencial, como o corpo pela cabeça. A união do corpo com a cabeça é, sobretudo, de natureza orgânica; é, em palavras simples, a união somática do organismo humano. Sobre esta união orgânica funda-se, de modo direto, a união biológica, enquanto se pode dizer que "o corpo vive pela cabeça" (ainda que, ao mesmo tempo, embora de outro modo, a cabeça viva pelo corpo). E, além disso, se se trata do homem, também a união psíquica, entendida na sua integridade e, afinal, na sua unidade integral da pessoa humana, funda-se sobre esta união orgânica.

2. Como já foi dito (pelos menos no trecho analisado), o autor da Carta aos Efésios introduziu a analogia suplementar da cabeça e do corpo no âmbito da analogia do matrimônio. Parece mesmo ter concebido a primeira analogia — "cabeça-corpo" — de maneira mais central do ponto de vista da verdade sobre Cristo e sobre a Igreja, por Ele proclamada. Todavia, é necessário igualmente afirmar que ele não a deixou de lado ou fora da analogia do matrimônio como laço esponsal. Antes, o contrário. No texto inteiro da Carta aos Efésios (5, 22–33), e especialmente na primeira parte (5, 22–23), da qual estamos nos ocupando, o autor fala como se no matrimônio o marido também fosse a "cabeça da mulher", e a mulher "corpo do marido", como se os cônjuges também formassem uma união orgânica. Isto pode encontrar o seu fundamento no texto do Gênesis, em que se

fala de "uma só carne",[1] ou seja, naquele mesmo texto ao qual o autor da Carta aos Efésios se referirá depois no quadro da sua grande analogia. Apesar disso, no texto do Livro do Gênesis é claramente posto em evidência que se trata do homem e da mulher, como de dois distintos sujeitos pessoais, que decidem conscientemente sua união conjugal, definida por aquele arcaico texto com os termos: "uma só carne". De igual forma isto está bem claro na Carta aos Efésios. O autor serve-se de uma dupla analogia: cabeça-corpo, marido-mulher, com o fim de ilustrar claramente a natureza da união entre Cristo e a Igreja. Em certo sentido, especialmente nesta primeira passagem do texto aos Efésios (5, 22–33), a dimensão eclesiológica parece decisiva e dominadora.

3. "As mulheres sejam submissas aos seus maridos, como ao Senhor, pois o marido é a cabeça da mulher, como Cristo é a cabeça da Igreja, seu Corpo, do qual Ele é o Salvador. E, como a Igreja está sujeita a Cristo, assim também as mulheres se devem submeter em tudo aos seus maridos. "Maridos, amai as vossas mulheres, como Cristo amou a Igreja e por ela se entregou [...]." Esta analogia suplementar "cabeça-corpo" faz com que, no âmbito da passagem inteira da Carta aos Efésios 5, 22–33, tenhamos de tratar de dois assuntos distintos, os quais em virtude de uma particular relação recíproca, tornam-se em certo sentido um só sujeito: a cabeça constitui, juntamente com o corpo, um sujeito (no sentido físico e metafísico), um organismo, uma pessoa humana, um ser. Não há dúvida de que Cristo é um sujeito diverso da Igreja; todavia, em virtude de uma particular relação, une-se com ela, como numa união orgânica da cabeça e do corpo: a Igreja é tão fortemente, tão essencialmente ela mesma, em virtude da união com Cristo (místico). É possível dizer o mesmo dos cônjuges, do homem e da mulher, unidos pelo laço matrimonial? Se o autor da Carta aos Efésios vê a analogia da união da cabeça com o corpo também no matrimônio, esta analogia, em certo sentido, parece referir-se ao matrimônio em consideração à união que Cristo forma com a Igreja e a Igreja com Cristo. Portanto, a analogia diz respeito, sobretudo, ao matrimônio mesmo, como aquela união pela qual "os dois serão uma só carne".[2]

4. Esta analogia, todavia, não ofusca a individualidade dos sujeitos, a do marido e a da mulher, isto é, a essencial bi-subjetividade que está na base da imagem de "um só corpo"; mais precisamente, a essencial bi-subjetividade do marido e da mulher no matrimônio — que faz deles em certo sentido "um só corpo" — corresponde, no âmbito

---

1   Gn 2, 24.

2   Ef 5, 31; cf. Gn. 2, 24.

de todo o texto que estamos examinando (Ef 5, 22–33), à imagem da Igreja-Corpo, unida com Cristo como Cabeça. Isto é visível especialmente na continuação do texto, onde o autor descreve a relação de Cristo com a Igreja precisamente mediante a imagem da relação do marido com a mulher. Nesta descrição, a Igreja-Corpo de Cristo aparece claramente como sujeito secundário da união conjugal, cujo sujeito principal, Cristo, manifesta o amor com que a amou "entregando-se a si mesmo por ela". Aquele amor é imagem e, sobretudo, modelo do amor que o marido deve manifestar à mulher no matrimônio, quando ambos estão sujeitos um ao outro "no temor de Cristo".

5. De fato, lemos:

> Maridos, amai as vossas mulheres, como Cristo amou a Igreja, e por ela se entregou, para a santificar, purificando-a no batismo da água pela palavra da vida, para apresentá-la a si mesmo como Igreja gloriosa sem mancha nem ruga, nem qualquer coisa semelhante, mas santa e imaculada. Assim os maridos devem amar as suas mulheres, como aos seus próprios corpos. Aquele que ama a sua mulher, ama-se a si mesmo. Ninguém jamais aborreceu a sua própria carne; pelo contrário, nutre-a e cuida dela como também Cristo o faz à sua Igreja, pois somos membros do seu corpo. Por isso, o homem deixará seu pai e sua mãe, e se unirá à sua mulher, e os dois serão uma só carne (Ef 5, 25–31).

6. É fácil descobrir que nesta parte do texto da Carta aos Efésios 5, 22–33 "prevalece" claramente a bi-subjetividade: esta se faz notar tanto na relação Cristo-Igreja como também na relação marido-mulher. Isto não quer dizer que desapareça a imagem de um sujeito único: a imagem de "um só corpo". Esta se conserva também na passagem do nosso texto, e em certo sentido está ainda melhor explicada lá. Isto se verá com maior clareza quando submetermos o trecho supracitado a uma análise particularizada. Assim, portanto, o autor da Carta aos Efésios fala do amor de Cristo para com a Igreja, explicando o modo como aquele amor se exprime, e apresentando, ao mesmo tempo, tanto aquele amor quanto as suas expressões, como modelo que o marido deve seguir a respeito da própria mulher. O amor de Cristo para com a Igreja tem essencialmente, como finalidade, a sua santificação: "Cristo amou a Igreja e entregou-se a si mesmo [...] para torná-la santa".[3] No princípio desta santificação está o batismo, primeiro e essencial fruto da doação de si, que Cristo fez pela Igreja. Neste texto, o batismo não é chamado com o próprio nome, mas definido como purificação "por meio da ablução da água, acompanhada pela palavra".[4] Este batismo, com o poder que deriva

---

3 Ef 5, 25–26.
4 *Ibid.*, 26.

da doação redentora de si, que Cristo fez pela Igreja, opera a purificação fundamental mediante a qual o seu amor pela Igreja adquire, aos olhos do autor da Carta, um caráter esponsal.

7. É sabido que no sacramento do batismo participa um sujeito individual na Igreja. O autor da Carta, todavia, através daquele sujeito individual do batismo, vê toda a Igreja. O amor esponsal de Cristo refere-se a ela, à Igreja, todas as vezes que cada pessoa nela recebe a purificação fundamental por meio do batismo. Quem recebe o batismo, em virtude do amor redentor de Cristo, torna-se ao mesmo tempo participante do seu amor esponsal para com a Igreja. A "ablução da água, acompanhada pela palavra" é, no nosso texto, a expressão do amor esponsal, no sentido de que prepara a esposa (Igreja) para o Esposo, faz a Igreja esposa de Cristo, diríamos, *in actu primo*. Alguns estudiosos da Bíblia observam neste lugar que, no texto por nós citado, a "ablução da água" evoca a purificação ritual que precedia o casamento — o que constituía uma importante rito religioso mesmo entre os gregos.

8. Como sacramento do batismo, a "ablução da água, acompanhada pela palavra",[5] torna esposa a Igreja não só *in actu primo*, mas também na perspectiva mais longínqua, ou seja, na perspectiva escatológica. Esta se abre diante de nós quando, na Carta aos Efésios, lemos que "a ablução da água" serve, por parte do esposo, "para apresentá-la a si mesmo como Igreja gloriosa sem mancha nem ruga, nem qualquer coisa semelhante, mas santa e imaculada".[6] A expressão "para apresentá-la a si mesmo" parece indicar aquele momento do casamento, em que a esposa é levada ao esposo, já vestida com o traje nupcial e adornada para as núpcias. O texto citado faz notar que o mesmo Cristo-Esposo tem cuidado de adornar a Esposa-Igreja; tem cuidado de fazê-la bela com a beleza da graça, bela em virtude do dom da salvação na sua plenitude, já concedido desde o sacramento do batismo. Mas o batismo é somente o princípio de onde deverá brotar a figura da Igreja gloriosa (conforme lemos no texto) como fruto definitivo do amor redentor e esponsal, que se dará apenas na última vinda de Cristo (*parusia*).

Vemos quão profundamente o autor da Carta aos Efésios perscruta a realidade sacramental, proclamando a grande analogia dela: tanto a união de Cristo com a Igreja quanto a união esponsal do homem e da mulher no matrimônio são, deste modo, iluminadas por uma particular luz sobrenatural.

---

5 Ef 5, 26.

6 *Ibid.*, 27.

92. O AMOR CONDICIONA E CONSTITUI A UNIDADE MORAL DOS CÔNJUGES

Audiência Geral de quarta-feira, 1 de setembro de 1982

1. O autor da Carta aos Efésios, proclamando a analogia entre o vínculo esponsal que une Cristo e a Igreja, e o que une o marido e a mulher no matrimônio, assim escreve: "Maridos, amai as vossas mulheres, como também Cristo amou a Igreja, e por ela se entregou, para santificá-la, purificando-a no batismo da água pela palavra da vida, para apresentá-la a si mesmo como Igreja gloriosa sem mancha nem ruga, nem qualquer coisa semelhante, mas santa e imaculada".[1]

2. É significativo que a imagem da Igreja gloriosa seja apresentada, no texto citado, como esposa toda bela no seu corpo. Certamente, é uma metáfora; mas é muito eloqüente, e testemunha com que profundidade a lembrança do corpo influi na analogia do amor esponsal. A Igreja "gloriosa" é a Igreja "sem mancha nem ruga". "Mancha" pode ser entendida como sinal de fealdade, "ruga" como sinal de envelhecimento e de senilidade. No sentido metafórico, tanto uma como outra expressão indicam os defeitos morais, o pecado. Pode-se acrescentar que, em São Paulo, o "homem velho" significa o homem do pecado.[2] Cristo, portanto, com o seu amor redentor e esponsal faz com que a Igreja não só se torne sem pecado, mas fique "eternamente jovem".

3. O alcance da metáfora é, como se vê, bem vasto. As expressões que se referem direta e imediatamente ao corpo humano, caracterizando-o nas relações recíprocas entre o esposo e a esposa, entre o marido e a mulher, indicam ao mesmo tempo atributos e qualidades de ordem moral, espiritual e sobrenatural. Isto é essencial para essa analogia. Portanto, o autor da Carta pode definir o estado "glorioso" da Igreja em relação ao estado do corpo da esposa, livre de sinais de fealdade ou de envelhecimento ("nem qualquer coisa semelhante"), simplesmente como santidade e ausência do pecado: tal é a Igreja "santa e imaculada". É, portanto, óbvio de qual beleza da esposa se trata, em que sentido a Igreja é corpo de Cristo e em que sentido aquele corpo-esposa acolhe o dom do Esposo que "amou a Igreja e se entregou a si mesmo por ela". Apesar disso, o que impressiona é que

---

1 Ef 5, 25–27.

2 Cf. Rm 6, 6.

São Paulo explique toda esta realidade, que por essência é espiritual e sobrenatural, por meio da semelhança do corpo e do amor pelo qual os cônjuges, marido e mulher, se tornam "uma só carne".

4. Na passagem inteira do texto citado é claramente mantido o princípio da bi-subjetividade: Cristo-Igreja, Esposo-Esposa (marido-mulher). O autor apresenta o amor de Cristo para com a Igreja — aquele amor que faz da Igreja o corpo de Cristo, de que Ele é a cabeça — como modelo do amor dos esposos e como modelo das núpcias do esposo e da esposa. O amor obriga o esposo-marido a ser solícito pelo bem da esposa-mulher, compromete-o a desejar-lhe a beleza e ao mesmo tempo a sentir esta beleza e a ter cuidado dela. Trata-se aqui também da beleza visível, da beleza física. O esposo perscruta com atenção a sua esposa como que na inquietação criativa, amorosa, de encontrar tudo o que de bom e de belo está nela e que para ela deseja. O bem que aquele que ama gera, com o seu amor, naquele que é amado é como uma verificação do mesmo amor e a medida dele. Dando-se a si mesmo do modo mais desinteressado, aquele que ama não o faz fora desta medida e desta verificação.

5. Quando o autor da Carta aos Efésios — nos sucessivos versículos do texto[3] — pensa exclusivamente nos cônjuges mesmos, a analogia da relação de Cristo com a Igreja ressoa ainda mais profunda e impele-o a exprimir-se assim: "Os maridos devem amar as suas mulheres, como aos seus próprios corpos".[4] Aqui volta, portanto, o motivo da "uma só carne", que na sobredita frase e nas frases sucessivas é não só retomado, mas também esclarecido. Se os maridos devem amar as suas mulheres como o próprio corpo, isto significa que aquela uni-subjetividade se funda na base da bi-subjetividade e não tem caráter real, mas intencional: o corpo da mulher não é o corpo próprio do marido, mas deve ser amado como o corpo próprio. Trata-se, portanto, da unidade, não no sentido ontológico, mas moral: da unidade por amor.

6. "Aquele que ama a sua mulher, ama-se a si mesmo".[5] Esta frase confirma ainda mais aquele caráter de unidade. Em certo sentido, o amor fez do "eu" alheio o próprio "eu": o "eu" da mulher, diríamos, torna-se por amor o "eu" do marido. O corpo é a expressão daquele "eu" e o fundamento da sua identidade. A união do marido e da mulher no amor exprime-se também através do corpo. Exprime-se na relação recíproca, embora o autor da Carta aos Efésios o indique,

---

3 Cf. Ef 5, 28–29.

4 Ef 5, 28.

5 *Ibid.*

sobretudo, por parte do marido. Isto resulta da estrutura da imagem total. Ainda que os cônjuges devam ser "submissos uns aos outros, como ao Senhor" (isto foi posto em evidência já no primeiro versículo do texto citado: Ef 5, 22-23), todavia é dito em seguida que o marido é, sobretudo, aquele que ama, e a mulher, por sua vez, aquela que é amada. Poder-se-ia mesmo arriscar a idéia de que a "submissão" da mulher ao marido, entendida no contexto do trecho completo da Carta aos Efésios,[6] signifique, sobretudo, "provar o amor". Tanto mais que esta "submissão" se refere à imagem da submissão da Igreja a Cristo, que certamente consiste em provar o seu amor. A Igreja, como esposa, sendo objeto do amor redentor de Cristo-esposo, torna-se seu corpo. A mulher, sendo objeto do amor esponsal do marido, torna-se "uma só carne" com ele: em certo sentido, a sua "própria" carne. O autor repetirá esta idéia uma vez mais na última frase do trecho aqui analisado: "Pelo que vos diz respeito, ame cada um de vós a sua mulher como a si mesmo".[7]

7. Esta é a unidade moral, condicionada e constituída pelo amor. O amor não apenas une os dois sujeitos, mas permite-lhes que se compenetrem mutuamente, pertencendo espiritualmente um ao outro, a ponto de o autor da Carta poder afirmar: "Aquele que ama a sua mulher, ama-se a si mesmo".[8] O "eu" torna-se em certo sentido o "tu" e o "tu" o "eu" (entenda-se, no sentido moral). E por isso a continuação do texto por nós analisado soa assim: "Ninguém jamais aborreceu a sua própria carne; pelo contrário, nutre-a e cuida dela, como também Cristo o faz na sua Igreja, pois somos membros do seu corpo".[9] A frase, que em seu início se refere também às relações dos cônjuges, a seguir retorna explicitamente à relação Cristo-Igreja e, assim, à luz dessa relação, leva-nos a definir o sentido da frase inteira. O autor, depois de explicar o caráter da relação do marido com a própria mulher formando "uma só carne", quer ainda reforçar a sua precedente afirmação ("quem ama a própria mulher, ama-se a si mesmo") e, em certo sentido, mantê-la com a negação e exclusão da possibilidade oposta ("ninguém jamais aborreceu a sua própria carne").[10] Na união por amor, o corpo "alheio" torna-se "próprio", no sentido de que se tem solicitude do bem do corpo do outro como do próprio. As sobreditas palavras, caracterizando o amor "carnal" que deve unir os côn-

---

6 Cf. Ef 5, 22-23.

7 Ibid., 5, 33.

8 Ibid., 28.

9 Ibid., 29-30.

10 Ibid., 29.

juges, exprimem, pode-se dizer, o conteúdo mais geral e, ao mesmo tempo, o mais essencial. Elas parecem falar deste amor, sobretudo, com a linguagem do "ágape".

8. A expressão segundo a qual o homem "nutre" e e "cuida" da própria carne — isto é, que o marido "nutre" e "cuida" da carne da mulher como a própria — parece indicar, sobretudo, o cuidado dos pais, a relação tutelar, mais que a ternura conjugal. A motivação de tal caráter deve ser buscada no fato de que o autor manifestamente passa da relação que une os cônjuges para a relação entre Cristo e a Igreja. As expressões que se referem ao cuidado do corpo, e antes de tudo à sua nutrição, à sua alimentação, sugerem a numerosos estudiosos da Sagrada Escritura a referência à Eucaristia, com a qual Cristo, no seu amor esponsal, "nutre" a Igreja. Se estas expressões, embora em tom menor, indicam o caráter específico do amor conjugal, especialmente daquele amor pelo qual os cônjuges se tornam "uma só carne", elas, ao mesmo tempo, ajudam a compreender, pelo menos de modo geral, a dignidade do corpo e o imperativo moral de ter cuidado pelo seu bem: daquele bem que está em correspondência com a sua dignidade. A comparação com a Igreja como Corpo de Cristo — Corpo do seu amor redentor e ao mesmo tempo esponsal — deve deixar na consciência dos destinatários da Carta aos Efésios (5, 22–23) um profundo sentido do *sacrum* do corpo humano em geral e, em particular no matrimônio, como o "lugar" em que tal sentido do *sacrum* determina, de modo particularmente profundo, as relações recíprocas das pessoas e sobretudo aquelas do homem com a mulher enquanto esposa e mãe dos seus filhos.

93. A RELAÇÃO ENTRE A SACRAMENTALIDADE DA IGREJA E O SACRAMENTO MAIS ANTIGO: O MATRIMÔNIO

Audiência Geral de quarta-feira, 8 de setembro de 1982

1. O autor da Carta aos Efésios escreve: "Ninguém jamais aborreceu a própria carne; pelo contrário, nutre-a e cuida dela como também Cristo o faz à sua Igreja, porque somos membros do seu corpo".[1] Depois deste versículo, o autor julga oportuno citar aquilo que na Bíblia inteira pode ser considerado o texto fundamental sobre o matrimônio, texto contido no Gênesis, 2, 24: "Por isso o homem deixará seu pai e sua mãe, e se unirá à sua mulher, e os dois serão uma só carne".[2] É possível deduzir do contexto imediato da Carta aos Efésios que a citação do Livro do Gênesis[3] é aqui necessária não tanto para recordar a unidade dos cônjuges, definida desde "o princípio" na obra da Criação, quanto para apresentar o mistério de Cristo com a Igreja, de que o autor deduz a verdade sobre a unidade dos cônjuges. Este é o ponto mais importante de todo o texto e, em certo sentido, o elemento central. O autor da Carta aos Efésios encerra nestas palavras tudo o que disse precedentemente, traçando a analogia e apresentando a semelhança entre a unidade dos cônjuges e a unidade de Cristo com a Igreja. Referindo as palavras do Livro do Gênesis,[4] o autor faz notar que as bases de tal analogia devem ser buscadas na linha que, no plano salvífico de Deus, une o matrimônio — como a mais antiga revelação e "manifestação" daquele plano no mundo criado — com a revelação e "manifestação" definitiva, isto é, a revelação de que "Cristo amou a Igreja e se entregou a si mesmo por ela",[5] conferindo uma índole e um sentido esponsais ao seu amor redentor.

2. Desse modo, esta analogia que perpassa o texto da Carta aos Efésios[6] tem a base última no plano salvífico de Deus. Isto se tornará ainda mais claro e evidente quando colocarmos a passagem do texto anteriormente analisado no contexto total da Carta aos Efésios. En-

---

[1] Ef 5, 29–30.
[2] *Ibid.*, 31; Gn 2, 24.
[3] Gn 2, 24.
[4] *Ibid.*
[5] Ef 5, 25.
[6] *Ibid.*, 22–33.

tão se compreenderá mais facilmente a razão por que o autor, depois de citar as palavras do Livro do Gênesis,[7] escreve: "É grande este mistério; digo-o, em relação a Cristo e à Igreja".[8]

No contexto global da Carta aos Efésios e, além disso, no contexto mais amplo das palavras da Sagrada Escritura que revelam o plano salvífico de Deus "desde o principio", é preciso admitir que o termo *"mysterion"* significa aqui o mistério primeiramente oculto no pensamento divino, e em seguida revelado na história do homem. Trata-se, de fato, de um mistério "grande", dada a sua importância: esse mistério, como plano salvífico de Deus a respeito da humanidade, é, em certo sentido, o tema central de toda a revelação, a sua realidade central. É aquilo que Deus, como Criador e Pai, deseja, sobretudo, transmitir aos homens na sua Palavra.

3. Tratava-se de transmitir não só a "boa nova" sobre a salvação, mas de iniciar ao mesmo tempo a obra da salvação, como fruto da graça que santifica o homem para a vida eterna na união com Deus. Precisamente no caminho desta revelação-atuação, São Paulo põe em relevo a continuidade entre a mais antiga aliança que Deus estabeleceu, constituindo o matrimônio já na obra da criação, e a aliança definitiva em que Cristo, depois de amar a Igreja e se entregar a ela, une-se a ela de modo esponsal, isto é, de modo correspondente à imagem dos cônjuges. Esta continuidade da iniciativa salvífica de Deus constitui a base essencial da grande analogia contida na Carta aos Efésios. A continuidade da iniciativa salvífica de Deus significa a continuidade e mesmo a identidade do mistério, do "grande mistério", nas diversas fases da sua revelação — portanto, em certo sentido, da sua "manifestação" — e ao mesmo tempo de sua realização; na fase "mais antiga" desde o ponto de vista da história do homem e da salvação, e na fase da "plenitude dos tempos".[9]

4. É possível entender aquele "grande mistério" como "sacramento"? Acaso o autor da Carta aos Efésios fala, no texto por nós citado, do sacramento do matrimônio? Se não fala dele diretamente e em sentido estrito — aqui é necessário estar de acordo com a opinião bastante difundida dos biblistas e teólogos —, todavia parece que neste trecho fala das bases da sacramentalidade de toda a vida cristã, e, em particular, das bases da sacramentalidade do matrimônio. Fala, portanto, da sacramentalidade de toda a existência cristã na Igreja e,

---

7   Gn 2, 24.

8   Ef 5, 32.

9   Gl 4, 4.

em particular, do matrimônio de modo indireto, mas do modo mais fundamental possível.

5. "Sacramento" não é sinônimo de "mistério".[10] O mistério, na verdade, permanece "oculto" — escondido em Deus — de maneira

---

10 O "sacramento", conceito central para as nossas considerações, percorreu uma longa caminhada no decurso dos séculos. É necessário começar a história semântica do termo "sacramento"com o termo grego *mystérion*, que, a bem da verdade, no Livro de Judite significa ainda os planos militares do rei ("conselho secreto", cf. Jt 2, 2), mas já no Livro da Sabedoria (2, 22) e na profecia de Daniel (2, 27) significa os planos criadores de Deus e o fim que Ele assinala ao mundo e são revelados só aos confessores fiéis.

Em tal sentido, a palavra *mystérion* aparece só uma vez no Evangelho: "a vós foi confiado o mistério do Reino de Deus" (Mc 4, 11 e paralelos). Nas grandes Cartas de São Paulo aquele termo volta sete vezes, com o ponto culminante na Carta aos Romanos: "[...] segundo o Evangelho que eu vos anuncio e a mensagem de Jesus Cristo, segundo a revelação do mistério escondido por séculos eternos, mas revelado agora [...]" (Rm 16, 25-26).

Nas cartas posteriores há a identificação do *mystérion* com o Evangelho (cf. Ef 6, 19) e até mesmo com Jesus Cristo (cf. Cl 2, 2; 4, 3; Ef 3, 4), o que origina uma mudança no entendimento do termo; "*mystérion*" já não é só o plano eterno de Deus, mas a realização desse plano na Terra, revelado em Jesus Cristo.

Por isso, no período patrístico, começa-se a denominar *mystérion* também os acontecimentos históricos através dos quais se manifesta a vontade divina de salvar o homem. Já no século II, nos escritos de Santo Inácio de Antioquia, de São Justino e de Melitão, os mistérios da vida de Jesus, as profecias e as figuras simbólicas do Antigo Testamento se definem com o termo *mystérion*.

No século III começam a aparecer as mais antigas versões em latim da Sagrada Escritura, em que o termo grego é traduzido ou por *mystérion*, ou por *sacramentum* (por ex. Sb 2, 22; Ef 5, 32), talvez por um explícito afastamento dos ritos misteriosos dos pagãos e da neoplatônica mistagogia gnóstica. Todavia, originariamente o *sacramentum* significava o juramento militar, prestado pelos legionários romanos. Dado que nele se podia distinguir o aspecto de "iniciação numa nova forma de vida", "o compromisso sem reserva", "o serviço fiel até ao risco de morte", Tertuliano faz notar estas dimensões no sacramento cristão do Batismo, da Crisma e da Eucaristia. No século III é, em seguida, aplicado o termo *sacramentum*, tanto ao mistério do plano salvífico de Deus em Cristo (cf. por ex. Ef 5, 32), quanto à sua concreta realização por meio das sete fontes da graça, chamadas hoje "sacramentos da Igreja".

Santo Agostinho, servindo-se de vários significados deste termo, chamou de sacramentos os ritos religiosos tanto da antiga como da nova aliança, os símbolos e as figuras bíblicas, como também a religião cristã revelada. Todos estes "sacramentos", segundo Santo Agostinho, pertencem ao grande sacramento: o mistério de Cristo e da Igreja. Santo Agostinho influiu na posterior precisão do termo "sacramento", sublinhando que os sacramentos são sinais sagrados; que têm em si semelhança com aquilo que significam e conferem o que significam. Contribuiu, pois, com as suas análises para elaborar uma concisa definição escolástica do sacramento: *signum efficax gratiæ*.

Santo Isidoro de Sevilha (século VII) sublinhou em seguida outro aspecto: a misteriosa natureza do sacramento que, sob os véus das espécies materiais, esconde a ação do Espírito Santo na alma do homem.

As sumas teológicas dos séculos XII e XIII formulam já as definições sistemáticas dos sacramentos, é a definição de Santo Tomás que lhe dá um significado particular: "*Non omne signum rei sacræ est sacramentum, sed solum ea quæ significant perfectionem sanctitatis humanæ*" (IIIª, q. 60, a. 2) Desde então, entendeu-se como "sacramento" exclusivamente cada uma das sete fontes da graça, e os estudos dos teólogos se aplicaram ao aprofundamento da essência e da ação dos sete sacramentos, elaborando, de maneira sistemática, as linhas principais contidas na tradição escolástica.

Somente no último século foi dada atenção aos aspectos do sacramento inadvertidos

que mesmo a seguir à sua proclamação (ou seja, revelação) não deixa de chamar-se "mistério", e é também pregado como mistério. O sacramento pressupõe a revelação do mistério e pressupõe também a sua aceitação mediante a fé, por parte do homem. Todavia ele é, a um tempo, alguma coisa mais do que a proclamação do mistério e a aceitação dele mediante a fé. O sacramento consiste em "manifestar" aquele mistério num sinal que serve não só para proclamá-lo, mas também para realizá-lo no homem. O sacramento é o sinal visível e eficaz da graça. Por seu meio, realiza-se no homem aquele mistério oculto desde a eternidade em Deus, de que fala, logo desde o princípio, a Carta aos Efésios[11] — mistério do chamado, por parte de Deus, à santidade do homem em Cristo, e mistério da sua predestinação a tornar-se seu filho adotivo. Isso se realiza de modo misterioso, sob o véu de um sinal; apesar disso, esse sinal é também sempre um "tornar visível" aquele mistério sobrenatural que opera no homem sob o seu véu.

6. Tomando em consideração a passagem da Carta aos Efésios aqui analisada, e em particular as palavras "Este mistério é grande; digo-o em referência a Cristo e à Igreja", é necessário verificar que o autor da carta escreve não só referindo-se ao grande mistério oculto em Deus, mas também, e sobretudo, ao mistério que se realiza pelo fato de Cristo — que com um ato de amor redentor amou a Igreja e se entregou a si mesmo por ela — com o mesmo ato uniu-se à Igreja de modo esponsal, assim como se unem reciprocamente o marido e a mulher no matrimônio instituído pelo Criador. Parece que as palavras da Carta aos Efésios motivam suficientemente o que lemos no princípio mesmo da Constituição *Lumen Gentium*: "[...] a Igreja é em Cristo como um sacramento ou sinal e instrumento da íntima união com Deus e da unidade de todo o gênero humano".[12] Este texto do Vaticano II não diz "a Igreja é um sacramento", mas "é *como* um sacramento", indicando com isto que é preciso falar da sacramentalidade da Igreja de modo analógico e não idêntico àquilo que entendemos quando nos referimos aos sete sacramentos administrados pela Igreja por instituição de Cristo. Se existem as bases para falar da Igreja enquanto sacramento, tais bases foram na maior parte indicadas precisamente na Carta aos Efésios.

---

no decurso dos séculos, por exemplo, a sua dimensão eclesial e o encontro pessoal com Cristo, que encontraram expressão na Constituição sobre a Liturgia (n. 59). Todavia, o Vaticano II volta, sobretudo, ao significado originário do "sacramento-mistério", denominando a Igreja "sacramento universal da salvação" (*LG*, 48), sacramento, ou seja "sinal e instrumento da íntima união com Deus e da unidade de todo o gênero humano" (*LG*, 1).

O sacramento é aqui entendido — em conformidade com o seu significado originário — como a realização do eterno plano divino relativo à salvação da humanidade.

11 Cf. Ef 1, 9.

12 *LG*, 1.

7. Pode-se dizer que tal sacramentalidade da Igreja é constituída por todos os sacramentos, por meio dos quais ela realiza a sua missão santificadora. Pode-se, além disso, dizer que a sacramentalidade da Igreja é fonte dos sacramentos, e em particular do Batismo e da Eucaristia, como resulta da passagem, já analisada, da Carta aos Efésios.[13] É necessário, por fim, dizer que a sacramentalidade da Igreja se mantém em particular relação com o matrimônio: o sacramento mais antigo.

---

13 Cf. Ef 5, 25–30.

94. OS ASPECTOS MORAIS DA VOCAÇÃO DOS CRISTÃOS

Audiência Geral de quarta-feira, 15 de setembro de 1982

1. Temos diante de nós o texto da Carta aos Efésios 5, 22–33, que há tempos estamos analisando por causa da sua importância para o problema do matrimônio e do sacramento. No total do seu conteúdo, a começar pelo primeiro capítulo, a epístola trata, sobretudo, do mistério "há séculos" [...] "escondido em Deus", como dom eternamente destinado ao homem.

> Bendito seja o Deus e Pai de nosso Senhor Jesus Cristo, que, do alto dos Céus, nos abençoou com toda a espécie de bênçãos espirituais em Cristo. Foi assim que n'Ele nos escolheu antes da constituição do mundo, para sermos santos e imaculados diante dos seus olhos. Predestinou-nos para sermos seus filhos adotivos por meio de Jesus Cristo, por sua livre vontade, para fazer resplandecer a sua maravilhosa graça, pela qual nos tornou agradáveis em seu amado Filho.[1]

2. Até agora fala-se do mistério escondido "desde há séculos"[2] em Deus. As frases sucessivas introduzem o leitor na fase de atualização daquele mistério na história do homem: o dom, destinado a ele "há séculos" em Cristo, torna-se parte real do homem no mesmo Cristo:

> É n'Ele que temos a redenção, pelo seu sangue, a remissão dos pecados, segundo a riqueza da sua graça, que abundantemente derramou sobre nós, com plena sabedoria e discernimento, dando-nos a conhecer o mistério da sua vontade, segundo o beneplácito que n'Ele de antemão estabelecera, para ser realizado ao completarem-se os tempos: reunir sob a chefia de Cristo todas as coisas que há no Céu e na Terra.[3]

3. Assim o eterno mistério passou do estado de "escondido em Deus" à fase de revelação e de aplicação. Cristo, no qual a humanidade esteve "há séculos" escolhida e abençoada "com todas as bênçãos espirituais" do Pai — Cristo, destinado, segundo o eterno "desígnio" de Deus, para que n'Ele, como na Cabeça, "fossem recapituladas todas as coisas, as do Céu como as da Terra" na perspectiva escatoló-

---

1 Ef 1, 3–6.

2 Ef 3, 9.

3 Ef 1, 7–10.

gica — revela o eterno mistério e o realiza entre os homens. Por isso o autor da Carta aos Efésios, no seguimento da própria Carta, exorta aqueles a quem chegou esta revelação, e a todos os que a aceitaram na fé, a modelarem a sua vida no espírito da verdade conhecida; à mesma coisa exorta, de modo particular, os cônjuges cristãos, maridos e mulheres.

4. Pela maior parte do contexto, a carta torna-se instrução, ou seja, parênese. O autor parece falar, sobretudo, dos aspectos morais da vocação dos cristãos, fazendo, todavia, uma contínua referência ao mistério que já opera neles em virtude da redenção de Cristo — e opera com eficácia, sobretudo, em virtude do Batismo. Em verdade, escreve: "Foi n'Ele que vós também, depois de terdes ouvido a palavra da verdade — o Evangelho da vossa salvação, no qual acreditastes —, fostes marcados com o selo do Espírito Santo, que tinha sido prometido".[4] Desse modo, os aspectos morais da vocação cristã se mantêm ligados não somente à revelação do eterno mistério divino em Cristo e com a aceitação dele na fé, mas também com a ordem sacramental, que, embora não se colocando no primeiro plano em toda a Carta, entretanto, parece estar presente nela de modo discreto. Aliás, não poderia ser diferente, uma vez que o Apóstolo escreve aos cristãos que, mediante o Batismo, se tinham tornado membros da comunidade eclesial. Deste ponto de vista, o trecho da Carta aos Efésios 5, 22–23, até agora analisado, parece ter uma importância particular. Lança, de fato, uma extraordinária luz sobre a relação essencial do mistério com o sacramento e, especialmente, sobre a sacramentalidade do matrimônio.

5. No centro do mistério está Cristo. N'Ele — precisamente n'Ele — a humanidade foi eternamente abençoada "com toda a bênção espiritual". N'Ele — em Cristo — a humanidade foi escolhida "antes da criação do mundo", escolhida "na caridade" e predestinada para a adoção de filhos. Quando, em seguida, com a "plenitude dos tempos", este eterno mistério foi realizado no tempo, ele se realiza também n'Ele e por Ele; em Cristo e por Cristo. Por meio de Cristo é revelado o mistério do Amor divino. Por Ele e n'Ele, completa-se: n'Ele "temos a redenção mediante o seu sangue, a remissão dos pecados".[5] Desse modo, os homens e mulheres que pela fé aceitam o dom que lhes é oferecido em Cristo tornam-se de fato participantes do eterno mistério, embora este opere neles sob os véus da fé. Esta *doação natural dos frutos da redenção* operada por Cristo adquire, segundo a Carta aos Efésios 5, 22–33, o caráter de uma doação esponsal do pró-

---

[4] Ef 1, 13.

[5] Ef 1, 7.

prio Cristo à Igreja, à semelhança da relação esponsal entre o marido e a mulher. Portanto, não somente os frutos da redenção constituem um dom, mas o próprio Cristo, sobretudo, é um dom: Ele dá-se a si mesmo à Igreja, como à sua esposa.

6. Devemos nos perguntar se neste ponto tal analogia não nos permite penetrar mais profundamente e com maior precisão no conteúdo essencial do mistério. Devemos nos perguntar, sobretudo, porque aquela "clássica" passagem da Carta aos Efésios[6] não surge isolada e em abstrato, mas constitui uma continuidade, em certo sentido *uma continuação dos enunciados* do Antigo Testamento, que apresentavam o amor de Deus-Javé para com o povo-Israel, por Ele escolhido segundo a mesma analogia. Trata-se, em primeiro lugar, dos textos dos Profetas que nos seus discursos introduziram a semelhança do amor esponsal para caracterizar de modo particular o amor que Javé nutre para com Israel, o amor que não encontra compreensão e correspondência da parte do povo eleito; pelo contrário, encontra infidelidade e traição. A expressão de infidelidade e traição foi, sobretudo, a idolatria, culto prestado aos deuses estrangeiros.

7. A bem da verdade, na maior parte dos casos tratava-se de pôr em relevo de modo dramático precisamente aquela traição e aquela infidelidade denominadas "adultério" de Israel; todavia, na base de todos estes enunciados dos Profetas está a explícita convicção de que o amor de Javé para com o povo eleito pode e deve ser comparado ao amor que une o esposo à esposa, o amor que deve unir os cônjuges. Seria conveniente aqui citar numerosas passagens dos textos de Isaías, Oséias, Ezequiel (alguns deles já foram aludidos anteriormente quando foi analisado a fundo o conceito de "adultério" nas palavras pronunciadas por Cristo no Sermão da Montanha). Não se pode esquecer que ao patrimônio do Antigo Testamento pertence também o "Cântico dos Cânticos" em que a imagem do amor esponsal foi descrita — é verdade — sem a analogia típica dos textos proféticos, que apresentavam naquele amor a imagem de Javé para com Israel; mas também sem aquele elemento negativo que nos outros textos constitui o motivo de "adultério", ou seja, de infidelidade. Assim, pois, a analogia do esposo e da esposa, que permitiu ao autor da Carta aos Efésios definir a relação de Cristo com a Igreja, possui uma rica tradição nos livros da antiga aliança. Analisando esta analogia no "clássico" texto da Carta aos Efésios, não podemos deixar de referir-nos àquela tradição.

---

6   Ef 5, 22–33.

8. Para explicar essa tradição, por agora nos limitaremos a citar um trecho do Livro de Isaías. O profeta diz:

> Não temas, porque não serás confundida; não te envergonhes, porque não serás afrontada. Esquecer-te-ás da vileza da tua mocidade, e não te lembrarás mais do opróbrio da tua viuvez. Com efeito, o teu esposo é o teu criador, que se chama o Senhor dos Exércitos; o teu Redentor é o Santo de Israel: chama-se o Deus de toda a Terra. Sim, o Senhor te chamou como uma mulher abandonada e angustiada. Pode-se repudiar uma mulher desposada na juventude? — diz o Senhor teu Deus. Por uma hora, por um momento eu te abandonei, mas, no meu grande amor, volto a chamar-te. [...] Ainda que os montes sejam abalados e tremam as colinas, o meu amor jamais se apartará de ti, e a minha aliança de paz não se mudará, diz o Senhor, compadecido de ti.[7]

Durante o nosso próximo encontro começaremos a análise do texto citado de Isaías.

---

[7] Is 54, 4–7, 10.

95(a). AMOR ESPONSAL E ALIANÇA NA TRADIÇÃO DOS PROFETAS

Audiência Geral de quarta-feira, 22 de setembro de 1982

1. A Carta aos Efésios, por meio da semelhança da relação entre Cristo e a Igreja com a relação esponsal dos cônjuges, faz referência à tradição dos Profetas do Antigo Testamento. Para o explicar, citamos o seguinte texto de Isaías:

"Não temas, porque não serás confundida; não te envergonhes, porque não serás afrontada. Esquecer-te-ás da vileza da tua mocidade, e já não te lembrarás do opróbrio da tua viuvez. Com efeito, o teu esposo é o teu criador, que se chama o Senhor dos Exércitos; o teu redentor é o Santo de Israel, chama-se o Deus de toda a terra. Sim, o Senhor te chamou como uma mulher abandonada e angustiada. Pode-se repudiar uma mulher desposada na juventude? — diz o Senhor teu Deus. Por uma hora, por um momento, eu te abandonei, mas, no meu grande amor, volto a chamar-te. Num acesso de ira escondi de ti a minha face; mas no meu eterno amor compadeci-me de ti, diz o Senhor, teu Redentor. Vou fazer hoje como no tempo de Noé, em que jurei que nunca mais o dilúvio se abateria sobre a Terra, do mesmo modo juro, agora, nunca mais me irritar contra ti, nem atemorizar-te. Ainda que os montes sejam abalados e tremam as colunas, o meu amor jamais se apartará de ti, e a minha aliança de paz não se mudará, diz o Senhor, compadecido de ti".[1]

2. O texto de Isaías não contém neste caso as repreensões feitas a Israel como a esposa desleal, que ecoaram com tanta energia nos outros textos, em particular de Oséias e Ezequiel. Graças a isto, torna-se mais transparente o conteúdo essencial da analogia bíblica: o amor de Deus-Javé para com Israel-povo eleito é expresso como o amor do homem-esposo para com a mulher eleita para ser sua esposa por meio do pacto conjugal. Desse modo, Isaías explica os acontecimentos que formam o curso da história de Israel, remontando ao mistério como que oculto no coração mesmo de Deus. Em certo sentido, ele nos conduz na mesma direção a que nos levará, depois de muitos séculos, o autor da Carta aos Efésios, que — baseando-se na redenção já realizada em Cristo — desvelará muito mais plenamente a profundidade do mesmo mistério.

3. O texto do Profeta tem todo o colorido da tradição e da mentalidade dos homens do Antigo Testamento. O Profeta, falando em

---

[1] Is 54, 4–10.

nome de Deus e quase com as suas palavras, dirige-se a Israel como esposo à esposa por ele escolhida. Estas palavras transbordam de um autêntico ardor do amor e ao mesmo tempo põe em relevo toda a especificidade tanto da situação como da mentalidade próprias daquela época. Sublinham que a escolha por parte do homem tira à mulher a "desonra", que, segundo a opinião da sociedade, parecia ligada com o estado nupcial, seja o originário (a virgindade), seja o secundário (a viuvez), seja, enfim, o derivado do repúdio da mulher não amada[2] ou possivelmente da mulher infiel. Todavia, o texto citado não faz menção da infidelidade; faz notar, pelo contrário, o motivo do "amor misericordioso",[3] indicando com isto não só a índole social do matrimônio na antiga aliança, mas também o caráter mesmo do dom, que é o amor de Deus para com Israel-esposa: dom que provém inteiramente da iniciativa de Deus. Em outras palavras: indicando a dimensão da graça, que desde o princípio está contida naquele amor. Esta é talvez a mais forte "declaração de amor" por parte de Deus, ligada ao solene juramento de fidelidade para sempre.

4. A analogia do amor que une os cônjuges é fortemente marcada neste trecho. Diz Isaías: "O teu esposo é o teu criador, que se chama o Senhor dos Exércitos; o teu redentor é o Santo de Israel, chama-se o Deus de toda a Terra".[4] Assim, portanto, nesse texto o mesmo Deus, em toda a sua majestade de Criador e Senhor da criação, é explicitamente chamado "esposo" do povo eleito. Este "esposo" fala do seu grande "afeto", que não se "afastará" da Israel-esposa, mas constituirá um fundamento estável da "aliança de paz" com ela. Assim, o motivo do amor esponsal e do matrimônio está ligado ao motivo da aliança. Além disso, o Senhor dos Exércitos chama-se a si mesmo não só "criador", mas também "redentor". O texto tem conteúdo teológico de riqueza extraordinária.

5. Confrontando o texto de Isaías com a Carta aos Efésios e verificando a continuidade quanto à analogia do amor esponsal e do matrimônio, devemos fazer notar ao mesmo tempo certa diversidade de ótica teológica. O autor da Carta fala, já no primeiro capítulo, do mistério do amor e da eleição com que "Deus, Pai do Senhor nosso Jesus Cristo" abraça os homens no seu Filho sobretudo como de um mistério "oculto na mente de Deus". Este é o mistério do amor paterno, mistério da eleição à santidade ("para sermos santos e imaculados diante dos seus olhos")[5] e da adoção como filhos em Cristo

---

2 Cf. Dt 24, 1.

3 No texto hebraico temos as palavras *hesed-rahamim*, que aparecem juntas mais de uma vez.

4 Is 54, 5.

5 Ef 1, 4.

("predestinando-nos para sermos seus filhos adotivos por meio de Jesus Cristo").[6] Em tal contexto, a dedução da analogia acerca do matrimônio que encontramos em Isaías ("o teu esposo é o teu criador, que se chama o Senhor dos Exércitos"),[7] parece ser uma redução que faz parte da perspectiva teológica. A primeira dimensão do amor e da eleição, como mistério há séculos escondido em Deus, é uma dimensão paterna e não "conjugal". Segundo a Epístola aos Efésios, a primeira nota característica desse mistério se une à paternidade de Deus, colocada particularmente em relevo pelos profetas.[8]

6. A analogia do amor esponsal e do matrimônio aparece quando o "Criador" e "Santo de Israel" do texto de Isaías se manifesta como "Redentor". Isaías diz: "o teu esposo é o teu criador, que se chama o Senhor dos Exércitos; o teu redentor é o Santo de Israel".[9] Já neste texto é possível, em certo sentido, ler o paralelismo entre o "esposo" e o "Redentor". Passando à Carta aos Efésios, devemos observar que este pensamento está mesmo plenamente desenvolvido nela. A figura do Redentor[10] desenha-se já no capítulo primeiro como própria daquele que é o primeiro "Filho dileto" do Pai,[11] amado desde a eternidade: daquele no qual nós todos fomos "há séculos" amados pelo Pai. Ele é o Filho da mesma substância do Pai, "no qual temos a remissão mediante o seu sangue, a remissão dos pecados segundo a riqueza da sua graça".[12] O mesmo Filho, como Cristo (ou seja, como Messias), "amou a Igreja e deu-se a si mesmo por ela".[13]

Esta esplêndida formulação da Carta aos Efésios resume e ao mesmo tempo põe em relevo os elementos do Cântico sobre o Servo de Javé e do Cântico de Sião.[14]

---

6   Ef 1, 5.

7   Is 54, 5.

8   Cf. Os 11, 1–4; Is 63, 8–9; 64, 7; Ml 1, 6.

9   Is 54, 5.

10 Embora nos mais antigos livros bíblicos o "redentor" (hebraico *go'el*) significasse a pessoa obrigada por laços de sangue a vingar o parente assassinado (cf. por ex. Nm 35, 19) e a prestar auxílio ao parente desafortunado (cf. por ex. Lv 25, 48), com o andar do tempo esta analogia foi aplicada a Javé "o qual resgatou Israel da condição servil, da mão do faraó, rei do Egito" (Dt 7, 8). Particularmente no Deutero-Isaías a insistência desloca-se da ação do resgate para a pessoa do Redentor, que pessoalmente salva Israel, quase apenas mediante a sua mesma presença; "sem dinheiro e sem presentes" (Is 45, 13).
    Por isso, a passagem do "Redentor" da profecia de Isaías 54 para a Carta aos Efésios tem o mesmo motivo da aplicação, na mencionada carta, dos textos do Cântico sobre o Servo de Javé (cf. Is 53, 10–12; Ef 5, 23. 25–26).

11 Ef 1, 6.

12 *Ibid.*, 7.

13 *Ibid.*, 5, 25.

14 Cf. por ex. Is 42, 1; 53, 8–12; 54, 8.

Assim, a doação de si mesmo pela Igreja equivale à consumação da obra redentora. De tal modo, o "criador [...] Senhor dos Exércitos" do texto de Isaías torna-se o "Santo de Israel", do "novo Israel", como redentor. Na Carta aos Efésios a perspectiva teológica do texto profético se conserva e ao mesmo tempo se aprofunda e se transforma. Aqui entram novos momentos revelados: o momento trinitário, cristológico[15] e por fim escatológico.

7. Assim, portanto, São Paulo, escrevendo a carta ao povo de Deus da nova aliança, e precisamente à Igreja de Éfeso, já não repetirá: "O teu esposo é o teu criador", mas mostrará de que modo o "Redentor", que é o Filho primogênito e há séculos "Filho amado do Pai", revela ao mesmo tempo o seu amor salvífico, que está na doação de si mesmo pela Igreja, como amor esponsal com que ele desposa a Igreja e faz dela o seu próprio Corpo. Assim, a analogia dos textos proféticos do Antigo Testamento (no caso, sobretudo do livro de Isaías) é, na Carta aos Efésios, conservada e, ao mesmo tempo, eminentemente transformada. À analogia corresponde o mistério, que através dela é expresso e, em certo sentido, explicado. No texto de Isaías este mistério é apenas esboçado, como que "entreaberto"; na Carta aos Efésios, pelo contrário, é plenamente desvelado (entenda-se, sem deixar de ser mistério). Na Carta aos Efésios é explicitamente distinta a dimensão eterna do mistério enquanto oculto em Deus ("Pai do Senhor nosso Jesus Cristo") e a medida da sua realização histórica, segundo a dimensão cristológica e ao mesmo tempo eclesiológica. A analogia do matrimônio refere-se, sobretudo, à segunda dimensão. Também nos Profetas (em Isaías) a analogia do matrimônio referia-se diretamente a uma dimensão histórica: estava ligada à história do povo eleito da antiga aliança, à história de Israel; pelo contrário, a dimensão cristológica e eclesiológica, na atuação veterotestamentária do mistério, encontrava-se apenas como em embrião: tão somente foi prenunciada.

Apesar disso, é claro que o texto de Isaías nos ajuda a compreender melhor a Carta aos Efésios e a grande analogia do amor esponsal de Cristo e da Igreja.

---

15 Em lugar da relação "Deus-Israel", Paulo introduz a relação "Cristo-Igreja", aplicando a Cristo tudo o que no Antigo Testamento se refere a Javé (Adonai-Kyrios). Cristo é Deus, mas Paulo aplica-lhe também tudo o que se refere ao Servo de Javé nos quatro Cânticos (Is 42; 49; 50; 52–53), interpretados no período inter-testamentário em sentido messiânico. O motivo da "Cabeça" e do "Corpo" não é de derivação bíblica, mas provavelmente helenística (talvez estóica). Na Carta aos Efésios, este tema foi utilizado no contexto do matrimônio (ao passo que na Primeira Carta aos Coríntios o tema do "Corpo" serve para demonstrar a ordem que reina na sociedade). Do ponto de vista bíblico, a introdução deste motivo é uma *novidade* absoluta.

95(b). A ANALOGIA DO AMOR ESPONSAL INDICA O CARÁTER "RADICAL" DA GRAÇA

(A catequese a seguir não foi inserida na edição oficial da Teologia do Corpo. Consta aqui por se tratar de um complemento à catequese anterior)

Audiência Geral de quarta-feira, 29 de setembro de 1982

1. Na Carta aos Efésios[1] — como nos Profetas do Antigo Testamento (por exemplo, em Isaías) — encontramos a grande analogia do matrimônio ou do amor esponsal entre Cristo e a Igreja.

Que função cumpre esta analogia em relação ao mistério revelado na Antiga e na Nova Aliança? A esta pergunta é necessário responder pouco a pouco. Antes de tudo, a analogia do amor conjugal ou esponsal ajuda a penetrar na essência mesma do mistério. Ajuda a compreendê-lo até certo ponto — entenda-se, de modo analógico. É óbvio que a analogia do amor terrestre, humano, do marido para com a mulher, do amor humano esponsal, não pode oferecer compreensão adequada e completa dessa realidade absolutamente transcendente, que é o mistério divino, tanto no seu ocultamento desde há séculos em Deus, como na sua realização "histórica" no tempo, quando "Cristo amou a Igreja e se deu a si mesmo por ela".[2] O mistério permanece transcendente a respeito desta analogia, como a repeito de qualquer outra, com a qual procuramos exprimi-la em linguagem humana. Ao mesmo tempo, todavia, tal analogia oferece a possibilidade de certa "penetração" cognoscitiva na essência mesma do mistério.

2. A analogia do amor esponsal permite-nos compreender de certo modo o mistério — que há séculos está escondido em Deus, e que no tempo foi realizado por Cristo — como o amor, próprio de um total e irrevogável dom de si por parte de Deus ao homem, em Cristo. Trata-se do "homem" na dimensão pessoal e ao mesmo tempo comunitária (esta dimensão comunitária é expressa no livro de Isaías e nos Profetas como "Israel" e na Carta aos Efésios como "Igreja"; pode-se dizer: o povo de Deus da Antiga e da Nova Aliança). Acrescentamos que, em ambas as concepções, a dimensão comunitária é posta, em certo sentido, no primeiro plano, mas não a ponto de velar totalmente a di-

---

1 Ef 5, 22–33.

2 *Ibid.*, 25.

mensão pessoal que, por outro lado, pertence simplesmente à essência mesma do amor esponsal. Em ambos os casos, temos antes que tratar com uma significativa "redução da comunidade à pessoa": Israel e a Igreja são considerados como esposa-pessoa por parte do esposo-pessoa ("Javé" e "Cristo"). Todo o "eu" concreto deve encontrar-se a si mesmo naquele bíblico "nós".

3. Assim, portanto, a analogia de que tratamos permite compreender, em certo grau, o mistério revelado do Deus vivo, que é Criador e Redentor (e enquanto tal é, ao mesmo tempo, Deus da aliança); permite-nos compreender esse mistério à maneira de um amor esponsal, assim como permite compreendê-lo também à maneira de um amor "misericordioso" (segundo o texto do Livro de Isaías), ou à maneira de um amor "paterno" (segundo a Carta aos Efésios, principalmente no cap. 1). Os modos supramencionados de compreender o mistério são, sem dúvida, analógicos. A analogia do amor esponsal contém em si uma característica do mistério, que não é diretamente posta em relevo nem pela analogia do amor misericordioso, nem pela analogia do amor paterno (ou de qualquer outra analogia usada na Bíblia à qual que poderíamos nos ter referido).

4. A analogia do amor dos esposos (ou amor esponsal) parece pôr em relevo, sobretudo, o momento do dom de si mesmo por parte de Deus ao homem, "desde há séculos" escolhido em Cristo (literalmente: a "Israel", à "Igreja") — dom total (ou antes, "radical") e irrevogável no seu caráter essencial, ou seja, como dom. Este dom é certamente "radical" e por isso "total". Não se pode falar aqui da "totalidade" em sentido metafísico. O homem, com efeito, como criatura não é capaz de "acolher" o dom de Deus na plenitude transcendental da sua dignidade. Tal "dom total" (não criado) só é participado pelo próprio Deus na "trinitária comunhão das Pessoas". Pelo contrário, o dom de si mesmo por parte de Deus ao homem, de que fala a analogia do amor esponsal, só pode ter a forma da participação na natureza divina,[3] como foi esclarecido com grande precisão pela teologia. Apesar disso, segundo tal medida, o dom feito ao homem por parte de Deus em Cristo é um dom "total", ou seja, "radical", como indica precisamente a analogia do amor esponsal: é, em certo sentido, "tudo" o que Deus "pôde" dar de si mesmo ao homem, consideradas as faculdades limitadas do amor-criatura. Deste modo, a analogia do amor esponsal indica o caráter "radical" da graça: de toda a ordem da graça criada.

5. Parece que tudo que foi dito acima pode-se dizer com referência à primeira função da nossa grande analogia, que passou dos escritos dos Profetas do Antigo Testamento à Carta aos Efésios, nos quais,

---

3 Cf. 2Pd 1, 4.

como já foi notado, sofreu uma significativa transformação. A analogia do matrimônio, como realidade humana, em que é encarnado o amor esponsal, ajuda, em certo grau e em certo modo, a compreender o mistério da graça como realidade eterna em Deus e como fruto "histórico" da redenção da humanidade em Cristo. Todavia, dissemos precedentemente que esta analogia bíblica não só "explica" o mistério, mas também, por outro lado, o mistério define e determina o modo adequado de compreender a analogia, e mais precisamente este seu componente, em que os autores bíblicos vêem "a imagem e semelhança" do mistério divino. Assim, portanto, a comparação do matrimônio (por causa do amor esponsal) com a relação de "Javé-Israel" na Antiga Aliança e de "Cristo-Igreja" na Nova Aliança estabelece, ao mesmo tempo, o modo de compreender o próprio matrimônio e o determina.

6. Esta é a segunda função da nossa grande analogia. E, na perspectiva desta função, aproximamo-nos, de fato, do problema "sacramento-mistério", ou seja, em sentido geral e fundamental, do problema da sacramentalidade do matrimônio. Isto parece especialmente motivado à luz da análise da Carta aos Efésios.[4] Com efeito, apresentando a relação de Cristo com a Igreja à imagem da união esponsal do marido e da mulher, o autor desta Carta fala, de modo mais geral e, ao mesmo tempo, fundamental, não só da realização do eterno mistério divino, mas também do modo como este mistério se expressou na ordem visível: do modo em que se tornou visível, e por isso *entrou na esfera do sinal*.

7. Com o termo "sinal" entendemos aqui simplesmente a "visibilidade do Invisível". O mistério há séculos oculto em Deus — ou seja, invisível — tornou-se visível sobretudo no mesmo acontecimento histórico de Cristo. E a relação de Cristo com a Igreja, que na Carta aos Efésios é definida como *"mysterium magnum"*, constitui o cumprimento e a concretização da visibilidade do mesmo mistério. Por outro lado, o fato de o autor da Carta aos Efésios comparar a indissolúvel relação de Cristo com a Igreja à relação entre o marido e a mulher, isto é, ao matrimônio — fazendo ao mesmo tempo referência às palavras do Gênesis,[5] que com o ato criador de Deus instituem originalmente o matrimônio —, nossa reflexão nos leva para aquilo que foi apresentado já precedentemente, no contexto do mistério da criação — como a "visibilidade do Invisível", até a origem mesma da história teológica do homem.

---

4 Ef 5, 22–33.

5 Cf. Gn 2, 24.

Pode-se dizer que o sinal visível do matrimônio *"in principio"*, enquanto ligado ao sinal visível de Cristo e da Igreja no vértice da economia salvífica de Deus, transpõe o eterno plano de amor para a dimensão "histórica" e disso constitui o fundamento de toda a ordem sacramental. O mérito particular do autor da Carta aos Efésios está em ter aproximado estes dois sinais, fazendo deles o único grande sinal — isto é, um grande sacramento (*sacramentum magnum*).

Desejo agora fazer uma breve referência à hodierna festividade litúrgica: hoje, de fato, a Igreja comemora os três Santos Arcanjos Miguel, Gabriel e Rafael. Exorto-vos a refletir sobre a figura e a função destes singulares "príncipes da milícia celeste", e a honrá-los com a oração.

Cada um de nós deve educar-se para sentir os três Arcanjos como amigos e protetores junto de Deus e invocá-los freqüente e confiadamente. Eles nos dão conforto e luz, chamando-nos para o céu e para aqueles supremos mistérios da fé, os quais nos guiam para este mesmo céu.

96. O MATRIMÔNIO É PARTE INTEGRANTE DO SACRAMENTO DA CRIAÇÃO

Audiência Geral de quarta-feira, 6 de outubro de 1982

1. Prosseguimos a análise do clássico texto do capítulo 5 da Carta aos Efésios, versículos 22–33. A este propósito é preciso citar algumas frases contidas numa das análises precedentes dedicadas a este tema:

> O homem aparece no mundo visível como a expressão mais alta do dom divino, porque traz em si a dimensão interior do dom. E com ela traz ao mundo a sua particular semelhança com Deus, graças à qual ele transcende e domina também a sua "visibilidade" no mundo, a sua corporeidade, a sua masculinidade ou feminilidade, e a sua nudez. Um reflexo desta semelhança é também a consciência primordial do significado esponsal do corpo, penetrada pelo mistério da inocência original.

Estas frases resumem em poucas palavras o resultado das análises centralizadas nos primeiros capítulos do Livro do Gênesis, em relação às palavras com as quais Cristo, no seu colóquio com os fariseus sobre o tema do matrimônio e da sua indissolubilidade, fez referência ao "princípio". Outras frases da mesma análise põem o problema do sacramento primordial:

> Assim, nesta dimensão, o homem se constitui como que um sacramento primordial, entendido como sinal que transmite eficazmente ao mundo visível o mistério invisível, oculto em Deus desde a eternidade. E este é o mistério da Verdade e do Amor, o mistério da vida divina, da qual o homem participa realmente. [...] é a inocência original que inicia esta participação".

2. É necessário rever o conteúdo destas afirmações à luz da doutrina paulina expressa na Carta aos Efésios, tendo presente, sobretudo, a passagem do capítulo 5, 22–33, situada no contexto total de toda a Carta. De resto, a Epístola autoriza-nos a fazê-lo, porque o autor mesmo, no capítulo 5, versículo 31, faz referência ao "princípio", e precisamente às palavras da instituição do matrimônio no livro do Gênesis.[1] Em que sentido podemos entrever nestas palavras um enunciado sobre o sacramento, este sacramento primordial? As precedentes análises do "princípio" bíblico levaram-nos, pouco a pouco, a isto,

---

1 Cf. Gn 2, 24.

em consideração ao estado da gratificação original do homem na existência e na graça, que foi o estado de inocência e de justiça originais. A Carta aos Efésios leva-nos a aproximarmo-nos de tal situação — ou seja, do estado do homem antes do pecado original — do ponto de vista do mistério escondido desde a eternidade em Deus. De fato, lemos nas primeiras frases da Carta que "Deus e Pai de nosso Senhor Jesus Cristo [...], do alto dos céus nos abençoou com toda a espécie de bênçãos espirituais em Cristo. N'Ele nos escolheu antes da constituição do mundo, para sermos santos e imaculados diante dos Seus olhos".[2]

3. A Carta aos Efésios abre diante de nós o mundo sobrenatural do mistério eterno, dos desígnios eternos de Deus Pai a respeito do homem. Estes desígnios precedem a "criação do mundo" e, por conseguinte, também a criação do homem. Ao mesmo tempo aqueles desígnios divinos começam a realizar-se já em toda a realidade da criação. Se ao mistério da criação pertence também o estado da inocência original do homem criado, como varão e mulher, à imagem de Deus, isto significa que o dom primordial, conferido ao homem por parte de Deus, já encerrava em si o fruto da eleição, de que lemos na Epístola aos Efésios: "n'Ele nos escolheu para sermos santos e imaculados diante dos seus olhos".[3] As palavras do Livro do Gênesis parecem salientar precisamente isto, quando o Criador-Eloim encontra no homem — varão e mulher — presente "diante dos seus olhos", um bem digno de regozijo: "Deus, contemplando toda a sua obra, viu que tudo era muito bom".[4] Somente depois do pecado, depois da ruptura da aliança original com o Criador, o homem sente a necessidade de se esconder "do Senhor Deus": "Ouvi o ruído dos teus passos no jardim; enchi-me de medo, porque estou nu, e me escondi".[5]

4. Pelo contrário, antes do pecado, o homem trazia na sua alma o fruto da eterna eleição em Cristo, Filho eterno do Pai. Mediante a graça desta eleição o homem (varão e mulher) era "santo e imaculado" diante dos olhos de Deus. A santidade e a pureza primordiais (ou originais) exprimiam-se também no fato de que, embora ambos estivessem "nus", "não sentiam vergonha",[6] como já procuramos pôr em evidência nas precedentes análises. Confrontando o testemunho do "princípio", relatado nos primeiros capítulos do Livro do Gênesis,

---

2 Ef 1, 3–4.

3 Ibid., 4.

4 Gn 1, 31.

5 Ibid., 3, 10.

6 Ibid., 2, 25.

com o testemunho da Epístola aos Efésios, é preciso deduzir que a realidade da criação do homem era já permeada pela perene eleição do homem em Cristo: chamada para a santidade mediante a graça de adoção como filhos ("predestinou-nos para sermos seus filhos adotivos por meio de Jesus Cristo, por sua livre vontade, para fazer resplandecer a sua maravilhosa graça, pela qual nos tornou agradáveis em seu amado Filho").[7]

5. O homem (varão e mulher) torna-se desde o "princípio" participante deste dom sobrenatural. Tal gratificação foi dada em consideração d'Aquele que, desde a eternidade, era "amado" como Filho, embora — segundo as dimensões do tempo e da história — ela tenha precedido a encarnação deste "amado Filho" e também a "redenção" que n'Ele temos "pelo seu sangue".[8] A redenção devia tornar-se a fonte da gratificação sobrenatural do homem depois do pecado e, em certo sentido, apesar do pecado. Esta gratificação sobrenatural, que se verificou antes do pecado original, isto é, a graça da justiça e da inocência originais — gratificação que foi fruto da eleição do homem em Cristo antes dos séculos — realizou-se precisamente em atenção a Ele, o único Amado, embora antecipando cronologicamente a sua vinda no corpo. Nas dimensões do mistério da criação, a eleição à dignidade de filhos adotivos foi própria apenas do "primeiro Adão", isto é, do homem criado à imagem e semelhança de Deus, como varão e mulher.

6. Em que modo se verifica a realidade deste sacramento, o sacramento primordial, nesse contexto? Na análise do "princípio", de que há pouco foi citada uma passagem, dissemos que "o sacramento, como sinal visível, constituiu-se com o homem, enquanto 'corpo', mediante a sua 'visível' masculinidade e feminilidade. O corpo, de fato, e só ele, é capaz de tornar visível o que é invisível: o espiritual e o divino. Foi criado para trazer para a realidade visível do mundo o mistério escondido desde a eternidade em Deus, e ser um sinal dele".[9]

Este sinal tem, além disso, uma eficácia própria, como também foi dito: "A inocência original ligada à experiência do significado esponsal do corpo" faz com que "o homem se sinta, no seu corpo de varão e de mulher, sujeito de santidade".[10] "Sente-se" e o é desde o "princípio". Aquela santidade conferida originariamente ao homem por parte do Criador pertence à realidade do "sacramento da criação".

---

7   Ef 1, 5–6.
8   *Ibid.*, 7.
9   *Loc. cit.*, p. 90.
10 *Ibid.*, p. 91.

As palavras do Gênesis 2, 24, "o homem [...] se unirá à sua mulher, e os dois serão uma só carne", pronunciadas com base nesta realidade originária em sentido teológico, constituem o matrimônio como parte integrante e, em certo sentido, central do "sacramento da criação". Elas constituem, ou melhor, simplesmente confirmam — poderíamos dizer — o caráter da sua origem. Segundo estas palavras, o matrimônio é sacramento enquanto parte integral e, diríamos, ponto central do "sacramento da criação". Neste sentido, é o sacramento primordial.

7. A instituição do matrimônio, segundo as palavras de Gênesis 2, 24, exprime não só o início da comunidade humana fundamental que, mediante a força "procriadora" que lhe é própria ("crescei e multiplicai-vos"),[11] serve para continuar a obra da criação, mas ao mesmo tempo exprime a iniciativa salvífica do Criador, correspondente à eterna eleição do homem, de que fala a Carta aos Efésios. Aquela iniciativa salvífica provém de Deus-Criador e a sua eficácia sobrenatural identifica-se com o ato mesmo da criação do homem no estado da inocência original. Neste estado, já desde o ato da criação do homem, frutificou a sua eterna eleição em Cristo. Deste modo, é preciso reconhecer que o originário sacramento da criação haure a sua eficácia do "Filho amado".[12] Se depois se trata do matrimônio pode-se deduzir que — instituído no contexto do sacramento da criação na sua globalidade, ou seja, no estado da inocência original — ele devia servir não só para prolongar a obra da criação, ou seja, da procriação, mas também para difundir sobre as gerações ulteriores dos homens o mesmo sacramento da criação, isto é, os frutos sobrenaturais da eterna eleição do homem por parte do Pai no eterno Filho: aqueles frutos com os quais o homem foi gratificado por Deus no ato mesmo da criação.

A Carta aos Efésios parece autorizar-nos a entender de tal modo o Livro do Gênesis e a verdade sobre o "princípio" do homem e do matrimônio ali contida.

---

11 Gn 1, 28.

12 Cf. Ef 1, 6, onde se fala da "graça que nos deu em seu amado Filho".

97. A PERDA DO SACRAMENTO ORIGINAL REINTEGRADA COM A REDENÇÃO NO MATRIMÔNIO-SACRAMENTO

Audiência Geral de quarta-feira, 13 de outubro de 1982

1. Na nossa consideração precedente procuramos aprofundar — à luz da Carta aos Efésios — o "início" sacramental do homem e do matrimônio no estado da justiça ou "inocência" original.

Sabe-se, todavia, que a herança da graça foi repelida pelo coração humano no momento da ruptura da primeira aliança com o Criador. A perspectiva da procriação, em vez de ser iluminada pela herança da graça original, concedida por Deus logo que infundiu a alma racional, foi ofuscada pela herança do pecado original. Pode-se dizer que o matrimônio, como sacramento primordial, foi privado daquela eficácia sobrenatural, a qual, no momento da sua instituição, hauria do sacramento da criação em sua totalidade. Todavia, também neste estado, ou seja, no estado da pecaminosidade hereditária do homem, o matrimônio nunca deixou de ser a figura daquele sacramento, sobre o qual lemos na Carta aos Efésios[1] e que o autor da mesma Carta não hesita em definir como "grande mistério". Acaso não podemos deduzir que o matrimônio permaneceu como plataforma da realização dos eternos desígnios de Deus, segundo os quais o sacramento da criação tinha aproximado os homens e os tinha preparado para o sacramento da Redenção, introduzindo-os na dimensão da obra da salvação? A análise da Epístola aos Efésios, e em particular do "clássico" texto do capítulo 5, versículos 22–33, parece inclinar-se para tal conclusão.

2. Quando o autor, no versículo 31, faz referência às palavras da instituição do matrimônio, contidas no Gênesis (2, 24: "Por esse motivo, o homem deixará seu pai e sua mãe, e se unirá à sua mulher, e os dois serão uma só carne"), e logo depois declara: "É grande este mistério; digo-o, porém, em relação a Cristo e à Igreja",[2] parece indicar não só a identidade do mistério escondido em Deus desde a eternidade, mas também aquela continuidade da sua realização, que existe entre o sacramento primordial, referente à gratificação sobrenatural do homem na criação mesma, e a nova gratificação, verificada

---

1 Ef 5, 22–33.

2 *Ibid.*, 32.

quando "Cristo amou a Igreja, e por ela se entregou, para santificá-la [...]"³ — gratificação que pode ser definida no seu conjunto como "sacramento da redenção". Neste dom redentor de si mesmo "pela" Igreja, está também encerrado — segundo o pensamento paulino — o dom de si à Igreja por parte de Cristo, à semelhança da relação esponsal que une marido e mulher no matrimônio. Deste modo, o sacramento da redenção reveste, em certo sentido, a figura e a forma do sacramento primordial. Ao matrimônio do primeiro marido e da primeira mulher, como sinal da gratificação sobrenatural do homem no sacramento da criação, correspondem as núpcias, ou melhor, a analogia das núpcias, de Cristo com a Igreja, como "grande" sinal fundamental da gratificação sobrenatural do homem no Sacramento da Redenção — gratificação em que se renova, de modo definitivo, a Aliança da graça de eleição, rompida com o pecado no "princípio".

3. A imagem contida na passagem citada da Carta aos Efésios parece falar, sobretudo, do sacramento da redenção como uma realização definitiva do mistério escondido desde a eternidade em Deus. Neste *mysterium magnum* realiza-se precisamente, de modo definitivo, tudo aquilo de que tratou a mesma Carta aos Efésios no capítulo 1. Ela de fato diz, como recordamos, não somente: "N'Ele (isto é, em Cristo) — Deus — nos escolheu antes da constituição do mundo, para sermos santos e imaculados diante dos seus olhos...",⁴ mas também: "é n'Ele — Cristo — que temos a redenção, pelo seu sangue, a remissão dos pecados, segundo a riqueza da sua graça, que abundantemente derramou sobre nós...".⁵ A nova gratificação sobrenatural do homem no "sacramento da redenção" é também uma nova realização do mistério escondido desde a eternidade em Deus — nova em referência ao sacramento da criação. Neste momento a gratificação é, em certo sentido, uma "nova criação". Diferencia-se, porém, do sacramento da criação enquanto a gratificação original, unida à criação do homem, constituía aquele homem "desde o princípio", mediante a graça, no estado da inocência e da justiça originais. A nova gratificação do homem no sacramento da redenção, pelo contrário, dá-lhe sobretudo a "remissão dos pecados". Todavia, também aqui pode "superabundar a graça", como em outra passagem se exprime São Paulo: "onde abundou o pecado, superabundou a graça".⁶

---

3   Ef 5, 25–26.

4   *Ibid.*, 1, 4.

5   *Ibid.*,, 7–8.

6   Rm 5, 20.

4. O Sacramento da Redenção — fruto do amor redentor de Cristo — torna-se, com base em seu amor esponsal para com a Igreja, uma dimensão permanente da própria vida da Igreja, dimensão fundamental e vivificante. É o *mysterium magnum* de Cristo e da Igreja: mistério eterno realizado por Cristo, o qual "se entregou por ela";[7] mistério que se realiza continuamente na Igreja, porque Cristo "amou a Igreja",[8] unindo-se a ela com amor indissolúvel, como se unem os esposos, marido e mulher, no matrimônio. Deste modo a Igreja vive do Sacramento da Redenção, e por sua vez completa este sacramento, assim como a mulher, em virtude do amor esponsal, completa o próprio marido, o que de certo modo já foi posto em relevo no "princípio", quando o primeiro homem encontrou na primeira mulher "uma auxiliar adequada".[9] Embora a analogia da Carta aos Efésios não o especifique, podemos todavia acrescentar que também a Igreja, unida a Cristo, como a mulher ao próprio marido, haure do Sacramento da Redenção toda a sua fecundidade e maternidade espiritual. Testemunham-no, de algum modo, as palavras da Epístola de São Pedro, quando escreve que "renascemos, não de uma semente corruptível, mas incorruptível: pela palavra de Deus vivo e eterno".[10] Assim o mistério escondido desde a eternidade em Deus — mistério que no "princípio", no sacramento da criação, se tornou uma realidade visível através da união do primeiro homem e da primeira mulher na perspectiva do matrimônio — torna-se, no Sacramento da Redenção, uma realidade visível na união indissolúvel de Cristo com a Igreja, que o autor da Epístola aos Efésios apresenta como a união esponsal dos cônjuges, marido e mulher.

5. O *sacramentum magnum* (o texto grego diz: *tò mystérion toûto méga estin*) da Epístola aos Efésios fala da nova realização do Mistério escondido desde a eternidade em Deus; realização definitiva sob o ponto de vista da história terrena da salvação. Fala, além disso, de "o tornar — o mistério — visível": da visibilidade do Invisível. Esta visibilidade não faz com que o mistério deixe de ser mistério. Isto se referia ao matrimônio constituído no "princípio", no estado da inocência original, no contexto do sacramento da criação. Isto também se refere à união de Cristo com a Igreja, qual "grande mistério" do Sacramento da Redenção. A visibilidade do Invisível não significa — se assim se pode dizer — uma total clareza do mistério. Ele, como objeto da fé, permanece velado através daquilo em que precisamente

---

7   Ef 5, 25.

8   *Ibid.*

9   Gn 2, 20.

10 1Pd 1, 23.

se exprime e se realiza. A visibilidade do Invisível pertence, pois, à ordem dos sinais, e o "sinal" indica apenas a realidade do mistério, mas não a "desvela". Assim como o "primeiro Adão" — o homem, varão e mulher —, criado no estado da inocência original e chamado neste estado à união conjugal (neste sentido falamos do sacramento da criação), foi um sinal do eterno mistério, também o "último Adão", Cristo, unido à Igreja mediante o Sacramento da Redenção com um laço indissolúvel, análogo à aliança indissolúvel dos cônjuges, é o sinal definitivo do mesmo mistério eterno. Falando, pois, da realização deste mistério eterno, falamos também do fato de que ele se torna visível com a visibilidade do sinal. E, por conseguinte, falamos também da sacramentalidade de toda a herança do Sacramento da Redenção, em referência a toda a obra da Criação e da Redenção, e ainda mais em referência ao matrimônio instituído no contexto do sacramento da criação, como ainda em referência à Igreja como esposa de Cristo, dotada de uma aliança quase conjugal com Ele.

98. O MATRIMÔNIO É PARTE INTEGRANTE DA NOVA ECONOMIA SACRAMENTAL

Audiência Geral de quarta-feira, 20 de outubro de 1982

1. Na quarta-feira passada falamos da herança integral da Aliança com Deus, e da graça unida originariamente à obra divina da criação. Desta herança integral — como convém deduzir do texto da Carta aos Efésios (5, 22–33) — fazia parte também o matrimônio, como sacramento primordial, instituído desde o "princípio" e unido ao sacramento da criação na sua totalidade. A sacramentalidade do matrimônio não é apenas modelo e figura do sacramento da Igreja (de Cristo e da Igreja), mas constitui também parte essencial da nova herança: a do Sacramento da Redenção, de que a Igreja é gratificada em Cristo. É necessário, aqui, voltar uma vez mais às palavras de Cristo em Mateus 19, 3–9,[1] com as quais Cristo, ao responder à pergunta dos fariseus sobre o matrimônio e o seu caráter específico, se refere apenas e exclusivamente à instituição originária do mesmo por parte do Criador no "princípio", refletindo sobre o significado desta resposta à luz da Carta aos Efésios, e em particular de Ef 5, 22–33, chegamos a uma relação, em certo sentido, dúplice do matrimônio com toda a ordem sacramental que, na Nova Aliança, emerge do mesmo sacramento da redenção.

2. O matrimônio como sacramento primordial constitui, por um lado, a figura (e, por conseguinte, a semelhança, a analogia), segundo a qual é construída a estrutura básica fundamental da nova economia da salvação e da ordem sacramental, que tem origem na gratificação esponsal que a Igreja recebe de Cristo, juntamente com todos os bens da Redenção (pode-se dizer, servindo-nos das palavras iniciais da Carta aos Efésios: "com toda a espécie de bênçãos espirituais").[2] Deste modo, o matrimônio, como sacramento primordial, é assumido e inserido na estrutura integral da nova economia sacramental, nascida da Redenção em forma, diríamos, de "protótipo": é assumido e inserido como que desde as suas bases. O próprio Cristo, no colóquio

---

1   Cf. também Mc 10, 5–9.

2   Ef 1, 3.

com os fariseus,³ confirma antes de tudo a sua existência. Refletindo bem sobre esta dimensão, seria necessário concluir que todos os Sacramentos da Nova Aliança em certo sentido encontram no matrimônio, como sacramento primordial, o seu protótipo. Isto parece sobressair na clássica passagem citada da Carta aos Efésios, como diremos ainda dentro em pouco.

3. Todavia, a relação do matrimônio com toda a ordem sacramental, nascida da gratificação da Igreja com os bens da Redenção, não se limita apenas à dimensão de modelo. Cristo, no seu colóquio com os fariseus,⁴ não só confirma a existência do matrimônio instituído desde o "princípio" pelo Criador, mas declara-o também como parte integrante da nova economia sacramental, da nova ordem dos "sinais" salvíficos, que tem origem no sacramento da redenção, tal como a economia originária surgiu do Sacramento da Criação; e na realidade Cristo limita-se ao único Sacramento, que tinha sido o matrimônio instituído no estado da inocência e da justiça originais do homem, criado como varão e mulher "à imagem e semelhança de Deus".

4. A nova economia sacramental, que é constituída com base no Sacramento da Redenção, surgindo da gratificação esponsal da Igreja por parte de Cristo, difere da economia originária. Ela, de fato, não é dirigida ao homem da justiça e da inocência originais, mas ao homem atingido pela herança do pecado original e pelo estado de pecaminosidade (*status naturae lapsae*). É dirigida ao homem da tríplice concupiscência, segundo as clássicas palavras da Primeira Carta de João (2, 16), ao homem, no qual "os desejos da carne são opostos aos do espírito, e estes aos da carne",⁵ segundo a teologia (e antropologia) paulina, a que dedicamos muito espaço nas nossas precedentes reflexões.

5. Estas considerações, acompanhadas de uma aprofundada análise do significado do enunciado de Cristo no Sermão da Montanha sobre o "olhar com desejo" como "adultério no coração", nos preparam para compreender o matrimônio como parte integrante da nova ordem sacramental, que tem origem no Sacramento da Redenção, ou seja, naquele "grande mistério" que, como mistério de Cristo e da Igreja, determina a sacramentalidade da Igreja mesma. Estas considerações, além disso, preparam para compreender o matrimônio como Sacramento da Nova Aliança, cuja obra salvífica está organicamente unida ao conjunto daquele *ethos*, que nas análises precedentes foi definido como *ethos* da redenção. A Carta aos Efésios exprime, a seu

---

3 Mt 19, 3–9.

4 *Ibid.*

5 Gl 5, 17.

modo, a mesma verdade: fala, de fato, do matrimônio como sacramento "grande" num amplo contexto parenético, isto é, no contexto das exortações de caráter moral, relativas precisamente ao *ethos* que deve qualificar a vida dos cristãos, isto é, dos homens conscientes da eleição que se realiza em Cristo e na Igreja.

6. Neste vasto panorama das reflexões que surgem da leitura da Carta aos Efésios (particularmente em 5, 22–33), pode-se e deve-se, por fim, tratar ainda do problema dos Sacramentos da Igreja. O citado texto aos Efésios refere-se a ele de modo indireto e, diríamos, secundário, embora suficiente para que também este problema encontre lugar nas nossas considerações. Todavia convém precisar aqui, pelo menos brevemente, o sentido que adotamos no uso do termo "sacramento", que é significativo para as nossas considerações.

7. Até agora, de fato, servimo-nos do termo "sacramento" (em conformidade, aliás, com toda a tradição bíblico-patrística) num sentido mais lato do que é próprio da terminologia teológica tradicional e contemporânea, que mediante a palavra "sacramento" indica os sinais instituídos por Cristo e administrados pela Igreja, os quais exprimem e conferem a graça divina à pessoa que recebe o relativo sacramento. Neste sentido, cada um dos sete Sacramentos da Igreja é caracterizado por uma determinada ação litúrgica, constituída mediante a palavra (forma) e a específica "matéria" sacramental — segundo a difundida teoria hilemórfica proveniente de Tomás de Aquino e de toda a tradição escolástica.

8. Em relação a este significado tão circunscrito, servimo-nos nas nossas considerações de um significado mais amplo e talvez também mais antigo e mais fundamental do termo "sacramento". A Carta aos Efésios, especialmente em 5, 22–33, parece corroborar especificamente este sentido. Aqui, "sacramento" significa o mistério mesmo de Deus, que está escondido desde a eternidade, todavia não em escondimento eterno, mas, sobretudo, na sua mesma revelação e atuação (ou, ainda, na revelação mediante a atuação). Em tal sentido se falou também do sacramento da criação e do Sacramento da Redenção. Com base no sacramento da criação, é necessário entender a sacramentalidade originária do matrimônio (sacramento primordial). Em seguida, com base no sacramento da redenção, pode-se compreender a sacramentalidade da Igreja, ou melhor, a sacramentalidade da união de Cristo com a Igreja que o autor da Carta aos Efésios apresenta na semelhança do matrimônio, da união esponsal do marido e da mulher. Uma análise atenta do texto demonstra que, neste caso, não se trata apenas de uma comparação em sentido metafórico, mas de uma real renovação (ou melhor, de uma "re-criação", isto é, de uma nova

criação) daquilo que constituía o conteúdo salvífico (em certo sentido a "substância salvífica") do sacramento primordial. Esta constatação tem um significado essencial, seja para esclarecer a sacramentalidade da Igreja (e a isto referem-se as palavras muito significativas do primeiro capítulo da Constituição *Lumen gentium*), seja também para compreender a sacramentalidade do matrimônio, entendido precisamente como um dos Sacramentos da Igreja.

99. A INDISSOLUBILIDADE DO SACRAMENTO DO MATRIMÔNIO NO MISTÉRIO DA "REDENÇÃO DO CORPO"

Audiência Geral de quarta-feira, 27 de outubro de 1982

1. O texto da Carta aos Efésios (5, 22–33) fala dos sacramentos da Igreja — e em particular do Batismo e da Eucaristia — mas só de modo indireto e em certo sentido alusivo, desenvolvendo a analogia do matrimônio em referência a Cristo e à Igreja. E assim lemos, primeiramente, que Cristo, o qual "amou a Igreja e se entregou por ela",[1] fez isto "para santificá-la, purificando-a no batismo da água pela palavra da vida".[2] Trata-se aqui, sem dúvida, do sacramento do Batismo, que por instituição de Cristo é, desde o início, conferido àqueles que se convertem. As palavras citadas mostram com grande relevo de que modo o Batismo alcança o seu significado essencial e a sua força sacramental daquele amor esponsal do Redentor, através do qual se constitui, sobretudo, a sacramentalidade da Igreja mesma, *sacramentum magnum*. O mesmo talvez se possa dizer também da Eucaristia, que pareceria ser indicada pelas seguintes palavras sobre o alimento do próprio corpo, que precisamente cada homem nutre e cura "como também Cristo o faz à sua Igreja, pois somos membros do seu corpo".[3] De fato, Cristo nutre a Igreja com o seu Corpo precisamente na Eucaristia.

2. Vê-se, todavia, que nem no primeiro nem no segundo caso podemos falar de um sacramentário amplamente desenvolvido. Não se pode falar disso nem sequer quando se trata do sacramento do matrimônio como um dos sacramentos da Igreja. A Carta aos Efésios, exprimindo a relação esponsal de Cristo com a Igreja, permite compreender que, com base nesta relação, a Igreja mesma é o "grande sacramento", o novo sinal da Aliança e da graça, que haure as suas raízes das profundezas do Sacramento da Redenção, tal como das profundezas do sacramento da criação emergiu o matrimônio, como sinal primordial da Aliança e da graça. O autor da Carta aos Efésios

---

1   Ef 5, 25.

2   *Ibid.*, 26.

3   *Ibid.*, 29–30.

proclama que aquele sacramento primordial se realiza de um modo novo no "sacramento" de Cristo e da Igreja. Também por esta razão o Apóstolo, no mesmo texto "clássico" de Ef 5, 21–33, se dirige aos cônjuges, para que sejam "submissos uns aos outros no temor de Cristo"[4] e modelem a sua vida conjugal fundando-a no sacramento instituído no "princípio" pelo Criador: sacramento que encontrou a sua definitiva grandeza e santidade na aliança esponsal de graça entre Cristo e a Igreja.

3. Embora a Carta aos Efésios não fale direta e imediatamente do matrimônio como de um dos sacramentos da Igreja, todavia a sacramentalidade do matrimônio é particularmente confirmada e aprofundada nela. No "grande sacramento" entre Cristo e a Igreja, os cônjuges cristãos são chamados a modelar a sua vida e a sua vocação sobre o fundamento sacramental.

4. Depois da análise do clássico texto de Ef 5, 21–33, dirigido aos cônjuges cristãos, em que Paulo lhes anuncia o "grande mistério" (*sacramentum magnum*) do amor esponsal de Cristo e da Igreja, é oportuno voltar àquelas significativas palavras do Evangelho, que já anteriormente submetemos a análise, vendo nelas os enunciados-chave para a teologia do corpo. Cristo pronuncia estas palavras, por assim dizer, a partir da profundidade divina da "redenção do corpo".[5] Todas estas palavras têm um significado fundamental para o homem precisamente enquanto ele é corpo, enquanto é varão ou mulher. Têm um significado para o matrimônio, em que o homem e a mulher se unem de modo que os dois se tornam "uma só carne", segundo a expressão do Livro do Gênesis (2, 24), embora, ao mesmo tempo, as palavras de Cristo indiquem também a vocação à continência "pelo Reino dos Céus".[6]

5. Em cada um destes caminhos, "a redenção do corpo" não é apenas uma grande expectativa daqueles que possuem as "primícias do espírito",[7] mas também uma permanente fonte de esperança em que a criação será "libertada da servidão da corrupção para participar, livremente, da glória dos filhos de Deus".[8] As palavras de Cristo pronunciadas a partir da profundidade divina do mistério da Redenção, e da "redenção do corpo", trazem em si o fermento desta esperança:

---

4   Ef 5, 21.

5   Rm 8, 23.

6   Mt 19, 12.

7   Rm 8, 23.

8   *Ibid.*, 21.

abrem-lhe a perspectiva tanto na dimensão escatológica como na dimensão da vida cotidiana. De fato, as palavras dirigidas aos ouvintes diretos são também dirigidas ao homem "histórico" dos vários tempos e lugares. Precisamente aquele homem que possui "as primícias do Espírito [...] geme [...] aguardando a libertação do [...] corpo".[9] Também no homem se encontra a esperança "cósmica" de toda a criação, que nele "aguarda ansiosa a revelação dos filhos de Deus".[10]

6. Cristo responde aos fariseus, que lhe perguntam: "É permitido a um homem repudiar sua mulher por qualquer motivo?";[11] eles interrogam-no deste modo precisamente porque a lei atribuída a Moisés admitia a chamada "carta de divórcio".[12] A resposta de Cristo é esta: "Não lestes que o Criador, desde o princípio, os fez homem e mulher, e disse: 'Por isso, o homem deixará seu pai e sua mãe, e se unirá à sua mulher, e os dois serão uma só carne'? Portanto, já não são dois, mas uma só carne. Pois bem, o que Deus uniu, não o separe o homem".[13] Se depois se trata da "carta de divórcio", Cristo responde assim: "Por causa da dureza do vosso coração, Moisés permitiu que repudiásseis as vossas mulheres; mas no princípio não foi assim. Ora, eu vos digo: se alguém repudiar sua mulher, exceto em caso de adultério, e casar com outra, comete adultério";[14] "quem casar com a repudiada comete adultério".[15]

7. O horizonte da "redenção do corpo" abre-se com estas palavras, que constituem a resposta a uma pergunta concreta de caráter jurídico-moral; abre-se, antes de tudo, pelo fato de Cristo se colocar no plano daquele sacramento primordial, que os seus interlocutores herdam de modo singular, uma vez que herdam também a revelação do mistério da criação, contida nos primeiros capítulos do Livro do Gênesis.

Estas palavras contêm, ao mesmo tempo, uma resposta universal, dirigida ao homem "histórico" de todos os tempos e lugares, porque são decisivas para o matrimônio e para a sua indissolubilidade; de fato, referem-se àquilo que é o homem, varão e mulher, àquilo em que ele se tornou de modo irreversível pelo fato de ser criado "à imagem e semelhança de Deus": o homem, que não deixa de o ser mesmo

---

9   Rm 8, 23.
10 *Ibid.*, 19.
11 Mt 19, 3.
12 Dt 24, 1.
13 Mt 19, 4-6.
14 *Ibid.*, 8-9.
15 *Ibid.*, 5, 32.

depois do pecado original, embora este o tenha privado da inocência original e da justiça. Cristo, que ao responder à pergunta dos fariseus faz referência ao "princípio" de tal modo que parece salientar particularmente o fato de que Ele fala a partir da profundidade do mistério da Redenção, e da "redenção do corpo". A Redenção significa, de fato, como que uma "nova criação"— significa a elevação de tudo aquilo que é criado: para exprimir na criação a plenitude de justiça, de eqüidade e de santidade, designada por Deus, e para exprimir aquela plenitude sobretudo no homem, criado como varão e mulher "à imagem de Deus".

Na ótica das palavras de Cristo dirigidas aos fariseus sobre o que era o matrimônio "desde o princípio", relemos também o clássico texto da Carta aos Efésios[16] como testemunho da sacramentalidade do matrimônio, baseada sobre o "grande mistério" de Cristo e da Igreja.

---
16 Ef 5, 22–33.

100. NO MATRIMÔNIO É DADO AO HOMEM DA CONCUPISCÊNCIA O "*ETHOS* DA REDENÇÃO DO CORPO"

Audiência Geral de quarta-feira, 24 de novembro de 1982

1. Analisamos a Carta aos Efésios, e, sobretudo, a passagem do capítulo 5, 22–23, sob o ponto de vista da sacramentalidade do matrimônio. Examinemos ainda o mesmo texto, na ótica das palavras do Evangelho.

As palavras de Cristo dirigidas aos fariseus[1] referem-se ao matrimônio como sacramento, ou seja, à revelação primordial da vontade e da ação salvíficas de Deus no "princípio", no mistério mesmo da criação. Em virtude dessa vontade e ação salvíficas de Deus, o homem e a mulher, unindo-se entre si de modo a tornarem-se "uma só carne" (Gênesis 2, 24), eram ao mesmo tempo destinados a estar unidos "na verdade e na caridade" como filhos de Deus,[2] filhos adotivos no Filho Primogênito, amado desde toda a eternidade. A tal unidade e a tal comunhão de pessoas, à semelhança da união das pessoas divinas,[3] são dedicadas as palavras de Cristo que se referem ao matrimônio como sacramento primordial e ao mesmo tempo confirmam aquele sacramento com base no mistério da Redenção. De fato, a original "unidade no corpo" do homem e da mulher não cessa de plasmar a história do homem sobre a Terra, embora tenha perdido a limpidez do sacramento, do sinal da salvação, que possuía "no princípio".

2. Se Cristo, diante dos seus interlocutores, no Evangelho de Mateus e de Marcos[4] confirma o matrimônio como sacramento instituído pelo Criador "no princípio" —, se, em conformidade com isto, ele exige a sua indissolubilidade — com isto mesmo Ele abre o matrimônio à ação salvífica de Deus, às forças que brotam "da redenção do corpo" e que ajudam a superar as conseqüências do pecado e a construir a unidade do homem e da mulher segundo o desígnio eterno do Criador. A ação salvífica que deriva do mistério da Redenção as-

---

1 Cf. Mt 19.
2 Cf. *Gaudium et spes*, 24.
3 *Ibid.*
4 Cf. Mt 19; Mc 10.

sume em si a original ação santificante de Deus no mistério mesmo da Criação.

3. As palavras do Evangelho de Mateus[5] têm, ao mesmo tempo, uma eloqüência ética muito expressiva. Estas palavras confirmam — com base no mistério da Redenção — o sacramento primordial e ao mesmo tempo estabelecem um *ethos* adequado, que já nas nossas precedentes reflexões chamamos de "*ethos* da redenção". O *ethos* evangélico e cristão, na sua essência teológica, é o *ethos* da redenção. Podemos decerto encontrar para aquele *ethos* uma interpretação racional, uma interpretação filosófica de caráter personalístico; todavia, na sua essência teológica, é um *ethos* da redenção, ou melhor: um *ethos* da redenção do corpo. A redenção torna-se ao mesmo tempo a base para compreender a particular dignidade do corpo humano, radicada na dignidade pessoal do homem e da mulher. A razão desta dignidade está precisamente na raiz da indissolubilidade da aliança conjugal.

4. Cristo faz referência ao caráter indissolúvel do matrimônio como sacramento primordial e, confirmando este sacramento com base no mistério da redenção, tira ao mesmo tempo as conclusões de natureza ética: "Quem repudiar a mulher e casar com outra cometerá adultério contra ela. E se a mulher repudiar o marido e casar com outro, comete adultério".[6] Pode-se afirmar que, de tal modo, a redenção é dada ao homem como graça da nova aliança com Deus em Cristo, e ao mesmo tempo lhe é confiada como *ethos*: como forma da moral correspondente à ação de Deus no mistério da Redenção. Se o matrimônio como sacramento é um sinal eficaz da ação salvífica de Deus "desde o princípio", ao mesmo tempo — à luz das palavras de Cristo aqui meditadas — este sacramento constitui também uma exortação dirigida ao homem, varão e mulher, a participar conscienciosamente na redenção do corpo.

5. A dimensão ética da redenção do corpo delineia-se de modo particularmente profundo quando meditamos sobre as palavras pronunciadas por Cristo no Sermão da Montanha em relação ao mandamento "Não cometerás adultério". "Ouvistes o que foi dito: 'Não cometerás adultério'. Eu, porém, vos digo que todo aquele que olhar para uma mulher com desejo libidinoso, já cometeu adultério com ela no seu coração".[7] A este enunciado lapidar de Cristo dedicamos anteriormente um vasto comentário, na convicção de que ele tem um significado fundamental para toda a teologia do corpo,

---

5 Cf. Mt 19, 3–9; e Mc 10, 2–12.

6 Mc 10, 11s; cf. Mt 19, 9.

7 Mt 5, 27–28.

sobretudo na dimensão do homem "histórico". E, embora estas palavras não se refiram direta e imediatamente ao matrimônio como sacramento, todavia é impossível separá-las do inteiro substrato sacramental em que, no que diz respeito ao pacto conjugal, foi colocada a existência do homem como varão e mulher: quer no contexto original do mistério da Criação, quer também, em seguida, no contexto do mistério da Redenção. Este substrato sacramental refere-se sempre às pessoas concretas, penetra naquilo que é o homem e a mulher (ou melhor, em quem é o homem e a mulher), na própria dignidade original de imagem e semelhança com Deus em virtude da criação, e ao mesmo tempo na mesma dignidade herdada, apesar do pecado, e continuamente "confiada" como tarefa ao homem mediante a realidade da Redenção.

6. Cristo, que no Sermão da Montanha dá a própria interpretação do mandamento "Não cometerás adultério" — interpretação constitutiva do novo *ethos* —, com as mesmas palavras lapidares confia como tarefa a cada homem a dignidade de cada mulher; e ao mesmo tempo (ainda que isto se deduza do texto apenas indiretamente) confia também a cada mulher a dignidade de cada homem. Confia, por fim, a cada um — tanto ao homem como à mulher — a própria dignidade: em certo sentido, o *sacrum* da pessoa, e isto em consideração da sua feminilidade ou masculinidade, em consideração do "corpo". Não é difícil notar que as palavras pronunciadas por Cristo no Sermão da Montanha dizem respeito ao *ethos*. Ao mesmo tempo, não é difícil afirmar, depois de uma reflexão aprofundada, que tais palavras brotam da profundidade mesma da redenção do corpo. Embora elas não se refiram diretamente ao matrimônio como sacramento, não é difícil constatar que alcançam o seu próprio e pleno significado em relação ao sacramento: seja o primordial, que está unido com o mistério da Criação, seja aquele em que o homem "histórico", depois do pecado e em conseqüência da sua pecaminosidade hereditária, deve encontrar de novo a dignidade e santidade da união conjugal "no corpo", com base no mistério da Redenção.

7. No Sermão da Montanha — como também no colóquio com os fariseus sobre a indissolubilidade do matrimônio — Cristo fala da profundidade daquele mistério divino. E, ao mesmo tempo, entra na profundidade mesma do mistério humano. Por isso, faz um apelo ao "coração", àquele "lugar íntimo", onde combatem no homem o bem e o mal, a justiça e o pecado, a santidade e a concupiscência. Falando da concupiscência (do olhar com desejo),[8] Cristo torna os seus ouvintes conscientes de que cada um traz em si, juntamente com o mistério

---

8 Cf. Mt 5, 28.

do pecado, a dimensão interior "do homem da concupiscência" (que é tríplice: a "concupiscência da carne", a "concupiscência dos olhos" e a "soberba da vida").[9] Precisamente a este homem da concupiscência é dado no matrimônio o sacramento da Redenção como graça e sinal da aliança com Deus — e lhe é confiado como *ethos*. E isto é confiado, ao mesmo tempo, como *ethos* a cada homem — varão e mulher — em relação ao matrimônio enquanto sacramento: é confiado ao seu "coração", à sua consciência, aos seus olhares e ao seu comportamento. O matrimônio — segundo as palavras de Cristo[10] — é sacramento desde o "princípio" mesmo e, por sua vez, com base na pecaminosidade "histórica" do homem, é sacramento nascido do mistério da "redenção do corpo".

---

9 1Jo 2, 16.

10 Cf. Mt 19, 4.

101. O MATRIMÔNIO-SACRAMENTO REALIZA-SE NA PERSPECTIVA DA ESPERANÇA ESCATOLÓGICA

Audiência Geral de quarta-feira, 1 de dezembro de 1982

1. Fizemos a análise da Carta aos Efésios, e, sobretudo, da passagem do capítulo 5, 22–23, na perspectiva da sacramentalidade do matrimônio. Agora procuraremos uma vez mais considerar o mesmo texto à luz das palavras do Evangelho e das Cartas paulinas aos Coríntios e aos Romanos.

O matrimônio — enquanto sacramento nascido do mistério da Redenção e renascido, em certo sentido, no amor esponsal de Cristo e da Igreja — é uma expressão eficaz do poder salvífico de Deus, que realiza o seu eterno desígnio mesmo depois do pecado e apesar da tríplice concupiscência, escondida no coração de cada homem, varão e mulher. Como expressão sacramental daquele poder salvífico, o matrimônio também é uma exortação a dominar a concupiscência (como Cristo diz no Sermão da Montanha). O fruto deste domínio é a unidade e indissolubilidade do matrimônio, e, além disso, o aprofundado sentido da dignidade da mulher no coração do homem (como também da dignidade do homem no coração da mulher), seja na convivência conjugal, seja em todos os outros âmbitos das relações reciprocas.

2. A verdade segundo a qual o matrimônio, enquanto "sacramento da redenção", é dado "ao homem da concupiscência" como graça e ao mesmo tempo como *ethos* encontrou uma particular expressão também no ensinamento de São Paulo de modo especial no capítulo 7 da Primeira Carta aos Coríntios. O Apóstolo, confrontando o matrimônio com a virgindade (ou seja, com a "continência pelo Reino dos Céus") e declarando-se pela "superioridade" da virgindade, constata igualmente que "cada qual recebe de Deus o seu próprio dom, este de uma maneira, aquele de outra".[1] Por conseguinte, com base no mistério da redenção, ao matrimônio corresponde um "dom" particular, ou seja, a graça. No mesmo contexto o Apóstolo, dando conselhos aos seus ouvintes, recomenda o matrimônio "dado o perigo de imoralidade",[2] e em seguida recomenda aos cônjuges que "o marido dê

---

1   1Cor 7, 7.

2   *Ibid.*, 2.

à mulher o que lhe é devido, e, da mesma sorte, a mulher também ao marido".[3] E continua assim: "mais vale casar-se que abrasar-se".[4]

3. Sobre estes enunciados paulinos formou-se a opinião de que o matrimônio constitui um específico *remedium concupiscentiae*. Todavia São Paulo — que, como pudemos constatar, ensina explicitamente que ao matrimônio corresponde um "dom" particular, e que no mistério da Redenção o matrimônio é dado ao homem e à mulher como graça — exprime em suas palavras, sugestivas e ao mesmo tempo paradoxais, simplesmente o pensamento de que o matrimônio é proporcionado aos cônjuges como *ethos*. Nas palavras paulinas "Mais vale casar-se que abrasar-se" o verbo "abrasar" significa a desordem das paixões, proveniente da mesma concupiscência da carne (analogamente é apresentada a concupiscência, pelo Eclesiástico, no Antigo Testamento).[5] O "matrimônio", pelo contrário, significa a ordem ética, introduzida conscientemente neste âmbito. Pode-se dizer que o matrimônio é o lugar de encontro do *eros* com o *ethos* e da sua recíproca compenetração no "coração" do homem e da mulher, como também em todas as relações recíprocas.

4. Esta verdade — isto é, que o matrimônio, como sacramento nascido do mistério da Redenção, é dado ao homem "histórico" como graça e ao mesmo tempo como *ethos* — determina além disso o caráter do matrimônio como um dos sacramentos da Igreja. Como sacramento da Igreja, o matrimônio tem caráter de indissolubilidade. Como sacramento da Igreja, é também palavra do Espírito, que exorta o homem e a mulher a modelarem toda a sua convivência haurindo força do mistério da "redenção do corpo". Deste modo, são chamados à castidade como estado de vida "segundo o Espírito" que lhes é próprio.[6] A "redenção do corpo" significa, neste caso, também aquela "esperança" que, na dimensão do matrimônio, pode ser definida como a esperança do cotidiano, a esperança da temporalidade. Em virtude de tal esperança, pode-se dominar a concupiscência da carne enquanto fonte da tendência a uma satisfação egoísta, e a mesma "carne", na aliança sacramental da masculinidade e da feminilidade, torna-se o "substrato" específico de uma comunhão duradoura e indissolúvel das pessoas (*communio personarum*) de um modo que seja digno delas.

---

3   1Cor 7, 3.

4   *Ibid.*, 9.

5   Eclo 23, 17.

6   Cf. Rm 8, 4–5; Gl 5, 25.

5. Aqueles que, como cônjuges, segundo o eterno desígnio divino se uniram a ponto de se tornarem, em certo sentido, "uma só carne", são também por sua vez chamados, mediante o sacramento, a uma vida "segundo o Espírito", de modo correspondente ao "dom" recebido no sacramento. Em virtude daquele "dom", conduzindo como cônjuges uma vida "segundo o Espírito", são capazes de redescobrir a particular gratificação de que se tornaram participantes. Enquanto a "concupiscência" ofusca o horizonte da perspectiva interior e tira dos corações a limpidez dos desejos e das aspirações, assim também a vida "segundo o Espírito" (ou seja, a graça do sacramento do matrimônio) permite que o homem e a mulher encontrem a verdadeira liberdade do dom, unida à consciência do sentido esponsal do corpo na sua masculinidade e feminilidade.

6. A vida "segundo o Espírito" exprime-se, portanto, também no recíproco "conhecer-se",[7] com que os cônjuges, tornando-se "uma só carne", submetem a sua feminilidade e masculinidade à bênção da procriação: "Adão conheceu Eva, sua mulher. Ela concebeu e deu à luz [...] e disse: 'Gerei um homem com o auxílio do Senhor'".[8] A vida "segundo o Espírito" exprime-se também aqui na consciência da gratificação, a que corresponde a dignidade dos cônjuges mesmos na qualidade de pais, isto é, exprime-se na profunda consciência da santidade da vida (*sacrum*) a que ambos dão origem, participando — como os progenitores — das forças do mistério da criação. À luz daquela esperança, que está ligada ao mistério da redenção do corpo,[9] esta nova vida humana, o homem novo concebido e nascido da união conjugal do seu pai e da sua mãe, abre-se às "primícias do Espírito",[10] "para participar da liberdade da glória dos filhos de Deus".[11] E se "toda a criação tem gemido e sofrido as dores do parto",[12] uma particular esperança acompanha as dores da mãe parturiente, isto é, a esperança da "revelação dos filhos de Deus",[13] esperança da qual todo o recém-nascido que vem ao mundo traz em si uma centelha.

7. Esta esperança que está "no mundo", compenetrando — como ensina São Paulo — toda a criação, não é, ao mesmo tempo, "do

---

7   Cf. Gn 4, 1.

8   *Ibid.*

9   Cf. Rm 8, 19–23.

10 *Ibid.*, 23.

11 *Ibid.*, 21.

12 *Ibid.*, 22.

13 *Ibid.*, 19.

mundo". Ainda mais: deve combater, no coração humano, contra aquilo que é "do mundo", contra aquilo que está "no mundo". "Porque tudo o que há no mundo — a concupiscência da carne, a concupiscência dos olhos e a soberba da vida — não vem do Pai, mas do mundo".[14] O matrimônio, enquanto sacramento primordial e ao mesmo tempo enquanto sacramento nascido do amor esponsal entre Cristo e a Igreja, no mistério da redenção do corpo, "vem do Pai". Não é "do mundo", mas "do Pai". Por conseguinte, também o matrimônio, enquanto sacramento, constitui a base da esperança para a pessoa, ou seja, para o homem e para a mulher, para os pais e os filhos, para as gerações humanas. Por um lado, de fato, "o mundo passa e também as suas concupiscências", por outro, "aquele que faz a vontade de Deus permanece eternamente".[15] Ao matrimônio, enquanto sacramento, está ligada a origem do homem no mundo, e nele está também inscrito o seu futuro, e isto não só nas dimensões históricas, mas também nas escatológicas.

8. A isto se referem as palavras com as quais Cristo se pronuncia a respeito da ressurreição dos corpos — palavras narradas pelos três sinóticos.[16] "Na ressurreição, nem os homens terão mulheres, nem as mulheres maridos; mas serão como anjos de Deus no céu": assim diz Mateus e de modo idêntico Marcos; e Lucas diz: "os filhos deste mundo casam e são dados em casamento, mas aqueles que forem julgados dignos de participar do outro mundo e da ressurreição dos mortos, nem se casam, nem são dados em casamento, porque já não podem morrer; são semelhantes aos anjos e, sendo filhos da ressurreição, são filhos de Deus".[17] Estes textos foram submetidos anteriormente a uma análise pormenorizada.

9. Cristo afirma que o matrimônio — sacramento da origem do homem no mundo visível e temporal — não pertence à realidade escatológica do "outro mundo". Todavia o homem, chamado a participar deste futuro escatológico mediante a ressurreição do corpo, é o mesmo homem, varão e mulher, cuja origem no mundo visível e temporal está ligada ao matrimônio enquanto sacramento primordial do mistério mesmo da criação. Aliás, cada homem, chamado a participar da realidade da futura ressurreição, traz ao mundo esta vocação, pelo fato de ter a sua origem no mundo visível e temporal, em virtude do matrimônio dos seus pais. Assim, pois, as palavras de Cristo, que

---

14 1Jo 2, 16.

15 *Ibid.*, 17.

16 Cf. Mt 22, 23–32; Mc 12, 18–27; Lc 20, 34–39.

17 Lc 20, 34–36.

excluem o matrimônio da realidade do "outro mundo", ao mesmo tempo desvelam indiretamente o significado deste sacramento pela participação dos homens, filhos e filhas, na futura ressurreição.

10. O matrimônio, que é o sacramento primordial — renascido, em certo sentido, no amor esponsal entre Cristo e a Igreja — não pertence à "redenção do corpo" na dimensão da esperança escatológica.[18] O mesmo matrimônio dado por Deus ao homem como graça, precisamente aos cônjuges como "dom" e, ao mesmo tempo, com as palavras de Cristo, como um *ethos* a eles proporcionado — esse matrimônio sacramental completa-se e realiza-se na perspectiva da esperança escatológica. Ele tem um significado essencial para a "redenção do corpo" na dimensão desta esperança. Provém, de fato, do Pai e a Ele deve a sua origem no mundo. E se este "mundo passa", e se com ele passam também a concupiscência da carne, a concupiscência dos olhos e a soberba da vida, que vêm "do mundo", o matrimônio enquanto sacramento serve imutavelmente para que o homem, varão e mulher, dominando a concupiscência, faça a vontade do Pai. E quem "faz a vontade de Deus permanece eternamente".[19]

11. Nesse sentido, o matrimônio, enquanto sacramento, traz em si também o germe do futuro escatológico do homem, ou seja, a perspectiva da "redenção do corpo" na dimensão da esperança escatológica, a que correspondem as palavras de Cristo sobre a ressurreição: "na ressurreição [...] nem os homens terão mulheres, nem as mulheres maridos";[20] todavia, também aqueles que, "sendo filhos da ressurreição [...] são semelhantes aos anjos e [...] são filhos de Deus",[21] devem a própria origem no mundo visível e temporal ao matrimônio e à procriação do homem e da mulher. O matrimônio, enquanto sacramento do "princípio" humano, enquanto sacramento da temporalidade do homem histórico, realiza deste modo um serviço insubstituível a respeito de seu futuro extra-temporal, referente ao mistério da "redenção do corpo" na dimensão da esperança escatológica.

---

18 Cf. Rm 8, 23.
19 1Jo 2, 17.
20 Mt 22, 30.
21 Lc 20, 36.

102. O MATRIMÔNIO COMO SACRAMENTO ESCLARECE O SIGNIFICADO ESPONSAL E REDENTOR DO AMOR

Audiência Geral de quarta-feira, 15 de dezembro de 1982

1. O autor da Carta aos Efésios, como já vimos, fala de um "grande mistério", unido ao sacramento primordial mediante a continuidade do plano salvífico de Deus. Também ele se refere ao "princípio", como Cristo fizera no colóquio com os fariseus,[1] citando as mesmas palavras: "Por esse motivo, o homem deixará seu pai e sua mãe, e se unirá à sua mulher, e os dois serão uma só carne".[2] Aquele "grande mistério" é, sobretudo, o mistério da união de Cristo com a Igreja, que o Apóstolo apresenta à semelhança da união dos cônjuges: "Digo-o em relação a Cristo e à Igreja".[3] Encontramo-nos no âmbito da grande analogia, em que o matrimônio enquanto sacramento, por um lado, é pressuposto e, por outro, redescoberto. É pressuposto como sacramento do "princípio" humano, unido ao mistério da criação. E é por outro lado redescoberto como fruto do amor esponsal de Cristo e da Igreja, ligado ao mistério da Redenção.

2. O autor da Carta aos Efésios, dirigindo-se diretamente aos cônjuges, exorta-os a plasmar a sua relação recíproca no modelo da união esponsal entre Cristo e a Igreja. Pode-se dizer que — pressupondo a sacramentalidade do matrimônio no seu significado primordial — lhes prescreve que aprendam novamente este sacramento da união esponsal entre Cristo e a Igreja: "Maridos, amai as vossas mulheres, como também Cristo amou a Igreja e por ela se entregou, para a santificar [...]".[4] Este convite, dirigido pelo Apóstolo aos cônjuges cristãos, tem a sua plena motivação enquanto eles, mediante o matrimônio como sacramento, participam do amor salvífico de Cristo, que se exprime ao mesmo tempo como amor esponsal d'Ele para com a Igreja. À luz da Carta aos Efésios — precisamente mediante a participação deste amor salvífico de Cristo — é confirmado e ao mesmo tempo renovado o matrimônio como sacramento do "princípio" humano, isto é, sacramento em que o homem e a mulher, chamados a

---

1 Cf. Mt 19, 8.

2 Gn 2, 24.

3 Ef 5, 32.

4 *Ibid.*, 25–26.

tornarem-se "uma só carne", participam do amor criador de Deus mesmo. E participam dele, quer pelo fato de que, sendo criados à imagem de Deus, foram chamados em virtude desta imagem a uma particular união (*communio personarum*), quer porque esta mesma união foi desde o princípio abençoada com a bênção da fecundidade.[5]

3. Toda esta estrutura originária e estável do matrimônio como sacramento do mistério da criação — segundo o "clássico" texto da Carta aos Efésios[6] — renova-se no mistério da Redenção, quando aquele mistério assume o aspecto da gratificação esponsal da Igreja por parte de Cristo. Aquela forma originária e estável do matrimônio renova-se quando os esposos o recebem como sacramento da Igreja, alcançando a nova profundidade da gratificação de Deus ao homem, desvelada e aberta com o mistério da redenção, quando "Cristo amou a Igreja, e por ela se entregou, para a santificar...".[7] Renova-se aquela imagem originária e estável do matrimônio como sacramento, quando os cônjuges cristãos — conscientes da autêntica profundidade da "redenção do corpo" — se unem "no temor de Cristo".[8]

4. A imagem paulina do matrimônio inscrita no "grande mistério" de Cristo e da Igreja aproxima a dimensão redentora do amor da dimensão esponsal. Em certo sentido, une estas duas dimensões numa só. Cristo tornou-se esposo da Igreja, uniu-se a ela como sua esposa, porque "por ela se entregou".[9] Mediante o matrimônio enquanto sacramento (enquanto um dos sacramentos da Igreja) ambas estas dimensões do amor, a esponsal e a redentora, juntamente com a graça do sacramento, penetram na vida dos cônjuges. O significado esponsal do corpo na sua masculinidade e feminilidade, que se manifestou pela primeira vez no mistério da criação no quadro da inocência original do homem, é relacionado, na imagem da Carta aos Efésios, ao significado redentor, e deste modo é confirmado e, em certo sentido, "novamente criado".

5. Isto é importante a respeito do matrimônio, da vocação cristã dos maridos e das esposas. O texto da Carta aos Efésios[10] dirige-se diretamente a eles e fala, sobretudo, a eles. Todavia, aquela relação do significado esponsal do corpo com o seu significado "redentor" é igualmente essencial e válida para a hermenêutica do homem em

---

5   Cf. Gn 1, 28.

6   Ef 5, 21–33.

7   *Ibid.*, 25–26.

8   *Ibid.*, 21.

9   *Ibid.*, 25.

10 *Ibid.*, 21–33.

geral: para o problema fundamental da compreensão dele e da autocompreensão do seu ser no mundo. É óbvio que não podemos excluir deste problema a questão sobre o sentido de ser corpo, sobre o sentido de ser, enquanto corpo, homem e mulher. Tais questões foram, pela primeira vez, relacionadas à análise do "princípio" humano, no contexto do Livro do Gênesis. Foi este contexto humano mesmo, em certo sentido, a exigir que o fossem. Igualmente o requer "o clássico" texto da Carta aos Efésios. E se o "grande mistério" da união de Cristo com a Igreja nos obriga a relacionar o significado esponsal do corpo ao seu significado redentor, em tal relação os cônjuges encontram a resposta à questão sobre o sentido de "ser corpo"; e não só os cônjuges a encontram, embora o texto da Carta do Apóstolo se dirija, sobretudo, a eles.

6. A imagem paulina do "grande mistério" de Cristo e da Igreja fala indiretamente também da "continência por amor do Reino dos Céus", em que ambas as dimensões do amor, esponsal e redentor, se unem reciprocamente num modo diverso do matrimonial, segundo diversas proporções. Não é porventura aquele amor esponsal, com o qual Cristo "amou a Igreja" — sua esposa —, "e por ela se entregou", igualmente a mais plena encarnação do ideal da "continência por amor do Reino dos Céus"?[11] Não encontram apoio precisamente nela todos aqueles — homens e mulheres — que, escolhendo o mesmo ideal, desejam ligar a dimensão esponsal do amor à dimensão redentora, segundo o modelo do próprio Cristo? Eles desejam confirmar, com a sua vida, que o significado esponsal do corpo — da sua masculinidade ou feminilidade —, profundamente inscrito na estrutura essencial da pessoa humana, foi aberto de um modo novo, por parte de Cristo e com o exemplo da sua vida, à esperança unida à redenção do corpo. Assim, portanto, a graça do mistério da Redenção frutifica também — aliás, frutifica de modo particular — com a vocação para a continência "pelo Reino dos Céus".

7. O texto da Carta aos Efésios[12] não se refere explicitamente a isto. Ele é dirigido aos cônjuges e construído segundo a imagem do matrimônio, que através da analogia explica a união de Cristo com a Igreja: união no amor redentor e ao mesmo tempo esponsal. Não é porventura precisamente este amor que, como expressão viva e vivificante do mistério da Redenção, ultrapassa o círculo dos destinatários da Carta circunscritos pela analogia do matrimônio? Não engloba cada homem e, em certo sentido, toda a criação, como indica o texto

---

11 Cf. Mt 19, 12.

12 Ef 5, 22–33.

paulino sobre a "redenção do corpo" na Carta aos Romanos?[13] O *"sacramentum magnum"* em tal sentido é nada menos que um novo sacramento do homem em Cristo e na Igreja: sacramento "do homem e do mundo", tal como a criação do homem, varão e mulher, à imagem de Deus foi o sacramento originário do homem e do mundo. Neste novo sacramento da redenção está inscrito organicamente o matrimônio, tal como foi inscrito no sacramento originário da criação.

8. O homem, que "desde o princípio" é varão e mulher, deve procurar o sentido da sua existência e o sentido da sua humanidade chegando até ao mistério da criação através da realidade da Redenção. Ali encontra-se também a resposta essencial à questão sobre o significado do corpo humano, sobre o significado da masculinidade e da feminilidade da pessoa humana. A união de Cristo com a Igreja nos permite compreender de que modo o significado esponsal do corpo se completa com o significado redentor, e isto nos diversos caminhos da vida e nas diversas situações: não só no matrimônio ou na "continência" (ou seja, virgindade ou celibato), mas também, por exemplo, no multiforme sofrimento humano; aliás, no próprio nascimento e morte do homem. Através do "grande mistério" de que trata a Carta aos Efésios, através da nova aliança de Cristo com a Igreja, o matrimônio é novamente inscrito naquele "sacramento do homem" que abarca o universo no sacramento do homem e do mundo, que graças às forças da "redenção do corpo" se modela segundo o amor esponsal de Cristo e da Igreja até chegar à realização definitiva do reino do Pai.

O matrimônio enquanto sacramento permanece como uma parte viva e vivificante deste processo salvífico.

---

13 Cf. Rm 8, 23.

103. A "LINGUAGEM DO CORPO" É SUBSTRATO E CONTEÚDO DO SINAL SACRAMENTAL DA COMUNHÃO DOS ESPOSOS

Audiência Geral de quarta-feira, 5 de janeiro de 1983

Eu [...] te recebo [...] por minha esposa"; "eu [...] te recebo [...] por meu esposo" — estas palavras estão no centro da liturgia do matrimônio enquanto sacramento da Igreja. Estas palavras são pronunciadas pelos noivos inserindo-as na seguinte fórmula do consentimento: "[...] te prometo ser fiel, amar-te e respeitar-te na alegria e na tristeza, na saúde e na doença, todos os dias da nossa vida". Com estas palavras os noivos contraem o matrimônio e ao mesmo tempo recebem-no como sacramento, do qual ambos são ministros. Ambos, homem e mulher, administram o sacramento. Fazem-no diante das testemunhas. Testemunha qualificada é o sacerdote, que ao mesmo tempo abençoa o matrimônio e preside toda a liturgia do sacramento. Além disso são testemunhas, em certo sentido, todos os participantes no rito das núpcias, e de modo "oficial" alguns deles (geralmente dois), convidados propositadamente. Eles devem testemunhar que o matrimônio é contraído diante de Deus e confirmado pela Igreja. Na ordem normal das coisas, o matrimônio sacramental é um ato público, mediante o qual duas pessoas, um homem e uma mulher, tornam-se, perante a sociedade da Igreja, marido e mulher, isto é sujeito atual da vocação e da vida matrimonial.

2. O matrimônio enquanto sacramento é contraído mediante a palavra, que é sinal sacramental em virtude do seu conteúdo: "Eu te recebo por minha esposa — por meu esposo — e te prometo ser fiel, amar-te e respeitar-te na alegria e na tristeza, na saúde e na doença, todos os dias da nossa vida". Todavia, esta palavra sacramental é, *de per se*, apenas o sinal da celebração do matrimônio. E a celebração do matrimônio distingue-se da sua consumação a tal ponto que, sem esta consumação, o matrimônio não está ainda constituído em sua plena realidade. A constatação de que o matrimônio foi juridicamente contraído, mas não consumado (*ratum – non consummatum*), corresponde à constatação de que não foi constituído plenamente como matrimônio. De fato, as próprias palavras "Eu te recebo por minha esposa — meu esposo" referem-se não somente a uma realidade determinada, mas podem ser satisfeitas apenas através da cópula conjugal: tal realidade (a cópula conjugal) é além disso definida desde o

princípio por instituição do Criador: "O homem deixará seu pai e sua mãe, e se unirá à sua mulher, e os dois serão uma só carne".[1]

3. Desse modo, passamos das palavras com que o homem e a mulher exprimem a sua disponibilidade para se tornarem "uma só carne", segundo a eterna verdade estabelecida no mistério da criação, à realidade que corresponde a estas palavras. Ambos os elementos são importantes em relação à estrutura do sinal sacramental, a que é conveniente dedicar a continuação das presentes considerações. Uma vez que o sacramento é o sinal mediante o qual se exprime e ao mesmo tempo se atua a realidade salvífica da graça e da aliança, é necessário considerá-lo agora sob o aspecto do sinal, enquanto as precedentes reflexões foram dedicadas à realidade da graça e da aliança.

O matrimônio, enquanto sacramento da Igreja, é contraído mediante as palavras dos ministros, isto é, dos novos esposos: palavras que significam e indicam, na ordem intencional, o que (ou melhor, quem) ambos decidiram ser, dali por diante, um para o outro e com o outro. As palavras dos novos esposos fazem parte da estrutura integral do sinal sacramental, não só por aquilo que significam, mas, em certo sentido, também com aquilo que significam e determinam. O sinal sacramental constitui-se na ordem intencional na medida em que, ao mesmo tempo, é constituído na ordem real.

4. Por conseguinte, o sinal do sacramento do matrimônio é constituído mediante as palavras dos novos esposos, uma vez que a elas corresponde a "realidade" que eles mesmos constituem. Ambos, como homem e mulher, sendo ministros do sacramento no momento de contrair o matrimônio, constituem ao mesmo tempo o sinal real, pleno e visível do sacramento mesmo.

As palavras por eles pronunciadas não constituiriam *de per se* o sinal sacramental do matrimônio, se não lhes correspondesse a subjetividade humana do noivo e da noiva e ao mesmo tempo a consciência do corpo, ligada à masculinidade e à feminilidade do esposo e da esposa. Aqui é necessário relembrar toda a série das análises relativas ao Livro do Gênesis,[2] realizadas anteriormente. A estrutura do sinal sacramental de fato permanece, na sua essência, a mesma daquela "no princípio". Determina-a, em certo sentido, "a linguagem do corpo" enquanto o homem e a mulher, que mediante o matrimônio devem tornar-se uma só carne, exprimem neste sinal o recíproco dom da masculinidade e da feminilidade, como fundamento da união conjugal das pessoas.

---

[1] Gn 2, 24.

[2] Cf. Gn 1; 2.

5. O sinal do sacramento do matrimônio é constituído pelo fato de que as palavras pronunciadas pelos novos esposos tomam a mesma "linguagem do corpo" como no "princípio", e em todo o caso dão-lhe uma expressão concreta e irrepetível. Dão-lhe uma expressão intencional no plano do intelecto e da vontade, da consciência e do coração. As palavras "Eu te recebo por minha esposa — por meu esposo" contêm em si precisamente aquela perene, e sempre única e irrepetível, "linguagem do corpo" e ao mesmo tempo colocam-na no contexto da comunhão das pessoas: "te prometo ser fiel na alegria e na tristeza, na saúde e na doença, todos os dias da nossa vida". Deste modo, a perene e sempre nova "linguagem do corpo" não apenas é o "substrato", mas em certo sentido é o conteúdo constitutivo da comunhão das pessoas. As pessoas — homem e mulher — tornam-se elas mesmas um dom recíproco. Tornam-se aquele dom na sua masculinidade e feminilidade, descobrindo o significado esponsal do corpo e relacionando-o reciprocamente a si mesmas de modo irreversível: na dimensão de toda a vida.

6. Assim, o sacramento do matrimônio, enquanto sinal, permite compreender as palavras dos novos esposos, palavras que dão um novo aspecto à sua vida na dimensão estritamente pessoal (e interpessoal: *communio personarum*), na base da "linguagem do corpo". Nisto consiste a administração do sacramento: que no momento de contrair o matrimônio o homem e a mulher, com as palavras adequadas e na releitura da perene "linguagem do corpo", formam um sinal, um sinal irrepetível, que tem igualmente um significado perspectivo: "todos os dias da minha vida", ou seja, até à morte. Este é um sinal visível e eficaz da aliança com Deus em Cristo, isto é, da graça, que em tal sinal deve tornar-se parte deles, como "próprio dom" (segundo a expressão da Primeira Carta aos Coríntios, 7, 7).

7. Formulando a questão em categorias sócio-jurídicas, pode-se dizer que entre os novos esposos é estipulado um pacto conjugal de conteúdo bem determinado. Além disso, pode-se dizer que, em conseqüência deste pacto, eles se tornaram esposos de modo socialmente reconhecido, e que deste modo a família está também constituída no seu germe, como a célula social fundamental. Tal modo de entender é obviamente concorde com a realidade humana do matrimônio; mais ainda, é fundamental também no sentido religioso e religioso-moral. Todavia, do ponto de vista da teologia do sacramento, a chave para compreender o matrimônio permanece a realidade do sinal com que o matrimônio é constituído com base na aliança do homem com Deus em Cristo e na Igreja: é constituído na ordem sobrenatural do vínculo sagrado que necessita da graça. Nesta ordem, o matrimônio é um si-

nal visível e eficaz. Originado pelo mistério da criação, ele haure a sua nova origem do mistério da Redenção, servindo para a "união dos filhos de Deus, na verdade e na caridade".[3] A liturgia do sacramento do matrimônio dá forma àquele sinal: diretamente, durante o rito sacramental, com base no conjunto das suas eloqüentes expressões e, indiretamente, no espaço de toda a vida. O homem e a mulher, como cônjuges, trazem este sinal em toda a sua vida e permanecem sendo esse sinal até à morte.

---

3   *Gaudium et spes*, 24.

104. O SIGNIFICADO ESPONSAL DO CORPO HUMANO CORRESPONDE AO SIGNIFICADO ESPONSAL DA ALIANÇA

Audiência Geral de quarta-feira, 12 de janeiro de 1983

1. Analisamos agora a sacramentalidade do matrimônio sob o aspecto de sinal.

Quando afirmamos que na estrutura do matrimônio, enquanto sinal sacramental, também se insere essencialmente na "linguagem do corpo", fazemos referência à longa tradição bíblica. Esta tem a sua origem no Livro do Gênesis (sobretudo 2, 23–25) e encontra a sua definitiva coroação na Carta aos Efésios.[1] Os Profetas do Antigo Testamento tiveram um papel essencial na formação desta tradição. Analisando os textos de Isaías, Ezequiel, Dêutero-Isaías e de outros Profetas, encontramo-nos no caminho daquela grande analogia, cuja expressão última é a proclamação da Nova Aliança sob a forma de esponsais entre Cristo e a Igreja.[2] Com base nesta longa tradição, é possível falar de um "profetismo do corpo" específico, seja pelo fato de encontrarmos esta analogia antes de tudo nos Profetas, seja por aquilo que se refere ao conteúdo mesmo dela. Aqui, o "profetismo do corpo" significa precisamente a "linguagem do corpo".

2. A analogia parece ter dois estratos. No primeiro estrato fundamental, os Profetas apresentam a comparação da Aliança estabelecida entre Deus e Israel como um matrimônio (o que nos permitirá ainda compreender o próprio matrimônio como uma aliança entre marido e mulher). Neste caso, a Aliança deriva da iniciativa de Deus, Senhor de Israel. O fato de que, como Criador e Senhor, Ele contrai aliança primeiro com Abraão e depois com Moisés já atesta uma eleição particular. E por isso os Profetas, pressupondo todo o conteúdo jurídico-moral da Aliança, vão mais além, revelando-lhe uma dimensão incomparavelmente mais profunda do que a do "pacto" apenas. Deus, escolhendo Israel, uniu-se com o seu povo mediante o amor e a graça. Uniu-se com um vínculo particular, profundamente pessoal, e portanto Israel, embora seja um povo, é apresentado nesta visão

---

1 Cf. Ef. 5, 21–33.

2 Cf. *ibid.*

profética da Aliança como "esposa" ou "mulher", e por conseguinte, em certo sentido, como pessoa:

> "[...] o teu esposo é o teu Criador
> que se chama o Senhor dos exércitos;
> O teu Redentor é o Santo de Israel,
> chama-se o Deus de toda a terra.
> [...] Diz o Senhor teu Deus.
> [...] O meu amor jamais se apartará de ti,
> e a minha aliança de paz não se mudará".[3]

3. Javé é o Senhor de Israel, mas tornou-se também o seu Esposo. Os livros do Antigo Testamento atestam a completa originalidade do "domínio" de Javé sobre o seu povo. Aos outros aspectos do domínio de Javé, Senhor da Aliança e Pai de Israel, acrescenta-se um novo revelado pelos Profetas, isto é, a dimensão estupenda deste "domínio", que é a dimensão esponsal. De tal modo, o absoluto do domínio torna-se o absoluto do amor. Em relação a tal absoluto, a ruptura da Aliança significa não só a infração do "pacto" relacionada com a autoridade do supremo Legislador, mas também a infidelidade e a traição: é um golpe que sem dúvida trespassa o seu coração de Pai, de Esposo e de Senhor.

4. Se, na analogia usada pelos Profetas se pode falar de estratos, este é, em certo sentido, o estrato primeiro e fundamental. Uma vez que a Aliança de Javé com Israel tem o caráter de vínculo esponsal, à semelhança do pacto conjugal, aquele primeiro estrato da analogia desvela-lhe o segundo, que é precisamente a "linguagem do corpo". Temos aqui em mente, em primeiro lugar, a linguagem em sentido objetivo: os Profetas comparam a Aliança ao matrimônio; referem-se àquele sacramento primordial de que fala Gênesis 2, 24, em que o homem e a mulher se tornam, por livre escolha, "uma só carne". Todavia, é característico do modo de exprimir-se dos Profetas o fato de que, supondo a "linguagem do corpo" em sentido objetivo, eles passam, ao mesmo tempo, ao seu significado subjetivo: isto é, permitem, por assim dizer, que o corpo mesmo fale. Nos textos proféticos da Aliança, com base na analogia da união esponsal dos cônjuges, é o corpo mesmo que "fala"; fala com a sua masculinidade ou feminilidade, fala com a misteriosa linguagem do dom pessoal, fala enfim — e isto acontece com mais freqüência — quer com a linguagem da fidelidade, ou seja, do amor, quer com a da infidelidade conjugal, ou seja, do "adultério".

---

3   Is 54, 5. 6. 10.

5. Sabe-se que foram os diversos pecados do povo eleito — e, sobretudo, as infidelidades freqüentes relativas ao culto do Deus único, isto é, as várias formas de idolatria — que deram ocasião aos Profetas para os referidos enunciados. O Profeta do "adultério" de Israel tornou-se de modo especial Oséias, que o condena não só com as palavras, mas, em certo sentido, também com atos de significado simbólico: "vai, toma por mulher uma prostituta, e gera filhos de prostituição, porque a nação não cessa de se prostituir, afastando-se do Senhor".[4] Oséias põe em relevo todo o esplendor da Aliança — daqueles esponsais em que Javé se demonstra esposo-cônjuge sensível, afetuoso, disposto a perdoar, e ao mesmo tempo exigente e severo. O "adultério" e a "prostituição" de Israel constituem um evidente contraste com o vínculo esponsal, no qual a Aliança é baseada, como também, analogamente, um contraste com o matrimônio entre o homem e a mulher.

6. Ezequiel condena de modo análogo a idolatria, servindo-se do símbolo do adultério de Jerusalém[5] e, noutra passagem, de Jerusalém e da Samaria:[6] "E passando junto de ti, vi que era a tua idade, a idade das paixões...; ligando-me a ti por juramento — oráculo do Senhor Deus — e tu me pertenceste."[7] "Mas confiaste em tua beleza, serviste-te da tua reputação para te prostituíres e ofereceste as tuas devassidões a todo quanto passava".[8]

7. Nos textos proféticos, o corpo humano fala uma "linguagem" da qual ele não é o autor. O seu autor é o homem enquanto varão ou mulher, enquanto esposo ou esposa — o homem com a sua perene vocação para a comunhão das pessoas. Todavia o homem, poderíamos dizer, não é capaz de exprimir, sem o corpo, esta linguagem singular da sua existência pessoal e da sua vocação. Ele foi constituído de tal modo já desde o "princípio" que as mais profundas palavras do espírito — palavras de amor, de entrega, de fidelidade — exijam uma adequada "linguagem do corpo". Sem ela, não podem ser plenamente expressas. Sabemos pelo Evangelho que isto se refere tanto ao matrimônio quanto à continência "por amor do Reino dos Céus".

8. Os Profetas, como inspirados porta-vozes da Aliança de Javé com Israel, procuram justamente, mediante esta "linguagem do corpo", exprimir tanto a profundidade esponsal da referida Aliança

---

4 Os 1, 2.

5 Cf. Ez 16.

6 Cf. Ez 23.

7 Ez 16, 8.

8 Ez 16, 15.

quanto tudo o que a contradiz. Elogiam a fidelidade e condenam, pelo contrário, a infidelidade como "adultério" — falam, portanto, segundo categorias éticas, contrapondo reciprocamente o bem e o mal moral. A contraposição do bem e do mal é essencial para o *ethos*. Os textos proféticos têm, neste campo, um significado essencial, como já salientamos nas nossas precedentes reflexões. Parece, contudo, que a "linguagem do corpo" segundo os Profetas não é unicamente uma linguagem do *ethos*, um elogio da fidelidade e da pureza, além de uma condenação do "adultério" e da "prostituição". De fato, para cada linguagem, as categorias da verdade e da não-verdade (ou seja, do falso) são, como expressão do conhecimento, essenciais. Nos textos dos Profetas, que apontam a analogia da Aliança de Javé com Israel no matrimônio, o corpo diz a verdade mediante a fidelidade e o amor conjugal, e, quando comete "adultério", diz a mentira e comete a falsidade.

9. Não se trata aqui de substituir as diferenciações éticas com as lógicas. Se os textos proféticos indicam a fidelidade conjugal e a castidade como "verdades", e o adultério ou a prostituição, ao contrário, como não-verdades, como "falsidades" da linguagem do corpo, isto acontece porque, no primeiro caso, o sujeito (isto é, Israel enquanto esposa) é concorde com o significado esponsal que corresponde ao corpo humano (em conseqüência da sua masculinidade ou feminilidade) na estrutura integral da pessoa; no segundo caso, pelo contrário, o mesmo sujeito está em contradição e colisão com este significado.

Podemos, pois, dizer que o essencial para o matrimônio como sacramento é a "linguagem do corpo" relida dentro da verdade. É mediante esta linguagem que precisamente se constitui, de fato, o sinal sacramental.

105. NAS PALAVRAS DO CONSENTIMENTO MATRIMONIAL, O SINAL DO "PROFETISMO DO CORPO"

Audiência Geral de quarta-feira, 19 de janeiro de 1983

Esta Audiência realiza-se no segundo dia da Semana de Orações para a recomposição da unidade entre os que crêem em Jesus Cristo e esperam d'Ele a salvação. Este é um momento de grande importância eclesial: desejaria que fosse profundamente compartilhado por todos os fiéis da Igreja Católica e pelos cristãos das Igrejas e comunidades ainda separadas de nós, aos quais envio a minha afetuosa e confiante saudação.

Inspirando-nos no tema proposto para a reflexão deste ano: "Jesus Cristo, vida do mundo",[1] rezamos para que Ele vivifique e unifique cada vez mais aqueles que n'Ele crêem. Com a sua graça, secundada por um esforço perseverante, feito com humildade, caridade e boa vontade, queremos chegar um dia àquela tão desejada meta, pela qual o mesmo Senhor rogou: "Que sejam um".[2]

1. Os textos dos Profetas têm grande importância para a compreensão do matrimônio como aliança de pessoas (à imagem da Aliança de Javé com Israel) e, em particular, para a compreensão da aliança sacramental do homem e da mulher na dimensão de sinal. A "linguagem do corpo" insere-se — como já anteriormente considerado — na estrutura integral do sinal sacramental, cujo sujeito principal é o homem, varão e mulher. As palavras do consentimento matrimonial constituem este sinal, porque nelas encontra expressão o significado esponsal do corpo na sua masculinidade e feminilidade. Tal significado é expresso, sobretudo, com as palavras: "Eu [...] te recebo [...] por minha esposa [...] por meu esposo". Além disso, com estas palavras é confirmada a essencial "verdade" da linguagem do corpo e é também (pelo menos indiretamente, *implicitamente*) excluída a essencial "não-verdade", a falsidade da linguagem do corpo. O corpo, de fato, diz a verdade através do amor, da fidelidade e da honestidade conjugais, assim como a não-verdade, ou seja, a falsidade, é expressa através de tudo o que é negação do amor, da fidelidade e da honestidade conjugais. Pode-se dizer, portnto, que no momento de

---

1 Cf. 1Jo 1, 1–4.

2 Jo 17, 11.

proferir as palavras do consentimento matrimonial os novos esposos se põem na linha do mesmo "profetismo do corpo", cujos porta-vozes foram os antigos Profetas. A "linguagem do corpo", expressa pelos lábios dos ministros do matrimônio enquanto sacramento da Igreja, institui o mesmo sinal visível da Aliança e da graça que, remontando a sua origem ao mistério da criação, se alimenta continuamente com a força da "redenção do corpo", oferecida por Cristo à Igreja.

2. Segundo os textos proféticos, o corpo humano fala uma "linguagem", da qual ele não é o autor. O seu autor é o homem que, como varão e mulher, esposo e esposa, relê corretamente o significado desta "linguagem". Relê, portanto, aquele significado esponsal do corpo como inscrito integralmente na estrutura da masculinidade ou feminilidade do sujeito pessoal. Uma correta releitura "dentro da verdade" — é condição indispensável para proclamar tal verdade, ou seja, para instituir o sinal visível do matrimônio enquanto sacramento. Os esposos proclamam precisamente esta "linguagem do corpo", relida dentro da verdade, como conteúdo e princípio da sua nova vida em Cristo e na Igreja. Com base no "profetismo do corpo", os ministros do sacramento do matrimônio realizam um ato de caráter profético. Confirmam, deste modo, a sua participação na missão profética da Igreja, recebida de Cristo. O "profeta" é aquele que exprime com palavras humanas a verdade proveniente de Deus, aquele que afirma tal verdade em lugar de Deus, no seu nome e, em certo sentido, com a sua autoridade.

3. Tudo isto se refere aos novos esposos, os quais, como ministros do sacramento do matrimônio, instituem com as palavras do consentimento matrimonial o sinal visível, proclamando a "linguagem do corpo"; relida dentro da verdade, como conteúdo e princípio da sua nova vida em Cristo e na Igreja. Esta proclamação "profética" tem um caráter complexo. O consentimento matrimonial é ao mesmo tempo o anúncio e a causa do fato de que dali por diante ambos serão, perante a Igreja e a sociedade, marido e mulher. (Entendamos este anúncio como "indicação" no sentido comum do termo.) Todavia, o consentimento matrimonial tem, sobretudo, o caráter de uma recíproca profissão dos novos esposos feita diante de Deus. Basta determo-nos com atenção sobre o texto para nos convencermos de que aquela proclamação profética da linguagem do corpo, relida dentro da verdade, é imediata e diretamente dirigida pelo "eu" ao "tu": pelo homem à mulher e por ela a ele. Têm lugar central no consentimento matrimonial precisamente as palavras que indicam o sujeito pessoal: os pronomes "eu" e "tu". A "linguagem do corpo", relida dentro da verdade do seu significado esponsal, constitui mediante as

palavras dos novos esposos a união-comunhão das pessoas. Se o consentimento matrimonial tem caráter profético, se é a proclamação da verdade proveniente de Deus, e em certo sentido a enunciação desta verdade no nome de Deus, isto se realiza sobretudo na dimensão da comunhão interpessoal, e apenas indiretamente "diante" dos outros, e "para" os outros.

4. No fundo das palavras pronunciadas pelos ministros do sacramento do matrimônio está a perene "linguagem do corpo", a que Deus "deu início" criando o homem como varão e mulher: linguagem que foi renovada por Cristo. Esta perene "linguagem do corpo" traz em si toda a riqueza e a profundidade do mistério: primeiramente da criação, e depois da redenção. Os esposos, realizando o sinal visível do sacramento mediante as palavras do seu consentimento matrimonial, exprimem nele "a linguagem do corpo", com toda a profundidade do mistério da criação e da redenção (a liturgia do sacramento do matrimônio oferece a este propósito um rico contexto). Relendo de tal modo "a linguagem do corpo", os esposos não só encerram nas palavras do consentimento matrimonial a subjetiva plenitude da profissão, indispensável para realizar o sinal próprio deste sacramento, mas em certo sentido chegam até às fontes mesmas das quais aquele sinal haure todas as vezes a sua eloqüência profética e a sua força sacramental. Não é lícito esquecer que "a linguagem do corpo", antes de ser pronunciada pelos lábios dos esposos, ministros do matrimônio enquanto sacramento da Igreja, foi pronunciada pela palavra do Deus vivo, iniciando com o Livro do Gênesis, passando pelos Profetas da Antiga Aliança, até chegar ao autor da Carta aos Efésios.

5. Usamos aqui diversas vezes a expressão "linguagem do corpo" referindo-nos aos textos proféticos. Nestes textos, como já dissemos, o corpo humano fala uma "linguagem" da qual ele não é o autor no sentido próprio do termo. O autor é o homem — varão e mulher — que relê o verdadeiro sentido daquela "linguagem", trazendo à luz o significado esponsal do corpo como inscrito integralmente na estrutura da masculinidade e da feminilidade do sujeito pessoal. Tal releitura "dentro da verdade" da linguagem do corpo já confere *de per se* um caráter profético às palavras do consentimento matrimonial, por meio das quais o homem e a mulher realizam o sinal visível do matrimônio enquanto sacramento da Igreja. Estas palavras contêm, todavia, algo mais do que uma simples releitura dentro da verdade daquela linguagem, da qual fala a feminilidade e a masculinidade dos novos esposos na sua relação recíproca; "Eu te recebo por minha esposa — como meu esposo". Nas palavras do consentimento matrimonial estão contidos o propósito, a decisão e a escolha. Ambos os esposos decidem agir em conformidade com a linguagem

do corpo, relida dentro da verdade. Se o homem, varão e mulher, é o autor daquela linguagem, ele o é, sobretudo, enquanto quer conferir — e efetivamente confere — ao seu comportamento e às suas ações o significado adequado à eloqüência relida dentro da verdade da masculinidade e da feminilidade na recíproca relação conjugal.

6. Neste âmbito, o homem é artífice das ações que *de per se* têm significados definidos. É, portanto, artífice das ações e ao mesmo tempo autor do seu significado. A totalidade daqueles significados constitui, em certo sentido, o conjunto da "linguagem do corpo", com a qual os esposos decidem falar entre eles como ministros do sacramento do matrimônio. O sinal que eles realizam com as palavras do consentimento matrimonial não é um simples sinal imediato e passageiro, mas um sinal prospectivo, que reproduz um efeito duradouro, isto é, o vínculo matrimonial, único e indissolúvel ("todos os dias da minha vida", isto é, até à morte). Nesta perspectiva, eles devem completar aquele sinal com o multíplo conteúdo oferecido pela comunhão conjugal e familiar das pessoas, e também com aquele conteúdo que, originado pela linguagem do corpo, é continuamente relido dentro da verdade. Deste modo, a "verdade" essencial do sinal permanecerá organicamente ligada ao *ethos* do comportamento conjugal. Nesta verdade do sinal e, por conseguinte, no *ethos* do comportamento conjugal, insere-se prospectivamente o significado procriativo do corpo, isto é, a paternidade e a maternidade de que tratamos anteriormente. À pergunta: "Estais dispostos a receber com amor os filhos que Deus vos confiar, educando-os na lei de Cristo e da Igreja?" — o homem a mulher, respondem: "Sim!"

E agora deixamos para outros encontros os aprofundamentos ulteriores do tema.

106. O CORRETO "USO DA LINGUAGEM" DO CORPO É TESTEMUNHO DIGNO DE VERDADEIROS PROFETAS

Audiência Geral de quarta-feira, 26 de janeiro de 1983

1. O sinal do matrimônio enquanto sacramento da Igreja é constituído sempre segundo aquela dimensão que lhe é própria desde o "princípio", e ao mesmo tempo é constituído sobre o fundamento do amor esponsal entre Cristo e a Igreja, como a única e irrepetível expressão da aliança entre "este" homem e "esta" mulher que são ministros do matrimônio enquanto sacramento da sua vocação e da sua vida. Ao dizer que o sinal do matrimônio como sacramento da Igreja se constitui com base na "linguagem do corpo", servimo-nos da analogia (*analogia attributionis*) que já procuramos esclarecer anteriormente. É óbvio que o corpo como tal não "fala"; é o homem que fala, relendo o que exige ser expresso precisamente com base no "corpo", na masculinidade ou feminilidade do sujeito pessoal; mais ainda, com base naquilo que pode ser expresso pelo homem apenas mediante o corpo.

Neste sentido, o homem — varão ou mulher — não só fala com a linguagem do corpo, mas em certo sentido permite ao corpo falar "por ele" e da "parte dele": diríamos, em seu nome e com a sua autoridade pessoal. Desse modo, também o conceito de "profetismo do corpo" parece ter fundamento: o "profeta", de fato, é aquele que fala "por" e "da parte de": em nome e com a autoridade de uma pessoa.

2. Os novos esposos são conscientes disto quando, contraindo o matrimônio, instituem o seu sinal visível. Na perspectiva da vida em comum e da vocação conjugal, aquele sinal inicial, originário do matrimônio enquanto sacramento da Igreja, será continuamente completado pelo "profetismo do corpo". Os corpos dos esposos falarão "por" e "da parte de" cada um deles; falarão no nome e com a autoridade da pessoa, de cada uma das pessoas, realizando o diálogo conjugal, próprio da sua vocação e baseado na linguagem do corpo, relida a seu tempo oportuna e continuamente — e é necessário que seja relido dentro da verdade! Os cônjuges são chamados a formar a sua vida e a sua convivência como "comunhão das pessoas" com base naquela linguagem. Uma vez que à linguagem corresponde um conjunto de significados, os cônjuges — através da sua conduta e comporta-

mento, através das suas ações e gestos ("gestos de ternura")[1] — são chamados a se tornar os autores de tais significados da "linguagem do corpo", pelo qual, por conseguinte se constroem e continuamente se aprofundam o amor, a fidelidade, a honestidade conjugal e aquela união que permanece indissolúvel até à morte.

3. O sinal do matrimônio enquanto sacramento da Igreja é formado precisamente por aqueles significados cujos autores são os cônjuges. Todos estes significados são iniciados e, em certo sentido, "programados" de modo sintético no consentimento matrimonial, a fim de construírem em seguida — de modo mais analítico, dia após dia — o mesmo sinal, identificando-se com ele na dimensão da vida inteira. Há um laço orgânico entre o reler dentro da verdade o significado integral da "linguagem do corpo" e o conseqüente uso daquela linguagem na vida conjugal. Neste último âmbito, o ser humano — varão e mulher — é o autor dos significados da "linguagem do corpo". Isto implica que esta linguagem, da qual ele é autor corresponda à verdade que foi relida. Com base na tradição bíblica, falamos aqui do "profetismo do corpo". Se o ser humano — varão e mulher — no matrimônio (e indiretamente também em todos os âmbitos da convivência mútua) confere ao seu comportamento um significado adequado à verdade fundamental da linguagem do corpo, então também ele mesmo está "dentro da verdade". Caso contrário, comete engano e falsifica a linguagem do corpo.

4. Se nos colocarmos na linha prospectiva do consentimento matrimonial, que — como já dissemos — oferece aos esposos uma singular participação na missão profética da Igreja, transmitida pelo próprio Cristo, podemos, a este propósito, nos servir também da distinção bíblica entre profetas "verdadeiros" e profetas "falsos". Através do matrimônio como sacramento da Igreja, o homem e a mulher são de modo explícito chamados — servindo-se corretamente da "linguagem do corpo" — a dar o testemunho do amor esponsal e procriativo, testemunho digno de "verdadeiros profetas". Nisto consiste o significado justo e a grandeza do consentimento matrimonial no sacramento da Igreja.

5. A problemática do sinal sacramental do matrimônio tem caráter eminentemente antropológico. Nós a construímos com base na antropologia teológica e em particular naquilo que, desde o início das presentes considerações, definimos como "teologia do corpo". Por conseguinte, ao continuar estas análises, devemos ter sempre diante dos olhos as considerações precedentes, que se referem à análise das palavras-chave de Cristo (dizemos "palavras-chave" porque nos abrem —

---

[1] Cf. *Gaudium et spes*, 49.

como a chave — cada uma das dimensões da antropologia teológica, especialmente da teologia do corpo). Construindo sobre esta base a análise do sinal sacramental do matrimônio, de que — mesmo depois do pecado original — são sempre participantes o homem e a mulher, como "homem histórico", devemos recordar constantemente o fato de que aquele homem "histórico", varão e mulher, é ao mesmo tempo o "homem da concupiscência"; como tal, cada homem e cada mulher entram na história da salvação e são introduzidos nela mediante o sacramento, que é um sinal visível da aliança e da graça.

Portanto, no contexto das presentes reflexões sobre a estrutura sacramental do sinal do matrimônio, devemos ter em conta não só o que Cristo disse sobre a unidade e a indissolubilidade do matrimônio fazendo referência ao "princípio", mas também (e ainda mais) o que ele exprimiu no Sermão da Montanha, quando apelou para o "coração humano".

107. A CONCUPISCÊNCIA NÃO IMPEDE DE RELER DENTRO DA VERDADE A "LINGUAGEM DO CORPO"

Audiência Geral de quarta-feira, 9 de fevereiro de 1983

1. Dissemos anteriormente que, no contexto das presentes reflexões sobre a estrutura do matrimônio enquanto sinal sacramental, devemos ter em conta não só o que Cristo declarou sobre a sua unidade e indissolubilidade fazendo referência ao "princípio", mas também (e ainda mais) o que Ele disse no Sermão da Montanha, quando apelou para o "coração humano". Referindo-se ao mandamento "não desejar a mulher do próximo", Cristo falou do "adultério no coração": "Todo aquele que olhar para uma mulher com desejo libidinoso, já cometeu adultério com ela no seu coração".[1]

Assim, portanto, ao afirmar que o sinal sacramental do matrimônio — sinal da aliança conjugal do homem e da mulher — se forma com base na "linguagem do corpo" uma vez relida dentro da verdade (e continuamente assim relida), damo-nos conta de que aquele que relê esta "linguagem" e depois a exprime, não segundo as exigências próprias do matrimônio como pacto e sacramento, é natural e moralmente o homem da concupiscência: varão e mulher, ambos compreendidos como o "homem da concupiscência". Os Profetas do Antigo Testamento sem dúvida têm diante dos olhos este homem quando, servindo-se de uma analogia, condenam o "adultério de Israel e de Judá". A análise das palavras pronunciadas por Cristo no Sermão da Montanha leva-nos a compreender mais profundamente o "adultério" mesmo. E de igual modo leva a convencermo-nos de que o "coração" humano não é tanto "acusado" e "condenado" por Cristo devido à concupiscência (*concupiscentia carnis*), quanto, antes de tudo, ele é "chamado". Aqui aparece uma decisiva divergência entre a antropologia (ou a hermenêutica antropológica) do Evangelho e alguns influentes representantes da hermenêutica contemporânea do homem (os chamados mestres da suspeita).

2. Passando para o terreno da nossa presente análise, podemos constatar que, embora o homem permaneça naturalmente o "homem da concupiscência" — apesar do sinal sacramental do matrimônio, apesar do consentimento matrimonial e da sua atuação —, todavia é

---
1 Mt 5, 28.

ao mesmo tempo o "homem do chamado". É "chamado" através do mistério da redenção do corpo, mistério divino, que ao mesmo tempo é — em Cristo e, por Cristo, em cada homem — uma realidade humana. Além disso, aquele mistério comporta um determinado *ethos* que por essência é "humano", e que já anteriormente chamamos de *ethos* da redenção.

3. À luz das palavras pronunciadas por Cristo no Sermão da Montanha, à luz de todo o Evangelho e da Nova Aliança, a tríplice concupiscência (e em particular a concupiscência da carne) não destrói a capacidade de reler dentro da verdade a "linguagem do corpo" — e de relê-la continuamente de modo mais amadurecido e mais pleno —, pela qual o sinal sacramental é constituído tanto no seu primeiro momento litúrgico como, a partir de então, na dimensão de toda a vida. A esta luz é necessário constatar que, se a concupiscência *de per se* gera multíplos "erros" ao reler a "linguagem do corpo" — e ao mesmo tempo gera também o "pecado", o mal moral, contrário à virtude da castidade, quer conjugal, quer extra-conjugal, no âmbito do *ethos* da redenção — todavia sempre permanece a possibilidade de passar do "erro" à "verdade", como também a possibilidade de retorno, ou seja, de conversão, do pecado à castidade, como expressão de uma vida segundo o Espírito.[2]

4. Deste modo, na visão evangélica e cristã do problema, o homem "histórico" (depois do pecado original), com base na "linguagem do corpo" relida dentro da verdade, é capaz — como varão e mulher — de constituir o sinal sacramental do amor, da fidelidade e da honestidade conjugal, e isto como sinal duradouro: "ser fiel, amar-te e respeitar-te na alegria e na tristeza, na saúde e na doença, todos os dias da nossa vida". Isto quer dizer que o homem, de modo real, é autor dos significados mediante os quais, depois de ter relido dentro da verdade a "linguagem do corpo", é também capaz de formar na verdade aquela linguagem na comunhão conjugal e familiar das pessoas. Também ele é capaz disto como "homem da concupiscência", uma vez que ele ao mesmo tempo é "chamado" pela realidade da redenção de Cristo (*simul lapsus et redemptus* — "caído e redimido").

5. Mediante a dimensão do sinal, própria do matrimônio como sacramento, é confirmada a específica antropologia teológica, a específica hermenêutica do homem, que neste caso poderia também chamar-se "hermenêutica do sacramento", porque permite compreender o homem com base na análise do sinal sacramental. O homem — varão e mulher — como ministro do sacramento, autor (co-autor) do sinal sacramental, é sujeito consciente e capaz de autodetermi-

---

[2] Cf. Gl 5, 16.

nação. Somente sobre esta base ele pode ser o autor da "linguagem do corpo", pode ser também autor (co-autor) do matrimônio como sinal: sinal da divina criação e "redenção do corpo". O fato de que o homem (varão e mulher) é o homem da concupiscência não impede que ele seja capaz de reler a linguagem do corpo segundo a verdade. Ele é o "homem da concupiscência", mas ao mesmo tempo é capaz de discernir a verdade da falsidade na "linguagem do corpo" e pode ser autor dos significados verdadeiros (ou falsos) daquela linguagem.

6. Ele é o homem da concupiscência, mas não está completamente determinado pela "libido" (no sentido em que freqüentemente é usado este termo). Tal determinação significaria que o conjunto dos comportamentos do homem, até mesmo, por exemplo, a escolha da continência por motivos religiosos, se explicaria apenas através das específicas transformações desta "libido". Em tal caso — no âmbito da linguagem do corpo — o homem seria em certo sentido condenado a falsificações essenciais: seria apenas aquele que exprime uma específica determinação por parte da "libido", mas não exprimiria a verdade (ou a falsidade) do amor esponsal e da comunhão das pessoas, mesmo que pensasse manifestá-la.

Por conseguinte, seria então condenado a desconfiar de si mesmo e dos outros a respeito da verdade da linguagem do corpo. Devido à concupiscência da carne, poderia ser apenas "acusado", mas não poderia ser verdadeiramente "chamado".

A "hermenêutica do sacramento" permite-nos tirar a conclusão de que o homem é sempre essencialmente "chamado" e não só "acusado", e isto exatamente enquanto "homem da concupiscência".

108. A "LINGUAGEM DO CORPO" SEGUNDO O CÂNTICO DOS CÂNTICOS

Catequese publicada posteriormente na coletânea Uomo e Donna lo crèo,[1] *pp. 411–416*

1. Em relação à releitura da linguagem do corpo dentro da verdade e, portanto também em relação ao sinal sacramental do matrimônio, convém analisar, ainda que brevemente, também aquele livro todo especial do Antigo Testamento que é o Cântico dos Cânticos. O tema do amor esponsal, que une o homem e a mulher, conecta em certo sentido esta parte da Bíblia com toda a tradição da "grande analogia", que, através dos escritos dos Profetas, desemboca no Novo Testamento e, em particular, na Carta aos Efésios.[2] É necessário, porém, desde já acrescentar que no Cântico dos Cânticos o tema não é tratado no âmbito da analogia concernente ao amor de Deus para com Israel (ou o amor de Cristo para com a Igreja, na Carta aos Efésios). O tema do amor esponsal, neste singular "poema" bíblico, se situa fora desta grande analogia. O amor do esposo e da esposa no Cântico dos Cânticos é o tema *em si*, e nisto está a singularidade e originalidade deste livro.

2. Isto foi objeto de numerosos estudos exegéticos, comentários e hipóteses. Em relação ao seu conteúdo, aparentemente "profano", as posições foram diversas: de um lado, este livro foi colocado entre os livros proibidos à leitura, e de outro, foi fonte de inspiração dos maiores escritores místicos, e os versos do Cântico dos Cânticos foram inseridos na liturgia da Igreja.

3. De fato, embora a análise do texto deste livro nos obrigue a colocar o seu conteúdo fora do âmbito da grande analogia profética, todavia não é possível separá-lo da realidade do sacramento primordial. Não é possível relê-lo senão na linha do que está escrito nos primeiros capítulos do Gênesis, como testemunha do "princípio" — aquele "princípio" ao qual Cristo se refere no colóquio decisivo com os fariseus.[3] O Cântico dos Cânticos se encontra certamente no caminho deste sacramento, em que, através da "linguagem do corpo",

---

1 Giovanni Paolo II, *Uomo e donna lo crèo. Catechesi sull'amore umano.* 2001, Città Nuova Editrice – Libreria Editrice Vaticana.

2 Cf. Ef 5, 21–23.

3 Cf. Mt 19, 4.

é constituído o sinal visível da participação do homem e da mulher na aliança da graça e do amor, oferecida por Deus ao homem. O Cântico dos Cânticos demonstra a riqueza desta "linguagem", cuja inscrição já está em Gn 2, 23-25.

4. Eis os primeiros versos do Cântico: "Ah! Beija-me com os beijos de tua boca! Porque os teus amores são mais deliciosos que o vinho [...] Arrasta-me após ti; corramos! Exultaremos de alegria e de júbilo em ti. Tuas carícias nos inebriarão [...]".[4] Estas palavras nos introduzem imediatamente na atmosfera de todo o "poema", onde o esposo e a esposa parecem mover-se no círculo traçado pela irradiação do amor. As palavras dos esposos, os seus movimentos, seus gestos, todo o seu comportamento correspondem a moção interior dos corações. Somente através do prisma desta moção é possível compreender a "linguagem do corpo". Neste impulso, que irrompe de uma pessoa a outra, age (não se sabe quantas vezes, mas de modo único e irrepetível) aquela descoberta que expressou o primeiro homem-varão ante aquela que fora criada como "auxiliar adequada";[5] que foi criada, como nos traz o texto bíblico, de sua "costela" (a "costela" parece também indicar o coração).

5. Esta descoberta — já analisada com base em Gn 2 — no Cântico dos Cânticos se reveste de toda a riqueza da linguagem do amor humano. Aquilo que no capítulo 2 do Gênesis (versículos 23-25) foi expresso somente com poucas palavras, simples e essenciais, aqui se desenvolve com amplo diálogo ou, antes, um dueto, em que as palavras do esposo se entrelaçam com aquelas da esposa e completam os eventos. As primeiras palavras do homem de Gn 2, 23, à vista da mulher criada por Deus, exprimem o estupor e admiração, ou mesmo o senso de fascínio. E um fascínio semelhante — que é estupor e admiração — flui de uma forma mais ampla através dos versos do Cântico dos Cânticos. Flui em onda plácida, homogênea, a bem da verdade, do início ao fim do poema. É uma voz e um dueto; é um falar e um *conversar*. Pode-se dizer que seja precisamente esta recíproca "linguagem do corpo" a testemunhar, através de toda a riqueza de significados que a compõem, de que modo é formado e desenvolvido no prisma dos corações humanos o sinal da união esponsal, que se tornou um sinal sacramental na eterna economia da aliança e da graça; um sinal do matrimônio enquanto sacramento.

6. Mesmo uma breve análise do texto do Cântico dos Cânticos permite sentir naquele fascínio recíproco a "linguagem do corpo".

---

4   Ct 1, 2.4.

5   Gn 2, 20.

Tanto o ponto de partida quando o ponto de chegada — recíproco estupor e admiração — são de fato a feminilidade da esposa e masculinidade do esposo na experiência direta de sua visibilidade. As palavras de amor pronunciadas por ambos se concentram, portanto, no "corpo", não tanto porque esse constitui por si mesmo a fonte de fascínio recíproco, mas sobretudo porque sobre ele se concentra direta e imediatamente *aquela atração para com a outra pessoa*, para com o outro "eu" — feminino ou masculino — que no impulso inferior do coração dá início ao amor. "Ó mais bela das mulheres",[6] diz o esposo, e ecoam nas palavras da esposa: "Sou morena, mas sou bela, filhas de Jerusalém".[7] As palavras do encanto masculino se repetem continuamente, e retornam em todos os cinco cânticos do poema: "Tuas faces são graciosas entre os brincos, e o teu pescoço entre os colares de pérolas";[8] "Como és formosa, amiga minha! Como és bela! Teus olhos são como pombas".[9] E logo ouvimos a resposta dela: "Como és belo, meu amor! Como és encantador!".[10] No segundo canto, retornam as mesmas palavras, enriquecidas de novas tramas: "Levanta-te, minha amada, formosa minha, e vem. Minha pomba, mostra-me o teu rosto, faze-me ouvir a tua voz. Tua voz é tão doce, e delicado teu rosto!".[11]

7. A própria imagem — ao mesmo tempo *imagem da experiência e imagem da pessoa presente na experiência* — reaparece, ainda mais ampla, no quarto canto: "Tu és bela, minha querida, tu és formosa! Por detrás do teu véu os teus olhos são como pombas, teus cabelos são como um rebanho de cabras descendo impetuosas pela montanha de Galaad, teus dentes são como um rebanho de ovelhas tosquiadas que sobem do banho; cada uma leva dois (cordeirinhos) gêmeos, e nenhuma estéril há entre elas. Teus lábios são como um fio de púrpura, e graciosa é tua boca. Tua face é como um pedaço de romã debaixo do teu véu; teu pescoço é semelhante à torre de Davi, construída para depósito de armas. [...] Os teus dois seios são como dois filhotes gêmeos de uma gazela pastando entre os lírios. [...] És toda bela, ó minha amiga, e não há mancha em ti".[12]

As metáforas do Cântico dos Cânticos hoje podem nos parecer

---

6 Ct 1, 8.

7 Ct 1, 5.

8 Ct 1, 10.

9 Ct 1, 15.

10 Ct 1, 16.

11 Ct 2, 13–14.

12 Ct 4, 1–5. 7.

surpreendentes. Muitas delas foram tomadas da vida dos pastores; outras parecem indicar o estado real do esposo. A análise desta linguagem poética deve ser deixada aos especialistas. O próprio fato de utilizar a metáfora demonstra o quanto, no nosso caso, a *"linguagem do corpo" busca apoio e confirmação em todo o mundo visível*. Esta é sem dúvida uma "linguagem" que vem relida em paralelo com o coração e com os olhos do esposo, no ato de uma especial concentração sobre todo o "eu" feminino da esposa. Este "eu" fala a ele através de todo o traço feminino, suscitando aquele estado de ânimo que pode ser definido como fascínio, encanto. Este "eu" feminino se exprime sem palavra; todavia a "linguagem do corpo" expressa sem palavras encontra um rico eco nas palavras do esposo, no seu diálogo cheio de ímpeto poético e de metáforas, que testemunham a experiência do belo, de um amor de complacência. Se as metáforas do Cântico buscam para esta beleza uma analogia nas diversas coisas do mundo visível (neste mundo, que é o "mundo próprio" do esposo), ao mesmo tempo parecem indicar a insuficiência de cada uma dessas em particular. "És toda bela, ó minha amiga, e não há mancha em ti":[13] — com esta exclamação o esposo termina o seu canto, deixando todas as metáforas para voltar a esta única, através da qual a "linguagem do corpo" parece exprimir o *integrum* da feminilidade e o *integrum* da pessoa.

Por sua parte, a esposa fala em uma linguagem semelhante: "[...] volta, ó meu amado, como a gazela, ou o cervozinho sobre os montes escarpados".[14] Uma outra vez, por contraste, ela se confia às suas companheiras: "[...] Seu aspecto é como o do Líbano, imponente como os cedros. Sua boca é cheia de doçura, tudo nele é encanto. Assim é o meu amado, tal é o meu amigo, filhas de Jerusalém!".[15]

---

13 Ct 4, 7.

14 *Ibid.*, 2, 17.

15 *Ibid.*, 5, 15–16.

109. MASCULINIDADE E FEMINILIDADE COMO LINGUAGEM OBJETIVA DO CORPO

Catequese publicada posteriormente na coletânea Uomo e Donna lo crèo, *pp. 417–419*

1. Tanto a feminilidade da esposa como a masculinidade do esposo falam sem palavras: *a linguagem do corpo* é uma linguagem sem palavras. Ao mesmo tempo, esta linguagem se torna na esposa — como também no esposo — uma fonte de inspiração para as palavras, *por esta singular linguagem do amor,* que busca os meios de expressão na metáfora poética. As metáforas do Cântico dos Cânticos soam hoje arcaicas para nós, contudo o que elas exprimem, como também a própria força com que se exprimem, conservaram o seu valor. Seja da parte do esposo, seja da esposa, a "linguagem do corpo" é interpretada como linguagem do coração. É possível que o esposo-homem exprima mais diretamente a beleza da esposa e a própria atração ao vê-la especialmente com os olhos do corpo; a esposa, ao invés, olha antes com os olhos do coração, através do seu afeto. Ambos, no entanto — ele e ela — *exprimem* ao mesmo tempo nos versos do Cântico, maravilha e o estupor não somente pelo "eu" na sua "revelação" feminina ou masculina, mas também *pelo amor* mediante o qual esta "revelação" se atualiza.

2. As palavras do esposo são, portanto, uma linguagem de amor e ao mesmo tempo uma linguagem sobre a feminilidade da esposa que, através do amor, "aparece" tão digna de estupor e de admiração. Do mesmo modo, também as palavras da esposa exprimem a admiração e o estupor, uma vez que é uma linguagem sobre o amor e sobre a masculinidade do esposo. O que as palavras de ambos expressam, portanto, é uma particular *experiência de valores,* que irradia sobre tudo aquilo que está em relação com a pessoa amada: "Teus lábios, ó esposa, destilam o mel; há mel e leite sob a tua língua. O perfume de tuas vestes é como o perfume do Líbano".[1] Encontramos aqui — sempre com um colorido especial — a trama que permeia toda a literatura do mundo. A presença destes elementos no livro que entra no cânone da Sagrada Escritura demonstra que estes e a respectiva "linguagem do corpo" contêm um primordial e essencial sinal de santidade.

---

1   Ct 4, 11.

3. Prosseguindo sob outro aspecto nossa análise daquele ritmo — aparentemente uniforme — do amoroso dueto entre o esposo e a esposa, citemos as palavras que nos convém permanecer de um modo particular. O esposo diz: "Tu me fazes delirar, minha irmã, minha esposa, tu me fazes delirar com um só dos teus olhares, com um só colar do teu pescoço. Como são deliciosas as tuas carícias, minha irmã, minha esposa!".[2] Para a teologia do corpo — e neste caso para a teologia do sinal sacramental — é coisa de importância essencial saber *quem é*, neste dueto — neste diálogo de amor —, *o feminino "tu" para o masculino "eu"* e vice-versa. O esposo do Cântico dos Cânticos diz primeiro: "És toda bela, ó minha amiga",[3] e no mesmo contexto se dirige a ela: "minha irmã, minha esposa!".[4] Não a chama com o nome próprio (somente duas vezes aparece o nome "Sulamita"), mas usa expressões que dizem mais do que o nome próprio. Sob certo aspecto, a denominação e o apelativo da esposa como "irmã" parece ser mais eloqüente e mais enraizada no conjunto do Cântico do que em chamá-la de "amiga".

4. *O termo "amiga"* indica o que é sempre essencial para o amor, que coloca *o segundo "eu" ao lado do próprio "eu"*. A *"amizade"* — amor de amizade (*amor amicitiæ*) — significa no Cântico uma particular aproximação do feminino "eu" da esposa, proximidade sentida e experimentada como força interiormente unificante.

O fato de que, nesta proximidade, aquele "eu" feminino se revela para o esposo como "irmã" — e que ela é esposa precisamente como "irmã" — tem uma particular eloqüência. A expressão "irmã" fala da união da humanidade e ao mesmo tempo da diversidade do feminino, da originalidade desta humanidade. Esta diversidade e originalidade não diz respeito somente ao sexo, mas também diz respeito ao próprio modo de "ser pessoa". Se "ser pessoa" significa não somente "ser sujeito", mas também "ser em relação", o termo "irmã" parece exprimir, de modo mais simples, *a subjetividade do "eu" feminino* na sua relação pessoal; desse modo, o particular destinatário *desta sua abertura* para com os outros, para com o próximo, se torna o *homem compreendido como "irmão"*. A "irmã", em certo sentido, ajuda o homem a se definir de tal modo que constitui para ele, diríamos, para ele um desafio nesta direção. Pode-se dizer que o esposo do Cântico acolhe este desafio e lhe dá uma resposta espontânea.

5. Quando o esposo do Cântico dos Cânticos se dirige a esposa

---

2   *Ibid.*, 9–10.

3   *Ibid.*, 7.

4   *Ibid.*, 9.

com a palavra "irmã", esta expressão significa também *uma específica releitura da "linguagem do corpo"*. Esta releitura aparece expressamente no dueto dos esposos: "Oh, se fosses meu irmão, amamentado ao seio de minha mãe! Então, encontrando-te fora, poderia beijar-te sem que ninguém me censurasse. Eu te levaria, te faria entrar na casa de minha mãe [...]".[5] O esposo lhe responde: "[...] não desperteis nem perturbeis o amor, antes que ele o queira".[6] E mais à frente: "Temos uma irmã pequenina que não tem ainda os seus seios formados. Que faremos nós de nossa irmã no dia em que for pedida?".[7] E, de novo, palavras da esposa: "Ora, eu sou um muro, e meus seios são como torres; por isso sou aos seus olhos uma fonte de alegria".[8]

6. As passagens acima provam de modo suficiente que o esposo do Cântico acolhe o desafio que, em relação ao "eu" feminino, está contida no termo "irmã". Estas passagens esclarecem também o que significa dizer que o homem se dirija àquela "irmã", como a sua "esposa"; porque a "esposa" permanece para ele "irmã", de onde provém *a coerência (e não a divergência) de ambas as expressões e de ambas as referências*. O termo "irmã" usado no Cântico pertence, certamente, à "linguagem do corpo" relido na verdade do amor esponsal recíproco. Ao mesmo tempo, este termo parece superar, de modo simples, ainda que sólido, *a determinação* originária daquela "linguagem" (e daquele amor) unicamente *através da "libido"* e abrir por inteiro o seu conteúdo, de maneira toda original, com relação à expressão "esposa", quando tal expressão na boca do esposo vem conjuntamente ao termo "irmã".

---

5   *Ibid.*, 8, 1–2.
6   *Ibid.*, 4.
7   *Ibid.*, 8.
8   *Ibid.*, 10.

110. O DOM RECÍPROCO E DESINTERESSADO NO MATRIMÔNIO NÃO PODE PRESCINDIR DO DESCOBRIR-SE COMO IMAGEM DE DEUS CRIADOR

Catequese publicada posteriormente na coletânea Uomo e Donna lo crèo, *pp. 420–423*

1. As palavras do esposo dirigidas à esposa como "irmã", e também as palavras dela na mesma relação, são impregnadas de um conteúdo particular. O amor — como vemos nos versos supracitados — leva ambos a buscar o passado comum, como se descendessem da mesma família, como se desde a infância fossem unidos pelas recordações do lar comum. Assim, sentem-se reciprocamente próximos como irmão e irmã, os quais devem sua existência à mesma mãe. Disso resulta uma sentido específico de pertença comum. O fato de que *se sintam como irmão e irmã permite-lhes viver em segurança a recíproca proximidade e manifestá-la* ("poderia beijar-te"), encontrando nisto apoio e não temendo o juízo negativo dos outros homens ("[...] sem que ninguém me censurasse"). Para este aspecto da relação fraterna, chama à atenção sobretudo a esposa.

2. As palavras do esposo, mediante o apelativo "irmã", tendem a reproduzir, diríamos, a história da feminilidade da pessoa amada; elas a vêem ainda no tempo de sua infância ("Temos uma irmã pequenina que não tem ainda os seus seios formados") — e por meio de tal visão que remonta ao passado essas palavras abraçam o seu inteiro "eu", alma e corpo, *com uma ternura desinteressada*. Daqui nasce em seguida aquela *paz* da qual a esposa fala. Esta é a "paz do corpo" que em aparência se assemelha ao sono ("não desperteis nem perturbeis o amor, antes que ele o queira"). Esta é sobretudo *a paz do encontro* na humanidade como imagem de Deus — o encontro *por meio do dom recíproco e desinteressado* ("por isso sou aos seus olhos como aquele que encontrou a paz").[1]

3. A este ponto podem vir à mente aquelas frases de Gn 2, 23–25, que parecem pela primeira vez revelar a experiência do "eu" feminino e masculino, nascido do senso comum de pertença ao Criador, como Pai comum. Diante d'Ele, em toda a verdade de seus corpos em sua

---

[1] Na tradução da Bíbila Ave Maria: "[...] por isso sou aos seus olhos *uma fonte de alegria*" (grifo acrescentado).

masculinidade e feminilidade, eram antes de tudo "irmão" e "irmã", na união da mesma humanidade ("Estavam ambos nus, o homem e a mulher, e não sentiam vergonha".[2]) E esta relação recíproca "irmão-irmã" foi neles constituída como o primeiro fundamento da comunhão das pessoas — em certo sentido, como a condição constitutiva do seu destino recíproco, também na dimensão da vocação pela qual se tornariam "marido e mulher". Aquele princípio prototípico da "linguagem do corpo" de Gn 2, 23–25 vem desenvolvido de modo estupendo no Cântico dos Cânticos. Parece delinear *aquela dimensão da experiência da feminilidade* — ou, antes, da recíproca experiência do "eu" masculino e feminino — *que deveria consolidar o seu conteúdo essencial de toda experiência*, porque ela não se destaca da riqueza do sacramento primordial. De fato, estamos fazendo estas reflexões sob o aspecto do sinal — o sinal do matrimônio — que é constituído com base na "linguagem do corpo" relido dentro da verdade.

4. Segundo uma opinião bastante difundida, os versos do Cântico dos Cânticos estão em grande parte abertos a tudo o que contém o conceito de *eros*. Em outra circunstância, já nos ocupamos dos vários significados de tais conceitos. Se o *eros* se exprime no ímpeto subjetivo, como que no êxtase recíproco do bem e do belo no amor — e, através do amor, do bem e do belo do "eu" feminino e masculino —, dá testemunho precisamente disso o dueto dos esposos do Cântico dos Cânticos. É um testemunho plenamente autêntico e original: autêntico e original, com a *autenticidade e originalidade da Bíblia*. Os termos "minha irmã" / "minha esposa" parecem surgir propriamente daquele substrato, e somente com base nele podem ser dignamente interpretados. "É a minha pomba, uma só a minha perfeita; ela é a única de sua mãe, a predileta daquela que a deu à luz".[3]

5. Em relação à trama precedente, que poderia ser chamada trama "fraterna", emerge no amoroso dueto do Cântico dos Cânticos uma outra trama, digamos, um outro substrato de conteúdo. Podemos examiná-lo partindo de certas locuções que no conjunto do poema parecem ter um significado-chave. Esta trama ou substrato não é jamais apresentada no Cântico dos Cânticos de modo explícito. Convém antes observar que ela perpassa todo o poema, ainda que expressamente manifestada em algumas cadências poéticas. Ei-lo, o esposo fala: "És *um jardim fechado*, minha irmã, minha esposa, uma nascente fechada, *uma fonte selada*".[4]

---

2   Gn 2, 25.

3   Ct 6, 9.

4   *Ibid.*, 4, 12.

6. Não podemos nos limitar a um breve olhar da beleza poética destas metáforas. Não é somente uma beleza de linguagem, mas uma beleza da verdade expressa nesta linguagem. Assim como o apelativo "irmã" traz consigo toda a simplicidade da profundidade que o esposo e a esposa colocam na recíproca releitura da "linguagem do corpo", também as metáforas agora citadas parecem ao mesmo tempo confirmar e ultrapassar o que foi expresso pelo termo "irmã". No termo "minha irmã, minha esposa", o homem une o amor esponsal, que está por se formar, com tal releitura da "linguagem do corpo" em cujo "eu" feminino lhe fala com seu conteúdo "fraterno". As metáforas acima citadas: "jardim fechado [...] fonte selada" revelam *a presença de uma outra visão do mesmo "eu" feminino*.

7. A feminilidade determina, de fato, desde o "princípio" aquele mistério de que fala o Livro do Gênesis com respeito ao "conhecimento" do homem, isto é, "da união" com o homem ("Adão conheceu Eva, sua mulher. Ela concebeu e deu à luz").[5] Ainda que o Cântico dos Cânticos, no conteúdo integral, não fale diretamente deste "conhecimento" ou "união", todavia as metáforas citadas permanecem em relação indireta e ao mesmo tempo muito estreitas com ele. A esposa aparece aos olhos do esposo como "jardim fechado" e "fonte selada", ou seja, fala-lhe com aquilo que parece mais profundamente escondido em toda estrutura de seu "eu" feminino, que constitui também o mistério estritamente pessoal da feminilidade. A esposa *se apresenta aos olhos do homem como possuidora do próprio mistério*. Pode-se dizer que ambas as metáforas, "jardim fechado" e "fonte selada", exprimem toda a *dignidade pessoal do sexo* — daquela feminilidade que, pertencendo à estrutura pessoal do auto-domínio, pode, conseqüentemente, estabelecer não somente a profundidade metafísica, mas também a verdade essencial e a autenticidade do dom pessoal. Esta doação ganha a sua dimensão quando, na perspectiva do amor esponsal, deve despertar aquele "conhecimento" de que fala o Livro do Gênesis.

8. No Cântico dos Cânticos nos encontramos, todavia, como que na porta de entrada desta "união" e precisamente por isso as expressões que permitem alcançar a sua dimensão e o seu significado profundamente pessoal adquirem grande valor. A linguagem das metáforas — linguagem poética — parece ser, neste âmbito, particularmente apropriada e precisa. A "irmã-esposa" é para o homem a detentora do seu próprio mistério como "jardim fechado" e "fonte selada". A "linguagem do corpo" relida dentro da verdade anda de mãos dadas *com a descoberta da inviolabilidade interior da*

---

5   Gn 4, 1.

pessoa. Ao mesmo tempo, precisamente esta descoberta exprime a autêntica profundidade na recíproca pertença dos esposos: a nascente e crescente *consciência de pertença a si mesmo*, de ser destinados um ao outro: "Meu bem-amado é para mim e eu para ele".[6] Igualmente em outro lugar: "Eu sou do meu amado e meu amado é meu. Ele me apascenta entre os lírios".[7]

9. Esta consciência de recíproca pertença ressoa, sobretudo, nos lábios da esposa. Em certo sentido, com tais palavras ela responde às palavras do esposo com as quais ele a reconhece detentora de seu próprio mistério. Quando a esposa diz: "O meu amado é para mim", ela quer dizer ao mesmo tempo: é aquele a quem entrego a mim mesma, e por isso ela diz: "e eu para ele".[8] Os pronomes "meu" e "minha" afirmam aqui toda *a profundidade desta entrega*, que corresponde à verdade interior da pessoa. Corresponde também ao significado esponsal da feminilidade em relação ao "eu" masculino, isto é, a "linguagem do corpo" relido dentro da verdade da dignidade pessoal. Esta verdade é pronunciada da parte do esposo com a metáfora do "jardim fechado" e da "fonte selada". A esposa lhe responde com as palavras do dom, isto é, da estrega de si mesma. Como possuidora da própria escolha, diz: "eu sou para o meu amado". O Cântico dos Cânticos revela sutilmente a verdade interior desta resposta. A liberdade do dom é a resposta ao profundo conhecimento do dom, expressa nas palavras do esposo. Mediante tal verdade e liberdade é construído o amor, que se torna, assim, amor autêntico.

---

[6] Ct 2, 16.

[7] *Ibid.*, 6, 3.

[8] *Ibid.*, 2, 16.

111. A VERDADE DO AMOR IMPÕE A RELEITURA DA "LINGUAGEM DO CORPO" DENTRO DA VERDADE

Catequese publicada posteriormente na coletânea Uomo e Donna lo crèo, *pp. 424–427*

1. A verdade do amor, proclamada pelo Cântico dos Cânticos, não pode ser separada da "linguagem do corpo". A verdade do amor *de fato faz com que a própria "linguagem do corpo" seja relida dentro da verdade.* Esta é também a verdade da progressiva aproximação *dos esposos* que cresce através do amor: e a proximidade significa também uma iniciação ao mistério da pessoa. Não significa, porém, de modo algum uma violação daquele mistério. "Meu bem-amado é para mim um saquitel de mirra, que repousa entre os meus seios; meu bem-amado é para mim um cacho de uvas nas vinhas de Engadi. [...] Nosso leito é um leito verdejante".[1] E em outro lugar: "Como a macieira entre as árvores da floresta, assim é o meu amado entre os jovens; gosto de sentar-me à sua sombra, e seu fruto é doce à minha boca. Ele introduziu-me num celeiro, e o estandarte, que levanta sobre mim, é o amor. Fortaleceu-me [...] porque estou enferma de amor. Sua mão esquerda está sob minha cabeça, e sua direita abraça-me".[2]

2. A verdade da crescente proximidade dos esposos através do amor se desenvolve na dimensão subjetiva do "coração", do afeto e do sentimento, e esta verdade permite a descoberta, em si mesmo, do outro como dom e, em certo sentido, permite "experimentá-lo" em si mesmo. Tal descoberta e experiência são confirmadas pelas palavras supracitadas da esposa, como também dão testemunho as palavras anteriores do esposo, que explicam, ao mesmo tempo, como é preciso entender a dimensão subjetiva da experiência dele: "O meu amado é para mim".[3] Estas palavras não podem ser separadas da "linguagem do corpo"; o seu conteúdo não é mais — especialmente na boca da esposa — uma releitura da própria "linguagem do corpo". A proximidade recíproca que se exprime através do corpo (as palavras da esposa mostram tal proximidade) é sobretudo uma fonte do crescimento da íntima "linguagem do coração". Por sua vez, os versos proferidos

---

1 Ct 1, 13–14.16.

2 *Ibid.*, 2, 3–6.

3 *Ibid.*, 6, 3.

pelo homem-esposo têm nesta relação um outro colorido. Pode-se dizer que se concentram especialmente sobre a específica "revelação da feminilidade", cuja expressão visível domina sempre mais os olhos e o coração do esposo.

3. "És formosa, amiga minha, como Tirsa, graciosa como Jerusalém, temível como um exército em ordem de batalha. Desvia de mim os teus olhos, porque eles me fascinam".[4] "[...] Por que olhais a Sulamita, quando ela entra na dança de Maanaim? Como são graciosos os teus pés nas tuas sandálias, filha de príncipe! A curva de teus quadris assemelha-se a um colar, obra de mãos de artista; teu umbigo é uma taça redonda, cheia de vinho perfumado; teu corpo é um monte de trigo cercado de lírios; teus dois seios são como dois filhotes gêmeos de uma gazela; teu pescoço é uma torre de marfim; teus olhos são as fontes de Hesebon junto à porta de Bat-Rabim. Teu nariz é como a torre do Líbano, que olha para os lados de Damasco; tua cabeça ergue-se sobre ti como o Carmelo; tua cabeleira é como a púrpura, e um rei se acha preso aos seus cachos. Como és bela e graciosa, ó meu amor, ó minhas delícias! Teu porte assemelha-se ao da palmeira, de que teus dois seios são os cachos".[5]

4. As metáforas desta linguagem poética autorizam vários comentários sobre a gênese, o autor e o caráter do poema. Ainda que o leitor contemporâneo não associe muitas destas metáforas com as coisas por ele conhecidas no "mundo" visível, todavia a "linguagem do corpo", expressa e relida por elas dentro da verdade, por esta crescente proximidade esponsal, permanece plenamente compreensível.

Os versos supracitados evocam aquele círculo de proximidade em que o "jardim fechado" se abre, em certo sentido, diante dos olhos da alma e do corpo do esposo. Através deste círculo de proximidade, o esposo vive mais plenamente a experiência daquele dom que da parte do "eu" feminino se une à expressão e ao significado esponsal do corpo. As suas palavras anteriormente citadas não contêm somente uma descrição poética da amada, da sua beleza feminina, nas quais os sentidos se aprazem, mas *falam sobre doação e auto-doação*. Nessas palavras ouvimos sempre o eco daquelas primeiríssimas palavras do Livro do Gênesis,[6] com as quais se constitui o sinal do sacramento primordial. A quem lê o Cântico dos Cânticos parece mesmo que os seus versos, apesar de toda a sua riqueza poética, são uma expressão mais débil da própria "linguagem do corpo" se comparados à frase

---

4   Ct 6, 4–5.

5   *Ibid.*, 7, 1–8.

6   Gn 2, 23.

— ainda que simples e aparentemente pobre — do Livro do Gênesis. Ocorre, portanto, que aquela pobreza seja interpretada por meio desta riqueza, mas também vice-versa: esta riqueza por meio daquela pobreza e à sua luz. Enquanto isso, o "*eros* masculino" continua a se exprimir com as palavras do esposo: "Vou subir à palmeira, disse eu comigo mesmo, e colherei os seus frutos. Sejam-me os teus seios como cachos da vinha. E o perfume de tua boca como o odor das maçãs; teus beijos são como um vinho delicioso que corre para o bem-amado, umedecendo-lhe os lábios na hora do sono".[7] E eis a resposta da esposa: "Eu sou para o meu amado o objeto de seus desejos. Vem, meu bem-amado, saiamos ao campo, passemos a noite nos pomares; pela manhã iremos às vinhas, para ver se a vinha lançou rebentos, se as suas flores se abrem, se as romãzeiras estão em flor. Ali te darei as minhas carícias".[8]

5. A "*linguagem do corpo*" *fala aos sentidos*. As palavras do esposo agora citadas o confirmam de um modo particularmente claro. A esposa sabe que ela é "o objeto de seus desejos". Vai ao seu encontro, com a disponibilidade do dom de si. O amor que lhes une é de natureza espiritual e sensual ao mesmo tempo. Com base neste amor se realiza também a releitura dentro da verdade do significado esponsal do corpo, porque o homem e a mulher devem constituir em comum aquele sinal do recíproco dom de si, que sela toda sua vida. A esposa diz: "Põe-me como um selo sobre o teu coração, como um selo sobre os teus braços; porque o amor é forte como a morte, a paixão é violenta como o xeól. Suas centelhas são centelhas de fogo, uma chama divina. As torrentes não poderiam extinguir o amor, nem os rios o poderiam submergir. Se alguém desse toda a riqueza de sua casa em troca do amor, só obteria desprezo".[9]

6. Atingimos, em certo sentido, o ápice de uma declaração de amor. Estas são as palavras sobre o amor que merecem uma reflexão especial e ao mesmo tempo parecem ser os acordes finais da "linguagem do corpo". À luz destas palavras sobre o amor que é "forte como a morte" encontramos a conclusão e a coroação de tudo o que no Cântico dos Cânticos se inicia na metáfora do "jardim fechado" e da "fonte selada". No momento em que a esposa do Cântico, esposa-irmã, inviolada na mais profunda experiência do homem-esposo, dona do íntimo mistério de sua própria feminilidade, pede: "Põe-me

---

[7] Ct 7, 9–10.

[8] *Ibid.*, 7, 11–13.

[9] *Ibid.* 8, 6–7.

como um selo sobre o teu coração",[10] toda a sutil estrutura do amor esponsal *se fecha*, por assim dizer, no seu interior ciclo interpessoal. Nesta conclusão, torna-se maduro também o sinal visível do sacramento perene, nascido da "linguagem do corpo", relido, por assim dizer, até o final dentro da verdade do amor esponsal do homem e da mulher.

O Cântico dos Cânticos desenha de modo extraordinário, digno das maiores obras do gênio humano, a estrutura — especialmente rica — deste sinal.

---

10   *Ibid.*, 8, 6.

112. NO CÂNTICO DOS CÂNTICOS O *EROS* HUMANO REVELA O ROSTO DO AMOR QUE O HOMEM BUSCA SEM NUNCA ATINGIR UMA SATISFAÇÃO PLENA

Catequese publicada posteriormente na coletânea Uomo e Donna lo crèo, *pp. 428–430*

1. Segundo opiniões bem difundidas, os versos do Cântico dos Cânticos são amplamente abertos àquilo que costumamos definir com o termo *eros*. Pode-se dizer que aquele poema bíblico reproduz, com uma autenticidade imune de defeitos, a face humana do *eros*, o seu dinamismo subjetivo, como também seus limites e seu termo. A "linguagem do corpo" está inserida no processo singular da tendência recíproca de uma pessoa para com outra: do esposo e da esposa; processo que permeia todo o Cântico, exprimindo-se nos freqüentes versos que falam da busca cheia de saudade e do recíproco encontro dos esposos. Isto lhes traz alegria e calma e, ao mesmo tempo, parece lhes induzir a uma nova busca, uma busca contínua. Tem-se a impressão de que, *alcançando um ao outro*, experimentando a própria proximidade, *continuam incessantemente a tender a alguma coisa*: cedem ao chamado de algo que excede o conteúdo transitório e que parece ultrapassar os limites do *eros*, relidos nas palavras da recíproca "linguagem do corpo". "Dize-me, ó tu, que meu coração ama, onde apascentas o teu rebanho [...]"[1] — exclama a esposa no início do Cântico, e o esposo lhe responde: "Se não o sabes, ó mais bela das mulheres, vai, segue as pisadas das ovelhas [...]".[2]

2. Este é, todavia, somente um prelúdio distante. *Aquele processo de tensão e busca* é expresso mais plenamente nos cantos e nos versos seguintes: "Antes que sopre a brisa do dia, e se estendam as sombras, volta, ó meu amado, como a gazela, ou o cervozinho sobre os montes escarpados".[3] "Durante as noites, no meu leito, busquei aquele que meu coração ama; procurei-o, sem o encontrar. Vou levantar-me e percorrer a cidade, as ruas e as praças, em busca daquele que meu coração ama; procurei-o, sem o encontrar. Os guardas encontraram-me quando faziam sua ronda na cidade. Vistes acaso aquele que meu co-

---

[1] Ct 1, 7.

[2] *Ibid.*, 8.

[3] *Ibid.*, 2, 17.

ração ama? Mal passara por eles, encontrei aquele que meu coração ama. Segurei-o, e não o largarei antes que o tenha introduzido na casa de minha mãe, no quarto daquela que me concebeu".[4]

Por sua vez, nas palavras do esposo, quando parece falar à distância, encontra voz *não tanto a saudade como um afetuoso interesse*: "Conjuro-vos, ó filhas de Jerusalém, pelas gazelas e corças dos campos, que não desperteis nem perturbeis o amor, antes que ele o queira".[5] E eis que os esposos se aproximam um do outro: "Eu dormia, mas meu coração velava. Eis a voz do meu amado. Ele bate. Abre-me, minha irmã, minha amiga, minha pomba, minha perfeita".[6]

3. A busca-aspiração tem sua dimensão interior: "o coração velava" mesmo durante o sono. O termo "perfeita" nos lábios do esposo pertencem a esta dimensão. A aspiração masculina, nascida do amor na base da "linguagem do amor", é busca do belo integral, da pureza livre de toda mancha: é uma busca de perfeição que contém, diríamos, *a síntese da beleza humana, beleza da alma e do corpo*. E se as supracitadas palavras do esposo parecem conter o eco distante do "princípio" — aquela primeira busca-aspiração do homem-masculino dirigido a um ser ainda desconhecido — elas ressoam muito mais próximas à Carta aos Efésios, em que Cristo, como Esposo da Igreja, deseja ver sua Esposa "sem mancha"; deseja vê-la "santa e imaculada".[7]

4. No Cântico dos Cânticos o *eros* humano revela a face do amor sempre *em busca* e, por assim dizer, *jamais satisfeito*. O eco desta inquietude percorre o verso do poema: "Abri ao meu bem-amado, mas ele já se tinha ido, já tinha desaparecido. Procurei-o e não o encontrei; chamei-o, mas ele não respondeu".[8] "Conjuro-vos, filhas de Jerusalém, se encontrardes o meu amigo, que lhe haveis de dizer? Dizei-lhe que estou enferma de amor".[9] E o coro dos jovens assim lhe responde: "Que tem o teu bem-amado a mais que os outros, ó mais bela das mulheres? Que tem o teu bem-amado a mais que os outros, para que assim nos conjures?".[10]

5. A "linguagem do corpo" que flui através dos versos do Cântico dos Cânticos parece ter seus limites. *O amor* se mostra *maior do que*

---

4 Ct 3, 1–4.

5 Ibid., 2, 7.

6 Ibid., 5, 2.

7 Ef 5, 27.

8 Ct 5, 6.

9 Ibid., 5, 8.

10 Ibid., 5, 9.

o *"corpo"* é capaz de exprimir. E é então que a sua debilidade se torna, em certo sentido, uma "linguagem do corpo": "estou enferma de amor", diz a esposa, como se quisesse dar testemunho da fragilidade do sujeito que carrega o amor de ambos. O *eros* — como já visto antes — assume o aspecto de desejo, em cuja esposa encontra, diríamos, a verificação do amor esponsal: "eu sou para o meu amado o objeto de seus desejos".[11] A "linguagem do corpo", encontrando a sua expressão no desejo, conduz à união amorosa dos esposos, na qual eles pertencem um ao outro. Do fundo desta união provêm as palavras: "o amor é forte como a morte".[12] Estas palavras exprimem o poder do amor, a força do *eros* na união amorosa, mas dizem também (ao menos indiretamente) que na "linguagem do corpo" este amor encontra seu fim conclusivo na morte.

---

11 Ct 7, 11.

12 *Ibid.*, 8, 6.

113. ATÉ MESMO A PAIXÃO CONFIRMA A IRREVERSIBILIDADE E A PROFUNDA SUBJETIVIDADE DA ESCOLHA ESPONSAL, SEGUNDO UM AMOR "MAIS FORTE QUE A MORTE"

Catequese publicada posteriormente na coletânea Uomo e Donna lo crèo, *pp. 431–433*

1. O corpo guarda em si a perspectiva da morte, à qual o amor não quer se sujeitar. O amor é de fato — como lemos no Cântico dos Cânticos — "uma chama divina" que "as torrentes não poderiam extinguir", "nem os rios o poderiam submergir".[1] Dentre as palavras escritas em toda a literatura mundial sobre a força do amor, estas parecem particularmente apropriadas e belas. Elas demonstram, por seu lado, o que é o amor na sua dimensão subjetiva como vínculo unificante do "eu", masculino e feminino. Segundo os versos do Cântico, o amor não é somente "forte como a morte"; esse é também ciumento: "o ciúme é paixão é violenta como o xeól".[2] O ciúme confirma, em certo sentido, *a exclusividade e indivisibilidade do amor* — indica, pelo menos indiretamente, a irreversibilidade e profundidade subjetiva da escolha esponsal. É difícil, todavia, negar que o ciúme manifesta ainda uma outra limitação do amor: a limitação de natureza espiritual. A esposa repete continuamente que é "o objeto de seus desejos",[3] de forma que a pertença recíproca de ambos, aquele "meu amado é para mim e eu para ele"[4] parece ser *gerado do desejo,* sobretudo masculino, ao qual corresponde, da parte da esposa, o querer e o aceitar deste desejo. O próprio desejo não é capaz de ultrapassar o limite do ciúme.

2. Assim, portanto, os versos do Cântico dos Cânticos apresentam o *eros* como forma do amor humano em que operam as energias do desejo, e é nelas que se enraíza a consciência, ou seja, a certeza subjetiva da recíproca pertença. Ao mesmo tempo, porém, muitos versos do poema nos levam a refletir sobre a causa da busca e da inquietude que acompanham a consciência da recíproca pertença. Esta inquietude faz também parte da natureza do *eros*? Se assim fosse, tal inquie-

---

1 Ct 8, 6–7.

2 *Ibid.*, 8, 6.

3 *Ibid.*, 7, 11.

4 *Ibid.*, 2, 16.

tude indicaria, por sua vez, *a necessidade da auto-superação*. A verdade do amor se exprime na consciência da recíproca pertença, que é fruto da aspiração e da busca recíproca; e, ao mesmo tempo, esta verdade do amor se exprime na necessidade da aspiração e da busca, que nasce da experiência da recíproca pertença. O amor, diríamos, exige que ambos ultrapassem continuamente a escala de tal pertença, buscando sempre uma forma nova e mais madura dela.

3. Em tal necessidade interior, em tal dinâmica de amor, revela-se indiretamente como que *a impossibilidade de uma pessoa se apropriar e ser apropriada pela outra*. A pessoa é alguém que ultrapassa todas as escalas de apropriação e dominação, de posse e de satisfação que emergem da própria "linguagem do corpo". Se o esposo e a esposa relêem esta "linguagem" na plena verdade da pessoa e do amor, alcançam uma convicção sempre mais profunda de que o limite de sua pertença constitui aquele dom recíproco em que o amor se revela "forte como a morte", isto é, ele chega, por assim dizer, até os últimos limites da "linguagem do corpo" para superar mesmo estes limites. A verdade do amor interior e a verdade do dom recíproco *chamam*, em certo sentido, *continuamente* o esposo e a esposa — através dos meios de expressar a recíproca pertença, e mesmo desprendendo-se destes meios — *para atingir o que constitui o núcleo da doação de pessoa a pessoa*.

4. Seguindo os sentimentos das palavras assinalados pelos versos do Cântico dos Cânticos, parece que nos aproximamos, portanto, da dimensão em que o *eros* busca se integrar, mediante ainda outra verdade do amor. Em certo momento — à luz da morte e ressureição de Cristo — Paulo de Tarso proclamará esta verdade nas palavras da Carta aos Coríntios: "A caridade é paciente, a caridade é bondosa. Não tem inveja. A caridade não é orgulhosa. Não é arrogante, nem escandalosa. Não busca os seus próprios interesses, não se irrita, não guarda rancor. Não se alegra com a injustiça, mas se rejubila com a verdade. Tudo desculpa, tudo crê, tudo espera, tudo suporta. A caridade jamais acabará. As profecias desaparecerão, o dom das línguas cessará, o dom da ciência findará".[5]

5. Acaso a verdade sobre o amor, expressa na estrofe do Cântico dos Cânticos, vem confirmada à luz destas palavras paulinas? No Cântico lemos, por exemplo, sobre o amor, que o seu "ciúme" é violento "como o xeól", e na carta paulina lemos que a caridade "não tem inveja". Qual a relação entre ambas as expressões do amor? Que relação tem o amor que "é forte como a morte", segundo o Cântico

---

[5] 1Cor 13, 4–8.

dos Cânticos, com o amor que "jamais acabará", segundo a carta paulina? Não multipliquemos estas perguntas, não abramos uma análise comparativa. Parece, todavia, que o amor se abre diante de nós, diríamos, em duas perspectivas: como se o *eros* humano, que fecha o próprio horizonte, se abrisse agora, através das palavras paulinas, em um outro horizonte de amor que fala uma outra linguagem; amor que parece emergir por uma outra dimensão da pessoa e que chama, convida a uma outra comunhão. *Este amor foi denominado "ágape".*

6. O Cântico dos Cânticos constitui um rico e eloqüente texto da verdade sobre o amor humano. Muitas são as formas possíveis de comentar este livro particular e profundamente original. A análise aqui feita não é um comentário no sentido próprio do termo. É somente um pequeno fragmento de reflexões sobre o sacramento do matrimônio, cujo sinal visível é constituído através da releitura dentro da verdade da "linguagem do corpo". Para tais reflexões, o Cântico dos Cânticos tem um significado inteiramente singular.

114. SEGUNDO O LIVRO DE TOBIAS, A ÍNDOLE FRATERNA PARECE SER RADICADA NO AMOR ESPONSAL

Catequese publicada posteriormente na coletânea Uomo e Donna lo crèo, *pp. 434–436*

1. "'Bendito sejas tu, Deus de nossos antepassados, e bendito seja o teu Nome para todo o sempre! Que o céu e tuas criaturas todas te bendigam para todo o sempre. Tu criaste Adão e, como ajuda e apoio, criaste Eva, sua mulher, e dos dois nasceu a raça humana. Tu mesmo disseste: 'Não é bom que o homem fique só. Façamos para ele uma auxiliar que lhe seja semelhante'. Se eu me caso com minha parente, não é para satisfazer minha paixão. Eu me caso com reta intenção. Por favor, tem piedade de mim e dela, e faze com que juntos cheguemos à velhice'. E os dois disseram juntos: 'Amém! Amém!'".[1]

2. O Livro de Tobias, na literatura bíblica do Antigo Testamento, pertence a uma categoria particular (a dita "novela didática" do gênero *midrashim*); não apresenta traços de semelhança com o Cântico dos Cânticos. No entanto, quando lemos a descrição do esponsalício de Tobias com Sara, filha de Raguel, encontramos uma palavra que atraiu nossa atenção também na análise do Cântico. Tobias *chama a sua nova esposa de "parente"*.[2] Assim ele a chama durante a oração que recitam juntos na primeira noite do esponsalício, oração que foi citada no início: "eu me caso com minha parente";[3] "irmã",[4] como a chama também seu pai, Raguel, quando consente em dá-la como esposa a Tobias. Eis as suas palavras: "A minha filha vai lhe ser dada em casamento, conforme está determinado no Livro de Moisés, e como Deus mandou fazer. Recebe, então, a sua prima. A partir de agora, sois irmão e irmã. Ela pertence a ti de hoje para sempre. Que o Senhor do céu vos ajude esta noite, e vos conceda a sua misericórdia e a sua paz".[5]

3. Estas palavras poderiam simplesmente confirmar o parentesco entre os novos esposos. De fato, Raguel, a quem o jovem Tobias

---

1 Tb 8, 5–8.
2 *Ibid.*, 7.
3 *Ibid.*
4 *Ibid.*, 7, 12.
5 *Ibid.*

encontrou durante a viagem, é irmão carnal de seu pai, ele também de nome Tobit,[6] que por muitos anos estiveram separados por causa da escravidão babilônica. Raguel, todavia, dando Sara como mulher ao jovem Tobias, diz não somente: "recebe [...] tua prima", mas também *"a partir de agora, sois irmão e irmã"*.[7] Isso significa que entre os jovens deve-se formar também, através do matrimônio, um relacionamento recíproco semelhante àquele que une a irmã ao irmão. E precisamente aqui voltam à tona as palavras "minha irmã, minha esposa",[8] pronunciadas pelo esposo no Cântico dos Cânticos. Estas palavras do poético contexto do Cântico soam diversamente no Livro de Tobias; mas, não obstante, elas parecem indicar, em ambos os textos, um particular vínculo de referência: de fato, mediante o matrimônio, o homem e a mulher se tornam irmão e irmã de um modo especial. A índole fraterna parece ser enraizada no amor esponsal.

4. No relato do esponsalício de Tobias com Sara encontramos, além da expressão "irmã", ainda uma outra relação que evoca a analogia com o Cântico dos Cânticos. Recordamos que no dueto dos esposos o "amor" que se declara reciprocamente é "forte como a morte". No Livro de Tobias não encontramos tal declaração, como também não encontramos algumas das típicas confissões amorosas que compõem o Cântico. Diz-se somente que o jovem Tobias amou Sara a tal ponto "que seu coração não conseguia separar-se dela",[9] nada além desta frase. No relato do esponsalício de Tobias com Sara estamos, porém, defronte a uma situação que surpreendentemente parece confirmar a verdade das palavras sobre o amor "forte como a morte".

5. Aqui é preciso referir-se a alguns detalhes que podem ser explicados no cenário específico do Livro de Tobias. Lemos que Sara, filha de Raguel, anteriormente fora "dada em casamento a sete homens",[10] mas cada um deles morreu antes de se unir a ela. Isto ocorreu por obra do espírito maligno, que no Livro de Tobias traz o nome de Asmodeu. O jovem Tobias também tinha razão para temer uma morte análoga. Quando pede Sara em casamento, Raguel a concede, proferindo as significativas palavras: "Que o Senhor do céu os ajude esta noite, e lhes conceda a sua misericórdia e a sua paz".[11]

---

6 Tb 5, 9.

7 *Ibid.*, 7, 12.

8 Ct 4, 10.

9 Tb 6, 19.

10 *Ibid.*, 14.

11 *Ibid.*, 7, 12.

6. Assim, o amor de Tobias devia desde o primeiro momento enfrentar uma prova de vida e morte. As palavras sobre o amor "forte como a morte", pronunciadas pelos esposos do Cântico dos Cânticos no ímpeto dos corações, assumem aqui o caráter de uma prova real. Se o amor se demonstra forte como a morte, isto acontece sobretudo no sentido de que Tobias e, junto a ele, Sara enfrentam esta prova sem hesitação. Em seguida, estas palavras se verificam, porque em tal prova de vida e morte *vence a vida*, isto é, durante a prova da noite nupcial, o amor se revela mais forte do que a morte.

7. Isto *ocorre através da oração* que citamos no início do capítulo, nascida da advertência do pai à jovem esposa, mas sobretudo das instruções dadas pelo Arcanjo Rafael que tinha acompanhado Tobias ao longo de toda a viagem sob o nome de Azarias (este fato constitui indubitavelmente a singularidade do Livro de Tobias, que permite incluir este poema bíblico em uma categoria distinta). Azarias-Rafael dá ao jovem Tobias vários conselhos sobre como se libertar da ação do espírito maligno, propriamente de Asmodeu, que tinha provocado a morte de sete homens com os quais Sara anteriormente fora dada como esposa. Por fim, ele próprio toma a iniciativa neste assunto. Recomenda, porém, especialmente a Tobias e a Sara que orem, dizendo: "Antes de te unires a ela, levantai-vos os dois e orai, *pedindo ao Senhor do céu que tenha misericórdia* e vos proteja. Não tenhais medo. Ela foi destinada a ti desde toda a eternidade, e tu és aquele que vai salvá-la. Ela irá contigo, e eu estou certo de que vos dará filhos, que serão como irmãos. Não vos preocupeis!".[12]

8. O conteúdo das palavras de Rafael é diferente daquele das de Raguel, pai de Sara. As palavras de Raguel exprimem aflição; as de Rafael, a promessa. Com tal promessa, era mais fácil para ambos afrontar a prova de vida e morte que lhes esperava durante a noite nupcial. Quando os pais "tinham saído e fechado a porta do quarto", Tobias se levantou do leito e chamou Sara para a oração em comum, segundo a recomendação de Rafael-Azarias: "Levanta-te, minha irmã! Rezemos e supliquemos ao Senhor que nos conceda misericórdia e salvação".[13] Desse modo, nasce a oração citada no início. Pode-se dizer que nesta oração (que em breve analisaremos) se delineia, no horizonte da "linguagem do corpo", *a dimensão da liturgia própria do sacramento*. Tudo, de fato, se cumpre durante a noite nupcial dos esposos.

---

12   *Ibid.*, 18.

13   *Ibid.*, 8, 4.

115. NO LIVRO DE TOBIAS, *EROS* E *ETHOS* CONFIRMAM RECIPROCAMENTE A VERDADE DO AMOR ESPONSAL QUE UNE "NA BOA E NA MÁ SORTE"

Catequese publicada posteriormente na coletânea Uomo e Donna lo crèo, *pp. 437-439*

1. Dissemos anteriormente que o sinal sacramental do matrimônio se constitui sob a base da "linguagem do corpo", que o homem e a mulher exprimem dentro da verdade que lhes é própria. Sob tal aspecto, analisamos atualmente o Livro de Tobias. Ao fazer a comparação entre o Livro de Tobias e o Cântico dos Cânticos, ou os livros dos Profetas, pode-se justamente perguntar se o texto que estamos examinando fala desta "linguagem". Tanto o Cântico nos oferece toda a riqueza da "linguagem do corpo", relido com os olhos e o coração dos esposos, quanto o Livro de Tobias é, sob este aspecto, extremamente sóbrio e comedido. O fato de que Tobias amou Sara ao ponto de "que seu coração não conseguia separar-se dela"[1] encontra sua expressão sobretudo *na prontidão em dividir com ela seu destino* e de permanecer junto "nos bons e nos maus momentos". Não é o *eros* a caracterizar o amor de Tobias para com Sara, mas, desde o princípio, este amor vem confirmado e *validado* pelo *ethos*: isto é, da vontade e da escolha de valores. O critério destes valores se torna — no próprio princípio do matrimônio — aquela prova de vida e de morte que ambos devem enfrentar já na primeira noite. Ambos: apesar de que a vítima daquele demônio deva ser somente Tobias, não obstante é fácil imaginar qual sacrifício de coração Sara teria também de sofrer.

2. Aquela prova de vida e de morte — como nos fala o Livro de Tobias — tem também um outro significado que nos faz compreender o amor e o matrimônio dos novos esposos. Eis que, unindo-se como marido e mulher, eles devem se encontrar na situação em que *reciprocamente se combatem e se medem as forças do bem e do mal*. O dueto dos esposos do Cântico dos Cânticos parece não perceber de fato esta dimensão da realidade. Os esposos do Cântico vivem e se exprimem em um mundo ideal ou "abstrato", onde a luta das forças objetivas entre o bem e o mal, por assim dizer, não existisse. Talvez seja propriamente a força e a verdade interior do amor a atenuar a

---

[1] Tb 6, 19.

luta que ocorre no interior e no exterior do homem?

A plenitude desta verdade e desta força próprias do amor parece, todavia, ser diferente; e parece, antes, tender antes ao lugar onde a experiência do Livro de Tobias nos conduz. A verdade e a força do amor se manifestam na sua capacidade de colocar-se entre as forças do bem e do mal, que combatem no interior e no exterior do homem, porque o amor é confiante na vitória do bem e está pronto a fazer tudo para que o bem vença.

3. Conseqüentemente, a verdade do amor dos esposos do Livro de Tobias não é confirmada por palavras expressas pela linguagem do ímpeto amoroso, mas pelas escolhas e atos que assumem todo o peso da existência humana na união de ambos. O sinal do matrimônio enquanto sacramento se realiza sobre a base da "linguagem do corpo", relida dentro da verdade do amor. No Cântico dos Cânticos, esta é a verdade do amor absorvida pelo olhar e pelo coração: verdade de experiência e de afeto amoroso. No Livro de Tobias a penosa situação do "limite", unida à prova de vida e de morte, *em certo sentido, faz calar o diálogo amoroso* dos esposos. O que emerge, por sua vez, é *uma outra dimensão do amor*: a "linguagem do corpo", que parece dialogar com as palavras das escolhas e dos atos próprios de tal dimensão.

Não pertenceria também esta prova de vida e de morte à "linguagem do corpo"? Não é o termo "morte", por assim dizer, a última palavra daquela linguagem que fala da acidentalidade do ser humano e da corrupção do corpo, palavra à qual devem remeter Tobias e Sara no próprio início do seu matrimônio? Qual profundidade adquire deste modo o seu amor, e a "linguagem do corpo" relido dentro da verdade de tal amor? O corpo, de fato, no sinal sacramental da unidade conjugal, na sua masculinidade e feminilidade, se exprime também através do *mistério da vida e da morte*. Exprime-se por este mistério, talvez, de modo mais eloqüente do que nunca.

4. Deste cenário amplo e, por assim dizer, "metafísico" é oportuno passar àquela dimensão da liturgia que é própria e característica do sinal do matrimônio enquanto sacramento. A dimensão da liturgia *assume em si* a "linguagem do corpo", relida dentro da verdade dos corações humanos, assim como a conhecemos do Cântico dos Cânticos. Ao mesmo tempo, porém, busca enquadrar esta "linguagem" na verdade integral do homem, relida na palavra do Deus vivo. Isto é o que exprime a oração dos novos esposos no Livro de Tobias citada no início.

No Livro de Tobias não há nem diálogo nem o dueto dos esposos.

Na noite nupcial, eles decidem sobretudo *falar em uníssono* — e este uníssono é a própria oração. Naquele uníssono que é a oração, homem e mulher estão unidos não somente através da comunhão dos corações, mas também através da união de ambos no enfrentamento da grande prova — a prova de vida e de morte.

5. Antes de submeter o texto da oração de Tobias e Sara a uma análise mais particularizada, digamos ainda mais uma vez que a própria oração se torna aquela palavra, única e singular, em virtude da qual os esposos novos vão ao encontro da prova que é, ao mesmo tempo, prova do bem e do mal, do bom e do mau destino, na dimensão de toda a vida. Eles estão conscientes de que o mal que lhes ameaça, da parte do demônio, pode-lhes ferir como sofrimento, como morte, como destruição da vida de um deles. Mas, *para rejeitar aquele mal* que ameaça matar o corpo, é necessário *impedir o espírito maligno de ter acesso às almas*; é necessário libertar-se interiormente de seu influxo.

6. Neste dramático momento da história de ambos, quando na noite nupcial deviam, como recém-casados, falar reciprocamente com a "linguagem do corpo", Tobias e Sara transformam aquela "linguagem" em uma só voz. Aquele uníssono é a oração. Esta voz, este falar em uníssono permite a ambos atravessar a "situação limite", o estado de ameaça do mal e da morte, abrindo-se totalmente, na unidade dos dois, ao Deus vivo.

A oração de Tobias e Sara se torna, em certo sentido, o mais profundo *modelo da liturgia*, em que a palavra é *uma palavra de poder.* É uma palavra de poder extraída das fontes da aliança e da graça. É *a força que liberta do mal e que purifica.* Nesta palavra da liturgia se cumpre o sinal sacramental do matrimônio, construído na união do homem e da mulher, com base na "linguagem do corpo" relida dentro da verdade integral do ser humano.

116. A ORAÇÃO DO LIVRO DE TOBIAS COLOCA A "LINGUAGEM DO CORPO" SOBRE O TERRENO DOS TEMAS ESSENCIAIS DA TEOLOGIA DO CORPO

Catequese publicada posteriormente na coletânea Uomo e Donna lo crèo, *pp. 440–442*

1. A oração de Tobias e Sara — citada integralmente nos capítulos precedentes — tem sobretudo o caráter de louvor e de ação de graças, e somente depois se torna súplica: "tem piedade de mim e dela, e faze com que juntos cheguemos à velhice".[1] Louvando ao Deus da aliança: "Deus de nossos antepassados", os recém-casados falam, em certo sentido, a linguagem de todos os seres visíveis e invisíveis: "Que o céu e tuas criaturas todas te bendigam para todo o sempre".[2] Sobre esta amplitude — poderíamos chamá-la de *fundo "cósmico"* —, ambos *recordam com gratidão a criação do homem*: aquele "homem e mulher Ele os criou" do Livro de Gênesis.[3] Nas palavras da oração estão presentes duas tradições: seja aquela levítica[4] — a criação do homem, masculino e feminino, e o dom gratuito da bênção da fecundidade: "dos dois nasceu a raça humana"[5] —, seja, de modo talvez mais pleno, aquela javista. Assim, portanto, fala-se aqui da criação distinta da mulher com as palavras: "vou dar-lhe uma auxiliar semelhante a ele".[6] Tobias e Sara o revelam duas vezes em sua oração: "Tu mesmo disseste: 'Não é bom que o homem fique só. Façamos para ele uma auxiliar que lhe seja semelhante'".[7]

2. Pode-se deduzir que a verdade expressa precisamente nestas palavras do Livro do Gênesis ocupa o ponto central na consciência religiosa de Tobias e de Sara, *como a medula própria do seu "credo" conjugal*, e que, ao mesmo tempo, esta verdade lhes é particularmente próxima. Por meio dela, voltam-se para Deus-Javé, não somente com

---

1 Tb 8, 7.
2 *Ibid.*, 5.
3 Gn 1, 27.
4 *Ibid.* 27–28.
5 Tb 8, 6.
6 Gn 2, 18.
7 Tb 8, 6.

as palavras da Bíblia, mas exprimem também o que enche totalmente os seus corações. Desejam, de fato, se tornar um novo elo da corrente que remonta à própria origem do homem. Neste momento em que devem ser "uma só carne" como marido e mulher, ambos se comprometem em reler a "linguagem do corpo", própria de seu estado na fonte divina. Desse modo, a *linguagem do corpo* torna-se a linguagem da liturgia: vem ancorada, de modo o mais profundamente possível, no mistério do "princípio".

3. De mãos dadas com este ancoramento vai a necessidade de uma plena purificação. Acostando-se a fonte divina da "linguagem do corpo", os recém-casados sentem esta necessidade e a exprimem. Tobias diz: "Se eu me caso com minha prima, não é para satisfazer minha paixão. Eu me caso com reta intenção".[8] Desse modo, indica *o momento de purificação* que deve ser submetido à "linguagem do corpo", quando o homem e a mulher se preparam para exprimir naquela linguagem o sinal da aliança sacramental. Neste sinal, o matrimônio deve servir para construir da comunhão recíproca das pessoas, reproduzindo o significado esponsal do corpo na sua verdade interior. As palavras de Tobias: "não é para satisfazer minha paixão" devem ser relidas no texto integral da Bíblia e da Tradição.

4. A oração do Livro de Tobias coloca a "linguagem do corpo" sobre o terreno dos temas essenciais da teologia do corpo. É uma linguagem "objetivada", preenchida não tanto da força emotiva da experiência (como no caso do Cântico dos Cânticos, mas também, de modo diverso, de alguns textos proféticos) quanto da profundidade e gravidade da verdade da própria existência. Os esposos professam essas verdades comumente diante do Deus da aliança: "Deus de nossos antepassados". Pode-se dizer que, sob este aspecto, a "linguagem do corpo" se torna a linguagem da liturgia. Tobias e Sara *falam a linguagem dos ministros do sacramento*, conscientes de que no pacto conjugal do homem e da mulher — precisamente através da "linguagem do corpo" — se exprime e se realiza o mistério que tem sua fonte no próprio Deus. O seu pacto conjugal é de fato a imagem — e é o sacramento primordial da aliança de Deus com o homem e com o gênero humano — daquela aliança que encontra sua origem no Amor eterno.

Tobias e Sara terminam a sua oração com as seguintes palavras: "tem piedade de mim e dela, e faze com que juntos cheguemos à velhice".[9] Pode-se admitir, com base no contexto, que eles têm diante dos olhos a perspectiva de perseverar na comunhão até o fim dos

---

8   Ibid., 7.

9   Ibid.

dias — perspectiva que se abre diante deles com a prova de vida e de morte, já durante a primeira noite nupcial. Ao mesmo tempo, eles vêem com o olhar da fé a santidade desta vocação, na qual — através da unidade dos dois, construída sobre a verdade recíproca da "linguagem do corpo" — eles devem *responder ao chamado do próprio Deus*, presente no mistério do "princípio". E, por isso, suplicam: "Por favor, tem piedade de mim e dela".

5. Os esposos do Cântico dos Cânticos declaram um ao outro, com palavras ardentes, o seu amor humano. Os recém-casados do Livro de Tobias pedem a Deus que saibam corresponder ao amor. Um e outro encontram o seu lugar no que constitui o sinal sacramental do matrimônio. Um e outro participam na formação deste sinal.

Pode-se dizer que através de um e de outro a "linguagem do corpo", relida tanto na dimensão subjetiva da verdade dos corações humanos como na dimensão "objetiva" da verdade de viver na comunhão, *torna-se linguagem da liturgia*. A oração dos recém-casados do Livro de Tobias parece certamente confirmá-lo de um modo diverso daquele no Cântico dos Cânticos, e também de um modo que, sem dúvida, comove mais profundamente.

117. O SINAL DO MATRIMÔNIO COMO SACRAMENTO SE CONSTRÓI À BASE DA "LINGUAGEM DO CORPO" RELIDA NA VERDADE DO AMOR

Catequese publicada posteriormente na coletânea Uomo e Donna lo crèo, *pp. 443–445*

1. Retornemos agora ao "clássico" capítulo 5 da Carta aos Efésios. Este texto é, além disso, como que sempre presente nas nossas considerações sobre o matrimônio enquanto sacramento — em primeiro lugar, e sobretudo, na dimensão da aliança e da graça. Convirá depois retomar este texto ao tratar a dimensão do sinal sacramental.

Assim como o texto dos Profetas, o Livro de Tobias serve-se, obviamente, das referências da Antiga Aliança; primeiramente, porém, faz referência à aliança originária, ao "princípio" ao qual o matrimônio está unido enquanto sacramento primordial. A Carta aos Efésios revela as fontes eternas da aliança no amor do Pai e, ao mesmo tempo, a sua nova e definitiva instituição em Jesus Cristo.

Tal conexão explica a sacralidade do matrimônio aos discípulos e seguidores de Cristo — *partícipes da Nova Aliança*.[1] Isto se refere obviamente ao matrimônio *também na dimensão de sinal sacramental*. As palavras da "clássica" passagem da Carta aos Efésios[2] parecem ser, também sob este aspecto, muito eloqüentes.

2. "Sujeitai-vos uns aos outros no temor de Cristo"[3] — escreve o autor da Carta aos Efésios. "Os maridos devem amar as suas mulheres como a si próprios. Quem ama a sua mulher, ama-se a si mesmo. Certamente, ninguém jamais aborreceu a sua própria carne; ao contrário, cada qual a alimenta e a trata, como Cristo faz à sua Igreja [...] Cada um de vós ame a sua mulher como a si mesmo, e a mulher respeite o seu marido".[4] Se o sinal do matrimônio como sacramento se constrói sobre a base da "linguagem do corpo", relida dentro da verdade do amor, a Carta aos Efésios é certamente uma expressão estupenda dessa linguagem; poder-se-ia dizer "definitiva". Nela

---

1 Cf. Ef 3, 6.
2 *Ibid.*, 5, 21–33.
3 *Ibid.*, 21.
4 *Ibid.*, 29.33.

encontramos, acerca disso, a tradição dos Profetas da Antiga Aliança, e também o eco do Cântico de Cânticos. A breve passagem da Carta aos Efésios não contém, como no Cântico, a "linguagem do corpo", em toda riqueza de seu significado subjetivo. Pode-se dizer que ela contém a confirmação "objetiva" desta linguagem na sua integridade: uma confirmação sólida e completa.

3. As palavras do autor da Carta aos Efésios parecem ser sobretudo um comentário àquelas mais antigas e originárias palavras bíblicas em que a natureza do sinal sacramental do matrimônio encontra expressão: os dois "serão uma só carne".[5] Este comentário é personalista no pleno significado do termo, e já foi relevado nas análises precedentes do texto em questão. Igualmente personalista é a linguagem da liturgia — seja quando tomamos em consideração o Livro de Tobias, seja quando consideramos a liturgia contemporânea da Igreja.

Tobias diz: "se eu me caso com minha parente [...] por favor, tem piedade de mim e dela".[6] A liturgia contemporânea da Igreja latina faz os recém-casados dizer: "Eu te recebo [...] por minha esposa — por meu esposo [...] e te prometo ser fiel, amar-te e respeitar-te [...] todos os dias da nossa vida".

Do comentário à Carta aos Efésios é manifesto que a "linguagem" da masculinidade e feminilidade, vinculada ao sinal da "unidade da carne", deve ser entendida *de modo plenamente personalista*.

4. A propósito do texto da Carta aos Efésios, basta recordarmos brevemente aqui o que foi previamente estabelecido: "Os maridos devem amar as suas mulheres como a seu próprio corpo".[7] O corpo da mulher não é o próprio corpo do marido, mas deve ser amado como o seu próprio. Trata-se, portanto, de uma unidade não ontológica, mas moral: a unidade através do amor. "Quem ama a sua mulher, ama-se a si mesmo".[8]

O amor, em certo sentido, faz do outro "eu" o próprio "eu". Mediante o amor, o "eu" da mulher se torna, por assim dizer, o "eu" do marido. O corpo é a expressão deste "eu", é a base de sua identidade. A união do marido e da mulher, essa também, se exprime através do corpo e da sua relação mútua. O amor une não somente os dois sujeitos, mas lhes permite, assim, penetrar-se mutuamente, pertencendo

---

5   Gn 2, 24.

6   Tb 8, 7.

7   Ef 5, 28.

8   *Ibid.*

espiritualmente um ao outro, de modo que o autor da Carta pode afirmar: "Quem ama a sua mulher, ama-se a si mesmo".⁹ O "eu" se torna, em certo sentido, o "tu", e o "tu", o "eu".

5. Desse modo, a *"linguagem do corpo" — precisamente com este comentário personalista* da Carta aos Efésios — se torna *a linguagem da liturgia*, porque em sua base, sobre o seu fundamento, vem construído o sinal sacramental do matrimônio. A liturgia revela, sobretudo, como a dimensão da aliança e da graça se realiza neste sinal. Isto é evidenciado pela oração de Tobias e de Sara na linguagem da Antiga Aliança. É também evidenciado pelo rito do Sacramento do Matrimônio na sua múltipla riqueza e diferenciação, próprias da liturgia da Igreja.

Esta liturgia se modela, em sua maior parte, sobre a *Carta aos Efésios*, como seu definitivo modelo bíblico. No prisma deste modelo pode-se ver, distintamente e com particular claridade, que através da "linguagem do corpo", relida dentro da verdade — verdade do amor, que é ao mesmo tempo a verdade integral da pessoa-sujeito — se constrói o sinal sacramental do matrimônio na linguagem da liturgia e, sobretudo, no rito litúrgico.

6. No prisma do mesmo texto se vê também o modo no qual a *língua e o rito* da liturgia *modelam a "linguagem do corpo"* como o texto autenticamente inscrito na vida conjugal do homem e da mulher ao nível da comunhão das pessoas. Eles o modelam mediante a aliança e a graça que a liturgia proclama e, ao mesmo tempo, realiza no sacramento. Acaso não o confirmam as palavras em que o autor da Carta aos Efésios explica como os maridos devem amar suas esposas ("como a seu próprio corpo") e que deve ser o "estilo" cristão das relações recíprocas e da convivência dos cônjuges? Não nos revelam essas palavras da Carta, no contexto específico do comentário personalista do Livro do Gênesis,¹⁰ o sentido "absoluto", por assim dizer, daquela "linguagem do corpo", que ela é capaz de alcançar somente pela analogia do amor entre Cristo e a Igreja?

---

9   Ef 5, 28.
10 Gn 2, 23–25.

APÊNDICES AO QUINTO CICLO

Em conjunto com as dez últimas catequeses (108–117), dentre os discursos pronunciados no período, estão selecionadas mais cinco catequeses que certamente, por explícito referimento do Santo Padre, complementam as catequeses sobre o amor humano. No entanto, elas não constam na edição italiana oficial.

a. O CÂNTICO DOS CÂNTICOS

Audiência Geral de quarta-feira, 23 de maio de 1984

1. Durante o Ano Santo, suspendi o trato do tema do amor humano no plano divino. Gostaria de concluir aquele argumento com algumas considerações, sobretudo acerca do ensinamento da *Humanae Vitae*, começando, porém, com algumas reflexões sobre o Cântico dos Cânticos e os livros de Tobias. Parece-me, de fato, que aquilo que desejo expor nas próximas semanas constitui como que a coroação de tudo quanto ilustrei.

O tema do amor esponsal, que une o homem e a mulher, conecta em certo sentido esta parte da Bíblia com toda a tradição da "grande analogia" que, através dos escritos dos profetas, flui no Novo Testamento e, em particular, na Carta aos Efésios,[1] cuja explicação interrompi no início do Ano Santo.

Este tema foi objeto de numerosos estudos exegéticos, comentários e hipóteses. Em relação ao seu conteúdo, aparentemente "profano", as posições foram diversas: de um lado, este livro foi colocado entre os livros proibidos de ler e, de outro, foi fonte de inspiração dos maiores escritores místicos, e os versos do Cântico dos Cânticos foram inseridos na liturgia da Igreja.[2]

2. De fato, embora a análise do texto deste livro nos obrigue a colo-

---

1   Cf. Ef 5, 21–23.

2   "É preciso tomar o Cântico simplesmente pelo que ele é de modo manifesto: um canto de amor humano". Esta frase de J. Winandy O.S.B. expressa a convicção de um número cada vez maior de exegetas (J. Winandy, *Le Cantique des Cantiques. Poeme d'amour écrit mué en écrit de Sagesse*, Maredsous, 1960, p. 26). Além disso, M. Dubarle acrescentou: "A exegese católica, que muitas vezes tem insistido no sentido óbvio de textos bíblicos em passagens de grande importância dogmática, não deveria abandoná-lo de forma precipitada quando se trata do Cântico". Referindo-se à sentença de G. Gerleman, Dubarle continua: "O Cântico celebra o amor entre homem e mulher, sem qualquer mistura de elementos mitológicos, mas apenas considerando-o sensivelmente em seu nível e em seu caráter específico. Nele está implicitamente, sem insistência didática, o equivalente à fé javista (já que as forças sexuais não eram colocadas sob a proteção de divindades estrangeiras e não eram atribuídas ao próprio Javé, que aparecia como que transcendendo esse âmbito). O poema estava, então, em tácita harmonia com as crenças fundamentais da fé de Israel. O mesmo espírito aberto, objetivo, não expressamente religioso em relação à beleza física e ao amor sexual, encontra-se novamente em qualquer reprodução do documento javista. Essas várias semelhanças demostram que o pequeno livro não está tão isolado do conjunto da literatura da Bíblia, como por vezes se tem afirmado" — A. M. Dubarle, "Le Cantique des Cantiques dans l'exégèse récente" in: *Aux grands carrefours de la Révélation et de l'exégese de l'Ancien Testament*, "Rechérches bibliques", VIII, Louvain, 1967, p. 149, 151.

car o seu conteúdo fora do âmbito da grande analogia profética, todavia não é possível separá-lo da realidade do sacramento primordial. Não é possível relê-lo senão na linha do que está escrito nos primeiros capítulos do Gênesis, como testemunha do "princípio" — daquele "princípio" — do qual Cristo se refere no colóquio decisivo com os fariseus.[3] O Cântico dos Cânticos se encontra certamente no caminho deste sacramento, em que, através da "linguagem do corpo", é constituído o sinal visível da participação do homem e da mulher da Aliança da graça e do amor, oferecida por Deus ao homem. O Cântico dos Cânticos demonstra a riqueza desta "linguagem", cuja inscrição já está em Gn 2, 23–25.

3. Já os primeiros versos do Cântico nos introduzem imediatamente na atmosfera de todo o "poema", onde o esposo e a esposa parecem mover-se no círculo traçado pela irradiação do amor. As palavras dos esposos, os seus movimentos, seus gestos, todo o seu comportamento correspondem à moção interior dos corações. Somente através do prisma desta moção é possível compreender a "linguagem do corpo". Neste impulso, que penetra de uma pessoa a outra, age (não se sabe quantas vezes, mas de modo único e irrepetível) *aquela descoberta que expressou o primeiro homem-varão* diante daquela que fora criada como "auxiliar semelhante a ele",[4] que foi criada, como nos traz o texto bíblico, de suas "costelas" (a "costela" parece também indicar o coração).

Esta descoberta — já analisada com base em Gn 2 — no Cântico dos Cânticos se reveste de toda a riqueza da linguagem do amor humano. Aquilo que no capítulo 2 do Gênesis (versículos 23–25) foi expresso somente com poucas palavras, simples e essenciais, aqui se desenvolve com amplo diálogo ou, antes, um dueto, em que as palavras do esposo se entrelaçam com as da esposa e completam os eventos. As primeiras palavras do homem em Gn 2, 23, à vista da mulher criada por Deus, exprimem o estupor e a admiração ou, mais ainda, o senso de fascínio. *E um fascínio semelhante — que é estupor e admiração —* flui de uma forma mais ampla através dos versos do Cântico dos Cânticos. Flui em onda plácida, homogênea, a bem da verdade, do início ao fim do poema.

4. Mesmo uma breve análise do texto do Cântico dos Cânticos permite sentir naquele fascínio recíproco a "linguagem do corpo". Tanto o ponto de partida quando o ponto de chegada — o recíproco estupor e admiração — são de fato a feminilidade da esposa e a masculinidade do esposo na experiência direta de sua visibilidade. As

---

3   Cf. Mt 19, 4.

4   Gn 2, 20.

palavras de amor, pronunciadas por ambos, se concentram, portanto, no "corpo", não tanto porque esse constitui por si mesmo a fonte de fascínio recíproco, mas sobretudo porque sobre ele se concentra, direta e imediatamente, aquela atração para com a outra pessoa, para com o outro "eu" — feminino ou masculino — que no impulso inferior do coração dá início ao amor.

O amor também libera uma experiência particular do belo, que se centra sobre o que é visível, mas ao mesmo tempo envolve a pessoa inteira. A experiência do belo gera a complacência, que é recíproca.

"Ó mais bela das mulheres",[5] diz o esposo, e suas palavras encontram eco nas da esposa: "Sou morena, mas sou bela, filhas de Jerusalém".[6] As palavras do encanto masculino se repetem continuamente e retornam em todos os cinco cânticos do poema. A esses fazem eco expressões semelhantes da esposa.

4. As metáforas do Cântico dos Cânticos hoje podem surpreender. Muitas delas foram tomadas da vida dos pastores; outras parecem indicar o estado real do esposo. A análise desta linguagem poética deve ser deixada aos especialistas. O próprio fato de utilizar a metáfora demonstra o quanto, no nosso caso, a *"linguagem do corpo" busca apoio e confirmação em todo o mundo visível.* Esta é sem dúvida uma "linguagem" que vem relida simultaneamente com o coração e com os olhos do esposo, no ato de uma especial concentração sobre todo o "eu" feminino da esposa. Este "eu" fala a ele através de todo o traço feminino, suscitando aquele estado de ânimo que pode ser definido como fascínio, encanto. Este "eu" feminino se exprime sem palavras; todavia a "linguagem do corpo" expressa sem palavras encontra um rico eco nas palavras do esposo, no seu diálogo cheio de ímpeto poético e de metáforas, que testemunham a experiência do belo, de um amor de complacência. Se as metáforas do Cântico buscam para esta beleza uma analogia nas diversas coisas do mundo visível (neste mundo, que é o "mundo próprio" do esposo), ao mesmo tempo parecem indicar a insuficiência de cada uma dessas em particular. "És toda bela, ó minha amiga, e não há mancha em ti":[7] — com esta expressão o esposo termina o seu canto, deixando todas as metáforas para voltar a esta única, através da qual a "linguagem do corpo" parece exprimir o *integrum* da feminilidade e o *integrum* da pessoa. Continuaremos a análise do Cântico dos Cânticos na próxima Audiência Geral.

---

5   Ct 1, 8.

6   *Ibid.*, 5.

7   *Ibid.*, 4, 7.

b. O SINAL SACRAMENTAL DO MATRIMÔNIO

Audiência Geral de quarta-feira, 30 de maio de 1984

Na passagem dos Atos dos Apóstolos, texto já lido anteriormente, escutamos a narrativa da Ascensão de Jesus ao céu. Como é sabido, amanhã se celebra, segundo o calendário da Igreja universal, a solenidade da Ascensão. É uma festa que nos convida a olhar para o alto, a pensar no nosso destino ultra-terreno e a orar com insistência e constância para que venha o Reino de Deus. Amanhã à tarde ordenarei 77 novos sacerdotes. Convido-vos a rezar para que se tornem, mediante o sacramento da Ordem, guias para o Céu, pastores dos homens e que se doem generosamente para a glória de Deus ao serviço dos irmãos.

1. Retomamos a nossa análise do Cântico dos Cânticos para compreender de modo mais adequado e exaustivo o sinal sacramental do matrimônio, que é uma singular linguagem de amor que nasce no coração, tal como a linguagem do corpo o manifesta.

O esposo, a certo ponto, exprimindo uma particular *experiência de valores*, que irradia sobre tudo o que está em relação com a pessoa dileta, diz: "Tu me fazes delirar, minha irmã, minha esposa, tu me fazes delirar com um só dos teus olhares, com um só colar do teu pescoço. Como são deliciosas as tuas carícias, minha irmã, minha esposa [...]".[1]

Destas palavras emergem aquilo que é de importância essencial para a teologia do corpo — e, neste caso, para a teologia do sinal sacramental — saber *quem é*, neste dueto — neste diálogo de amor —, *o feminino "tu" para o masculino "eu"* e vice-versa.

O esposo do Cântico dos Cânticos diz primeiro: "És toda bela, ó minha amiga",[2] e no mesmo contexto se dirige a ela: "minha irmã, minha esposa!".[3] Não a chama com o nome próprio (somente duas vezes aparece o nome "Sulamita"), mas usa expressões que dizem mais do que o nome próprio.

Sob certo aspecto, o apelativo da esposa como "irmã" parece ser

---

[1] Ct 4, 9-10.

[2] *Ibid.*, 7.

[3] *Ibid.*, 9.

mais eloqüente e mais enraizado no conjunto do Cântico — que manifesta como o amor revela o outro — do que em chamá-la "amiga".

2. O termo "amiga" indica o que é sempre essencial para o amor, que coloca *o segundo "eu" ao lado do próprio "eu"*. A "amizade" — amor de amizade (*amor amicitiae*) — significa no Cântico uma particular aproximação do feminino "eu" da esposa, proximidade sentida e experimentada como força interiormente unificante.

O fato de que nesta proximidade, aquele "eu" feminino se revela para o esposo como "irmã" — e que é esposa precisamente como "irmã" — tem uma particular eloqüência. A expressão "irmã" fala da união da humanidade e ao mesmo tempo da diversidade do feminino, da originalidade desta humanidade. Esta diversidade e originalidade não diz respeito somente ao sexo, mas também diz respeito ao próprio modo de "ser pessoa". Se "ser pessoa" significa não somente "ser sujeito", mas também "ser em relação", o termo "irmã" parece exprimir, de modo mais simples, a subjetividade do "eu" feminino na sua relação pessoal, isto é, o particular destinatário desta sua abertura para com os outros, para com o próximo, torna-se o homem compreendido como "irmão". A "irmã", em certo sentido, ajuda o homem a se definir de tal modo, que constitui para ele, diríamos, um desafio nesta direção.

3. O esposo do Cântico acolhe o desafio e busca o passado comum, como se ele e sua mulher descendessem da mesma família, como se desde a infância fossem unidos pelas recordações do lar comum. Assim, sentem-se reciprocamente próximos como irmão e irmã, os quais devem sua existência à mesma mãe. Disso resulta um sentido específico de pertença comum. O fato de que se sintam como irmão e irmã permite-lhes viver em segurança a recíproca proximidade e manifestá-la, encontrando nisto apoio e não temendo o juízo negativo dos outros homens.

As palavras do esposo, mediante o apelativo "irmã", tendem a reproduzir, diríamos, a história da feminilidade da pessoa amada; elas a vêem ainda no tempo de sua infância ("Temos uma irmã pequenina que não tem ainda os seus seios formados") — e por meio de tal visão que remonta ao passado estas palavras abraçam o seu inteiro "eu", alma e corpo, *com uma ternura desinteressada*. Daqui nasce em seguida aquela *paz* da qual fala a esposa. Esta é a "paz do corpo" que em aparência se assemelha ao sono ("não desperteis nem perturbeis o amor, antes que ele o queira"). Esta é sobretudo *a paz do encontro* na humanidade como imagem de Deus — o encontro *por meio do dom recíproco e desinteressado* ("por isso sou aos seus olhos como aquele que encontrou a paz").

4. Em relação à trama precedente, que poderia ser chamada trama "fraterna", emerge no amoroso dueto do Cântico dos Cânticos uma outra trama, digamos, um outro substrato de conteúdo. Podemos examiná-lo partindo de certas locuções que no conjunto do poema parecem ter um significado-chave. Esta trama (ou substrato) não é jamais apresentada no Cântico dos Cânticos de modo explícito. Convém antes observar que ela passa através de todo o poema, ainda que expressamente manifesta em algumas cadências poéticas. Ei-lo, o esposo fala: "És um jardim fechado, minha irmã, minha esposa, uma nascente fechada, uma fonte selada".[4]

As metáforas apenas citadas — "jardim fechado, fonte selada" — revelam *a presença de uma outra visão do mesmo "eu" feminino, possuidora do próprio mistério*. Pode-se dizer que ambas as metáforas exprimem *toda a dignidade pessoal da mulher* que, enquanto sujeito espiritual, possui a si mesma e pode estabelecer não somente a profundidade metafísica, mas também a verdade essencial e a autenticidade do dom pessoal. Esta doação ganha a sua dimensão quando, na perspectiva do amor esponsal, deve despertar aquele "conhecimento" de que fala o livro do Gênesis.

A linguagem das metáforas — linguagem poética — parece ser, neste âmbito, particularmente apropriada e precisa. A "irmã-esposa" é para o homem a detentora do seu próprio mistério como "jardim fechado" e "fonte selada". A "linguagem do corpo" relida dentro da verdade anda de mãos dadas *com a descoberta da inviolabilidade interior da pessoa*. Ao mesmo tempo, precisamente esta descoberta exprime a autêntica profundidade na recíproca pertença dos esposos: a nascente e crescente *consciência de pertença a si mesmo*, de ser destinados um ao outro: "Meu bem-amado é para mim e eu para ele".[5]

5. Esta consciência de recíproca pertença ressoa, sobretudo, nos lábios da esposa. Em certo sentido, com tais palavras ela responde às do esposo com as quais ele a reconhece possuidora de seu próprio mistério. Quando a esposa diz: "O meu amado é para mim", ela quer dizer ao mesmo tempo: é aquele a quem entrego a mim mesma, e por isso ela diz: "e eu para ele".[6] Os pronomes "meu" e "minha" afirmam aqui toda *a profundidade desta entrega*, que corresponde à verdade interior da pessoa. Corresponde também ao significado esponsal da feminilidade em relação ao "eu" masculino, isto é, a "linguagem do corpo" relido dentro da verdade da dignidade pessoal.

---

4 Ct 4, 12.

5 *Ibid.*, 2, 16; 6, 3.

6 *Ibid.*, 16.

Esta verdade é pronunciada da parte do esposo com a metáfora do "jardim fechado" e da "fonte selada". A esposa lhe responde com as palavras do dom, isto é, da estrega de si mesma. Como possuidora da própria escolha, diz: "eu sou para o meu amado". O Cântico dos Cânticos revela sutilmente a verdade interior desta resposta. A liberdade do dom é a resposta ao profundo conhecimento do dom, expressa nas palavras do esposo. Mediante tal verdade e liberdade é construído o amor, que se torna, assim, amor autêntico.

c. A VERDADE DO AMOR SEGUNDO O CÂNTICO DOS CÂNTICOS

Audiência Geral de quarta-feira, 6 de junho de 1984

Escutamos a passagem dos Atos dos Apóstolos, agora proclamada, relato do acontecimento fundamental da vida da Igreja, que foi o Pentecostes. A vinda do Espírito Santo sobre Maria e os Apóstolos, reunidos no cenáculo, marcou o nascimento oficial da Igreja e sua apresentação ao mundo.

Ao nos prepararmos a reviver no próximo domingo aquele momento decisivo, rezemos ao divino Espírito para que disponha o coração dos fiéis a acolher com alegria uma nova efusão de seus dons. Fortalecidos pelo fogo de seu amor, saibam fazer-se testemunhas corajosas do Evangelho, levando também a essa nossa geração o anúncio de Cristo Redentor.

Retomemos agora o tema da audiência de quarta-feira passada.

1. Hoje também refletiremos sobre o Cântico dos Cânticos para melhor compreender o sinal sacramental do matrimônio. A verdade do amor proclamada pelo Cântico dos Cânticos não pode ser separada da "linguagem do corpo". A verdade do amor de fato faz com que a própria "linguagem do corpo" seja relida dentro da verdade. Esta é também a verdade da progressiva aproximação dos esposos que cresce através do amor: e a proximidade significa também uma iniciação ao mistério da pessoa. Não significa, porém, de modo algum uma violação.[1]

A verdade da crescente proximidade dos esposos através do amor se desenvolve na dimensão subjetiva do "coração", do afeto e do sentimento, e esta verdade permite a descoberta, em si mesmo, do outro como dom e, em certo sentido, permite "experimentá-lo" em si mesmo.[2]

Através desta proximidade, o esposo vive mais plenamente a experiência daquele dom que da parte do "eu" feminino se une à expressão e ao significado esponsal do corpo. As suas palavras anteriormente citadas não contêm somente uma descrição poética da amada, da sua beleza feminina, nas quais os sentidos se aprazem, mas falam sobre doação e auto-doação da pessoa.

---

1 Cf. Ct 1, 13–14.16.

2 *Ibid.*, 2, 3–6.

A esposa sabe que ela é "o objeto de seus desejos". Vai ao seu encontro, com a disponibilidade do dom de si. O amor que lhes une é de natureza espiritual e sensual ao mesmo tempo. Com base neste amor se realiza também a releitura dentro da verdade do significado esponsal do corpo, porque o homem e a mulher devem constituir em comum aquele sinal do recíproco dom de si, que sela toda sua vida.

2. No Cântico dos Cânticos, a "linguagem do corpo" está inserida no processo singular da tendência recíproca de uma pessoa para com outra: do esposo e da esposa; processo que permeia todo o Cântico, exprimindo-se nos freqüentes versos que falam da busca cheia de saudade e do recíproco encontro dos esposos.[3]

Isto lhes traz alegria e calma e, ao mesmo tempo, parece lhes induzir a uma nova busca, uma busca contínua. Tem-se a impressão de que, *alcançando um ao outro*, experimentando a própria proximidade, *continuam incessantemente a tender a alguma coisa*: cedem ao chamado de algo que excede o conteúdo transitório e que parece ultrapassar os limites do *eros*, relidos nas palavras da recíproca "linguagem do corpo".[4]

A busca-aspiração tem sua dimensão interior: "o coração velava" mesmo durante o sono. A aspiração masculina, nascida do amor na base da "linguagem do amor", é busca do belo integral, da pureza livre de toda mancha: é uma busca de perfeição que contém, diríamos, a síntese da beleza humana, beleza da alma e do corpo.

No Cântico dos Cânticos o *eros* humano revela a face do amor sempre *em busca* e, por assim dizer, *jamais satisfeito*. O eco desta inquietude percorre o verso do poema: "Abri ao meu bem-amado, mas ele já se tinha ido, já tinha desaparecido. Procurei-o e não o encontrei; chamei-o, mas ele não respondeu". "Conjuro-vos, filhas de Jerusalém, se encontrardes o meu amigo, que lhe haveis de dizer? Dizei-lhe que estou enferma de amor".[5]

3. Assim, portanto, os versos do Cântico dos Cânticos apresentam o *eros* como forma do amor humano em que operam as energias do desejo, e é nelas que se enraíza a consciência, ou seja, a certeza subjetiva da recíproca pertença. Ao mesmo tempo, porém, muitos versos do poema nos levam a refletir sobre a causa da busca e da inquietude que acompanham a consciência da recíproca pertença. Esta inquietude faz também parte da natureza do *eros*? Se assim fosse, tal

---

3   Cf. Ct 5, 2.

4   Cf. Ct 1, 7–8; 2, 17.

5   Ct 5, 8.

inquietude indicaria, por sua vez, *a necessidade da auto-superação*. A verdade do amor se exprime na consciência da recíproca pertença, que é fruto da aspiração e da busca recíproca; e, ao mesmo tempo, esta verdade do amor se exprime na necessidade da aspiração e da busca, que nasce da experiência da recíproca pertença.

Em tal necessidade interior, em tal dinâmica de amor, revela-se indiretamente como que *a impossibilidade de uma pessoa se apropriar e ser apropriada pela outra*. A pessoa é alguém que ultrapassa todas as escalas de apropriação e dominação, de posse e de satisfação que emergem da própria "linguagem do corpo". Se o esposo e a esposa relêem esta "linguagem" na plena verdade da pessoa e do amor, alcançam uma convicção sempre mais profunda de que o limite de sua pertença constitui aquele dom recíproco em que o amor se revela "forte como a morte", isto é, ele chega, por assim dizer, até os últimos limites da "linguagem do corpo" para superar mesmo estes limites. A verdade do amor interior e a verdade do dom recíproco *chamam*, em certo sentido, *continuamente* o esposo e a esposa — através dos meios de expressar a recíproca pertença, e mesmo desprendendo-se destes meios — *para atingir o que constitui o núcleo da doação de pessoa a pessoa*.

4. Seguindo os sentimentos das palavras assinalados pelos versos do Cântico dos Cânticos, parece que nos aproximamos, portanto, da dimensão em que o *eros* busca se integrar, mediante ainda outra verdade do amor. Em certo momento — à luz da morte e ressureição de Cristo — Paulo de Tarso proclamará esta verdade nas palavras da Carta aos Coríntios: "A caridade é paciente, a caridade é bondosa. Não tem inveja. A caridade não é orgulhosa. Não é arrogante, nem escandalosa. Não busca os seus próprios interesses, não se irrita, não guarda rancor. Não se alegra com a injustiça, mas se rejubila com a verdade. Tudo desculpa, tudo crê, tudo espera, tudo suporta. A caridade jamais acabará. As profecias desaparecerão, o dom das línguas cessará, o dom da ciência findará".[6]

Acaso a verdade sobre o amor, expressa na estrofe do Cântico dos Cânticos, vem confirmada à luz destas palavras paulinas? No Cântico lemos, por exemplo, sobre o amor, que o seu "ciúme" é violento "como o xeól", e na carta paulina lemos que a caridade "não tem inveja". Qual a relação entre ambas as expressões do amor? Que relação tem o amor que "é forte como a morte", segundo o Cântico dos Cânticos, com o amor que "jamais acabará", segundo a carta paulina? Não multipliquemos estas perguntas, não abramos uma análise comparativa. Parece, todavia, que o amor se abre diante de

---

[6] 1Cor 13, 4–8.

nós, diríamos, em duas perspectivas: como se o *eros* humano, que fecha o próprio horizonte, se abrisse agora, através das palavras paulinas, em um outro horizonte de amor que fala uma outra linguagem; amor que parece emergir por uma outra dimensão da pessoa e que chama, convida a uma outra comunhão. *Este amor foi denominado "ágape",* e o *ágape* leva o *eros* ao cumprimento, purificando-o.

Aqui concluímos estas breves meditações sobre o Cântico dos Cânticos, que pretendem aprofundar mais o tema da "linguagem do corpo". Neste âmbito, o Cântico dos Cânticos tem um significado todo singular.

d. O AMOR É CONFIANTE NA VITÓRIA DO BEM

Audiência Geral de quarta-feira, 27 de junho de 1984

Comentando o Cântico dos Cânticos nas últimas semanas, sublinhei como o sinal sacramental do matrimônio se constitui sobre a base da "linguagem do corpo", que o homem e a mulher exprimem na verdade que lhes é própria. Sob tal aspecto, quero analisar alguns trechos do livro de Tobias.

No relato do esponsalício de Tobias com Sara encontramos, além da expressão "irmã" — que parece ser enraizada no amor esponsal de uma índole fraterna — ainda uma outra relação que evoca a analogia com o Cântico dos Cânticos.

Recordamos que no dueto dos esposos o "amor" que se declara reciprocamente é "forte como a morte".[1] No Livro de Tobias encontramos o trecho em que o jovem Tobias amou Sara a tal ponto "que seu coração não conseguia separar-se dela".[2] Estamos defronte a uma situação que surpreendentemente parece confirmar a verdade das palavras sobre o amor "forte como a morte".

2. Aqui é preciso referir-se a alguns detalhes que podem ser explicados no cenário específico do Livro de Tobias. Lemos que Sara, filha de Raguel, anteriormente fora "dada em casamento a sete homens",[3] mas cada um deles morreu antes de se unir a ela. Isto ocorreu por obra do espírito maligno, que no Livro de Tobias traz o nome de Asmodeu. O jovem Tobias também tinha razão para temer uma morte análoga.

Assim, o amor de Tobias devia desde o primeiro momento enfrentar uma prova de vida e morte. As palavras sobre o amor "forte como a morte", pronunciadas pelos esposos do Cântico dos Cânticos no ímpeto dos corações, assumem aqui o caráter de uma prova real. Se o amor se demonstra forte como a morte, isto acontece sobretudo no sentido de que Tobias e, junto a ele, Sara enfrentam esta prova sem hesitação. Em seguida, estas palavras se verificam, porque em tal prova de vida e morte vence a vida, isto é, durante a prova da noite nupcial, o amor se revela mais forte do que a morte.

---

1 Ct 8, 6.

2 Tb 6, 19.

3 *Ibid.*, 14.

3. Aquela prova de vida e de morte — como nos fala o Livro de Tobias — tem também um outro significado que nos faz compreender o amor e o matrimônio dos novos esposos. Eis que, unindo-se como marido e mulher, eles devem se encontrar na situação em que *reciprocamente se combatem e se medem as forças do bem e do mal*. O dueto dos esposos do Cântico dos Cânticos parece não perceber de fato esta dimensão da realidade. Os esposos do Cântico vivem e se exprimem em um mundo ideal ou "abstrato", onde a luta das forças objetivas entre o bem e o mal, por assim dizer, não existisse. Talvez seja propriamente a força e a verdade interior do amor a atenuar a luta que ocorre no interior e no exterior do homem?

A plenitude desta verdade e desta força próprias do amor parece, todavia, ser diferente; e parece, antes, tender antes ao lugar onde a experiência do Livro de Tobias nos conduz. A verdade e a força do amor se manifestam na sua capacidade de colocar-se entre as forças do bem e do mal, que combatem no interior e no exterior do homem, porque o amor é confiante na vitória do bem e está pronto a fazer tudo para que o bem vença. Conseqüentemente, a verdade do amor dos esposos do Livro de Tobias não é confirmada por palavras expressas pela linguagem do ímpeto amoroso, mas pelas escolhas e atos que assumem todo o peso da existência humana na união de ambos. O sinal do matrimônio enquanto sacramento se realiza sobre a base da "linguagem do corpo", relida dentro da verdade do amor. No Cântico dos Cânticos, esta é a verdade do amor absorvida pelo olhar e pelo coração: verdade de experiência e de afeto amoroso. No Livro de Tobias a penosa situação do "limite", unida à prova de vida e de morte, em certo sentido, faz calar o diálogo amoroso dos esposos. O que emerge, por sua vez, é uma outra dimensão do amor: a "linguagem do corpo", que parece dialogar com as palavras das escolhas e dos atos próprios do amor, que vence porque reza.

4. A oração do Livro de Tobias coloca a "linguagem do corpo" sobre o terreno dos temas essenciais da teologia do corpo. É uma linguagem "objetivada", preenchida não tanto da força emotiva da experiência quanto da profundidade e gravidade da verdade da própria existência.

Os esposos professam essas verdades comumente diante do Deus da aliança: "Deus de nossos antepassados". Pode-se dizer que, sob este aspecto, a "linguagem do corpo" se torna a linguagem dos *ministros do sacramento*, conscientes de que no pacto conjugal do homem e da mulher — precisamente através da "linguagem do corpo" — se exprime e se realiza o mistério que tem sua fonte no próprio Deus. O seu pacto conjugal é de fato a imagem — e é o sacramento primordial da aliança de Deus com o homem e com o gênero humano — daquela aliança que encontra sua origem no Amor eterno.

Tobias e Sara terminam a sua oração com as seguintes palavras: "tem piedade de mim e dela, e faze com que juntos cheguemos à velhice".[4] Pode-se admitir, com base no contexto, que eles têm diante dos olhos a perspectiva de perseverar na comunhão até o fim dos dias — perspectiva que se abre diante deles com a prova de vida e de morte, já durante a primeira noite nupcial. Ao mesmo tempo, eles vêem com o olhar da fé a santidade desta vocação, na qual — através da unidade dos dois, construída sobre a verdade recíproca da "linguagem do corpo" — eles devem *responder ao chamado do próprio Deus*, presente no mistério do "princípio". E, por isso, suplicam: "Por favor, tem piedade de mim e dela".

5. Os esposos do Cântico dos Cânticos declaram um ao outro, com palavras ardentes, o seu amor humano. Os recém-casados do Livro de Tobias pedem a Deus que saibam corresponder ao amor. Um e outro encontram o seu lugar no que constitui o sinal sacramental do matrimônio. Um e outro participam na formação deste sinal.

Pode-se dizer que através de um e de outro a "linguagem do corpo", relida tanto na dimensão subjetiva da verdade dos corações humanos como na dimensão "objetiva" da verdade de viver na comunhão, *torna-se linguagem da liturgia*. A oração dos recém-casados do Livro de Tobias parece certamente confirmá-lo de um modo diverso daquele no Cântico dos Cânticos, e também de um modo que, sem dúvida, comove mais profundamente.

---

4   *Ibid.*, 8, 7.

e. O "GRANDE MISTÉRIO" DO AMOR ESPONSAL (À LUZ DA CARTA AOS EFÉSIOS)

Audiência Geral de quarta-feira, 4 de julho de 1984

Trazemos hoje o clássico texto do capítulo 5 da Carta aos Efésios, que nos revela as fontes eternas da aliança no amor do Pai e ao mesmo tempo a sua nova e definitiva instituição em Jesus Cristo.

Este texto nos conduz a uma dimensão tal da "linguagem do corpo" que poderia ser chamada "mística". Fala, de fato, do matrimônio como de um "grande mistério". "Este mistério é grande".[1] E embora este mistério se realize na união esponsal de Cristo Redentor com a Igreja e a Igreja-esposa com Cristo ("quero dizer, com referência a Cristo e à Igreja"),[2] embora se realize definitivamente na dimensão escatológica, todavia o autor da Carta aos Efésios não hesita em estender a analogia da união esponsal do amor entre Cristo e a Igreja — delineada de modo tão "absoluto" e "escatológico" — ao sinal sacramental do pacto esponsal entre o homem e a mulher, os quais se sujeitam "uns aos outros no temor de Cristo".[3] Não hesita em *estender aquela mística analogia à "linguagem do corpo"*, relida na verdade do amor esponsal e da união conjugal dos dois.

1. É necessário reconhecer a lógica deste estupendo texto, que liberta radicalmente o nosso modo de pensar dos elementos do maniqueísmo ou da consideração não personalista do corpo e, ao mesmo tempo, aproxima a "linguagem do corpo", contida no sinal sacramental do matrimônio, à dimensão da *real santidade*.

Os sacramentos infundem a santidade no terreno da humanidade do homem: penetram a alma e o corpo, a feminilidade e masculinidade do sujeito pessoal, com a força da santidade. Tudo isso vem expresso na língua da liturgia: nela se exprime e se realiza.

A liturgia, a língua litúrgica, eleva o pacto conjugal do homem e da mulher, baseada na "linguagem do corpo" relida dentro da verdade, às dimensões do "mistério" e, ao mesmo tempo, permite que aquele pacto se realize em tais dimensões através da "linguagem do corpo".

---

1 Ef 5, 32.

2 *Ibid.*

3 *Ibid.*, 21.

Disto fala propriamente o sinal do sacramento do matrimônio, o qual na língua litúrgica exprime um evento interpessoal, carregado de profundo conteúdo pessoal, conferido como tarefa a ambos "até a morte". O sinal sacramental significa não somente o *fieri*, o "acontecer", o nascimento do matrimônio, mas constrói o seu *esse*, o "ser", a sua duração, ambas como realidades sagradas e sacramentais, enraizadas na dimensão da aliança e da graça, na dimensão da criação e da redenção. De tal modo, a língua litúrgica atribui a ambos, ao homem e a mulher, o amor, a fidelidade, e a honestidade conjugal mediante a "linguagem do corpo". Atribui-lhes sua unidade e indissolubilidade do matrimônio na "linguagem do corpo". Atribui-lhes como realização todo o "sacrum" da pessoa e da comunhão das pessoas, e também a feminilidade e masculinidade, próprias desta linguagem.

2. Em tal sentido, afirmamos que a língua litúrgica se torna a "linguagem do corpo". Isto significa uma série de fatos e tarefas que formam a "espiritualidade" do matrimônio, o seu *ethos*. Na vida cotidiana dos cônjuges, estes fatos se tornam tarefas, e as tarefas, fatos. Estes fatos — como também as obrigações — são de natureza espiritual, todavia se exprimem ao mesmo tempo com a "linguagem do corpo".

O autor da Carta aos Efésios escreve a propósito disso: "Os maridos devem amar as suas mulheres como a seu próprio corpo".[4] "Como a si mesmo",[5] "a mulher respeite o seu marido".[6] Ademais, ambos "sujeitai-vos uns aos outros no temor de Cristo".[7]

A "linguagem do corpo", como uma continuidade ininterrupta da língua litúrgica, exprime-se não somente como o *fascínio e a complacência recíprocos* do Cântico dos Cânticos, mas também como uma profunda experiência do *sacrum*, que parece ser infuso na própria masculinidade e feminilidade através da dimensão do *mysterium*: "*mysterium magnum*" da Carta aos Efésios, que aprofunda as raízes no próprio "princípio", isto é, no mistério da criação do homem, masculino e feminino, à imagem de Deus, chamados desde "o princípio" a serem um sinal visível do amor criativo de Deus.

4. Assim, portanto, aquele "temor" e "respeito" a Cristo, de que fala o autor da Carta aos Efésios, é nada além de *uma forma espiritualmente madura daquele fascínio recíproco*, isto é, do homem pela feminilidade e da mulher pela masculinidade, que se revela pela pri-

---

4   Ef 5, 28.

5   *Ibid.*, 33.

6   *Ibid.*

7   *Ibid.*, 21.

meira vez no Livro do Gênesis.⁸ Em seguida, o mesmo fascínio parece fluir como uma grande torrente através dos versos do Cântico dos Cânticos para encontrar, em circunstâncias bem diversas, a sua concisa e concentrada expressão no Livro de Tobias.

A maturidade espiritual deste fascínio não é outra coisa senão o fruto nascido do *dom do Temor de Deus*, um dos sete dons do Espírito Santo, do qual São Paulo fala na Primeira Carta aos Tessalonicenses.⁹

Por outro lado, a doutrina de Paulo sobre a castidade como "vida segundo o Espírito"¹⁰ (particularmente com base em 1Cor 6) nos permite interpretar aquele "respeito" em um sentido carismático, isto é, como dom do Espírito Santo.

5. A Carta aos Efésios — ao exortar aos cônjuges, para que se submetam uns aos outros "no temor de Cristo",¹¹ e ao exortá-los em seguida ao "respeito" na relação conjugal, parece revelar — conforme a tradição paulina — a castidade como virtude e como dom.

Desse modo, *através da virtude e*, ainda mais, *através do dom* ("a vida segundo o Espírito"), *o recíproco fascínio da masculinidade e da feminilidade amadurece espiritualmente*. Ambos, o homem e a mulher, distantes da concupiscência, encontram a justa dimensão da liberdade do dom, unida à feminilidade e à masculinidade no verdadeiro significado esponsal do corpo.

Assim, a língua litúrgica, isto é, a língua do sacramento e do *mysterium*, torna-se, na vida e na convivência mútua, a "linguagem do corpo" em toda a sua profundidade, simplicidade e beleza, até aquele momento desconhecidas.

6. Este parece ser o significado integral do sinal sacramental do matrimônio. Neste sinal, através da "linguagem do corpo", o homem e a mulher vão ao encontro do grande *mysterium*, para transmuta a luz deste mistério, luz de verdade e de beleza, expresso na língua litúrgica, na "linguagem do corpo", isto é, na linguagem da práxis do amor, da fidelidade e da honestidade conjugal, ou, ainda, no *ethos* enraizado na "redenção do corpo".¹² Nesta linha, a vida conjugal se torna, em certo sentido, liturgia.

---

8   Gen 2, 23-25.
9   1Ts 4, 4-7.
10 Cf. Rm 8, 5.
11 Ef 5, 21.
12 Cf. Rm 8, 23.

SEXTO CICLO
AMOR E FECUNDIDADE

118. NO ATO CONJUGAL, AS FINALIDADES UNITIVA E PROCRIATIVA SÃO INSEPARÁVEIS

Audiência Geral de quarta-feira, 11 de julho de 1984

1. As reflexões até agora desenvolvidas sobre o amor humano no plano divino ficariam de algum modo incompletas se não procurássemos ver nelas a aplicação concreta no âmbito da moral conjugal e familiar. Queremos realizar este passo ulterior, que nos levará à conclusão do nosso longo caminho até aqui, na base de um importante pronunciamento do Magistério recente: a encíclica *Humanae vitae*, que o Papa Paulo VI publicou em julho de 1968. Leremos novamente este significativo documento à luz dos resultados a que chegamos, examinando o desígnio divino inicial e as palavras de Cristo que a ele se referem.

2. "A Igreja ensina que qualquer ato matrimonial deve permanecer aberto à transmissão da vida [...]". "Esta doutrina, muitas vezes exposta pelo Magistério, está fundada sobre a conexão inseparável que Deus quis, e que o homem não pode alterar por sua iniciativa, entre *os dois significados do ato conjugal*: o significado unitivo e o significado procriaivo".

3. As considerações que me proponho fazer referem-se particularmente ao trecho da encíclica *Humanae vitae* que trata dos "dois significados do ato conjugal" e da sua "conexão inseparável". Não pretendo apresentar um comentário à Encíclica inteira, mas, antes, explicar e aprofundar uma passagem. Sob o ponto de vista da doutrina moral contida no documento citado, aquela passagem tem um significado central. Ao mesmo tempo, é um trecho que se relaciona intimamente com as nossas precedentes reflexões sobre *o matrimônio na dimensão do sinal (sacramental)*.

Dado que — como dissemos — esta é uma passagem central da Encíclica, é óbvio que ela esteja inserida muito profundamente em toda a sua estrutura: a sua análise, portanto, deve orientar-nos para os vários componentes daquela estrutura, embora a intenção não seja comentar o texto inteiro.

4. Nas reflexões sobre o sinal sacramental, foi já dito diversas vezes que ele é baseado sobre a *"linguagem do corpo" relida dentro da verdade*. Trata-se de uma verdade afirmada pela primeira vez no

início do matrimônio, quando os jovens esposos, prometendo um ao outro "serem fiéis [...] amarem-se e respeitarem-se todos os dias da sua vida", tornam-se ministros do matrimônio, enquanto sacramento da Igreja.

Trata-se, pois, de uma verdade que é, por assim dizer, sempre reafirmada. De fato, o homem e a mulher, vivendo no matrimônio "até à morte", repropõem continuamente, em certo sentido, aquele sinal que eles puseram — através da liturgia do sacramento — no dia das suas núpcias.

As palavras acima citadas da Encíclica do Papa Paulo VI dizem respeito àquele momento na vida comum dos cônjuges em que ambos, unindo-se no ato conjugal, se tornam, segundo a expressão bíblica, "uma só carne". Precisamente *em tal momento tão rico e profundo de significado*, também é importante, de modo particular, que se releia a "linguagem do corpo" dentro da verdade. Esta leitura torna-se uma condição indispensável para *agir dentro da verdade*, ou seja, para se comportar *em conformidade com o valor e a norma moral*.

5. A Encíclica não só recorda esta norma, mas procura também dar-lhe *o adequado fundamento*. Para esclarecer mais a fundo aquela "conexão inseparável que Deus quis [...] entre os dois significados do ato conjugal", Paulo VI assim se exprime na frase seguinte: "[...] pela sua estrutura íntima, o ato conjugal, ao mesmo tempo que une profundamente os esposos, torna-os aptos para a geração de novas vidas, segundo leis inscritas no próprio ser do homem e da mulher".

Observemos que na frase precedente o texto que acabamos de citar trata, sobretudo, do "significado" e, na frase seguinte, da *"estrutura íntima"* (isto é, da natureza) da relação conjugal. Definindo esta "estrutura íntima", o texto faz referência "às leis inscritas no próprio ser do homem e da mulher".

A passagem da frase que exprime a norma moral para a frase que a explica e a motiva é particularmente significativa. A Encíclica induz a procurar o fundamento da norma, que determina a moralidade das ações do homem e da mulher no ato conjugal, na natureza deste mesmo ato e, ainda mais profundamente, na natureza dos *mesmos sujeitos* atuantes.

6. Deste modo, a *"estrutura íntima"* (*ou seja, a natureza*) do ato conjugal constitui *a base necessária para uma adequada leitura e descoberta dos significados*, que devem transferir-se para a consciência e as decisões das pessoas atuantes, e também a base necessária para estabelecer a relação adequada destes significados, isto é, a sua inseparabilidade. Uma vez que o ato conjugal "une profundamente os

esposos" e ao mesmo tempo "os torna aptos para a geração de novas vidas", e uma vez que tanto uma coisa como a outra acontecem "pela sua estrutura íntima", daqui deriva que a pessoa humana (com a necessidade própria da razão, a necessidade lógica) "deve" *ler simultaneamente os "dois significados do ato conjugal" e também a "conexão inseparável" entre eles.*

Não se trata aqui de outra coisa senão da leitura, dentro da verdade, da "linguagem do corpo", como foi dito diversas vezes nas precedentes análises bíblicas. A norma moral, ensinada constantemente pela Igreja neste âmbito, relembrada e confirmada por Paulo VI na sua Encíclica, deriva da leitura da "linguagem do corpo" *dentro da verdade.*

Trata-se, aqui, da *verdade*, primeiramente *em sua dimensão ontológica* ("estrutura íntima") e depois — em conseqüência — na dimensão *subjetiva e psicológica* ("significado"). O texto da Encíclica salienta que, no caso em questão, trata-se de uma norma da lei natural.

119. A NORMA DA *HUMANÆ VITÆ* DERIVA DA LEI NATURAL

Audiência Geral de quarta-feira, 18 de julho de 1984

1. Na encíclica *Humanae vitae*, lê-se: "[...] chamando a atenção dos homens para a observância das normas da lei natural, interpretada pela sua doutrina constante, a Igreja ensina que qualquer ato matrimonial deve permanecer aberto à transmissão da vida".

Simultaneamente, o mesmo texto considera e até põe em relevo a dimensão subjetiva e psicológica quando fala do "significado" e, em particular, dos "dois significados do ato conjugal".

O "*significado*" nasce na consciência *como a releitura da verdade* (ontológica) *do objeto*. Mediante esta releitura, a verdade (ontológica) entra, por assim dizer, na dimensão cognoscitiva: subjetiva e psicológica.

A *Humanae vitae* parece chamar particularmente a nossa atenção para esta última dimensão. Isto é confirmado, além disso, indiretamente, também pela frase seguinte: "Nós pensamos que os homens do nosso tempo estão particularmente em condições de apreender o caráter profundamente razoável e humano deste princípio fundamental".

2. Aquele "caráter razoável" diz respeito não só à verdade na dimensão ontológica, ou seja, àquilo que corresponde à estrutura real do ato conjugal. Diz respeito também à mesma verdade na dimensão subjetiva e psicológica, ou seja, *à reta compreensão da íntima estrutura do ato conjugal*, isto é, a adequada releitura dos significados correspondentes a tal estrutura e da sua conexão inseparável, em vista de um comportamento moralmente reto. Nisto consiste precisamente a norma moral e a correspondente regulamentação dos atos humanos na esfera da sexualidade. Neste sentido, dizemos que a norma moral se identifica com a releitura, dentro da verdade, da "linguagem do corpo".

3. A Encíclica *Humanae vitae* contém, pois, a norma moral e a sua motivação, ou pelo menos um aprofundamento do que constitui a motivação desta norma. Uma vez que, em complemento, o valor moral exprime-se de modo vinculante na norma moral, disso decorre que os atos conformes à norma são moralmente retos, e os atos contrários, ao invés, são intrinsecamente ilícitos. O autor da Encíclica acentua que tal norma *pertence*

à *"lei natural"*, quer dizer, que ela é conforme a razão como tal. A Igreja ensina esta norma, embora ela não seja expressa formalmente (isto é, literalmente) na Sagrada Escritura, e o faz com a convicção de que a interpretação dos preceitos da lei natural é da competência do Magistério.

Podemos, contudo, dizer mais. Embora a norma moral, formulada deste modo na Encíclica *Humanae vitae*, não se encontre literalmente na Sagrada Escritura, não obstante o fato de que está contida na Tradição e — como escreve o Papa Paulo VI — foi "muitas vezes exposta pelo Magistério" aos fiéis, resulta que *esta norma corresponde ao conjunto da doutrina revelada* contida *nas fontes bíblicas*.

4. Trata-se, aqui, não só do conjunto da doutrina moral contida na Sagrada Escritura, das suas premissas essenciais e do caráter geral do seu conteúdo, mas daquele conjunto mais vasto, ao qual dedicamos anteriormente numerosas análises, tratando da "teologia do corpo".

Precisamente no contexto desse vasto conjunto, torna-se evidente que a mencionada norma moral faz parte não só da lei moral natural, mas também da *ordem moral revelada por Deus*: ainda sob este ponto de vista, ela não poderia ser diversa, mas unicamente como a transmitem a Tradição e o Magistério e, nos nossos dias, a Encíclica *Humanae vitae*, como documento contemporâneo de tal Magistério.

Paulo VI escreve: "Nós pensamos que os homens do nosso tempo estão particularmente em condições de apreender o caráter profundamente razoável e humano deste princípio fundamental".[1] Pode-se acrescentar: eles estão em condições de apreender também a sua profunda conformidade com tudo aquilo que é transmitido pela Tradição, proveniente das fontes bíblicas. As bases desta conformidade devem ser procuradas, de modo particular, na antropologia bíblica. Aliás, é conhecido o significado que a antropologia tem para a ética, isto é, para a doutrina moral. Parece ser de todo razoável procurar precisamente na "teologia do corpo" *o fundamento da verdade das normas* que dizem respeito à problemática tão fundamental do homem enquanto "corpo": "os dois serão uma só carne".

5. A norma da Encíclica *Humanae vitae* diz respeito a todos os homens, enquanto norma da lei natural, e baseia-se na conformidade com a razão humana (quando, bem entendido, esta procura a verdade). Com maior razão, ela diz respeito a todos os membros de fiéis da Igreja, uma vez que o caráter razoável desta norma encontra, indiretamente, a confirmação e o sólido apoio no conjunto da "teologia

---

1 *Humanae vitae*, 12

do corpo". Sob este ponto de vista, falamos nas análises precedentes do *ethos da redenção do corpo*.

A norma da lei natural, baseada neste *ethos*, encontra não só uma nova expressão, mas também *um fundamento antropológico e ético mais pleno*, seja na palavra do Evangelho, seja na ação purificadora e corroborante do Espírito Santo.

Há, pois, razões suficientes para que cada fiel e, em particular, cada teólogo releia e compreenda cada vez mais profundamente a doutrina moral da Encíclica neste contexto integral.

As reflexões que aqui fazemos há longo tempo constituem precisamente uma tentativa de tal releitura.

120. NA *HUMANÆ VITÆ*, A RESPOSTA AOS QUESTIONAMENTOS DO HOMEM ATUAL

Audiência Geral de quarta-feira, 25 de julho de 1984

1. Retomamos as reflexões que se destinam a relacionar a Encíclica *Humanæ vitæ* ao conjunto da teologia do corpo.

Esta Encíclica não se limita a recordar a norma moral que diz respeito à convivência conjugal, reconfirmando-a perante as novas circunstâncias. Paulo VI, ao pronunciar-se no exercício do magistério autêntico mediante a Encíclica (1968), teve diante dos olhos a autorizada exposição do Concílio Vaticano II, contida na Constituição *Gaudim et spes* (1965).

A Encíclica não só se encontra na diretriz do ensinamento conciliar, mas constitui também o *desenvolvimento e o complemento* dos problemas ali contidos, de modo particular em referência ao problema do "acordo do amor humano com o respeito pela vida". Sobre este ponto, lemos na *Gaudium et spes* as seguintes palavras: "a Igreja recorda que não pode haver contradição verdadeira entre as leis divinas que regem a transmissão da vida e as que favorecem o amor conjugal autêntico".

2. A Constituição Pastoral do Vaticano II *exclui qualquer "contradição verdadeira"* na ordem normativa, o que, por sua vez, Paulo VI confirma, procurando, ao mesmo tempo, esclarecer aquela "não-contradição" e, deste modo, fundamentar a respectiva norma moral, demonstrando a sua conformidade com a razão.

Todavia, a *Humanae vitae* não fala tanto da *"não-contradição"* na ordem normativa quanto da *"conexão inseparável"* entre a transmissão da vida e o amor conjugal autêntico do ponto de vista dos "dois significados do ato conjugal: o significado unitivo e o significado procriador", dos quais já tratamos.

3. Poderíamos nos deter longamente na análise desta norma; mas o caráter de ambos os documentos nos leva, antes, pelo menos indiretamente, a reflexões pastorais. De fato, a *Gaudim et spes* é uma Constituição Pastoral e a Encíclica de Paulo VI — com o seu valor doutrinal — tem em vista a mesma orientação. Ela, de fato, quer ser uma *resposta às questões do homem contemporâneo*. Estas são questões de caráter demográfico e, por conseguinte, de caráter

socioeconômico e político, em relação ao aumento da população no globo terrestre. São questões que partem do campo das ciências particulares e, ao mesmo tempo, dos moralistas contemporâneos (teólogos-moralistas). São, antes de tudo, as perguntas dos cônjuges, que já se encontram no centro da atenção da Constituição conciliar e que a Encíclica retoma com toda a precisão que se possa desejar. Nela, de fato, lemos: "Dadas as condições da vida hodierna e dado o significado que as relações conjugais têm para a harmonia entre os esposos e para a sua fidelidade mútua, *não seria desejável uma revisão* das normas éticas vigentes até agora, sobretudo se se tem em consideração que elas não podem ser observadas sem sacrifícios, por vezes heróicos?".

4. Na formulação citada anteriormente, é evidente a solicitude com que o autor da Encíclica procura enfrentar as perguntas do homem contemporâneo em todo o seu alcance. A importância destas questões supõe uma resposta proporcionalmente ponderada e profunda. Se, portanto, por um lado, é justo esperar uma intensa exposição da norma, por outro, também pode-se esperar que não *seja dada menor importância aos argumentos pastorais*, que dizem respeito, de modo mais direto, à vida dos homens concretos; daqueles, precisamente, que põem as perguntas mencionadas no início.

Paulo VI teve sempre estas pessoas diante dos olhos. Uma expressão disso, entre outras coisas, é a seguinte passagem da *Humanae vitae*: "A doutrina da Igreja sobre a regulação dos nascimentos, promulgada pela lei divina, parecerá difícil, ou mesmo de impossível atuação, aos olhos de muitos. Certamente que, como todas as realidades grandiosas e benéficas, ela *exige* um empenho sério e muitos esforços, individuais, familiares e sociais. Ainda mais: ela não seria, de fato, viável sem o auxílio de Deus, que apóia e corrobora a boa vontade dos homens. Mas, para quem refletir bem, não poderá deixar de ser evidente que tais esforços *enobrecem o homem* e são benéficos para a comunidade humana".

5. Nesta altura, já não se fala da "não-contradição" normativa, mas, antes, da *"possibilidade da observância da lei divina"*, isto é, de um argumento, pelo menos indiretamente, pastoral. O fato de que a lei deva ser de "possível" atuação pertence diretamente à natureza mesma da lei, e está contido, portanto, no quadro da "não-contraditoriedade normativa". Todavia, a "possibilidade", *entendida como "atuabilidade"* da norma, pertence também à esfera prática e pastoral. No texto citado, o meu predecessor fala, precisamente, sob este ponto de vista.

6. Pode-se acrescentar aqui uma consideração: o fato de que todo o *âmago bíblico* denominado "teologia do corpo" nos ofereça, embora de modo indireto, a confirmação da verdade da norma moral contida

na *Humanae vitae* e nos prepara a *considerar mais a fundo os aspectos práticos e pastorais* do problema no seu conjunto. Os princípios e os pressupostos gerais da "teologia do corpo" não eram, porventura, todos eles tirados das respostas dadas por Cristo às perguntas dos seus concretos interlocutores? E os textos de Paulo — como, por exemplo, os da Primeira Carta aos Coríntios —, não serão eles um pequeno manual referente aos problemas da vida moral dos primeiros seguidores de Cristo? Nestes textos encontramos decerto aquela *"regra de compreensão"* que parece tão indispensável perante os problemas de que trata a *Humanae vitae* e que está presente nesta Encíclica.

Quem julga que o Concílio e a Encíclica não leva em conta o bastante as dificuldades presentes na vida concreta, não compreende a preocupação pastoral que deu origem àqueles documentos. Preocupação pastoral significa buscar o *verdadeiro* bem do homem, promover os valores gravados por Deus na sua pessoa; isto é, significa uma atuação daquela "regra de compreensão", que aspira à descoberta cada vez mais clara do desígnio de Deus sobre o amor humano, na certeza de que *o único* e *verdadeiro* bem da pessoa humana consiste na atuação deste desígnio divino.

Poder-se-ia dizer que, precisamente no nome da citada "regra de compreensão", o Concílio pôs a questão do "acordo do amor humano com o respeito pela vida", e a Encíclica *Humanae vitae* depois recordou não só as normas morais que obrigam neste âmbito, mas também se ocupou amplamente do problema da "possibilidade da observância da lei divina".

As presentes reflexões sobre o caráter do documento *Humanae vitae* preparam-nos para analisar, a seguir, o tema da "paternidade responsável".

121. PATERNIDADE E MATERNIDADE RESPONSÁVEIS À LUZ DA *HUMANÆ VITÆ*

Audiência Geral de quarta-feira, 1 de agosto de 1984

1. Para hoje, escolhemos o tema da *"paternidade e maternidade responsáveis"* à luz da Constituição *Gaudium et spes* e da Encíclica *Humanæ vitæ*. A *Constituição conciliar*, ao enfrentar o argumento, limita-se a recordar as premissas fundamentais; *o documento pontifício*, pelo contrário, vai mais além, dando a estas premissas conteúdos mais concretos.

Assim lemos no texto conciliar: "Quando se trata [...] de relacionar o amor conjugal com a transmissão responsável da vida, a moralidade do comportamento não depende somente da intenção e da apreciação dos motivos; deve, também, determinar-se por critérios objetivos, tomados da natureza da pessoa e de seus atos; critérios que respeitem, num contexto de autêntico amor, o sentido da mútua doação e da procriação humana. Tudo isto só é possível se se cultivar sinceramente a virtude da castidade conjugal".

E o Concílio acrescenta: "Segundo estes princípios, não é lícito aos filhos da Igreja, na regulação dos nascimentos, adotar caminhos que o magistério, explicitando a lei divina, reprova".

2. Antes da passagem citada, o Concílio ensina que os cônjuges "devem cumprir a sua missão com plena *responsabilidade* humana e cristã, e com um respeito cheio de docilidade para com Deus". O que significa que: "de comum acordo e com esforço comum, formarão retamente a própria consciência, tendo em conta o seu próprio bem e o dos filhos, já nascidos ou que virão a nascer, sabendo ver as condições de tempo e da própria situação e tendo, em consideração, finalmente, o bem da comunidade familiar, da sociedade temporal e da própria Igreja".

Neste ponto, seguem-se algumas palavras particularmente importantes para determinar com maior precisão o *caráter moral da "paternidade e maternidade responsáveis"*. Lemos: "Os esposos devem formar este juízo, em última análise, diante de Deus".

E continua: "No seu modo de proceder, os esposos cristãos tenham consciência de que não podem agir arbitrariamente, mas que devem sempre se guiar por uma consciência conformada à lei divina; devem ser dóceis ao Magistério da Igreja, que autenticamente a interpreta à luz do Evangelho. Essa lei divina manifesta o significado pleno do amor conjugal, protege-o e o conduz à sua perfeição autenticamente humana".

3. A Constituição conciliar, limitando-se a recordar as premissas necessárias para uma "paternidade e maternidade responsáveis," salientou-as *de maneira totalmente unívoca*, especificando *os elementos constitutivos* desta paternidade e desta maternidade, isto é, o juízo amadurecido da consciência pessoal na sua relação com a lei divina, autenticamente interpretada pelo Magistério da Igreja.

4. A Encíclica *Humanae vitae*, baseando-se nas mesmas premissas, vai mais além, oferecendo indicações concretas. Observamos isto, primeiramente, *no modo de definir a "paternidade responsável"*. Paulo VI procura explicar este conceito, partindo dos seus vários aspectos e excluindo previamente a sua redução a um dos aspectos "parciais," como fazem aqueles que falam exclusivamente de controle de natalidade. Desde o início, de fato, Paulo VI é guiado na sua argumentação por uma concepção mais integral do homem e pelo amor conjugal.

5. Pode-se falar de responsabilidade no exercício da função paterna e materna sob diversos aspectos. Assim ele escreve: "em relação com os *processos biológicos*, a paternidade responsável significa *conhecimento e respeito* pelas suas funções: a inteligência descobre, no poder de dar a vida, leis biológicas que fazem parte da pessoa humana". Quando, depois, se trata da dimensão psicológica das "tendências do instinto e das paixões, a paternidade responsável significa o necessário domínio que a razão e a vontade devem exercer sobre elas".

Tendo considerado os mencionados aspectos intrapessoais e unindo a eles "as condições econômicas e sociais," é preciso reconhecer que "a paternidade responsável se exerce tanto com a deliberação ponderada e generosa de fazer crescer uma família numerosa, como com a decisão, tomada por motivos graves e com respeito pela lei moral, de evitar temporariamente, ou mesmo por tempo indeterminado, um novo nascimento".

Disso resulta que na concepção da "paternidade responsável" está contida *a disposição de não só evitar "um novo nascimento," mas também de fazer crescer* a família segundo os critérios da prudência. À luz destas disposições, em que é necessário examinar e decidir a questão da "paternidade responsável," é sempre basilar "*a ordem moral objetiva*, estabelecida por Deus, de que a consciência reta é uma intérprete fiel".

6. Os esposos cumprem, neste âmbito, "os próprios deveres para com Deus, para consigo mesmos, para com a família e para com a

sociedade, numa justa hierarquia de valores". Não se pode, por conseguinte, falar aqui de "procederem a seu próprio bel-prazer". Pelo contrário, os esposos devem "conformar o seu agir com a intenção criadora de Deus". A partir deste princípio, a Encíclica funda a sua argumentação na "estrutura íntima do ato conjugal" e na "conexão inseparável entre os dois significados do ato conjugal", o que já foi dito anteriormente. O relativo princípio da moral conjugal é, portanto, fiel ao plano divino, manifestado na "estrutura íntima do ato conjugal" e na "conexão inseparável entre os dois significados do ato conjugal".

122. A ILICITUDE DO ABORTO, DOS ANTICONCEPCIONAIS E DA ESTERILIZAÇÃO DIRETA

Audiência Geral de quarta-feira, 8 de agosto de 1984

1. Já dissemos precedentemente que o princípio da moral conjugal ensinado pela Igreja (Concílio Vaticano II, Paulo VI), é o critério da fidelidade ao plano divino.

Em conformidade com este princípio, a Encíclica *Humanae vitae distingue rigorosamente* entre o que constitui o modo *moralmente ilícito* da regulação dos nascimentos — ou, com mais precisão, da regulação da fertilidade —, e o que é moralmente reto.

Em primeiro lugar, é moralmente ilícita "a interrupção direta do processo generativo já iniciado" ("aborto"), a "esterilização direta" e "toda ação que, seja em previsão do ato conjugal, seja durante a sua realização, seja também durante o desenvolvimento das suas conseqüências naturais, se proponha, como fim ou como meio, tornar impossível a procriação"; por conseguinte, todos os meios anticoncepcionais. É moralmente lícito, pelo contrário, "*o recurso aos períodos infecundos*". "Se, portanto, existem motivos sérios para distanciar os nascimentos, que derivem seja das condições físicas ou psicológicas dos cônjuges, seja de circunstâncias exteriores, a Igreja ensina que então é lícito ter em conta os ritmos naturais imanentes às funções geradoras, para usar do matrimônio apenas nos períodos infecundos e, deste modo, regular a natalidade, sem ofender os princípios morais".

2. A Encíclica acentua, de modo particular, que "entre os dois casos existe uma diferença essencial", ou seja, uma *diferença de natureza ética*: "no primeiro, os cônjuges usufruem legitimamente de uma disposição natural, enquanto que no segundo eles impedem o desenvolvimento dos processos naturais".

Resultam, daqui, duas ações com qualificação ética diversa, aliás, até mesmo oposta: a regulação natural da fertilidade é moralmente reta; a *contracepção* não é moralmente reta. Esta diferença essencial entre as duas ações (modos de agir) refere-se à sua intrínseca qualificação ética, embora o meu predecessor Paulo VI afirme que "em ambos os casos os cônjuges estão de acordo na vontade positiva de evitar a prole, *por razões plausíveis*", e até escreva: "procurando ter a segurança de que ela não virá". Nestas palavras, o documento admite que, embora também aqueles que fazem uso dos meios anticoncepcionais possam ser inspirados por "razões plausíveis", todavia *isto não muda a qualificação moral que se funda na estrutura mesma do ato conjugal como tal.*

3. Poder-se-ia observar, neste ponto, que os cônjuges que recorrem à regulação natural da fertilidade poderiam não ter os motivos válidos, citados anteriormente; isto, porém, constitui *um problema ético à parte*, quando se trata do sentido moral da "paternidade e maternidade responsáveis".

Supondo que as razões para decidir não procriar sejam moralmente retas, subsiste o problema *moral* do modo de agir neste caso, e isto se exprime num ato que — segundo a doutrina da Igreja transmitida na Encíclica — possui uma intrínseca qualificação moral, positiva ou negativa. A primeira, positiva, corresponde à regulação "natural" da fertilidade; a segunda, negativa, corresponde à "regulação artificial".

4. Toda a precedente dissertação resume-se na exposição da doutrina contida na *Humanae vitae*, salientando-lhe o caráter normativo e, ao mesmo tempo, pastoral. Na dimensão normativa, trata-se de identificar e esclarecer os princípios morais do modo de ação; na dimensão pastoral, trata-se, sobretudo, de explicar a possibilidade de ação segundo estes princípios ("possibilidade da observância da lei divina").

Devemos nos deter na interpretação do conteúdo da Encíclica. Para este fim, é preciso ver aquele conteúdo, aquele conjunto normativo-pastoral à luz da teologia do corpo que emerge da análise dos textos bíblicos.

5. A teologia do corpo não é tanto uma teoria quanto, antes, uma pedagogia do corpo específica, evangélica e cristã. Isto deriva do caráter da Bíblia e, sobretudo, do Evangelho que, como mensagem salvífica, revela *o que é o verdadeiro bem do homem*, a fim de modelar — à medida deste bem — a vida sobre a Terra na perspectiva da esperança na vida futura.

A Encíclica *Humanae vitae*, segundo esta diretriz, responde ao quesito sobre o verdadeiro bem do homem como pessoa, enquanto varão e mulher; sobre aquilo que corresponde à dignidade do homem e da mulher quando se trata do importante problema da transmissão da vida na convivência conjugal.

A este problema dedicaremos ulteriores reflexões.

123. A ESSÊNCIA DA DOUTRINA DA IGREJA SOBRE A TRANSMISSÃO DA VIDA

Audiência Geral de quarta-feira, 22 de agosto de 1984

1. Qual é a essência da doutrina da Igreja acerca da transmissão da vida na comunidade conjugal, aquela doutrina que nos foi recordada pela Constituição Pastoral do Concílio, *Gaudium et spes,* e pela Encíclica *Humanae vitae* do Papa Paulo VI?

O problema consiste em manter a adequada relação entre o que é definido como o "domínio [...] das forças da natureza" e o "domínio de si," indispensável à pessoa humana. O homem contemporâneo manifesta a tendência de transferir os métodos próprios do primeiro âmbito para os do segundo. "O homem fez progressos admiráveis no domínio e na organização racional das forças da natureza — lemos na Encíclica —, de tal maneira que tende a tornar esse domínio extensivo ao seu próprio ser integral: ao corpo, à vida psíquica e até mesmo às leis que regulam a transmissão da vida".

Esta extensão da esfera dos meios de "domínio [...] das forças da natureza" ameaça a pessoa humana, para a qual o método do "domínio de si mesma" é e permanece específico. Ele — o domínio de si — corresponde de fato à constituição fundamental da pessoa: é precisamente um método "natural". Pelo contrário, a transposição dos "meios artificiais" *infringe* a dimensão constitutiva da pessoa, priva o homem da subjetividade que lhe é própria e torna-o *um objeto de manipulação*.

2. O corpo humano não é apenas o campo de reações de caráter sexual, mas é, ao mesmo tempo, o meio de expressão do homem integral, da pessoa, que se revela a si mesma através da "linguagem do corpo". Esta "linguagem" tem um importante significado interpessoal, de modo particular quando se trata das relações recíprocas entre o homem e a mulher. Além disso, as nossas análises precedentes mostram que, neste caso, a "linguagem do corpo" deve *exprimir*, num determinado nível, *a verdade do sacramento*. Participando no eterno Plano de Amor (*"Sacramentum absconditum in Deo"*), a "linguagem do corpo" torna-se, de fato, como que um "profetismo do corpo".

Pode-se dizer que a Encíclica *Humanae vitae* leva às extremas conseqüências — não só lógicas e morais, mas também práticas e pastorais — esta verdade sobre o corpo humano na sua masculinidade e feminilidade.

3. A unidade dos dois aspectos do problema — da *dimensão sacramental* (ou seja, teológica) *e da dimensão personalística* — corresponde à integral "revelação do corpo". Disso deriva também a conexão da visão estritamente teológica com a visão ética, que procede da "lei natural".

O sujeito da lei natural é, de fato, o homem, não só no aspecto "natural" da sua existência, mas também na verdade integral da sua subjetividade pessoal. Ele se nos manifesta na Revelação, como varão e mulher, na sua plena vocação temporal e escatológica. É chamado por Deus a ser testemunha e intérprete do eterno desígnio do Amor, tornando-se ministro do sacramento, que "no princípio" é constituído no sinal da "união da carne".

4. Como ministros de um sacramento que se constitui mediante o consenso e se aperfeiçoa pela união conjugal, o homem e a mulher são chamados *a exprimir aquela misteriosa "linguagem" dos seus corpos em toda a verdade que lhe é própria*. Por meio dos gestos e das reações, por meio de todo o dinamismo reciprocamente condicionado da tensão e do prazer — cuja fonte direta é o corpo na sua masculinidade e feminilidade, o corpo na sua ação e interação —, por meio de tudo isto "fala" *o homem*, a pessoa.

O homem e a mulher conduzem na "linguagem do corpo" aquele diálogo que — segundo o Gênesis (2, 24–25) — teve início no dia da criação. E, precisamente, ao nível desta "linguagem do corpo" — que é algo mais do que a exclusiva reatividade sexual e que, como autêntica linguagem das pessoas, está subordinada às exigências da verdade, isto é, a normas morais objetivas — o homem e a mulher exprimem-se reciprocamente *a si mesmos* no modo mais pleno e mais profundo, no que lhes é consentido pela mesma dimensão somática da masculinidade e da feminilidade: o homem e a mulher exprimem-se a si mesmos na medida de toda a verdade da sua pessoa.

5. *O homem é pessoa precisamente porque é senhor de si e domina a si mesmo*. De fato, sendo senhor de si mesmo pode "doar-se" ao outro. E é esta dimensão — dimensão da liberdade do dom — que se torna essencial e decisiva para aquela "linguagem do corpo," em que o homem e a mulher se exprimem reciprocamente na união conjugal. Uma vez que esta união é uma comunhão de pessoas, a "linguagem do corpo" deve ser considerada segundo o critério da verdade. Este critério é recordado precisamente pela Encíclica *Humanae vitae*, como confirmam as passagens citadas anteriormente.

6. *Segundo o critério desta verdade*, que deve exprimir-se na "linguagem do corpo," o ato conjugal "significa" não só o amor, mas também a fecundidade potencial e, portanto, não pode ser privado

do seu pleno e adequado significado mediante intervenções artificiais. No ato conjugal não é lícito separar artificialmente o significado unitivo do significado procriador, porque ambos pertencem à verdade íntima do ato conjugal: realizam-se juntamente um com o outro e, em certo sentido, um através do outro. Assim ensina a Encíclica. Por conseguinte, neste caso o ato conjugal, *destituído da sua verdade interior*, porque privado artificialmente da sua capacidade procriadora, *deixa também de ser um ato de amor*.

7. Pode-se dizer que, no caso de uma separação artificial destes dois significados, realiza-se no ato conjugal uma união corpórea real mas que não corresponde à verdade interior nem à dignidade da comunhão pessoal: *communio personarum*. Esta comunhão exige, de fato, que a "linguagem do corpo" seja expressa reciprocamente na verdade integral do seu significado. Se faltar esta verdade, não se pode falar nem da verdade do domínio de si, nem da verdade do dom recíproco e da aceitação recíproca de si por parte da pessoa. Tal violação da ordem interior da comunhão conjugal, que aprofunda as suas raízes na ordem mesma da pessoa, *constitui o mal essencial do ato contraceptivo*.

8. A interpretação acima referida da doutrina moral, exposta na Encíclica *Humanae vitae*, situa-se no vasto quadro das reflexões relativas à teologia do corpo. Para esta interpretação, são especialemnte válidas as reflexões sobre o tema da "concupiscência da carne".

124. A REGULAÇÃO DA NATALIDADE, FRUTO DA PUREZA DOS ESPOSOS

Audiência Geral de quarta-feira, 29 de agosto de 1984

1. A Encíclica *Humanæ vitæ*, demonstrando o mal moral da contracepção, ao mesmo tempo aprova plenamente a regulação natural da fertilidade e, neste sentido, aprova a paternidade e a maternidade responsáveis. É preciso aqui rejeitar a utilização do termo "responsável", sob o ponto de vista ético, quanto àquela procriação em que se recorre à contracepção a fim de praticar a regulação da fertilidade. O verdadeiro conceito de "paternidade e maternidade responsáveis" está ligado, antes, à regulação da fertilidade que é honesta sob o ponto de vista ético.

2. Lemos a propósito: "Uma prática honesta da regulação da natalidade exige, acima de tudo, que os esposos adquiram sólidas convicções acerca *dos valores da vida e da família*, e que tendam a alcançar um perfeito domínio de si mesmos. O domínio do instinto, mediante a razão e a vontade livre, impõe, indubitavelmente, uma ascese, para que as manifestações afetivas da vida conjugal sejam conformes à ordem reta e, em particular, à observância da continência periódica. Mas esta disciplina, própria da pureza dos esposos, longe de ser nociva ao amor conjugal, confere-lhe, pelo contrário, um valor humano bem mais elevado. Requer um esforço contínuo, mas, graças ao seu benéfico influxo, os cônjuges desenvolvem integralmente a sua personalidade, enriquecendo-se de valores espirituais".

3. A Encíclica expõe, a seguir, as conseqüências de tal comportamento, não só para os mesmos cônjuges, mas também para toda a família, entendida enquanto comunidade de pessoas. Seria preciso retornar a este assunto. A Encíclia salienta que a regulação eticamente honesta da fertilidade exige dos cônjuges, antes de tudo, um determinado *comportamento familiar e procriador*: isto é, exige "que adquiram sólidas convicções acerca dos valores da vida e da família". Partindo dessa premissa, foi necessário proceder a uma consideração global da questão, como fez o Sínodo dos Bispos de 1980. Em seguida, a doutrina relativa a este problema particular da moral conjugal e familiar, de que trata a Encíclica *Humanæ vitæ*, encontrou o justo lugar e a ótica oportuna no contexto inteiro da Exortação Apostólica

Familiaris consortio. A teologia do corpo, particularmente como pedagogia do corpo, *aprofunda as raízes, em certo sentido, na teologia da família, e, ao mesmo tempo, conduz a ela*. Tal pedagogia do corpo, cuja chave é hoje a Encíclica *Humanae vitae*, só se explica no pleno contexto de uma correta visão dos valores da vida e da família.

4. No texto acima citado, o Papa Paulo VI refere-se à castidade conjugal, escrevendo que a observância da continência periódica é a forma de domínio de si mesmos em que se manifesta "a pureza dos esposos".

Ao empreender, agora, uma análise mais aprofundada deste problema, é necessário ter em mente toda a doutrina sobre a pureza entendida como "vida no Espírito," já considerada anteriormente, a fim de compreender, assim, as respectivas indicações da Encíclica sobre o tema da "continência periódica". Essa doutrina permanece, de fato, sendo *a verdadeira razão a partir da qual o ensinamento de Paulo VI define a regulação da natalidade e a paternidade e a maternidade responsáveis como eticamente honestas*.

Embora a "periodicidade" da continência seja, neste caso, aplicada aos chamados "ritmos naturais",[1] todavia *a continência* mesma é um comportamento moral determinado e permanente; *é virtude*, e, por isso, todo o modo de comportamento guiado por ela adquire um caráter virtuoso. A Encíclica salienta claramente que aqui *não* se trata apenas de uma determinada "*técnica*", mas de *ética*, no sentido estrito do termo, como *moralidade de um comportamento*.

Portanto, a Encíclica oportunamente põe em relevo, por um lado, a necessidade de respeitar no mencionado comportamento a ordem estabelecida pelo Criador, e, pelo outro, a necessidade da imediata motivação de caráter ético.

5. A respeito do primeiro aspecto, lemos: "Usufruir [...] do dom do amor conjugal, respeitando as leis do processo generativo, significa reconhecer-se não ccomo árbitros das origens da vida humana, mas tão somente administradores dos desígnios estabelecidos pelo Criador". "A vida humana é sagrada mesmo a partir da sua origem" — como recordou o nosso predecessor, de venerável memória, João XXIII, na Encíclica *Mater et Magistra* —; "ela exige a intervenção direta da ação criadora de Deus". *Quanto à motivação imediata*, a Encíclica *Humanae vitae* requer que "existam motivos sérios para distanciar os nascimentos, que derivem seja de condições físicas ou psicológicas dos cônjuges, seja de circunstâncias exteriores".

6. No caso de uma regulação moralmente reta da fertilidade que se efetua mediante a continência periódica, trata-se claramente de

---

[1] *Humanae vitae*, 16.

praticar a castidade conjugal, ou seja, trata-se de um determinado comportamento ético. Na linguagem bíblica, diríamos que se trata de "viver pelo Espírito".

A regulação moralmente reta é também denominada "regulação natural da fertilidade", o que pode ser explicado na conformidade com a "lei natural". Por "lei natural" entendemos aqui a "ordem da natureza" no campo da procriação, enquanto compreendida pela reta razão: tal ordem é a expressão do plano do Criador sobre o homem. E é isto mesmo que a Encíclica, juntamente com toda a Tradição da doutrina e da prática cristã, salienta de modo particular: o caráter virtuoso do comportamento, que se exprime na regulação "natural" da fertilidade, é determinado não tanto pela fidelidade a uma "lei natural" impessoal quanto pelo Criador-pessoa, fonte e Senhor da ordem que se manifesta em tal lei.

Deste ponto de vista, a redução exclusivamente à regularidade biológica, separada da "ordem da natureza", isto é, do "plano do Criador", deforma o autêntico pensamento da Encíclica *Humanae vitae*.

O documento pressupõe, decerto, aquela *regularidade biológica*, ou melhor, exorta as pessoas competentes a estudá-la e a aplicá-la de modo ainda mais aprofundado; mas entende sempre tal regularidade *como a expressão da "ordem da natureza", isto é, do providencial plano do Criador*, em cuja fiel execução consiste o verdadeiro bem da pessoa humana.

125. O "MÉTODO NATURAL" É INSEPARÁVEL DA ESFERA ÉTICA

Audiência Geral de quarta-feira, 5 de setembro de 1984

1. Falamos anteriormente da regulação honesta da fertilidade segundo a doutrina contida na Encíclica *Humanæ vitæ*, e na Exortação *Familiaris consortio*. A qualificação "natural", que se atribuiu à regulação moralmente reta da fertilidade (seguindo os ritmos naturais),[1] explica-se com o fato relativo do modo de comportamento correspondente à verdade da pessoa e, conseqüentemente, à sua dignidade: uma dignidade que por natureza afeta o homem enquanto ser racional e livre. O homem, como ser racional e livre, pode e deve reler com perspicácia o ritmo biológico que pertence à ordem natural. Ele pode e deve adequar-se a este ritmo para exercer a paternidade e a maternidade responsáveis que, de acordo com o desígnio do Criador, estão inscritas na ordem natural da fecundidade humana. O conceito da regulação moralmente reta da fertilidade não é senão a releitura da "linguagem do corpo" dentro da verdade. Os mesmos ritmos naturais imanentes das funções geradoras "pertencem à verdade objetiva da linguagem" que as pessoas interessadas deveriam reler em seu conteúdo objetivo pleno. Deve-se ter presente que o "corpo fala" não somente com toda a expressão externa da masculinidade e feminilidade, mas também com as estruturas internas do organismo: das realidades somáticas e psicossomáticas. Tudo isto deve ter um lugar que corresponda à linguagem por meio da qual os cônjuges dialogam enquanto pessoas chamadas à comunicação na "união dos corpos".

2. Todos os esforços direcionados a um conhecimento cada vez mais preciso dos "ritmos naturais" que se manifestam em relação à procriação humana, e também todos os esforços conseqüentes dos conselheiros familiares e, enfim, dos próprios cônjuges interessados, não têm como objetivo "biologizar" a linguagem do corpo ("biologizar a ética", como alguns opinam erroneamente), mas somente garantir a verdade integral a essa "linguagem do corpo" com a qual os cônjuges devem expressar-se com maturidade frente às exigências da paternidade e da maternidade responsáveis.

---

1 Cf. *Humanæ vitæ*, 16.

A Encíclica *Humanae vitae* menciona em vários momentos que a "paternidade responsável" está vinculada a um esforço e atenção contínuos, e que se concretiza a custo de uma ascese concreta.[2] Estes e outros esforços semelhantes fazem ver que o caso da "paternidade responsável", ou seja, da regulação da fertilidade moralmente reta, trata do que é o bem verdadeiro das pessoas humanas e do que corresponde à verdadeira dignidade da pessoa.

3. O recurso aos "períodos infecundos" na convivência conjugal pode ser uma fonte de abusos se os cônjuges tentam, sem razões justas, evitar a procriação, rebaixando a um nível inferior ao que é moralmente justo dos nascimentos em sua família. É preciso que se estabeleça um nível justo tendo em conta não só o bem da própria família, o estado de saúde e os recursos dos próprios cônjuges, mas também de toda a sociedade a que pertencem, da Igreja e até da humanidade inteira. A Encíclica *Humanae vitae* apresenta a "paternidade responsável" como expressão de um alto valor ético. De modo algum ela está endereçada unilateralmente à limitação e, menos ainda, à exclusão da prole; supõe-se também a disponibilidade de acolher uma prole mais numerosa. Sobretudo, segundo a Encíclica *Humanae vitae*, a "paternidade responsável" realiza "um vínculo mais profundo com a ordem moral objetiva estabelecida por Deus, cujo fiel intérprete é a reta consciência".[3]

4. A verdade da paternidade-maternidade responsáveis e sua realização estão unidas à maturidade moral da pessoa, e é aqui onde muito freqüentemente se manifesta a divergência entre aquilo a que a Encíclica explicitamente dá o primado e aquilo a que este primado se dá pela mentalidade corrente. Na Encíclica, põe-se em primeiro plano a dimensão ética do problema, sublinhando o papel da virtude da temperança retamente entendida. No âmbito desta dimensão está também um "método" adequado de agir. No modo corrente de pensar acontece com freqüência que o "método", desvinculado da dimensão ética que lhe é própria, se põe em ato de modo meramente funcional e utilitarista. Separando o "método natural" da dimensão ética, deixa-se de perceber a diferença existente entre ele e os outros "métodos" (meios artificiais) e chega-se mesmo a falar disso como se se tratasse apenas de uma forma diferente de contracepção.

5. Desde o ponto de vista da autêntica doutrina expressa na Encíclica *Humanae vitae*, é importante, por conseguinte, apresentar cor-

---

2   *Ibid.*, 21.

3   *Ibid.*, 10.

retamente o método de que trata o documento;[4] é importante sobretudo aprofundar a dimensão ética, dentro da qual o método, por ser "natural", assume o significado do método honesto e "moralmente reto". Portanto, como parte dessa análise nos dedicaremos principalmente ao que afirma a Encíclica sobre o tema do domínio de si mesmo e sobre a continência. Sem uma interpretação penetrante deste tema não chegaremos ao núcleo da verdadeira moral, tampouco ao núcleo da verdade antropológica do problema. Observamos anteriormente que as raízes deste problema se fundem com a teologia do corpo: é esta (quando passa a ser, como deve, pedagogia do corpo) a que constituí uma realidade do "método" moralmente honesto da regulação da natalidade entendida em seu sentido mais profundo e mais pleno.

6. Expressando a continuação das palavras e dos valores especificamente morais da regulação "natural" da natalidade (ou seja, honesta e moralmente reta), o autor da *Humanae vitae* assim se expressa: "Esta disciplina [...] confere frutos de serenidade e paz à vida familiar e facilita a solução de outros problemas; favorece a atenção dos cônjuges, ajuda a superar o egoísmo, inimigo do verdadeiro amor, e os enraíza no sentido da responsabilidade. Os pais adquirem a capacidade de uma influência mais profunda e eficaz para educar os filhos; as crianças e os jovens crescem com uma justa estima dos valores humanos e um desenvolvimento sereno e harmônico de suas faculdades espirituais e sensitivas".

7. As frases citadas completam o quadro do que a encíclica *Humanae vitae* entende por "prática honesta da regulação da natalidade".[5] Isto, como se vê, não é apenas um "modo de comportamento" e sim um campo determinado, uma atitude que se funda na maturidade moral e integral das pessoas, e ao mesmo tempo completa-a.

---

4   Cf. *Humane vitae*, 16.

5   *Humanae vitae*, 21.

126. PATERNIDADE E MATERNIDADE RESPONSÁVEL: COMPONENTE DE TODA A ESPIRITUALIDADE CONJUGAL E FAMILIAR

Audiência Geral de quarta-feira, 3 de outubro de 1984

1. Referindo-nos à doutrina contida na Encíclica *Humanæ vitæ*, procuraremos agora delinear a vida espiritual dos cônjuges.

Eis as suas eminentes palavras: "A Igreja, ao mesmo tempo em que ensina as exigências imprescritíveis da lei divina, anuncia a salvação e abre, com os sacramentos, os caminhos da graça, a qual faz do homem uma nova criatura capaz de corresponder, no amor e na verdadeira liberdade, aos desígnios do Criador e Salvador e de achar suave o jugo de Cristo".

"Os esposos cristãos, portanto, dóceis à sua voz, lembrem-se de que a sua vocação cristã, iniciada com o Batismo, se especificou e se fortaleceu com o sacramento do Matrimônio. *Por ele, os cônjuges são fortalecidos e como que consagrados* para o fiel cumprimento dos próprios deveres, para a atuação da própria vocação levada à perfeição, e para o seu próprio testemunho cristão, que têm de dar frente ao mundo. Foi a eles que o Senhor confiou a missão de tornarem visíveis aos homens a santidade e a suavidade da lei que une o amor mútuo dos esposos, com sua cooperação ao amor de Deus, autor da vida humana".

2. Mostrando o mal moral do ato contraceptivo, e ao mesmo tempo delineando um quadro possivelmente integral da prática "honesta" da regulação da fertilidade, ou seja, da paternidade e da maternidade responsáveis, a Encíclica *Humanæ vitæ* cria as premissas que permitem traçar as grandes linhas da *espiritualidade cristã da vocação e da vida conjugal*, e, de igual modo, *dos pais e da família*.

Pode-se, aliás, dizer que a Encíclica pressupõe a inteira tradição desta espiritualidade, a qual aprofunda as raízes nas fontes bíblicas, anteriormente analisadas, oferecendo a ocasião para refletir novamente sobre elas e para construir uma síntese adequada.

É conveniente recordar aqui o que foi dito sobre a relação orgânica entre a teologia do corpo e a pedagogia do corpo. Tal "teologia-pedagogia", de fato, constitui já de *per se* o núcleo essencial da espiritualidade conjugal. E isto é indicado também pelas frases da Encíclica supracitadas.

3. Decerto, seria uma leitura errônea a interpretação da Encíclica *Humanae vitae* que apenas levasse em conta a redução da "paternidade e da maternidade responsáveis" exclusivamente aos "ritmos biológicos de fecundidade". O autor da Encíclica desaprova e contesta com firmeza toda a forma de interpretação redutiva (e, em tal sentido, "parcial"), e repropõe, com insistência, o seu entendimento integral. A *paternidade-maternidade responsável, entendida integralmente,* é um *importante componente de toda a espiritualidade conjugal e familiar*, isto é, daquela vocação de que fala o citado texto da *Humanae vitae*, quando afirma que os cônjuges devem realizar a "sua própria vocação para a perfeição". O sacramento do matrimônio os fortalece e como que os consagra para realizá-la.

À luz da doutrina expressa na Encíclica, convém darmo-nos conta daquela "força corroborante" que está unida à "consagração *sui generis*" do sacramento do matrimônio.

Dado que a análise da problemática ética do documento de Paulo VI era concentrada, sobretudo, na precisão da *respectiva norma*, o esboço da espiritualidade conjugal que nela se encontra pretende pôr em relevo precisamente estas "forças" que tornam possível o autêntico testemunho cristão da vida conjugal.

4. "Não pretendemos, evidentemente, esconder as dificuldades, por vezes graves, inerentes à vida dos cônjuges cristãos: para eles, como para todos, 'é estreita a porta e difícil o caminho que conduz à vida'. Mas a esperança desta vida deve iluminar o seu caminho, enquanto eles corajosamente se esforçam por viver com sabedoria, justiça e piedade no tempo presente, sabendo que a figura deste mundo passa".

Na Encíclica, a visão da vida conjugal é, em todas as passagens, marcada pelo realismo cristão; e é precisamente isto que oferece maior ajuda para alcançar aquelas "forças" que permitem formar a espiritualidade dos cônjuges e dos pais, no espírito de uma autêntica pedagogia do coração e do corpo.

A própria consciência "da vida futura" abre, *por assim dizer, um vasto horizonte daquelas forças* que devem guiá-los pelo duro caminho e conduzi-los pela porta estreita da vocação evangélica.

A Encíclica diz: "Enfrentem, pois, os esposos, os esforços necessários, apoiados na fé e na esperança que 'não desilude, porque o amor de Deus foi derramado nos nossos corações, pelo Espírito que nos foi dado'". Eis a "força" essencial e fundamental: *o amor infundido no coração* ("derramado nos corações") pelo *Espírito Santo*.

5. Em seguida, a Encíclica indica que os cônjuges devem implorar a Deus por essa "força" essencial e por todo o "auxílio divino" com

a oração; que devem haurir a graça e o amor na fonte sempre viva da Eucaristia; que devem vencer "com perseverança humilde" as próprias faltas e os próprios pecados no sacramento da penitência.

Estes são os meios — *infalíveis e indispensáveis* — para formar a espiritualidade cristã da vida conjugal e familiar. Com eles, aquela "força" de amor, essencial e espiritualmente criativa, chega aos corações humanos e, ao mesmo tempo, aos corpos humanos na sua subjetiva masculinidade e feminilidade. Este amor, de fato, permite estabelecer toda a convivência dos cônjuges *segundo* aquela "*verdade do sinal*", mediante a qual é construído o matrimônio na sua dignidade sacramental, como revela o ponto central da Encíclica.

127. O AMOR É LIGADO À CASTIDADE QUE SE MANIFESTA COMO CONTINÊNCIA

Audiência Geral de quarta-feira, 10 de outubro de 1984

1. Continuemos a delinear a espiritualidade conjugal à luz da Encíclica *Humanae vitae*.

Segundo a doutrina nela contida, em conformidade com as fontes bíblicas e com toda a Tradição, *o amor é* — do ponto de vista subjetivo — uma "*força*", ou seja, uma capacidade do espírito humano, *de caráter* "teológico" (ou melhor, "teologal"). Esta é, portanto, *a força dada ao homem para participar* daquele amor com que Deus mesmo ama no mistério da Criação e da Redenção. É aquele amor que "rejubila com a verdade",[1] ou seja, em que se exprime a alegria espiritual (a "fruição" agostiniana) de todo o autêntico valor: alegria semelhante à alegria do próprio Criador, que "no princípio" considerou a sua obra "muito boa".

Se *as forças da concupiscência* tentam *afastar* a "linguagem do corpo" da verdade, isto é, tentam *falsificá-la, pelo contrário, a força do amor corrobora-a* sempre de novo nessa verdade, para que o mistério da redenção do corpo possa frutificar nela.

2. O mesmo amor, que torna possível e faz com que o diálogo conjugal se realize segundo a verdade plena da vida dos esposos, *é, ao mesmo tempo, uma força e uma capacidade de caráter moral* orientada ativamente para a plenitude do bem e, por isto mesmo, para todo o bem verdadeiro. E, portanto, a sua tarefa consiste em salvaguardar a unidade inseparável dos "dois significados do ato conjugal" de que trata a Encíclica, isto é, em proteger tanto o valor da verdadeira união dos cônjuges (isto é, da comunhão pessoal) quanto o da paternidade e maternidade responsáveis (na sua forma madura e digna do homem).

3. Segundo a linguagem tradicional, o amor, como "força" superior, coordena as ações das pessoas, do marido e da mulher, *no âmbito dos fins do matrimônio*. Embora nem a Constituição conciliar nem a Encíclica, ao enfrentarem o assunto, usem a linguagem outrora habitual, elas tratam, todavia, daquilo a que se referem as expressões tradicionais.

---

[1] 1Cor 13, 6.

O amor, como força superior que o homem e a mulher recebem de Deus com a particular "consagração" do sacramento do matrimônio, comporta *uma coordenação* correta dos fins, segundo os quais — no ensinamento tradicional da Igreja — *constitui a ordem moral* (ou melhor, "teologal e moral") da vida dos cônjuges.

A doutrina da Constituição *Gaudium et spes*, como também a da Encíclica *Humanae vitae*, esclarece a mesma ordem moral na referência ao amor, entendido como força superior que confere conteúdo e valor adequados aos atos conjugais segundo a verdade dos dois significados, o unitivo e o procriativo, respeitando a sua inseparabilidade.

Nesta renovada apresentação, o tradicional ensinamento sobre os fins do matrimônio (e sobre a sua hierarquia) é confirmado e, ao mesmo tempo, aprofundado sob o ponto de vista da vida interior dos cônjuges, ou seja, da espiritualidade conjugal e familiar.

4. A tarefa do amor, que é "derramado nos corações" dos esposos como a fundamental força espiritual do seu pacto conjugal, consiste — como se disse — em proteger tanto o valor da verdadeira comunhão dos cônjuges como o da paternidade-maternidade verdadeiramente responsável. A força do amor — autêntica no sentido teológico e ético — exprime-se no sentido de que o amor *une corretamente "os dois significados do ato conjugal"*, excluindo não só na teoria, mas sobretudo na prática, a "contradição" que poderia verificar-se neste campo. Tal "contradição" é o mais freqüente motivo de objeção à Encíclica *Humanae vitae* e ao ensinamento da Igreja. É necessária uma análise bem aprofundada, não só teológica mas também antropológica (procuramos fazê-la em toda a presente reflexão), para demonstrar que *não* se deve falar aqui *de "contradição", mas apenas de "dificuldade"*. Pois bem, a Encíclica mesma salienta tal "dificuldade" em várias passagens.

Esta dificuldade deriva do fato de que *a força do amor é inserida no homem insidiado pela concupiscência*: nos sujeitos humanos, o amor embate-se com a tríplice concupiscência, e, em particular, com a concupiscência da carne, que deforma a verdade da "linguagem do corpo". E, portanto, também o amor não está em condições de se realizar na verdade da "linguagem do corpo", senão mediante o domínio sobre a concupiscência.

5. Se o elemento-chave da espiritualidade dos cônjuges e dos pais — aquela "força" essencial que os cônjuges devem continuamente haurir da "consagração" sacramental — é *o amor*, este amor está, por sua natureza, como resulta do texto da Encíclica, *ligado à castidade*

que se manifesta como domínio de si, ou seja, como continência: em particular, como continência periódica. Na linguagem bíblica, a isto parece aludir o autor da Carta aos Efésios, quando, no seu "clássico" texto, exorta os esposos a "submeterem-se uns aos outros no temor de Cristo".

Pode-se dizer que a Encíclica *Humanae vitae* constitui exatamente o desenvolvimento desta verdade bíblica sobre a espiritualidade cristã conjugal e familiar. Todavia, para tornar este desenvolvimento ainda mais evidente, é necessária *uma análise mais profunda da virtude da continência* e do seu particular significado para a verdade da mútua "linguagem do corpo" na convivência conjugal e (indiretamente) na ampla esfera das recíprocas relações entre o homem e a mulher.

Iniciaremos esta análise durante as reflexões das próximas semanas.

128. A CONTINÊNCIA PROTEGE A DIGNIDADE DO ATO CONJUGAL

Audiência Geral de quarta-feira, 24 de outubro de 1984

1. Em conformidade com o que anunciei anteriormente, começamos hoje a análise da virtude da continência.

A "continência", que faz parte da virtude mais geral da temperança, consiste na *capacidade de dominar, controlar e orientar os estímulos de caráter sexual* (concupiscência da carne) e as suas conseqüências, na subjetividade psicossomática do homem. Tal capacidade, enquanto disposição constante da vontade, merece ser chamada de virtude.

Sabemos, pelas precedentes análises, que a concupiscência da carne — e o relativo "desejo" de caráter sexual por ela suscitado — se exprime com um específico estímulo na esfera da reatividade somática e, além disso, com uma excitação psico-emotiva do impulso sensual.

O sujeito pessoal, para chegar a dominar tal estímulo e tal excitação, deve empenhar-se numa progressiva educação para o autocontrole da vontade, dos sentimentos, das emoções, que deve se desenvolver a partir dos gestos mais simples, nos quais é relativamente fácil traduzir em ação a decisão interior. Isto supõe, como é óbvio, a clara percepção dos valores expressos na norma e a conseqüente maturação de sólidas convicções que, se acompanhadas pela *respectiva disposição* da vontade, dão origem à virtude correspondente. É esta, precisamente, a virtude da continência (o domínio de si) que se revela a condição fundamental, tanto para que a recíproca linguagem do corpo permaneça na verdade, como para que os cônjuges "se sujeitem um ao outro no temor de Cristo", segundo as palavras bíblicas. Esta "submissão recíproca" *significa a solicitude comum pela verdade da "linguagem do corpo"*; pelo contrário, a submissão "no temor de Cristo" indica o dom do temor de Deus (dom do Espírito Santo) que acompanha a virtude da continência.

2. Isto é muito importante para uma compreensão adequada da virtude da continência e, em particular, da chamada "continência periódica" de que trata a Encíclica *Humanae vitae*. A convicção de que *a virtude da continência* "se opõe" à concupiscência da carne é justa, mas não totalmente completa. Não é completa, de modo especial, quando levamos em conta o fato de que esta virtude não aparece e não atua abstratamente e, portanto, isoladamente, mas sempre em co-

nexão com as outras (*nexus virtutum*), por conseguinte em conexão com a prudência, a justiça, a fortaleza e, *sobretudo, com a caridade*.

À luz destas considerações, é fácil compreender que a continência não se limita a opor resistência à concupiscência da carne, mas, mediante esta resistência, *abre-se igualmente àqueles valores, mais profundos e mais maduros*, que estão intimamente ligados ao significado esponsal do corpo na sua feminilidade e masculinidade, como também se abre à autêntica liberdade do dom na recíproca relação das pessoas. A própria concupiscência da carne, enquanto busca, antes de tudo, a satisfação carnal e sensual, torna o homem, em certo sentido, cego e insensível aos valores mais profundos que promanam do amor e que, ao mesmo tempo, constituem o amor na verdade interior que lhe é própria.

3. Deste modo, manifesta-se também o caráter essencial da castidade conjugal no seu vínculo orgânico com a "força" do amor, que é infundido nos corações dos esposos juntamente com a "consagração" do sacramento do matrimônio. Torna-se evidente, além disso, que o convite dirigido aos cônjuges para que "se submetam uns aos outros no temor de Cristo" parece abrir aquele espaço interior em que *ambos se tornam cada vez mais sensíveis aos valores mais profundos e mais maduros* que estão relacionados com o significado esponsal do corpo e com a verdadeira liberdade do dom.

Se a castidade conjugal (e a castidade em geral) se manifesta primeiro como capacidade de resistir à concupiscência da carne, em seguida, gradualmente, revela-se como uma *singular capacidade* de perceber, amar e pôr em prática aqueles significados da "linguagem do corpo", que permanecem inteiramente desconhecidos à própria concupiscência e que progressivamente enriquecem o diálogo esponsal dos cônjuges, purificando-o, aprofundando-o e, ao mesmo tempo, simplificando-o.

Por isso, aquela ascese da continência, de que fala a Encíclica, *não comporta o empobrecimento das "manifestações afetivas"*; pelo contrário, torna-as ainda mais intensas espiritualmente, e, por conseguinte, favorece o seu *enriquecimento*.

4. Analisando assim a continência, na dinâmica própria desta virtude (antropológica, ética e teológica), damo-nos conta de que aquela aparente "contradição" — muitas vezes apresentada como objeção à Encíclica *Humanae vitae* e à doutrina da Igreja sobre a moral conjugal — desaparece. Isto é, existiria uma "contradição", segundo aqueles que apresentam esta objeção, entre os dois significados do ato conjugal: o significado unitivo e o significado procriativo, de modo que, se não fosse lícito desassociá-los, os cônjuges seriam privados do

direito à união conjugal quando não pudessem permitir-se procriar responsavelmente.

A esta aparente "contradição" *a Encíclica Humanae vitae* oferece uma resposta, se estudada a fundo. O Papa Paulo VI confirma, de fato, que não existe tal "contradição", mas apenas uma "dificuldade" relacionada com toda a situação interior do "homem da concupiscência". Precisamente em conseqüência desta "dificuldade", *é confiada ao empenho interior e ascético dos cônjuges a verdadeira ordem da convivência conjugal*, em vista da qual eles são "fortalecidos e como que consagrados" pelo sacramento do matrimônio.

5. Aquela ordem da convivência conjugal significa, além disso, a harmonia subjetiva entre a paternidade (responsável) e a comunhão pessoal, uma harmonia criada pela castidade conjugal. Nela, de fato, amadurecem os frutos interiores da continência. Através desta maturação interior, *o ato próprio conjugal* adquire a importância e a dignidade que lhe são próprias no seu significado potencialmente procriativo; ao mesmo tempo, adquirem um significado adequado todas as "manifestações afetivas" que servem para exprimir a comunhão pessoal dos cônjuges proporcionalmente à riqueza subjetiva da feminilidade e da masculinidade.

6. De acordo com a experiência e a tradição, a Encíclica salienta que o ato conjugal é *também* uma "manifestação de afeto", mas uma "*manifestação de afeto" particular*, porque, ao mesmo tempo, tem um significado potencialmente procriador. Por conseguinte, ele é orientado a exprimir a união pessoal, mas *não apenas* ela. Ao mesmo tempo, a Encíclica, embora de modo indireto, indica multípas "manifestações de afeto", que são *exclusivamente* uma expressão da união pessoal dos cônjuges.

O dever da castidade conjugal e, ainda mais precisamente, o da continência, *não* consiste *só* em proteger a importância e a dignidade do ato conjugal em relação ao seu significado potencialmente procriaivo, *mas também* em tutelar a importância e a dignidade próprias do ato conjugal na medida em que expresse a união interpessoal, desvelando à consciência e à experiência dos cônjuges todas as outras possíveis "manifestações de afeto", que exprimam a sua profunda comunhão.

Trata-se, de fato, de *não causar dano à comunhão dos cônjuges* no caso em que, por justas razões, eles devam abster-se do ato conjugal. E, mais ainda, que essa comunhão, construída continuamente dia a dia, mediante "manifestações afetivas" adequadas, constitua, por assim dizer, *um vasto terreno* sobre o qual, nas condições oportunas, a decisão de um ato conjugal moralmente reto possa amadurecer.

129. A VIRTUDE DA CONTINÊNCIA É LIGADA A TODA A ESPIRITUALIDADE CONJUGAL

Audiência Geral de quarta-feira, 31 de outubro de 1984

1. Continuamos a análise da continência, à luz do ensinamento contido na Encíclica *Humanae vitae*.

Pensa-se, freqüentemente, que a continência provoca tensões interiores, das quais o homem deve libertar-se. À luz das análises feitas, a continência, entendida integralmente, é, antes, *o único caminho para libertar o homem de tais tensões*. Significa nada menos que o esforço espiritual que tende a exprimir a "linguagem do corpo" não somente dentro da verdade, mas também na autêntica riqueza das "manifestações de afeto".

2. É *possível este esforço*? Eem outras palavras (e sob outro aspecto) volta aqui a questão sobre a "praticabilidade da norma moral", recordada e confirmada pela *Humanae vitae*. Esta questão constitui uma das mais essenciais (e atualmente também uma dos mais urgentes) no âmbito da espiritualidade conjugal.

A Igreja está plenamente convicta da exatidão do princípio que afirma a paternidade e a maternidade responsáveis — no sentido explicado em precedentes catequeses —, e isto não só por motivos "demográficos", mas por razões mais essenciais. *Chamamos de "responsáveis" a paternidade e a maternidade que correspondem à dignidade pessoal dos cônjuges* como pais; à *verdade* da sua pessoa e do ato conjugal. Daqui deriva a relação íntima e direta que une esta dimensão com toda a espiritualidade conjugal.

O Papa Paulo VI, na *Humanae vitae*, exprimiu o que por outro lado já haviam afirmado muitos autorizados moralistas e cientistas, mesmo não católicos, ou seja, que precisamente neste campo, tão profundo e essencialmente humano e pessoal, é preciso antes de tudo fazer referência ao homem como pessoa, ao sujeito que decide sobre si mesmo e não perante os "meios" que o fazem "objeto" (de manipulação) e o "despersonalizam". Trata-se aqui, pois, de um significado autenticamente "humanístico" do desenvolvimento e do progresso da civilização humana.

3. É possível este esforço? Toda *a problemática da Humanae vitae* não se reduz simplesmente à dimensão biológica da fertilidade hu-

mana (à questão dos "ritmos naturais de fecundidade"), *mas remonta à subjetividade mesma* do homem, àquele "eu" pessoal, pelo qual ele é homem ou mulher.

Já durante a discussão no Concílio Vaticano II do capítulo da *Gaudium et spes* sobre a "Dignidade e promoção do matrimônio e da família", falava-se da necessidade de *uma análise aprofundada das reações* (e também das emoções) *ligadas à influência recíproca da masculinidade e da feminilidade* sobre o sujeito humano. Este problema pertence não tanto à biologia quanto à psicologia: da biologia e da psicologia passa, em seguida, para a esfera da espiritualidade conjugal e familiar. Aqui, de fato, este problema está em estreita relação com o modo de entender a virtude da continência, ou seja, do domínio de si e, em particular, da continência periódica.

4. Uma atenta análise da psicologia humana (que é primeiramente uma subjetiva auto-análise, mas que logo se converte em uma análise de um "objeto" acessível à ciência humana), permite chegar a algumas afirmações essenciais. De fato, nas relações interpessoais em que se exprime o influxo recíproco da masculinidade e da feminilidade, liberta-se no sujeito psico-emotivo — no "eu" humano —, ao lado de uma reação qualificável como "excitação", uma outra reação que pode e deve ser chamada de "emoção". Embora estes dois gêneros de reações apareçam juntos, é possível distingui-los experimentalmente e "diferenciá-los" a respeito do seu conteúdo, ou melhor, do seu "objeto".

A diferença objetiva entre um gênero de reações e o outro consiste no fato de que a excitação é, antes de tudo, "corpórea" e, neste sentido, "*sexual*"; a emoção, por sua vez — embora suscitada pela recíproca reação da masculinidade e da feminilidade —, refere-se, sobretudo, à outra pessoa entendida na sua "integralidade". Pode-se dizer que esta é uma "*emoção causada pela pessoa*", em relação à sua masculinidade ou feminilidade.

5. O que aqui afirmamos com relação à psicologia das reações recíprocas da masculinidade e da feminilidade ajuda-nos a compreender a função da virtude da continência, de que se falou antes. Esta não é apenas — e nem sequer principalmente — *a capacidade de "abster-se"*, isto é, o domínio das múltiplas reações que se entrelaçam no recíproco influxo da masculinidade e da feminilidade: tal função poderia ser definida como "negativa". Mas também existe uma outra função (que podemos chamar de "positiva") do domínio de si: e é *a capacidade de dirigir as respectivas reações*, seja quanto ao seu conteúdo, seja quanto ao seu caráter.

Já dissemos que no campo das recíprocas reações da masculinidade e da feminilidade, a "excitação" e a "emoção" aparecem não só como duas experiências distintas e diferentes do "eu" humano, mas, com muita freqüência, aparecem juntas, no âmbito da mesma experiência, como dois componentes diversos da mesma. A proporção recíproca em que estes dois componentes aparecem numa determinada experiência depende de várias circunstâncias, de natureza interior e exterior. Às vezes, prevalece nitidamente um dos componentes; em outras há, antes, um equilíbrio entre eles.

6. A continência, enquanto capacidade de dirigir a "excitação" e a "emoção" na esfera do influxo recíproco da masculinidade e da feminilidade, tem *a tarefa essencial de manter o equilíbrio* entre a comunhão na qual os cônjuges desejam recoprocamente exprimir a sua união íntima apenas, e a comunhão na qual (pelo menos implicitamente) se abram à paternidade responsável. De fato, a "excitação" e a "emoção" podem prejudicar, por parte do sujeito, a orientação e o caráter da recíproca "linguagem do corpo".

A *excitação* procura, antes de tudo, exprimir-se na forma do prazer sensual e corpóreo, ou seja, tende *para o ato conjugal* que, dependendo dos "ritmos naturais de fecundidade", comporta a possibilidade de procriação. Pelo contrário, *a emoção* provocada por outro ser humano como pessoa, embora no seu conteúdo emotivo seja condicionada pela feminilidade ou pela masculinidade do "outro", não tende *de per se* para o ato conjugal, mas limita-se a outras "manifestações de afeto", nas quais se exprime o significado esponsal do corpo, e que, todavia, não contêm o seu significado (potencialmente) procriativo.

É fácil compreender quais as conseqüências que daqui derivam em relação ao problema da paternidade e da maternidade responsáveis. Estas conseqüências são de natureza moral.

130. A CONTINÊNCIA DESENVOLVE A COMUNHÃO PESSOAL ENTRE OS CÔNJUGES

Audiência Geral de quarta-feira, 7 de novembro de 1984

1. Prossigamos a análise da virtude da continência à luz da doutrina contida na Encíclica *Humanae vitae*.

Convém recordar que os grandes clássicos do pensamento ético (e antropológico), quer pré-cristãos, quer cristãos (Tomás de Aquino), vêem na virtude da continência não só a capacidade de "conter" as reações corporais e sensuais, mas, ainda mais, a capacidade de controlar e guiar toda a esfera sensual e emotiva do homem. No caso em questão, trata-se da capacidade de dirigir tanto a linha da excitação para o seu correto desenvolvimento, como também a linha da emoção mesma, orientando-a para o aprofundamento e a intensificação interior do seu caráter "puro" e, em certo sentido, "desinteressado".

2. Esta diferenciação entre a linha da excitação e a linha da emoção não é uma contraposição. Não significa que o ato conjugal, como efeito da excitação, não comporte, ao mesmo tempo, a comoção da outra pessoa. Decerto isso é assim; ou, ao menos, não deveria ser de outro modo.

No ato conjugal, a união íntima deveria incluir uma particular intensificação da emoção, ou melhor, a profunda comoção por parte da outra pessoa. Isto está contido também na Carta aos Efésios, sob a forma de exortação dirigida aos cônjuges: "Submetei-vos uns aos outros no temor de Cristo".

A distinção entre "excitação" e "emoção", salientada nesta análise, comprova apenas *a subjetiva riqueza reativo-emotiva* do "eu" humano; esta riqueza exclui qualquer redução unilateral e faz com que a virtude da continência possa ser praticada como capacidade de dirigir a manifestação tanto da excitação como da emoção, suscitadas pela recíproca reatividade da masculinidade e da feminilidade.

3. A virtude da continência, entendida deste modo, tem uma função essencial para manter o equilíbrio interior entre os dois significados — o unitivo e o procriativo — do ato conjugal, em vista de uma paternidade e maternidade verdadeiramente responsáveis.

A Encíclica *Humanae vitae* dá a devida atenção ao aspecto biológico do problema, isto é, o caráter rítmico da fecundidade humana. Embora tal *"periodicidade"* possa ser chamada, à luz da Encíclica, de um *indicador providencial* para uma paternidade e uma maternidade responsáveis, todavia *não é apenas neste nível que se resolve um problema* como esse, que tem um significado tão profundamente personalístico e sacramental (teológico).

A Encíclica ensina a paternidade e a maternidade responsáveis "como prova de um amor conjugal maduro"; e, portanto, contém não só a resposta à questão concreta que se coloca no âmbito da ética da vida conjugal, mas, como já foi dito, indica também um plano da espiritualidade conjugal que desejamos pelo menos delinear.

4. O modo correto de *entender e praticar a continência periódica como virtude* (ou seja, segundo a *Humanae vitae*, o "domínio de si mesmo") também é essencialmente decisivo para a "naturalidade" do método, também chamado de "método natural": esta é a "naturalidade" no nível da pessoa. Não se pode, portanto, pensar numa aplicação mecânica das leis biológicas. O conhecimento mesmo dos "ritmos de fecundidade" — embora indispensável — não cria ainda aquela liberdade interior do dom, que é de natureza explicitamente espiritual e depende da maturidade do homem interior. Esta liberdade supõe tal capacidade de dirigir as reações sensuais e emotivas, o que torna possível a doação de si ao outro "eu" com base na posse amadurecida do próprio "eu" na sua subjetividade corpórea e emotiva.

5. Como se sabe pelas análises bíblicas e teológicas feitas anteriormente, o corpo humano, na sua masculinidade e feminilidade, é interiormente ordenado para a comunhão das pessoas (*communio personarum*). Nisto consiste o seu significado esponsal.

Precisamente este significado esponsal do corpo foi deformado, quase nas suas mesmas bases, pela concupiscência (em particular, pela concupiscência da carne, no âmbito da "tríplice concupiscência"). A virtude da continência, na sua forma amadurecida, revela gradualmente o aspecto "puro" do significado esponsal do corpo. Deste modo, a continência desenvolve a comunhão pessoal do homem e da mulher, comunhão que *não está em condições de se formar* e de se desenvolver na plena verdade das suas possibilidades *unicamente no terreno da concupiscência*. É exatamente o que afirma a Encíclica *Humanae vitae*. Esta verdade tem dois aspectos: o personalístico e o teológico.

131. A JUSTA REGULAÇÃO DA FERTILIDADE FAZ PARTE DA ESPIRITUALIDADE CRISTÃ DOS CÔNJUGES E DAS FAMÍLIAS

Audiência Geral de quarta-feira, 14 de novembro de 1984

1. À luz da Encíclica *Humanae vitae*, o elemento fundamental da espiritualidade conjugal é o amor infundido no coração dos esposos como dom do Espírito Santo. Os esposos recebem este dom no sacramento com uma particular "consagração". O amor está unido à castidade conjugal, que, manifestando-se como continência, realiza a ordem interior da convivência conjugal.

Castidade é viver na ordem do coração. Esta ordem permite o desenvolvimento das "manifestações afetivas" na proporção e no significado que lhes são próprios. Desse modo, é confirmada também *a castidade conjugal como "vida no Espírito"*, segundo a expressão de São Paulo. O Apóstolo tinha em mente não só as energias imanentes do espírito humano, mas, sobretudo, o influxo santificante do Espírito Santo e os seus dons particulares.

2. No centro da espiritualidade conjugal, está, pois, a castidade, não só como virtude moral (formada pelo amor), mas igualmente como virtude unida aos dons do Espírito Santo — *antes de tudo, com o dom da reverência com aquilo que vem de Deus* ("donum pietatis"). Este dom está no pensamento do autor da Carta aos Efésios, quando exorta os cônjuges a "submeterem-se uns aos outros no temor de Cristo". Assim, por conseguinte, a ordem interior da convivência conjugal, que permite às "manifestações afetivas" desenvolverem-se segundo a sua justa proporção e significado, é fruto não só *da virtude em que os cônjuges se exercitam, mas também dos dons do Espírito Santo com que colaboram.*

A Encíclica *Humanae vitae*, em algumas passagens do texto (particularmente 21, 25), ao tratar da específica ascese conjugal, ou seja, do empenho em adquirir a virtude do amor, da castidade e da continência, fala indiretamente dos dons do Espírito Santo, aos quais os cônjuges se tornam sensíveis na medida em que crescem na virtude.

3. Isto corresponde à vocação do homem ao matrimônio. Aqueles "dois" que — segundo a expressão mais antiga da Bíblia — "serão uma só carne" não podem realizar essa união no nível próprio das pessoas (*communio personarum*), senão mediante as forças prove-

nientes do espírito e, precisamente, *do Espírito Santo* que purifica, vivifica, fortifica e aperfeiçoa as forças do espírito humano. "O Espírito é que dá a vida, a carne não serve para nada".

Daqui resulta que as linhas essenciais da espiritualidade conjugal estão "desde o princípio" inscritas na verdade bíblica sobre o matrimônio. Tal espiritualidade está também "desde o princípio" *aberta aos dons do Espírito Santo*. Se a Encíclica *Humanae vitae* exorta os cônjuges a uma "oração perseverante" e à vida sacramental (dizendo: "compareçam, sobretudo, à fonte de graça e de caridade na Eucaristia"; "recorram com perseverança humilde à misericórdia divina, que é outorgada no sacramento da penitência"), ela o faz em virtude do Espírito Santo que "vivifica".

4. Os dons do Espírito Santo, e em particular o dom da reverência por aquilo que é sacro, parecem ter aqui um significado fundamental. Este dom, de fato, corrobora e desenvolve nos cônjuges uma singular *sensibilidade a tudo* aquilo que traz *o sinal do mistério da criação e da redenção* na sua vocação e convivência mútua: a tudo aquilo que é um reflexo criado da sabedoria e do amor de Deus. Portanto, aquele dom parece iniciar o homem e a mulher, de modo particularmente profundo, à reverência dos dois significados inseparáveis do *ato conjugal* de que fala a Encíclica em relação ao sacramento do matrimônio. *Esta reverência aos dois significados do ato conjugal só pode ser desenvolvida plenamente com base numa profunda orientação à dignidade pessoal daquilo que na pessoa humana é intrínseco à masculinidade e à feminilidade*, e inseparavelmente em referência à dignidade pessoal da nova vida, que pode nascer da união conjugal do homem e da mulher. O dom da reverência ao que é criado por Deus exprime-se, precisamente, em tal orientação.

5. A reverência pelo dúplice significado do ato conjugal no matrimônio, que nasce do dom da reverência pela criação de Deus, se manifesta também como um temor salvífico: temor de violar ou de degradar o que traz em si o sinal do mistério divino da criação e da redenção. É deste temor que o autor da Carta aos Efésios nos fala: "Submetei-vos uns aos outros no temor de Cristo" (Ef 5, 21).

Se tal *temor salvífico* se associa imediatamente à função "negativa" da continência (ou seja, à resistência em relação à concupiscência da carne), ele também se manifesta — e em medida crescente, na proporção em que tal virtude amadurece — como sensibilidade plena de veneração *pelos valores essenciais da união conjugal*: pelos "dois significados do ato conjugal" (ou melhor, falando com a linguagem das análises precedentes, pela verdade interior da mútua "linguagem do corpo").

Com base numa profunda orientação a estes dois valores essenciais, o significado da *união* dos cônjuges harmoniza-se na pessoa com o significado da *paternidade e maternidade* responsáveis. O dom da reverência ao que é criado por Deus faz com que a aparente "contradição" nesta esfera desapareça, e a dificuldade derivada da concupiscência seja gradualmente superada, graças à maturidade da virtude e à força do dom do Espírito Santo.

6. Se tratarmos da problemática da chamada continência periódica (ou seja, do recurso aos "métodos naturais"), o dom do respeito pela obra de Deus nos ajuda, via de regra, a conciliar a dignidade humana com os "*ritmos naturais da fecundidade*", isto é, com a dimensão biológica da feminilidade e da masculinidade dos cônjuges; dimensão que também tem um significado próprio para a verdade da mútua "linguagem do corpo" na convivência conjugal.

Deste modo, aquilo que se refere — não tanto no sentido bíblico, quanto diretamente no "biológico" — à "união conjugal no corpo" também encontra a sua forma humanamente madura graças à vida "segundo o Espírito".

Toda *a prática da honesta regulação da fertilidade*, tão estreitamente unida à paternidade e à maternidade responsáveis, *faz parte da espiritualidade conjugal e familiar* cristã; e só vivendo "segundo o Espírito" é que nos tornamos interiormente verdadeiros e autêntico.

132. O RESPEITO PELAS OBRAS DE DEUS: FONTE DA ESPIRITUALIDADE CONJUGAL

Audiência Geral de quarta-feira, 21 de novembro de 1984

1. No contexto da doutrina contida na Encíclica *Humanæ vitæ*, pretendemos fazer um esboço da espiritualidade conjugal. Na vida espiritual dos cônjuges, também agem os dons do Espírito Santo e, em particular, o *donum pietatis*, isto é, o dom da reverência por aquilo que é a obra de Deus.

2. Este dom, unido ao amor e à castidade, ajuda *a identificar*, no conjunto da convivência conjugal, *o ato* em que, ao menos potencialmente, o significado esponsal do corpo se une ao significado procriativo. Este ato nos a compreender, entre as possíveis "manifestações de afeto", o significado singular — aliás, excepcional — daquele ato: a sua dignidade e a grave responsabilidade a ele inerente. Portanto, a antítese da espiritualidade conjugal é constituída, em certo sentido, pela subjetiva falta de tal compreensão, ligada à prática e à mentalidade anticoncepcionais. Além de tudo isto, elas contituem um enorme dano sob o ponto de vista da cultura interior do homem. A virtude da castidade conjugal e, ainda mais, o dom da reverência por aquilo que vem de Deus, modelam a espiritualidade dos cônjuges *a fim de proteger a particular dignidade deste ato*, desta "manifestação de afeto", em que a verdade da "linguagem do corpo" só pode ser expressa salvaguardando a potencialidade procriadora.

A paternidade e a maternidade responsáveis significam a avaliação espiritual — conforme a verdade — do ato conjugal na consciência e na vontade de ambos os cônjuges que, nesta "manifestação de afeto", depois de terem considerado circunstâncias interiores e exteriores, em particular as biológicas, exprimem a sua madura disponibilidade para a paternidade e a maternidade.

3. A reverência pela obra de Deus contribui para fazer com que o ato conjugal não seja desvalorizado nem privado da interioridade no conjunto da convivência conjugal — que *não se torne "hábito"* — e que nele se exprima uma adequada plenitude de conteúdos pessoais e éticos, e também de conteúdos religiosos, isto é, a veneração à majestade do Criador, único e último depositário da fonte da vida, e ao amor esponsal do Redentor. Tudo isto cria e alarga, por assim dizer, o espaço interior da mútua liberdade do dom, em que se manifesta plenamente o significado esponsal da masculinidade e da feminilidade.

O obstáculo a esta liberdade é apresentado pela interior *construção da concupiscência*, dirigida para o outro "eu" como objeto de prazer. A reverência por aquilo que é criado por Deus liberta desta constrição; liberta de tudo o que reduz o outro "eu" a mero objeto: corrobora a liberdade interior do dom.

4. Isto só se pode realizar mediante uma profunda *compreensão da dignidade pessoal*, seja do "eu" feminino, seja do masculino, na recíproca convivência. Esta compreensão espiritual é o fruto fundamental do dom do Espírito que impele a pessoa a reverenciar a obra de Deus. É desta compreensão — e portanto, indiretamente, daquele dom — que todas as "manifestações afetivas" que constituem a trama da estabilidade da união conjugal adquirem o verdadeiro significado esponsal. Esta união exprime-se mediante o ato conjugal apenas em circunstâncias determinadas, mas pode e deve se manifestar continuamente, todos os dias, por várias "manifestações afetivas", as quais são determinadas pela capacidade de uma emoção "desinteressada" do "eu" em relação à feminilidade e, reciprocamente, em relação à masculinidade.

A atitude de reverência pela obra de Deus, que o Espírito suscita nos cônjuges, tem um enorme significado para aquelas "manifestações afetivas", porque, *pari passo* com ele, procede a capacidade da profunda satisfação, da admiração, da desinteressada atenção à beleza "visível" e, ao mesmo tempo, "invisível" da feminilidade e da masculinidade, e, por fim, um profundo apreço pelo dom desinteressado do "outro".

5. Tudo isto é decisivo para a identificação espiritual daquilo que é masculino ou feminino, daquilo que é "corpóreo" e ao mesmo tempo pessoal. Desta *identificação* espiritual emerge *a consciência da união "mediante o corpo"*, orientada pela liberdade interior do dom. Mediante as "manifestações afetivas", os cônjuges ajudam-se reciprocamente a permanecer unidos e, ao mesmo tempo, estas "manifestações" protegem em cada um deles aquela "paz interior" que é, em certo sentido, o eco interior da castidade guiada pelo dom da reverência àquilo que é criado por Deus.

Este dom comporta uma profunda e universal atenção à pessoa, na sua masculinidade e na sua feminilidade, criando, assim, a atmosfera interior idônea para a comunhão pessoal. Somente neste ambiente de comunhão pessoal dos cônjuges amadurece corretamente aquela procriação que qualificamos como "responsável".

6. A Encíclica *Humanae vitae* permite-nos fazer um esboço da espiritualidade conjugal. Este é o ambiente humano e sobrenatural em que — tendo em conta a ordem "biológica" e, simultaneamente, com base na castidade sustentada pelo *donum pietatis* — plasma-se *a harmonia interior do matrimônio*, na reverência àquilo a que a Encíclica chama "dúplice significado do ato conjugal". Esta harmonia significa que os cônjuges convivem juntos na verdade interior da "linguagem do corpo". A Encíclica *Humanae vitae* proclama que é inseparável a conexão entre esta "verdade" e o amor.

133. NO ÂMBITO BÍBLICO-TEOLÓGICO, AS RESPOSTAS AOS QUESTIONAMENTOS SOBRE O MATRIMÔNIO E A PROCRIAÇÃO

Síntese conclusiva

Audiência Geral de quarta-feira, 28 de novembro de 1984

1. O conjunto das catequeses que iniciei há quatro anos e que hoje concluo pode ser compreendido sob o título "O amor humano no plano divino" ou, com mais precisão: "A redenção do corpo e a sacramentalidade do matrimônio". Elas dividem-se em duas partes.

A primeira parte é dedicada à *análise das palavras de Cristo*, que se mostram adequadas para abrir o tema presente. Estas palavras foram analisadas a fundo na totalidade do texto evangélico e, depois da reflexão de vários anos, pareceu-nos por bem pôr em relevo os três textos que foram submetidos à análise na primeira parte das catequeses.

Temos, antes de tudo, o texto em que Cristo se refere "ao princípio", no colóquio com os fariseus sobre a unidade e indissolubilidade do matrimônio. Prosseguindo, temos as palavras pronunciadas por Cristo no Sermão da Montanha sobre a "concupiscência" como "adultério cometido no coração". Por fim, temos as palavras transmitidas por todos os sinóticos, em que Cristo faz referência à ressurreição dos corpos no "outro mundo".

A segunda parte da catequese foi dedicada à *análise do sacramento* com base na Carta aos Efésios, que se refere ao "princípio" bíblico do matrimônio expresso nas palavras do Livro do Gênesis (2, 24): "o homem deixará seu pai e sua mãe, e se unirá à sua mulher, e os dois serão uma só carne".

As catequeses da primeira e da segunda parte servem-se repetidamente do termo *"teologia do corpo"*. Este, em certo sentido, é um termo "de trabalho". A introdução do termo e do conceito de "teologia do corpo" era necessária para fundar o tema: "A redenção do corpo e a sacramentalidade do matrimônio" numa base mais ampla. É preciso, de fato, já observar que o termo "teologia do corpo" ultrapassa amplamente o conteúdo das reflexões feitas. Estas reflexões não compreendem os múltiplos problemas que, em referência ao seu objeto, pertencem à teologia do corpo (como, por exemplo, o problema do sofrimento e da morte, tão relevante na mensagem bíblica). É preciso dizê-lo claramente. Todavia, é preciso também reconhecer de modo explícito que as reflexões sobre o tema: "A redenção do corpo e a sacramentalidade do matrimônio" podem ser desenvolvidas corretamente, partindo do momento em que a luz da Revelação toca a realidade do corpo humano (ou seja, na base da "teologia do corpo"). Isto é confirmado, além do mais, pelas palavras do Livro do Gênesis: "os dois serão uma só carne", palavras que originária e tematicamente estão na base do nosso assunto.

2. As reflexões sobre o sacramento do matrimônio foram conduzidas na consideração das *duas dimensões* essenciais deste *sacramento* (como de todos os outros), isto é, a dimensão da Aliança e a dimensão do sinal.

Através destas duas dimensões, chegamos continuamente às reflexões sobre a teologia do corpo, unidas às palavras de continência. No fim de todo este ciclo de catequeses chegamos a estas reflexões, também empreendendo à análise da Encíclica *Humanae vitae*.

A doutrina contida neste documento do ensinamento contemporâneo da Igreja mantém-se em relação orgânica tanto com a sacramentalidade do matrimônio quanto com toda a problemática bíblica da teologia do corpo, centralizada nas "palavras-chave" de Cristo. Em certo sentido, pode-se até dizer que todas as reflexões que tratam da "redenção do corpo e da sacramentalidade do matrimônio" *parecem* constituir *um amplo comentário* à doutrina contida precisamente na Encíclica *Humanae vitae*.

Tal comentário parece bastante necessário. A Encíclica, de fato, ao dar a resposta a algumas questões atuais no âmbito da moral conjugal e familiar, ao mesmo tempo suscitou também outras perguntas, como sabemos, de natureza biomédica. Mas também, e antes de tudo, *elas são de natureza teológica*; pertencem àquele âmbito da antropologia e da teologia que denominamos "teologia do corpo".

As reflexões feitas consistem em enfrentar as questões nascidas em relação à Encíclica *Humanae vitae*. A reação que a Encíclica suscitou confirma a importância e a dificuldade destas questões. Elas são reafirmadas, também, pelos ulteriores enunciados de Paulo VI, onde ele salientava a possibilidade de aprofundar a exposição da verdade cristã neste setor.

Reafirmou-o, além disso, a exortação *Familiaris consortio*, fruto do Sínodo dos Bispos de 1980: *De muneribus familiae christianae*. O documento contém um apelo, dirigido particularmente aos teólogos, a elaborar de modo mais completo *os aspectos bíblicos e personalísticos da doutrina* contida na *Humanae vitae*.

Colher as questões suscitadas pela Encíclica significa formulá-las e, ao mesmo tempo, procurar-lhes a resposta. A doutrina contida na *Familiaris consortio* requer que, seja na formulação dos interrogativos, seja na busca de uma adequada resposta, se concentrem nos aspectos bíblicos e personalísticos. Tal doutrina indica também a orientação de desenvolvimento da teologia do corpo, a direção do desenvolvimento e, portanto, também a direção do seu progressivo complemento e aprofundamento.

3. A análise dos *aspectos bíblicos* versa sobre o modo de radicar a doutrina proclamada pela Igreja contemporânea na Revelação. Isto é importante *para o desenvolvimento da teologia*. O desenvolvimento, ou seja, o progresso, na teologia realiza-se, de fato, através de uma contínua retomada do estudo daquele depósito revelado.

A radicação da doutrina proclamada pela Igreja em toda a Tradição e na mesma Revelação divina está sempre aberta às questões postas pelo homem e serve-se também dos instrumentos mais conformes à ciência moderna e à cultura de hoje. Parece que neste setor o intenso desenvolvimento da antropologia filosófica (em particular, da antropologia que está na base da ética) *se encontra muito de perto com às questões* suscitadas pela Encíclica *Humanae vitae* em referência à teologia e, de modo especial, à ética teológica.

A análise dos *aspectos personalísticos* da doutrina contida neste documento tem um significado existencial para estabelecer em que consiste o *verdadeiro progresso*, isto é, o desenvolvimento *do homem*. Existe, de fato, em toda a civilização contemporânea — especialmente na civilização ocidental — uma tendência oculta e ao mesmo tempo bastante explícita a medir este progresso com a medida das "coisas", isto é, dos bens materiais.

A análise dos aspectos personalísticos da doutrina da Igreja, contida na Encíclica de Paulo VI, põe em evidência um apelo resoluto a medir o progresso do homem com a medida da "pessoa", ou seja, daquilo que é um bem do homem como homem — que corresponde à sua essencial dignidade.

A análise dos *aspectos personalísticos* leva à convicção de que a Encíclica apresenta como *problema fundamental* o ponto de vista do *autêntico desenvolvimento do homem*; tal desenvolvimento mede-se, de fato, *com a barema da ética e não só da "técnica"*.

4. As catequeses dedicadas à Encíclica *Humanae vitae* constituem apenas uma parte, a parte final, das que trataram da redenção do corpo e da sacramentalidade do matrimônio.

Se chamo de modo particular a atenção precisamente para estas últimas catequeses, faço-o não só porque o tema por elas tratado está mais estreitamente ligado à nossa contemporaneidade, mas sobretudo pelo fato de que *dele provêm as questões* que permeiam, em certo sentido, o conjunto das nossas reflexões. Resulta, assim, que esta parte final não é artificialmente acrescentada ao conjunto, mas está unida a ele de modo orgânico e homogêneo. Em certo sentido, aquela parte, que na disposição global está colocada no fim, encontra-se, ao mesmo tempo, no início deste conjunto. Isto é importante sob o ponto de vista da estrutura e do método.

Também o momento histórico parece ter o seu significado: de fato, as presentes catequeses foram iniciadas no período dos preparativos para o *Sínodo dos Bispos de 1980* sobre o tema do matrimônio e da família (*"De muneribus familiae christianae"*), e terminam depois da publicação da exortação *Familiaris consortio*, que é fruto dos trabalhos deste Sínodo. É por todos sabido que o Sínodo de 1980 fez referência também à Encíclica *Humanae vitae* e confirmou plenamente a sua doutrina.

Todavia, o momento mais importante parece ser o essencial, que, no conjunto das reflexões efetuadas, pode-se precisar do seguinte modo: para enfrentar as questões que suscita a Encíclica *Humanae vitae*, sobretudo em teologia, para formular tais questões e lhes procurar a resposta, é preciso encontrar *aquele âmbito bíblico-teológico* a que se alude quando falamos de "redenção do corpo e de sacramentalidade do matrimônio". Neste âmbito, encontram-se as respostas às perenes questões da consciência dos homens e das mulheres, e também às difíceis perguntas do nosso mundo contemporâneo a respeito do matrimônio e da procriação.

S. Ioannes Paulus PP. II
Karol Wojtyla
16.10.1978 - 02.04.2005

FICHA CATALOGRÁFICA

João Paulo II, Papa (Karol Józef Wojtyła)
Teologia do corpo: o amor humano no plano divino / São João Paulo II – Campinas, SP: Ecclesiae, 2019.

ISBN: 978-85-8491-118-9

1. Igreja Católica 3. Catequese
I. São João Paulo II II. Título

CDD – 282
268

ÍNDICES PARA CATÁLOGO SISTEMÁTICO

1. Igreja Católica – 282
3. Catequese – 268

Este livro foi impresso pela Gráfica Guadalupe.
O miolo foi feito com papel *chambril avena* 80g,
e a capa com cartão triplex 250g.